한 권으로 읽는 교육학 명저 24선

유진 S. 깁스 편저
독고 앤 옮김

A Reader in Christian Education

Foundations and Basic Perspective

Edited by Eugene S. Gibbs

Copyright © 1994 TIMOTHY PUBLISHING HOUSE
A division of PAIDION MISSION
Translated and Published by Permission
Printed in KOREA
Originally published in English under the title
A Reader in Christian Education:
Foundations and Basic Perspective
Copyright © 1992 Edited by Eugene S. Gibbs
Baker Book House
a division of Baker Book House Company
Grand Rapids, Michigan, 49516, U.S.A.
All rights reserved.

서문

　이 책의 목적은 기독교 교육학 분야를 공부하는 학생들에게 학문 연구의 기초 자료를 제공하려는 것이다. 기독교와 교육학이 접목되는 여러 개념들과 신학 이론들을 고찰해 보기 위해서는 기본적인 주장들을 잘 알고 있어야 하며, 이를 통해 그 분야에 대한 역사적 감각도 가질 수 있을 것이다. 기본 개념들을 모른다면 목회 현장에서 왜 어떤 것을 해야 하는지, 또는 하지 말아야 하는지를 설명하기가 어렵다. 기독교 교육학이 가지고 있는 주요 약점 가운데 하나는 실천적인 면에서 아무 '생각 없이', 즉 어떤 신학적인 토대 위에서 검증되지 않은 채 실행되고 있다는 것이다. 한 교회에서 실행한 활동에 효과가 있으면, 다른 교회에서는 어떤 상황이 닥칠지 전혀 생각지 않고 덥썩 받아들인다. 교회에서 30년이 넘게 기독교 교육자, 청소년 지도자, 주일학교 교사, 연구가, 교단 임원으로서 일한 나는 몇 구절 성경에 의지해서 형편없는 실용 철학 위에 세워진 기독교 교육이 너무나 많음을 느껴왔다. 많은 광범위한 기독교 교육 프로그램들은 통일성도 없고 방향성도 없다. 이는 근본적으로 이론 연구, 교사 양성, 평가, 신학적 원리를 바탕으로 하는 기초가 부족하기 때문이다. 교회 교육의 역할이 증대됨에 따라 어떠한 형태든 정당화되어 왔던 것이다. 기독교 교육가들은 학습이라는 명목으로 이루어지는 활동들이 '비교육적'일 수도 있다는 것을 명심해야 한다.

　따라서 기독교 교육 분야를 공부하려는 사람들은 사회 과학, 행동 과학, 성경 연구와 신학, 그리고 교육 과정 등의 전문가가 저술한 기초 이론들을 공부해야 한다. 이 책에서는 그러한 저술 내용들을 제공하려고 한다. 어떤 글들은 기독교 교육가가 쓴 것이고, 어떤 것들은 전혀 기독교 교육에 관한 이론은 아니지만 기독교 교육에 영향을 주거나 적용될 수 있는 것들이다.

　금세기 이전에도 많은 학자들이 기독교 교육에 중대한 영향을 끼친 글들을 썼지만 이 책에 수록된 내용은 20세기의 학자들로 제한하였다. 기본적으로 그들의 저술을 다른 책에서는 찾아볼 수 없고, 근래에 와서 중요한 영향을 끼치고 있으며, 그들의 저술을 어느 한 곳에서 한꺼번에 찾아보기 힘들기 때문이다. 기독교 교육학자들은 분명 이 책의 내용에 이의를 제기할 것이다. 내용을 선택하는 데 공간적인 제한도 있었다. 여기 수록된 글들은 국내외에 있는 대학, 세미나, 대학원, 그리고 현재 미국 중서부에 있는 휘튼 대학에서 학생들을 가르치는 데 효과적이었던 것들을 모은 것이다.

이 책의 특징은 '기초적인' 자료들을 수록했다는 것이다. 저자가 주장하는 핵심을 이해할 수 있도록 조심스럽게 엄선하였다. 각 장의 앞부분에 있는 간단한 요약과 뒷부분에 있는 토의할 문제들은 글의 내용과 배경을 소개하고 독자들이 깊이 생각해보도록 이끌어주고 있다. 이것은 학자들의 주장을 요약하거나 비평하려는 의도는 아니다. 독자들은 학자들의 장점과 단점을 판단하고 구분할 수 있어야 한다. 성경과 자신의 개인적인 신학적 견해를 통해 글의 유용성을 평가해야 한다. 또한 중요하게 받아들여지는 주장도 있지만 불만족스러워 거부할 수도 있을 것이다. 영향력과 적용성에 대해서도 깊이 생각할 필요가 있다.

이 책은 입문과 기초 이론 두 부분으로 구성되어 있다. 먼저 입문 부분은 심리학자, 사회 교육학자, 발달 이론 학자들과 한 명의 철학자이자 심리학자의 글이 논제에 따라 순서 없이 수록되어 있다. 어떤 내용은 기초 이론 부분에 수록되어 있는 글의 근거를 제시해준다. 독자들은 입문 부분에 있는 개념들이 좀더 구체적으로 기독교 교육학에 응용된 것을 기초 이론 부분에서 다시 볼 수 있을 것이다. 기초 이론 부분도 논제에 따라 순서 없이 수록되어 있다. 1920년대에 출판된 조지 A. 코(George A. Coe)의 글과 같은 70여 년 된 글도 있지만 뒷부분의 세 글들은 1980년대에 발표된 것이다.

입문 부분에서 에릭 에릭슨(Erik Erikson), 파울로 프레리(Paulo Freire), 로버트 셀먼(Robert Selman)은 인간의 성장이나 교육에 있어서의 사회적인 요소에 관심을 두고 있으며, 장 피아제(Jean Piaget), 로렌스 콜버그(Lawrence Kohlberg), 캐롤 길리건(Carol Giligan)은 발달론자로 볼 수 있다. 길리건은 성장의 사회적인 요소에 관심이 있는 학자로 분류할 수도 있다.

제롬 브루너(Jerome Bruner), B. F. 스키너(B. F. Skinner), 말콤 노울즈(Malcom Knowls)는 교육학에 광범위하게 응용할 수 있는 이론을 정립한 심리학자들이다. 브루너는 교수 이론을 정립하기 위해 학습을 뒷받침하는 주요 요인들을 연구했다. 스키너는 행동 양상에 초점을 맞춘 학습 이론을 세웠다. 노울즈는 교수와 학습에 대해 아동, 청소년과 성인의 차이점을 연구했다. 이 책에서 존 듀이(John Dewey)는 독자적인 입장에서 있다. 그는 때로는 철학자로, 때로는 심리학자로, 그러나 늘 교육학자로서 자신의 주장을 피력했다.

에릭 에릭슨은 개인의 심리사회학적 발달을 이해할 수 있는 이론을 제시하고 있다. 그는 현상들을 특징짓는 단계들이 순서대로 구축된다는 것을 밝혀보려고 했다. 그의 이론은 인간의 성장과 변화에 대한 '개관'을 파악하는 데 도움이 될 것이다.

캐롤 길리건은 콜버그와 함께 연구했지만 특별히 여성의 도덕성 발달에 집중했다. 그는 에릭슨의 인간 발달의 '8단계'를 인용하면서 여성은 도덕적으로 남성과 다르게 성장한다고 결론짓고 있다. 또 '다른 목소리로' 이를 증명하려고 시도한다. 관계성과 책임감에 대한 그녀의 주장은 참신하며 학파 내에 커다란 관심을 불러일으켰다.

로렌스 콜버그는 일반적인 방법론과 피아제 이론의 구조 위에서 도덕적 결정론을 정립했다. 정의를 강조하고 있는 그의 연구는 교정 당국자와 심리학자들뿐 아니라 교회와 학교에도 영향을 끼쳐왔다. 제3장에서 콜버그는 도덕성 발달에 대한 인지 이론을 다루고 아동의 일반적인 교육이 본질적으로 도덕 교육과 마찬가지라고 주장한다.

지난 30년 간 피아제는 발달 이론에서 독보적인 위치를 차지하고 있었다. 수동적인 학습보다 능동적인 학습에 대한 강조와, 인지 발달의 질적인 단계, 평정 상태에 대한 욕구는 그의 주요한 주장들이다. 피아제의 글이 널리 읽히던 때에 콜버그의 연구가 미국을 강타했다. 피아제는 콜버그에게 이론적인 근거를 마련해준 것이다.

로버트 셀먼이 제시한 역할 수용은 사람들이 다른 사람들의 관점을 통해 자신의 삶이나 개인적인 문제들을 이해할 수 있게 되므로 사회적이라고 할 수 있다. 이 주장은 사회적인 지식이 증가되면서 발전된 것 같다. 역할 수용은 기본적인 사회적 범주의 발달과 관련이 있다. 논리적이고 도덕적인 사고의 사이를 연결해준다고 볼 수 있다. 제4장은 인지적 도덕성 발달의 구체적인 양상으로서 사회적 역할 수용에 초점을 맞추고 있다.

스키너의 주장은 교육, 사회 사업, 심리 치료, 특수 교육 등에 응용되어왔다. 그는 1930년대와 1940년대의 미국 교육계를 완전히 뒤흔들어놓은 행동주의의 여파의 절정에 서서 1950년대와 1960년대의 교육 제도에 커다란 영향을 끼쳤다. 그 성공적인 '효과'는 논쟁의 여지가 없다. 시기를 맞추는 것과 강화를 통해 주요한 행동주의적 목적을 이루기 위한 점진적인 변화는 스키너식 학습 '기술'이 되었다. 스키너는 앞서 소개된 글들의 토대가 되는 이론들을 과감히 깨뜨리고 그 뒤에 소개되는 글들과도 대조적으로 교육의 구체적인 문제나 기술보다 일반적인 이론을 다루고 있다.

동기, 구조, 연속성, 강화는 브루너가 주장하는 이론의 골격이다. 그의 연구로부터 '새로운 수학' 같은 혁신적인 응용 개념이 나왔다. 그는 학습 이론보다 교수 이론에 더 관심을 기울였다.

파울로 프레리의 글은 정적이고, 집약적인 방법과 맞서서 교육의 상호 작용 구조에 초점을 맞추고 있다. 특수한 교육 방법의 사회적인 '유용성'에 대해 다룬다. 에릭슨, 셀먼과 마찬가지로 프레리는 성장에 대한 사회적인 요소에 관심을 보여주고 있지만 인간 성장에 관한 관점은 에릭슨이나 셀먼보다 다소 좁다고 볼 수 있다.

존 듀이는 심리학이 철학으로부터 분리되던 때에 적극적으로 전문적인 연구 활동을 하여 자신의 이론을 정립한 철학자다. 교육 분야에 자신의 이론을 적용시키려 시도하면서 심리학과 철학을 모두 응용하였다. 삶을 준비하기보다는 삶을 살아가는 존재로서의 학생에 대한 이해와 공동체를 대표하는 학교의 개념은 오늘날에도 널리 수용되고 있다.

말콤 노울즈가 '성인 교육(androgogy)'이라는 용어를 만들어내지는 않았지만 적어도 이 용어를 널리 유행시키는 데 공헌했다. 그는 아동과 성인은 다른 방법으로 학습되어야 한다는 사실을 제시했다. 학습 과정을 통해 얻을 수 있다고 생각되었던 성인 경험은 노울즈의 연구의 주요한 내용이다. 성인 교육, 특히 학교 밖에서의 교육은 그의 연구로 인해 중요한 변화를 가져왔다.

이 열 명의 학자들은 오늘날 기독교 교육 연구에 중요한 토대를 마련해주었다. 이는 기초 이론 부분에 나오는 기독교 교육 이론들을 살펴보면 분명히 알 수 있다.

1975년에 쓴 책에서 헤럴드 버쥐스(Harold W. Burgess)는 종교 교육을 네 가지 범주로 나누었다. 전통 신학적, 사회·문화적, 현대 신학적, 사회·과학적 교육이다. 전통 신학적 이해는 규범적이고 보수적인 신학 전통을 종교 교육의 토대로 사용하는 것이다. 교회의 메시지를 효과적으로 제시하는 것이 교육의 목적이다. 사회·문화적 이해는 진보적 교육학과 진보 신학에 근거한 것으로 생활과 사회 활동에 초점을 맞춘다. 현대 신학적 이해는 종교 교육과 기독교 공동체간의 관계를 강조하며, 일반적으로 신정통주의 신학의 원리에 서 있다. 사회·과학적 범주는 교수-학습 과정에서 찾아볼 수 있다. 이는 신학에 커다란 의미를 두지 않는 자유로운 관계를 갖고 적절하게 활용된다. 버쥐스가 규정하고 있듯이 이 범주는 근본적으로 행동주의적이다.

이 책에서 소개하고 있는 저자들 가운데 버쥐스는 로이스 르바(Lois LeBar)와 전통 신학적 이해를 함께하고 있으며, 조지 A. 코는 사회·문화적 이해, 랜돌프 크럼프 밀러(Randolph Crump Miller)와 캠벨 와이코프(Campbell Wyckoff)는 현대 신학적 입장을, 그리고 제임스 리(James M. Lee)는 사회 과학적 입장을 취하고 있다. 버쥐스의 구분에 따라 도빈스(Gaines S. Dobbins)와 에지(Findley B. Edge), 리차즈(Lawrence Richards)는 첫번째 범주에 속하고 그룹(Thomas H. Groome)은 세번째 범주에 속한다고 본다. 조이(Donald M. Joy)와 워드(Ted W. Ward), 파크스(Sharon Parks)는 혼합적인 사회 과학·신학의 범주에 넣어야 할 것이다. 이 마지막 명칭은 사회 과학 안에 발달 이론이 포함되는 것이 타당한 데 비해 버쥐스가 이야기하는 사회 과학은 행동주의에 국한되어 있기 때문에 구별되는 것이다.

핀들리 에지는 자신을 진보적인 복음주의자로 봤다. 그는 교회의 제도화를 비판하였다. 교회의 기초로 제도 대신 그리스도에 대한 체험이 있어야 한다고 주장한다. 그의 비판은 교회가 영적인 능력을 회복하기 위한 것이다. 그는 이러한 활기를 되찾는 것이 기독교 교육의 과제라고 보았다. 이는 기본적으로 신학적인 과제다. 그리스도 안에서, 이 일이 성취될 수 있다고 에지는 믿는다.

교단 지도자이자 목회자이고 교수인 도빈스는 늘 교회를 강화시키기 위한 방안을 찾았다. 지역 신도들은 그의 연구의 혜택을 받을 수 있었다. 기독교 교육에 대한 그의 입장은 성경 신학적인 것이다. 위대하신 스승, 해석자이신 성령, 그리고 성경을 강조하였다. 대부분의 보수적인 교인들은 도빈스의 이론에 공감할 것이다.

기독교 교육에서 학교식 교수법이 문제가 되고 있다고 생각한 사람은 존 H. 웨스터호프(John H. Westerhoff)다. 그는 그리스도인들의 가장 중요한 교육적 경험은 일상 생활 속에서 얻을 수 있다고 생각한다. 특히 교육과 예배에 같은 성경 말씀을 사용하는 데 관심을 갖고 있다.

코의 글은 기독교 교육의 핫 이슈, 교사가 신앙을 학생들에게 전수해야 하는지 학생들 스스로 신앙 경험을 할 수 있도록 이끌어주어야 하는지를 직접 설명하고 있다. 이 문제를 중요하게 보는 것은 진보적인 성경학파와 듀이의 영향을 받은 교육 이론에서부터 나온 것 같다.

랜돌프 크럼프 밀러는 도빈스와 마찬가지로, 기독교 교육에 오랫동안 종사한 경력을 가지고 있다. 또 도빈스처럼 신학적인 입장에서 이론을 전개하고 있다. 그러나 그의 관점의 중심은 과정 신학의 입장을 취하고 있다. 성경, 학습자, 하나님은 기독교 교육의 자원, 관심, 그리고 주요한 목적을 형성한다.

캠벨 와이코프의 기독교 교육에 관한 이해는 수년 간의 다양한 기독교 활동을 통해 얻은 것이다. 그는 30년 동안 프린스턴 신학교에서 교수 활동을 했다. 또한 기독교 교육에 신학적인 토대가 필요하다고 보았다. 와이코프는 현대 교회가 제도화된 교회 문화에 종속되는 문제와 종으로서의 그리스도께 속하는 문제를 해결해야 한다고 본다.

오랜 목회와 교수 활동을 통해 신학이 기독교 교육의 기초가 되어야 한다고 주장하는 또다른 학자는 로렌스 리차즈다. 그는 가정과 교회의 역할을 연계시키고 교회 교육이 학교식 방법에 지나치게 많이 의존하는 것을 경계하였다. 그는 주로 많은 책들과 교과 시리즈, 교사용 교재 등으로 복음주의자들 가운데 커다란 영향을 끼쳤다.

제임스 마이클 리는 독특한 연구 관점을 가지고 있다. 그는 신앙도 다른 과목과 마찬가지로 교수될 수 있고 교수되어야 한다고 믿는다. 이는 교수 학습에 관해 알려진 최선의 방법을 사용해야 한다는 의미다. 신학은 내용을 제공할 수는 있지만 방법을 제시할 수는 없다. 방법을 제공하는 것은 사회 과학의 사명이다. 그의 책은 논쟁을 불러일으켰지만 깊이 생각해볼 만한 가치가 있는 문제들이다.

테드 워드는 많은 기독교 교육가들을 교육시키는 데 커다란 영향을 끼쳐 전문적인 모임에 참석한 사람들 중 10~20%가 그에게서 배운 사람들일 정도다. 사회 과학과 복음주의적 신학을 결부시켜 여러 사람들에게 도움을 주었다. 그의 커다란 목적은 기독교 교육의 방향을 바람직하게 성경을 기초로 하면서 동시에 최상의 사회 과학을 향해 이끌어 가는 것이다.

도널드 조이는 사람들이 '어떻게' 배우는가에 관심을 가졌으며 이는 하나님께서 주신 능력이라고 보았다. 사람들이 어떻게 배우는가에 관해 알게 됨으로 교육가들은 학습 과정 속에서 하나님의 파트너가 될 수 있다. 그는 그리스도의 변화의 능력의 모델로서 평신도들이 교회의 사역에 참여하는 것을 강조했다.

목회자와 교수로서 오랜 경력을 가지고 신학이 기독교 교육의 기초가 되어야 한다고 주장하는 또다른 저자는 로이스 르바이다. 그녀는 그리스도와 학습자의 생활과 성경의 관계에 초점을 맞추었다. 그녀의 주장은 매우 생활 지향적이며 활동 지향적이고, 기독교 교육을 학습자의 '절실한' 요구에서 학습자의 '본질적인' 요구로 전환시키는 데 강한 영향을 끼쳤다. 또한 기독교 교육에 있어서 성령의 커다란 역할을 강조한다. 학습자의 생활이 성경의 진리 없이 살아가는 것이라면 어떤 결과를 가져올지 기독교 교사에게는 명백한 일이다.

토마스 그룹의 책, 「기독교 종교 교육(Christian Religious Education)」은 출간되었을 때부터 이 분야에 즉각적인 영향을 주었다. 그는 훌륭한 학문적 방법으로 다양한 자료들로부터 나온 부분적인 것들을 통합했다. 그의 '공동 기독교 훈련'은 아동과 청소년과 성인들에게 성공적으로 활용되는 실천적인 방법이다. 많은 사람들은 이러한 변증법적인 방법이 훌륭한 성경 교육 방법이자 훌륭한 교육 이론이라고 본다.

신앙 발달 개념은 거의 30년 전에 제임스 파울러가 도입한 개념이다. 그 동안 이 이론은 발전되었다. 파울러의 이론에 '신앙'에 대한 자신의 견해를 부여한 많은 기독교 교육가들은 이를 잘못 이해해 왔다. 정확히 이해되어지면서 그의 이론은 매우 유용한 것으로 밝혀졌다. 반임상적인 연구 방법의 어려움으로 이론에 경험적 유효성을 제시하려는 사람들이 다소 주춤하고 있었지만 뒤이어 나온 파울러의 글이 풍부한 기독교적인 내용을 제공하였다. 신앙 발달 이론은 "너의 마음을 어디에 두느냐?"라는 신앙의 관점을 토대로 하고 있다. 이 책에서 설명하는 단계 구조는 더 깊은 사고와의 중요한 연결 고리를 제공하고 있다.

샤론 파크스는 신앙에 대한 자신의 관점을 발전시키면서 청소년 시기에 초점을 맞추고 있다. 인생의 주기에서, 그녀에게 있어서 이 시기의 주요한 과제는 상상력을 사용하여 의미를 만들어 가는 것이다. 청소년들로 하여금 그들의 미래에 대한 '비전'을 지니게 하고, 무엇을 '의지'해야 하는지 고민하고, 하나님을 깊이 사고하도록 하는 것이 바로 상상력이다.

참고 문헌

Burgess, Harold William. 1975. *An invitation to religious education*. Birmingham, Ala.: Religious Education Press.

차례

제1부 기초

제1장
인간 발달 8단계 ▪ 에릭 H. 에릭슨 / 15

제2장
심리학 이론과 여성의 발달 ▪ 캐롤 길리건 / 43

제3장
학교에서의 도덕 교육 ▪ 로렌스 콜버그 / 67

제4장
사회-인지적 이해: 교육과 임상 실습을 위한 안내서 ▪ 로버트 L. 셀먼 / 95

제5장
아동과 실재 ▪ 장 피아제 / 131

제6장
행동 공학 ▪ B. F. 스키너 / 157

제7장
교육에 있어서 구조의 중요성 ▪ 제롬 S. 브루너 / 177

제8장
억압 받는 자를 위한 교육:은행식 교육 ▪ 파울로 프레리 / 189

제9장
경험과 교육 ▪ 존 듀이 / 207

제10장
자발적 학습 ▪ 말콤 S. 노울즈 / 217

제2부 기독교 교육의 기본 이해

제11장
체험적인 종교인가 제도적인 종교인가? ▪ 핀들리 B. 에지 / 241

제12장
현대 생활에 적용시킬 수 있는 신약의 원리 ▪ 게인즈 도빈스 / 259

제13장
흔들리는 기초 ▪ 존 H. 웨스터호프 3세 / 277

제14장
기독교 교육이란 무엇인가? 문제 해결의 실마리 ▪ 조지 알버트 코우 / 297

제15장
기독교 교육의 열쇠 ▪ 랜돌프 크럼프 밀러 / 309

제16장
복음과 교육 ▪ D. 캠벨 와이코프 / 325

제17장
창의적인 성경 교수법 ▪ 로렌스 O. 리차즈 / 339

제18장
사회 과학으로서의 기독교 교육 ▪ 제임스 마이클 리 / 355

제19장
교육적인 이슈의 해결 ▪ 테드 W. 워드 / 397

제20장
내일을 위한 제안 ▪ 도널드 M. 조이 / 421

제21장
교수-학습 과정 ▪ 로이스 E. 르바 / 443

제22장
나눔의 프락시스 : 다섯 가지 무브먼트 ▪ 토마스 H. 그룹 / 477

제23장
신앙 발달 단계 ▪ 제임스 W. 파울러 / 501

제24장
상상력 : 성인 신앙의 능력 ▪ 샤론 파크스 / 607

제1부

기초

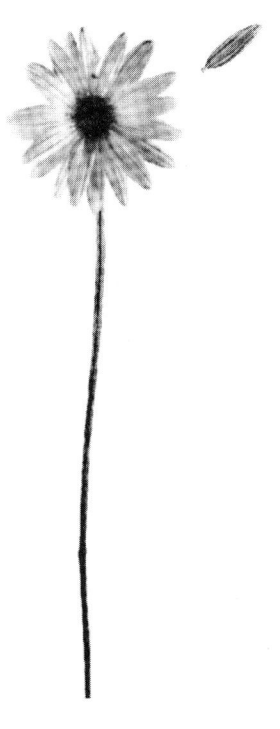

인간 발달 8단계
(1963)

에릭 H. 에릭슨

(Erik H. Erikson, 심리 사회학자)

에릭슨이 연구한 세 가지 주요 개념은 성장과 발전에 관한 후성설(後成說), 일생을 8단계로 나눈 인생 주기(life cycle), 청소년기에 고양되는 자아 정체감 등이다. 개인은 인생 주기의 모든 단계에 내재되어 있는 위험성과 잠재력으로 인해 새로운 성장을 한다. 에릭슨의 연구에 의하면 인간은 환경과 과거의 사건에 영향을 받는 동시에 이러한 환경과 역사의 흐름에 기여하게 된다. 이러한 정신 사회학적 주장은 서구 사회에만 국한되는 이야기일는지 모른다. 하지만 이 주장은 프로이드(Freud)의 성(性)적인 이해를 능가하는 이론으로, 인생 주기 전체를 진지하게 심리학적인 발전 단계로 보고 있다.

"에릭 에릭슨은 1902년 독일에서 태어나 전형적인 중산층 교육을 받았다. 중등 교육 과정을 마친 후 유럽을 여행하면서 초상화를 그리며 화가로서의 재능을 발휘하던중 오스트리아에서 지그문트 프로이드(Sigmund Freud) 일가의 초상화를 그리게 되었다. 이 작업을 하면서 프로이드와 많은 대화를 나누고, 결국 비엔나 심리학회에 가입하게 되었으며, 안나 프로이드(Anna Freud)의 지도를 받으면서 아동을 중점적으로 연구하였다. 1933년 연구를 마치고 미국으로 이민을 간 에릭슨은 보스톤에서 사설 연구소를 시작하였으며 메사추세츠 종합 병원과 하버드 의과 대학에서도 활동하게 되었다.

에릭슨은 수년 동안 임상학적으로나 학문적으로 중요한 영향을 끼쳤다. 이론을 정립하는 과정에서 사우스다코타와 캘리포니아에 있는 아메리칸 인디언들을 연구했는데, 이 경험을 토대로 「유년기와 사회Childhood and Society)」라는 책을 출판하였다. 이 책을 통해 학자와 저술가로 인정받은 에릭슨은 저자로서 몇가지 상을 받기도 했다.

에릭슨이 연구한 세 가지 주요 개념은 성장과 발전에 관한 후성설(後成說), 일생을 8단계로 나눈 인생 주기(life cycle), 청소년기에 고양되는 자아 정체감 등이다. 개인은 인생 주기의 모든 단계에 내재되어 있는 위험성과 잠재력으로 인해 새로운 성장을 한다. 에릭슨의 연구에 의하면 인간은 환경과 과거의 사건에 영향을 받는 동시에 이러한 환경과 역사의 흐름에 기여하게 된다. 이러한 정신 사회학적 주장은 서구 사회에만 국한되는 이야기일지 모른다. 하지만 이 주장은 프로이드의 성(性)적인 이해를 능가하는 이론으로, 인생 주기 전체를 진지하게 심리학적인 발전 단계로 보고 있다.

소망, 믿음, 자비(많은 신프로이드 학자들에게서는 발견할 수 없는 것)와 같은 전통적인 가치를 바탕으로 소망과 충성과 사랑의 개념을 연결시킬 뿐 아니라 인생 최고의 지혜를 이야기하는 에릭슨의 업적은 기독교 교육자들에게 친숙하게 다가올 것이다. 특히 〈도표 1.2〉와 이에 대한 설명은 유익할 것이다. 이 도표는 인생 주기의 단계를 시각적으로 보여주는 것으로 주기가 대각선을 이루며 단계적으로 축적되며 올라가도 있음을 알 수 있다. 맨위 칸은 맨밑의 소망에서부터 의지, 목적 등이 첨가되다가 꼭대기의 지혜에 이르러 가득 채워진다."

From Childhood and Society, 2d ed. (New York: Norton, 1963), 247-74.

아기에게서 찾아볼 수 있는 최초의 사회적 신뢰감은 만족스럽게 먹고 자고, 대소변을 해결하는 것이다. 계속 증가해가는 아기의 수용 능력을 어머니가 알맞게 충족시켜줌으로써 체험하게 되는 상호 관계는 아기가 태어날 때 신체의 균형을 유지하려는 항상성(恒常性)으로 말미암은 불안감을 줄이는 데 도움을 준다. 아기는 깨어 있는 시간이 늘어나면서 감각적으로 느끼는 많은 새로운 경험들을 통해 내면의 좋은 감정에 부합하는 친밀감을 맛보게 된다. 안정감은 사람들과의 관계에서 느끼게 되는데, 이는 대소변을 보는 데서 느끼는 심한 불안감과 마찬가지로 익숙한 감정이다. 신생아가 느끼는 최초의 사회적 성취감은 어머니가 눈 앞에 보이지 않아도 과도한 불안감이나 분노감이 생기지 않는 것이다. 왜냐하면 이제 어머니는 눈으로 보고 짐작할 수 있는 존재일 뿐 아니라 보지 않아도 확실히 인지할 수 있는 존재가 되었기 때문이다. 무엇인지 짐작할 수 있을 만큼 친숙해진 외부의 사물, 사람들과 연결된 어떤 느낌이나 이미지를 내부에서 기억해내고 인지할 수 있게 되었을 때 자아 정체감이 생겨나는데, 이러한 초기 단계의 자아 정체감은 경험의 항상성, 지속성, 동일성에서 비롯된다.

신뢰감 대 불신감

여기서 신뢰감(trust)이라고 하는 것은 테레제 베네데크(Therese Benedek)가 자신감(confidence)이라고 이야기한 것과 같은 개념이다. 내가 '신뢰감'이라는 단어를 더 좋아하는 것은 후자보다 훨씬 순수하고 좀더 상호적인 느낌을 지니고 있기 때문이다. 유아가 자신감을 가지고 있다고 표현하는 것보다는 무엇인가를 신뢰하고 있다고 하는 것이 더 수긍이 가는 이야기다. 더 나아가, 일반적으로 신뢰감을 갖는 상태란 외부에서 도움을 주는 사람의 동일성과 지속성에 의존하는 것을 배워갈 뿐 아니라, 또한 그 사실을 신뢰하고, 또 자신을 신뢰하며 자신의 욕구에 대처해 나가는 능력을 가지고 있음을 신뢰하게 된다는 것을 의미한다. 보호자들이 유아의 욕구를 충족시켜주느라 안절부절못할 필요가 없어질 만큼 유아가 자기 자신을 신뢰할 만한 존재로 자각할 수 있게 되는 것이다.

유아는 내부 세계와 외부 세계 사이의 관계를 끊임없이 경험하고 시험하다가 구강기의 흥분 상태 속에서 어려운 시련을 맞게 된다. 구강기는 처음 치아가 생기는 시기로 유아들은 내부에서 고통을 느끼게 되는데, 지금까지 외부 세계의 친근하게 느껴지던 사람들도 이 고통에는 아무런 도움이 되지 않으며 그들은 자신의 유일한 해소책인 '물어뜯는 일'까지 못하게 막는다. 이가 난다는 사실만이 그 모든 힘겨운 상태를 유발시킨 것은 아니다. 앞에서 잠깐 살펴보았듯이, 이 시기에 유아는 뭔가를 좀더 '움켜잡고' 싶은데 이러한 욕구의 대상이 되는 어머니의 젖이나 자기만을 향한 어머니의 관심과 보살핌은 멀기만하다는 것을 알게 될 뿐이다. 치아가 나는 현상은 상실감을 견디지 못할 때마다 자신을 괴롭혀야 안정이 되는 메저키스트적인 성향의 한 원형일 것이다.

정신 병리학적으로 보면 유아 정신 분열증이 신뢰감을 상실한 유아들의 상태를 가장 잘 보여주는데, 이런 아이들은 평생 동안 내부에 커다란 불신감을 안고 살아가게 되어 성인이 된 뒤에도 정신 분열 증세를 나타내거나 습관적으로 우울증 증상을 보인다. 이러한 경우 신뢰감을 회복하는 것이 근본적인 치료 방법이다. 어떤 이유로 정신병적인 증세가 나타나게 되었든 많은 환자들은 예기치 못한 행동이나 고립의 형태로 타인과의 상호 관계를 회복하려는 의도를 보여준다. 그래서 그들은 감각과 물리적 현실 사이를, 말과 그 사회적인 의미 사이를 넘나들면서 시험하는 것이다.

내부 세계와 외부 세계가 분열되는 초기 단계는 우리가 가지고 있는 가장 은밀하고 가장 위험한 방어 기제인 투사(投射)와 투입(投入) 작용에 근거한다고 정신 분석 학자들은 주장한다. 우리는 투입 작용을 통해 바깥 세계에서 일어나는 기분 좋은 일이 마치 내부에서 일어나는 것처럼 느끼고 행동한다. 그리고 투사 작용을 통해 내부에서 느끼는 고통을 외부에서 오는 것처럼 여겨 실제로 우리 내부에 있는 악한 본성을 특정한 사람에게 투사한다. 따라서 투사와 투입, 이 두 가지 기능은 유아들이 고통을 외부로 표출하고 기쁨을 내부에 수용하고 싶어하는 시기에 스스로 겪는 일을 통해 형성되는데 자신의 감각이 성숙되어가는 것을 실험하고, 궁극적으로는 자신의 이성을 실험해보고 싶은 의도에서 생긴다. 이 기능들은 성인이 되어 사랑이나 신뢰, 믿음이 위기를 맞을 때 그대로 되살아나 '성숙한' 개인들이 모인 집단 속에서 적대자를 향해 불합리한 태도로 표현될 수도 있다.
 원초적 신뢰감과 원초적 불신감 사이의 예민한 갈등을 해결하기 위해 유아들은 강한 인내심을 키워야 하는데, 이는 자아가 해야 할 최초의 과제이며, 무엇보다도 모성애가 해야 할 중요한 과제. 그런데 유아기에서 처음 경험하여 얻은 신뢰감의 정도는 음식의 양이나 사랑의 표현에 전적으로 달려 있지는 않은 것 같다. 그보다는 어머니와 맺은 관계의 질에 달려 있다고 할 수 있다. 어머니는 아기의 개인적인 욕구를 세심히 살펴서 안정된 생활 양식을 통해 아기와 자신 사이의 개인적이면서 확고한 신뢰감을 진실하게 보여줌으로 자녀에게 신뢰감을 심어준다. 이는 어린아이가 나중에 자신이 '믿을 만한' 존재라는 사실을 지각하고 다른 사람들의 신뢰를 받을 만한 존재라는 정체감을 형성하는 데 기본 바탕이 된다. 이 단계에서나, 이어지는 다음 단계들에서 아이들은 어느 정도의 좌절감을 맛보게 되는데 (앞에서 아이들에게 적당히 '필수적인 것'이라고 설명한), 자라나는 아이들은 점점 확대되어가는 의미있는 소속감을 가지고 인생 주기의 완성 단계를 향해 가면서, 좌절감을 맛보고서도 언제나 발전이 계속된다는 것을 경험하게 된다면 견디기 힘들 것이다. 부모는 금지하고 허락하는 방법을 통해서 지도해야 할 뿐 아니라, 아이들이 하는 일에 어떤 의미가 있다는 사실을 피부로 깊이 확신할 수 있도록 해주어야 한다. 결과적으로, 어린아이들은 좌절감뿐 아니라 그러한 좌절 속에서 자신이 하는 일이 무의미하거나 그다지 중요하지 않다는 것을 느끼게 되면 신경질적이 된다.
 그러나 이 단계는 가장 바람직한 환경 속에서 이루어지고 있다 해도, 정신 활동 속에 (하나의 원형이 되어버린) 낙원에 대한 내면적인 갈등과 보편적인 향수를 불러일으키는 것 같다. 유아기의 원초적 신뢰감이 일생 동안 유지되어야 하는 것은 이러한 빼앗기고, 분열되고 버려진 것 같은 강하고 복잡한 느낌에 대항하기 위한 것이다.
 이어지는 각 단계와 그 위험성은 각각 사회의 기본 요소 중 하나와 특별히 관련되어 있는데 이는 인생 주기와 인간의 제도가 서로 연관되어 있기 때문이다. 이 장에서 우리는 각 단계를 설명한 후 사회 제도의 어떤 기본 요소가 그와 연관되어 있는지 살펴보게 될텐데, 이러한 관계는 상호 복합적이다. 인간은 이런 제도에 유아기의 정신 상태와 청년기의 열정의 잔재를 투여하며, 또한 그 제도—제도가 그 현실성을 유지하고 있는 한—를 통해 유아기 시절에 얻은 경험이 강화된다.
 역사를 통해서, 신뢰감 속에서 양육받은 신생아가 부모에 대해 갖는 그런 믿음이 제도적으로 안전하게 구성된 것이 바로 기존 종교다. 실제로, 보살핌을 받고 신뢰감이 생기는지가 기존 종교의 '현실성' 여부를 가리는 기준이 된다. 모든 종교는 공통적으로, 영적인 건강뿐 아니라 세속적인 번영을 가져다주는 제공자(神)에게 주기적으로 어린아이 같이 굴복하는 면을 지니고 있다. 즉, 낮아진 자세와 겸손한 태도로 인간이 보잘것 없는 존재임을 나타내고, 기도와 찬송을 통해 잘못된 행위를 저질렀고 잘못된 생각이나 사악한 뜻을 품었음을 자백하고, 신성한 뜻에 일치하는 삶을 살기를 간절히 바라며, 결국은 많은 사람들과 나누는 종교 예식을 통해 개개인이 갱생의 삶을 살게 되고 그것이 공동체 안에서 신뢰를 얻게 되는 표시가 되는 동시에, 개개인의 신뢰가 공통적인 신앙을 이루고 개개인의 불신이 공통적으로 인정되는 악이 되어버린다.[1]

우리는 원시 부족들이 자연의 한 요소를 먹을 것과 행운을 가져다주는 초자연적인 신으로 대상화하고, 마치 화라도 난 듯한 그 신을 주문과 자기학대로 진정시키려 집단적인 주술 행위를 발전시켜나간 예를 찾아볼 수 있다. 원시 종교들, 모든 종교들의 가장 원시적인 단계, 그리고 각 개인의 종교적인 성향은 어머니의 자궁에 있었던 어렴풋한 기억을 되돌려 보려는 노력, 그리고 자신이 겪는 갈등이 선한 것이라는 믿음과 우주가 지니고 있는 힘이 호의적인 것이라는 믿음을 회복하려는 노력과 결부되어 있다.

각 사회와 시대는 예정되어진 일에서부터 불확실한 일까지, 그 시대상 속에서 생명력을 가지고 있는 제도화된 모습의 숭배 대상을 찾아야 했다. 어린 자녀들에게 있어서는 살아나가는데 절대로 없어서는 안 되는 것이 믿음인데도 불구하고 많은 사람들이 종교를 가지고 있지 않다는 것을 자랑스럽게 여기기도 한다. 또 한편으로는 사회 활동이나 과학적인 연구를 통해 신앙을 가지려는 사람들도 있고, 실제로는 생명이나 인간에 대해 회의적이면서도 신앙을 고백하는 사람들도 있다.

자율성 대 수치감과 회의감

신뢰감과 불신감처럼 두 가지로 구분할 수 있는 인간의 근본적인 태도를 가지고 인간의 성장과 위기를 설명할 때, '안도감'이나 '불안감' 처럼 우리가 의식적이거나 무의식적 또는 겉으로 드러나거나 내면적인 것에 대해 널리 사용하는 '-감(sense)'이라는 용어를 사용한다. 자기 성찰을 불러일으키는 체험, 다른 사람들이 관찰할 수 있는 행위, 실험과 분석을 통해 결정적으로 형성된 내면의 상태를 동시에 모두 만족할 때 그런 용어를 사용한다. 이처럼 세 가지 차원에서 파악해두어야 앞으로 이해하는 데 도움이 될 것이다.

근육의 발달로 인해 잡았다 놓았다 하는, 물체를 대상으로 하는 동시적인 두 행동 양태를 시도해보는 단계에 이르게 된다. 잡거나 놓아야 한다는 근본적인 갈등은 결국 적대적이거나 아니면 호의적인 기대감과 태도를 불러일으킬 수 있다. 잡는다는 것은 파괴적이고 잔인하게 그 상태를 유지하고 억압하게 되어, 소유하고 장악하는 양상의 사랑을 볼 수 있다. 놓아주는 것도 파괴적인 힘을 적대적으로 발산시키는 것이 되지만 여유 있게 가만히 놓아주고 그대로 내버려둘 수도 있게 된다.

그러므로 이 단계에서는 외부의 통제가 확실해야 한다. 유아는 구강기의 분노에서 벗어나게 해주는 실존에 대한 근본적인 신뢰를 영구 불변하게 소중히 간직해야 하므로, 마음대로 선택하고, 원하는 만큼 충족시키려 들고, 막무가내로 제거해버리고 싶어하는 격렬한 욕구가 생긴다고 해서 신뢰감이 흔들려서는 안 된다. 유아는 분별력 있게 쥐었다 놓았다 할 만큼 성숙하지 못하기 때문에 이로 인한 잠정적인 혼돈 상태를 충분한 안정감 속에서 견뎌야 한다. 주어진 환경이 유아 스스로 견딜 수 있도록 한다면, 유아는 무의미하고 독선적인 수치감과 이른 회의감을 경험한다 해도 보호받을 수 있다.

우리는 회의감이 위험하다는 것을 잘 알고 있다. 자유롭게 선택할 수 있는 자율성을 점진적으로 잘 길러주지 않는다면(또는 실제로 기본적인 신뢰감의 상실로 약화되어진다면), 유아는 물체를 식별하고 조종해보고 싶은 충동을 억제할 것이다. 자신을 과도하게 억제하고, 조숙한 의식이 발달하게 되며, 반복해서 실험해보기 위해 물체를 소유하려 하지 않고 그저 반복하는 일에만 매달리게 된다. 그런 강박 관념으로 인해 거의 상호 규제를 찾아볼 수 없는 곳에서 환경을 마음대로 주무르고 독단적이고 세심한 통제로 힘을 얻는 방법을 알게 된다. 이러한 공허한 승리는 유아기에 일어나는 충동적인 노이로제의 표본이며 성인이 되어서도 정신보다 문자로 지배하려는 현상의 원인이 된다.

수치감은 충분한 연구가 이루어지지 않은 감정이다. 왜냐하면 우리 사회에서 수치감은 너무 어려서 생기고 곧 죄의식 속으로 흡수되어버리기 때문이다. 수치감이란 자신이 완전히 노출되어 있으며 관찰되고 있다는 것을 의식하는 것이다. 간단히 말해, 자의식(self-conscious)이다. 보일 준비가 되어지지 않았는데 자신이 드러난 것이다. 옷을 제대로 갖추어 입지 않았을 때 누군가가 보게 되면 부끄러움을 느끼는 이유가 바로 이것이다. 수치감은 초기에 얼굴을 가리거나 어디로 숨어버리고 싶은 충동으로 나타난다. 하지만 나는 근본적으로 자아를 향해 분노하는 것이라고 생각한다. 수치감을 느낀 사람은 세상이 자신을 보지 못하도록, 자신의 노출을 주시하지 못하도록 하고 싶어한다. 세상의 이목을 파괴시켜버리고 싶어한다. 그래서 대신 자신이 보지 못하게 되기를 갈망한다. 이러한 잠재 의식은 원시적인 종족들이 광범위하게 사용한 '망신'을 주는 교육 방법에 많이 사용된다. 시각적으로 느끼는 수치감이 청각적으로 느끼는 죄의식보다 크다. 왜냐하면 청각적으로 느끼는 죄의식은 보는 사람이 없고 모든 것이 조용할 때 - 초자아의 음성은 들리겠지만 - 완전히 혼자서만 나쁘다고 느끼는 감정이기 때문이다. 유아는 서게 되고 크기와 힘을 상대적으로 측정할 수 있을 만큼 지각하게 될 때 '작다'는 개념도 자라게 되는데, 수치심은 이를 더욱 증대시킨다.

지나친 수치감은 그냥 넘어가지 않고 눈에 보이지 않게 사물을 치워버리려는 은밀한 결정을 내리게 한다. 사실, 그렇게 되면 무례한 뻔뻔스러움은 생기지 않을 것이다. 미국 민요 가운데 인상적인 것이 있다. 사람들이 보는 앞에서 교수형을 당하게 된 살인자가 형벌을 받고 있다는 느낌대신 말끝마다 "빌어먹을 놈의 눈들"이라는 도전적인 말을 붙여 구경꾼들을 향해 꾸짖듯이 소리치는 것이다. 견디기 힘든 수치감을 느끼는 많은 어린 아이들이 이와 비슷하게 도전적인 상태에 젖어들게 될 것이다(비록 용기를 가지고 있거나 말을 할 줄 알지는 못하지만). 이런 불쾌한 이야기를 통해 내가 하고 싶은 이야기는 어린아이나 성인이나 육체의 욕구, 그리고 사악하고 더러운 자신의 욕구에 직면했을 때 이를 견디는 인내에는 한계가 있으며, 그러한 심판을 통과한 사람은 실수할 리 없다는 믿음에도 한계가 있다는 것이다. 그래서 사물에 대한 태도가 변하고 그것들이 존재한다는 사실만으로 악하게 여기게 되는 경향이 있다. 사물들을 없애버리거나 자신이 그것들로부터 떠나버릴 기회가 온 것이다.

회의감은 수치감과 같은 부류다. 수치감이 똑바로 설 수 있으며 노출되어 있다는 것을 의식하는 데서 생기는 것처럼 회의감도 임상적인 관찰의 결과로 보건대, 앞뒤를 지각하게 되었을 때, 특히 '뒤'를 인식하게 된 것과 관련이 있다. 괄약근과 엉덩이에 있는 정력적이고 성적인 중심과 더불어, 신체의 뒷부분을 유아 자신은 직접 볼 수 없지만 다른 사람들이 지배할 수가 있다. '뒤'는 어린 존재에게 미지의 대륙이다. 신체는 자율성을 공격하려는 자, 배설되면 만족스럽게 느껴지는 배설물을 나쁜 것으로 보려는 자들에 의해 지배당하고 침략당한다. 뒤에 무엇을 두었든 이런 근본적인 회의감은 장래를 위해 토대를 마련해놓고 충동적으로 의심하는 좀더 언어적인 형태를 만든다. 이것은 성인이 되어서 뒤에서 협박하는 보이지 않는 핍박자와 은밀한 핍박에 대한 과대 망상적인 두려움으로 나타나게 된다.

따라서 이 단계는 사랑과 미움, 타협과 고집, 자기 표현의 자유와 억압을 느끼는 정도를 결정한다. 자부심을 잃지 않은 채 자제력을 맛보게 되면 선한 의지와 자존심을 지속적으로 의식할 수 있게 된다. 자제하지 못한다는 것을 느끼게 되고 외부의 통제마저 상실하게 되면 회의감과 수치감은 사라지지 않게 된다.

단계마다 '부정적인' 가능성을 지나치게 과장하고 있다고 생각하는 사람이 있다면 여기서 이야기하는 것이 임상 결과만이 아니라는 점을 말하고 싶다. 성숙해보이고 과대 망상적이지도 않은 성인들도 체면이 땅에 떨어진 수치감과 '뒤에서 오는' 공격의 두려움에 예민한 반응을 보이는데, 이는 매우 비이성적이고 그들이 알고 있는 지식과 완전히 다를 뿐 아니라 예를 들어, 감상주의가 인종 정책이나 국제 정책에 영향을 끼친다면 피할 수 없는 두려움일 수 있다.

우리는 원초적 신뢰감을 종교 제도와 연관시켰다. 다른 사람들의 뜻을 설명하고 인정해주는 성숙한 질서 속에서 자신의 뜻도 설명되고 인정되길 바라는 인간의 영원한 욕구는 '법과 질서'라는 제도적 장치를 마련했다. 국내나 국제 법정에서뿐 아니라 일상 생활 속에서 이 원리는 각자에게 자신의 특권이나 한계, 의무와 권리를 나누어주고 있다. 정당한 권위와 주위의 성인들에게 법적으로 의존하는 가운데 길러진 자율성은 의지를 가지고 자라는 유아가 과도한 회의감이나 수치감을 느끼지 않게 해줄 것이라는 확신을 준다. 따라서 어린 시절부터 길러진 자율성은 정의감을 가지고 경제 생활과 정치 생활을 영위해나갈 수 있도록 해준다.

주도성 대 죄책감

모든 단계의 모든 아이들에게는 새로운 기적이 왕성하게 일어나는데, 이 기적은 새로운 소망과 새로운 책임감을 형성시켜준다. 바로 주도성과 주도성이 가지고 있는 특성이 그런 기적이다. 이러한 특성을 재는 결정적인 기준은 갑자기 인격과 신체가 동시에 성장하는 것 같아 어색하고 두려워하는 위기다. 아이는 갑자기 인격과 신체가 '함께 성장하는' 것처럼 보인다. 아이는 좀더 자기 자신다워지고 더욱 사랑스러워지고, 편안해지고, 판단이 정확해지고, 더욱 활발해진다. 아이는 남는 에너지를 가지고 있으려 하지 않으므로 실패를 금방 잊어버리게 되고, 다소 불확실해보이고 위험해보이더라도 더욱 정확해진 방향 감각을 가지고 그럴듯하게 보이는 것에 접근한다. 주도성은 일을 수행하고, 계획하고, 계속 활동적으로 움직여나가기 위하여 '도전' 하도록 이끄는데, 이는 자기 멋대로 하려 들거나 도발적인 행동을 하고, 저항적인 자주성이 나타나려는 것을 방지해준다.

많은 일들을 주도적으로 해나간다는 말은 다분히 미국적이고 산업 세계에 어울리는 의미를 가지고 있다. 그러나 이것은 행동을 하는 데 언제나 필요한 자질이며, 곡식을 거두는 일에서부터 기업을 운영하는 데까지 무엇을 배우든, 무엇을 하든 주도인인 정신이 필요하다.

보행 단계와 유아기의 성감 발달 단계는 먼저 '만들어지고 있다' 는 것을 느끼는 데서 시작하게 되는, '만든다' 는 사회성을 지닌 기본적인 양상을 통해 발명하는 행위를 이끌어 낸다. 이를 설명하는데 주도성이라는 말보다 더 단순하면서도 강력한 것은 없다. 주도성이란 공격하고 정복하는 데서 얻는 기쁨을 뜻하기 때문이다. 남자 아이들은 주도성이 남근 삽입 형태로 남게 되며, 여자 아이들에게는 좀더 공격적인 의미에서는 움켜쥐는 형태로, 다소 부드러운 측면에서는 자신을 매혹적이며 사랑스럽게 가꾸려는 모습으로 남게 된다.

이 단계에서 나타나는 위험은 새로운 운동력과 정신력을 즐기며 주도적으로 해나가는 행동과 목적에 대해 느끼는 죄책감이다. 다시 말해 신체와 정신의 수행 능력을 금방 넘어서게 되어 주도적으로 행동하려는 것을 멈추게 해야 할 필요가 생길 만큼 공격적으로 조종하고 억압하는 행동에 대해 죄책감을 느끼게 되는 것이다. 자율성은 앞으로 경쟁자가 될 대상들을 쫓아내려는 데 몰두해서 동생이 끼어들었다는 데 대해 대부분 질투와 분노를 나타내는 반면, 주도성은 이미 존재하고 있었고 따라서 주도성을 발휘할 수 있는 장을 먼저 갖추어놓은 대상과 경쟁을 시작한다. 유아기의 질투와 경쟁심은 분명한 특권의 영역을 만들어 경계를 그으려고 더욱 더 애쓰게 만드는 무익한 시도를 하게 하는데, 결국 어머니의 사랑을 차지하려는 경쟁에서 그 절정에 이르게 된다. 그리고 여기서 번번히 실패하게 되면 포기하게 되고 죄책감과 불안감을 갖게 된다. 이 아이는 거인이나 호랑이가 되고 싶은 환상에 빠지지만 두려움으로 쫓기는 꿈을 꾼다. 이 단계를 '거세 콤플렉스'라고 한다. 이는 흥미로웠던 꿈을 꾼 데 대한 벌로(강한 성적 자극으로) 성기가 손상된 것을 발견한 데서 오는 커다란 두려움을 말한다.

유아기의 성적 관심, 금기시하는 근친 상간, 거세 콤플렉스, 초자아, 이런 모든 것들이 합하여져 특이한 위기를 조성한다. 아이들이 배타적이고 전성기적(前性器的)인 애착으로 부모를 대하던 것에서 차츰 부모를 관습의 전달자로 이해하기 시작하면서 이러한 위기가 생긴다. 운명적일 수밖에 없는 분열과 전환이 감정의 소용돌이 속에서 일어난다. 내재되어 있는 인간의 영광과 완전한 파멸이 분리되는 것이다. 아이들은 자기 내부에서 영원히 분리되어버린다. 유아기의 신체와 정신의 성장을 촉진시켰던 본능적 요소들이 이제는 성장 잠재력의 활력을 영원히 간직하려는 유아기적인 요소와 자기 성찰, 자기 지도, 자기 정죄를 통해 성장하도록 도우려는 부모와 같은 영향력으로 나뉜다.

다시 상호 규제의 문제가 일어난다. 지나치게 자기 마음대로 하려는 아이들이 점차 도덕적 책임감을 갖추게 될 때, 자신의 책임감을 발휘하게 될 조직이나 역할에 대해 이해할 수 있게 될 때, 아이는 장난감을 유용하게 가지고 놀거나 어린 동생을 보살피고, 도구나 무기를 사용하는 일에서 즐거운 성취감을 얻게 될 것이다.

당연히 부모의 영향도 처음에는 유아기적인 특성을 갖는다. 일생 동안 인간의 양심이 부분적으로 유아기적 성향을 그대로 지니고 있다는 것은 가장 커다란 인간의 비극이다. 어린아이의 초자아는 원시적이고 잔인하고 타협할 줄 모른다. 이는 아이들이 자아를 말살시키려들 만큼 스스로를 지나치게 통제하고 억압하는 데서 찾아볼 수 있다. 또 아이들이 부모가 원하는 것 이상으로 확실히 복종하게 되거나, 부모들이 성숙한 양심으로 부끄럽지 않게 사는 것처럼 보이지 않아서 퇴행과 분노를 반복할 때 나타난다. 생활 속에서 가장 심각한 갈등 중 하나는 때로 어린아이가 더 이상 참을 수 없을 만큼 침범당하는 것을 구원해주는 존재이기도 한 부모를 초자아의 한 원형으로서 자신을 지배하는 대상으로 보고 미워하게 되는 것이다. 전능하면서도 아무 의미가 없을 수도 있는 초자아의 특성과 더불어 도덕적인 관습 속에 혼합되어 있는 의심과 불확실성은 도덕적인 인간을 자기 자신의 자아와 다른 사람들의 자아에 커다란 위험을 주는 대상으로 만든다.

성인 병리학에서 볼 때, 주도성의 위험은 욕구를 억압당하고 마비나 금지, 무기력으로 인해 활동 기관이 말을 듣지 않게 되는 신경성 부인(否認)으로 나타나거나 두려움을 느낀 사람이 이를 부당하게 감추려 하는 과잉 반응으로 나타난다. 그래서 요사이 마음의 병이 몸의 병을 가져오는 일이 흔해졌다. 이는 마치 문화가 인간을 병들게 만들고서는 인간이 병들었다는 사실로 문화도 병들어버리는 것과 같다.

하지만 여기서 단순히 개인적인 심리 병리학만을 생각해서는 안 되고, 이 단계에서 가장 커다란 소망과 가장 열광적인 환상들이 억압당하고 제한당하게 되었을 때 드러나게 될 분노의 내면적인 원동력을 생각해야 한다. 착한 일을 했을 때 받는 커다란 상처럼 어떤 결과로 얻은 독선은 나중에 다른 사람들에 대한 끊임없는 도덕적 감시의 형태로 변할 수 있고, 따라서 주도적으로 지도하기보다는 늘 금지시키려들게 된다.

긴 어린 시절 동안 내재되어 있는 위험성들을 감소시키기 위해, 인생 주기의 청사진을 들여다보면서 어렸을 때 지도할 수 있는 것들을 연구하면 좋을 것이다. 중요한 사실은 아이들이 이 단계에서 가장 빨리 활발하게 배우고 의무감과 책임감이 성숙한다는 사실이다. 아이는 협력해서 뭔가를 만들고 이루고 계획하려는 목적으로 다른 아이들과 섞이고, 선생님에게 배우고 이상적인 모범을 흉내내려고 한다. 물론 여전히 동성 부모와 자신을 동일시하게 되는데, 당분간은 부모가 하는 일을 동일하게 따라 함으로 말미암아 지나친 유아적 갈등이나 오이디푸스 콤플렉스에서 오는 죄책감을 느끼지 않는 주도적인 영역을 보장받고, 무엇인가를 함께 하는 데서 경험하게 된 동질성을 바탕으로 하는 좀더 실제적인 정체감을 보장받으려 할 것이다. 어쨌든, 오이디푸스 콤플렉스 단계는 해도 되는 일을 제한하는 도덕 의식을 억압적으로 형성하는 결과만을 낳는 것은 아니다. 능동적인 성숙한 생활이라는 목표를 향해 가는 유아기의 꿈을 분명하고 가능하게 이끌기도 한다. 사회 제도는 이 또래의 아이들에게 경제 관념을 심어 주는데, 동화책이나 그림책에 나오는 우상들의 자리를 대신할 수 있을 만큼 멋있고 또 입고 있는 옷이나 하는 일로 알 수 있게 된 이상적인 성인들의 모습을 통해 경제 관념을 갖게 된다.

근면성 대 열등감

이제 내면적으로는 자신의 '생활'이라는 것에 입문할 모든 준비가 갖추어진 것 같다. 들판, 정글, 교실, 어디에서 이루어지건 학교 생활이라는 것이 최초의 생활이 되겠지만 이를 제외한 생활에서 말이다. 아이들은 왕성한 상상력을 비인격적인 사물에 대한 법칙들 - 읽기, 쓰기, 셈하기와 같은 것들 - 로 길들이고 숙련시키면서 과거의 소망이나 꿈을 망각해야 한다. 심리학적으로 미성숙하다 해도 생물학적으로는 분명한 부모이므로 부모는 가능성들을 제공하며 수행하는 자가 되기 시작해야 한다. 잠정기가 다가오면서, 정상적으로 성장한 아이들은 직접적인 공격으로 자기 사람을 만들려 하거나 엄마 아빠가 빨리 되고 싶은 욕구를 잊거나 승화시킨다. 그리고 이제는 무엇인가를 생산함으로 인정받는다는 것을 알게 된다. 아이는 완전하게 걸을 수 있고 신체의 움직임도 다 안다. 결국 가족이라는 안정된 테두리 속에는 더 이상 밝은 미래가 없다는 최후 의식을 체험하게 된다. 그래서 자기의 신체로 표현하는 유희나 팔다리를 놀려 기쁨을 얻는 데서 훨씬 지나 이제는 기술을 익히고 주어진 일을 해나가는 데 점점 익숙해진다. 근면성을 발달시키는 것이다. 즉, 도구 세계의 무생물적인 법칙에 적응해가는 것이다. 생산이 이루어지는 환경에 적응한 열성적인 한 개체가 된 것이다. 무엇인가를 만드는 상황 속에서 이를 완성하려는 목표가 놀이를 하거나 그만두려는 욕구를 대신하게 된다. 이제 자아의 한계는 도구와 기술의 한계도 포함하게 된다. 그리고 작업 원리(아이브스 헨드릭)를 통해 꾸준한 집중력과 부지런함으로 완성의 기쁨을 맛볼 수 있다는 것을 알게 된다. 모든 문화는 이 단계의 아동에게 '체계적인 가르침'을 받게 하는데, 읽고 쓰는 것을 가르치는 방법을 아는 특수한 교사를 중심으로 조직되어 있는 학교가 반드시 있는 것은 아니다. 글자를 모르는 사람들 사이에서나 지식적인 목적이 아닌 경우에는 정식 교사보다는 가르치는 재능과 성격을 타고난 성인을 통해 자연스레 배우는 것이 많은데, 아이들도 자기보다 나이가 많은 아이들에게서 가장 많은 것을 배운다. 따라서 아이들은 자기보다 큰 사람들이 사용하는 생활 용품들이나 도구, 기기를 다룰 수 있게 되면서 기술의 기초가 발달하게 된다. 글을 읽는 사람들은 글을 읽게 되면 할 수 있는 일이 무한히 많아지므로 이에 대한 기초적인 교육으로, 좀더 구체화된 작업을 통해, 글을 먼저 가르치려 한다. 그러나 전문적이고 복잡해질수록, 주도성의 궁극적인 목표가 불분명해지고, 복잡한 사회적 현실성을 갖게 될수록 그 안에서의 아버지와 어머니의 역할은 더 모호해진다. 학교는 자체의 목적과 한계를 갖고 있으며, 그 업적과 단점을 그대로 가지고 있는 하나의 문화다.

이 단계에서 위험한 점은 아동이 부적응과 열등감을 느끼게 되는 것이다. 만일 도구나 기술을 사용하는 방법이나, 도구를 함께 사용하는 파트너와의 관계에서 자신의 지위에 대해 실망하게 되면 그들과 동일해지지 못하고 도구 사회의 일원이 되지 못한다는 절망감을 갖게 된다. 이렇게 활동적인 관계성을 맺지 못하게 되면 오이디푸스 콤플렉스 시기의 더 폐쇄적이고 덜 도구화된 가족 구성원과의 경쟁 상태로 퇴화하게 된다. 아동이 주어진 역할을 기술과 경제의 측면에서 이해할 수 있도록 도와주는 보다 중요하고 확대된 사회가 다가오는 것도 바로 이 단계다. 가정 생활이 아동을 학교 생활에 적응할 수 있도록 도와주지 못한다면, 또는 학교 생활이 이전 단계에서 기대하던 것들을 실현시켜주지 못한다면 아동의 성장은 중단되고 만다.

나는 근면성의 발달 시기를 이야기하면서 새로운 능력을 활용할 때 만나게 되는 '내부와 외부의 방해 요인'에 대해서는 언급했지만 새로운 인간적인 욕구의 악화나 좌절감에서 오는 내재된 분노에 관해서는 언급하지 않았다. 이 단계는 새로운 지배력에 대한 내면적인 반란에서 발생하지 않는다는 것이 이전 단계와의 차이점이다. 강한 욕구가 정상적으로 잠자고 있으므로 프로이드는 이를 잠정기라고 불렀다. 그러나 유아기의 모든 욕구가 성적인 힘의 지배 아래서 새로운 연합 형태로 나타나게 되는 사춘기의 폭풍이 불어닥치기 전의 고요함에 지나지 않는다.

다른 한편으로 이 단계는 사회성에 있어서 가장 결정적인 단계다. 근면성은 다른 사람들과 같이 일하는 것과 연관이 있으므로, 이 단계는 최초로 노동의 분업화와 차별성에 대한 의식, 문화의 통속적인 특성도 기술적인 면을 가지고 있다는 의식을 발달시켜준다. 우리는 앞에서 아동이 배우고 싶은 욕구나 의지보다 자신의 피부색, 부모의 사회적 지위, 자신이 입고 있는 옷이 나타내주는 어떤 사회적인 능력으로서의 자신의 가치, 즉 정체감을 결정한다고 여기도록 위협하는 개인과 사회의 위험성에 대해 지적한 바 있다. 그러나 이보다 더 큰 원초적인 위험이 도사리고 있다. 성경에서 이야기하고 있는 것처럼 인간의 노동을 낙원에서 추방된 후 받는 형벌로만 수용하는 영역을 구축하고 자신을 억누르는 것이다. 의무감만으로 일을 하고 자신의 가치를 평가하는 기준으로서 일을 한다면, 인간은 자신이 가지고 있는 기술의 노예가 되고 분별력 없이 그 기술을 황폐하게 만드는 자가 되어버리고 말 것이다.

정체감 대 역할 혼동

기술과 도구의 세계와 바람직한 진취적 관계를 맺고 사춘기의 격정이 몰아닥치게 되면 어린 시절은 끝이 난다. 청소년기가 시작되는 것이다. 그러나 유아기와 맞먹는 빠른 신체의 성장과 새로운 성적 성숙함으로 인해 이전 단계와 연계되는 동일성과 지속성이 조금 의심스러워진다. 내면에서 이러한 심리적인 반란을 겪는 가운데 희미하지만 성인으로서의 역할이 주어지게 된다. 이제 청소년들은 스스로 느끼는 자신의 모습과 다른 사람들이 보는 자신의 모습은 어떻게 다를 것인지, 이전에 익힌 역할과 기술을 앞으로 갖게 될 직업의 세계와 어떻게 연계시켜야 하는지에 관심을 기울이기 시작한다. 그리고 새로운 의미의 동일성과 지속성을 추구하면서 이전과 같은 싸움들을 다시 벌여야 한다. 완벽하고 훌륭한 사람들을 일부러 그 싸움의 상대로 정하고 자신의 궁극적인 정체감을 형성하는 데 도움을 주는 영원한 우상이나 이상으로 삼는다.

자아 정체감이라는 것으로 통합된 것은 어린 시절의 정체감 형성 과정을 모두 통합한 결과 이상의 것이다. 이는 성적인 충동의 다양한 변화, 타고난 소질의 개발, 사회적 역할을 감당하게 해준 기회들을 통해 정체감을 통합하는 자아의 능력이 자연스럽게 발휘되는 경험이다. 그래서 자아 정체감이란 마치 분명한 약속이 실현된 것처럼, 과거에 이루어진 내재되어 있는 동일성과 지속성이 다른 사람들에 대한 자신의 가치의 동질성과 지속성과 일치하는 당연한 자신감 같은 것이다.

이 단계에서는 역할 혼동이라는 위험이 있다(에릭슨, 1956). 이러한 위험이 자신의 성(性) 정체감에 대한 강한 의심에서 비롯될 때, 흔히 비행을 저지르거나 정신병적인 행동을 저지르게 된다. 올바로 파악되고 치료된다면 이런 일들은 다른 단계에서와는 달리 그다지 치명적이지 않다. 그러나 대부분의 경우, 청소년들은 그들을 괴롭히는 직업과 관련된 정체감을 형성하는 일에는 무능력하다. 자신의 정체감을 유지하기 위해 그들은 오히려 완전히 정체감을 상실한 상태에서 그들 집단이나 군중들의 영웅과 자신의 정체감을 일치시켜버린다. 여기서 '사랑에 빠지는' 단계가 발전하는데, 더 깊이 발전할 때까지 이것은 절대로 성적인 문제에서 그치는 것이 아니다. 청소년기의 사랑은 자신의 자아 이미지를 다른 사람에게 투사하여 어떻게 반사되고 뚜렷해지는지 보면서 자신의 정체감의 한계에 도달하려는 시도다. 이것이 풋사랑의 대부분이 친구로서 교제하는 관계로 이루어지는 이유다.

젊은이들은 또한 피부색이나 문화적 환경, 취미와 재능, 그리고 금새 같은 집단인지 다른 집단인지를 구별하는 표시가 되는 옷 입은 모양이나 행동 같은 것에서 자기와 '다른' 사람들에 대해 굉장히 배타적이고 매정하다. 정체감이 혼란스러워지는 것을 막기 위해, 다른 집단과 어울리지 않고 용납하지 못하는 편협함을 이해해줄 수 있어야 한다. 청소년들은 집단을 형성하고 자신들의 이상이나 적, 그리고 자신들의 모습을 정형화시켜 일시적으로나마 서로 불안을 이기도록 도와주고, 서로의 능력을 실험하여 충성을 맹세한다. 이는 영지나 토지, 종족, 국가 등을 중심으로 하는 집단 정체감을 상실했거나 상실해가고, 전세계적인 산업화나 해방을 겪고, 신속하게 정보 교환을 하게 된 국가나 집단의 청소년들의 정신에 단순하고 무자비한 전체주의적인 사상이 호소력을 가지는 이유를 설명해준다.

청소년들의 정신은, 정신 사회학적으로 아동과 성인의 중간 단계로 아동 시기에 배운 도덕성과 성인이 되어 발전하게 되는 윤리 의식 사이의 단계에 있는 '유예' 기간의 상태다. 청소년의 정신은 관념적이다. 그리고 무엇이 선하고 위험하고 적대적인지를 동시에 규정해주는 의식(儀式)이나 신조, 프로그램을 통해 하나가 되어, 같은 또래에게 인정 받고 싶어하는 청소년들에게 가장 설득력 있는 것은 사회의 관념적인 관점이다. 정체감을 형성하는 데 영향을 주는 사회적 가치들을 추구하면서 청소년은 '이데올로기'와 '귀족 정치'의 문제에 부딪히게 되는데, 가장 포괄적인 의미에서 볼 때 이 둘은 한정되어 있는 세계상과 예정되어 있는 역사의 흐름 속에서 가장 위대한 인물들이 가장 훌륭하게 통치할 것이며 이러한 통치가 가장 훌륭한 인간을 만들어낼 것이라는 의미를 내포하고 있다. 무관심하거나 냉소적이지 않기 위해 청소년들은 예정되어 있는 성인 세계를 이어갈 자신들이 최고가 되어야 한다는 의무감을 지고 있다는 사실을 확신할 수 있어야 한다. 우리는 뒤에서 인간의 이상이 국가적으로나 국제적으로 공산주의나 자본주의의 영향을 받게 되면 어떤 위험이 발생하게 되는지 살펴볼 것이다.

친밀감 대 고립감

 각 단계에서 얻은 힘은 가장 약한 점이 무엇인지 알아내기 위해 다음 단계에서 그 힘을 능가하는 욕구를 통해 실험을 거친다. 따라서 정체감을 확립하고 유지하는 가운데 있는 아직 미성숙한 성인은 자신의 정체감을 다른 사람들의 정체감과 혼합시키려든다. 즉 상당한 희생과 타협이 필요함에도 불구하고, 관계를 맺고 파트너십을 형성하는 데 몰두하고 그 관계를 지키기 위해 윤리적인 힘을 키우는 능력이라고 볼 수 있는 친밀감을 갖게 된다. 자기 포기가 필요한 상황, 즉 가까운 집단과의 결속이 깨어지거나 이성과의 관계가 깨어지거나, 친한 친구를 잃거나, 교육에 의해 또는 내면의 통찰로 얻은 경험이 허물어지는 상황에서 자아를 상실할지도 모르는 위험을 극복할 수 있도록 신체와 자아는 신체적 표현과 사소한 갈등을 지배할 수 있어야 한다. 자아 상실의 위험들을 피하다보면 고립과 자기 몰입 상태에 빠진다.
 친밀감에 대응되는 것은 소원함이다. 이는 고립감을 느끼기 시작하는 예비 단계로, 필요하다면 자신에게 위험하게 느껴지는 사람이나, 그의 '영역'이 자신과의 친밀한 관계를 잠식하고 있는 것처럼 보이는 사람들이나, 그 힘을 파괴하기 시작한다. (정치나 전쟁에서 사용되는) 편견도 그런 식으로 생기는데, 정체감이 갈등을 겪는 동안 친한 존재들과 낯선 존재들 사이를 날카롭고 매정하게 갈라놓는 잘못된 평판들이 좀더 발전된 결과다. 이 단계의 위험은 자아가 동일한 사람들과 친밀하고 경쟁적이며 호전적인 관계를 갖게 되고 이들에 대해 적대적이 되는 것이다. 그러나 성인으로서의 의무를 다해야 할 영역이 주어져 있고, 경쟁 대상도 다르고 남성이나 여성으로 용인되는 것도 차이가 있으므로 점차 성인이 된 증거인 '윤리 의식'을 따르게 된다.
 엄밀히 말해, '진정한 성적 능력'이 완전히 발달되는 때도 이때다. 이러한 책임감에 앞서 이루어지는 성 생활은 대체로 정체감을 형성하기 위한 것이 되거나, 성 생활을 일종의 성기를 통한 여성과 남성간의 싸움으로 만들게 된다. 그렇지 않으면 생식기를 상호간에 함께 나누는 영원한 축복으로 묘사하기도 한다. 이것이 생식기에 관한 우리의 결론이 될 것이다.
 이 문제에 있어 기본적인 방향을 잡는 데 프로이드의 짧은 이야기가 나에게 준 영향을 이야기하겠다. 이 이야기는 환자에게 하나님과 사람 앞에 그가 하나의 의무를 가지고 있다는 것을 확신시켜주려는 치료적인 시도로 이루어진 정신 분석이라고 주장되어 왔는데 그 의무란 바로 어울리는 '상대'와 만족스런 성적 희열감을 느끼는 것, 그리고 그것을 규칙적으로 느끼는 것을 말한다.

물론 이것은 사실이 아니다. 어느 날 프로이드는 정상적인 사람이 무엇을 잘 할 수 있어야 하는가 하는 질문을 받았다. 질문을 한 사람은 아마 복잡한 대답을 기대했을 것이다. 그러나 프로이드는 간단하게 이렇게 말했다고 한다. "사랑하고 일하라(Lieben und arbeiten)". 이 간단한 이야기는 깊이 생각해볼 가치가 있다. 프로이드가 '사랑'이라고 한 것은 '성적인 사랑'을 말한다. 그리고 사랑하고 일하라는 것은 성적인 존재 또는 사랑할 수 있는 존재로서의 능력이나 권리를 상실할 만큼 한 개인에게 빠져들지 않는, 일하는 생산성을 뜻한다. 참작해볼 만한 이야기지만 전적으로 수긍이 가는 이야기는 아니다.

따라서 성적인 능력은, 전성기기(前性器期)의 방해가 사라지고 성적 충동이 신체 전부로부터 오는 긴장을 격동적으로 풀어주면서, 음경과 질의 온 감각을 통한 이성간의 상호작용을 통해 이루어져 (킨제이가 말하는 '배출'로 해소되는 성적인 산물만이 아닌), 성적 희열을 느낄 수 있도록 마음껏 성적 잠재력을 개발하는 능력이다. 이는 우리가 실제로는 이해하기 어려운 과정을 구체적으로 설명한 것이다. 좀더 적합하게 말하자면, 성적인 희열의 소용돌이 속에서 두 존재가 서로를 구속하는 것을 최고로 경험하면서, 남성과 여성, 사실과 환상, 사랑과 증오간의 상반된 데서 비롯되는 적대감과 잠재적인 분노가 사라진다는 것이다. 따라서 만족스러운 성 관계는 성 행위에 덜 집착하게 하고, 과대보상을 별로 원하지 않고, 가학적인 절제를 충분히 할 수 있다.

정신 분석은 성 관계를 치료적인 측면에서 보는 편견을 지니고 있어서, 성이 계층이나 국가, 문화의 모든 사회 발전 과정에 영향을 끼친다는 사실을 인정하지 않는다. 정신 분석학자들이 생각하는 성적인 희열감에 작용하는 상호 관계는 분명 여유 있는 성 관습을 만들게 된 계층이나 문화에서는 쉽게 얻을 수 있다. 좀더 복잡한 사회에서는 이러한 상호 관계가 건강이나 전통, 기회, 성격 같은 많은 요소들의 방해를 받아 성의 적당한 형태를 다음과 같이 이해한다. 인간은 상호간에 성적인 희열을 얻을 수 있어야 하지만, 감정적인 호감이나 의무감으로 인해 성이 요구될 때마다 느끼게 되는 당혹감을 참을 수 있을 만큼 성적인 존재로서의 정체감이 형성되어야 한다는 것이다.

정신 분석 학자들이 성적인 능력을 사회를 치료할 수 있는 보편적인 치료법으로 지나치게 강조하고 또 이렇게 해석하고 싶어하는 많은 사람들이 새로운 방법과 새로운 상품을 제시하지만, 실제 정신 분석학은 성적인 능력이 뜻하는 것이 이것뿐이라고 주장하지는 않는다. 영원 불변한 사회적인 중요성으로서 성적인 유토피아는 이런 점을 포함하고 있어야 한다.

1. 상호간에 느낄 수 있는 희열감
2. 사랑하는 상대
3. 이성(異性)
4. 상호 신뢰를 가질 수 있는 사람과의 관계
5. 1) 일, 2) 출산, 3) 휴식 이 세 가지의 흐름을 조절할 수 있는 사람과의 관계
6. 자녀들도 만족스럽게 모든 단계를 거쳐 발전해나갈 수 있도록 보장할 수 있는 관계

넓은 의미에서 성적인 유토피아는 분명히 혼자서 만들거나 치료 방법이 될 수는 없다. 또 어떤 의미로든 성적인 문제만도 아니다. 이는 그 문화가 지니고 있는 성적인 선택, 협력, 경쟁이 통합된 산물이다.

이 단계의 위험은 고립감, 즉 친밀해질 수 있는 관계를 회피하는 것이다. 정신 분석학에서 이러한 갈등은 '성격상의 문제'를 야기할 수 있다. 한편, 두 사람이 다음 단계로 발전하고 싶지 않은, 즉 생식 단계에 들어서야 할 당위성을 없애버리는, 둘만이 함께 있기를 원하는 고립감을 불러일으킨다.

생산성 대 침체감

이 책에서 강조하고 있는 것은 어린 시절이다. 생산성에 관련된 부분은 필수적인 부분이다. 왜냐하면 생산성이라는 단어는 인간을 배우는 동물뿐 아니라 가르치고 제도화시키는 동물로 만들어 온 진화적인 발달을 뜻하기 때문이다. 성인에 대한 아동의 의존성을 과장하는 요즈음의 주장은 앞선 세대의 젊은 세대에 대한 의존을 간과하게 만든다.

성인은 필요한 존재가 되기를 원한다. 성인은 낳고 기르기 위해 용기뿐 아니라 이를 위한 가르침을 받을 필요도 있다.

그래서 생산이란 기본적으로 다음 세대를 형성하고 지도하고 싶어하는 욕구다. 운이 없거나 다른 방향으로 특별한 재능과 자질이 있어 자녀에게 이러한 동기를 부여하지 못하는 사람들도 있다. 그리고 생산이란 개념은, 대신할 수는 없지만, 생식이나 창조와 같은 널리 쓰이는 유사어의 뜻도 포함한다.

정신 분석 학자들에게는 신체적이고 정신적인 만남에 몰입할 수 있는 능력은 자아의 관심을 점차 확장시키고 생식되려고 하는 것에 성적으로 투자하는 것이다. 따라서 생식은 정신 사회학적인 발달 단계뿐 아니라 성 심리 분야에 있어 필수적인 단계다. 그런 능력이 모두 수포로 돌아가게 되면, 침체감과 개인적인 무력함을 동반하는 거짓된 친밀감에 대해 지나치게 집착하는 퇴행이 일어난다. 그러면 마치 자기가 자기 자신의 또는 다른 사람의 단 하나의 자녀인 듯이 자신에게 몰두하기 시작한다. 상황이 그렇게 되면 육체적으로나 정신적으로 초기의 병적인 증세가 자기 집착으로 이어지게 된다. 그러나 자녀를 갖게 된 사실, 아니면 자녀를 원하는 사실까지도 단순한 생식의 '결과'는 아니다. 사실, 젊은 부모들은 이 단계에 들어서는 기간이 지연되는 것을 고통스러워한다. 그 이유는 유아 시절에 받은 영향에서 비롯된다. 즉 집요하게 스스로 형성한 인격에서 오는 지나친 자기 애착과 (결국 다시 초기 단계로 돌아가) 아동으로 하여금 공동체에서 환영받는다는 것을 보여주는 '종족에 대한 믿음'인 신뢰감을 충분히 느끼지 못하는 데서 오는 것이다.

생식을 통한 계승의 윤리를 모든 제도가 성문화시킨다고 말할 수 있다. 철학적이고 정신적인 전통이 출산과 생산의 권리를 부정하는, 금욕적인 운동이 일어난 곳 어디에서나 찾아볼 수 있는 '궁극적인 관심'에 대한 회귀 현상은 지구상의 피조물에 대한 배려와 생식과의 관계, 생식의 문제를 초월해보이는 사랑의 문제를 동시에 해결하려고 애쓴다.

만일 이 글이 성인에 관한 것이라면, 이 단계에서 경제적 심리학적 이론들을 (마르크스와 프로이드의 비슷하고도 상이한 이론에서부터 시작하는) 비교하고 출산(出産)뿐 아니라 자손과의 관계에 관한 토론을 이어나가는 것이 필수적이고 유익할 것이다.

자아 통합 대 절망감

어떤 의미로든 사물과 사람들을 돌보는 데서 오는 승리감과 실망감에 적응할 줄 아는 사람, 다른 존재나 사물, 사고를 만들어본 사람만이 7단계의 열매를 얻을 수 있다. 나는 자아 완성보다 더 좋은 말을 찾아내지 못했다. 분명한 의미를 나타내기에는 부족하지만 이 단계의 정신적 상태의 몇 가지 요소들을 지적해보면 다음과 같다. 질서와 의미에 대한 자아의 성향을 그대로 인정한다. 얼마나 비싼 대가를 치르게 되든, 세계 질서와 정신력을 얻게 되는 경험으로서의, 자아에 후기 나르시즘적(post-narcissistic) 사랑—이기적인 것이 아닌—을 쏟는다. 자신의 단 하나의 인생 주기를 기필코 그 무엇과도 바꾸지 않고, 있는 그대로 받아들인다. 이는 새로운 다른 형태의 부모의 사랑과 같은 것이다. 동떨어진 시대와 다른 가치들이 조화를 이루는 방법과 동류 의식을 갖는데, 이는 그 시대와 가치관의 산물이나 격언에 표현되어 있다. 인간이 처한 곤경에 의미를 주는 다양한 생활양식의 상대성을 인정한다 해도, 자아가 완성되면서 모든 육체적이고 경제적인 위협에 대항하여 자신만의 삶의 양식의 위엄을 지키려 한다. 왜냐하면 개인의 일생은 단 하나의 인생이 단 하나의 역사의 단편과 우연히 만나게 되는 것이라는 사실을 알고, 그에게 있어 모든 인간의 자아 완성은 자신의 자아 완성과 함께 협력하거나 함께 넘어진다는 사실을 알기 때문이다. 자아 완성은 자신이 속한 문화 속에서 발전되어 도덕적으로 보증해주는 '영혼의 자산'이 된다.

이러한 굳건한 자아 완성의 결과 죽음에 대한 두려움은 사라진다. 자아가 자연스럽게 완성되지 않거나 상실되면 죽음에 대한 두려움이 커지고, 단 하나의 인생을 최후의 삶으로 받아들이려 하지 않는다. "혐오감이 절망감을 감춘다. 하나의 커다란 후회로 모아지지 않는 '수천 가지의 사소한 혐오감들'의 형태로"(로스땅, 프랑스의 극작가).

성숙한 성인이 되기 위해 각 개인은 앞에서 언급한 모든 자아의 자질을 충분히 개발해야 한다. 그래서 지혜로운 인디언이나, 예의 바른 신사, 나이든 농부들, 누구나 서로 자아 완성이라는 마지막 단계를 확인할 수 있어야 한다. 그러나 역사적 상황이 제시하는 특이한 양식의 자아 완성을 이룩하기 위해 각 문화적 개체는 유아기적 성 의식을 자극하고 금지하면서 갈등들을 복합적으로 활용한다. 유아기적 갈등은 문화적 제도와 특별한 지도자의 확고한 지원이 계속되는 한 창조적인 것이 된다. 자아 완성을 경험하기 위해, 개인은 종교나 정치, 경제 질서, 기술, 품위 있는 삶, 예술, 과학에서 훌륭한 원형을 따르는 법을 알아야 한다. 따라서 자아 완성은 지도자로서의 책임감을 수용하는 것뿐 아니라 지도자를 따르는 자로서 참여할 수 있는 정서적인 의미의 자아 완성도 의미한다.

우리는 웹스터 사전에 나와 있는 의미를 통해 순환하는 도식을 그려볼 수 있다. 신뢰감(첫번째 자아 가치)이란 마지막 가치인 '다른 사람의 자아 완성(integrity)을 확실히 의지하는 것'이라고 정의되어 있다. 나는 웹스터가 어린아이들보다는 사업에, 믿음보다는 신용에 더 관심이 있는 사람이었을지 의문스러울 정도다. 그 정의는 정확하다. 그리고 성인의 완벽함과 아동의 신뢰감의 관계에 대해, 건강한 아동은 어른들이 죽음을 두려워하지 않을 만큼 완벽함을 지니게 된다면 그들도 삶을 두려워하지 않게 될 것이라고 표현해도 될 것이다.

후성적 도표

··· 아동 단계를 강조했다. 그러나 앞에서 이야기한 인생 주기 개념은 체계적으로 다루어져야 한다. 이를 위해 도표를 준비했다. 여기서 대각선으로 이어지는 칸은 전성기(前性器)기를 나타낸 도표에서와 마찬가지로, 각 단계에서 하나 이상의 갈등이 새로운 자아 특성, 즉 인간의 능력을 가늠하는 새로운 기준을 더해주면서 얻게 되는 일련의 정상적인 심리학적 결과다. 대각선 아래는 모두 처음부터 나타나는 이런 문제들이 해결되는 징조에 대한 여백이고, 대각선 위는 성숙해가는 과정과 성숙된 인격에서 변화되어 파생된 것들을 보여주는 여백이다.

이러한 도표를 뒷받침해주는 데 다음 두 가지 주장이 있다. 1. 인격은 원천적으로 사회적 관계성의 범위가 확대되어가는 것을 인식하고, 상호 작용하고, 이를 따라 점차 성숙해가는 인간의 적응력 속에서 예정된 단계를 따라 발전한다. 2. 사회는 원칙적으로 매우 조직화되어서 상호 작용이 일어날 가능성을 연계하고 잠재된 부분을 적당한 정도로 적절한 연관성 속에서 불러일으키고 유지시키려 한다. 이것이 인간 세상을 유지하는 것이다.

도표 1.1
후성적 도표

	1	2	3
Ⅲ 운동 생식기			주도성 대 죄책감
Ⅱ 근육 항문기		자율성 대 수치감과 회의감	
Ⅰ 구강 감각기	신뢰감 대 불신감		

그러나 도표는 이해를 돕기 위한 것에 지나지 않으며 아동 교육의 실재, 정신 치료, 아동 교육 방법론 등 어디에서나 예방의 차원으로 활용될 수 없다. 후성적 도표의 형태로 정신 사회학의 단계를 제시할 때…, 정신에는 명확한 방법론적인 단계가 있다. 이 작업의 한 가지 목적은 프로이드가 다른 성장 과정(육체나 정신이나)들을 성적으로 분류한 단계들을 쉽게 비교하려는 것이다. 그러나 어느 도표나 그 도표가 보여주는 발전 과정에 국한되어 있으며, 정신 사회학적 발달 과정의 개요가 다른 성장 양상, 또는 존재 양상과 관련되어 있다는 모호한 일반론을 나타내려는 것으로 오해해서는 안 된다. 예를 들어 도표가 일련의 갈등이나 위기를 나열하고 있다고 해서 모든 발달 단계가 위기의 연속이라고 보아서는 안 된다.

다만 정신 사회학적 성장이 '위기' 단계, 진보냐 퇴보냐, 완성이냐 지체냐를 결정하는 고비를 거친다고 생각해야 한다.

이 시점에서 후성적인 모형이 구성되는 방법론적 의미를 분명하게 설명해두는 것이 유익할 것이다. 이중으로 표시된 사각형은 일련의 단계들을 나타내고 구성하는 것들이 점진적으로 발달하는 것을 의미한다. 다시 말해, 도표는 각 구성 요소들이 구별되는 시기를 거쳐 발전되어가고 있는 것을 정형화시킨 것이다. 이것이 의미하는 것은 1. 앞에서

도표 1.2
인간의 8단계

		1	2	3	4	5	6	7	8
Ⅷ	성숙기								자아 통합 대 절망감
Ⅶ	성인기							생산성 대 침체감	
Ⅵ	청소년기						친밀감 대 고립감		
Ⅴ	사춘기					정체감 대 역할 혼돈			
Ⅳ	잠복기				근면성 대 열등감				
Ⅲ	운동 생식기			주도성 대 죄책감					
Ⅱ	근육 항문기		자율성 대 수치감, 회의감						
Ⅰ	구강 감각기	신뢰감 대 불신감							

이야기한 정신 사회학적 장점이 되는 각 중요 항목들이 다른 모든 항목들과 조직적으로 관련되어 있으며, 적절한 일련의 각 항목 속에서 올바로 발달하게 되고, 2. 각 항목은 어떤 형태로든 정상적으로 나타나게 되는 시기 이전에 이미 존재한다는 것이다.

예를 들어 원초적 신뢰감의 비율이 원초적 불신감을 넘어서는 것이 두번째 단계에서 수치심과 회의감에 대한 자율성의 비율이 바람직하게 높아지는, 정신 사회학적으로 그대로 적용되는 첫걸음이 된다고 하면 이에 상응하는 도표의 상황은 그러기에 필요한 근본적인 사실들뿐 아니라 두 단계 사이에 존재하는 수많은 근본적인 관계성도 보여준다. 각 단계는 그 단계를 겪는 동안에 가장 성숙하고, 그 단계의 위기를 극복할 수 있고, 영원한 해결 방법을 찾는다. 하지만 이러한 모든 항목들은 어떠한 행동을 할 때마다 이 모든 것이 통합된 자아 완성을 요구하기 때문에 어떤 형태로든 처음부터 존재하고 있어야 한다. 그래서 유아도 답답할 정도로 꼭 안기게 되면 풀려나려고 신경질적으로 몸부림치듯이 애초부터 특이한 방법으로 '자율성'과 같은 것을 보여준다. 그렇지만 정상적인 상황 속에서 서로 상반되는 자율적인 존재와 의존적인 존재를 경험하기 시작하는 것은 두 살이 되어서며, 이때가 되어야 자신이 속한 문화에서 건강한 인격을 형성하는 데 결정적으로 기여하는 자율성과 강제성이라는 특수한 개념을 느낄 수 있는 환경에 적응할 수 있게 된다. 여태까지 이야기해온 각 단계에 들어선다는 것이 바로 위기감을 초래하기도 하는 이런 과정이다. 한 단계에서 다음 단계로 성장해나가는 것을 보여주기 위해 대각선은 뒤따르는 단계와의 연결을 나타낸다. 그러나 그 속도와 정도의 차이는 다양할 수 있다. 한 개인이나 문화는 Ⅰ1에서 Ⅰ2를 지나 Ⅱ2까지 진행하는데 지나치게 시간이 오래 걸리기도 하고 Ⅰ1에서 Ⅱ1을 거쳐 Ⅱ2까지 빨리 진행하기도 한다. 그리고 이러한 빠른 진행이나 지체는 뒤따르는 모든 단계에 영향을 주게 될 것이다.

후성적 도표는 서로 의존적인 단계의 구조를 보여준다. 그리고 각 단계들을 개별적으로 다소 철저하게 살펴볼 수 있는 반면 이 도표(도표 1.2)는 단계들을 전체적인 배치를 통해 살펴볼 수 있도록 제시하고 있다. 이 도표에는 모두 빈 공간들이 있다. 이는 Ⅰ1에 있는 원초적인 신뢰감과 Ⅷ8에 있는 자아 완성을 볼 때, 자아 완성을 이루려는 욕구에 지배당하는 단계에서는 신뢰감이 어떻게 되는지에 관한 의문의 여지를 남겨둔 것이다. 자율성(Ⅱ1)에 대한 욕구가 지배하는 단계에서조차도 이미 어떤 신뢰감이 형성되어 있어야 하며, 어떻게 요구되는지를 제한적으로 규정해놓지 않는다. 여기서 신뢰감은 자율성이 발달하는 상황 속에서 다른 무엇으로 변하기 전에 신뢰감으로 제대로 발달되어야 한다는 것을 강조하고 싶다. 수직적으로 계속해서 말이다. 만일 마지막 단계(Ⅷ1)에서 신뢰감이 가장 성숙한 형태로 발달하여 나이든 사람들이 자신의 문화 환경과 과거의 시간을 통해 구축해놓은 '신앙'으로 성숙되길 바란다면, 이 도표는 노년기에 대해서뿐 아니라 어떤 예비 단계들을 거쳐야 하는가도 생각할 수 있도록 해준다. 이 모든 것은 후성적 도표가 방법론이나 전문 용어의 세부적인 내용들을 더 깊은 연구에 맡기고 총괄적인 형태로 보여주고 있다는 것을 확실하게 해준다.[2]

1. 발달 단계의 전이 과정에서 성인에게 도움이 되는 근본적인 자질은 어떤 것들인가?

2. 자신이 처한 단계에서 성장 위기를 넘기지 못한 사람에게는 어떤 결과가 생기는가?

3. 인생 주기 발달 과정에서 청소년기에 정체감을 형성하는 것이 중요한 이유는 무엇인가?

4. 어떤 면에서 성인기는 연계 시기인가?

Erikson, E. H. The problem of ego-identity. Journal of American Psychiatric Association 4, 1:56-121

주

1. 이는 종교의 집단적이고 심리학적인 측면이다. 종교가 개인의 영성과 때로 역설적인 관계를 갖고 있다는 사실은 간단히 지나쳐서는 안 될 문제다(「Young Man Luther」를 보라).

2. 이 문제를 위해 개념을 잘못 이해하는 일이 있어서는 안 된다. 그 중 신뢰감(그 외의 모든 '긍정적'인 의미의 개념들)은 그 단계에서 한꺼번에 '성취'되는 것이라고 잘못 이해하는 경우가 있다. 사실, 어떤 학자들은 이런 단계들에서 얻어지는 '성취되는 규모'로 이해하려는 의도로, 일생을 통해 긍정적인 개념에 대한 역동적인 대응 요소로 남아 있게 되는, 불신감과 같은 '부정적'인 개념을 가볍게 생략해버리려 한다. 나는 각 단계에서 새로운 내부 갈등과 상황을 변화시키는 데 아무런 해도 끼치지 않는 좋은 결과만 나타난다고 하는 주장이, 위험하게도 우리의 개인적이고 공적인 환상에 스며들어 우리로 하여금 새로운 산업화 시대에 필요한 존재가 되기 위한 고차원적인 투쟁에 어울리지 않는 인물이 되게 하는 성공 이데올로기를 아동 성장에 주입하는 것이라고 생각한다. 신체 대사는 쇠퇴해갈지라도 인격은 계속해서 실존을 위협하는 것들과 연관되어 있다. 파괴된 인생의 징후와 파괴시킨 상대적인 힘을 진단하게 되면, 단지 인생의 패러독스와 비극적인 가능성과 좀 더 분명하게 대면하게 될 뿐이다.

   이 책에서 이야기하고 있는 개념과 다른 학자들이 주장하는 개념들을 체계적으로 연관시키지도 않고 모든 단계의 모든 결과들을 '특성'이나, '욕구'로 설명하거나 시험해보려고 하면 서로 상응하는 것들이 있다. 애처롭게 들리겠지만 과거에는 바로 그 용어로 인해 하찮은 피상적인 선의 의미를 지녔던 그 용어들의 영향으로 내가 모두 지나치게 중요한 덕목들을 잘못 이해하고 잘못 사용했다는 사실을 미화시키려는 것은 아니다. 그러나 나는 자아와 언어 사이에는 본질적인 관계가 있으며 그것들이 변천함에도 불구하고 어떤 중요한 용어들은 기본적인 의미를 그대로 지니고 있다고 믿는다.

   나는 진화가 인생의 단계와 인간 제도의 중대한 계획 속에 만들어놓은 기본적인 장점들의 청사진을 줄리앙 헉슬리(Julian Huxley)의 Humanist Frame에 맞게 만들어보았다. 방법론적인 문제(내가 '기본적인 가치'라는 용어를 사용함으로 인해 더욱 악화된)가 있다는 데 대해서는 언급하지 않겠지만, 정신 사회학적 측면에서 볼 때 이 글에 나오는 모든 단계에서 이야기하고 있는 '적절한 비율'로 생기는 영구 불변의 덕목들과 같기 때문에 그 목록을 여기 첨가해보았다.

   원초적인 신뢰감 대 원초적인 불신감: 욕망과 '소망'
   자율성 대 수치심과 의구심: 자제력과 '의지력'
   진취성 대 죄의식: 방향과 '목적'

근면성 대 열등감: 방법과 '*경쟁력*'
정체감 대 역할 갈등: 헌신과 '*충성*'
친밀감 대 고립감: 생산과 '*사랑*'
생산성 대 침체감: 생산과 '*돌봄*'
자아 완성 대 좌절감: 재결합과 '*지혜*'

이탤릭체로 되어 있는 단어들을 '기본적인' 덕목이라고 부른다. 그것들이 없이는, 그리고 세대에서 세대로 이어지지 않는다면, 인간의 다른 모든 변화 가능한 가치 체계가 그 정신과 연관성을 잃는다. 이들 가운데 '충성'에 대해서는 좀더 자세한 설명을 해놓았다(Youth, Change and Challenge, E. H. Erikson, ed.을 보라). 그러나 여기서 이 용어들은 다시 그 의미와 방법론적인 문제에 있어서의 토론의 여지를 지니고 있는 전체적인 개념임을 보여준다.

2

심리학 이론과 여성의 발달
(1982)

캐롤 길리건

(Carol Gilligan, 사회 발달 이론학자)

길리건은 여성의 정체감 형성은 개별화된 존재로서의 남성의 정체감과의 관계 안에서 이루어진다고 본다. 여성스러움은 집착의 의미에서, 남성스러움은 이탈의 의미에서 정의할 수 있다. 남성의 정체감은 친밀감에서 두려움을 느끼고, 여성의 정체감은 분리되는 데서 위험을 느낀다. 길리건은 여성의 정신적 성장은 다소 남성적인 권리나 정의의 의미에서보다는 관계와 책임에 대한 관심의 의미에서 보아야 한다고 주장한다. 여성은 보살피는 일을 중요하게 생각하지만 남성은 중요하게 생각하지 않는다. 이런 점으로 여성이 남성보다 덜 성숙하다는 결론까지 나오고 있다. 권리는 분리의 개념이고(남성), 책임은 연결의 개념이다(여성). 여성에게 '남성'의 도덕성이 무관심한 듯이 보이는 반면, 남성에게 '여성'의 도덕성은 우유 부단한 것으로 보인다. 아마 남성과 여성 둘 다 서로의 특성을 더하게 된다면 훨씬 앙양될 것이다.

「다른 목소리로(In a Different Voice)」라는 책을 쓸 당시 캐롤 길리건은 하버드 대학 교육 대학원에서 교육학 조교수로 재직하고 있었다. 그녀는 도덕 발달(Moral Development)센터에서 로렌스 콜버그(Lawrence Kohlberg)의 지도 아래 그와 함께 연구하고 있었다. 길리건 교수는 인간의 성장, 특별히 남성과 여성에게 있어서 차이가 있는 도덕성 발달을 규명하려 했다. 그녀는 존재 구조가 여성에게 적합하지 않다고 믿었다. 그래서 그 동안 이론화되지 않은 여성의 성장 형태를 연구하게 되었다. 이 책에서 주장하고 있는 상당한 부분이 대학생, 낙태 결정, 권리와 의무에 대한 연구, 이 세 가지 기본적인 연구를 토대로 한 것이다. 길리건은 여성의 정체감 형성은 개별화된 존재로서의 남성의 정체감과의 관계 안에서 이루어진다고 본다. 여성스러움은 집착의 의미에서, 남성스러움은 이탈의 의미에서 정의할 수 있다. 남성의 정체감은 친밀감에서 두려움을 느끼고, 여성의 정체감은 분리되는 데서 위험을 느낀다. 남자 아이들은 여자 아이들보다 집 밖에서 하는 놀이를 더 즐기고, 많은 수의 친구들과 많은 규칙을 가진 놀이를 더 많이 경쟁적으로 한다. 여자 아이들은 때때로 말다툼으로 끝나버리고마는 그다지 경쟁적이지 않은 놀이를 한다. 피아제(Jean Piaget)나 콜버그, 에릭슨(Erik Erikson) 등의 학자들은 이런 차이점을 들어 여성의 성장을 아주 느리고 결함이 많은 것으로 보았다. 한편, 길리건은 여성의 정신적 성장은 다소 남성적인 권리나 정의의 의미에서보다는 관계와 책임에 대한 관심의 의미에서 보아야 한다고 주장한다. 여성은 보살피는 일을 중요하게 생각하지만 남성은 중요하게 생각하지 않는다. 이런 점으로 여성이 남성보다 덜 성숙하다는 결론까지 나오고 있다. 권리는 분리의 개념이고(남성), 책임은 연결의 개념이다(여성). 여성에게 '남성'의 도덕성이 무관심한 듯이 보이는 반면, 남성에게 '여성'의 도덕성은 우유 부단한 것으로 보인다. 아마 남성과 여성 둘 다 서로의 특성을 더하게 된다면 훨씬 앙양될 것이다.

From In a Different Voice: Psychological Theory and Women's Development(Cambridge: Harvard University, 1982), 1-23.

지난 십 년 간 사람들이 자기 자신과 도덕성에 관해 이야기하는 것을 들어왔다. 이 이야기들을 통해 도덕성의 문제에 관한 이야기나 다른 사람과 자기와의 사이의 관계를 표현하는 데 두 가지 차이점이 있다는 것을 발견했다. 성장 과정을 다룬 심리학 문헌에서 볼 수 있는 이 차이점들이 갑자기 인생 주기 속에서 사람들의 판단이나 꿈, 사고 속에 다양한 형태로 재등장하는 대위법적인 주제가 되었다. 이는 여성들을 표본으로 하여 정신적인 갈등과 선택의 상황에서 판단하고 어떻게 행동하는지 연구한 결과다. 수년 간 배우고 책을 통해 읽은 정체감과 도덕성 발달에 관한 심리학적 이론들의 배경과는 달리 여성들의 참정권 문제는 특이하게 보였다. 이때부터 나는 여성의 성장을 해석하는 데서 생기는 되풀이되는 문제들에 주목하고, 이 문제들은 비평적인 이론 형성 작업을 해나가는 심리학 연구에서 늘 여성들이 제외되기 때문이라고 생각하게 되었다.

서론

이 책은 심리학 문헌과 내가 연구한 결과를 토대로 남성과 여성의 관계 구조에 대한 다른 사고를 기록하고 있다. 여성의 경우, 심리학 문헌을 통해 나타난 인간 성장 이론 사이의 차이점이 여성의 성장 과정에서 나타나는 문제를 연구하는 데 점차 나타나기 시작했다. 대신 인간이 성장하는 존재 구조에 여성이 적응하지 못한 것은 인간 조건의 개념에 대한 이론에 문제가 있거나 인생에 관한 몇 가지 이론을 간과하고 넘어갔기 때문이리라고 생각된다.

내가 기술한 참정권의 차이란 성(性)적인 것이 아니라 주제의 특성이 다르다는 것이다. 여성과 참정권과의 관계는 경험을 토대로 한 연구에서 나온 것이며, 내가 여성의 성장을 연구한 것도 여성의 참정권을 통해서다. 그러나 이 관계가 절대적인 것은 아니다. 여성과 남성의 참정권의 비교는 여성과 남성의 일반적인 면을 보여주려는 것이 아니라,

남성의 사고와 여성의 사고 방식간의 차이를 조명하고 해석하는 데 초점을 맞추기 위한 것이다. 성장과정을 연구하면서 나는 남성과 여성간의 참정권으로 인한 상호 작용을 주목했고 그 결과 위기와 변화의 시기를 맞이했다고 본다. 그 많은 인구 속에서, 문화 전반에 걸친 모든 시기를 통해, 앞에서 기술한 차이점의 기원이나 그 공헌점이 있었다고 주장하는 것은 아니다. 분명히 그 차이점들은 사회적인 배경, 즉 사회적 지위와 권력 같은 요소들이 남성과 여성간의 관계나 이들이 경험하게 되는 생식학(生殖學)과 합하여 만들어내는 사회적 배경에서 생겨나는 것이다. 나는 경험과 사고의 상호 작용, 참정권의 문제와 이에 따른 논쟁들, 자기 자신과 남에게 귀 기울이는 방법, 자신의 삶에 관한 이야기 등에 관심이 있다.

이 장에서는 세 가지 연구 결과를 다룰 것인데 이들은 다음과 같은 가정 위에서 이루어진 것이다. 사람들이 삶에 관해 이야기하는 방식은 중요한 의미가 있으며, 사용하는 언어와 맺고 있는 관계는 그들이 보고 행동하는 세계를 나타낸다는 것이다. 이 연구들은, 자아와 도덕성에 관한 개념, 갈등과 선택의 경험에 관한 똑같은 질문들을 한 인터뷰에 근거한 것이다. 인터뷰 방법은 언어와 그 사람이 생각하는 논리를 분석한 것으로 명확하게 파악하기 위해 특정 응답에 대해서는 더 깊은 질문을 했다.

'대학생 연구'는 자아와 도덕성에 관한 견해를 정신적인 갈등과 인생에 있어 결단을 내린 경험과 연관시켜 초기 성년기에서 이루어지는 정체감과 도덕성 발달을 밝혀보았다. 2학년 때 도덕이나 정치에 관련된 과목을 공부한 적이 있는 4학년 학생들 중 임의로 25명의 학생들을 선택하였다. 나는 학생들을 선택할 때 그 학과를 이수하지 못한 학생 20명 중 16명이 여학생이라는 사실을 알았고, 이들도 인터뷰를 했다.

'낙태 결정 연구'는 경험이나 생각과, 성장 단계에서 생기는 갈등의 역할 사이의 관계를 고려했다. 윤리적 배경이나 신분이 다른 15세에서 33세까지의 여성 29명을 다양하게 선택했는데, 결혼한 사람도 있고 안 한 사람도 있고, 유치원에 다니는 자녀를 둔 사람도 있다. 이들은 인터뷰할 당시 임신 1~3개월 시기로 당시 낙태를 생각하고 있었다. 이들은 대도시 지역에 있는 임신 상담소나 산부인과를 통해 알게 되었고, 병원이나 상담소도 임의로 선택하였다. 29명의 여성 중 24명의 인터뷰 자료만이 사용되었고 이들 24명 중 21명은 그 다음해에 다시 인터뷰하였다.

이 두 가지 연구는 모두 그들이 해결해야 할 문제에 관해 어떻게 생각하는지에 초점을 맞춘 것이 아니라, 사람들이 도덕적인 문제를 어떻게 생각하는지, 그들의 삶에서 생긴 도덕적인 갈등을 통해 어떤 경험을 하게 되었는지를 질문하여 도덕적인 판단에 관한 연구의 토대로 삼은 것이다. 도덕성에 관한 다른 사고 구조들과, 이들과 자아에 대한 다른 견해와의 관계에 관한 연구를 통해 이루어진 가설은 권리와 책임 연구를 통해 좀더 깊이 밝혀지고 정확하게 드러나게 된다. 이 연구는 인생 주기에 따라 연령을 6-9, 11, 15, 19, 22, 25-27, 35, 45, 60세의 9단계로 나누어 나이, 학력, 직업, 사회적 지위에 따른 구성을 똑같이 하여 똑같은 수를 선택하였다. 각 나이별로 남녀 8명씩 총 144명을 뽑았는데, 이들 중 남녀 각각 두 명씩 36명은 더 깊은 질문을 받았다. 자아와 도덕성에 관한 개념, 도덕적인 갈등의 경험, 가상적인 도덕적인 딜레마에서의 판단 등에 관한 자료들을 수집했다.

　이 작업에서 발췌한 것을 제시하면서 나는 인간 성장과 관련한 분야에 여성의 성장에 관한 연구 결과를 좀더 자세하게 제공하기 위한 자료도 뒤에 준비했다. 이는 심리학자나 다른 학자들이 이를 토대로, 여기서 제시한 분명한 문제들, 특별히 여성의 정체감 형성과 청소년기와 성년기의 도덕성 발전에 관한 문제들을 확실하게 이해하기 위한 것이다. 나는 이 연구가 여성들에게 그들의 사고가 좀더 완벽하고 타당하다는 것을 이해시키고 그들이 굴절된 사고를 하고 있다는 것을 인식시키며, 그들의 사고가 발전하는 것을 이해시키는 데 도움이 되기를 바란다. 나는 이 연구에서 무엇이 빠졌는지 주의를 기울이면서, 연구 대상이 되지 않은 많은 사람들을 통해 인간 성장의 이해가 더욱 깊어지기를 바란다. 이러한 측면에서 볼 때 여성의 경험에 관한 모순된 자료들은 새로운 이론, 잠정적으로 남성과 여성의 인생에 대한 좀더 완벽한 이해를 정립시키는 데 바탕이 될 것이다.

남성의 인생 주기에서의 여성의 위치

　「벚꽃 동산(The Cherry Orchard)」의 제2장에 보면 젊은 상인 로파힌이 열심히 일해서 성공한 이야기가 나온다. 라네프스카야 부인에게 그녀의 재산을 지키기 위해 벚꽃 동산을 팔아야 한다고 설득하는 데 실패한 그는 다음 장에서 자신이 그 동산을 사버린다. 아버지와 할아버지가 노예였던 그는 부동산을 사들이며 자수 성가한 사람으로, 다가오는 세대들이 '새로운 인생을 볼 수 있도록' 벚꽃 동산을 여름 별장으로 바꾸어 과거의 '불행한 생활'을 청산해보려 한다. 이 이야기는 새로운 인생이라는 발전적인 꿈을 지니고 행동으로 이끄는, 기본적으로 남성의 이미지를 보여준다. "때때로 내가 잠이 들지 못할 때, 나는 이렇게 생각하지. 주님, 당신은 나에게 이 광대한 숲과 끝없는 들판과 넓은 지평선을 주셨습니다. 이런 데서 사는 우리야말로 진짜 거인입니다." 이때 라네프스카야 부인이 끼여든다. "당신은 거인이 되고 싶은 욕망을 지니고 있군요. 우리를 무섭게 하는 거인들이란 동화책에나 있는 이야기죠."

인생 주기라는 개념은 펼쳐지지 않은 경험과 분별력, 일상 생활 속에서 변화되는 소망과 사실에 질서를 부여하려는 시도다. 그러나 그러한 개념의 본질은 일부 관찰자의 위치에 달려 있다. 체홉(Chekhov)의 글에서 간단하게 얻은 결론은 관찰자가 여성인 경우 보는 시각이 다르다는 것이다. 거인으로서의 남성상에 대해 서로 다르게 이해하는 것은 인간의 성장에 관한 다른 생각을 가지고 있으며, 인간의 조건을 다르게 생각하고, 인생에서 무엇이 가치 있는 것인가 하는 개념이 다르다는 것을 의미한다.

사회적인 평등의 차원에서 남녀간의 차이를 근절하려는 노력을 기울이고 있는 때에, 사회 과학 분야에서는 남녀간의 차이를 재발견하고 있다. 양성간에 중립적인 위치에서 과학적인 객관성을 지니고 있다고 여겨지던 이전의 이론들이 여전한 편견 가운데서 관찰되고 평가된 이론들이라는 것을 발견한 것이다. 그렇다면 언어가 지니고 있는 중립성과 같은 과학의 중립성은, 지식의 범주가 인간이 만들어낸 것이라는 인식 아래 무너지고 만다. 인생을 남성의 눈으로 보는 데 익숙해져 있었다는 사실에 주목하기 시작하면서, 우리가 중립적이라고 생각했던 과학적인 이해도 영향을 받았다는 사실을 알게 되었다. 벅찬 사실과 함께 이에 대응하는 판단의 상대성에 대한 깨달음 위에 형성되었다.

윌리엄 스트럭(William Strunk)과 화이트(E. B. White)의 저서 「The Elements of Style」에서도 최근의 이러한 사실을 발견했음을 찾아볼 수 있다. 성 차별에 관한 문제를 다루는 대법원을 통해 한 영어 교사는 기초적인 영어 문법이 다음과 같은 내용 속에서 가르쳐지고 있다는 사실에 주목하게 되었다. 나폴레옹의 출생에 관한 글이나 코울리지(Coleridge)가 쓴 글은 "그는 재미있는 이야기꾼이었다. 세계 곳곳을 여행하고 6개국에서 살았던 사람이다"라는 식의 문장과 "자, 수잔, 이게 네가 저질러놓은 일이구나" 또는 그저 평범하게 "그는 두 아이를 데리고 천천히 걸어오는 여자를 보았다"는 문장으로 되어 있다.

  심리학자들은 자기도 모르게 스트럭이나 하이트와 똑같은 편견에 빠져 있다. 은연중에 남성의 생활을 기준으로 삼고 남성을 기준으로 삼아 여성을 이해하려고 했다. 이런 일들은 아담과 이브로 거슬러올라간다. 이 이야기가 뜻하는 바는 많지만, 남자에게서 여자를 만들어내면 결국은 문젯거리가 되버린다는 내용이다. 에덴 동산에서처럼 일상 생활에서도 여성은 사회적인 상식의 틀에서 벗어난 존재로 취급되었다.

  여성에게 남성상을 두려운 존재로 주입시키려는 발달 이론 학자들의 경향은 오이디푸스 콤플렉스에서 절정에 이르는 남자 아이들의 경험에 관한 성 심리학적 성장 이론을 구축한 프로이드(Freud, 1905)에게로 거슬러올라간다. 1920년대에 프로이드는 여성의 자율성의 차이와 어린 여자 아이의 초기 가족 관계 형성에서 나타나는 차이로 자신의 이론에서 나타난 모순점을 해결하려고 했다. 프로이드는 여성을 그들에게 없는 것을 갈망하는 존재로 보고 자신의 남성적인 개념의 틀에 맞추어 보려고 하다가 여성들의 어머니에 대한 전(箭)오이디푸스적인 애착의 힘과 지속성에 있어서 발달의 차이가 있다는 사실을 깨닫게 되었다. 그는 여성의 성장에서 나타나는 이 차이점을 여성들이 발달에 실패한 것이라고 보았다.

  프로이드는 초자아나 양심의 형성을 거세 불안과 연결시킨 다음에, 여성은 태어날 때부터 오이디푸스 콤플렉스를 통해 명확히 해결할 수 있는 힘을 가지지 못한 채 태어난다고 보았다. 결과적으로 오이디푸스 콤플렉스를 이어받은 여성의 초자아는 타협적이 되어버린다. 즉 여성의 초자아는 결코 "그 감정적인 바탕이 남성에게 요구되는 정도로 냉혹하거나 비인격적이거나 독립적이지 않다"는 것이다. "여성에게 있어서 윤리적으로 정상적인 수준은 남성에게 있어서의 그것과 차이가 있다"는 연구를 통해 프로이드는 "여성은 남성보다 공정하지 못하고 애정이나 증오와 같은 감정에 의한 판단에 훨씬 더 많은 영향을 받는다"고 결론지었다(1925).

  따라서 이론에 있어서의 문제점이 마치 여성의 발달에 문제점이 있는 것처럼 되어버렸고 여성의 발달에 있어서의 문제점은 인간 관계에서 나타난다고 생각했다. 낸시 코도로우(Nancy Chodorow)는 세대마다 남성과 여성의 개인성과 역할을 특징짓는 일반적이고 보편적인 차이가 거의 똑같이 드러나는 이유를 규명하려고 시도하면서, 이러한 이성간의 차이는 자율성에 기인하는 것이 아니라 '여성이 보편적으로 유아 시절에 받은 보살핌'에 기인한다고 보았다. 어린 시절에 주어지는 사회적 환경이 다르고 또 여자 아이와 남자 아이가 각각 다르게 경험하기 때문에, 남성과 여성으로서 성장하는 데 근본적인 성의 차이가 나타나게 된다. 결과적으로 "어느 사회에서나 여성의 특성은 남성적인 특성보다 훨씬 더 다른 사람과의 관계에 영향을 받는다"(1974).

코도로우는 기본적으로 로버트 스톨러(Robert Stoller)의 연구에 영향을 받고 있는데, 그는 개인성 형성의 변하지 않는 핵심인 성 정체감이 "남녀 모두 세 살 정도가 되면 견고하게 영구적으로 형성된다"고 지적한다. 일생 중 첫 3년 동안 아이들을 돌보아주는 사람은 전통적으로 여성이며 성 정체감을 형성하는 데 상호간의 역동성은 남자 아이와 여자 아이에게 다르게 영향을 끼치게 된다. 여성의 성 정체감 형성은 "어머니가 딸이 자신과 비슷하고 자신의 뒤를 이어간다고 느끼는 경향이 있기 때문에" 지속적으로 전진하는 관계의 형태 속에서 이루어진다. 이에 따라 자신이 여자라는 사실을 인식하게 된 여자 아이들은 자신을 어머니 같은 존재로 경험하게 되고 애착심에 대한 경험이 자아 정체감 형성 과정에 융합되어버린다. 대조적으로 "어머니는 아들을 남성이라는 반대 성을 지닌 존재로 느끼며" 남자 아이들은 자신을 남성으로 인식하게 되면서 어머니와 자신을 분리시키고 '어머니의 근본적인 사랑과 감정적인 연결을' 끊어버린다. 결론적으로, 남성은 '좀더 감정적인 개별화와 경험된 자아의 한계를 좀더 공격적으로 안정'시키면서 발달하게 된다. 소녀들이 아닌 소년들에게 "개별화의 문제는 성적인 문제와 뒤얽혀 있다"(1978).

심리학 이론에 있어서의 남성적인 편견에 대항하여, 코도로우는 어려서 개별화와 관계성을 경험할 때 성적인 차이가 존재하는 것은 여성이 남성보다 '연약한' 자아 한계를 가지고 있다거나 정신병에 걸리기 더 쉽다는 뜻이 아니라고 주장한다. 대신, "소녀들은 이 시기에 소년들이 하지 않는 방법으로 기본적인 자아의 한계를 짓는 '감정 이입'의 바탕을 가지고 발달한다"는 것을 뜻한다. 그러므로 코도로우는 프로이드의 부정적이고 파생적인 여성 심리학을 자신의 긍정적이고 직접적인 설명으로 바꾸어놓았다. "여자 아이들은 다른 사람들의 욕구나 감정을 마치 자신의 것처럼 느낄 수 있는 (또는 자신이 다른 사람의 욕구나 감정을 경험하고 있다고 생각하는) 강한 특성을 기본적으로 가지고 태어난다." 더군다나 여자 아이들은 남자 아이들만큼 전(前)오이디푸스적 관계 구조를 부정하는 관점에서 자신을 형성해나가지 않는다. 그러므로 이러한 구조로 퇴행하는 것은 그들이 자아에 대한 기본적인 위협을 느끼지 않으려는 것이다. 아주 어려서부터 같은 성인 어머니의 보살핌을 받기 때문에… 여자 아이들은 자신을 남자 아이들보다 덜 개별적인 존재로 느끼고, 외부의 객관적인 세상에 대해 더 연속적인 관계를 지니고 있는 것처럼 여기며, 마찬가지로 자신의 내부의 객관적인 세상을 다르게 지향하는 특성을 지니고 있다"(1987).

결과적으로 관계성, 특히 의존성에 있어서 남성과 여성은 다른 특성을 지니고 있다. 남자 아이들과 남성들은 어머니로부터의 이탈이 남성으로서의 발달에 필수적이므로 이탈과 개별화가 성 정체감과 깊은 관계를 지니고 있다. 여자 아이나 여성들은 개별화 과정이나 어머니로부터의 이탈을 통해 여성스러움이나 여성으로서의 성 정체감을 얻게 되는 것이 아니다. 여성스러움이 애착을 통해 이루어지듯이 남성스러움은 이탈을 통해 이루어지므로 이탈에 의해 여성 정체감이 위협을 받듯이 남성 정체감은 친밀감을 통해 위협을 받는다. 따라서 여성이 개별화되는 것이 쉽지 않듯이 남성은 관계성을 지니는 데 어려움을 느끼는 경향이 있다. 그러나 심리학 문헌에 나타난 유아와 청소년의 발달의 이정표가 이탈의 정도의 증가에 기준할 때, 남성의 생활과 대조적으로 여성의 생활을 특징짓게 되는 사회적인 상호 관계나 개인적인 관계에 몰두하게 되는 자질은 모순적인 설명일 뿐 아니라 발달을 저해하는 문제일 수 있다. 만약 그렇게 본다면 여성이 이탈에 실패하는 것은 발달에 실패하는 것이 된다.

코도로우가 이야기한 남성과 여성의 어린 시절에 인성이 다르게 형성되는 차이는 어린아이들의 놀이를 연구한 결과 유아 시기의 중반기에 나타나게 된다. 조지 허버트 미드(George Herbert Mead, 1934)와 장 피아제(1932)에 의하면 놀이는 학령기의 아이들이 사회성 발달을 이루는 바탕이 된다. 놀이를 통해 아이들은 다른 사람의 역할을 해보게 되고 자기 자신을 다른 사람의 눈을 통해 보게 된다. 놀이를 통해 규칙을 존중해야 함을 배우게 되고 규칙이 만들어지고 바뀌는 과정을 이해하게 된다.

자넷 레버(Janet Lever, 1976)는 초등 교육 기간 중에는 또래 집단을 통해 사회성이 발달되며 놀이가 중요한 사회적 활동이 된다고 보고 남자 아이들과 여자 아이들의 놀이에 차이점이 있는지를 연구했다. 10~11세가 된 5학년 백인 중류층 학생 181명을 통해 놀이 활동의 구조와 조직을 관찰했다. 학교에서 휴식 시간과 체육 시간에 노는 모습을 관찰했고 학교 밖에서의 시간을 어떻게 보내는지 아이들의 이야기를 통해 일지를 작성하였다. 연구 결과 남자 어린이와 여자 어린이간에 차이가 있음을 보고하고 있다. 남자 아이들은 여자 아이들보다 실외에서 노는 경우가 더 빈번하며, 수가 더 많고 나이도 일정하지 않은 집단으로 놀이를 하고, 여자 아이들보다 더 경쟁적인 놀이를 하며 놀이를 하는 시간도 더 길다. 이 마지막 관찰 결과가 가장 흥미롭다. 남자 아이들이 하는 놀이가 더 어려운 기술을 요하고 덜 싫증을 내기 때문만이 아니라 놀이를 하는 동안 말다툼이 일어날 경우 남자 아이들이 여자 아이들보다 더 효과적으로 문제를 해결할 수 있기 때문이기도 하다. "관찰을 하는 동안, 남자 아이들은 언제나 말다툼을 하고 있는 것처럼 보였으나 말다툼 때문에 놀이가 중단된 경우는 없으며 말다툼이 7분 이상 계속된 경우도 없었다. 아무리 심하게 말다툼을 해도 '잘잘못을 가리느라' 마구 외쳐대다 곧 이구 동성으로 '계속하자'며 끝내버린다. 사실, 남자 아이들은 놀이를 하는 만큼이나 정당성을 가리는 말다툼을 좋아하는 것 같으며 몸집이 작거나 실력이 뒤지는 아이들이라도 똑같이 언쟁에 끼여든다. 대조적으로 여자 아이들 사이에 말다툼이 생기면 놀이가 끝나버리기 쉽다."

레버는 피아제가 남자 아이들은 여자 아이들과 달리 정당한 규칙을 만들고 다툼을 판정하는 공정한 과정에 깊은 흥미를 느낀다고 한 관찰 결과를 확증했고 더 확대시켰다. 피아제에 의하면 여자 아이들은 규칙에 대해 좀더 '실용적인' 태도를 가지고 있어 '놀이가 규칙을 보상해주는 한 규칙을 좋은 것으로 간주' 한다고 한다. 여자 아이들은 규칙에 대해 좀더 융통성을 보이며 예외를 기꺼이 받아들이고 규칙이 바뀌는 것도 좀더 쉽게 받아들인다. 결국, 피아제가 도덕성 발달에 기본적이라고 여긴 정당성에 대한 의식은 "남자 아이들보다 여자 아이들에게서 훨씬 덜 발달된다."

피아제가 남자 아이들의 발달 과정을 어린아이들의 발달 과정으로 동일시하는 편견을 갖고 있었던 것이 레버의 연구에도 나타난다. 레버는 현대에 요구되는 훌륭한 협동심을 가지고 있는 남자 아이들을 더 우수하다고 결론 내렸다. 대조적으로 여자 아이들이 놀이를 통해 얻게 되는 다른 사람들의 감정에 민감하고 배려해줄 줄 아는 태도는 거의 실질적인 가치가 없으며 직업 세계에서 성공하는 데 오히려 방해 요소가 된다고 했다. 레버는 주어진 성인의 실제 생활에서 여자 아이들이 남자에게 의존적인 존재로 남지 않으려면 남자 아이들처럼 노는 법을 배워야 한다고 주장한다.

어린아이들은 규칙이 있는 놀이를 통해 도덕성이 발달되므로 규칙을 존중하는 법을 배워야 한다는 피아제의 주장에 이어 로렌스 콜버그(1969)는 말다툼을 해결해나가는 과정에서 효과적으로 이를 배울 수 있다고 덧붙이고 있다. 결론적으로, 남자 아이들의 놀이보다 여자 아이들의 놀이에서 도덕성을 배울 기회가 더 적은 것 같다. 고무줄 놀이 같은 전통적인 여자 아이들의 놀이는 차례로 돌아가며 하는 놀이로 한 명이 잘했다고 해서 다른 아이가 지는 것은 아니므로 간접적인 경쟁이 이루어진다. 결국, 꼭 판정이 내려져야 할 말다툼은 별로 일어나지 않는다. 사실, 레버가 인터뷰한 대부분의 여자 아이들은 말다툼이 일어나면 놀이를 끝마쳐버리기를 주장했다. 말다툼을 해결하기 위한 규칙 체계를 만드는 대신 여자 아이들은 놀이를 계속하는 것보다 관계를 계속 유지하는 것을 중요시 여긴다.

남자 아이들은 놀이를 통해 대규모의 다양한 집단 활동에 적응하는 데 필요한 독립성과 조직력을 배운다고 레버는 결론짓는다. 통제를 받으며 서로 경쟁적인 상황에 처함으로써 남자 아이들은 놀이의 규칙을 잘 지키는 가운데 서슴 없이 적과 함께 놀 수 있고 친구와 함께 경쟁할 수 있는 방법을 배우게 된다. 대조적으로 여자 아이들은 작고 친밀한 집단을 형성하여, 어떤 경우에는 가장 친한 친구와 단 둘이서 은밀한 장소에서 놀이를 한다. 그리고 기본적인 인간 관계의 사회적인 양상을 모방한다. 미드가 사용한 용어로 말하자면 이는 '일반화된 대상'의 역할을 하거나 추상적인 인간 관계를 모방한 것이기보다는 '구체적인 대상'의 역할을 함으로 감정 이입과 민감성이 발달하게 되고 자신과 그 대상이 다르다는 것을 알게 되는 것이다.

코도로우가 어머니와 어린아이의 관계를 분석한 데서 얻은 어린 시절의 인격 형성에 있어서의 이성간의 차이는 레버의 아동기의 놀이 활동에서 나타나는 차이로 연결된다. 이 두 단계를 거쳐 남자 아이들과 여자 아이들은 모두 서로 다른 내면적인 성향과 다른 사회적 경험을 지닌 채 사춘기에 접어들게 된다. 그러나 청소년기는 이탈을 경험하는 어려운 시기이며 '제2의 개별화 과정'(블로스, 1967)이므로 여성의 발달은 이 시기에 남성과 가장 다르게 나타나며 가장 문제가 된다.

프로이드는 사춘기를 '남자 아이들은 성적 충동이 발달하게 되고 여자 아이들에게는 억제되는' 시기로 여자 아이들이 가지고 있는 '남성적인 성 감각'을 성인으로 발달하면서 구체적인 '여성적인 성 감각'으로 전환시키는 시기라고 한다(1905). 프로이드는 소녀들이 '자신의 거세 사실'을 인식하고 용납함으로 이 전환이 일어난다고 가정한다 (1931). 프로이드의 설명에 의하면 소녀들은 사춘기에 '자신의 자아도취가 상처 입은' 사실을 새로 깨닫게 되며 그 상처는 '열등감 같은 흔적'으로 발달하게 된다고 한다 (1925). 프로이드의 심리학 이론을 확대시킨 에릭 에릭슨도 청소년기의 성장은 자아 정체감에 달려있는데 여자 아이들은 이 중대한 시기에 심리학적으로 위험하고 남자 아이들과는 다른 성장 방향을 지니면서 청소년기에 이르게 된다고 말한다.

인간 발달 이론에서 나타난 여성의 청소년기에 나타나는 문제는 에릭슨의 이론에서 분명해진다. 에릭슨(1950)은 발달 단계를 8단계로 나누고 있는데 그 중에서 청소년기는 다섯번째에 해당한다. 이 단계에서는 자아 정체감을, 즉, 청소년기의 불연속성을 연결해주어 사랑하고 일하는 성인으로서의 능력을 키우는 정체감을 다양화시키며 확실하게 형성하는 시기다. 에릭슨에 의하면 청소년기 이전의 4단계는 청소년기의 정체감 형성의 위기를 효과적으로 해결하기 위한 준비 단계다. '신뢰감 대 불신감'과 같은 유아에 있어서의 근본적인 위기도 인간 관계를 발전시켜나가는 데 중요한 것이지만 이 작업은 분명히 개별화의 한 단계가 된다. 에릭슨의 두번째 단계에서는 '자율성 대 수치감과 회의감'의 위기를 맞게 되는데, 걸어다니게 된 아이들이 이탈과 매체의 감각을 느끼게 되는 시기다. 여기서부터 '주도성 대 죄책감'의 위기를 통해 좀더 깊은 자율성을 느끼면서 위기를 효과적으로 극복해나가게 된다. 다음으로, 오이디푸스 콤플렉스를 통해 깊은 좌절을 맛본 뒤, 어린아이들은 부모와 경쟁하기 위해서는 그들에게 합류해서 그들이 하는 것을 배워야 한다는 것을 깨닫게 된다. 따라서 아동 시기의 중반기에 '근면성 대 열등감'의 위기를 넘기고 성장하는 데 경쟁심이 중요한 역할을 하게 된다. 이 시기는 아동들이 자기 자신을 인식하고 성인이 되어가고 있음을 타인들에게 인정 받기 위해 그들의 문화 속의 여러 가지 기술을 배우고 익히려고 노력하는 때다. 그리고 나서 청소년기, 즉 성인들의 인정을 받을 수 있는 이데올로기에 근거한 정체감을 형성해오면서 자율적이고 창조적이며 견고해진 자아를 축하하는 시기가 온다. 그러나 에릭슨은 누구에 관해 이야기하고 있는가?

또 다시 남자 아이에 관한 이야기라는 사실이 밝혀지고 있다. 에릭슨에 의하면(1968) 여성들은 조금 다른 단계를 거친다. 여자 아이의 정체감 형성은 잠시 중단된다. 이제 여자 아이들은 자신에게 새로운 이름을 붙여주고, 자신의 신분을 결정해주며, 그녀의 '내면 세계'를 채워주고 공허함과 외로움에서 건져줄 남성에게 매력적으로 보이기 위해 준비하는 시기가 된다. 남자들은 이탈과 애착의 최적의 순환 상태에서 정체감이 친밀감과 생식력에 앞서 형성되지만 여자들은 이 과정이 융합되어 일어난다. 여성이 다른 사람들과의 관계를 통해 다른 사람이 인식하고 있는 모습으로서 자기 자신을 인식하게 되므로 친밀감이 정체감과 함께 발달해간다.

에릭슨은 이렇게 이성간의 차이를 구별했지만 인생 주기 도표에는 이를 반영하지 않고 남성의 경우처럼 정체감이 친밀감에 앞서 형성된다고 해놓았다. 그러나 남성의 인생 주기에도 성인이 되는 첫 단계의 친밀감을 준비하는 시기가 있기는 하다. 프로이드가 말한 성 감각이나 에릭슨이 말한 친밀감과 생식력 등과 같은 상호 관계는 '신뢰감 대 불신감'의 기초적인 단계에서만 찾아볼 수 있다. 나머지 단계에서 애착은 성장의 장애 요소가 되며, 성장 자체와 동일시되는 이탈만이 이루어진다. 이는 여자의 경우에 있어서도 마찬가지로 본다.

세상과의 관계에서 만들어지는 남성의 정체감과 타인과의 친밀한 관계 속에서 깨어나는 여성의 정체감에 대한 이론은 전혀 새로운 것이 아니다. 브루노 베틀하임(Bruno Bettelheim, 1976)이 쓴 동화에서도 찾아볼 수 있다. '세 가지 언어'에 나와 있는 아버지와 아들간의 갈등에서 남자 아이들의 청소년기에서 볼 수 있는 역동성의 전형적인 예를 찾아볼 수 있다. 아들을 구제 불능에다 바보로 취급하는 아버지는 처음으로 1년 간 아들을 공부하라고 떠나 보냈다. 그러나 아들이 돌아왔을 때 그가 배워온 것은 '개가 짖는 법'이었다. 계속해서 두 번 더 공부하러 보냈지만 결과가 마찬가지자 아버지는 포기하고 하인에게 아들을 숲속에서 죽이라고 시켰다. 그러나 하인은 버려진 어린아이가 불쌍해 숲속에 그냥 버려두고 오기로 한다. 아이는 늘 무섭게 짖어대며 정처 없이 떠돌다가 정기적으로 주민을 잡아먹는 개들에게 위협을 받는 마을에 이르게 되었다. 드디어 이 주인공은 그 동안 자기가 배워온 것을 발휘할 기회가 생겼다. 개들과 대화를 나눌 수 있는 그는 개들을 조용히 시키고 그 마을에 평화를 찾아주었다. 배운 다른 기술들도 유용하게 발휘하게 된 그는 인생 주기 중에서 청소년기에 거인의 개념으로 맞선 아버지와의 대결에서 승리를 맛본 것이다.

여성의 경우 청소년기에 발휘되는 능력도 다른 이야기에 대조적으로 묘사되어 있다.

동화 속에서 보면 여자 아이가 첫 시련을 겪은 뒤에는 아무 일도 일어나지 않을 것 같은 부동의 시기가 뒤따른다. 그러나 베틀하임에 의하면 백설 공주나 잠자는 숲속의 미녀가 깊은 잠에 빠지는 것은 남성들의 모험적인 일들에 상대적으로 대응되는 것으로 자신의 내면으로 몰입하는 것이다. 이 여주인공들은 세상을 정복하기 위해서가 아니라 왕자와 결혼하기 위해 내면적으로 성숙해지는 것이다. 에릭슨과 마찬가지로 베틀하임도 여성에게 있어서는 정체감과 친밀감이 밀접하게 연결되어 있다.

킹스턴(Maxine Hong Kingston, 1977)이 근래에 쓴 옛날 이야기 같은 자전적인 소설에 등장하는 여성 투사의 환상적인 이야기에서처럼, 적극적인 모험은 남성들이 하는 일이며 만일 여성이 그런 모험을 하려면 남장을 해야 되는 것으로 남성과 여성의 차이를 그리고 있다.

남성과 여성의 차이에 관한 이러한 관찰 결과, 데이빗 맥클러랜드(David McClelland, 1975)는 이렇게 결론짓는다. "성 역할은 인간의 행동을 결정짓는 데 가장 중요한 요소로 심리학자들이 실제적인 연구를 시작한 이래로 이러한 성적인 차이를 발견해왔다." 그러나 어느 것이 '더 우월하다'거나 '더 열등하다'고 표현하지 않고 그저 '다르다'고 말하는 것은 어려운 일이므로, 비교하는 데 있어 표준치를 설정하고 싶어하는 경향 때문에, 그리고 그러한 표준치는 일반적으로 남성들이 연구한 결과나 해석에 근거하여 만들어지기 때문에, 심리학자들은 "남성들의 행동을 기준으로 하여 여성들의 행동은 그 기준에 못 미치는 것으로 해석해 왔다." 따라서 여성이 심리학적으로 기준에 미치지 못하는 점이 있을 경우 일반적으로 여성들에게 문제가 있는 것으로 결론지었다.

마티나 호너(Matina Horner, 1972)가 연구한 바에 의하면 여성의 단점은 경쟁적인 성취감이 부족한 것이다. 주제 통각 검사(TAT : Thematic Apperception Test)를 사용하여 인간의 동기를 연구한 것은 애초부터 이성간의 차이를 인정한 상태에서 자료 분석을 복잡하게 한 것이다. TAT 검사는 어떤 이야기를 나타낸 그림을 보고 해석하도록 하거나 단편적인 문장을 통해 이야기를 완성시키도록 하는 방법이다. 심리학자들은 상상력을 반영하는 그러한 이야기들을 통해 사람들이 자신이 본 것에서 무엇을 추론해내는지, 즉 사람들이 자신의 일생을 형성해온 경험을 바탕으로 어떤 해석과 생각을 하는지를 알아내게 된다. 호너의 연구가 아니더라도 여성들은 경쟁적인 상황을 남성들과 다르게 받아들이고 또 반응도 다르게 나타낸다는 것은 분명한 사실이다.

남성에 관한 연구에 근거하여 맥클러랜드는 성취 동기를 다음 두 가지 논리적인 요소로 구분하였다. 성공하고 싶어하는 동기('성공에 대한 소망')와 실패하기 싫어하는 동기('실패에 대한 두려움')다. 여성에 관한 연구에서 호너는 세번째 요소로 성공하기 싫어하는 동기('성공에 대한 두려움')를 덧붙였다. 여성은 경쟁을 통해 무언가를 성취하는데 문제가 있는 것 같다. 그 문제는 여성다움과 성공 사이의 갈등으로, 여성들이 청소년기에 여성스러워지고자 하는 욕구와 유년 시절 학교에서 다소 남성적인 경쟁심을 통해 형성된 정체감을 통합시켜보려는 딜레마에 빠지게 되는 데서 비롯되는 것이다. 호너는 "1학기말에 앤은 자신이 의과대 수석임을 알게 되었다"라고 시작되는 이야기를 여성들이 어떻게 완성시키는가를 분석하고 경쟁적인 상황에서 어떤 행동을 하는가를 연구한 결과 다음과 같은 결론을 내렸다. "성공이 가능해 보이지만 성공에 뒤따르는 부정적인 결과가 두려울 때 젊은 여성들은 초조해지고 성공을 위해 기울이던 긍정적인 노력들을 그만두게 된다." 호너는 "대부분의 여성들은 경쟁, 특히 남성들과의 경쟁에서 성공했을 때 사회적인 거부감이나 여성다움의 상실과 같은 부정적인 결과를 초래할지도 모른다는 두려움을 가지고 있다"고 결론짓고 있다(1968).

그러나 성공에 대한 이런 문제는 다른 관점에서 해석할 수도 있다. 조지아 새슨(Georgia Sassen, 1980)은 여성들이 겪는 갈등은 "경쟁을 통한 성공의 '이면', 즉 경쟁을 통해 성공했을 때 치르게 되는 커다란 감정적인 대가, 성공한 사람을 다른 사람들보다 높이 평가할 때 그 뒤에 숨겨진 부당함을 깊이 이해하고 있는 것"이라고 주장한다. 새슨은 아너가 연구한 성공에 대한 여성들의 두려움은, 한 사람의 성공 뒤에는 다른 사람의 실패가 있는 완전히 경쟁적인 상황에서만 생기는 것이라고 지적하고 있다.

에릭슨은 정체감의 위기에 관한 연구에서(1968), 자신이 완전히 인정할 수 없을 만큼 일찍 성공을 인정받게 될 경우의 예로 조지 버나드 쇼(George Bernard Shaw)의 경우를 설명하고 있다. 70세가 되었을 때 쇼는 자신의 인생을 되돌아보면서, 자신은 이십대에 성공을 하지 못했거나 인정받지 못했기 때문이 아니라 지나치게 성공했고 지나치게 인정받는다는 사실 때문에 위기를 맞았다고 회상했다. "나는 자신도 모르는 새 성공했고, 유감스럽게도 난 사실과는 달리 무가치한 협잡꾼으로 몰리는 대신 눈코뜰 새 없이 바빠졌다. 난 20대에 가장 혐오스러운 직업을 가지고 성공한 사람이 되어버렸다. 1876년 3월에 난 그 상태에서 벗어났다." 이때부터 쇼는 자신이 마음껏 학문을 연구하고 글을 쓰기 시작했다. 에릭슨에 의하면 쇼의 거부감은 성공과 경쟁에 대한 지나친 초조함이라고 보기 어렵고 '성공한 비상한 인물의 비상한 결과'로 받아들여진다.

왜 여성은 경쟁을 통해 성공하는 데 어려움이 있고, 왜 남성은 다소 좁은 관점으로 성공을 이해하고 추구하려는 것일까? 피아제와 레버의 주장을 기억해보자. 놀이를 할 때 남자 아이들은 규칙에 더 관심이 있고 여자 아이들은 놀이를 그만두게 되더라도 관계가 더 중요하다. 코도로우는 남성은 사회적인 관계를 중시하고 여성은 개인적인 관계를 중시한다고 했다. 이제 우리는 그 이유를 알게 되었다. 아녀의 이야기에서 '앤'을 '존'으로 해서 거꾸로 남성들이 완성시킨다면 성공에 대한 두려움은 사라질 것이다. 존은 정당하게 싸워서 이길 것이다. 그는 자신의 성공을 자랑스러워할 자격이 있다. 자신과 비교하여 경쟁 상대가 되지 않는 사람들과 분리된 존재로서 자신의 위치를 확인하게 된다. 앤의 경우 의과대에서 수석이 된 사실은 자신이 원한 것이 아닐 수도 있다.

버지니아 울프(Virginia Woolf)는, "여성들의 가치관이 남성들에 의해 만들어진 가치관과 매우 다른 것은 분명한 사실이다"(1929)라고 말했다. 그러나 그녀는, "남성들의 가치가 우월하다"고 덧붙였다. 결과적으로 여성들은 자신들이 느끼는 바가 정상적인지 의문스러워졌고 자신들의 판단을 다른 사람들의 의견에 일치시켜버리게 되었다. 울프는 여성들이 쓴 19세기의 소설을 '직설적인 표현을 다소 빗겨가고 외부의 권위에 복종하는 관점에서 써 나간' 작품이라고 평가했다. 20세기의 여성들에게서도 다른 사람들의 의견과 가치관에 굴복하는 면을 찾아볼 수 있다. 여성들이 대중들 앞에서 자신들의 의견을 말하는 것을 어려워하는 것은 여성들의 자질과 자신감의 문제로 나타날 뿐 아니라 대중적인 동의와 개인적인 동의로 의견이 양분되는 사실을 보여주는 것이기도 하다.

여성들이 복종적이고 변덕스러운 것은 울프가 여성의 힘이라고 한 가치관 때문이다. 여성이 복종적인 것은 사회적으로 구속받고 있기 때문만이 아니라 여성들의 도덕적인 관심 때문이기도 하다. 다른 사람들의 필요에 민감하고 남을 보살피는 의무감은 자신들보다 다른 사람들의 목소리에 귀 기울이게 했고 다른 사람들의 의견에 자신의 의견을 맞추게 했다. 따라서 판단의 혼란에서 분명하게 드러나는 여성들의 약한 도덕심은 관계성과 책임감을 지나치게 중시하는 여성들의 강한 도덕심 때문인 것이다. 여성들이 다른 사람들을 배려하기 위해 자신의 판단을 당당하게 내세우지 않는다는 연구 결과는 여성의 성장에 관한 심리학과 일반적인 심리학 자체에 문제가 있음을 보여준다.

따라서 여성은 인간 관계의 상황 속에서 이해될 뿐 아니라, 남을 보살피는 능력을 지니고 있는 존재로서 이해되어야 한다. 남성의 인생 주기에서 여성의 위치는 돕는 자, 보살피는 자, 관계를 형성하는 자다. 그러나 여성들이 남성을 보살펴왔는데도 불구하고, 남성들은 그들의 심리학 이론을 통해, 그들의 경제적인 성과를 통해, 그 가치를 낮게 평가해왔다. 성인이 되어가는 개별화와 개인적인 성취의 정도가 개인의 자율성을 나타내는 것이라고 본다면 여성의 약점으로 여겨온 인간 관계에 대한 관심은 인간적인 장점인 것이다(밀러, 1976).

여성다움과 인간다움 사이의 이러한 모순은 브로버만(Broverman), 보걸(Vogel), 클라크슨(Clarkson), 로젠크란츠(Rosenkrantz)가 한 성 역할에 관한 연구에서 가장 명확하게 찾아볼 수 있다(1972). 이 연구는, 자율적인 사고 능력, 판단 능력, 책임적인 행동과 같은 성인이 되기에 필요하다고 생각되는 자질들은 남성적인 것이며 여성스럽지 못한 것이라고 결론을 내렸다. 남성이 도구를 사용하는 능력을 가지고 있는 데 반해 여성들은 표현력을 지니고 있는데도 완벽한 인간상은 일과 사랑을 분리할 줄 알아야 한다. 이러한 인간상은, 다른 사람들과의 관계성보다 개인적인 이탈을 선호하고 사랑과 배려를 통한 상호 의존성보다 자율적인 생활을 더 중시하는 것이 성인으로서 성숙한 것이라고 보는 것이다

친밀감과 인간 관계와 사랑의 중요성을 인정하는 중년기의 남성들은 여성들이 이미 알고 있는 사실을 발견하게 된다. 이 사실은 여성들에게 있어서 운명적으로 타고난 '본능적인 것'이지만, 심리학자들은 그 과정을 제대로 밝히지 않았다. 나는 여성들의 도덕성의 성장은 이 사실을 발전시켜 양 성 모두의 일생에서 심리학적인 기준을 제거했다고 본다. 도덕성의 성장에 관한 주제는 문헌에 나타난 인간 성장에서 남성과 여성의 차이의 여러 가지 형태의 마지막 예를 보여줄 뿐 아니라, 여성의 성장의 본질과 의미가 왜 오래도록 잘못 이해되고 풀리지 않았는가를 구체적으로 보여준다.

프로이드가 여성들의 정의감이 공정하지 못하고 타협적이라고 비판한 것은 피아제의 연구뿐 아니라 콜버그의 연구에서도 나타난다. 피아제가 아동과 청소년의 도덕적인 판단에 관해 언급한 데서는 '아동'이 남자 아이를 가리키는 것이라고 추측되며 콜버그의 연구에서는 아예 여성에 관한 언급이 없다. 콜버그가 아동 시기에서 성인 시기까지의 도덕적인 판단이 발전되어가는 과정을 6단계로 나눈 것은 그가 20년 이상을 계속 연구한

84명의 남자 아이들을 토대로 한 것이다. 콜버그는 자신이 연구한 단계가 보편적인 것이라고 주장하지만 맨 처음에 선택한 아동들은 거의 계속해서 연구하지 못했다. 콜버그가 연구한 가운데 도덕성의 성장이 두드러지는 사람들은 여성들로서, 이들의 판단은 6단계 중 세번째 단계를 보여준다. 이 단계에서 도덕성의 성장은 상호간의 관계를 통해 이루어지며 다른 사람을 도와주고 즐겁게 해주는 것이 장점이다. 콜버그와 크래머는 거의 집안에서 생활하는 여성들에게 있어서 이 점은 꼭 필요한 것이라고 보았다(1969). 콜버그와 크래머는 여성들이 전통적인 남성의 활동 영역에 들어가보아야 인간 관계가 규칙에 종속되어 있고(제4단계), 규칙은 보편적인 정의의 원칙에 종속되어 있는(제5·6단계) 높은 단계를 향해 남성처럼 발전해나가는 것이 부적당하다는 것을 알게 되리라고 한다.

그러나 바로 이것이 모순되는 점이다. 전통적으로 여성의 '장점'으로 여겨온 다른 사람들에 대한 보살핌과 그들의 필요에 대한 민감함은 여성의 도덕성 발전에 단점이 된다고 했다. 그리고 이러한 도덕성의 발전 개념은 남성의 일생을 연구한 데서 얻은 결론이므로 남성과 여성의 발전은 개별화되어야 한다. 피아제는 성장 이론이 늘 유아기에서부터 피라미드 형태로 이루어지는 데서 벗어나 성장의 개념을 성장의 흔적을 따라 성숙함의 절정에 이르는 것을 중점으로 해야 한다고 지적했다. 따라서 성숙함에 대한 정의가 변하는 것은 가장 높은 단계의 기준을 변화시킬 뿐 아니라 성장의 이해와 모든 설명을 바꾸어놓을 것이다.

여성을 중심으로 연구했다면 프로이드나 피아제, 콜버그와는 다른 도덕성에 관한 주장들이 나타났을 것이다. 이런 점에서 경쟁적이기보다는 책임적인 이유로 도덕적인 문제가 발생하게 되고 문제를 해결하기 위해서는 형식적이고 추상적이기보다는 실제적이고 구체적인 사고 형태를 필요로 하게 될 것이다. 마치 공정성을 통한 도덕성의 발전이 규칙과 무엇이 옳은가에 대한 이해에서 비롯되듯이, 돌보는 행위를 중심으로 하는 도덕성은 책임과 인간 관계를 이해하는 것을 도덕성 발전의 중요한 요소로 본다.

여성을 중심으로 도덕성 문제를 재구성하는 것은 콜버그의 구조에 비추어 볼 때 성장에 실패한 것으로 보일지도 모른다. 콜버그는 도덕성의 가장 높은 단계는 인간의 권리를 이해하는 것이라고 보았다. 권리 의식이 접속보다는 이탈을 강조하고 기본적인 관계보다는 개인적인 것을 중시하는 데서 책임 의식은 도덕성의 본질에 관한 질문에 두 가지 반응을 나타낸다. 하나는 콜버그가 연구한 25세의 남성에게서 찾아볼 수 있다.

"도덕성이라는 단어는 무슨 뜻인가?" 아무도 그 답을 알 수 없다. 나는 개인의 권리를 누리며 다른 사람들의 권리를 이해하고 그러한 자신의 권리로 방해하지 않는 것이라고 생각한다. 다른 사람들이 당신에게 공정하게 대하기를 바라는 만큼 당신도 남을 대하라. 인간이 존재하기 위하여 행사하는 권리는 가장 기본적인 것이라고 생각한다. 이것이 가장 중요한 것이다. 두번째로는 다른 사람들이 권리를 주장하지 않는, 자신이 하고 싶은 일을 할 권리이다.

"지난번 응답한 후로 도덕성에 관해 어떻게 의견이 달라졌는가?" 개인의 권리에 대해 좀더 알게 되었다. 이제 나는 이웃이 어떤 권리를 갖고 있는지 잘 안다.

콜버그는 이 사람의 반응이 그가 주장하는 제5·6단계의 인간의 권리에 대한 이해를 잘 보여준다고 한다. "자신이 속한 사회의 밖에서 바라보는 관점을 갖게 될 때, 도덕성은 정의(공정함, 의로움, 황금률)와 다른 사람의 권리에 대한 인식과 동일시된다. 다른 사람의 권리에 대한 침해 없이 자신이 하고자 하는 일을 할 권리는 사회적인 규제를 뛰어넘는 것이다."

두번째는 권리와 의무에 대한 연구에 참여한 어느 여성의 반응이다. 그녀도 25세며 당시 법대 3학년이었다.

"도덕적인 문제에 분명한 해결책이 정말 있는가, 아니면 모든 사람의 의견이 똑같이 옳은 것인가?" 나는 모든 사람들의 의견이 똑같이 옳다고 생각하지 않는다. 어떤 상황에는 여러 가지 해답이 있을 수 있고 사람들은 무의식적으로 몇 가지 행동 중 한 가지를 선택한다. 그러나 분명히 옳고 그른 것이 구별되는 상황도 있다. 우리는 서로 의존할 필요가 있다. 물질적인 필요만이 아니다. 인간의 생활은 다른 사람들과 협력하고 조화를 이루며 살아나가는 데서 풍성함을 맛볼 수 있다. 이를 위해, 옳고 그른 것과 목적을 증진시키거나 저하시키는 다른 행동 과정 가운데에서 선택할 수 있다."

"전에 이와 다르게 생각해 본 적이 있었는가?" 그렇다. 나는 내 양심이 있고 너는 네 양심이 있으니 서로가 서로에게 이래라 저래라 할 수 없는 상대적인 상황이 있다고 생각했었다.

"언제 그랬는가?" 고등학교 시절에 그랬다. 나 자신의 생각이 바뀌었기 때문에 다른 사람의 의견을 판단할 수 없다고 느꼈다. 그러나 지금은 누군가 잘못을 저지르고 그 영향이 자신에게만 미치게 될 때, 인간의 본성과 상관없이, 내가 진리라고 믿는 바에 따라 잘못하고 있다고 말한다.

"무엇 때문에 태도가 바뀌었다고 생각하는가?" 인생을 좀더 이해하면서 사람들 사이에는 공통점이 아주 많다는 것을 이해하게 되었다. 좀더 나은 생을 살고 좀더 좋은 인간관계를 맺고 좀더 성공하기 위해서는 도덕적으로 무엇이 올바른지 알아야 한다.

이 두 가지 예는 질문을 통해 개인적으로 도덕 관념이 어떻게 재구성되었는가를 보여주는데 이는 개인적인 생각을 보편화시킨 것이 아니라 '세상에 대한 매우 강한 책임감'에 입각한 것이다. 도덕 관념은 다른 사람의 권리를 침해하지 않고서 어떻게 자신의 권리를 행사할 것인가에서 "자기 자신과 가족과 대중들에 대한 의무를 포함한 도덕적인 삶을 어떻게 영위해 나갈 것인가"로 변화되었다. 이제는 도덕적인 중요성을 인정하면서도 자신의 책임을 제한시키려는 것이 문제다. 자신에 대해서 이 여자는 다음과 같이 설명했다. "나는 나와 관계를 맺고 있는 다른 사람들을 소중히 여기며 내가 책임을 느끼는 사람들도 소중히 여긴다. 나는 세상에 대해 강한 책임감을 느끼게 되었으며 자신의 즐거움만을 위해서는 살 수 없고, 세상에 속해 있다는 사실에서 내가 할 수 있는 일이 아주 작은 것이라 해도, 이 세상을 좀더 살기 좋은 곳으로 만들어야겠다는 책임감을 느낀다." 따라서 콜버그의 연구는 다른 사람의 권리를 침해하는 사람들에 대해 우려하는 반면, 이 여성은 '도와줄 수 있는데도 다른 사람을 돕지 않는' 것에 대해 걱정한다.

이 여성이 제기한 문제는 제인 로빙거(Jane Loevinger)의 자아 발전 단계 중 다섯번째인 '자율성'의 단계에 나타난다. 여기서는 자율성을 다른 사람들과의 관계 속에서 이해하여, 다른 사람들의 인생은 그들 자신이 책임지고 있다는 사실을 인정하고 지나친 책임감을 완화시키는 것이 자율성이라고 본다. 로빙거의 설명(1970)에 의하면 자율성의 단계는 도덕성의 분열을 완화시키고 대신 '실제 인물과 실제 상황이 지니고 있는 복잡성과 다양한 특성을 감지' 하게 한다고 한다. 콜버그가 5·6단계의 높은 수준으로 분류한 도덕성의 권리 개념이 객관적인 공정함이나, 이성적인 사람이라면 누구나 동의할 도덕적인 딜레마의 해결 방법으로 바뀌어진 반면, 책임감에 대한 개념은 어떤 특별한 해결 방법을 제한하는 데 초점을 맞추어 남아 있는 문제를 파악하는 것이다

따라서 잠재적으로 무관심을 정당화시킨 여성들이 왜 권리와 불간섭의 개념을 두려워하는지 명확해졌다. 또 남성들의 입장에서는 왜 책임감의 개념을 상황에 따라 상대적인 불확실한 것으로 받아들이는지 명확해졌다. 여성들의 도덕적인 판단력은 남성과 여성간의 성장의 차이를 설명해줄 뿐 아니라 그 차이점을 찾아내고 평가함으로서 성숙함의 개념이 다르다는 것을 보여준다. 관계성과 의존성의 특성을 지니고 있는 것으로 밝혀져온 여성 심리학은 상황에 따른 판단 구조와 상이한 도덕적인 이해를 보여준다. 자아와 도덕성의 개념에 차이를 나타내는 여성은 인생 주기도 다른 관점에서 이해하고 다른 순서를 통해 경험을 체계화시킨다.

권력에 대한 여성의 태도를 보여주기 위해 맥클러랜드(1975)가 제시한 데메테르와 페르세포네의 신화는 고대 그리스에서 이천 년 이상 거행되어온 엘리시우스 예식(곡식의 신 데메테르를 받드는 신비적 의식)과 관련되어 있다. 호머 이야기에서 찾아볼 수 있는 페르세포네의 이야기는 맥클러랜드가 완성된 여성상을 특징짓는 권력에의 동기에 관한 연구에서 발견한, 상호 의존성의 힘을 보여준다. 그러나 맥클러랜드는 "엘리시우스 예식이 어떻게 진행되는지 아는 사람은 아무도 없지만, 부분적인 역사적인 기록을 보아도 그 예식은, 남성들이 디오니소스에 대한 예식을 거행하기 이전까지, 여성들에 의해 이루어진 여성들을 위한 가장 중요한 예식이었다"고 말한다. 맥클러랜드는 신화를 '여성 심리학의 특별한 예'로 간주하고 있다. 이 신화는 아주 훌륭한 인생 주기를 나타내는 이야기다.

데메테르의 딸인 페르세포네는 들판에서 친구들과 함께 놀다가 아름다운 수선화 한 송이를 보고 꺾으러 달려갔다. 그런데 그녀가 꽃을 꺾자마자 땅이 갈라지고 헤이디스에 의해 지하 세계로 납치당한다. 대지의 여신인 데메테르는 딸을 잃은 슬픔으로 아무것도 자라지 못하게 하였다. 땅에서 아무 곡식도 자라지 않아 사람들과 짐승들이 죽어가는 것을 불쌍히 여긴 제우스는 동생을 설득하여 페르세포네를 엄마에게 돌려보내도록 했다. 그런데 떠나기 전 석류씨를 먹은 페르세포네는 결국 해마다 얼마 동안을 지하에서 헤이디스와 함께 보내기로 하였다.

여성의 발달의 신비는 인간의 인생 주기에 있어 애착이 계속되는 중요성을 인식하는

데 달려있다. 이탈과 자율성과 개별화와 본성적인 권리를 성장이라고 보는 남성의 인생 주기에서 여성은 이 인식을 보호해야 한다. 페르세포네의 신화는 우리에게 나르시시즘이 죽음을 가져오고, 대지의 비옥함은 어머니와 딸과의 지속적인 관계와 신비스럽게 연관된 것이며, 인생 주기 자체는 여성의 세계와 남성의 세계의 교체에서 이해되어야 한다는 것을 상기시켜 주면서 왜곡된 점을 지적해준다. 인생 주기를 연구하는 학자들이 관점을 분리시키고 여성들과 더불어 살아가기 시작할 때에야 비로소 남성과 여성의 인생 모두를 포함시키게 되고 그들의 이론은 더욱 성숙해질 것이다.

1. 여성은 도덕적으로 어떤 면에서 강하다고 생각하는가? 또 남성은 어떤 면에서 강한가?

2. 여성은 도덕적으로 어떤 면에서 약하다고 생각하는가? 또 남성은 어떤 면에서 약한가?

3. 어떤 것이 '적당히 균형 잡힌 것'이라고 생각하는가?

4. 도덕성이 지닌 복잡성을 길리건은 어떻게 개념화시키고 있는가?

Bettelheim, B. 1976. The uses of enchantment. New York: Knopf.

Blos, P. 1967. The second individuation process of adolescence, In The psychoanalytic study of the child, vol. 22, ed. A. Freud. New York: International Universities Press.

Broverman, I., S. Vogel, D. Broverman, F. Clarkson, and P. Rosenkrantz. 1972. Sex-role stereotypes: A current appraisal. Journal of Social Issues 28:59-78.

Chekhov, A. 1904. The cherry orchard. In Best plays by Chekhov, trans. S. Young. New York: Modern Library, 1956

Chodorow, N. 1974. Family structure and feminine personality. In Woman, culture, and society, ed. M. Z. Rosaldo and L. Lamphere. Stanford: Stanford Univ. Press.

_____. 1978. The reproduction of mothering. Berkeley: Univ. of California Press.

Edwards, C. P. 1975. Societal complexity and moral development: A Kenyan study. Ethos 3:505-27.

Erikson, E. H. 1950. Childhood and society. New York: Norton.

_____. 1968. Identity: Youth and crisis. New York: Norton.

Freud, S. 1905. Three essays on the theory of sexuality. Vol. 7.

_____. 1925. Some psychical consequences of the anatomical distinction between the sexes. Vol. 19.

_____. 1931. Female sexuality. Vol. 21.

Holstein, C. 1976. Development of moral judgment: A longitudinal study of males and females. Child Development 47:51-61.

Horner, M. S. 1968. Sex differences im achievement motivation and performance in competitive and noncompetitive situations. Ph.D. diss., University of Michigan. University Microfilms # 6912135.

_____. 1972. Toward an understanding of achievement-related conflicts in women. Journal of Social Issues 28:157-75.

Kingston, M. H. 1977. The woman warrior. New York: Knopf.

Kohlberg, L. 1958. The development of modes of thinkig and choices in years 10 to 16. Ph.D. diss., University of Chicago.

_____. 1969. Stage and sequence: The cognitive-development approach to socialization. In Handbook of socialization theory and research, ed. D. A.

Goslin. Chicago: Rand McNally.

_____. 1973. Continuities and discontinuities in childhood and adult moral development revisited. In Collected papers on moral development and moral education. Moral Education Research Foundation, Harvard University.

_____. 1981. The philosophy of moral development. San Francisco: Harper and Row.

Kohlberg, L., and R. Kramer. 1969. Continuities and discontinuities in child and adult moral developnent. Human Development 12:93-120.

Lever, J. 1976. Sex differences in the games children play. Social Problems 23:478-87.

Loevinger, J., and R. Wessler. 1970. Measuring ego development. San Francisco: Jossey-Bass.

MaClelland, D. C. 1975. Power: The inner experience. New York: Irvington.

Mead, G. H. 1934. Mind, self, and society. Chicago: Univ. of Chicago Press.

Miller, J. B. 1976. Toward a new psychology of women. Boston: Beacon.

Piaget, J. 1932. The moral judgment of the child. New York: The Free Press.

_____. 1970. Structuralism. New York: Basic.

Sassen, G. 1980. Success anxiety in women: A constructivist interpretation of its sources and its significance. Harvard Educational Review 50:13-25.

Simpson, E. L. 1974. Moral development research: A case study of scientific cultural bias. Human Development 17:81-106.

Stoller, R. J. 1964. A contribution to the study of gender identity. International Journal of Psycho-analysis 45:220-26.

Strunk, W., Jr., and E. B. White. 1918. The elements of style. Reprint ed. New York: Macmillan, 1958.

Woolf, V. 1929. A room of one's own. New York: Harcourt, Brace and World.

학교에서의 도덕 교육
(1966)

로렌스 콜버그

(Lawrence Kohlberg, 발달 이론 학자)

이 글에서 콜버그는 도덕성 발달이 그 순간의 환경이나 보상 기회 등에 영향을 받는 상대적인 것이 아니라, 모든 사람에게 공통적이며 절대적인 구조를 바탕으로 하는 것임을 보여주고 있다. 이러한 구조는 근본적으로 인지적이다. 그리고 각각 두 단계로 이루어진 세 차원의 수준으로 구성되어 있다. 공립 학교 교사들이 이미 도덕을 가르치고 있지만, 저자는 의도적인 교육이 이루어져야 하며 좀더 광범위하고 중요한 일들과 관련지어져야 한다고 본다. 그러나 민주 사회의 공립 학교는 사람들의 가치관을 주입시켜서는 안 된다. 학교는 도덕적인 면이 발달하도록 자극하는 것을 목표로 해야 한다. 이는 학생들이 도덕적인 의사 결정을 하는 수준을 높이도록 도움을 주는 것이어야 한다. 도덕성 발달에 관한 연구 방법이 콜버그가 의도한 대로 새롭고 도전적이며 실제적인 것이라면 학습자들은 성숙될 것이다.

"콜버그 교수는 시카고 대학에서 아동 발달과 임상 심리학을 연구하고 박사 학위를 취득했다. 아동의 도덕성에 관한 종래의 심리학 연구가 부족하다고 여긴 콜버그는 장 피아제(Jean Piaget)의 인지 발달 심리학과 존 듀이(John Dewey)의 교육 철학에 근거한 독창적인 연구 작업을 시작했다 (맥킨, 1985). 1969년부터 하버드 대학에서 교편을 잡은 그는 도덕성 발달 연구 센터를 설립했다. 이에 앞서 그의 이론은 이미 널리 명성을 얻고 있었다. 그의 작업은 다음 두 분야에서 교육학적으로 흥미롭고 중요한 점을 지니고 있다. '교육 집단에서의 정의감의 수준에 관한 연구와 학생들 사이에서 도덕성 발달을 증진시키기 위해 토론을 이용한 것'이다(맥킨, 1985). 콜버그는 인지 도덕 판단의 높은 단계는 민주적인 환경에 처해 있을 때 증진된다고 주장한다. 그의 이론은 낮은 도덕적 단계에 있는 사람들이 자신들보다 한 단계 높은 해결 방법을 접할 수 있도록 도와준다. 이는 그들이 높은 단계를 향해 그들 자신의 길을 재구성하도록 해준다.

이 글에서 콜버그는 도덕성 발달(특히, 인지적 도덕성에 의한 의사 결정)이 그 순간의 환경이나 보상 기회 등에 영향을 받는 상대적인 것이 아니라, 모든 사람에게 공통적이며 절대적인 구조를 바탕으로 하는 것임을 보여주고 있다. 이러한 구조는 근본적으로 인지적이다. 그리고 각각 두 단계로 이루어진 세 차원의 수준으로 구성되어 있다.

저자는 공립 학교 교사들이 이미 도덕을 가르치고 있다고 한다. 교사들은 정직과 같은 가치나 규율을 가르친다. 그러나 거의 계획성 없이 이루어지는 대부분의 도덕 교육은 학급에서 일어나는 사소한 일들과 관련된 것들뿐이다. 저자는 의도적인 교육이 이루어져야 하며 좀더 광범위하고 중요한 일들과 관련지어져야 한다고 본다. 그러나 민주 사회의 공립 학교는 사람들의 가치관을 주입시켜서는 안 된다. 학교는 도덕적인 면이 발달하도록 자극하는 것을 목표로 해야 한다. 이는 학생들이 도덕적인 의사 결정을 하는 수준을 높이도록 도움을 주는 것이어야 한다. 도덕성 발달에 관한 연구 방법이 콜버그가 의도한 대로 새롭고 도전적이며 실제적인 것이라면 학습자들은 성숙될 것이다."

From The School Review 74 (Spring 1966): 1-30.

현대의 많은 교육학자들과 사회학자들은 '도덕 교육'이라는 용어를 현대식 학교에 청교도적인 전통의 마지막 흔적을 옮겨다놓은 낡은 개념이라고 생각한다. 그러나 이 낡은 개념은 도덕적인 용어로서 교육의 목적과 방법을 설명하고 심리학적인 용어로서 교육의 목적과 방법을 설명하려는 데에 본질적인 차이가 있어서 새로 등장한 것은 아니다. 사실, 존 듀이의 '교육의 도덕적인 원칙'(1911)이나 에밀 두르크하임(Emile Durkheim)의 「도덕 교육」(1925)이라는 책에서 교육 분야에 있어서 위대한 사회 심리학의 거장들도 이 차이를 부정하고 있다. 이 두 가지 책은 도덕 교육을 종래의 의견과 달리 사회적인 발달과 사회적인 기능을 확대시킨 범주에서 이해하려고 한다. 그러나 둘 다 사회적인 목적과 교육 과정에 관한 궁극적인 진술은 도덕적인 용어로 이루어진 진술이어야 한다는 것을 인정하고 있다.

불행하게도 듀이의 입장을 따르는 교육 심리학자들이나 철학자들은 교육의 목적을 아동의 사회적 특징과 가치(예를 들어 협동, 사회적 적응, '민주적인 태도', 정신적인 건강)의 범주로 확대시킨 그의 입장을 유지하고 있지만 이러한 특징이나 가치는 도덕을 연구하는 철학자들이나 심리학자들에 의해 개념이 달라지게 되었다. 더 최근에 이르러서 사려 깊은 교육가들이나 심리학자들은 도덕적인 문제를 정신 건강이나 집단 적응의 차원으로 연구하는 것은 부적당하다는 것을 인식하게 되었다. 한편으로 우리는 정신 건강의 차원이 그다지 과학적이고 가치 중립적인 개념이 되지 못한다는 것을 깨닫게 되었다. 정신 건강의 차원은 아동을 사회적인 기준과 그에 따른 행동의 의미에서 가치 판단을 하려는 것이다. 또 한편으로 우리는 정신 건강이나 사회적 적응이라는 개념을 통해 아동을 위한 이상적인 기준이나 가치를 결정할 수 없다는 것도 알게 되었다. 우리의 광대한 사회 속에서 자라난 나치나 다른 정신 나간 사람들은 우리에게 공동체에 적응하는 것이 결코 도덕적인 성숙을 대신하는 것이 될 수 없음을 확실하게 보여주고 있다.

인격 성장과 적응에 대한 '가치 중립적'인 입장에서 도덕 교육의 문제를 성공적으로 고려할 수 없음도 명확하다. 이 글에서 도덕 교육과 관련된 가치 문제를 연구 결과에 맞추어 다루어보겠다. 최근에 이루어진 많은 연구 결과들이 교육에 있어서의 사실과 가치 사이의 관계에 대한 듀이의 일반적인 입장에서 고려될 때 도덕 교육의 문제에 어떤 실마리를 제공하게 되리라고 믿는다.

학교의 도덕 교육과 관련된 도덕성 발달에 관한 연구

학교의 사회적인 기능을 도덕 교육의 입장에서 언급해오지 않은 중요한 이유 중 하나는 학교에서 이루어진 종래의 교훈적인 윤리 강의가 도덕성에 거의 영향을 미치지 못하기 때문이다. 하트숀(Heartshorne)과 메이(May)의 연구에 의하면(1928-30) 성격 교정 수업이나 종교 강좌 프로그램은 도덕적인 행동에 전혀 영향을 주지 못하는데, 종교 수업이 '정직성'(속임수, 거짓말, 도둑질)이나 '봉사'(다른 사람을 위한 일들을 그만둠)를 실험적으로 테스트하여 객관적으로 평가하고 있기 때문이다. 종래의 교훈적인 도덕 수업에 관한 최근의 소수의 연구들이 이러한 사실을 분명하게 보여주고 있다. 거의 매년 전문적인 종교 교육자들이나 공동체 봉사 교육자들이 나와 함께 그들의 프로그램이 도덕성에 영향을 끼칠 수 있는 방법을 개발하는 과정을 이수한다. 각자 자신의 프로그램이 하트숀이나 메이의 것과는 다르다고 생각하면서도 아무도 이들보다 더 긍정적인 결과를 보여주지 못하고 있다.

최근의 연구들은 종래의 도덕 교육의 비효율성에 관한 하트숀과 메이의 연구 결과를 분명하게 보여주면서, 동시에 효과적인 새로운 종류의 학교 도덕 교육의 가능성을 긍정적으로 바라보도록 해준다. 특별히 최근의 연구는 가장 널리 알려진 하트숀과 메이의 다음 두 가지 이론에서 나온 결론들에 의문을 제기한다. 한 가지 이론은 단순히 상황에 따른 동기와 보상으로 인해 도덕적 행위를 하게 된다는 주장과 또 하나는 도덕성은 유년시절 가정에서 길러진다는 주장이다. 최근의 연구에서는 지속적으로 지니게 되는 중요한 도덕적 특성은 도덕적 판단과 결정의 다소 인지적인 원칙들과 이와 관련된 자아의 능력이 서서히 발달해가면서 형성된다고 주장한다.

위에서 언급한 하트숀과 메이의 연구 결과에 대한 첫번째 해석은 하트숀과 메이 자신들의 가장 근본적인 해석이다. 여기서 나온 결론들은 종래의 도덕 수업이 비효율적이라는 주장보다 훨씬 더 염세주의적이며 교육으로 형성될 수 있는 '도덕성'이나 '양심' 같은 것은 근본적으로 없다고 본다. 하트슌과 메이는 거짓말을 하거나 불복종하려는 유혹에 저항하도록 만드는 데는 정직이라는 개인의 고정된 도덕적 특성이 아니라 상황적인 요소가 영향을 끼친다고 본다. 이 첫번째 결론은 결국 어떤 상황에서 거짓말을 했다고 해서 다른 상황에서도 하리라고는 거의 예측할 수 없다는 결론을 보여준다. 두번째로 아동은 '거짓말쟁이'와 '정직한 아동'이라는 두 집단으로 구분할 수 없다는 것이다. 아동이 거짓말을 하는 횟수의 분포는 거짓말을 하는 다수의 아동을 중심으로 종 모양의 곡선을 그린다. 세번째로 하나의 방편으로 거짓말을 하기로 결정 내리는 것, 즉 탄로났을 때의 위험을 감수하고 거짓말을 하느라 애쓰면서 거짓말을 하기로 결정 내리는 면의 중요성을 이야기하고 있다. 아주 긴박한 상황에서 거짓말을 하는 아동은 그다지 긴박하지 않은 상황에서도 거짓말을 한다. 따라서 거짓말을 하지 않는 아동은 거짓말을 하는 아동보다 정직한 것이라기보다는 더 세심하다고 보는 것이다. 네번째로 벌이나 탄로나는 것이 두려워서 정직한 행동을 하는 것이 아니라 하더라도 대부분의 경우 집단의 동조나 집단 내부의 도덕적 가치 기준이 정직한 행동을 하도록 영향을 주는 환경적 요소가 된다. 같은 학교에서 비슷한 아이들로 구성된 학급들 사이에도 어떤 학급은 거짓말을 하는 경향이 거의 없지만 어떤 학급은 거짓말을 하는 경향이 높다. 다섯번째로 도덕적인 지식이 도덕적인 행위를 하도록 분명한 영향을 주지 않는다는 것이다. 도덕적인 지식에 관한 구두 시험과 도덕적인 행위에 대한 실험적인 테스트 사이의 관계성이 낮았다. 여섯번째로는 도덕적인 가치가 행위에 영향을 준 경우, 이 가치들은 아동의 사회적인 신분이나 아동이 속한 집단에 다소 생소한 것이라는 점을 발견했다. 정직은 보편적인 가치이기보다 중류층 아동들이 많이 지니고 있는 특성이며 낮은 계층의 아이들에게는 별로 중요하지 않은 가치라고 본다.

이 연구 결과들을 보면 학교 안에서 이루어지건 밖에서 이루어지건 도덕 교육은 항구적인 영향을 끼치지 못하는 것 같다. 집에서 이루어지건 학교에서 이루어지건 도덕 교육은 아동이 거짓말을 하지 않는 상황을 만들어줄 수 있다. 하지만 아동이 새로운 상황에서도 거짓말을 하지 않도록 보편적으로 이끌어가지는 못한다. 논리적으로 결론을 내려 보면, 이 연구 결과들은 '정직'은 그 아동의 성격을 이해하거나 예견하지 못한 채 아동의 겉으로 드러난 행위만으로 판단하는 가치라고 주장한다. 선한 행동, 나쁜 행동이라는 개념은 심리학적으로 부적절한 것이며 도덕 교육은 아동의 욕구, 아동이 속한 집단의 가치관, 그리고 아동이 처한 상황을 바탕으로 하여 이해해야 하는 것이다. "사회적인 입장에서 보면 선한 것일 수도 있고 나쁜 것일 수도 있는 행위를 개인적인 입장에서 보면 항상 긍정적인 가치를 지니고 있다. 그 행위는 그가 자신 속에 형성되어온 도덕성을 바탕으로 갈등을 해결하는 가장 훌륭한 방법인 것이다"(조세린, 1948). 이러한 일련의 사고는 도덕적인 개념들이 심리학적으로뿐 아니라 사회학적으로도 무관하다는 의견으로 확대된다. 사회적으로 보면 명확하게 선한 행동과 나쁜 행동이 구분되지 않는다. 그 행위가 지니는 도덕성을 판단하는 기준이 다양하기 때문이다. 사회학자들이 지적하듯이, '옳은 일을 하려는', 또는 가치 기준, 갱들의 가치 기준과 성공한 위대한 사람들의 가치 기준 모두를 따르고자 하는 동기에서 비행이 저질러진다.[1]

하트숀과 메이의 연구 결과에 대한 두번째 해석은 비교적 덜 염세주의적이다. 이 해석은 정신 분석학과 신정신분석학의 개인성에 대한 이론(프로이드, 1930, 1955; 프롬, 1949; 호니, 1937)을 바탕으로 한 것이다. 이 해석에 의하면 도덕적인 성품은 초기에 부모의 영향을 받아 가정에서 형성되기 때문에 학교에서의 도덕 교육은 효과가 없다. 도덕성은 정직과 같은 고정된 도덕적 가치의 문제가 아니라, 타인에 대한 증오에 반대되는 사랑, 두려움에 반대되는 죄의식, 부조리와 불신에 반대되는 자신감과 신뢰감 등과 같이 매우 감정적이며 방어적인 것이다. 이러한 성품들은 근본적인 영향을 받아 이루어지는 것이므로 구두 시험과 행동 검사의 결과가 일치하지 않을 수 있으나 어떤 유형의 성격인지 구분 짓는다. 이러한 개인성의 유형들과 그 유형들이 보이는 반응들은 개인성 투사 검사에 의한 좀더 높은 수준에서 특징지어진다. 그러나 그것들도 아동의 도덕성에 대한 타인들의 판단과 관련이 있다. 도덕성에 대한 이러한 관점은 로버트 하비거스트(R. J. Havighurst, 1949)와 그의 동료들(펙과 하비거스트, 1960)의 연구와 저술에서 거의 확실하게 발전되었고 경험적으로 뒷받침되고 있다.

도덕성 연구에 대한 '상황에 따른' 해석과 '정신 분석학적인' 해석이 모두 정당성을 지니고 있는 반면, 최근의 연구결과들은 도덕 교육에 대한 좀더 긍정적인 측면에서 도덕성의 개념을 발전시켜 나갔다(콜버그, 1963a, 1963b, 1964). 거짓말과 같은 특정한 '나쁜 행실'은 대부분 상황적인 요소에 의한 것인 동시에 아동의 인격 성장의 일반적인

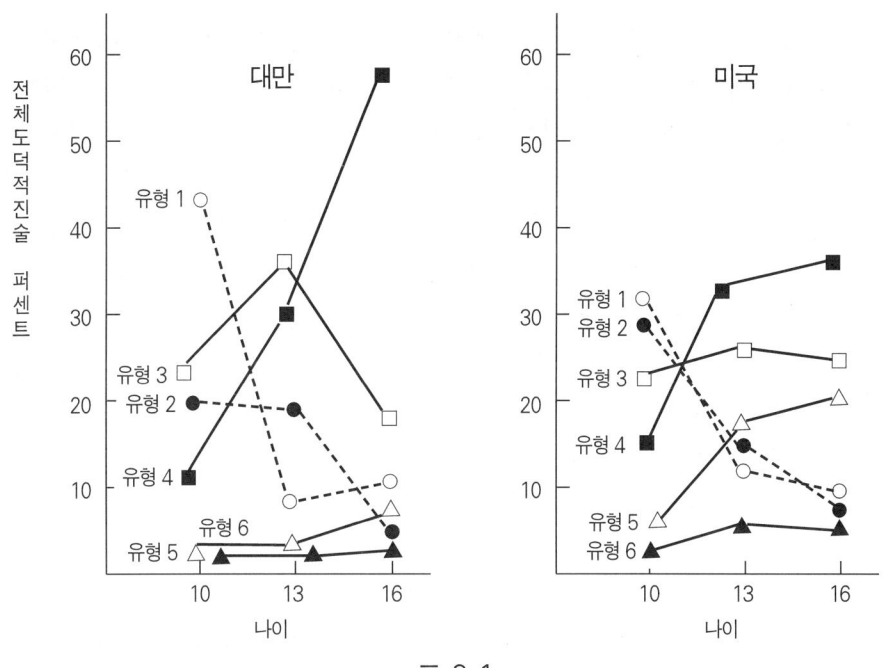

표 3.1
대만과 미국 10세 13세 16세가 도덕적 판단을 하는 데 6단계를 각각 사용한 평균 퍼센트 수치

두 가지 양상과 분명하게 연관되어 있다. 아동 발달의 그 일반적인 첫번째 양상은 '자아의 힘'이라고 하는 것으로, 결과를 예견하는 지력, 즉각적인 작은 보상보다는 멀어도 더 커다란 보상을 선택하는 경향, 주의를 집중시키는 능력, 그 밖의 많은 특성들을 포함한 자아의 능력과 상호 연관되어 있음을 보여준다. 이 모든 능력은 정직에 대한 실험에서 나타나는 아동의 행동과 도덕성에 대한 교사의 평가, 비행을 저지르지 않으려는 아동의 저항과 서로 연관되어 있다(콜버그, 1964).[2]

    도덕적인 행동에 영향을 끼치는 개인성에 대한 두번째 양상은 아동의 도덕적 판단과 도덕 개념의 발달 수준이다. 도덕적인 판단의 수준은 하트숀과 메이가 연구한 종래의 도덕적 관념에 대한 지식과는 다른 문제다. 아동에게 "거짓말 하는 것은 나쁜가?" 또는 "거짓말 한 적이 있는가?" 하고 물었을 때, 실제로 거짓말을 많이 한 아동은 실제로 거

짓말을 하지 않는 아동보다 더 규범적인 대답을 한다(콜버그, 1966a). 이는 받아쓰기 시험을 '잘 보려는' 욕구와 똑같이 거짓말을 함으로 도덕성 검사를 '잘 하려는' 것 때문이다. 피아제와 내가 한 것처럼(피아제, 1932, 1948; 콜버그, 1963a), 아동의 도덕적인 선택의 이유에 관해 연구해보면 차이점을 발견할 것이다. 예를 들어, 우리는 형이 나쁜 일을 저지른 사실을 아버지에게 말해야 하는가와 같은 도덕적인 갈등 상황을 만들어보았다. 열 살인 데니는, "아버지에게 말씀드려 아버지가 형에게 화가 나셔서 때리시게 하는 것도 옳고, 아버지께는 말씀드리지 않고 내가 형을 때리는 것도 옳다." 형의 권위를 지켜주는 것이 옳은지, '충성심'을 지키는 것이 옳은지 하는 것은 분명히 그의 결정이 누가 더 세게 때릴 수 있는가에 달려 있다는 사실에 비해 별로 중요한 것이 아니다. 데니는 벌을 받으리라 예상한다면 거짓말을 하지 않을 것이다. 그러나 거짓말을 하지 않아야 하는 특정한 도덕적 이유를 가지고 있지는 않다. 질문을 받았을 때, 거짓말을 하지 않는 첫번째 이유는 '탄로날 것이기 때문'이며 그의 선생님은 그가 상당히 부정직하다고 평가했다.

그러나 데니의 대답은 한 개인의 특성을 반영하고 있는 것이 아니다. 도덕적 판단이 발달해가는 단계 중, 처벌과 복종을 고려하는 측면에서 도덕적인 판단을 하는 중요한 한 단면을 나타낸 것이다. 이 단계는 도덕적 판단 발달의 여섯 단계에서 가장 첫번째 단계다(콜버그, 1963a).

수준 I, 전(前) 인습적 수준
제1단계 - 복종과 처벌 지향 단계. 강한 힘이나 특권에 대한 자기 중심적인 복종. 또는 문제가 발생할 것을 피하려는 특성. 객관적인 책임감.
제2단계 - 순수한 자기 중심적인 단계. 옳은 행동은 자신의 욕구나 때때로 타인의 욕구를 만족시켜주려는 수단. 행위자 각자의 요구와 관점에 대한 상대적인 가치 인식. 순수한 평등주의와 상호성 지향.

수준 II, 인습적 수준; 역할 동조
제3단계 - 착한 아이 지향 단계. 타인을 돕고 즐겁게 해주며 인정받으려는 성향. 대중의 전형적인 상(象)이나 본능적인 역할 행동, 의지적인 판단에 순응.

제4단계-권위와 사회 질서 유지 지향 단계. '책임을 다하고' 권위를 존중하고 주어진 사회 질서를 유지하려는 성향. 타인의 기대를 중시.

수준Ⅲ, 전(前) 인습적 수준; 자아가 인정한 도덕 원리
제5단계-계약적인 법률 존중 지향 단계. 동의를 얻고자 하는 규율과 기대에 임의적인 요소나 출발점이 있음을 인정. 계약적인 의미에서의 의무, 타인의 의지나 권리와 다수의 의지와 복지를 위반하지 않으려는 성향.
제6단계-양심이나 원리 지향 단계. 실제로 주어진 사회적 역할뿐 아니라 논리적인 보편성과 지속성에 대한 요구를 바탕으로 한 선택의 원칙을 따르려는 성향. 양심을 따르고 상호 존중과 신뢰를 따르려는 성향.

각 단계는 스물다섯 가지의 기본적인 도덕적 가치로 특징지어진다. 데니의 대답은 첫 번째 단계, 즉 처벌의 개념에서 본 도덕적인 동기를 보여주고 있다. 각 단계의 도덕적 행동의 동기와 그 예는 다음과 같다.

제1단계-처벌을 면하기 위해 규율에 복종. 열 살인 데니의 예(조는 자기 형의 일을 아버지에게 말해야 할까?): "형에 대해 이야기해서 아버지가 형에게 화를 내시고 때리셔도 괜찮고, 말씀드리지 않고 자기가 형을 때리는 것도 괜찮은 일이다."
제2단계-대가를 고려한 형태. 열세 살인 지미의 예(조는 자기 형의 일을 아버지에게 말해야 할까?): "말하지 말아야 한다고 생각한다. 만일 형에 대해 이른다면 형도 이를 것이다."
제3단계-타인의 비난을 피하려는 형태. 열여섯 살인 앤디의 예(조는 자기 형의 일을 아버지에게 말해야 할까?): "만일 나중에 아버지께서 아시게 되면 날 불신하시게 될 것이다. 형도 날 믿지 않을 것이다. 그러나 형이 믿지 않는 것은 '양심'에 걸리지 않는다." "난 부모님을 위한 일을 할 것이다. 부모님들께서도 늘 나를 위한 일을 해주셨다. 나는 어머니께서 말씀하시는 대로 할 것이며 어머니를 기쁘게 해드리고 싶다. 어머니께서는 내가 의사가 되기를 원하시고 나도 그렇게 되고 싶다. 어머니께서 그렇게 되도록 도와주시고 계시다."

제4단계 – 합법적인 권위와 결과적인 죄의식에 의한 비난을 피하려는 형태. 위의 예에 나타나 있다.

제5단계 – 공동체의 복지의 관점에서 공평하게 판단하고 서로를 존중하는 관계를 유지하려는 형태. 열여섯 살인 봅의 예: "형은 동생을 믿을 수 있으리라고 생각할 것이다. 동생이 그렇게 말한다면 형은 그를 좋아하지 않게 될 것이다."

제6단계 – 자기 비난을 피하려는 형태. 열여섯 살인 빌의 예(남편은 아내의 목숨을 구하기 위해 비싼 암시장의 약을 훔쳐도 될까?): "법적으로는 안 된다. 하지만 나라면 도덕적으로 그렇게 했을지도 모른다. 아내의 목숨을 구하기 위해 뭔가를 할 수 있었는데 처벌이 무서워 그렇게 하지 않았다면 나중에 견디지 못할 것 같다."

동기는 각 단계를 규정짓는 스물다섯 가지 도덕적 관점 중 하나인 동시에, 다른 많은 측면들도 찾아볼 수 있다. 각각의 예는 다음과 같이 각 단계를 규정짓는 '인간의 도덕적 가치의 바탕'을 보여준다.

제1단계 – 인생의 가치관은 물질에 대한 태도와 얽혀 있으며 그 사람의 사회적인 지위와 신체적인 특성을 바탕으로 하고 있다. 열 살인 토미의 예(남편이 돈을 낼 수 없을 때, 왜 약사는 죽어가는 여자에게 약을 주어야 하는가?): "만일 비행기 안에서 어떤 중요한 사람이 높은 곳에서 나타나는 알레르기 반응을 보일 때 승무원이 아픈 자기 친구에게 줄 약밖에 없어서 그 사람에게 약을 주지 않는다면 사람들은 그 승무원이 중요한 사람에게 약을 주지 않았다고 감옥에 넣을 것이다."

(중요하지 않은 많은 사람들보다 중요한 한 사람의 목숨을 구하는 것이 더 나은 일인가?): "겨우 집 한 채를 가지고 있는 별볼일 없는 사람들이라도 많은 가구를 가지고 있을 수 있을 것이다. 하지만 모든 사람들은 굉장히

많은 가구를 가지고 있고 그런 가난한 사람들 중에도 돈이 많은 사람이 있겠지만 그럴 것 같지 않다."

제2단계—인생의 가치관은 어른이나 다른 사람들의 요구를 만족시켜주는 도구로 이해된다. 열세 살인 토미의 예(큰 병에 걸려 죽어가는 여인이 너무나 아파서 의사에게 '안락사'를 요구할 때 의사는 그렇게 해주어야 할까?) : "그렇게 해서 그녀를 고통에서 구해주려는 것은 좋은 일일지도 모른다. 그러나 사람은 동물과 다르므로 남편은 원하지 않을 것 같다. 만일 강아지가 죽는다면 사람은 강아지 없이도 살 수 있을 것이다. 그리고 사람들도 새 아내를 얻으면 될지 모른다. 하지만 강아지와 똑같은 경우일 수 없다.

제3단계—인생의 가치관은 가족과 다른 사람들이 어른들에게 어떤 애정을 표현하는가를 바탕으로 한다. 열여섯 살인 앤디의 예(큰 병에 걸려 죽어가는 여인이 너무나 아파서 의사에게 '안락사'를 요구할 때 의사는 그렇게 해주어야 할까?) : "아니다. 절대로 해주어서는 안 된다. 남편은 그녀를 사랑하고 그녀가 보고 싶을 것이다. 남편은 그녀를 너무나 사랑해서 그녀가 일찍 죽기를 원하지 않을 것이다."

제4단계—권리와 의무에 대한 종교적인 질서나 절대적인 도덕성의 관점에서 인생을 신성한 것이라고 생각한다. 열여섯 살인 존의 예(의사는 '안락사'를 시켜야 할까?) : "의사는 생명을 앗아갈 권리가 없다. 인간은 아무도 그럴 권리가 없다. 의사는 생명을 창조할 수 없다. 따라서 파괴해서도 안 된다."

제5단계—공동체의 복지와 인간의 보편적인 권리의 차원에서 인생의 가치를 정한다.

제6단계—인간의 존엄성이라는 보편적인 가치를 지니고 있으므로 인생을 신성한 것이라고 본다. 열여섯 살인 스티브의 예(아내의 목숨을 구하기 위해 남편은 값비싼 약을 훔쳐도 되는가?) : "사회의 법률에 의하면 그는 잘못한 것이다. 그러나 자연의 법, 또는 하나님의 법에 의하면 약제사는 잘못한 것이고 남편은 정당하다. 인간의 생명은 경제적인 이익보다 훨씬 중요한 것이다. 전혀 모르는 사람일지라도 사람은 죽어가는 사람을 살려야 할 의무를 가지고 있다."

우리는 여섯 가지 유형의 도덕적인 판단 유형을 단계별로 알아보았다. 이를 통해 우리는 각 단계가 나이와 연관되어 있다는 사실 이외에 다음과 같은 것을 알 수 있다. 첫째, 각 단계의 개념은 연속성을 지니고 있다. 다시 말해 아동은 각자 도덕적인 판단의 단계를 순서대로 거쳐가야 한다는 것이다. 물론, 아동이 어느 한 수준에서 멈추어 고정되어버릴 수도 있다. 그러나 계속 발전해나간다면 위의 단계를 따라 성장해야 한다. 완전히 분석된 자료는 아니지만, 열 살, 열세 살, 열여섯 살, 열아홉 살 난 같은 아동들의 횡적인 연구에서도 위와 같은 양상을 보여주고 있다. 둘째로, 다양한 문화적 환경 속에서 각 단계의 개념은 보편성을 지니고 있다는 것이다. 이는 도덕성의 발달은 단지 아동이 속한 문화의 규율이나 가치관의 학습에 의해 이루어질 뿐 아니라 어느 문화에서나 이루어지는 보편성을 지니고 있는 것이다. 미국뿐 아니라, 대만, 말레이지아 원주민, 터키의 열 살, 열세 살, 열여섯 살 소년들을 관찰한 결과 얻은 결론이다. 대만과 미국의 연구 결과는 표 3.1에 나타나 있다.

표 3.1을 보면 같은 또래의 대만과 미국 소년들은 비슷한 성향을 나타낸다. 두 집단 모두 첫 두 가지 유형은 나이에 따라 감소하고, 다음 두 유형은 열세 살까지 증가하여 고정화되고, 마지막 두 유형은 열세 살에서 열여섯 살까지 계속해서 증가한다. 도덕성의 마지막 두 유형은 문맹 지역이나 원주민 집단에서는 분명하게 나타나지 않지만, 일반적으로 모든 문화에서 비슷한 발달 유형을 보여주고 있다.

세번째로, 각 단계의 개념은 동일성을 보여준다. 정직한 행동과 같은 것은 거의 동일성을 지니고 있지 않다고 했다. 그러나 하나의 도덕적 상황에서 다음으로 넘어가는 도덕성 발달 단계의 'g-요소', 높은 정도의 동일성을 지니고 있다(콜버그, 1966b).

우리가 연구한 도덕적 특성의 발달 단계가 적절하다면 더 나아가서 각 단계의 특성들이 도덕적 행동과 연관성을 지니고 있어야 한다. 우리는 이미 도덕적 통념에 대해 말과 행동이 일치하지 않음을 살펴보았다. 하트숀과 메이는 사회의 도덕적 통념에 대한 아동의 '지식'을 측정(구두 시험으로는 이러한 통념에 강한 긍정을 보이면서도 도덕적 행동 테스트에서는 다르게 반응한)할 때 다음과 같은 조금 나은 결과를 예측할 수 있었다. 개별적인 거짓말 테스트가 다른 테스트와 연관되어 있을 뿐 아니라, 30대 초반에 도덕적 지식에 관한 테스트는 실험적인 거짓말 테스트와 상관 관계가 있었다. 이러한 도덕 지식에 관한 테스트는 구두 테스트보다 더 문화적인 도덕적 바탕을 이해할 필요가 있으며,

연령에 따라 발전이 더 두드러졌다. 도덕적 지식에 관한 테스트보다 더 기본적인 가치 구조를 반영하고 있고 더 발전 양상을 보이는 도덕적 판단에 관한 우리의 테스트는 도덕 행위를 발전의 개념에서 이해할 때 도덕 행위를 좀더 잘 이해할 수 있다.

발달의 개념으로 도덕 행위를 이해하려고 하면, 하트숀과 메이의 연구 결과와 좀더 최근의 연구 결과를 함께 언급해야 한다. 최근의 연구 결과에 따르면 정직과 같은 행위는 초등 교육 기간 중에는 나이와 상관 없다고 한다(콜버그, 1964).[3] 대조적으로, 우리는 이 시기에 도덕적 판단과 가치가 연속성을 가지고 발달한다고 본다. 그러나 대부분의 초등 교육 과정에 있는 아동들은 거짓말을 나쁘게 생각하는 분명한 내면적인 도덕적 가치나 기준을 발전시키지 못한다. 따라서 이 시기에 거짓말이나 거짓된 행동이 감소하지 않는 것도 당연한 일이다. 대부분의 초등학교 학생들은 공격적인 행위나 도둑질을 당했을 때의 피해를 잘 알고 있으며(크레브스, 1965), 그들이 거짓말을 하지 않는 이유는 탄로가 나게 되고 벌을 받기 때문이다. 나이가 더 많은 아동들에게도 교사는 거짓말이 나쁘다는 이유를 도덕적으로 성숙한 의미에서 가르치지 못한다. 6학년 아이들도 벌을 받기 때문에(제1단계), 또는 '아무런 도움도 되지 않으므로'(제2단계) 거짓말을 해서는 안 된다고 배웠다고 말한다. 이 시기에 거짓말을 하지 않으려는 것은 하트숀과 메이의 주장 같이 상황에 따라 편리하기 때문이기보다는 내면적인 도덕적 원칙에 의한 것이다. 하트숀과 메이가 사용한 거짓말 테스트 상황에서 실험 대상의 도덕적 판단에 대해 제기되는 문제는 실험자나 교사가 무엇을 기대하는지, 그리고 무엇을 기대할 권리가 있는지의 신뢰감의 문제다. 실험자는 평소에는 지도하던 상황이지만 실험에서는 지도하지 않고 실험 대상을 그대로 내버려둔다. 이렇게 통제하지 않고 내버려두는 것은 여러 가지로 해석할 수 있다. 이러한 상황에서 고도의 거짓말을 하는 것은 실험자가 상관하지 않는다는 피상적인 느낌을 받고 있음을 그대로 반영하고 있는 것이다. 약간의 거짓말을 하는 아동은 자기가 거짓말을 하지 않는 것을 실험자가 별로 상관하지 않거나 거짓말을 하면 가만두지 않으리라고 생각한다는 것을 반영하며, 또 분명하지 않거나 지나치지 않는 한 조금 거짓말을 하는 것을 그리 나쁘지 않다고 생각하고 있음을 반영한다.

어느 6학년들에 관한 연구에서 80%에 해당하는 거의 대부분의 학생들이 조금씩 거짓말을 했다. 전(前) 도덕 차원(제1·2단계)에 있는 대부분의 아동들은 상당히 많은 거짓말을 했고, 제3·4단계의 아동들의 대부분은 사소한 또는 적당한 정도의 거짓말을 했다(콜버그, 1966a).⁴ 대조적으로 도덕적인 원칙을 지니게 된 청소년기(제5·6단계)에는 거짓말을 할 기회를 신뢰감과 약속, 사회적인 동의, 그리고 똑같은 노력과 능력에 대한 평등한 보상을 유지하려는 의미의 문제로 파악한다. 콜버그의 연구에서 이 수준의 6학년 학생은 전혀 거짓말을 하지 않았다. 실험을 한 대학생들 가운데서는 26명의 중급 차원 학생 중 절반이 그런 반면, 상급 차원의 9명의 학생 중 단 한 명이 거짓말을 했다(대학생 중에는 전도덕적 단계의 학생이 없었다).

아동이 해서는 안 될 내면적인 도덕적 원칙을 청소년기에 발전시킨다면 거짓말을 하는 것은 도덕성을 평가하는 좋은 기준이 되지 못한다. 이 시기까지는 거짓말이나 속이는 행동이 도덕적 가치관이 완전히 발달하지 않은 것(도덕적 수준에 이르지 못한 것)을 나타내거나 행동과 도덕적 가치관 사이의 불일치(자아의 힘과 자아의 능력에 결함이 있을 여러 가지 가능성으로 인한)를 보여준다.

더 일반적으로 도덕성을 정직이나 책임과 같은 고정된 종래의 특성으로 이해하기보다 성장의 개념으로 이해한다면 도덕 교육의 목적으로서 '도덕성'은 중요한 의미를 지닌다.

이상이 있는 독립된 행동을 아동의 나쁜 또는 부정직한 행위로 보려는 교사들의 경향을 비판하는 하트숀과 메이의 입장은 정당한 것이다. 특이한 순응 행위나 이상 행동은 양심이나 도덕성의 유무 여부보다 상황에 따른 요구나 두려움을 반영하는 것이다. 더 나아가 계속되는 비행은 일반적인 도덕적 판단 능력이나 이와 연관하여 죄의식을 느끼는 데 결함이 있음을 나타내며 단순히 상황에 따른 가치관이나 감정적인 문제보다는 내면적인 자아 통제력이 부족한 것을 보여주는 것이 분명하다. 도덕성과 도덕적 가치관에 의한 일상적인 판단이 심리학적으로 잘못될 경우도 있으나 이는 개인의 성격과 발달의 중요한 지속성과 상관이 있으며 잘못된 것은 아니다. 도덕성의 개념에 새로운 의미를 부여한 것 외에도 최근의 연구는 학교에서 도덕성 발달을 자극할 수 있다고 주장한다. 최근의 연구에서 종래의 도덕 수업이나 종교 수업이 일반적으로 생각되어오던 것과 달리, 도덕 행위에 직접적인 영향을 주지 못한다는 하트숀과 메이의 연구 결과를 수정하는 주장은 아직 없다(아주 최근에 제이콥 쿠닌이 진행중인 연구에 의하면 비행을 저질렀을 때 교사들이 가하는 여러 가지 체벌 방법이 교실에서 일어나는 비행의 종류와 수에 관계가 없다). 이러한 부정적인 연구 결과는 결국 가정만이 효과적인 도덕 교육을 할 수 있다고 해석을 가져오는 데, 이는 가정만이 도덕을 가르치거나 잘못을 저질렀을 때 잠재적인 죄의식을 느끼도록 하는 데 필요한 감정적인 관계를 지속적으로 그리고 강하게 유지할 수 있는 곳이기 때문이다. 사실 종래의 학교에서의 도덕 교육은 학교가 아동의 성격에 강한 영향을 끼치지 못했기 때문이 아니라 성격 교육에 관해 널리 퍼져 있는 미국적인 개념이 부적절했기 때문에 실패한 것이다. 이 미국적인 개념에 의하면 정직함이나 책임감과 같은 좋은 '습관'은 훈계나 처벌, 본보기 등을 통해 훈련할 수 있다고 알려져왔다. 이러한 성격 교육의 개념은 학교에서만큼이나 가정에서도 효과가 없다는 것이 드러났다. 부모 역할에 관한 광범위한 연구에 의하면 부모가 얼마나 일찍부터 얼마만큼 좋은 습관(순종, 심부름하기, 낭비하지 않기, 청결, 거짓말 하지 않기 등)을 갖도록 훈련을 시키는가와 자녀들의 순종, 책임, 정직성과 실제적인 행동과는 긍정적이고 지속적인 관계가 없다. 칭찬을 얼마나 하고 벌을 얼마만큼 주는가도 도덕성을 형성하는 데 지속적이고 긍정적인 결과가 없다고 밝혀졌다(콜버그, 1963b, 1964).

물론 학교가 하지 못하는 성격 발달에 가정의 독특한 역할이 많은 것은 사실이다. 이러한 것들은 구체적인 도덕 교육이 되지 못하지만 아동이 성장하는 데 정서적인 영향을 끼친다. 아동의 도덕성과 관련있는 유일한 부모의 태도는 '도덕적 훈련'이 아니라 따스한 부모의 사랑이다(콜버그, 1963a, 1964). 이러한 정서적인 분위기는 아동의 도덕성 발달과 도덕성에 있어서의 작은 차이를 설명해준다. 도덕성 발달에 있어서 중요한 환경적인 요인들은 '좋은 습관'이나 '초기의 정서'보다는 본능에서 더 많이 찾아볼 수 있다. 부분적으로 이러한 인지적인 요소는 종래의 정신 연령이나 I. Q.로 이해되었다. 지능 지수는 도덕적 판단의 성숙도와 연관성이 있으며(나이에 따라 31세에서 53세까지), 어느 정도 정직한 행동을 하는가와 거의 동등한 연관성을 지니고 있다. 처벌이나 이기적인 동기의 개념에서가 아니라 일반적인 개념에서의 선하고 악한 것에 대한 유치원 수준의 판단 능력은 피아제의 인지 실험에서 나타난 인지 발달에 의해 거의 완전히 결정된다(크레브스, 1965).

우리는 도덕적 판단력의 발달에 일반적인 지적 발달이 어떤 영향을 끼치는지 이야기했다. 더 나아가, 통상적으로 사회학 연구 교과 과정의 일부로서 여겨오던 많은 사회적인 개념들의 발달도 도덕적 판단력과 연관이 있다. 원래 콜버그의 최초의 연구에서는 아동들에게 사회 현상과 기능에 대한 분명한 이해력을 묻는 질문으로, 판사나 경찰관, 군인, 화가, 국회 의원과 같은 직업들이 왜 존경을 받고 얼마만큼 존경을 받는가를 물어보았다. 이 질문에 대한 반응은 도덕적 판단력에 대한 질문에서와 비슷하게 나타났고 두 실험에서 각 아동들의 수준도 비슷했다.

이 연구 결과, 하층 계급의 아동들의 도덕성 발달에 어느 정도의 어려움이 있는 것은 대부분 본능으로 인지하기 때문인 것으로 드러났다. 폴 굿맨(Paul Goodman)이나 에드가 프리덴버그(Edgar Friedenberg)와 같은 사회 학자들은 학교가 하층 계급의 가치관을 무시한 채 중류층의 도덕적 가치관을 전달할 뿐 아니라 하층 계급의 가치관과 비교하여 하층 계급의 아동에게 중류층의 가치관을 주입하려는 근본적인 '부도덕성'과 '불확실성'이 있음을 강조한다. 사회 학자들이 계층에 따른 가치 구조가 있음을 강조하는 것은 옳지만, 기본적인 도덕관이 계층별로 차이가 난다고 주장하는 것은 잘못된 것이다. 하층 계급의 부모와 중류층 부모들이 그들의 자녀에게 요구하는 덕목의 순서에는 별 차이가 없었다. 예를 들어, 두 부류 모두 정직성을 가장 중요한 것으로 선택했다(콘, 1959). 콜버그의 도덕성 연구에 의하면 중류층과 근로자들의 자녀들은 상당한 차이(I. Q에 맞춰)가 있었다. 그러나 이러한 차이는 본성에 따라 발전하는 것이다. 같은 나이의 중류층 아동과 근로자층 아동은 각양 각색의 차이가 있다. 그러나 대체로 모든 연령에서 중류층 아동은 근로자 계층의 아동보다 다소 앞서는 경향이 있다. 그런데 그 차이점은 일반적으로 받아들여지고 있는 중류층 아동이 중류층이 지니고 있는 유형의 사고 방식을 선호하는 경향이 강하기 때문이 아니다. 대신 중류층 아동과 근로자 계층의 아동들은 더 빨리 더 깊이 영향을 받는 경향이 있다.

도덕적인 권위를 지닌 기구(법, 정부, 가족, 직업률과 같은)와 기본적인 도덕률 모두 사회에서의 한 개인의 독특한 위치를 무시한다는 사실을 상기할 때 이러한 연구 결과를 이해할 수 있을 것이다. 사회에서 아동의 지위는 아동이 이러한 기구와 도덕률을 이해하는 데 상당한 영향을 끼친다. 법과 정부는 아동이 사회 질서를 이해하고 잠재적으로 참여하고 있는 경우와 그렇지 않은 경우 큰 차이를 나타낸다.[5]

근로자 계층 소년들의 도덕적 판단력이 천천히 발달하는 것은 대체로 사회 질서를 광범위하게 이해하지 못하고 거기에 참여하지 못하기 때문이다. 이 두 가지 원인은 특히 도덕적인 판단력이 분명하게 드러나는 직업에 관한 질문에서 확실하게 찾아볼 수 있다. 학교에서의 사회학 연구 프로그램들은 도덕성 발달이 계층에 따라 다르다는 주장에 사실보다 상당히 더 긍정적인 영향을 끼쳐왔다.

우리는 사회 계층에 관한 연구를 통해 도덕성 발달을 자극하는 요소로서 사회 참여와 역할의 기회를 강조했다. 사회 참여의 기회가 거의 없는 아동에 비해 또래 집단에 광범위하게 참여하는 아동은(똑같은 사회 계층의 똑같은 I. Q.를 지닌) 콜버그의 도덕성 발달 단계에서 상당히 빨리 앞서간다. 이는 또래 집단이 도덕 교육에 대해 잠재력과 연관성을 지니고 있음을 확실히 보여주는 것이다. 도덕성 발달에 영향을 주는 가정 밖의 요소들을 알아보고 또 그것들이 도덕적 판단력 발달에 어떤 영향을 주는지 중점적으로 살펴보았다. 그러나 정직과 도덕적 자율성에 대한 교사들의 등급과 실험에 의해 지적한 바와 같이, 이러한 요소들은 좀더 도덕적 행동을 성숙시킨다.

도덕 교육의 목적과 본질에 관한 발달 이론 개념

연구 결과 나타난 사실들은 학교에서 도덕 교육적인 요소를 유용하게 기획할 수 있다는 가능성을 보여준다. 이러한 기획은 미국 공립 학교에서의 도덕 교육의 합법적인 목적과 방법 등과 같은 좀더 근본적인 가치 문제를 불러일으킨다. 필수적으로 모든 학교는 계속 도덕 교육을 해야 하므로 학교는 도덕 교육에 관해 상당한 관심을 기울여야 한다는 주장에는 이론이 없다는 데서부터 이야기를 시작해야 한다. 교사는 규율과 가치관과 학생들 상호간의 행동에 관해 끊임없이 아동들을 도덕화시키고 있다. 이러한 도덕화 작업은 피할 수 없는 것이므로, 의식적으로 도덕성 발달을 목적으로 한 상황에서 이루어지리라는 것은 분명하다. 진보적인 교사들은 아동들에게 자신의 개인적인 가치관을 주입시키길 원하지 않는다. 교실에서의 상황은 교사에 의해 도덕화 작업이 이루어지므로 교사는 학급을 운영하는 데 필요한 방향, 즉 교사 자신이나 다른 학생들에게 방해가 되는 사소한 행동과 같은 한정된 방향으로 초점을 맞추어 도덕화 작업을 해나가는 경향을 지니고 있다. 교사들의 다양한 도덕관을 접하는 것은 분명 성장하는 데 좋은 경험이 될 것이다. 그러나 학생들을 대하는 교사들의 도덕적 태도와 관점이 부주의하거나 바람직하지 않은 것일 수도 있다. 많은 교사들은 학생들이 그들의 도덕관을 어떻게 생각하는지 알고 나면 대부분 놀랄 것이다. 하루는 일곱 살짜리 아들이 나에게 자신은 학교에서 모범생인

데 자신이 정말 모범생이길 원하는지 모르겠다는 말을 했다. 내가 착한 학생과 나쁜 학생들간의 차이가 무엇인지 물어보았다. 그는 나쁜 아이들은 교실에서 떠들고 책을 얌전히 정돈하지 않아서 늘 야단을 맞는 아이들이라고 대답했다. 아이의 선생님의 도덕화 작업이 우리 아이나 다른 아이들의 도덕성 발달을 올바로 자극하고 있는지 의심스러울 뿐 아니라 교사가 분명한 도덕 교육의 목적과 방법에 대한 이해 없이 단순히 순간적인 수업 운영을 위한 교육 구조 속에서 도덕화 작업을 하고 있음이 분명했다.

도덕 교육의 문제는 '매일같이 이런 도덕화 작업이 이루어지고 있는 학교에서 도덕 교육이 필요한가 하는 것이 아니다. 문제는 그러한 교육의 목적과 내용에 관한 것에서부터 발생한다. 극단적으로, 도덕 교육의 목적은 먼저 행정부가 교사들에게, 다음으로 교사들이 학생들에게 고정된 가치관을 주입시키는 것이다. 이것은 유리 브론펜브렌너 (Urie Bronfenbrennr, 1962)가 말한 러시아에서의 '성격 교육' 구조다. 러시아에서는 모든 학급 수업을 '성격 교육'이라고 한다. 즉 선량한 사회주의 국가 시민을 양성하는 것이며 교사들은 학생들의 도덕관에 지극히 커다란 영향을 끼친다. 이러한 영향은 교사를 '사회의 사제'라고 하면서 절대 권력의 대리자로 보며 부모를 학교 교육에서 가치관을 강화시키는 훈련자로서 이해하는 데서 오는 것이다. 또 부분적으로는 교사가 또래 집단을 도덕적 규율을 주입시키는 도구로 사용하는 데에도 있다. 학급은 서로 경쟁하는 협력 그룹으로 나누어져 있다. 만일 그룹 중 한 학생이 잘못을 저질렀다면 교사는 그룹 전체를 벌한다. 그러면 그룹은 잘못한 개인을 비난한다. 물론 이것이 도덕성 발달과 관련된 것이 아니라면 사회 통제를 위해 지극히 효과 있는 방법이다.

우리 입장에서, 아동이 개인적으로 교사를 화나게 하거나 규율을 어겼을 때 각 교사나 교장들에 의해 도덕화되는 오늘날의 미국식 구조와 도덕 주입 구조에 세번째 방법이 있다. 이 방법은 도덕 교육의 목적으로서 행정적인 편리함이나 고정된 가치관을 위한 목적이기보다 아동 각자의 도덕적 판단력과 성격 발달을 자극하는 것이다. 도덕 교육의 목적을 고정된 가치관을 가르치는 것이 아니라 발달을 고무시키는 것이라고 보는 것은 아동이 전혀 낯선 개념을 받아들이는 것이 아니라 그가 이미 나아가고 있는 방향을 향해 한 걸음 더 내딛도록 도와주는 것이라는 의미다. 이 차이는 또래 집단에 대한 입장이 다른 데서 나타난다. 러시아에서는 또래 집단이 교사에 의해 형성되고 (교사가 학급을 나눈다) 교사나 학교의 가치관을 이탈한 학생에게 주입시키기 위해 처벌이나 상 등으로 또래 집단을 조정한다. 도덕 교육의 목적을 아동의 도덕성 발달을 고무시키는 것이라고 보면 또래 집단의 역할도 달라진다. 앞 장에서 고립된 학급은 통합된 학급보다 도덕적 판단력의 발달이 느리다는 사실을 이야기했다. 이는 학급의 또래 집단에 사회적으로 소외된 학생이 포함되어 있다면 교사나 학교가 요구하는 대로 즉시 따르지 못한다 해도 도덕성 발달에 상당한 영향을 주게 된다.

미시간 대학의 론 리피트(Ron Lippitt)가 연구한 바에 의하면 이러한 목적을 이루기 위해 소외된 아이들이 또래 집단에 들어오도록 다양한 방법을 사용해야 한다. 이러한 방법 가운데 한 가지는 소외된 학생을 포함시키기 위해 직접적인 영향을 주려고 시도하는 것보다 참여하도록 자극하는 분위기를 조성하는 것이다. 이러한 방법은 사회 집단원들에게 직접적으로 호소하는 것도 있으며, 상이나 벌에 의해 교사의 가치관을 주입시키려고 시도하는 것보다 소외된 아동들이 이미 가지고 있는 사회적 도덕적 가치관을 완성시켜나가는 것이 더 나은 것이다. 이 과정은 소외된 아동을 위한 것으로 간주되기 때문에 그 외의 아동들의 도덕성 발달을 고무시키는 것에 대해 문제가 있을 수도 있다. 여기에는 학교의 규율과 교사의 요구에 순응하는 것보다 교사가 '지도자'로서 더 자극하며 다른 역할을 감당하게 되는 데서 오는 문제도 포함된다.

도덕 교육의 목적을 자연적인 발달을 자극하는 것이라고 보는 것이 다양한 문화 속에서 발달하는 연속성과 방향성을 규제하는 것이 된다면 분명하게 중단되어야 한다. 이러한 규제로 인해 그 내용(구체적인 행동)과 전체적으로 미국 중류층 문화의 가치나 우리 자신의 독특한 도덕적 판단력에 부응하는지를 고려하지 않는 채 아동의 도덕적 판단력의 성숙을 제한할 수도 있기 때문이다. 사실, 아동의 도덕성이 성숙했는지는 아동 주위의 성인들의 판단력에 순응하는 능력보다는 자기 자신의 도덕적 원칙을 세우고 도덕적 판단을 내리는 능력으로 나타난다.[6]

그렇다면 일반적으로 도덕 교육의 목적을 어디에 두어야 하는가? 먼저 도덕적인 판단력을 발달시키는 개념에서 시작하여 이러한 발달에 일치하는 행동으로 연결되어야 한다. 얼마나 성숙했는가 하는 수준은 도덕적 판단력에서 대부분 분명하게 나타난다. 더 나아가 도덕적 판단력이 성숙해가는 일반적인 방향이 더 성숙된 도덕성의 방향이다. 콜버그의 도덕적 판단력의 각 단계는 좀더 성숙한 도덕적 판단을 향해 나아가는 것이다. 우리는 이를 통해 집단의 전통적인 기준에 더욱 순응하는 것이 도덕적 판단력의 성숙이라고 말하는 것은 아니다. 철학자들이 말해온 완전한 도덕적인 판단에 좀더 접근해가는 것이 성숙해가는 것임을 말하는 것이다. 철학자들이 '옳은' 도덕적 판단을 내리는 궁극적인 선의 원칙이 무엇인지에 대해서는 서로 의견을 달리하지만 대부분의 철학자들은 완전히 도덕적인 판단을 하는 데 갖추어야 할 도덕적인 특성에 대해서는 일치하고 있다(헤어, 1952; 칸트, 1949; 시드윅, 1901). 도덕적 판단력이란 행동이 선한 것인지 그른 것인지를 구별하는 판단력을 말한다. 모든 '선하고 악한' 판단이 도덕적인 것은 아니지만 많은 판단이 선하고 옳은 것을 심미적으로 기술적으로 또는 신중하게 판단하는 것이다. 신중하고 심미적인 판단과 달리, 도덕적인 판단은 사소한 개인적인 생각이 아니라 객관적이며 이상적인 바탕 위에 세워진 보편적이고 지속적이며 총괄적인 성향을 지니고 있다(콜버그, 1958). "그 여자는 정말 굉장해. 아름답고 재주 있는 무용가야" 혹은 "마티니를 제대로 만드는 방법은 5:1의 비율이야" 등과 같은 표현은 옳고 그른 것에 관한 것이기는 하지만 도덕적인 특성을 지니고 있지 않으므로 도덕적인 판단이라고 볼 수 없다. 만일 "마티니는 5:1의 비율로 만들어야 해"라고 말하는 것은 심미적인 판단을 한 것으로, 다른 사람들도 반드시 이렇게 해야 하는 객관적인 판단으로 그들이 원하든 아니든 5:1로 마티니를 만들어야만 한다고 말하는 것은 아니다. 마찬가지로 데니는 "조는 자기 형에 대해 이야기해야 하는가?"라는 제1단계의 '도덕적인' 질문에서 아버지나 형에게 맞을지도 모른다는 상황에 대해 개인적이지 않은 이상적인 바탕에서 보편적이고 도덕적인 판단으로 대답한 것이 아니다. 대조적으로 제6단계에서는 '도덕적인 권리'나 '의무'와 같은 용어를 사용하고 있을 뿐 아니라 그 용어들을 도덕적으로 사용하고 있다. 예를 들어 '누구든 상관없이', '하나님이나 자연의 법칙'이라고 말한 것은 보편성을 지닌 말이며 "도덕적으로, 처벌이 두렵다 해도 나는 할 것이다"라고 말한 것도 개인적인 입장을 떠난 바람직한 의무감에서 한 말이다. 따라서 도덕적인 문제에 대한 하급 수준의 가치 판단은 심미적이며 도덕적으로 중립적인 문제에 대한 높은 수준의 가치 판단이 올바르지 않은 경우의 도덕적 반응과 일치하지 않는다. 우리가 거론한 순수한 도덕적인 판단력이란 '원칙적인 판단'에 의한 것으로 "도덕적으로 성인이 된다는 것은 원칙적인 결정을 내리는 것을 배워가는 것을 말한다. 즉 우리가 수용하거나 스스로 결정내리는 원칙의 틀에 의해 '해야 한다'는 사실을 배워가는 것을 말한다"(헤어, 1952).

교사는 어떻게 도덕적 판단력이 성장하도록 자극할 수 있는가? 우리는 이미 하트숀과 메이에 의해 비효율적이라고 드러난, 전통적인 도덕적 가치관에 따른 교과 과정의 틀의 개념을 부정했다. 듀이(1911)도 오래 전에 그러한 개념의 부적절함을 지적하면서 한편으로 지적 교육과 도덕 교육 사이의 분리를 가져오고 다른 한편으로는 교육과 실생활 사이의 분리를 가져온다는 사실을 지적했다. 듀이의 비판을 다소 과장되게 설명해보자면, 전통적인 성격 교육 수업이나 학교 생활에서 일어나는 사소한 일들에 대한 교사들의 도덕화 작업은 아동의 도덕성을 자극하려는 실제적인 필요와 '미키마우스' 같은 관계를 형성하게 되었다. 다시 말해 '미키마우스' 보다 더 커다란 영향을 끼치기 위한 교사의 도덕화 작업은 분명 아동에게 인지적으로 별나고 도전적인 것으로 받아들여지며 정말로 중요하고 심각한 문제가 되어버린 것이 분명하다.

이러한 문제가 항상 학급에서 일어나는 실제적이고 즉각적인 문제의 일부가 될 필요는 없다. 나는 실제적인 관계가 없는 가정이지만 분명히 도덕적으로 있을 수 있는 갈등 상황을 제시했을 때 대부분의 청소년들이 깊은 흥미를 보이고 긴 토론을 하는 것을 보았다. 대개의 경우 그런 것처럼, 청소년들은 성인이 제시하는 옳은 답에 자기의 도덕적인 생각이 잘못되었음을 즉시 이해하지 못하므로 논쟁에 빠져든다. 아동은 그 상황에서의 옳은 답이 무엇인지 불분명할 때만 도덕적인 문제에 관한 교사의 이야기에 귀 기울이려 한다. 학교에서 배우는 선한 것이 늘 승리하거나 모든 사람이 정말 착하기만 한 그런 이야기들은 도덕성 발달에 아무런 자극도 되지 못한다. 생소하고 어려운 도덕적인 갈등 상황을 제시하는 것만이 효과를 가져온다.

그러나 우리가 사용한, 그러한 생소하지만 중요한 도덕적인 갈등 상황에 관해 토론하는 것은 교실에서 일어나는 '실제 생활'의 문제를 단순히 보충해주는 것에 지나지 않는다. 학교 생활에서 일어나는 아주 중요하고 실제적인 가치의 문제들은 도덕적인 가치의 문제가 아니라 지적인 판단의 문제다. 듀이가 지적했듯이, 학교의 중요한 과제는 지적인 것이다. 교사가 가르치는 중요한 가치나 덕목도 지식이다. 그러나 도덕성 발달에 대한 교사의 더 넓은 역할을 알고 있든 없든, 교사는 가치관과 도덕적 덕목에 많은 영향을 줄 수 있다. 만일 모르고 있다 해도 교사는 쉽게 우리 사회를 지배하는 경쟁 지향의 가치를 전달한다. 교사는 좋은 성적을 얻는 것이 가장 중요한 일이라고 생각하도록 훈련시키다가, 갑자기 좋은 성적을 얻는 것이 가장 중요한 데도 속이는 것이 왜 나쁜 것인지 설명하지도 않은 채 속이는 것은 나쁜 것이라고 말한다. 교사가 교육에 있어서 도덕적 차원의 중요성을 인식하고 있다면 지식 중심의 교과 과정 속에서 거짓말과 같은 행동에 영향을 끼칠 수 있는 지적인 학습을 함으로 진실, 성실성, 신뢰감과 같은 덕목을 가르칠 수 있을 것이다. 우리는 교사가 도덕성 발달을 고무시킨다는 것은 아동에게 도덕적인 갈등을 보여주고 새로운 인지적인 요소들을 제시해주는 것이라고 이해했다. 여기에는 효과적으로 도덕적인 의견을 교환하기 위해 교사의 수준과 아동의 수준이 맞아야 하는 중요한 문제도 있다. 기존의 도덕 교육은 발달 정도가 적합해야 한다는 문제를 간과했기 때문에 아동의 도덕적 판단력에 커다란 영향을 끼치지 못했다. 종래에는 도덕 교육의 내용이 성인의 도덕적 기준을 바탕으로 했는데, 이는 너무 추상적이고 또 아동을 위한답시고 너무 아동의 수준을 무시한 채 이루어져 실제로 아동에게는 무의미했다. 사실 도덕 교육의 단계별 수준이 아동에게 효과적이려면 아동의 발달 수준에 적합해야 한다. 이상적으로 보면 도덕 교육은 먼저 아동의 수준보다 한 단계 높은 수준을 기본으로 하여 현 아동의 수준을 부수적으로 맞추어 이루어져야 한다. 이 원칙은 투리엘(E. Turiel)의 실험에 의해 증명되었다. 투리엘은 콜버그의 여섯번째 단계에 속하는 아동을 I. Q.에 따라 세 그룹으로 나누었다. 모든 그룹은 간단한 역할극을 보고 콜버그의 테스트와 유사한 갈등 상황에 대해 토론하게 되었다. 첫번째 그룹에는 아동의 수준보다 한 단계 높은 문제를 토론하도록 했고 두번째 그룹은 두 단계 높은 문제를 토론하도록 했으며, 세번째 그룹은 한 단계 낮은 수준의 문제를 토론하도록 하였다. 모든 아동들은 주어진 수준의 문제뿐 아니라 자신의 수준에 맞는 문제도 다시 토론하였다. 자신의 수준보다 한 단계 높은 수준의 문제를 다룬 아동들만이 실험자의 도덕적 판단을 이해할 수 있었다. 자신의 단계보다 한 단계 낮은 문제를 다룬 아동들은 두 단계 높은 문제를 다룬 아동들보다는 더 이해하는 것 같았지만 한 단계 높은 문제를 다룬 아동만큼은 못되었다. 아동들은 자신의 수준보다 낮은 단계의 도덕화 작업을 이해하고 수용할 수는 있지만 자신의 단계보다 높은 정도를 이해하는 것만큼 수용하는 것 같지 않았다. 교사들은 아동 개개인의 도덕적 판단력에 잘 귀 기울이면서 이 원칙을 따라야 할 것이다.

이제까지 우리는 도덕 교육의 목적으로 도덕적 판단력의 발달에 대해 이야기했다. 그러나 완전한 도덕적 판단을 할 수 있는 능력은 도덕성의 일부에 지나지 않는다. 나머지는 이러한 판단 능력을 실제로 적용하는 데 있다. 따라서 일반적인 도덕적 판단력을 고무시키는 것 외에 도덕 교육 과정은 아동 자신의 도덕적 판단력(교사의 판단력이 아니라)을 행동에 적용할 수 있도록 이끌어주는 것이다. (학교 신문의 기사를 쓴 학생의 경우처럼) 아동이 거짓말을 하는 행동이 나쁘다고 생각지 않는데 나쁘다고 생각하도록 강요하는 것은 겉으로만 순종하는 비성숙한 도덕성을 지니도록 하는 것밖에 되지 않는다. 대조적으로, 어렵지만 효과적인 방법은 좀더 성숙된 사고를 하도록 이끌어주면서 자신 스스로 자신의 행동의 옳고 그름을 잘 관찰하도록 하는 것이다.[7]

그러나 일반적으로 아동의 행동이 성숙한 도덕적 판단력을 따라 이루어지는 일은 아동이 자신의 행동을 비판함으로 이루어지는 문제가 아니다. 문제는 교실에서 이루어지는 도덕성과는 상관 없는, 인지적인 일들과 연관되어 있는 자아 능력의 발달이다. 예를 들어, 하트숀과 메이의 실험에서 단순하고 단조로운 일에 대한 집중력의 정도를 통해 거짓말을 하지 않으리라는 점을 분명하게 예측할 수 있었다(그림, 콜버그, 화이트, 1968). 이러한 집중력을 기르는 일은 도덕 교육이 아니라 일반적인 학급 수업 활동을 통해 이루어진다.

아동의 도덕적 가치와 행동을 일치시키기 위한 또 한 가지 문제는 더 어렵고 근본적인 문제다. 자신의 가치를 행동에 적용시키기 위해서는 이미 지니고 있는 도덕적 가치관과도 일치되어야 한다는 점이다. 두 가지 형태의 부적합한 일이 일어난 것이다. 하나는 우리가 이미 살펴보았듯이, 교사가 학급에서 일상적으로 일어나는 사소한 일에 너무 신경을 써 교실 밖에서는 아무런 도덕적 의미를 지니지 못하는 문제를 도덕화시키려 한다는 점이다. 만일 교사가 이러한 문제에 순응할 것을 요구하면서 아동의 더 중요하고 근본적인 도덕성과의 관계를 간과한다면, 아동은 자신의 도덕적 가치관이 교실에서의 행동과 아무런 관계가 없다고 생각하게 된다. 교사가 교실 내에서의 사소한 문제에 대한 규율을 따르도록 지시해야 하는 것은 분명한데 이로 인한 불합리한 점을 최소화할 수 있는 두 가지 방법이 있다. 하나는 좀더 광범위하고 순수하게 도덕적인 문제와 관련하여 가치의 문제를 다루는 것이다. 두번째는 행정적인 문제를 다룰 때 아동의 가치관과 도덕성으로 이루어지는 도덕적 판단력에 관한 기본적인 도덕적인 문제를 구별하는 것이다. 이는 모든 문제를 도덕적인 문제로 다루어서는 안 된다는 것이 아니라, 교사가 도덕적인 판단이 요구되는 문제에 대해 교사 자신의 태도와 학생들이 순응하기를 바라는 일반적인 요구를 구별할 수 있어야 한다는 것이다.

교사의 도덕적인 요구와 아동의 도덕적 가치 사이의 불일치의 두번째 유형에서 생기는 문제는 교사가 어떤 완전히 도덕적인 행동을 요구하는데, 아동은 아직 그러한 행동을 할 만큼 도덕적인 가치관이 성숙하지 못한 데서 생긴다. 우리는 앞에서 실험을 통해 다섯 살에서 일곱 살까지의 아동의 행동이 거짓말을 하지 않으려는 도덕적 가치관에서 비롯된 것이 아니라는 점을 살펴보았다. 그러나 이 나이의 아동이 도둑질이나 공격적인 행동을 하지 않으려는 것은 좀더 자발적인 내면적인 가치관에서 비롯된 것이다. 이 사실을 보면 어린아이들에게 거짓말을 도덕적인 문제로 삼는 것은 현명하지 않은 것 같다. 일반적으로 교사들은 거짓말과 같은 행동을 통해 도덕성이 발달하도록 이끌어주어야 하지만 그런 행동을 가치관과는 상관 없이 무조건 그렇게 해야 하는 행동으로 다루어서는 안 된다.

이제 교육을 통해 도덕성을 발달시켜야 한다는 것은 교사들에게 어떤 교과 과정을 부여해야 한다는 것을 뜻하는 것이 아님이 분명해졌다. 교사들은 각자 도덕성 발달의 본질과 일반적인 목적을 명확하게 파악해야 한다. 더 나아가 교사는 아동들의 발달 단계에 따라 그들의 도덕성이 성장하도록 이끌어주고 그들과 적절한 도덕적 의사 소통을 할 수 있는 방법을 명확하게 지녀야 한다. 가장 중요한 것은 교사가 아동들이 어떤 도덕적인 반응을 보이는지 조심스럽게 귀 기울이는 것이다. 다시 말해서 아동의 행동이나 도덕적인 판단이 교사의 것과 일치하는가보다 아동 자신의 도덕적인 판단력과 이와 관련한 아동의 행동에 관심을 기울여야 한다는 것을 말한다.

1. 콜버그의 구조에서 또래 집단은 어떤 역할을 하는가?

2. '단계 구조'에 대해 간단히 설명하라.

3. 기독교 가치관은 콜버그의 단계 개념과 일치하는가? 어떤 면에서 그러한가?

4. 다른 판단력과 비교하여 '도덕적 판단력'이란 어떤 특성을 지니고 있는가?

McKean, R. B. 1985. Lawrence Kohlberg. In Baker encyclopedia of psychology, ed. D. G. Benner. Grand Rapids: Baker.

Bronfenbrenner, U. 1962. Soviet methods of character education: Some implications for research. American Psychologist 17: 550-65.

Dewey, J. 1911. Moral principles in education. Boston: Houghton Mifflin.

Durkheim, E. (1925.) 1961. Moral education. Reprint ed. Glencoe, Ill.: Free Press.

Freud, S. (1930.) 1955. Civilization and its discontents. Reprint ed. London: Hogarth.

Fromm, E. 1949. Man for himself. New York: Rinehart.

Grim, P., L. Kohlberg, and S. White. 1968. Some relationships between conscience and attentional processes. Journal of Personality and Social Psychology 8:239-52.

Hare, R. M. 1952. The language of morals. New York: Oxford Univ. Press.

Hartshorne, H., and M. A. May. 1928-30. 3 Vols. New York: Macmillan.

Havighurst, R. J., and H. Taba. 1949. Adolescent character and personality. New York: Wiley.

Horney, K. 1937. The neurotic personality of our time. New York: Norton.

Josselyn, I. M. 1948. Psychosocial development of children. New York: Family Service Association.

Kant, I. 1949. Fundamental principles of the metaphysic of morals. Trans. T. K. Abbott. Reprint ed. New York: Liberal Arts.

Kohlberg, L. 1958. The development of modes of moral thinking and choice in the years ten to sixteen. Ph. D. diss., University of Chicago.

_____. 1963a. The development of children's orientations toward a moral order: I. Sequence in the development of moral thought. Vita Humana 6: 11-33.

_____. 1963b. Moral development and identification. In Child psychology, ed. H. Stevenson. Chicago: Univ. of Chicago Press.

_____. 1964. The development of moral character and ideology. In Review of child development research, ed. M. Hoffman and L. Hoffman. New York: Russell Sage Foundation.

_____. 1966a. Cognitive stages and preschool education. Human Development 9:5-17.

_____. 1966b. Stage and sequence: The developmental approach to moralization. In Moral Processes, ed. M. Hoffman. Chicago: Aldine.

Kohn, M. 1959. Social class and parental values. American Journal of Sociology 64: 337-51.

Krebs, R. 1965. The development of moral judgment in young children. Master's thesis, Committee on Human Development, University of Chicago.

Peck, R. F., and R. J. Havighurst. 1960. The psychology of character development. New York: Wiley.

Piaget, J. (1932) 1948. The moral judgment of the child. Reprint ed. Glencoe, Ill.: Free Press.

Sidgwick, H. 1901. Methods of ethics. London: Macmillan.

Turiel, E. 1966. An Experimental analysis of developmental stages in the child's moral judgment. Journal of Personality and Social Psychology 3, 6: 611-18.

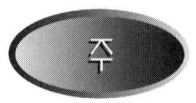

1. 하트숀과 메이가 광범위하게 연구한 부정한 행동은 사회화되지 않은 본능적인 충동과 도덕적 가

치 사이의 갈등을 말하는 것은 아니다. 부정한 짓을 저지르지 않으려는 동기는 후천적으로 얻어지며 다른 사람들의 인정을 받는 것이지만 좀더 장기적이고 '내면적인' 개념을 가지고 있다. 도덕성은 '선'하고 '악'한 동기의 문제이거나 '선'하고 '악'한 개인성의 문제가 아니다. 하트숀과 메이가 연구한 이 사실은 아동의 도덕성에 대한 임상적인 연구에 아직 완전히 흡수되지는 않았다. 만일 아동이 정상적인 데서 조금 이탈했다면, 또는 분명하게 이탈했다면, 사람들은 그가 선한 동기와 악한 동기가 혼합되어 '정서적으로 문제가 있다'고 생각할 것이다. 만일 그가 늘 지나치게 이탈한다면 그를 아주 나쁘다('정신적으로 문제가 있는' 성격이거나 '새디스트적인' 성격)고 말한다.

2. 이러한 요소들은 도덕성의 평가 등급과 자아의 힘 사이에 지극히 밀접한 관련성이 있음을 연구한 팩(Peck)과 하비거스트(1960)의 연구에서도 강조되어 있다.

3. 때로 이 견해는 성격이 유년 시절에 가정에서 형성된다고 보는 심리학적인 견해와 일치하는 것으로 받아들여지기도 한다. 그러나 유년 시절의 도덕적 행동으로 청소년기의 도덕적 행위를 예측할 수 없으므로 이는 사실이 아니다.

4. 이 집단의 태도는 정직에 관한 많은 실험 연구 후에 쓰여진 영국의 어느 학교 신문에 난 익명의 다음 기사에 잘 표현되어 있다. "다음 시험은 나에게 중학교 진학 적성 시험을 생각나게 했다. 나는 뻔뻔스런 짓을 하면서 아주 커다란 재미를 맛보았다. 선생님들께서 커다란 실수를 하신 것이다. 자신의 시험지를 자신이 채점하도록 나누어주신 것이다. 우리는 틀린 답을 알았고 답을 고치는 행운을 잡았다."

5. 이러한 참여 의식이 도덕적 판단력의 발달에 영향을 끼친다는 것은 다음 질문에 대한 열여섯 살 아동의 답에서 알 수 있다 : "만일 정당한 법이 아니라고 생각해도 법에 복종해야 하는가?" 하층 계급의 아동은 "그렇다, 법은 법이다. 그리고 법 없이는 아무것도 할 수 없다. 법에 복종해야만 한다. 법은 바로 그 때문에 있어야 한다." 이 아동에게 법은 단순히 복종을 강요하기 위해 있는 것이다. "법이 없이는 아무것도 할 수 없다"는 사실은 법에 복종해야만 한다는 것(제1단계)을 뜻한다.

중하류층 아동은, "법은 사람들이 복종하기 위해 만들어진 것이다. 만일 모든 사람들이 법을 어기기 시작하면, 그러니까, 상점이 하나 있는데 법이 없다면 모두 들어가서 돈도 내지 않고 다 들고 가버릴 것이다." 여기서 법은 강제적인 명령이 아니라 보편적인 조직, 사회 질서를 위한 바탕으로 이해되고 있다. 이는 상점 주인의 관점, 사회 질서 속에 속해 있는 사람의 관점에서 이해한 것이다(제4단계).

중상류층 아동은, "법은 법이다. 그러나 사람들은 무엇이 옳고 그른지 스스로 판단할 수 있다. 나는 법은 서로 다른 생각을 가지고 있는 다양한 사람들이 모여서 만들었을 것이라고 생각한다. 그러나 법이 옳지 않다고 생각한다면 고치기 위해 노력해야 하지만 지키지 않아서는 안 된다." 여기서 법은 신념이 서로 다른 다양한 법적인 개념과 동기를 지닌 사람들이 정책 문제에 있어서 최선의 선택을 하기 위해 만든 것이다. 법을 지키는 자의 역할을 민주적인 정책 수립가의 관점에서 본 것이다(제5단계).

6. 콜버그의 연구 결과가 이 점을 지적하고 있다. 개인적인 도덕적 판단력 인터뷰를 한 후, 아동은 다른 의견을 가진 또래 집단과 성인들의 압력에 의해 질문에 대한 의견을 바꾸었다. 도덕적 판단력이 성숙해지면 권위에 순응하는 도덕적 행동을 하게 되리라고 보며 동시에 권위적인 압력을 받게 되어도 자신의 도덕적인 판단을 바꾸지 않을 것이다. 대학생들 가운데서는 거짓말을 하지 않을 뿐 아니라 권위적인 실험자가 압력을 가하더라도 도덕적인 용기를 가지고 저항하는 행동을 취하는 반응을 보인다.

7. 이는 실제로 나쁜 행동보다는 옳은 행동에 더 유익하다. 우리는 아동이 잘못된 행동을 방어하면서 정당화시키리라 예상한다. 그러나 잘 살펴보면 놀랍게도 우리가 높이 평가해온 옳은 행동을 아동도 미성숙한 이성으로 판단할 수 있으며 우리는 도덕적인 가치보다는 '이기적인' 생각으로 상벌을 주고 있음을 알게 될 것이다. 이런 경우, 아동이 자기 자신의 행동을 평가하는 데 좀더 성숙한 가치를 적용하도록 이끄는 것이 상대적으로 쉽다.

사회-인지적 이해: 교육과 임상 실습을 위한 안내서
(1976)

로버트 L. 셀먼

(Robert L. Selman, 사회 인지학자)

인지 발달의 측면에서 본 도덕적 판단력 연구에서 셀먼은 사회적 역할 수용, 또는 다른 사람들의 관점을 이해하는 능력에 초점을 맞추었다. 셀먼에게 있어 이와 같은 연구는 역할 수용이 지식의 축적의 결과로 발달된다는 것을 의미한다. 그는 역할 수용 능력의 발달 단계를 설명하기 위해 구조적인 분석 방법을 사용했다. 이는 자신과 타인의 관점을 이해하는 데 질적인 변화가 있음을 말한다. 셀먼은 다음 물음에 대한 연구를 통해 각 역할 수용 단계의 구조를 결정했다. 아동은 자신과 타인의 관점을 어떻게 구별하는가? 아동은 자신의 관점과 타인의 관점을 어떻게 연관시키거나 조화시키는가? 이전 단계를 바탕으로 하여 발달된 새로운 단계에서는 어떻게 구별되고 대응되는가?

인지 발달의 측면에서 본 도덕적 판단력 연구에서 셀먼은 사회적 역할 수용, 또는 다른 사람들의 관점을 이해하는 능력에 초점을 맞추었다. 다른 연구에서 역할 수용 능력은 청소년기까지 계속 연령별로 발달하며 지적 균형, 정서적인 균형과 상호 연관되어 있다고 주장한다. 셀먼에게 있어 이와 같은 연구는 역할 수용이 지식의 축적의 결과로 발달된다는 것을 의미한다. 그는 역할 수용 능력의 발달 단계를 설명하기 위해 구조적인 분석 방법을 사용했다. 이는 자신과 타인의 관점을 이해하는 데 질적인 변화가 있음을 말한다. 셀먼은 다음 물음에 대한 연구를 통해 각 역할 수용 단계의 구조를 결정했다.

아동은 자신과 타인의 관점을 어떻게 구별하는가?
아동은 자신의 관점과 타인의 관점을 어떻게 연관시키거나 조화시키는가?
이전 단계를 바탕으로 하여 발달된 새로운 단계에서는 어떻게 구별되고 대응되는가?

그는 아동이 사회적 경험의 기본적인 범주에 대한 개념을 발달시켜나가는 역할 수용의 내용을 설명하고 있다. 그는 다음 물음에 대한 답을 사용하였다.

아동은 자신과 타인의 주관성을 어떻게 이해하고 있는가? 타인의 능력, 인격, 특성, 기대, 소망, 감정, 정서, 동기, 숨겨진 반응, 사회적 판단력을 어떻게 이해하는가?

역할 수용 발달은 아동 생활의 네 가지 측면, 즉 일반적인 문제 해결, 의사 소통과 설득, 감정 이해, 그리고 공평함과 정의에 대한 개념 이해의 측면에서 이루어진다.

다음의 셀먼의 글을 발췌한 내용에는 아동의 발달 단계를 결정하기 위한 인터뷰에 사용된 문제 상황과 질문들뿐 아니라 역할 수용의 단계에 대한 설명이 포함되어 있다. 셀먼과 그 외의 사람들이 연구한 바에 의하면 역할 수용은 논리적인 사고와 도덕적인 사고간의 사회 인지적 장애 형태를 지닌다고 한다. 도덕적 판단력은 사람들이 어떻게 '행동해야 하는가'를 생각하는 문제이고 역할 수용은 그들이 '실제로' 어떻게 행동하고 사고하는가의 문제다. 그래서 역할 수용은 필요한 것이지만 그것만으로는 도덕적인 결정을 내리기에 부족하다.

표는 사회적 역할 수용과 도덕적 판단력의 단계 사이의 평행 관계를 나타낸 것이다. 뒷부분은 교육가나 임상학자들, 심리학자들이 사용하기 위한 이론의 적용을 다루고 있다. 사회적 지각력 수용과 행동 사이의 관계로서의 사회 인지 구조를 주의 깊게 살펴보았다.

From Moral Development and Behavior: Theory, Research, and Social Issues, ed. Thomas Lickona (New York: Holt, Rinehart, and Winston, 1976), 299-316.

도덕적인 문제를 판단하는 인간의 능력이 예측이 가능한 보편적인 단계를 따라 발달한다는 개념은 이제 새로운 것이 아니다. 오래 전으로 거슬러 올라가 1909년에 존 듀이(John Dewey)도 이러한 개념의 중요성을 지적했다. 그러나 오늘날까지도 아동의 사회적인 행동이나 감정적인 행동을 실생활에서 심리학적으로 다루는 데 적용할 수 있는 인지 도덕적 단계와 같은, 아동에 관한 발달과 적용, 간섭의 이론에 대해 직접적인 관심을 기울인 학자는 거의 없었다.

이러한 한 예는 아동의 가치관과 이타주의, 동정심, 사회 의식의 발달을 목표로 하는 효과적인 교육에 대한 최근 학교에서 일고 있는 움직임에서 찾아볼 수 있다. 이 운동에 참여하고 있는 많은 사람들이 공평과 정의와 같은 합리적인 문제와 관련된 도덕적 판단력 단계 연구가 너무 부족하고 제한되어 있다고 느낀다. 마찬가지로 학자들은 정서와 행동에 문제를 지닌 아동을 대상으로 임상적으로 사용되어 오던 종래의 심리학적인 방법을 짜맞추고, 인지 발달 단계 연구는 상상이나 상호간의 역동적인 힘, 상호 관계적인 행동을 설명하는 무의식적인 동기와 같은 판단이 불가능한 비이성적인 요소로 간주했다.

그러나 나의 연구는 자아 발달의 이론의 범주에서, 사회 인지 단계 이론이 교육적인 영역이나 임상적인 영역 모두에 적용될 수 있음을 보여준다. 이 단계들은 아동의 행동을 진단하고 아동의 사회적인 기능을 성숙시키려는 시도나 계획을 바탕으로 폭넓게 효과적으로 사용될 수 있다.

간단한 예를 들어보자. 여덟 살 난 남자 아이가 늘 친구와 싸움을 해 정신적으로 문제가 있는 것 같다. 쉬는 시간에 친구들이 잘못해서 건드렸을 때도 그 아이가 화를 내면서 싸우려고 덤벼드는 것을 보고 교사는 당황스럽다. 교사는 그 아이가 모든 친구들과 어울리지 못하는 발달 단계의 문제가 있다고 생각하게 되었다.

이런 경우, 특히 인간의 성장, 사회 행동의 성장을 이해하기 위한 여러 가지 서로 다른 이론들이 이 아동을 서로 다른 각도에서 이해하게 한다. 예를 들어 역동성을 중심으로 하는 이론은 아동의 분노와 공격적인 행동에 초점을 맞추고 그 원인을 분석하려고 할 것이다. 이런 연구 방법에 의하면 자기 자신의 공격적인 적대감을 또래 집단을 향해 드러내는 것이거나, 자기 아버지나 다른 중요한 오이디푸스적인 대상을 향한 감정을 대신 표출한 것이라고 가정할 것이다.

그러나 인지 발달 학자들은 이 아동의 행동을 다르게 이해할 것이다. 먼저 아동의 눈을 통해 이해하려고 할 것이다. 이 말썽꾸러기 여덟 살짜리 아이가 고의적인 행동과 고의적이지 않은 행동을 구별할 수 있는지를 살펴볼 것이다. 대부분의 아동은 6·7세가 되면 다른 사람들의 행동에는 어떤 이유가 있으며 그 행동을 부분적으로나마 이성적으로 설명할 수 있게 된다. 이 단계에서 아동은 의도적인 행동(심리학적으로 발생하는)과 단순히 기계적(물리적으로 발생하는)인 행동을 구별할 수 있다. 이 이전 단계에서는 행동하는 사람의 의도보다는 행동의 결과를 중심으로 그 행동의 옳고 그름을 판단하려든다. 이 시기의 아동은 어떤 행동을 바라보는 관점을 분리시키지 못한다. 즉 다른 사람의 어떤 행동에 대한 이유를 그 행동 자체와 구분하여 생각하지 못한다.

특정한 아동의 인지 사회적 발달 단계를 규정짓기 위해 학자들은 아동이 세계를 어떻게 보는지를 이해하고 아직 성숙되지 않은 정서적인 능력이나 이론에 대해 기대감을 갖지 말아야 한다. 아동의 상호 관계적인 역동성의 이해에 대한 중요성을 간과하지 않는 이러한 연구 방법은 아동의 행동이 어느 단계인지 밝혀내고, 성숙되어야 할 다음 단계를 확인하는 작업이 이루어질 수 있도록 이해의 정도를 높여준다.

지난 몇 년간 피아제의 구조적 발달 연구 방법을 사용하여 타인의 관점을 이해하는 능력(사회 역할 수용)의 발달 과정을 설명하고 이 과정이 도덕적 사고의 발달 단계에 이론적으로 어떤 연관성을 지니는지를 중점적으로 연구해왔다. 이 장은 광범위한 사회 발달 영역에서 중요한 부분을 차지하는 이 역할 수용 능력의 발달 과정에 대한 논리적인 구조를 명확히 하기 위해, 이 과정을 설명하는 데 많은 부분을 할애하고 있다. 그리고 나서 역할 수용과 도덕적 판단력 단계가 인지 발달적인 자아 발달 이론에 어떻게 부합되는지를 살펴보고, 인지 발달의 입장에서 본 연구 방법의 의미를 다양하게 살펴볼 것이다.

사회적 역할 수용 단계와 도덕적 판단력 발달과의 관계

이론적인 해석들

수년 동안 여러 가지 이론을 바탕으로 역할 수용에 대한 연구가 이루어져왔다. 연구 결과들을 살펴보면, 역할 수용 능력과 정확한 사회적 지각 능력은 연령에 따라 발달되며(아우수벨, 1952 ; 훼퍼와 가우비치, 1960; 플라벨, 1968), 청소년 시기까지 발달이 계속된다고 한다(플라벨, 1968 ; 무어, 1958 ; 태프트, 1955). 다른 연구에 의하면, 역할 수용 능력은 정신적 지적 능력과 관계가 있으며(대브리스, 1970 ; 닐, 1966 ; 셀먼, 1971a, 1971b), 정서적인 균형과도 관계가 있다(챈들러, 1971 ; 솔로몬, 1963 ; 태프트, 1955). 이러한 연구 결과에 의하면 역할 수용은 분명히 발달하는 능력이지만 이 발달의 본질을 아무도 명확하게 규명하지 못했음을 보여준다. 나는 역할 수용 능력의 발달을 설명하기 위해 발달 과정을 구조적으로 분석하며 연구했다. 따라서 사회적인 지식이 양적으로 축적된 결과로 역할 수용이 진행된다고 보는 대신, 자신과 다른 사람과의 관점의 차이를 이해하는 아동의 구조에 질적인 변화가 일어난다고 보았다.

역할 수용의 특정한 단계의 구조적인 면을 규정하기 위해 다음과 같은 질문을 던졌다. 아동은 자신과 다른 사람의 관점을 어떻게 구별하는가? 아동은 자신의 관점과 다른 사람의 관점을 어떻게 조화시키는가? 이전 단계를 바탕으로 좀더 발달된 단계는 어떤 차이점을 지니고 있는가? 이 질문에 대한 답이 각 역할 수용 단계의 구조를 설명해준다.

또 다음 질문을 통해 역할 수용의 내용이 무엇인지 분석했다. 아동은 자신과 타인의 주관적인 면을 어떻게 이해하고 있는가? 아동은 다른 사람의 능력, 인격적 특성, 기대감과 욕구, 감정과 정서, 동기, 숨겨진 반응, 사회적인 판단을 어떻게 이해하는가? 이러한 역할 수용의 내용은 기본적인 사회 경험에 대한 개념이 발달하는 것으로 보인다. 이러한 것들은 부분적으로 아동 자신이 속해 있는 구조적 역할 수용 단계를 바탕으로 형성되므로 역할 수용 구조와 밀접한 관계를 지니고 있다.

다시 말해서 자신의 관점과 관계 있는 다른 사람의 관점을 이해하는 정도가 한 번에 한 단계씩 이루어지는 구조적인 단계를 통해 성장하는 것은 인격의 발달과 동기, 다른 사회적 관계의 요소에 대한 이해가 변화하는 것과 병행한다.

역할 수용 발달은 인간의 사회적 행동의 광범위한 영역에 중요한 역할을 담당한다. 우리는 일반적으로 적용할 수 있는 네 영역에서의 역할을 살펴보았다. 1. 아동의 일반적인 사회 문제 해결 능력(숨바꼭질과 같은 협동적이며 경쟁적인 놀이를 하는 능력), 2. 아동의 의사 소통 능력과 설득력, 3. 다른 사람의 감정 이해(동정, 감정 이입), 4. 아동의 공평함과 정의감에 대한 이해, 그리고 도덕적 이성의 발달. 이 마지막 측면이 이 글의 핵심이다.

도덕적 추론의 맥락에서 본 역할 수용 단계에 관한 간단한 설명

단계를 구조적으로 분석하는 것은 사고와 행동에 숨겨진 조직과 질서를 찾아내려 하거나 수학적이거나 논리적인 모델에 따라 조직을 구성하려고 시도하는 것이다(가드너, 1973). 이러한 분석이 실용성을 지니려면 다른 사람들도 연속된 단계의 논리를 이해하고 그대로 식별할 수 있어야 한다. 사회적 도덕적 판단력의 단계는 교사나 교육가, 상담 치료자들이 이해할 수 있어서 사회적으로 교육하는 데 적용할 수 있어야 한다(학자들만이 일상 생활 속에서 그 단계를 이해할 수 있다면 효과적으로 적용할 수 있는 길은 멀고 먼 이야기가 된다). 따라서 도덕적인 문제를 추론하는 데 잘 적용할 수 있도록 연속된 단계를 각각 자세하게 설명하는 것이 좋을 것 같다.

나는 역할 수용의 단계를 연구하고 분석하는 데 있어서, 처음으로 피아제(Jean Piaget)가 아동이 신체적인 개념을 어떻게 이해하는지 연구하는 데 사용하고(1929), 후에 콜버그(Lawrence Kohlberg)가 도덕적 사고에 관해 연구하는 데 적용한 해답이 없는 임상적 방법을 사용했다(1969). 이 방법은 아동이 사회적 도덕적인 생각을 할 수 있도록 갈등 상황을 제시하는 것이다. 그 갈등 상황들은 규정되어 있는 것이지만 토론의 결론은 없다(그래서 임상적이다).

다음은 단계를 규정짓기 위해 사용한 역할 수용에 대한 질문의 유형과 사회적 갈등을 제시한 예들이다. 처음의 두 가지는 콜버그가 처음 사용한 방법에서 가져온 것이다(1969).

하인즈의 죽어가는 아내는 특별한 약이 필요하다. 그는 돈이 반밖에 없는 것을 보고 약사에게 지금 가진 돈을 다 통틀어 약값을 반 내고 나머지 반은 후에 갚아주겠다고 하며 부탁했다. 약사는 거절했다. 하인즈는 약을 훔칠 것인가 말 것인가를 결정해야 한다.

역할 수용 질문:
1. 좋은 남편이라면 죽어가는 아내를 위해 약을 훔치는가?
2. 아내를 사랑하지도 않으면서 남편이 약을 훔친다면 어떻게 될까?
3. 그가 훔치지 않는다면 그의 아내는 어떻게 생각할까? 그녀는 남편이 무엇을 해주기를 바라는가?
4. 당신은 자신의 목숨을 구하기 위해 약을 훔칠 것인가?
5. 당신이 만일 이 남편이라면 어떻게 하겠는가?

두번째 갈등 상황도 콜버그의 것이다(1969):
두 형제에게 곤란한 문제가 생겨 마을을 급하게 떠나려고 하는데 돈이 필요하다. 형인 칼은 가게에 들어가 500달러를 훔쳤다. 동생 봅은 어려운 사람들을 도와준다고 하는 은퇴한 어느 노인에게 가서 병이 들어서 수술을 해야 하는데 500달러가 필요하다고 빌려달라고 했다. 실은 아프지도 않고 돈을 돌려줄 생각도 없었다. 노인은 봅을 잘 알지 못하지만 돈을 빌려주었다. 그래서 봅과 칼은 각각 500달러씩을 가지고 마을을 떠났다.

역할 수용 질문:
1. 돈을 빌리고 갚지 않는 사람과 상점을 턴 사람 중 누가 더 나쁘다고 생각하는가?
2. 당신은 돈을 빌리고 갚지 않는다면 어떤 기분이 들까?
3. 다른 사람을 신뢰한다는 것은 왜 중요한가?
4. 돈을 돌려받지 못하게 되었다는 것을 알게 되면 돈을 빌려준 사람은 어떻게 할까?

다음의 갈등 상황은 4세에서 10세까지 더 어린 아동을 대상으로 실시한 것으로 낮은 단계의 역할 수용을 알아보려는 것이다.
8세 소녀인 홀리는 나무에 올라가는 것을 좋아한다. 그는 자기 마을에서 나무에 가장 잘 올라간다. 어느 날 나무에서 내려오다 낮은 나뭇가지에서 떨어졌지만 다치지는 않았다. 그녀의 아버지는 그녀가 떨어지는 것을 보았다. 아버지는 놀라서 다시는 나무에 올라가지 말라고 하셨다. 홀리는 약속했다.
며칠 후 홀리와 친구들은 숀을 만났다. 숀의 새끼 고양이가 나뭇가지에 걸려 내려오지 못하고 있었다. 빨리 손을 쓰지 않으면 고양이가 떨어질 것 같다. 새끼 고양이가 있는 데까지 올라가서 고양이를 가지고 내려올 수 있는 사람은 홀리뿐이다. 하지만 홀리는 아버지와의 약속이 생각났다.

역할 수용 질문:
1. 홀리는 손이 새끼 고양이를 보고 어떤 기분일지 알고 있는가?
2. 홀리의 아버지는 홀리가 다시 나무에 올라갔다는 사실을 아시면 어떤 기분이실까?
3. 홀리는 나무에 올라간 사실을 아신 아버지께서 어떻게 하시리라고 생각하는가?
4. 당신이라면 이 상황에서 어떻게 하겠는가?

도덕적 판단을 하는 데 있어서 역할 수용은 규범화 되어 있고 해답이 없는 질문에 대한 반응을 근거로 점수를 매기는데 이 질문들은 역할 수용의 세 가지 구조적 측면, 1. 피실험자 자신의 의견, 2. 주어진 상황에서의 각 인물들의 의견, 3. 이러한 여러 가지 의견 간의 관계를 중심으로 한 질문들이다. 더 나아가서 피실험자의 인간과 인간 행동의 본질에 대한 견해의 분석이 이루어지고, 특히 자신의 윤리적인 판단에 다른 사람들의 동기와 감정이 어떻게 적용되는가를 파악할 수 있다.

제0단계 : 자아 중심적으로 이루어지는 역할 수용(4~6세)[1]

구조적인 측면
주요 관점 : 제0단계의 특징은 아동이 자기나 다른 사람이 한 어떤 행동을 자신의 입장에서 이해하는 것과 그 행동이 옳은 것인지 파악하는 것을 구별하지 못한다는 것이다. 따라서 아동은 자신과 다른 사람을 구분하면서도 자신과 다른 사람의 관점은 구분하지 못한다.
연관된 관점 : 아동은 관점을 구분하지 못하므로 상호간의 연관성을 파악하지 못한다. 어린아이는 어머니의 생일에 사탕을 주려고 한다. 그가 사탕을 좋아하거나 어머니가 사

탕을 좋아하리라고 생각했기 때문이 아니라, '사탕은 좋은 것'이기 때문이다. 이렇게 자기 중심적으로 이해하는 단계에서 아동은 자신이나 다른 사람들의 생각을 고려해보지 않는다.

〈예〉

질문 : 홀리가 어떻게 할까, 고양이를 구해줄까 약속을 지킬까?
답 : 홀리는 고양이가 죽는 것이 싫어서 고양이를 구해준다.
질문 : 아버지가 아시게 되면 어떻게 하실까?
답 : 아버지도 고양이를 좋아하시니까 기뻐하실 것이다.
질문 : 네가 홀리라면 어떻게 하겠니?
답 : 고양이가 다치지 않도록 구해주겠다.
질문 : 만일 홀리가 고양이를 좋아하지 않는다면 어떻게 할까?
답 : 고양이를 내려주지 않을 것이다.
질문 : 고양이를 내려주었다고 아버지께서 벌을 주신다면 어떻게 할까?
답 : 고양이를 그대로 내버려둘 것이다.
질문 : 왜?
답 : 왜냐하면 벌을 받기 싫기 때문이다.
질문 : 홀리는 기분이 어떨까?
답 : 아버지 말씀을 들었으니까 기분 좋을 것이다.

분석 : 제0단계의 아동은 한 사람의 관점(홀리)과 다른 사람의 관점(홀리의 아버지)을 구분하지 못한다. 아동은 고양이를 구해주는 것이 관심의 초점이며 다른 사람들도 그러리라고 생각한다. 실험자가 아동의 주의를 아버지와의 약속을 깨뜨려 벌을 받게 될지도 모르는 일로 돌리면 아동은 아버지의 관점에서 이야기를 하지만 여전히 인물들 사이에 관점의 차이가 없이 의견들이 일치하고 있다.

인간에 대한 이해

제0단계의 아동은 자신의 반응을 알 수 있는 상황에 대해서는 다른 사람들의 감정(슬퍼하거나 기뻐하거나 화를 내는)을 '예상' 하거나 읽을 수 있다. 아동은 심리적인 분석을 하지 않고 눈에 보이는 객관적인 행동을 바탕으로 다른 사람들을 판단한다. 다른 사람의 입장에서 이해하고 사람들의 판단과 행동 사이의 원인과 결과 사이의 관계를 이해할 수 있는 사회 인지적 능력이 부족하다.

〈예〉

질문: 네가 고양이를 데리고 내려오려고 나무에 올라가겠니?
답: 네, 고양이가 다칠지도 몰라요.
질문: 나무에 올라갔다고 아버지에게 야단을 맞으면 홀리는 기분이 어떨까?
답: 슬플 것이다.
질문: 왜?
답: 아버지가 때리셨으니까.
질문: 슬프다는 것을 어떻게 알지?
답: 홀리는 울 것이니까.
질문: 아버지께서 왜 홀리를 때리셨지?
답: 나무에 올라갔으니까.
질문: 홀리는 나무에 올라갈 충분한 이유가 있었니?
답: 모르겠어요.
질문: 너는 나무에 올라가겠니?
답: 아니오, 야단맞고 싶지 않아요.

분석: 제0단계의 아동은 드러나지 않는 심리학적인 측면에서, 예를 들어 그 행동의 의도가 무엇인지 이해하는 수준(다음 단계에서 이루어지는)에서 그 행동을 설명하지 못한다. 슬픔의 심리학적인 상태는 단순히 겉으로 드러난 우는 행위에서 '읽어낸 것' 이다.

제1단계 : 사회적인 정보를 통해 이루어지는 역할 수용 (6~8세)

구조적인 측면

주요 관점 : 제1단계의 아동은 즉시 일어나는 똑같은 사회적 상황에 대해 자신과 다른 사람이 다르게 해석할 수 있다고 이해한다. 사람들은 서로 입장이 다르고 서로 다른 정보를 가지고 있으므로 다르게 느끼고 생각한다는 사실을 이해하게 되었다.

연관된 관점 : 아동은 여전히 자신의 의견을 주장하지 못하고 다른 사람들의 행동을 판단하기 위해 자신을 다른 사람의 입장으로 바꾸어 생각해보지 못한다. 또 자신의 행동을 다른 사람의 관점에서 판단하지도 못한다. 아직 관점의 상호 관계성을 이해하지 못하고, 이제 막 다른 사람이 자신에 대해 판단하는 것에 비추어 자신도 그 사람을 판단(제2단계)하기 시작한다. 사람들이 각기 자기 주관을 가지고 있다는 것은 이해하지만 사람들이 주관을 가지고 서로를 본다는 것은 이해하지 못한다. 제1단계의 특성을 도덕성에 적용해보자면, 아동은 다른 견해가 있다는 것을 인식하면서도 아직 자신의 판단이든 어떤 권위에 의해서든 '옳다', 또는 '사실이다' 라는 견해만을 가진다.

〈예〉
질문 : 돈을 빌려주고 돌려받지 못하는 사람과 똑같은 액수를 강도에게 빼앗긴 가게 주인 중 누가 더 화가 나겠는가 ?
답 : 돈을 빼앗긴 가게 주인이다. 왜냐하면 가게 주인은 누가 훔쳐갔다는 것을 알지만 500달러를 빌려준 사람은 돌려받지 못할 것을 확실히 알지 못하기 때문이다.

분석 : 아동은 그 사건에서, 가게 주인이 '주관적으로' 기분이 나빠질, 돈을 도난당했다는 '객관적인' 사실을 즉시 알게 되지만, 돈을 빌려준 노인은 자기 돈을 잃었다는 사실을 알지 못하므로 기분이 아주 나쁘지는 않으리라고 추론해낸다. 제1단계에서 행동 이해 단계가 더욱 성숙해지면서 행동을 이해하는 초점이 누가 무엇을 했다는 데에서는 점점 멀어지고, 약속을 지키지 않는 데 대한 노인의 관점과 강도를 당한 가게 주인의 관점을 연관시켜보는 것과 같은 상대적인 관점에 더 초점을 맞추게 된다.

인간에 대한 이해

제0단계의 아동은 다른 사람을 정보 수집가, 즉 서로간에 일어나는 일에 대한 자료를 인식하는 사람으로 보는 반면, 제1단계의 아동은 다른 사람을 정보 생성가, 즉 사건을 해석하는 사람으로 이해한다. 이제 아동은 한 개인이 된다는 것은 평가 능력을 가지게 된다는 사실을 알게 된다. 아동은 결국 자신과 다른 사람을 각 개인으로서 인식하게 되고 고의적인 행동과 고의가 아닌 행동을 구별할 수 있다. 제0단계의 뚜렷한 변화는 이렇게 의도를 파악할 수 있게 된 것으로 선택이나 행동하는 데 개인적인 이유가 있다는 사실을 이해할 수 있게 된다.

〈예〉
질문 : 홀리가 나무에 올라간 것을 알고서 아버지께서 야단치실 것이라고 생각하니?
답 : 아버지께서 왜 나무에 올라갔는지 모른다면 야단을 치실 것이다. 하지만 만일 홀리가 그 이유를 설명한다면 아버지는 홀리가 올라갈 충분한 이유가 있었다고 생각하실 것이다.[2]

제2단계 : 자신의 의견을 반영하는 역할 수용 (8~10세)

구조적인 측면
주요 관점 : 제2단계의 아동은 사람들은 각자 자신만의 독특한 가치관이나 목적을 가지고 있기 때문에 다르게 생각하거나 다르게 느낄 수 있다는 사실을 알게 된다. 도덕적인 관점에서 이러한 역할 수용 단계는 아무도 절대적으로 옳을 수 없다는 상대성에 대한 확신을 가져온다.

연관된 관점 : 제2단계의 중요한 발달 특징은 자신의 행동이나 동기를 밖에서, 다른 사람의 입장에서, 들여다볼 수 있게 된 것이다. 또 다른 사람도 아동 자신의 입장에서 생각할 수 있다는 사실을 인식하게 되어 자신이 하려는 행동의 동기나 목적에 대해 다른 사람이 어떻게 반응할 것인지를 예측할 수 있다. 그러나 이런 판단이 동시에 또는 상호적으로 일어나지 못하고 연속적으로 일어난다. 따라서 아동은 두 사람의 상황을 제3자의 입장에서 객관적으로 보지 못한다.

〈예〉
질문 : 홀리는 나무에 올라간 죄로 어떤 벌을 받는 것이 공정하다고 생각할까?
답 : 아무 벌도 안 받을 거라고 생각해요.
질문 : 왜?
답 : 홀리는 아버지가 자기가 나무에 올라간 이유를 이해해주실 거고 그러면 벌을 주시지 않을 거라고 생각해요.

분석 : 피실험자는 아버지가 딸의 동기를 이해해주리라고 딸의 관점에서 이야기하고 있다. 그러므로 제2단계에서는 다른 사람이 자신의 관점을 어떻게 이해할 것인가 하는 자신의 가정을 바탕으로 다른 사람에 대한 자신의 관점을 세운다.

인간에 대한 이해

제2단계에서 아동은 한 개인의 동기가 상대적인 위계 질서 속에 있는 개인에 의해 문제가 일어날 수 있고 명령을 받을 수 있음을 이해한다. 아동은 다른 사람을 동기가 없는 존재로서가 아니라 다양한 동기를 지닌 존재로 파악하기 때문에 다른 사람 중심적이거나 자기 중심적인 동기가 자신이나 다른 사람과 대립될 수도 있음을 이해하기 시작한다. 아동은 이제 사람들이 자신이 하고 싶지 않은 일을 하거나 또는 그 반대임을 이해할 수 있다.

〈예〉
질문 : 홀리가 나무에 올라갈까?
답 : 네. 홀리는 아버지가 이해해주실 거라는 걸 알아요.
질문 : 홀리의 아버지는 홀리가 어떻게 하길 원하실까? 올라가서 고양이를 데리고 오길 원하실까, 올라가지 않기를 원하실까?
답 : 안 올라가길 원하실 거예요.
질문 : 왜?
답 : 만일 아버지가 마음을 바꾼다면 좋은 아버지가 아니예요. 아버지는 약속을 어기는 것을 더 나쁘다고 생각하실 거고 홀리가 고양이를 구해주는 것을 더 중요하게

표 4.1 사회적 행동 이해 단계와 도덕적 판단력 단계와의 병행 구조적 관계

사회적 행동 이해 단계	도덕적 판단력 단계
제0단계 - 자기 중심적인 관점 (3-6세)[a] 아동은 자신과 다른 사람이 차이가 있다는 것을 이해하지만 자신과 다른 사람의 사회적인 관점을 구분하지 못한다. 아동은 다른 사람의 밖으로 드러난 감정이 어떤 것인지 이해하지만 그로 인해 사람들에게 어떤 행동을 취하는지 그 원인과 결과는 이해하지 못한다.	제0단계 - 전(前) 도덕 단계 옳고 그르다는 판단은 의도를 이해하고 이루어지는 것이 아니라 결과가 좋은지 나쁜지를 보고 이루어진다. 피실험자는 자신에게 좋은 일이 일어나는 쪽으로 도덕적인 판단을 내린다. 자신이 선택한 이유에 대해서 정당화시켜들기보다는 단순히 그 선택을 고집한다.
제1단계 - 다른 사람에 대한 정보를 통한 행동 이해 (6-8세) 아동은 다른 사람이 자신과 같을 수도 있고 다를 수도 있는 사회적인 관점을 가지고 있음을 알게 된다. 그러나 아동은 관점을 조화시키기보다는 하나의 관점에 초점을 맞추려한다.	제1단계 - 벌과 순종 지향 아동은 권위를 지니고 있거나 힘이 있는 한 사람의 관점에서 초점을 맞추게 된다. 그러나 아동은 좋은 행동은 좋은 의도에서 이루어진 것임을 이해한다. 정당한 행동과 똑같은 정당한 의식이 있음을 이해하기 시작한다.
제2단계 - 자신의 의견을 반영하는 행동 이해 (8-10세) 아동은 각 개인이 다른 사람의 관점을 알 수 있으며, 이 인식으로 인해 자신과 다른 사람의 관점이 영향을 받게 된다는 것을 의식하게 된다. 그 사람의 의도, 목적, 행동을 판단하기 위해 자신을 그 사람의 입장에 놓아본다. 아동은 관점들을 서로 연관시켜볼 수 있지만 이를 통해 동시적인 상호성으로 구체화시키지는 못한다.	제2단계 - 도구 지향 서로의 관계 속에서 두 사람의 의도를 통해 똑같이 도덕적인 상호성을 지니게 된다. 만일 어떤 사람이 자신에게 순수한 의도를 가지고 있다면 친절하게 행동하는 것이 옳다. 정의는 이처럼 자신에게 의미 있는 것으로 결정된다.
제3단계 - 상호간의 행동 이해 (10-12세) 아동은 자신과 다른 사람이 동시에 서로를 주관을 가진 개인으로 이해할 수 있음을 알게 된다. 아동은 두 사람의 바깥에서 제3자의 입장으로 바라볼 수 있다.	제3단계 - 상호간의 기대치 유지를 중시 정의라는 것은 무엇이든지 남에게 대접을 받고자 하는 대로 너희도 남을 대접하라는 황금률로 정의된다. 아동은 모든 관점을 고려하고 모든 구성원의 일치점에 도달하기 위해 각 사람의 동기를 헤아려본다.
제4단계 - 사회적 전통적 구조에 의한 행동 이해[b] (12-15세) 상호간의 입장에서 바라보는 것이 항상 완전히 이해하는 것은 아님을 인식하게 된다. 신분이나 경험에 관계 없이 집단의 모든 구성원들이 이해할 수 있도록 사회적인 관습이 필요하다는 것을 안다.	제4단계 - 사회적인 관점 지향 일반적인 다른 사람이나 다수의 관점에서 정의를 이해한다. 행동의 결과를 집단이나 사회를 위한 견지에서 고려한다. 사회적인 도덕성과 사회 질서를 유지하는 것을 중시한다.

a. 모든 단계의 나이는 우리 연구를 바탕으로 하여 평균 나이를 잡은 것이다.

b. 바이에른(Byrne)은 더 높은 단계의 행동 이해와 콜버그의 5·6단계와의 연관성을 설명해놓았다.

생각하는 것을 이해하지 못하실 거예요.
질문 : 모든 아버지들이 다 그렇게 생각하실까?
답 : 아니오. 아버지들이 중요하다고 생각하는 것이 다 달라요.

제3단계 : 상호적인 역할 수용 (10~12세)

구조적인 측면

주요 관점 : 3단계의 아동은 자신의 관점과 일반적인 관점, 즉 집단의 중간층의 관점과 구분할 수 있다. 두 사람이 관련된 상황에서 그 두 사람 각각의 관점과 제3자로서의 관점을 구분한다. 아동은 그 상황을 편견 없이 보고 자신과 관련 없는 관점을 지닐 수 있다.

연관된 관점 : 3단계의 아동은 자신과 다른 사람이 동시에 상호적으로 각자의 관점을 파악할 수 있음을 깨닫게 된다. 서로 상대방의 입장으로 바꾸어보고 어떻게 행동할 것인가 결정하기 전에 자신의 이익을 파악한다(황금률). 더 나아가 각각 서로의 관점과 그 관련성을 파악할 수 있는 제3자의 관점에서 상황을 판단할 수 있다. 이러한 역할 수용의 사슬은 도덕적인 차원에서 서로의 요구 중 어떤 것을 결정해야 할 것인지 관습적인 규율을 통해 판단하도록 발달시킨다.

〈예〉
질문 : 하인즈가 약을 훔친 것을 판사는 옳은 일이라고 생각할까?
답 : 판사는 하인즈가 약을 훔친 일을 옳지 못하다고 생각할지도 모른다. 하지만 하인즈의 이야기를 듣고 나면 하인즈는 자신이 옳다고 생각한 일을 했다는 것을 알 것이다. 하인즈는 판사가 자신의 기분을 이해해주리라고 생각할 것이다.

분석 : 이 예는 3단계의 두 가지 측면을 보여준다. 첫째로 피실험자는 하인즈와 판사 두 사람이 각기 상대편의 입장을 이해할 수 있으리라고 생각한다. 두번째로 피실험자는 하인즈가 스스로 옳다고 생각한 일을 했다는 사실을 판사도 알고 있으리라고 이해한다

는 것이다. 제3단계의 행동 이해의 특징은 두 사람이 서로 상대편의 생각을 이해하고 있으리라는 점을 제3자의 입장에서 알 수 있다는 것이다.

인간에 대한 이해

제3단계의 아동은 모든 사람이 어떤 사건이나 상호간의 관계에 대해 같은 생각을 나눌 수 있다는 것을 이해하게 된다. 신뢰감, 우정, 존경, 기대감 같은 것이 상호적인 성격을 띠고 있음을 인식한다. 제2단계의 아동은 친구의 개념이 한 관점에서만 이해되었다. 즉 자신의 관점에서 친구는 우호적이고 친절한 사람이다. 제3단계에서는 상호적인 의미에서 친구를 이해하는데, 단순한 상호성을 넘는 의미다. 아동이 상호적인 관계를 이해할 만큼 시간이 흐른 뒤 그 관계를 맺은 상대방의 행동의 지속성을 인식하기 시작하면서 일시적인 요소도 나타난다.

〈예〉

질문 : 죽어가고 있는 사람이 하인즈의 아내가 아니라 하인즈의 가장 친한 친구이며 그 친구도 돈이 없는데 가족 중 아무도 약을 훔쳐오지 않는다면 하인즈는 이런 경우에도 약을 훔칠까?

답 : 하인즈가 정말 그런 일을 해줄 만큼 친한 친구여야 한다. 다시 말해서 당신이 그 친구라면 "그 사람이 날 위해 해줄까?"라고 생각하게 될 것이다. 나는 그들이 얼마나 친한 친구인가에 달려 있다고 생각한다. 그들이 이미 서로 친한 친구라고 믿고 있다면 하인즈는 약을 훔칠 것이다. 모든 것은 두 사람의 관계가 얼마나 오래되었는지, 얼마나 친한 사이인지에 달려 있다.

분석 : 제3단계의 아동은 인간 관계가 깊은지, 지속적인지 일시적인지의 차이가 있음을 인식하고 있다. 우정을 상호간에 일어나는 어떤 순간적인 반응으로 보지 않고 상호성을 키울 만큼 시간이 흐르면서 서로 계속해서 주고 받는 관계에서 이루어지는 것이라고 이해하고 있다. 또 아동은 서로가 함께 나눈 이전의 경험을 바탕으로 어떤 행동이 어떤 사람에게는 특별한 의미를 줄 수 있다는 것을 이해한다. 개인의 주관성을 이해하는 것은 다른 단계, 예를 들어 제1단계에서 단순히 서로 다른 정보를 바탕으로 서로 다른 관점을

갖는다는 것을 인식하는 것보다 훨씬 복잡한 것이다.

따라서 제3단계의 상호성은 관점을 동시에 동등하게 이해하는 구조에서도 분명하게 드러나고 자신과 다른 사람이 서로 기대하는 정도가 있다는 측면에서 개인을 이해하는 데서도 분명하게 드러난다.

제4단계: 사회적이고 인습적 체제에 의한 역할 수용(12~15세 이상)

구조적인 측면

주요 관점: 제4단계의 관점은 이원적인 단계에서 그룹이나 사회적인 관점을 포함하는 일반적인 사회 구조의 단계로 성장한다. 제4단계의 청소년들은 자신이 속해 있는 사회 구조를 모든 구성원이 상호 관계 속에서 함께 공유하는 전통적인 관점의 구조로서 이해한다. 제3단계에서 피실험자는 자신과 다른 사람의 관점으로 행동을 이해할 때 편견이 없는 관찰자로서 이해하는데, 제4단계 피실험자는 각자의 관점에 대해 다른 사람을 정확하고 보다 용이하게 이해하고 의견을 교환하기 위해 일반화되어 있는 다른 관점(사회 구조)을 중시한다는 것을 알게 된다.

〈예〉

질문: 하인즈 사건에서 판사는 어떻게 하리라고 생각하는가?

답: 유감스럽지만 판사는 하인즈에게 유죄를 선고할 것이다. 하인즈는 약을 훔치면서 자신이 하는 일이 사회적인 관점에서 볼 때 잘못된 일임을 알고 있었을 것이다. 또 잡힌다면 판사는 법을 집행하는 사람이므로 자신에게 유죄를 선고하리라는 것도 알고 있었을 것이다.

질문: 왜 그런가?

답: 판사는 다른 사람들이 이 사건을 어떻게 볼 것인가 하는 점을 생각해야 할 것이다. 만일 하인즈가 벌을 받지 않는 것을 본다면 다른 사람들도 도둑질을 하고 벌을 받지 않을 수 있으리라고 생각할 것이다. 하인즈는 이 점을 이해하고 벌을 받

아야 한다.
질문 : 판사는 개인적으로 하인즈가 그런 일을 한 것에 대해 옳다는, 또는 잘못되었다는 생각을 가지고 있지 않을까?
답 : 판사는 철학자가 아니다. 하인즈가 도덕적으로 옳다고 생각했다 해도 판사는 사람들의 편에 서서 법을 집행해야 한다.

분석 : 법이나 도덕과 같은 개념은 집단적으로 의견을 같이하는 관점을 바탕으로 하는 것이다. 제3단계에서 제일 처음 발달하는 상호성은 제4단계에서 더욱 확대되어 이원적인 상호성이 집단의 관점에 종속되게 된다.

인간에 대한 이해

제4단계에서는 각 개인이 사회적인 의사 결정을 하는 데 있어서의 판단과 행동 사이의 관계가 본질적으로 사람과 사람 사이의 사회 구조와 유사한 복잡한 개인의 구조로 이해되고 있다. 피실험자가 다른 사람의 행동과 사고는 성숙되어가는 신념과 가치와 태도를 정신적으로 조직화시킨 것이며, 이를 통해 다른 사람에 대한 미래의 행동을 예측하고 과거의 행동을 이해할 수 있음을 알고 있다는 사실은 개인성(또는 성격)의 개념이 발달하고 있다는 것을 나타낸다. 사람들은 겉으로 드러나는 사회적인 행동뿐 아니라 내적인 가치에 대해서도 서로 다른 관점을 가질 수 있다.

〈예〉
질문 : 도둑 맞은 가게 주인과 돈을 빌려주고 사기를 당한 노인 중 누가 더 화가 날까?
답 : 대답하기 어려운 문제다. 두 사람이 정말 어떤 사람인지 알아야 한다. 돈을 빌려준 사람은 나중에야 돈을 돌려받을 수 없을지도 모른다는 사실을 알게 되었다. 그는 다른 사람에게서 감사 인사나 그런 뜻으로 무엇을 받기를 원하는 사람이 아닐 것이다. 그렇다면 대단히 실망하지는 않을 것이며 정직하지 않은 사람들도 있다는 사실을 알게 되어 조금 슬플지도 모른다. 반대로 돈을 빌려준 사람이 다른 사람에게서 많은 것을 바라는 사람이라면 정말 화를 내고 인간성에 대한 신뢰를

잃게 될지도 모른다. 일반적으로 볼 때 돈을 빌려준 사람은 다른 사람을 믿지 못하게 될 것 같다. 어쨌든 그 사람들이 어떤 사람인지 알아야 한다.

　최근의 연구(쿤, 1977)에 의하면 도덕성 발달 단계와 피아제의 인지 발달 단계가 서로 대응하고 있다고 한다. 피아제의 인지 발달 단계는 도덕성 발달 단계와 병행하기는 하지만 충분하지는 않다. 행동 이해 단계와 도덕성 발달 단계도 마찬가지로 서로 대응하기는 하지만 완전하지는 않다(셀먼, 1971a, 1972). 행동 이해는 논리적인 사고와 도덕적인 사고를 중간에서 연결해주는 사회적 인지의 형태라고 말할 수 있다.

　그렇다면 아동의 인지 발달 단계는 아동의 물리적이고 논리적인 문제를 이해하는 수준을 나타내는 것이고, 행동 이해 단계는 사회적인 관계의 본질을 이해하는 수준이며, 도덕적 판단력은 다른 관점을 가진 사람들 사이의 사회적인 갈등 문제를 해결해나가는 방법을 말한다.

　도덕적인 판단력은 사람들이 다른 사람들에 대해 어떻게 생각하고 행동해야 하는가의 문제이고 사회적 행동 이해는 사람들이 '실제로' 다른 사람에 대해 어떻게 생각하는지 그리고 왜 그렇게 생각하고 행동하는지에 대한 문제다. 자신과 다른 사람의 도덕성을 중시하는 단계는 자신과 다른 사람의 관점 사이의 상호 관계를 이해하는 행동 이해 단계와 구조적으로 병행한다.

　만일 피실험자가 알맞은 행동 이해 수준에 이르지 못했다면 도덕적인 차원에서도 그만큼 사회적인 인지가 가능하지 못하다. 표4.1은 행동 이해 단계와 도덕적 판단력의 단계를 나란히 비교해본 것이다.

　다른 사람들의 실험 결과(지랄도, 1972; 하이키, 1972; 쿤, 1972; 마이어, 1972; 드로우어, 1972)뿐 아니라, 나의 실험 결과도 행동 이해와 도덕적 판단력과의 이러한 관계 분석을 뒷받침하고 있다. 예를 들어, 다양한 행동 이해 측정 방법을 사용한 이 연구들을 통해 행동 이해를 추론해나가는 피실험자들이 도덕적 판단을 구조적으로 병행하고 있음을 알아냈다. 거꾸로 도덕적 판단을 하는 데 행동 이해 과정이 병행되지는 않는다. 이러한 연구 결과, 일반적인 사람들은 행동 이해 단계가 도덕성 발달 단계와 일치하거나 한 단계 앞선다는 것을 보여준다. 그러나 비행 청소년을 대상으로 연구한 것에 의하면 많은 피실험자들의 행동 이해가 도덕적인 사고력보다 훨씬(두 단계나 혹은 그 이상) 앞서 있었다. 이들은 사람들간의 관계가 어떻게 운영되는지는 상대적으로 깊이 이해하고 있으나 어떻게 해야 하는지에 대해서는 잘못된 생각을 지니고 있었다(하이키, 1972).

10세에서 18세까지의 고아들을 연구한 결과에 의하면(드로우어, 1972), 도덕성과 행동 이해 수준이 정상적인 수준보다 아주 낮았다. 비행 청소년들에 관한 연구와 마찬가지로, 각 행동 이해 단계는 도덕성 발달 단계와 대응할 정도로 충분히 성숙하지 못했다.

이론의 적용 : 다른 분야에 적용시킨 사회 인지 분석

많은 사람들이 피아제의 발달 이론을 인지 발달에만 적용시킬 수 있다고 생각해왔기 때문에 교육 분야에 임상적으로 적용시킬 가능성이 있음을 미처 생각하지 못했다. 이제 이 장에서는 다음과 같은 질문을 생각해볼 것이다. 교육가들이나 임상 심리학자들과 같은 전문가들이 직접적으로 아동의 사회적 · 인지적 발달을 돕기 위해 일반적인 사회성(행동 이해와 도덕성) 발달 단계를 어떻게 활용할 수 있는가?

교육이나 정신 치료는 인지 발달에 관한 연구로부터 아동의 가장 적당한 사회 인지 성장 정도를 알아낼 수 있다. 이러한 발달 단계 이론은 임상 학자들이나 교육가, 성장 심리학자들간의 서로 다른 견해와 용어들을 통일시켜주는 아주 중요하고 유일한 도구며, 공통적인 개념이 된다.

사회 교육과 정서 교육을 위한 함의

인지 발달 이론에 대한 가장 일반적인 비판은 개인의 사회적 도덕적 판단력이 실제적인 행동을 근본적으로 결정해주지 못한다는 것이다. 인지 발달 심리학은 사람이 사회적인 행동을 하는 데 있어서 자신의 행동이 어떤 영향을 끼치고 어떤 '피할 수 없는' 반작용을 불러일으킬지 정확히 판단할 수 없다는 비난을 받아왔다. 사람은 정말로 자신이 말하는 대로 해야 할 일들만을 하는가? 자기 가족에 대하여 지나치게 두려워하거나 이기적이지 않을 수 있는가? 감정은 어떻게 나타내보여야 하는가?

이러한 질문들을 다루는 데 인지 발달 이론이 적합한지 이론적인 논쟁 거리가 될 수 있지만, 비판에 대해서는 부분적인 실험을 통해 대응할 수 있다. 다양한 나이의 다양한 사람들을 대상으로 한 최근의 많은 연구 결과에 의하면 도덕적인 문제에 관해 토론하는 그룹 활동을 통해 더 높은 도덕성 발달 단계로 성장하도록 이끌어줄 수 있음이 밝혀졌다(블레트와 콜버그, 1975 ; 콜비, 프릿츠와 콜버그, 1974 ; 하이키, 1972). 이러한 발달이 자신에 관한 감정과 행동에 어떤 연관이 있는지도 밝혀졌다(콜버그와 셀먼, 1972 ; 스카프, 하이키와 콜버그, 1973). 이러한 연구를 요약해보면 판단과 행동이 결코 일치하지 않는다 하더라도 좀더 성숙한 판단을 하게 되면 행동과 좀더 일치하게 되고 자신의 감정을 좀더 현실적으로 다룰 수 있게 된다는 것이다.

나는 소위 잠복기(대략 6~12세)라고 부르는 시기에 있는 아동들을 교육해본 경험이 있다(셀먼과 리버만, 1975). 청소년 말기는 규율적인 도덕적 사고를 키우기 힘든 시기(콜버그의 제5 · 6단계)인 반면, 8 · 9세에서 12세까지는 일반적인 사회적 사고와 서로 간의 경험을 성숙시키는 중요한 시기라고 볼 수 있다. 사회 인지 단계를 통해 좀더 성숙시키려는 것이 모든 교육에 있어서 공통적인 목표지만, 나는 청소년들을 대상으로 목표를 달리하여 교육을 해보았다(블레트와 콜버그, 1975).

모든 청소년과 성인도 자주 다른 사람의 입장을 생각해보지 않으려고 하지만 더 나이 어린 아동일수록 이런 능력이 부족하다. 도덕적인 사고가 다른 사람의 관점을 이해하는 능력에 달려 있다고 생각하기 때문에 청소년기 이전의 아동들을 위한 좋은 프로그램은 다른 사람의 행동이나 사고를 추론해보고 다른 사람의 관점을 자신의 관점과 연관시켜 보는 데 중점을 두고 있다. 이러한 목적에서 6세에서 12세까지의 아동들이 제3단계로 사회 인지 단계를 성숙시키기 위해 도덕적 가치 문제에, 즉 규칙이나 신뢰감, 재산권, 공정함 등과 같은 문제를 다룬 슬라이드를 제작했다.[3] 이 가치 문제들은 교사가 시끌벅적한 소그룹에서부터 조직적인 학급 토론에 이르기까지 다양한 형태의 토론 활동을 하는 데 사용된다.

이 슬라이드 제작물은 기본적으로 사회 인지, 즉 아동이 사회 관계의 상호적인 측면을 좀더 이해하고 좀더 정확히 추론하는 데 중점을 두고 있다. 아동이 자신의 관점과 연관지어 다른 사람의 입장을 이해하고 평가하도록 교육하는 것은 수많은 행동 이해 과정을 통해 이루어진다. 이런 의미에서 우리의 프로그램은 매우 인지적인 것이다. 더 나아가 다른 사람과의 관계와 자신의 반응에 대해 생각하기 시작할 때 아동 자신의 감정도 빼놓을 수 없는 문제가 된다. 예를 들어 고양이를 구할 것인지 나무에 올라가지 않기로 한 약속을 지킬 것인지를 결정해야 한다면 어떻게 할 것인가? 슬라이드를 활용한 2·3학년 교사라면 학급의 실제적이고 도덕적인 갈등 문제에 있어서 그 도덕적인 쟁점을 정서적이고도 인지적으로 파악하도록 이끌어주는 데 가장 자연스러운 자료임을 알게 되었을 것이다. 사실 이 연구 결과(셀먼과 리버만, 1975), 사회적으로 교육의 목적이 가장 크게 결실을 거두는 곳은 실제 프로그램이 끝난 뒤에도 우리 프로그램을 인지 발달 방법으로 계속 사용하는 교사들의 학급이라는 사실이 드러난다.

아동 개인의 사회 인지 단계를 파악하는 것은 여러 면에서 교사에게 도움이 된다. 첫째, 교사가 학급 아동들이 사회적인 관계와 권리, 의무 등에 관해 어떻게 생각하고 있는지를 이해해두면 학급의 행동을 좀더 깊이 이해하는 데 도움이 된다. 이러한 진단 방법은 또 교사가 자신의 학생들을 어떻게 성장하도록 이끌 것인지 목표를 정하는 데 도움이 된다. 무엇보다도 아동의 인지 능력뿐 아니라 정서적인 면을 간과하지 않도록 도와준다. 예를 들어 3단계의 행동 이해와 도덕적 판단 수준이 되기 전에는 신뢰감이나 사랑, 우정, 그 밖의 정서적인 태도 등의 인간 상호간의 개념을 적절하게 이해하지 못한다. 적당한 사회 인지 단계가 병행되어야만 정서적인 측면도 인식하게 된다. 이 말은 아동이 어떤 특정한 사회 인지 단계에 이르기 전에는 신뢰나 사랑을 행동으로 나타내지 못한다는 것이 아니다. 아동이 자신의 행동에 대한 의미와 원인을 진정으로 이해하고 성찰할 수 있기 전에 이러한 단계에 도달해야 한다는 것을 말하는 것이다.

인지와 정서의 근본적인 연관성은 허스트(Hirst)와 피터스(Peters)가 가장 잘 설명해주고 있을 것이다(1970):

아동 발달에 관한 가장 모범적인 연구들은 신체적, 지적, 사회적, 감성적 발달이라는 표제 아래 분류되었다. 그러나 감성적인 발달과 사회적인 발달의 차이는 무엇인가? 또 지적인 발달과 또 다른 발달은 어떻게 구별되는가?… 시기, 질투, 죄의식, 연민 등은 규율, 소유욕, 권리 등과 같은 도덕적 사회적 개념을 언급하지 않고서는 설명할 수 없다… 이러한 점에서 인지의 중요성을 간과한다면 자신과 다른 사람의 감정과 동기를 인식하는 데 중요한 경험의 틀을 이루게 될 상호 이해의 구체적인 특징들을 놓쳐버리게 된다… 결국 상호적인 이해가 발달하는 단계를 찾아볼 수 없게 되고 감성과 동기를 이해하는 발달 단계도 찾아볼 수 없게 된다.

역할 수용과 도덕성 발달 단계를 함께 이해하는 것이 허스트와 피터스의 '상호 이해 단계'로 발전하는 첫 걸음이며, 역할 수용이 감정적이고 도덕적인 기능과 인지를 연결시킨다. 다른 사람의 관점에서 이해하는 것은 그들의 동기와 원인뿐만 아니라 그들의 기분과 감정도 이해하기 시작하는 것이다.

이러한 연구 결과는 학급에서 정상적인 아동을 교육하는 것뿐 아니라 임상적으로 문제 아동의 사회성 발달 단계를 이해하는 데도 유용하게 쓰일 수 있다.

임상 진단에 적용하는 인지 발달 이론

아동을 다루는 임상학자들은 보통 아동이 가지고 있는 사회성과 감성의 문제점을 도덕적인 사고에 장애가 있다는 관점에서 이해하지 못하며, 역할 수용의 결과를 치료적인 교육의 목적으로 파악하지 않는다. 그러나 대부분의 임상학자들은 치료를 위해 '자아 발달' 이론을 받아들인다. 사실, 임상 심리학자들이나 교육 심리학자, 성장 심리학자들은 일반적으로 인간에 대한 기본적인 이해와 자신에 대한 중요한 주장, 그리고 사회적 물리적 세계와의 연관성에 대한 기본적인 이해를 제공하는 의미에서 자아 발달 이론에 동의한다.

인지 발달의 관점에서 보면, 자아 발달 연구는 아동이 다음의 기본적인 지식의 범주를 점차 이해해가는 단계적인 수준을 연구한 것이다.

1. 물리적인 영역 : 물리적인 대상과 이런 대상들과 자신과의 관계에 대한 이해(예: 자아와 시간, 공간, 대상의 움직임과의 관계)
2. 논리적인 영역 : 계층과 관계에 대한 이해, 계층간의 관계를 세우는 것
3. 사회적인 영역 : 자아와 다른 사람과 자아의 관계(행동 이해), 서로 다른 자아들의 문제를 해결하는 방법(도덕적인 추론)

직각으로 교차하는 자아 발달 틀을 그려보자. 가로축에 아동이 이해하고 행동하는 내용의 영역들(1, 2, 3)을 배열하라. 세로축에는 각 영역들에 대응하는 발달 단계들이 있다. 이론적으로 보면 각 단계마다 다른 내용의 영역들을 가로지르는 구조를 이룬다.

성장의 가로축을 임상적으로 분석하는 것은 두 가지 수준에서 중요하다. 상위 수준에

서 보면 아동의 기능 단계는 자아 발달의 기본적인 가로축 영역, 예를 들어 논리, 사회(역할 수용), 도덕의 영역을 가로질러 비교된다. 나의 연구에 의하면 아동의 도덕적 판단력과 행동 이해 단계 사이의 커다란 불일치(역할 수용 단계가 도덕성 발달 단계를 두 단계 이상 앞선 경우와 같은)가 구조적으로 불균형을 의미할 뿐 아니라 행동에 문제가 있음(학교를 지겨워하거나 싸움, 그 밖의 다른 반사회적인 행동들)을 보여주는지 아닌지를 밝혀주는 방법이다. 사회 인지 발달 단계와 비교하여 비슷한 분석이 이루어질 수 있다.

하위 수준에서는 주어진 영역 내에 문제들로 흩어진 구조가 이루어질 수 있다. 이 수준에서는 내용과 구조의 상호 작용이 가장 두드러진다. 예를 들어 역할 수용에 관한 내 연구를 보면(셀먼, 1976), 역할 수용의 내용을 다양한 개념으로 나누고 각 단계별 발달의 특성을 규정지었다. 내가 연구한 개념은 조지 허버트 미드(George Herbert Mead)의 저서 「정신, 자아, 사회(Mind, Self, and Society)」(1934)에 의해 규정된 사회 경험의 두 가지 범주를 중심으로 하고 있다. 하나는 자아의 본질에 대한 개념(인격, 동기, 자기 성찰의 개념)이고 또 하나는 사회의 본질(역할, 관계의 개념, '사회적 실체의 본질')이다. 단계별 성장의 개념들에 관한 분석은 아동이 뒤떨어지고 있는 부분과 나이에 적합한 단계의 영역을 보여주는 구체적인 임상적 윤곽을 산출할 수 있다. 훨씬 더 중요한 것은 그러한 분석을 통해 아동이 사회적 감정적으로 문제가 있는 부분을 알아낼 수 있는 것이다. 문제가 있는 부분을 찾아내면 아동의 사회적 물리적인 개념을 중점으로 하지 않는 다른 임상적인 도구로부터 얻은 정보를 완전하게 알 수 있게 된다.

두 가지 실례 : 아동의 세계에 있는 창문

지난 몇 년 동안 나는 인지 발달 단계의 실제적인 내용을 밝혀보려고 시도해왔다. 인지 발달 학자들의 정신에 있듯이 아동에게 정말 인지 발달 단계가 실재하는 것일까? 실험을 통한 질문에 대해 대답하는 것뿐 아니라 아동의 일상 생활 속에도 똑같은 사고가 이루어지고 있을까?

나는 아동과 직접 부딪쳐야 하는 교사들이나 임상학자들이 성장 이론을 실제로 적용하는 것에 관심이 있으므로 '실재 생활'의 단계 분석을 위해 아동과의 대화를 통해 실례를 연구해보기로 했다. 보스턴에 있는 저지베이커 아동지도 센터(the Judge Baker

Child Guidance Center)에서 사회적 감정적으로 문제를 가지고 있는 다양한 아동들을 통해, 나는 심리역동적인 관점에서뿐 아니라 인지 발달의 측면에서 아동을 이해해보려 했다.

임상적인 방법을 통해 이론을 입증하기 위한 작업을 하면서 나는 겸손해지는 경험을 했다. 아동은 대단히 복잡하게, 임상학자들을 압도하는 방법을 가지고 있어서 아동의 모든 '행동의 다양한 변화'를 다루는 데 이론은 거의 아무 관계도 없는 것처럼 보인다. 아동의 발달 단계를 추론하는 것은 때때로 문제 행동(정상적인 행동도)의 원인을 설명하는 데 아무런 도움도 되지 않는 것 같다. 더 나아가서 임상 실험 경험을 통해 아동의 발달 단계를 설명하는 것은 아동을 이해하기 위한 한 가지 방법을 제공하는 것이라고 믿게 되었다. 발달 단계 이론은 높은 단계로 성장하려는 움직임이 있는지 없는지를 관찰함으로 치료나 교육 효과를 평가하기 위한 기준을 제공한다(콜버그와 마이어, 1972).

행동을 부분적으로 좀더 잘 이해하기 위해 사회 인지 단계를 적용시켜본 두 아동의 실례를 살펴보자. 나는 저지 베이커 병원에서 몇 주 동안 이 아동들을 진단하는 작업을 했다.

실례1

토미는 문제가 있는 가정에서 자란 여덟 살 난 남자 아이로 지극히 활동적이고 공격적이었다. 토미는 전통적인 공립 학교에 적응하지 못했다. 일대일 방법으로 학습하는 능력이 있는 것 같아 특수 학급에서 같은 또래의 아동 대여섯 명과 함께 지냈다. 자신이 속해 있는 특수 학급에서 공부는 잘 하는 것처럼 보이지만 교사나 치료자에게 사회 인지적으로 문제가 있는 행동을 보인다.

연구를 하는 동안 토미는 내 사무실로 와서 선물을 사달라고 하거나 사무실에 있는 인형을 달라고 고집을 부리곤 했다. 그러나 내가 거절하거나 살 수 없는 것일 때는 화를 내버렸다. 그는 먼저 내 친구가 되지 않겠다는 말로 자신의 목적을 이루려고 해본다. 내가 여러 가지 방법으로 '친구'가 무엇을 뜻하는지 물어보거나 그대신 어떤 일을 하면 친구가 될 수 있는지를 물어보아도 결코 그 상황을 벗어나려 하지 않는다.

내가 토미의 요구를 들어주면 금새 화를 풀고 잠시 장난감을 가지고 논다. 그러나 곧 또 다른 요구를 거절당하면 또 다시 내가 그를 미워한다고 고집을 피우고 내 친구가 되지 않겠다고 우긴다. 관계성이 지속되지 못하고 있다. 토미의 사회적인 관계성은 그때그때마다 의미가 다른 각각의 관계가 연속되고 있다. 내가 여러 가지 방법으로 우리의 관계나 그 밖의 관계를 어떻게 이해하고 있는지를 물어보거나 알아내려고 하면 항상 구체적인 요구 사항에 대해 말하고, 내가 그것을 들어주지 않으면 내 친구가 되지 않겠다고 말한다. 친구가 되기 위해 내가 그에게서 무엇을 받기를 원할지 생각해보았느냐고(상호적인 역할수용) 물으면, 이 질문을 이해하지 못하는 반응이 보인다. 스스로 자신이 하는 행동의 이유를 이해할 수 있도록 이끌어주어도 이해하는 구석이 전혀 보이지 않는다.

마찬가지로 토미의 특수 학급 교사가 그에게 많은 관심을 기울이지 않으면 그녀가 자신을 미워한다고 화를 낸다. 토미는 선생님의 전화 번호를 알게 된 뒤, 개인적인 관심을 더 끌어보려고 평일과 일요일에까지 아침 6시에 전화를 걸기 시작했다. 선생님이 더 이상 토미의 행동을 참지 못하고 그에게 그렇게 전화하는 것이 자신을 화나게 한다고 설명하자 토미는 그녀의 입장을 이해하지 못하고 화를 내면서 그녀가 자신을 미워한다고 고집을 피웠다.

분명히 이 아동은 강한 애정 결핍을 느끼며 나르시스적인 유아처럼 행동하고 있었다. 심한 애정 결핍을 겪으며 절망적인 상황에 놓인 데다 대부분 아동의 역할 수용과 도덕성 발달이 제1단계에서 제2단계로 성장하는 과정에 있는데 토미는 제0단계로 뒤떨어져 있었다. 도덕적인 영역에서 토미가 자신의 판단을 정당화시키는 기준은 "내가 원하는 것이기 때문에 나는 X를 가져야 한다"는 것이었다. 다시 말해 토미는 행동이나 욕구를 정당화시키는 이성의 개념을 이해하지 못하고 있는 것이다. 자신이 원하는 것은 좋은 것이고 그가 원하지 않는 것은 나쁜 것이다(제0단계).

행동 이해 영역에서 토미의 관점은 자신이나 다른 사람의 관점을 이해하는 것이 아니라 그저 보이는 대로 보는 관점이다. 교사나 치료자가 자신을 미워한다는 비난은 우리가 상황을 보는 관점, 예를 들어 아침 일찍 전화를 받는 교사의 관점을 이해하는 것과 같은 서로간의 관점을 바꾸어보는 능력이 없기 때문에 이해할 수 있다. 토미의 논리에 의하면 자신의 요구를 들어주지 않는 이유는 자신을 미워하기 때문이다. 이런 점에서 보면 토미의 사회 인지 발달은 적어도 임시적으로나마 제0단계에 머물러 있다. 흥미롭게도 그의 인지 발달(물리적이고 논리적인 개념)은 피아제의 인지 연구에서 이야기하고 있는 것처럼, 이유를 알지 못하는 단계를 지나 과도기적인, 이제 막 인지를 시작하려는 시기로 진행되고 있다. 이러한 평가는 발달에 가벼운 장애가 있음을 나타내고 있지만 토미가 사회 인지 능력을 지니고 있음을 보여주는 증거도 된다.

토미는 그가 속해 있는 사회가 혼란스러워질수록 다른 사람과의 의미 있는 상호 관계를 유지하는 것도 점점 어려워져, 인지를 포함하여 자아가 성장하는 모든 영역에 문제가 생겼을 것이다. 자신을 고립시키면서 다른 사람(또래나 부모)의 사고에 의해 통제당하지 않고 도전 받아보지 못했던 원시적인 논리 구조를 그대로 지니고 있게 되었다.

토미가 학급에서 다른 아동과 관계를 맺고 싶어도 그는 어떻게 해야 하는지 전혀 모른다. 근본적인 이유는 그에게 있어서 우정이란 단순히 다른 아동이 자신에게 잘 대해주고 자신이 원하는 일을 해주는 것일 뿐이기 때문이다. 다른 아동이 상호적인 관계성을 이루기 위해 어떤 표현을 요구해오는 것(제1단계의 도덕성)에 대해, 예를 들어 학급의 기물을 다른 아동과 함께 공유해야 하는 것과 같은 것들을 이해하지 못하고 순응하지 못한다. 토미는 자신을 위한 행동을 상호성으로 받아들인다(제0단계의 행동 이해). 자신의 요구와 다르며 별개의 것인 다른 사람의 주관적인 요구를 이해하지 못한다.

토미는 4·5세의 아동의 수준에서 행동하고 사고하고 있다. 토미가 노는 것을 보거나 다른 사람들을 대하는 것을 보고, 그의 요구에 귀 기울이며, 그가 자신의 행동을 어떻게 정당화시키는지 자세히 관찰해보면 그의 행동 뒤에는 어떤 논리가 있음을 이해할 수 있고 그의 사회적 논리적 사고의 단계의 본질을 이해할 수 있다. 이제 도덕성과 역할 수용 수준의 발달 과정을 통해 그를 치료할 수 있다는 사실을 파악하게 되었다.

그의 인지 수준이 사회성의 수준을 넘어섰다는 것으로 보아 토미가 사회적인 상황이나 규율, 다른 사람의 기대 등을 이해할 수 있도록 도움을 받는다면 사회 인지 능력이 발달할 수 있을 것이다. 토미는 여름에 치료 캠프에 갔는데, 거기서 상담 교사는 토미에게 지속적으로 사람들간의 행동 뒤에 놓여 있는 이유들을 강조하고 서로간의 행동 구조를 가능한 한 명확하게 이해할 수 있도록 지도해주었다. 서로간의 게임 규칙들과 본질 뒤에 있는 이유들을 주의 깊게 설명해주었다.

캠프는 성공적이었다. 캠프가 시작될 때 토미는 또래 집단이 가장 싫어하는 아동 중 한 명이었다. 8주가 지나갈 무렵에는 친구에 대한 개념이 바뀌었을 뿐 아니라 많은 친구를 얻으려고 노력하고 있었다. 그의 사회적 도덕적 사고를 다시 분석해본 결과, 그는 제0단계에서 제1단계로 성장했다.

우리는 구조적인 성장 분석을 통해 토미의 행동을 설명하려는 것이 아니라 행동 치료 방법을 선택하는 데 도움이 되기 위해 그의 행동을 해석해본 것이다. 치료 프로그램을 계속 평가하는 것도 좋은 도움이 될 것이다.

실례2

마티는 친구가 없고 소외당한다고 느껴 어머니가 병원에 데려온 14세의 청소년이다. 전에 학교 공포증을 겪은 적이 있었는데 이로 인해 한 학기를 쉬어 진급을 하지 못했고 거의 아는 친구가 없었다. 마티의 병은 열등감과 친구들이나 교사들을 포함한 환경에 대한 두려움에 관련이 있는 것 같았다. 우리는 아내가 암으로 죽어가고 있는 하인즈에 관한 콜버그의 갈등 문제를 통해 마티의 반응을 살펴보았다.

질문 : 하인즈는 아내의 목숨을 구하기 위해 약을 훔쳐야 할까?
답 : 만일 아내를 사랑한다면 훔쳐야 한다. 사랑하지 않는다면 훔치지 않아도 된다. 문제를 일으켜 감옥에 가고 싶지 않을 것이다.
질문 : 아내를 사랑하는지가 왜 중요한가?
답 : 만일 아내가 꼭 필요하다면 약을 훔쳐야 하기 때문이다. 만일 아내가 필요하지 않다면 왜 기회를 놓치겠는가?
질문 : 하인즈 자신이 죽어가고 있다면 약을 훔쳐야 할까?
답 : 아니다
질문 : 왜?
답 : 저어, 나는… 나는 내 자신을 구하기 위해 약을 훔치지 않을 것이다.
질문: 왜?
답 : 나는 그만큼 가치 있는 사람이 못된다. 내가 아팠다면 살고 싶지 않을 것이다.
질문 : 그만큼 가치 있는 사람이 못된다는 것은 무슨 뜻인가?
답 : 저, 예를 들어 난 중요한 사람도 아니고 돈이 많지도 않다.
질문 : 강아지를 구하기 위해서는 약을 훔치겠는가?
답 : 물론이다. 강아지는 아내만큼이나 살고 싶을 것이다. 강아지는 친구다. 그래서 나는 강아지를 위해 훔칠 것이다.

질문 : 친구를 위해서는 어떻게 할 것인가?
답 : 나는 친구가 없다.

그 후 치료를 받으면서 마티는 사형 선고를 받은 살인자에 대한 자신의 생각을 설명했다.

답 : 나는 왜 사람들을 감옥에 가두는지 이해하지 못하겠다. 그냥 그들을 죽여야 한다. 만일 내가 살아서 감옥에 갇힌다면 나는 살고 싶지 않을 것이다. 정부도 돈을 많이 절약할 수 있을 것이다. 감옥에 가두며 살려주는 것은 아주 형편없는 법이다.
질문 : 죄수들의 입장에서 보면 어떨까? 그 법을 어떻게 생각할까?
답 : 그들은 감옥에서 평생을 보내고 싶지 않을 것이다. 아마 죽기를 원할 것이다.

대부분의 14세 청소년들은 행동 이해 능력에서 제3단계에서 제4단계로 성장하고 도덕성은 제3단계로 성장하는데 마티는 두 영역 모두 1·2단계에 머물러 있다. 다른 사람이 다른 관점을 가질 수 있음을 알지만 위의 대화를 통해 재소자의 입장에서 볼 때도 다른 사람의 관점과 자신의 관점이 명확히 구분이 안 되며 자신의 관점과 연관시키고 있다. 따라서 제1단계의 특성을 가지고 있음을 알 수 있다. 마티에게서는 어떤 재소자들은 자신과 달리 감옥에서 사는 것을 죽는 것보다 더 좋아할 수도 있음을 고려하는 관점의 상호성을 찾아볼 수 없고, 그는 자신과 다른 사람의 관점을 똑같이 평가하지 못하고 있는 것 같다(제2단계).

그의 도덕성 발달 단계는 1·2단계가 뒤섞여 있다. 그는 아내에 대한 하인즈의 태도가 어떠해야 하는가에 대해서는 도구 지향적(제2단계)이다. 임상적인 관점에서 볼 때 더욱 중요한 것은 자기 자신의 가치에 대한 개념이 제1단계에 머물러 있다는 것이다. 즉 물질적인 가치를 도덕성과 같이 평가한다("나는 중요하지 않다, 나는 돈이 많지 않다"). 자신의 가치를 이렇게 제1단계의 물질적인 개념으로 이해하는 것은 마티가 자신을 매우 무가치하게 여기며 열등감에 사로잡혀 있다는 인지적 배경을 이해할 수 있다. 여기서 중요한 것은 인지가 원인이고 감정이 결과라는 것이 아니라, 자신과 다른 사람에 대한 인지와 감정이 분리될 수 없는 것이라는 사실이다.

마티의 사회적 세계를 이해하는 관점의 수준과 물리적인 세계에 대한 개념의 수준 사이의 차이는 특히 흥미롭다. 마티는 과학을 잘한다. 피아제와 인헬더(Inhelder, 1958)가 사용한 것과 비슷한 물리 실험에서 마티는 적어도 낮은 수준(피아제에 의하면 높은 수준)의 형식적 조작의 수준에서 사고할 수 있었다. 그러나 그는 완전히 사회적으로 고립되어 있어서 또래 집단에 대한 사회 인지 이론을 실험할 기회가 거의 없었고 따라서 사회적인 영역에서 구체적인 조작적 단계에서 행동했다.

마티의 사회성 발달이 부적절하다는 것은 그의 사고의 구조뿐 아니라 사고의 내용에서도 분명하게 나타난다. 그는 군대는 대통령이 지휘한다고 믿고 있었고 만일 마티가 군대에 입대해야 하는데 군대가 그에게 연락을 해주지 않는다면 대통령은 군대가 자신에게 보상하도록 시키리라고 생각했다. 이런 단순한 사회 조직에 대한 이해는 마티의 나이의 절반밖에 되지 않는 아동에게서 흔히 볼 수 있는 일이며 그에게 사회 인지 장애가 있음을 보여준다.

도덕적 문제에 대한 마티의 판단 점수는 다 똑같이 낮지는 않다. 가족 관계와 관련된 문제에 있어서는 제3단계에 해당되었다. 그러나 자신의 생명에 대한 가치를 1단계로 이해하는 것은 미성숙하고 매우 분열된 그의 성격을 정확하게 반영해주고 있다.

이 실례들을 제시한 것은 다른 임상적인 방법 대신 사회 인지 발달 단계를 측정해야만 한다는 것이 아니라 인지 발달 이론이 아동을 진단하고 치료하는 데 사용될 수 있음을 보여준 것이다.

결 론

개인의 사회성과 정서의 발달을 이해하여 치료에 도움을 주거나 사회성 교육이나 도덕 교육을 위한 지도 방법을 제공하는 데 있어 인지 발달 이론을 사용할 수 있는 한 가지 방법은 로빙거(Loevinger)가 '자아 발달의 표준 이론'이라고 부른 방향으로 해나가는 것이다. 이 이론은 자아 발달이 각기 서로 연관되어 있는 단계의 틀을 가지고, 전체적으로는 앞서 말한 자아 발달 구조를 규명하는 다양한 의미의 영역으로 이루어져 있다고 해석한다. 상이한 의미의 영역이란 개념은 자아 발달이 아무런 연계성 없이 서로 다르게 일어난다는 의미가 아니다. 자아의 도덕적, 사회성 발달의 다양한 단계 측정이 개념상으로 그리고 실제적으로 아주 밀접한 관계가 있음을 보여준다.

인간 관계의 문제에 인지 발달 이론을 적용시키기 위해서는 행동과 판단력의 관계를 구분하는 일이 필요하다. 구조적인 발달 이론은 어떤 특정한 행동을 예측하지 못한다. 하지만 어떤 특정한 영역이나 여러 영역들 속에서 일어나는 개인적인 판단력의 넓은 범위를 바탕으로 하는 사고의 일반적인 형태를 설명한다. 성인이나 아동이나 말하는 것과 행동하는 것이 별개의 것임은 분명하다. 그렇다고 행동의 이유를 설명할 수 없다거나 원인을 바탕으로 하는 구조가 없는 것은 아니다. 행동과 구조가 일대일로 대응하지는 못하지만 인지 발달 이론은 원인을 분석하는 것이 행동을 완전히 이해하기 위해 필요한 조건이라는 사실을 분명하게 보여준다.

근본적으로 인지 발달과 사회 인지 분석은 행동의 원인을 '설명' 하지 못한다. 그러나 행동을 조직하고 '표현' 하는 방법을 제공한다. 그리고 이 표현은 각 단계의 순서에 따른 변하지 않는 본질을 지니고 있으므로 교육에 사용될 수 있다. 이 단계들은 추론하는 데 있어 구조의 변화가 적합한지를 결정짓는 기준을 제공한다.

사회 인지 단계들을 교육 분야와 임상 분야에 실제로 적용하려면 사람들 사이에서의 개념의 발달을 연구하는 데서부터 개인 사고의 특정한 성격을 연구하는 데로 중점을 옮겨야 한다. 이것은 쉽지 않다. 하지만 필수적인 일이다. 인지 단계와 사회 인지 발달은 주어진 한 아동이 사람들 사이에서 무언가를 경험한 보다 확대된 상황 속에서 추론하는 과정으로 이해되기보다, 개인의 판단력에 대한 구조적인 수준을 하나의 결과로 받아들인다면 지능 지수와 같은 쓸모 없는 것(혹은 남용되는 것)이 되어버릴 것이다. 단계 분석은 표준화되어버린 해석에 대한 의존을 좀더 줄이고 아동의 관점을 이해하며 상호간의 열린 대화를 계속해나가려는 전문가로서의 요구를 강조한다면 아동 발달에 흥미를 가진 교사나 임상학자들에게 매우 훌륭한 도움이 될 것이다.

1. 사회 인지적 인식과 정서적 인식 사이에는 어떤 관계가 있는가?

2. 역할 수용은 어떻게 다른 사람뿐 아니라 자신의 동기와 이유를 이해하는 부분이 되는가?

3. 역할 수용은 왜 3·4학년을 맡고 있는 교회 학교 교사들에게 중요한 개념인가? 예를 들어보라.

Ausubel, D. P. 1958. Theory and problems of child development. New York: Grune and Stratton.

Blatt, M., and L. Kohlberg. 1975. The effects of classroom moral discussion upon children's level of moral development. Journal of Moral Education 4: 129-61.

Byrne, D. 1975. Role-taking in adolescence and adulthood. Ph. D. dissertation, Harvard University.

Chandler, M. J. 1971. Egocentrism and childhood psychopathology. Paper presented at the meeting of the Society for Research in Child Development, April, Minneapolis.

Colby, A., B. Fritz, and L. Kohlberg. 1974. The relation of logical and moral judgment stages. Unpublished manuscript, Harvard University.

DeVries, R. 1970. The development of role-taking as reflected by behavior of bright, average, and retarded children in a social guessing game. Child Development 41: 759-70.

Feffer, M. H., and V. Gourevitch. 1960. Cognitive aspects of role-taking in children. Journal of Personality 28: 383-96.

Flavell, J. H. 1971. The development of inferences about others. Paper presented at the Interdisciplinary Conference on Our Knowledge of Persons: Personal Perception and Inter-Personal Behavior, December, State University of New York at Binghampton.

Gardner, H. 1973. The quest for mind. New York: Knopf.

Giraldo, M. 1972. Egocentrism and moral development. Ph. D. dissertation, Catholic University, Washington, D.C.

Hickey, J. 1972. Stimulation of moral reasoning in delinquents. Ph. D. dissertation, Boston University.

Hirst, P., and R. Peters. 1970. The logic of education. London: Routledge.

Kohlberg, L. 1969. Stage and sequence: The cognitive-developmental approach to socialization. In Handbook of socialization theory and research, ed. D. A. Goslin, 347-480. Chicago: Rand McNally.

Kohlberg, L., and R. Mayer. 1972. Development as the aim of education. Harvard Educational Review 42, 4.

Kohlberg, L., and R. Selman. 1972. Preparing school personnel relative to values: A look at moral education in the schools. Washington, D. C.: ERIC Clearinghouse on Teacher Education.

Kuhn, D. 1972. The development of role-taking ability. Unpublished manuscript, Columbia University.

Kuhn, D., Langer, J., Kohlberg, L., and Haan, N. 1977. The development of formal operations in logical and moral judgment. Genetic Psychology Monographs 95: 97-188.

Loevinger, J. 1973. Recent research on ego development. Invited address at the annual meeting of the Society for Research in Child Development, March 31.

Mead, G. H. 1934. Mind, self and society. Chicago: University of Chicago Press.

Moir, D. J. 1971. Egocentrism and the emergence of conventional morality in preadolescent girls. Master of arts in education thesis, University of Canterbury, Christchurch, New Zealand.

Moore, O. K. 1958. Problem-solving and the perception of persons. In Person perception and interpersonal behavior, ed. R. Tagiuri and L. Petrullo, 131-50. Stanford: Stanford University Press.

Neald, J. M. 1966. Egocentrism in institutionalized and noninstitutionalized children. Child Development 37: 97-101.

Piaget, J. 1929. The child's conception of the world. London: Routledge.

Piaget, J., and B. Inhelder. 1958. The growth of logical thinking from childhood to adolescence. New York: Basic.

Scharf, P., J. Hickey, and L. Kohlberg. 1972. Moral stages and their application to work in prisons. Unpublished manuscript, Harvard University.

Selman, R. L. 1971a. The relation of role-taking to the development of moral judgment in children. Child Development 42: 79-91.

_____. 1971b. Taking another's perspective: Role-taking development in early childhood. Child Development 42: 1721-34.

_____. 1972. The relation to role-taking and moral judgment stages: A theoretical and empirical analysis. Unpublished manuscript, Harvard University.

_____. 1976. Toward a structured analysis of developing interpersonal relations concepts: Research with normal and disturbed preadolescent boys. In Tenth Annual Minnesota Symposium on Child Development, ed. A. Pick, 156-200. University of Minnesota Press.

Selman, R. L., and M. Lieberman. 1975. Moral education in the primary grades: An evaluation of a developmental curriculum. Journal of Educational Psychology 67: 712-16.

Soloman, L. 1963. Experimental studies of tacit coordination: A comparison of schizophrenic and normal samples. Paper presented at the Brocton Veteran's Administration Hospital Colloquium Series.

Taft, R. 1955. The ability to judge people. Psychological Bulletin 52: 1-23.

Thrower, J. S. 1972. The effects of group home and foster care on development of moral judgment. Ph. D. dissertation, Harvard University.

1. 모든 단계별 연령은 우리의 연구를 바탕으로 하여 대략적인 평균치로 제시한 것이다.
2. 행동 이해 단계의 예를 제시하기 위해서 질문한 것을 발췌해서 보여주는 것은 아주 위험한 일이다. 독립된 예로서가 아닌 광범위한 아동의 사고 영역에 숨겨진 사고의 체계를 연구하려는 구조적인 분석의 본질에서 정반대로 벗어나는 것이다. 높은 단계들도 낮은 단계와 연관성이 있으므로, 아동의 사고를 너무 높게 평가하려는 것이 아니라 너무 낮게 평가하려는 경향에서 잘못 평가하게 될 것이다. 따라서 이러한 특정한 예에서 진술한 것은 적어도 제1단계의 사고를 나타내는 것이다. 전체적으로 관찰해야만 높은 단계의 행동 이해가 들어있지 않다는 것을 확인할 수 있다.
3. 슬라이드, First Things: Social Reasoning(1974)과 First Things: Values(1971)가 Guidance Associates, New York에서 출간되었다.

5

아동과 실재
(1972)

장 피아제

(Jean Piaget, 발달 심리학자)

피아제는 인간의 정신이란 무엇인가 그려지기를 원하는 백지와 같이 수동적인 것이 아니며, 단순히 적당한 자극만을 기다리며 반응을 보일 잠재성을 지니고 있는 것도 아니라고 믿었다. 피아제는 정신의 구조가 자발적으로 '균형을 잃는' 새로운 내용물에 대해 반응하는 학습 과정 중에서 정신은 매우 능동적인 것이라고 보았다. 신체 구조는 이러한 상태를 좋아하지 않으며 '평형' 또는 '균형 잡힌 상태'가 되려고 한다. 피아제가 '발생론적 인식론'이라고 부르는 이 이론은 1930년대의 미국 심리학계에 널리 퍼져 있던 행동주의 이론에 맞지 않았으며 그의 연구 방법도 맞지 않았다. 게다가 그의 책이 더 많은 독자를 얻기 위해서는 불어에서 다른 언어로 번역이 됐어야만 했다. 그러나 1960년대 중반의 교육학자들은 피아제의 책을 읽고 행동주의를 수정하는 데 도움이 된다는 사실을 발견했다. 결국 몇 년 후 인지 발달에 관한 그의 이론은 교육 심리학자들과 학교 교사들에게 커다란 영향을 주게 되었다.

스위스 태생인 피아제는 어려서부터 학문 분야에 영향을 끼치기 시작했다. 열 살 때부터 십대를 보내는 동안 줄곧 과학적인 논문을 썼다. 열여덟 살에 대학 과정을 끝마치고 스물한 살에 뇌샤텔(Neuchatel) 대학에서 자연 과학 박사 학위를 받았다. 피아제는 심리학과 철학에 관심이 깊었으며 파리에 있는 알프레드 비네 실험 학교를 비롯하여 유럽의 병원과 실험실 등지에서 많은 공부를 했다. 1929년 제네바 대학으로 가서 J. J. 루소 협회에 가입하였다. 1949년에는 제네바 대학의 심리학 실험실장이 되었다. 그는 실험을 위한 여러 가지 질문에서 어린아이들이 틀린 대답을 하는 데 흥미를 느꼈다. 또한 세 명의 자녀들에 대해서도 깊이 관찰하고 연구했다. 이 연구와 동물학을 공부한 경험을 바탕으로 피아제는 어린아이들이 지식을 습득하는 방법에서 그들의 본성이 커다란 작용을 한다고 보았다. 그는 인지 발달의 다양한 측면에 관해 수백 권의 논문과 책을 내놓았다. 어떤 심리학자들은 피아제의 인지 발달 연구를 프로이드(Freud)의 감성 발달 연구에 필적하는 것이라고 평가한다.

피아제의 가장 위대한 연구 중 하나가 심리학 분야에서 행동주의가 커다란 비중을 차지하고 있는 곳, 특히 미국 같은 곳에서는 오히려 그의 이론을 받아들이는 데 장애가 되었다. 피아제는 인간의 정신이란 무엇인가 그려지기를 원하는 백지와 같이 수동적인 것이 아니며, 단순히 적당한 자극만을 기다리며 반응을 보일 잠재성을 지니고 있는 것도 아니라고 믿었다. 피아제는 정신의 구조가 자발적으로 '균형을 잃는' 새로운 내용물에 대해 반응하는 학습 과정 중에서 정신은 매우 능동적인 것이라고 보았다. 신체 구조는 이러한 상태를 좋아하지 않으며 '평형' 또는 '균형 잡힌 상태'가 되려고 한다. 피아제가 '발생론적 인식론'이라고 부르는 이 이론은 1930년대의 미국 심리학계에 널리 퍼져 있던 행동주의 이론에 맞지 않았으며 그의 연구 방법도 맞지 않았다. 게다가 그의 책이 더 많은 독자를 얻기 위해서는 불어에서 다른 언어로 번역이 됐어야만 했다. 그러나 1960년대 중반의 교육학자들은 피아제의 책을 읽고 행동주의를 수정하는 데 도움이 된다는 사실을 발견했다. 결국 몇 년 후 인지 발달에 관한 그의 이론은 교육 심리학자들과 학교 교사들에게 커다란 영향을 주게 되었다. 다음은 '아동 행동(Child Praxis)'에 나와 있는 단계 이론, '정신의 능동성'의 핵심인 두 가지 개념, 즉 동화와 조절에 대한 내용이다.

From The Child and Reality: Problems of Genetic Psychology, trans. Arnold Rosin (New York: Grossman, 1972), 49-91.

지적 발달 단계는 하나의 특별한 사례를 형성하기 때문에 다른 분야에 일반화시킬 수 없다. 예를 들어 아동의 지각 발달이나 언어 발달은 논리 수학 능력 분야와는 완전히 다르고 훨씬 더 지속적으로 관찰해야 한다. 특히 지각 분야는 지적 조작 능력에 대한 것과 같은 도표를 제시할 수 없다. 왜냐하면 종래의 방식과는 다르지만 특별한 본질적인 차이점이 없는, 유기적인 관점에서 본 지속성을 재발견했기 때문이다.

아동과 청소년의 인지 발달 단계

대조적으로 지적 조작 분야에서는 다음과 같은 이원적인 현상을 보게 된다. 초기의 주요한 특징에서부터 단계별로 발전하는 구조를 이루며 평형의 수준을 형성하면서 완성되는 현상이다. 예를 들어 보자. 1, 2, 3을 세는 데서부터 시작하는 자연수를 이해하는 구조는 아동이 수가 연속된다는 사실을 발견하고, 초기의 산수 계산을 할 수 있는 데서 이루어진다. 즉 어느 순간에 이런 식의 구조가 형성되고 평형의 수준에 이르게 되는 것이다. 이 자연수 이해 구조의 평형 상태는 고정되므로 분수와 같은 좀더 복잡한 조직으로 통합되기는 하지만 일생 동안 더 이상 수정될 필요가 없다. 따라서 어느 특정한 분야에서 구조가 형성되고 완성되면 거기서 새로운 구조가 이어지거나 복합적인 연합 상태로 통합된다는 것을 알게 되었다.

일반화시키기에는 다소 문제가 있는 이 특수한 분야에서 '단계'를 다음과 같은 특성을 지니고 있는 전환점이라고 부르겠다.

1. 만일 단계라는 것이 존재한다면 무엇보다도 '획득되는 과정의 순서가 일정해야' 한다. 이는 단계와 단계 사이에 일정한 시간이 필요한 연대기적인 순서를 말하는 것이 아니라 연결되는 순서를 말하는 것이다. 일정한 집단에서는 단계가 시간적인

순서에 따라 결정되지만 이런 연대기적인 순서는 매우 차이가 심하다. 이는 한 개인의 성숙도가 아니라 이전의 경험에 달려 있으며, 무엇보다도 사회적인 환경이 단계의 출현을 앞당기거나 뒤로 미루거나 혹은 아예 나타나지 않게 할 수 있다. 그러나 나는 어떤 집단에 대해서든 평균 나이를 중요시하는 단계 구분을 할 수는 없다고 생각한다. 나는 우리가 연구한 집단에서 나이는 근본적으로 상대적일 뿐이라고 생각한다. 행동의 과정이 일정한 순서에 따라 연속되어야 한다. 즉 어떤 특성이 어떤 피실험자들에게서는 앞에 나타나고 또 어떤 피실험자들에게는 뒤에 나타난다거나 해서는 안 된다. 만일 이런 경우가 나타난다면 단계적인 측면으로 볼 때 문제가 생긴 것으로 무의미한 것이 될 것이다.

2. '통합적인 특성'이 있다. 즉 일정한 나이에서 이루어진 구조는 다음 나이의 구조를 위한 통합적인 단계가 되어야 한다. 예를 들어 감각 동작기에서 이루어진 변하지 않는 대상에 대한 개념은 단편적으로나 집단적으로 보존되고, 심지어 겉으로 드러난 모습이 왜곡된 채 보존된다고 하더라도 뒤에 올 단계를 위한 통합적인 요소가 될 것이다. 이와 마찬가지로, 우리가 구체화된 의지라고 부르게 될 조작도 전자를 바탕으로 후자가 새로운 구조를 이루며 통합하여 형식적 조작기에 이르게 된다.

3. 밀레 인헬더(Mlle. Inhelder)와 더불어 우리는 단계란 다른 특성과 병렬적으로 연합하여 이루어지는 것이 아니라, '전체적인 구조'로서 이루어지는 특성을 지니고 있다는 점을 밝히려고 노력해왔다. 이 개념은 그 어디에서보다 지적인 분야에서 더 중요한 의미를 지니고 있다. 예를 들어 구체적 조작기에서 구조는 구체화되는 과정이나 연결되는 과정에서 발견할 수 있는 논리적 집단화의 특성으로 이루어진다. 나중에, 형식적 조작기에서 구조는 앞으로 언급하게 될 네 가지 변형의 그룹으로 이루어진다. 따라서 일단 그 구조를 형성하는 방법이 전체적으로 적용되는 법칙을 가지고 있다면 그 구조는 그 영역 내에서 모든 조작을 가능하게 한다. 아동이 이런 또는 저런 구조를 가지게 되었다면 처음에는 그 구조들 사이의 관계를 보지 못할 수도 있으나 특정한 조작을 다양하고 복합적으로 활용할 수 있게 되었다는 것을 의미한다. 구조라는 개념이 가지고 있는 장점이 이것이다. 구조가 복잡하면 그들 구조 간의 연계성을 명확히 몰라도 일련의 조작 방법들이 더 중요한 통일성으로 통합된다. 이것이 그 단계를 특징짓는 전체 구조가 되는 것이다.

4. 따라서 각 단계는 '준비'하는 면과 '완성'되는 면을 함께 지니고 있다. 예를 들어 형식적 조작의 준비 단계는 열한 살에서 열서너 살까지의 기간이며 완성도 그 시기에 나타나는 평형의 수준에서 이루어진다.

5. 그러나 앞으로 획득될 것에 대한 준비는 (어떤 준비는 짧고, 어떤 준비는 길며 다양하게 겹쳐 있어) 한 단계 이상 진행될 수도 있으며, 완성되고 고정되는 정도도 다양하므로 어떤 단계에서나 '형성 과정' 또는 시작에, 그리고 상대적인 개념의 '평형을 이루게 되는 마지막 형태' 사이에 차이가 있다. 앞의 구조와 그 뒤에 오는 준비가 계속 차이를 나타내는 데서 형식적인 조작이 이루어지는 반면, 이 평형을 이루게 된 마지막 형태는 3번에서 말한 전체 구조를 이룬다.

6. '지체' 개념에 대해 이야기하고 싶다. 지체 현상은 일반적인 단계를 거치지 못하게 하고, 주의를 기울여야 할 점들과 한계를 고려해야 할 점들을 만든다. 지체는 다양한 수준으로 똑같은 형식적 조작이 반복되거나 재현되는 특성을 지닌다. 지체는 '수평적 지체'와 '수직적 지체'로 나뉜다.

똑같은 조작이 다른 내용에 적용될 때 수평적 지체라고 한다. 구체적 조작 영역에서 아동은 7·8세가 되면 물건의 양이나 길이를 연속시키는 방법을 알게 된다. 분류하고 세고 측정하며 이러한 내용에 비례하여 보존의 개념도 갖게 된다. 그러나 무게 영역에 있어서는 이러한 조작을 하지 못한다. 2년 정도 더 지나야 이 새로운 내용을 적용하고 일반화시킬 수 있게 된다. 형식적 조작기에서도 마찬가지다. 이런 것을 똑같은 시기에서 생기는 수평적 지체라고 한다.

대조적으로 수직적 지체는 다른 조작에 의해 구조가 새로 형성되는 것이다. 감각 운동기를 마치게 되면 유아는 포엔케어(H. Poincare)와 우리가 말하는 대로 '일단의 전위(轉位)'를 할 수 있게 된다. 즉 유아는 자기에게 주어진 공간 속에서 떠났다가 다시 되돌아오면서 자신의 위치를 알아내는 방법을 알게 된다. 그러나 이것은 실용적인 행동일 뿐 전혀 무엇을 표현하는 것은 아니다. 몇 년이 지나서 똑같은 전위를 표현하게 될 때, 즉 조작을 통해 전위를 추측하고 내면화시키게 될 때 형성 단계와 비슷한 표현의 단계라는 다른 차원의 단계를 재발견하게 된다. 이런 것은 다르게 조작하는 문제로, 이런 경우를 수직적 지체라고 한다.

지적 발달 단계는 다음과 같이 중요한 세 시기로 나뉜다.[1]

감각 운동 발달 시기

이 첫번째 시기는 출생시부터 말을 할 수 있게 되는, 대략 두 살까지의 시기다. 이 시기는 여섯 단계로 나뉜다.

1. '반사 운동' : 0에서 1개월까지
2. '첫번째 습관' : 기본적인 고정된 환경과 순환 반작용의 시작(예를 들어 손가락을 빠는 것과 같이 신체적 성장에 비례)
3. '시력과 이해력의 협응'과 2차적인 순환 반작용의 시작(손발의 조종에 비례). 구분되지 않지만 잃어버린 대상을 찾지 않는 질적인 공간 협응의 시작, 새로운 행동을 습득할 때는 이전의 목적에 주의를 기울이지 않는, 목적과 수단의 구분 시작. 4개월 반에서 8·9개월
4. '2차적인 도식의 협응'. 어떤 경우 새로운 목적을 성취하기 위해 이미 알고 있는 방법을 사용(하나의 목적을 위해 몇 가지 새로운 방법을 사용하고 하나의 방법을 위해 몇 가지 목적을 사용). 연속적인 전위(그리고 위치 측정)의 협응 없이 이루어지는 잃어버린 대상을 찾기 시작. 8·9개월에서 11·12개월.
5. '3차적인 순환 반작용(탐험과 규제된 탐색에 의한 환경의 다양성)과 새로운 방법의 발견에 의한 행동 도식의 구분'. 예: 보조 장치(위에 놓인 물체를 내리기 위해 담요를 잡아당기기; 물체가 손에 닿지 않으면 부정적인 반응), (탐색에 의한) 줄이나 막대기의 사용. 연속적인 전위 지각 기능을 통한 위치 측정으로 없어진 물체 탐색과 실제적인 일단의 전위(우회와 귀화 행위)의 조직화 시작. 11·12개월에서 18개월까지.
6. '행동 중지와 갑작스런 이해를 수반하는 어떤 문제의 해결과 도식의 내면화 시작'. 예: 5번에서 탐색을 통해 얻을 수 없는 막대기의 방향. 조직으로 통합되면서 몇 가지 감지할 수 없는 전위를 가지고 집단 적용을 일반화시킨다. 약 18개월에서 24개월.

우리 협회장인 미코트(Michotte)가 중시하는 개념인 일종의 원형(原形)(지각에 관해 이야기할 때의 관념의 원형과 유사한)을 형성하는 의미에서 이 여섯 단계들을 나중의 표현 사고 단계들과 비교해보면 뚜렷한 특징을 찾아볼 수 있다. 실제적인 차원에서 보면 처음에는 신체에 집중되어 있다가 차츰 분산되어 아동 자신이 자리잡고 있는 공간으로

향하도록 운동과 전위가 조직화되어가는 것을 볼 수 있다. 아동은 자신의 신체도 다른 것과 마찬가지로 일정한 물체들로 이루어진 구조 속의 한 요소라고 본다. 나중에, 단순한 행동의 영역이 아닌 정신 조작의 영역에서의 표현적인 차원에서 다시 발견하게 될 점진적인 분산의 조작을 실질적인 차원에서 작은 규모이지만 똑같이 찾아볼 수 있다.

범주와 관계와 수에 관한 구체적 조작 준비 및 조직 시기

명제나 간단한 진술과 관련 있는 조작과는 대조적으로, 조종할 수 있는 대상과 관련된 조작을 구체적 조작이라고 부른다.

2세에서 11세까지의 이 시기는 전(前) 조작기를 제외한 조작 기능 준비기[2]와 조작기로 나뉜다.

전(前) 조작기 이 시기는 세 단계로 나뉜다.

1. 2·3세 반, 4세 : '상징적인 기능이 나타나고 표현을 통해 행동의 틀을 내면화시키기 시작하는 단계'. 이 단계는 사고의 조작에 대해 가장 잘 알려져 있지 않은 단계다. 왜냐하면 4세 이하의 아동에게는 지속적인 대화를 해나가면서 질문할 수 없기 때문이다. 그러나 바로 이 부정적인 사실이 이 단계의 특징이다. 긍정적인 면은 다음과 같다. 1) 다양한 형태로 상징적인 움직임이 나타나기 시작한다: 운동이나 모방가 같은 단순한 놀이와는 대조적인 상징적인 놀이(또는 상상), 언어, 내면적인 모방이라고 생각되는 정신적인 연상 작용이 시작된다. 2) 표현을 시작하려는 발생기적인 모습이 보인다: 물체나 공간, 시간이 형성하고 있는 틀이 멀어서 접근하지 못하는 어려움을 갖게 되고 우연히 효과적인 행동을 통해 목적을 이루게 된다.

2. 4·5, 5세 반: '고정된 상태나 행동의 동화 작용을 바탕으로 표현을 조직'. 조종하고자 하는 물체에 대한 의문점을 통해 드러나는 최초의 표현 구조의 특성은 고정된 상태와 움직임으로서의 전환이라는 이원성이다. 먼저 배치되어 있는 상태에 관해 사고하고(전체를 양적으로 파악하여 기억하지 못하는 수준에서 감각적인 배치나 형태를 가진 물체들의 집합의 역할을 비교하여), 다음으로 사고들을 행동으로 옮긴다.

3. 5세 반~7·8세: '표현이 끊어지고 이어지는 규칙' 상실과 보존 사이의 중간 단계. 반(半)전환 형태에서 사고하도록 해주는 표현 규제로 인해 고정된 상태가 전환

되기 시작 (예: 순서의 관계나 분류를 점점 분명하게 구분한다).

구체적 조작기 7·8세~11·12세 때의 특징은 조심스럽게 연구하고 그 형태를 분석하는 완성의 견지에서 본 일련의 구조들을 가지고 있다는 것이다. 논리적인 차원에서 보면 이 구조들은 모두 아직 그룹이나 연결망을 형성하지는 않은 것이다(어떤 것은 한계가 분명치 않고 또 어떤 것은 너무 많은 영역을 지니고 있어 불완전한 연결망을 형성하고 있다). 분류, 연속, 일대일 대응, 간단한 또는 연속적인 대응, 조종 가능한 조작 등이 여기에 속한다. 계산적인 차원에서 보면, 정수나 분수의 덧셈이나 곱셈을 더할 수 있다.

이 구체적 조작기는 두 단계로 나뉜다. 간단한 조작 단계와, 특히 공간과 시간 영역에서 전체 구조를 완성하는 단계다. 공간 영역에서 겨우 9·10세 된 아동이 대응이나 관련 구조를 이해하는 것(수직과 수평을 상호간의 관계 속에서 표현한다)도 이 시기며, 모든 감각 구조를 통합시키고, 구체적인 평면에서 가장 커다란 구조를 구분하는 시기다.

형식적 조작 시기

세번째 단계는 형식적 조작기다. 이미 11·12세 정도에서도 13·14세의 평형 수준을 가지고 있어서, 진행되기 시작하면 매우 다양하고 비교적 신속하게 아주 많은 전환이 이루어지는 것을 볼 수 있다. 아동과 청소년에 대한 실험적인 방법과 귀납적인 추론에 관해 연구한 인헬더(Mlle Inhelder)의 훌륭한 연구를 통해 이러한 결론을 얻을 수 있었다. 이 시기에는 다음과 같이 조작이 서로 아주 다르게 나타난다. 먼저 조합적인 조작이다. 이 시기까지 초보적인 조작과 틀들이 간단하게 맞물리지만 수학자들이 말하는 부분들로 이루어진 틀들은 아니며, 이들의 조합이 시작되는 시점이다.

조합은 11·12세경에 시작되어 네트워크 구조를 이룬다. 같은 수준에서 기계적으로 안정된 구조 등, 동시에 두 관련 조직을 따라 추론하고 스스로 제시하는 능력뿐만 아니라 비율 감각이 나타난다. 예를 들어 반대 방향으로 기어가려는 작은 널빤지 위에 놓인 달팽이의 상대적인 움직임들과 이 움직임의 결과 측정, 다른 움직임과 연관된 결과와 외부와의 연관 구조에 대한 결과를 살펴보자. 이 경우 우리는 (또 한번 기계적 안정 상태에서 찾을 수 있다) 네 가지의 대응 조작이 나타나는 것을 볼 수 있다. 직접 조작(I)과 그 반대(N), 처음 것의 상대되는 것을 형성하려는 다른 구조의 반대와 직접 조작(R), 그리고 이 상대적인 것이나 상관적인 것의 부정(NR=C)이다. INRC 이 네 가지 변형 그룹은 이러한 논리-수학적 문제뿐 아니라 학교 지식과는 동떨어진 비율이라는 상이한 영역에 나타난다.

무엇보다도, 이 마지막 단계에서 나타나는 것은 명제라는 논리, 방금 책상 위에 놓였거나 금새 표현되었던 물체뿐 아니라 진술들과 명제들을 살펴보는 능력이다. 명제의 논리도 조합적인 네트워크와 네 가지 변형 그룹(INRC)을 전제로 하는데, 이는 이 단계에서 형성된다고 볼 수 있는 모든 조작적 메커니즘에서 받아들이는 새로운 총괄적 구조의 두 보충적인 양상이다.

특이한 단계들로 이루어지는 중요한 이 세 시기가 연속적으로 안정을 이룬 조작들을 하게 된다는 이야기로 끝을 맺으려 한다. 어느 정도 안정된 순간, 그 어느 때보다도 안정되고 그 영역이 가장 확장될 때까지 구조는 새로 형성되는 조직으로 통합된다.

균형 잡힌 안정성은 가역성(reversibility)을 통해 분명하게 밝혀진다는 점을 되새겨 볼 필요가 있다. 안정 상태에 이른다는 것은 지능의 발달이 가역성의 발달 특성을 가지고 있다는 것이다. 가역성은 우회하고 복귀할 수 있는 지능 활동의 가장 분명한 특징이다. 따라서 이러한 가역성은 앞에서 간단히 설명한 과정을 거치는 동안 일정하게, 단계별로 증가한다. 그리고 두 가지 형태로 나타난다. 하나는 학교 논리나 산수에서 나타나는 반전, 또는 부정이라는 형태이고, 다른 하나는 관계성의 조작에서 나타나는 상호성이라 할 수 있다. 구체적인 조작의 모든 단계에서 반전과 상호성은 동시에, 그러나 하나의 구조에서는 만나지 않고 나란히 병행하는 두 가지 과정이다. 오히려 네 가지 INRC의 변형 그룹으로 반전, 상호성, 상호성의 부정, 그리고 동일한 변형이 생긴다. 즉 그 사이에 아무런 연관성은 없으면서 병행할 때까지 가역성의 이 두 가지 형태를 가지고 있는 하나의 시스템에서 종합된다는 것이다.

이러한 지적 조작의 특권적인 영역에서 단계들의 단순하고 정규적인 시스템에 도달하게 되지만 이는 그 단계를 설명할 수 없는 인식 영역의 특징이다.

아동 행동

　행동이라거나 행위라는 것은 어떤 동작이 아니라 어떤 결과를 기대하거나 의도적인 기능을 가진 대응적인 동작들로 이루어진 시스템이다. 한 가지 예를 들어 본다면, 모자를 쓰거나 벗는 행동을 중개하는 팔의 이동은 행동이 아니다. 행동은 이러한 행위 안에 있는 부분적인 움직임이 아니라 전체적인 행위이기 때문이다. 행동은 반사적으로 대응하는 것과는 반대로 '습득되는 것'이다. 이는 넓은 의미에서 아동의 경험이나 교육을 통해 습득할 수 있는 것일 뿐 아니라, 대응을 통해 습득하여 규제하고 고정하는 안정된 내면적 조작에서 오는 것이다.
　이러한 특징을 가지고 있는 행동은 두 가지 가능한 형태의 대응으로 이루어지는데, 하나는 고정적으로 작용하고 또 하나는 먼저 것에서 기인하거나 첨가할 수 있는 것이다. 우리는 먼저 것을 부분적인 동작들을 전체적인 행위가 되도록 모으는 '내면적인 일치'라 부르는데, 이 부분적인 동작들은 개별적인 상태로 이전에 존재하고 있던 것이었을 수도 있고(규칙이 아니라 관찰할 수 있는), 처음으로 대응하는 것일 수도 있고, 점진적인 대응 과정 속에 진보적인 차별화의 결과일 수도 있다. 두 가지 이상의 행위로 이루어진 행동이 전체적으로 새로운 상급 질서에 대응하는 것을 '외부적인 대응'이라 부르는데, 이전의 대응들은 개별적인 상황 속에서 여전히 기능하고 있다.
　직접적으로든 간접적으로든 운동신경에 장애를 가져오는 심리학적 문제들은 주로 다음 세 가지로 분류될 수 있다. 1. 행동에 특이하게 대응하는(내면적 대응이든 외부적 대응이든) 양상의 문제들로 게슈탈트 모델이나, 연상적 모델이나 동화적인 체계와 같은 분석적인 모델들 가운데서 선택하게 한다. 2. 행동과 지능의 적절한 대응들 사이의 연관성의 문제, 3. 이러한 대응들과 상징적인 기능, 특히 심상(心像)의 연관성의 문제들이다. 두번째 문제는 그 자체가 다시 두 부류로 나뉜다. 언어 발달 이전의 감각적 동작 수준에서 행동의 대응이 점차적으로 외부의 실용적인 지능에 의해 이루어지는지(이 경우, 이 지능의 내용은 밝혀져야 한다), 아니면 반대로 감각적 동작 지능이 행위들의 대응에 불과한지 의문이 생긴다. 따라서 두번째 문제는 이러한 발달의 초기 수준에 있는 첫번째 문제와 같다. 상징적인 기능이 구축된 후, 두번째 문제는 행동과 재현적인 지능의 근본적인 메커니즘, 즉 '조작'들의 메커니즘 사이의 연관성이 무엇인지 의문을 불러일으키는데, 여기서 조작들이란 확정된 구조(주로 기하학적인, 논리 - 수학적 구조) 속에서 대응하는 내면화된 행위들이라고 볼 수 있다. 세번째 문제에서는 지식이나 직관이 두 가지 측면을 가지고 있다고 할 때 두번째 문제와 부분적으로 연관되어 있다. 그 두 가지 측면이란, 방금 제시한 조작적 측면(예를 들어 그림과 같은)과 부호나 상징의 동화와 관련되어 있는 상징적 기능을 하는 다른 것들 사이에 개입하는 구상적인 측면(인지나 심상)이다.

세 가지 문제를 다루기 위해 우리는 먼저 감각 동작 수준을 연구한 후 행동과 상징적인 지능의 조작 사이의 연관성을, 마지막으로 행동과 심상 사이의 연관성을 살펴볼 것이다.

신생아의 전반적인 반사 행동(그러나 민코프스키가 강조한 확산된 외피적 통제로 인한)과 언어나 상징적인 기능의 출현 사이에는 행동과 지능에 대한 행동의 관계를 특징짓는 일치 양상들 가운데서 이미 그 연계성을 찾아볼 수 있는 일련의 단계들이 존재한다.

1단계에서, 물체를 빠는 것과 같은 복잡한 반사는 그 기능으로 인한 내면적인 통합과 일종의 운동을 불러일으키는데 이는 구조가 행동 안에 형성되었음을 나타내는 것이다.

행위의 '도식(schemes)'을 그 행위의 일반적인 구조(structure)라고 하는데, 반복되는 가운데 유지되고, 연습을 통해 통합되고, 주위 환경의 변이로 인해 다양하게 변하는 상황에 적응한다. 이러한 면에서 물체를 빠는 반사 작용은 위에서 언급한 기능적인 통합에 의해서뿐 아니라 몇 가지 일반적인 행위(아무것도 없이 빨거나 입 속에 닿는 물체를 빠는 것)와 인지하는 행위(옆으로 피해도 다시 젖꼭지를 찾고 주위와 구별하는 것)를 통해 다른 행위 사이에서 분명하게 드러나는 구조(다른 반사 작용의 경우가 아닌 빠는 반사의 경우만의)를 형성한다.

2단계 초기에 이러한 체계는 새로운 요소들을 초기 순환에 통합하여 어떤 새로운 것을 습득하는(본래의 유전적인 구조와 새로운 연관을 갖는) 바탕이 된다. 우연한 접촉으로 손가락을 빨게 된 이후 유아는 입에 손가락을 넣을 수 있게 되고, 이제는 젖을 빨다가도 손가락을 빨기 위해 입 안으로 의도적으로 가져다 댈 수 있게 된다. 이미 행동을 하게 된 것이다.

시각과 이해가 대응하게 되는(토네이에 의하면 피라미드 모양의 관다발의 미엘린화에 의한, 그러나 분명히 어느 정도의 연습을 필요로 하는 대응)[3] 3단계에서는, 눈으로 볼 수 있는 가까운 거리에 있는 물체를 의도적으로 잡을 수 있게 되었다는 점이 일련의 새로운 체계를 형성하게 된다.[4] 한가지만 언급하자면, 아기가 여러 가지 물체들 가운데서 요람 꼭대기에 매달려 있는 줄을 잡게 되면 거기 매달아놓은 모든 물체들(소리를 내는 알갱이들이 들어 있는 인형들)이 흔들리게 된다. 그런 후 그 인형들을 치워버리고 다른 물체들을 달아놓으면 아이는 이것을 쳐다보고 있다가 일단 줄을 찾고 매달린 물체들을 쳐다보면서 잡아당긴다. 요람에서 1-2m 떨어진 곳에 매달려 있는 물체들의 움직임과 그 물체들에서 들리는 반복되는 소리가 연속적으로 위를 쳐다보게 만들고 다시 줄을 잡아당기게 한다.

4단계에서는, 아기가 더 이상 우연히 이런 일을 반복하는 데서 그치지 않고 어떤 체계 있는 행위를 하려는 목적으로, 다른 것은 이 목적을 달성하는 수단으로 활용하면서 연속적인 대응을 통해 발견하게 된 체계들을 활용한다. 그리고 새로운 물체를 제시하면 아기는 이 물체를 사용하거나 그 실용성을 확인하기 위해 알고 있는 각 체계를 적용하여 그 물체를 바라보거나 빨기 위해 손으로 잡거나, 흔들거나, 요람의 다른 방향으로 밀거나 한 손으로는 잡고 있으면서 다른 손으로 쳐보게 된다. 간단히 말해 이 단계는 행위 체계의 발달하는 이동성과 전에 말한 행동의 행위들 사이의 외부적인 대응이 나타나는 특징을 갖는다.

5단계(두 살 초기)에서, 외부적인 대응은 경험의 기능으로서의 체계가 구별된다. 예를 들어 아기는 멀리 있는 물체를 상황에 따라 다양하게 그 물체가 놓여 있는 보조물(이불과 같은)을 잡아당겨보려한다. 여기서 제각기 기능할 수 있는 체계의 동시적인 외부적 대응이 일어나고, 그 체계를 조정하여 예기치 못한 경험을 통해 새로운 방법을 발견하게 된다.

6단계에서는 상징적 기능이 처음으로 나타난다. 체계들 사이의 외부적 대응의 내면화의 시작이 통찰이라는 형태나 새로운 방법으로 나타나게 된다. 예를 들어 우리 아이 중 하나는 살짝 열려 있는 성냥갑에 놓여 있는 물체를 잡기 위해 다양한 방법으로(5단계 행동) 그 상자를 느껴보기 시작했다. 살짝 열려 있는 부분을 자세히 살펴보고 나서 손가락을 열려진 곳으로 밀어넣어 문제를 해결했다. 대응의 이러한 내면화의 시작은 종종 발생기적 표현을 보여주는 상징적인 제스처를 수반한다. 따라서 열려진 틈을 바라보면서 그 틈을 벌려보고 싶어서 아이는 몇 차례 자신의 입을 닫았다 열었다 한다. 이는 그 상자 안에 들어 있는 물체를 먹고 싶어서가 아니라 해결하고 싶은 욕구(더 열어 보고 싶은 것)를 상징적으로 나타낸 것이라고 봐야 할 것이다.

발달 과정 중 특히 감각 동작기에 해당하는 기본적인 행동을 형성하는 단계들에서 그 단계를 특징짓는 대응들이 무엇이 있는지 살펴보도록 하자.

첫번째로 이러한 발달이 연상의 의미에서 해석될 수 있는 대응이나 학습에 의한 연상적인 모델로 축소되지 않는다는 점은 주목할 만하다. 사실, 체계는 축적된 연상들로 인한 '습관의 위계군'(홀이 말하는 의미에서) 이상의 것이다. 왜냐하면 새로 습득한 것이 새로운 자극이나 이전의 운동 a, b, c에 대한 새로운 반응 - 운동만을 연합하는 것이 아니기 때문이다. 새로 습득된 것은 무엇이든지 어떤 물체나 환경을 그렇게 확장시킴으로 이전의 체계에 동화시킨다. 예를 들어 엄지 손가락을 빠는 습관을 신생아가 입으로 빠는 동작에 자신의 손가락을 동화시켰다고 설명하는 것은 부적절하다. 진짜 조건화시키는 문제는 다른 연상처럼 언제 일시적인 본능에 그치며, 왜 고정되는지를 알아야 하기 때문이다. 실제로 엄지 손가락 자극은 빠는 반응 체계의 기능으로서의 의미를 인정할 때에만, 즉 빨고 있는 물체로서 동화되었을 때에만 빠는 반응을 그만두게 된다. 정신 분석 학자들은 엄지 손가락이 엄마 젖을 상징한다고 단순하게 이야기하기도 하지만 이러한 단순성은 극히 어려서부터 복잡한 상징적 기능을 가지고 있다는 이야기가 된다.[5] 따라서 손가락이 빠는 구조에 동화된다고 이야기하는 데서 만족하고 이러한 조건들의 의미를 구체화시켜보도록 하겠다.

이렇게 이해되는 동화는 세 가지의 분리할 수 없는 형태들로 나타나는 매우 일반적인 기능이다. 1. 행위의 반복과 이러한 반복을 통해 결합되는 기능적, 재현적 동화 2. 주어진 체계 속에서 동화할 수 있는 사물들을 분별하는 것으로 이루어진 인지적 동화 3. 이러한 체계의 영역을 확장시키는 것으로 일반화하는 동화. 따라서 넓은 의미에서 볼 때 행동하는 단계에서 동화는 생물학적인 동화의 지속, 즉 환경을 유기체의 조직에 동화시키는 환경에 대한 유기체의 반응일 뿐이다. 토끼가 양배추를 먹을 때 토끼가 양배추로 변하는 것이 아니라 반대로 양배추가 토끼로 변하는 것처럼, 모든 행동이나 실습에서 주체가 객체로 흡수되지 않고 객체가 주체의 행동에 따라 '흡수되거나' 사용된다.

따라서 최초의 동화를 일으키는 본래의 반사와 유전적 체계들을 제외하고서, 체계들의 근원이 되는 것은 바로 동화다. 즉 최초의 동화는 결국 체계를 이루게 되는 통합적 조작이다. 게다가 어떤 행위에서나 유인력이나 에너지는 구조가 인지적인 본성(감각 동작 조직으로서의 구조)을 가지고 있는 한 자연히 정서적인 본성(욕구와 만족)도 갖고 있다. 물체를 체계에 동화시키는 것은 욕구를 만족시키고 동시에 행위에 인지적인 구조를 부여하는 것이다.

따라서 체계의 내면적인 대응이라는 것은 집약된 동화의 산물에 불과하다. 체계간의 외부적인 대응은 상호적 동화의 문제다. 예를 들어, 볼 수 있고 잡을 수 있는 어떤 대상에게 보는 것과 쥐는 것이 대응하는 것은, 즉 대상이 볼 수 있는 것이며 동시에 잡을 수 있는 것이므로 해당되는 체계의 상호적인 동화도 포함된다.

이렇게 생각할 때, 동화된 체계들은 어떤 경우 한 체계가 게슈탈트(형태)적 특징을 보여줄 수 있다 해도 게슈탈트와 혼동되지 않는다. 게슈탈트는 대칭, 규칙성, 단순성 등과 같은 습득한 경험의 본질적이고 자주적인 안정성의 법칙이나 보상의 법칙을 따르는 조합이다. 따라서 체계는 게슈탈트 법칙(대칭적인 팔 운동)에 순응할 수 있다. 그러나 체계의 조합은 훨씬 크며 주체자로 하여금 활동하게 하고('좋은 형태'의 법칙뿐 아니라 활용 기능이기도 한) 습득한 경험(물체에 대한 적응)을 쌓는다. 따라서 보상 법칙과 체계의 안정성의 법칙들은 주체자의 활동(욕구를 충족시키고 외부의 방해를 보상하기 위해)으로부터 파생되는 것이지 이미 형성된 기하학적 법칙에서 파생되는 것은 아니다.

따라서 감각 동작 행동과 지능 사이의 관계의 문제(관념, 동작성, 운동 신경 장애의 일부를 설명해주는 문제)를 풀기는 상대적으로 쉬워진다. 행위들의 대응 양상이 본래 동화하는 특성을 가지고 있으며 단순히 연상적이지 않다면, 행위나 행동은 외부적이고 최초의 사실이 아니라면 이해하기 어려운 기능으로 이루어지는 소위 지능이란 것에 종속시키는 것은 무익한 일이 된다. 4단계 초기에서부터 감각 동작 지능이 존재하며 체계의 유동성과 외부적 대응은 수단을 목적에 종속시킨다. 이를 지적인 행동으로 특징짓는 것을 부인할 수 없다(그리고 이는 5단계에서의 새로운 수단의 발견과 6단계의 통찰력으로 더 분명하다). 하지만 이러한 지능은 행위들의 대응에 불과하며 기본적인 행위와 같이 일찍이 동화하는 가운데서 판단력의 윤곽이나 예표를 찾아보게 된다. 즉 물체를 빨 수 있고, 그 균형을 잡을 수 있고, 잡아당길 수 있다는 사실을 발견한 신생아는 물리학자가 열을 운동으로 또는 어떤 장치를 작동 시스템으로 동화시킬 때 사용하는 것과 같은 우월한 행동을 그 즉시 할 수 있게 하는 동화가 자연스럽게 일어나는 것이다.

감각 동작 행동에서와 같이 연속적인 지식의 하부 구조가 일찍 이루어지는 것도 바로 이 때문이다. 사라진 물체를 찾는 것은(점차 발달할 때까지 오랫동안 불가능한) 물체의 영구성의 체계를 이루게 되는데 이는 보존이라는 다음 개념을 위한 시발점이 된다. 공간에서의 위치 이동은 점차 기하학자들이 일단의 위치 이동이라고 하는 것으로부터 체계를 형성하게 되고, 5·6단계에서 이미 거의 가역적인[6] 이 체계는 일단 행위를 조작하는 내면화된 사고 수준에서 재구축되면서, 재현적인 공간을 조직하는 데 중요한 역할을 하게 될 것이다. 인과 관계, 시간적인 연결들(연속되는 순서)은 지능에 의하지 않고서는 행동으로 나타나지 않지만 그들의 대응의 영향 아래서 발달하고 원인, 순서, 시간 등과 같은 연속적인 개념의 하부 구조를 구성하게 된다.

이제 구조상 운동 신경 장애에 해당하는 장애를 가지고 있는 것들을 특히 눈여겨 보면서, 상징적 기능이 구축된 후에 발달되는 아동 행동을 살펴보자.

상징적 기능은 상징 기호들과 상징되는 것 사이의 분화로부터 생긴 결과다(조건이 붙여진 기호나 인지적인 상징들의 경우에서처럼, 아직 분화되지 않았다). 일단 그 의미로부터 분화된 상징과 기호들은 재현되기 시작하면서, 실제로는 지각하고 있지 않은 물체와 상황들을 떠오르게 할 수 있다. 한 살 내지 두 살에 분화되는 상징들은 다음과 같다. 1. 단순한 기능적인 운동 놀이에서 분리된 상징적인 놀이(제스처에 의한 물체와 행동의 재생) 2. 유예된 모방(시각적인 모방이나 그림을 이끌어내는 다각적인 다양성을 지닌) 3. 분명하게 내면화된 모방의 결과인 심상들. 이러한 상징의 다양한 영역이 형성되면 말과 같이 주요한 사회적인 기호 시스템(모방에 의해)을 습득하게 된다.

따라서 상징적 기능은 행위들의 이러한 내면화를 가능하게 하거나 적어도 상당히 강화시켜준다. 우리는 6단계 감각 동작기에서 그 시작들을 보았다. 그러한 실질적이고 효과적인 발달과 더불어, 행위를 더욱 더 상징적으로 수행하거나 또는 사고를 통해 수행할 수 있게 된다. 그러나 이러한 내면화는 길고 고된 사고의 수준에서 재구축된다는 것을 전제로 한다. 예를 들어, 아동이 집과 학교를 오가는 길이나 마당에서 자신을 찾을 수 있도록 하는 것과 같이, 그룹에서 자신의 위치 이동을 대응시키는 것과 그룹의 규칙(복귀와 우회)을 존중하면서 사고를 통해 이러한 위치 이동을 재현할 수 있고 그림이나 언어, 또는 단순히 이러한 목적으로 준비된 모델에서 길과 집을 배열하면서 윤곽을 그리는 것은 별개의 것이다. 재현이 5·6단계 감각 동작기에서 이미 활성화된 이러한 그룹 구조를 재발견하는 것은 7·8세가 지나서다.

이렇게 이해할 때 재현이나 재현적인 사고는 두 가지 다른 면으로 이루어진다. 운동 신경의 구조적 장애를 일으킬 수 있는 심리적인 문제에 대해 이야기하려면 우리는 구상적인 면과 조작적인 면을 분명하게 구분해야 한다.

사고의 구상적인 면은 변형에 반대되는 형태와 연관된 모든 것이다. 심상의 도움과 지각으로 말미암아 재현의 구상적인 면은 방금 규정한 의미에서 조작이 이루어지기 전 2세에서 7세 아동의 전조작적 사고에서 중요한 역할(지나치게 중요하고 정확히 변형의 대가로 이루어진)을 한다. 따라서 A 그릇에 있는 액체를 더 좁고 길쭉한 B 그릇에 따랐을 때, 4-6세 아동은 수위가 더 높아졌기 때문에 액체의 양이 증가되었다고 믿는다. 아동은 변형된 시스템(이는 아동에게 더 높아졌지만 더 좁아졌다는 관계를 보여주어 같은 양임을 알 수 있게 한다)의 중개 없이 그대로 비교하여 A와 B의 형태를 따라 추론한 것이다. 반대로, 7·8세가 지나면 아동은 변형을 따라 추론하고 이에 형태를 맞추므로 액체의 양이 그대로 보존된다는 것을 안다.

사고의 조작적인 면은 변형과 연관되어 있고 이로 말미암아 행동하는 순간에서 조작이 이루어질 때까지 물체를 수정하는 모든 것과 연관된다. 우리는 조작을 내면화된(또는 내면화될 수 있는) 가역적인 행동으로 부를 것이며(양 방향에서 발달할 수 있고, 결과적으로 처음 것의 결과를 취소시키는 반대 행동의 가능성을 포함하는 의미에서), 이 조작은 전체적인 시스템으로서의 구조를 특징짓는 구성 법칙을 제시하는 구조들 안에서 대응된다. 예를 들어, 더하기는 하나의 조작이다.[7] 왜냐하면 이는 모으는 행동으로부터 왔으며, 가역성을 띠며(빼기), 더하기와 빼기의 시스템이 전체성의 법칙을 가지고 있기 때문이다. 예를 들어, 조작적 구조들은 분류, 연속, 대응, 행렬, 수의 연속, 공간적인 계량, 또는 투사적인 변형들이다. 논리이고 수학적이고 물리적인 조작은 상당량 6·7세에 대부분 동시적으로 발달하기 시작하며, 십대의 가설 – 추론적인 빼기가 가능해지면서, 명제적이거나 형식적인 조작에 의해 11·12세가 되어 완성된다.

사고가 구상적인 면과 조작적인 면으로 구분된다는 것을 인정한다면, 그들이 내면화되고 표현되는 데 상징적인 기능과 구상적인 재현이 필요할지라도 조작들이 감각 동작의 체계화로부터 이루어진다는 것은 분명하다. 조작은 변형의 재현이 아니라는 사실을 잘 이해해야 한다. 본래 상징적으로 이루어질 수 있는 것을 제외하고 조작은 물체의 변형인데, 이는 전혀 같지 않다. 따라서 조작은 행위로 남고 형태나 상징으로 축소되지 않는다.

따라서 행동을 해석하는 데 있어서 근본적인 문제는 구상적인 면으로 인한 것과 조작적인 면으로 인한 것을 구분하는 것인데, 이는 예를 들어 행동의 구성적인 행위를 통해 지능으로부터 무엇이 나오고, 상징적인 형태로부터 무엇이 나오는지를 진단할 수 있어야 한다.

공간과 공간적 장애, 특히 운동 신경 장애에서 매우 중요한데 무엇보다도 외부의 물체들 사이에 나타나는 '주어지는' 공간적 관계들이 지각이나 상상적인 재현의 순수한 구조로 결코 축소되지 않으며 보이는 것보다 훨씬 더 복잡하게 조작적으로 구축되어 있는 사실을 이해해야 한다. 비록 자기 자극에 감응하는 방법을 통해 수직적 혹은 수평적인 위치를 인식하고, 방향을 시각적으로 파악할 수 있다 해도(돈더스 법칙), 기울어진 물병에 담긴 물의 수평적인 수위를 예측하는 것은 일반적으로 아홉 살짜리 아동에게는 쉽지 않다. 그것은 유클리드식 측정 조작과 밀접한 관계가 있는 전체 구조, 즉 여러 번의 측정 조작이 이루어진 끝에야 재현적인 수준에서 구축될 수 있는 대응의 축들을 전제로 하기 때문이다. 물체의 배열을 바꾸는 경우, 길이와 거리의 보존은 가역적 조작 기능을 통해 습득되며, 지각이나 심상의 움직임만으로는 결코 습득될 수 없다.

그러므로 행동의 구조상의 행위에서 일어나는 자세한 문제점들을 이해하고 싶으면 놀이를 통한 우발적인 조작들을 좀더 상세히 연구해보아야 한다. 헤캥(Hecaen), 아주리아구에라(Ajuriaguerra), 마스넷(Massonnet)이 보여준, 오른쪽 뇌에 손상을 입은 경우 작은 자전거(5·6세 아이들에게 친숙한)를 그린 그림에서(1960), 우리는 뇌세포의 손상이 어느 정도나 인과 관계, 시간적 연결, 구상적 공간적 재현, 위상적 관계(사슬을 톱니바퀴 모양으로 둘러쌌다), 과정에서 대응의 부재에 기인하는 것인지 의문을 가질 수 있다. "레이의 복잡한 도형 모방이 매우 많은 결함이 있는 것으로 밝혀졌다"는 이야기는 지각, 즉 시각적인 이유에서인가, 아니면 이런 훌륭한 전반적인 증거를 성공적으로 얻는 데 분명히 개입하면서도 놀이에서 구상적인 면과 조작적인 면을 분리시킬 수는 없는 많은 공간적인 조작에 기인한 것인가?

조작과 행동 사이의 우발적인 관계를 구체화시키기 위해 이제 사고 발달 과정의 조작이 세 개의 연속적인 단계를 통해 이루어진다는 사실을 첨가해야 할 필요가 있다. 2세에서 7·8세 사이에 이루어지는 첫번째 단계에서 사고는 조작이 점차 논리적인 가역성이나 적절한 전체 구조를 이루지 않고서도 스스로 형성된다는 의미에서 전조작적이며, 재현의 구상적인 면에 지배를 받는다.

두번째 단계(7·8-11, 12세까지)에서는 특정한 조작이 논리적으로 가역적인 구조 속에서 완성되고 조성된다. 그러나(이는 행동 문제에 중요하다) 조작은 물체를 조종하는 영역에 한정되어 있다는 의미에서 볼 때 구체적이며, 아직 가설-추론적 수준에서의 구두 조종을 포함하지는 않는다. 예를 들어 연속성에 대해 살펴볼 때 7·8세 아동은 작은 자들을(10-16cm) 작은 것부터 큰 것의 순서로 주저함이 없이 차례로 늘어놓는다. 이는 조작적 특성에 대한 좋은 예다. 마찬가지로 9·10세 아동은 또 다른 조작 행동으로 무게를 구별하여(똑같은 부피를 가진 물체들을) 배열할 수 있다. 그러나 이러한 구체적 조작만으로는 연속의 똑같은 조작을 바탕으로 하는 버트 테스트 즉, 에디스는 수잔보다 더 금발이다. 에디스는 릴리보다는 조금 짙은 색이다. 그러면 "셋 중에서 누구의 머리카락 색이 가장 짙은가?"라는 질문을 풀 수 없고 가설-추론 수준에서만 풀 수 있다. 마지막으로 11·12세에서 물체 조정을 넘는 기능을 할 수 있고 더 이상 행동과 관련이 없는 명제적 또는 가설-추론적 조작이 이루어진다.

더 나아가 구체적 조작 과정을 통해 진리의 문제(참, 거짓의 문제)를 해결하려는 지능 행위 외에, 순전히 실용적인 문제(성공 또는 실패로 나타나는)들을 풀어나가려는 상당한 지능 행위가 있다. 특히 이러한 것들은 레이(A. Rey)가 「아이에게 있는 행위적인 지능(L'intelligence pratique chez l'enfant)」에서 연구하고 부스만(Bussmann)이 「아이의 행위적인 지능 안에서의 전이(Le transfert dans l'intelligence pratique de l'enfant)」에서 연구한 행동들이다. 예를 들어, 물체를 다양한 축들을 매개체로 사용하여 용기로부터 옮겨 놓는 것이다(리프만과 보겐과 같은 두 명의 독일 심리학자가 제공해준 이런 종류의 초기 연구, 순수 의학). 이런 경우, 이는 가장 엄격한 의미에서 행동의 문제다. 왜냐하면 이러한 행위의 목적은 주로 실용적인 특성을 가지고 있고(실질적인 결과를 가져오려는) 분류, 연속, 또는 대응에서처럼 인지적이지 않다. 그러나 레이, 부스만 등 여러 학자들의 연구의 관심은 정확히 아동의 실패와 성공, 그리고 아동의 사고의 조작 사이에 어느 정도 밀접한 유사성이 있다는 것을 보여주는 것이다. 레이의 연구 목적 중 하나를 실용적인 지능의 영역에서 찾아볼 수 있다면, 그것은 아동의 언어 영역에서 찾아볼 수 있는 전논리적인 면을 통제하는 것이었다. 레이는 그의 첫 저서의 서문에서 후천적 병행을 주장했다. 구술적 방법을 사용하는데 더 이상 제한하지 않고 구체적 조작, 즉 물체를 조종하는 논리의 특성을 최근에 밝혔기 때문에, 오늘날에는 더욱 타당한 주장이 되었다. 실용적인 지능의 맥락에서 부스만은 감각 동작적 동화와 특별히 논리적인 일반화 사이에 존재하는 변이를 밝다. 운동 신경 장애의 다양성을 해석하는 관점에서, 실용적인 지능과 특별히 인지적인 지능 사이의 지속성(논리적 - 수학적 또는 논리적 - 물리적 조작 구조이므로)은 행동과 직관의 관계, 즉 조작적인 면에서 행위의 기본적인 단위 지능의 기본적인 단위의 관계를 강조함으로써 타당성이 있다.

이제 지식의 구상적인 면과 행동의 구상적인 면, 특히 이미지와 상징적인 행동의 문제를 살펴보려 한다.

운동 신경 장애에 관한 오래된 이론들은 행위를 심상에 근거해서보려 했다. 반대로 그륀바움(Grünbaum)은 심상을 행동으로부터 기인하는 것으로 해석한다. 심리학적인 관점에서 볼 때 의심할 여지 없이 옳다. 그리고 심리학자들은(로체, 딜타이 등) 상이 단순한 지각의 지속으로 이루어지는 것이 아니라 추진력 있는 요소(모렐, 쉬페리, 레이의 연구를 비교하라)를 포함하고 있다고 보았다. 전자 뇌 촬영에서 보면 게스타우트는 팔을 구부리는 것을 정신적으로 재현하는 동안 실제로 구부릴 때와 같은 베타 파장이 나타나는 것을 관찰했고 아드리안(Adrian)도 비슷한 관찰을 했다. 제이콥슨(Jacobsen), 앨러스(Allers), 쉬민스키(Schminsky)는 전자 두뇌 촬영법을 사용하면서, 그렇게 재현되는 행위를 하는 동안 이루어진 활동과 동시에 팔 운동이 재현되는 동안 가벼운 주변의 활동들을(운동 윤곽) 관찰했다. 간단히 말해, 사고의 조작적인 면과 조작 자체뿐 아니라 사고의 구상적인 면과 심상도 감각 동작적 활동에서 오는 것이다. 그러면 모든 지식이 가지고 있는 구상적이고 조작적인 두 가지 면을 구별할 때 이러한 이중적인 관계를 어떻게 생각해야 하는가?

우리는 감각 동작적 지능의 근본적인 메커니즘은 체계화하는 동화로 이루어지며 이는 재현적인 사고 과정의 연속적 조작에서 온다는 것을 살펴보았다.

그러나 동화의 체계는 끊임없이 환경의 압박 속에 있으며 적용되고 있는 대상에 따라 구별될 수 있다. 물체가 체계에 동화하는 것과 동시적인, 체계에 대한 물체의 행위에 대한 구별되는 반응을 '조정'이라고 한다.[8] 동화와 조정 사이에서 안정이 이루어지는데 이는 지능적 행위의 결과다. 그러나 탁월한 조정이 이루어질 수 있으며 행위는 물체 그 자체의 모형이 된다. 예를 들어, 동화시켜 사용하는 것보다 물체가 더 흥미로워질 때, 주체자는 그 물체를 사용할 수 있다. 그러한 다소 순수한 조정 행동은 '모방'하게 하고 지능의 발달(또는 동화와 조정 사이의 안정성)과 밀접한 관계가 있는 감각 동작 수준에서 이러한 모방의 발달을 한 단계 한 단계 따를 수 있다.

따라서 사고의 구상적인 면은 모방에서 기인하고 이 모방은 필수적인 상징주의를 준비함으로써 감각 동작기에서 재현적인 사고로의 전이를 가능하게 한다는 가설이 세워진다. 한편으로 감각 동작 수준에서는, 제스처에 의한 재현을 이루는 모방만이 있다(제스처에서 우연히 나와 사고에 재현되는 것과 본래적으로 뚜렷이 구분되는). 또 한편으로 상징적인 기능이 나타나는, 즉 기호와 의미하는 것들의 분화에서 보았듯이, 정확히 먼저 유예된 형태로 그 기능을 다할 수 있는 모방 과정으로 인한 것이다(이미 사실적으로 재현하는 유예된 모방).[9] 이는 상징적인 게임(1·1세 반 정도에 시작되는)에 전체적인 제스처 상징주의를 제공하는데, 이는 내면화된 모방으로서의 심상이 생기기 시작하는 시점이 된다.

우리는 일찍이 1935년에 모방에 의해 감각 동작과 재현 사이의 전이가 일어난다고 주장했다. 월론(H. Wallon)의 저서 「De l'acte a la pensee」를 보면, 재현될 때의 태도와 위치 구조의 중요성을 강조하고 있는 이러한 개념을 뚜렷이 찾아볼 수 있다. 우리는 이런 점에서 월론과 같은 의견이다. 하지만 조작적인 면(상징적 표현에 반대하는 지능적 행위의 주요한 특징을 구성하는)이 그렇게 에너지를 지속시키는 한, 이러한 관계가 사고의 구상적인 면에만 해당한다는 것은 믿기 어렵다.

이미지를 살펴보면, 우리는 이미지를 내면화된 모방[10]으로 생각하고, 아동의 심상 발달에 관해 현재까지 이루어지고 있는 모든 연구는 조작이 완성되기 전까지 어느 정도 상이 정적으로 짧게 남아 있으며, 무엇보다 상이 조작을 준비하고 이끄는 대신 어느 정도까지 조작에 구속되는지를 밝히려 해왔다. 예를 들어, 전조작기 수준에서 공간적인 조작이 구축되기 전, 위치 이동이 일어나는 동안 크기를 보존하면서 구부러진 선이(철사줄의 형태로) 직선 모양의 선으로 변형되거나 축 주위에서 순환하는 것, 또는 다른 곳에 있는 줄기의 키가 점차 자라거나 다른 것 위에 떨어지는 주사위와 같은 움직이는 물체에 대한 인지가 아동에게 어려운 일이라는 것은 놀라운 사실이다.

이미지와 조작의 이러한 이중성은 운동 신경 장애에 대한 연구에 중요한 사실이다. 주어진 물체 없이도 전이 행위를 모방하는 운동 신경 장애를 테스트하는 오래된 방법 중의 하나는 조작적 상황에서 실행하는 것이 아니라 행동을 모방적으로 재현하는 것을 바탕으로 한다. 상상된 행위의 재현이 모방적인 행위의 재현으로 이루어지도록 할 수 있는 수준이 되어야, 그리고 성공적으로 실행되려는 욕구가 필요하다는 것이 다소 복잡한 행위들의 문제일 때 모방적 재현이 시작된다. 그러나 재현하는 데 결함이 있는 곳에서, 아동에 의해 올바로 수행될 수 있는 일련의 행동의 예들을 제공하는 것은 쉽다. 행위에 대한 적당한 욕구를 제공할 수 있고 그 행동들을 대체할 수 있기까지 한 상상을 통한(상이 그려진) 재현의 가장 뛰어난 예는, '공화국'에서 추방당한 플라톤과 같이 기하학자가 아닌 사람은 좀처럼 '볼' 수 없는, 놀라운 유동성을 가지고 도형의 모든 가능한 변형을 상상하는 기하학자의 공간적인 직관이다.[11] 비록 어느 정도 구체적 조작의 수준이 시작되는 정상적인 아동에게서 발달하기도 하지만, 이러한 기하학적인 직관은, 지금 살펴보았듯이 이 단계 이전에는 완성되지 않고 기이하게도 정지 상태다. 예를 들어, 다섯 살짜리 아동에게는 90도로 놓인 막대기를 수평적인 위치(한 쪽이 고정되어 있을 때)로 회전시켜놓는 것처럼 쉬운 일이 없다. 그러나 이 아동이 그린 그림은 단적인 위치만을 보여준다. 즉 아동은 중간에 경사진 위치를 재현할 수 없다. 마찬가지로 학교와 집을 오갈 때 같은 길로 다니는 4·5세 아동은 이를 모델로 재현하는 것이(윤곽만) 어렵고, 제스처로 직선이나 구부러진 길을 보이는 운동 기억('갈 때는 이렇게 가고, 그리고 돌아온다')으로 만족해야 하지만 기점으로 삼을 만한 지점은 말하지 못한다.

일반적으로, 공간적인 상들은 행위들과 조작에 의존한다. 그리고 수학자들의 기하학적인 직관은 점점 정교해지는 논리를 따라 할 수 있는 조작의 내면적인 모방일 뿐이다. 특정한 행위들은 거의 모든 수준에서, 그림을 그리고 싶어하는 것과 같은, 하고 싶은 일에 대한 상상으로 볼 수 있다(리케의 '내면적인 모델'에서 기인하는). 그러나 이는 소위 구상적인 행동들(그림 그리는 것은 일반적인 모방의 일부인 시각적인 모방이다)이며, 이 규칙은 조작적인 행동에도 해당되는 것 같지는 않다(=물체의 재생이 아닌 변형).

신체적 체계에 있어서는, 불행하게도 이 문제를 연구할 수 없었고 따라서 신체에 행해지는 행동들에 그 상이 어떤 역할을 하는지는 설명할 수 없다. 그러나 이 역할이 필요한 것이든 아니든, 이 체계의 구성이 어느 지점에서 첫 18개월에서 연구한 모방과 관계를 갖지 않게 되는지를 알아내야 한다(피아제, 1959 - 이러한 모방이 타고난 것이 아니라 학습된 것이라는 특성에 관한 갈리안의 훌륭한 글을 따라). 예를 들어 아동은 자신의 얼굴을 촉감으로만 알 수 있으며 시각적으로 지각하는 다른 사람들의 얼굴과 관련짓지 못한다. 한 살이 될 때까지는 다른 사람들이 하는 하품이 전염되지 않는다(실험자가 소리 없이 하품을 한다면!). 실수는 성공보다 훨씬 더 도움이 될 수 있다. 즉 눈을 감았다 떴다 하는 모형에 아동은 그의 입을 닫았다 열었다 하는 행위로 반응을 보인다. 신체적 체계가 부분적으로 모방의 결과로 구축되었다면, 상(또는 내면화된 모방)과 행위 사이의 관계는 조작적 상황(물체의 공간의 직관으로서)과 구상적인 상황(그림과 같은) 사이의 중간이 되는 제한된 영역에서 특별한 문제를 발생시킨다.

솔직히, 해드(Head), 바틀렛(Bartlett), 픽(Pick), 쉴더(Schilder), 콘라드(Conrad)와 많은 다른 학자들의 훌륭한 작업에도 불구하고 여전히 신체적 체계의 개념보다 더 모호한 것은 없다.「Meconnaissances et hallucinations corporelles」(Mason, 1952)에서 보여준 훌륭한 연구를 포함하여, 헤캔(Hecaen)과 아주리아구에라(Ajuriaguerra)는 행위에 대해 오늘날과 같은 상태로 정리했다. 하지만 매우 분명한 것은 월론(Wallon), 자조(Zazzo), 레진느(Lezine)와 다른 학자들의 연구에도 불구하고 체계적인 유전학적 연구가 없다는 점이다. 따라서 당분간, 우리는 쉴더의 연구로 결론지을 수밖에 없다. 신체적 직관이 지각을 통해 얻은 사실들, 특별히 자기 자극에 감응하는 사실들을 포함하는 것이라면, 이는 무엇보다도 기능적인 우리의 모든 지각, 자세, 행동으로 통합되는 공간적인 상황을 전제로 한다. 따라서 신체 자체의 기여뿐 아니라 다른 사람들의 신체와 모든 인간의 신체(동물들까지도)에 공통적인 시각적이고 청각적이며 일부 촉각 - 운동 감각적인 지식(모방 학습 기간 동안)이라는 없어서는 안 될 지적인 역할이 이런 상황에서 통합된다는 것은 지극히 타당한 일이다. 이것이 지식이 단편적 상태에서 신체적 직관이 기본적인 감각 동작적 체계(손의 지식은 포함하지만 전체 신체의 지식은 포함하지 않는)와 실제로 구상적인 상징적 행동(상) 사이에서 형성되며, 적당한 신체와 다른 사람들의 신체 사이의 관계를 확인하는 역할을 하는, 여전히 재현적이거나 상징적인 구상적 도구로서 모방을 필요로 하는 이유다.

더 나아가 신체적 지식의 개념을 어느 정도 확장시켜야 하는지를 구체적으로 규명하는 일이 남아 있다. 하지만 왼쪽과 오른쪽의 개념과 이를 자신의 신체뿐 아니라 다른 사람들의 신체에도 적용시키게 된다면(7세 이전까지 피실험자를 마주하는 상태에서 실험자의 왼쪽과 오른쪽을 규명하는 어려움에 대한 해드의 연구와 우리의 연구 결과를 보라), 이런 식의 관계들이 조작적이고 논리적인 면을 포함하는 동시에, 그 시작점이 다시 모방에 의해(한 방향으로 또는 양 방향으로) 제공되는 상호적인 상황의 일부가 된다는 점을 기억해두는 것이 중요할 것이다.

결론적으로 행동의 연구와 운동 신경 장애 분석 사이의 관련성을 찾으며 이 글을 끝마쳐야 할 것이다. 아주리아구에라와 헤캔은 다음 세 가지에 기초하여 운동 신경 장애를 새롭게 분류하고 있다.

1. '감각 작동성 운동 신경 장애'는 행동의 자동화로 감각 작동적 통합의 변성의 특징을 띠는데 행동을 재현하는 데는 문제가 없다.

2. '신체 - 공간적 운동 신경 장애'는 감각 작동적인 문제 없이 신체와 외부 물체 사이의 공간적인 장애의 특징을 띤다. 그러므로 왼쪽 - 오른쪽 관계나 특별히 옷을 입는 데 있어서의 운동 신경 장애를 포함하여, 행동에 부적응을 일으키는 신체적 직관의 문제를 가지고 있다. 또한 시각적 인지 - 운동 신경의 수정이 일어나지만 근본적인 지각의 문제는 없다.

3. '상징적 구성의 운동 신경 장애'는 상징적이고 카테고리적 행동 장애의 특징을 가지고 있다(활용하지 못하는 인지 불능에서 빈번한 언어 구성 문제에 이르기까지).

정상적인 행동에서 살펴본 것과 이 목록을 비교해보면 즉시 특정한 대응점뿐 아니라 중요한 문제점도 찾아볼 수 있다.

운동 신경 장애의 이 세 가지 범주는 세 가지 유전적인 단계와 밀접하게 대응한다. 감각 동작적 운동 신경 장애는 감각기 단계에, 신체 - 공간적 운동 신경 장애는 출발점을 모방하는 행동에서 찾아볼 수 있는 중간 단계, 상징적인 기능에 의해 가능한 행동과 기초적인 감각 동작 행동 사이의 중간 단계에, 마지막으로 상징적 구성의 운동 신경 장애는 구상적이고 조작적인 이중적인 측면에서 재현되는 특징을 가지고 있는 단계에 해당한다.

그러나 남아 있는 문제는 다음과 같이 정확히 이 재현적 사고의 이중적인 면과 관련되어 있다. 즉 상징적 구성의 운동 신경 장애는 조작의 변경에서 온 결과인가, 아니면 조작들을 재현하는 데 도움을 주는, 상상하는 또는 언어적이기까지 한 제스처의 상징주의에서 온 것인가? 우리는 언어적 상황에 대응하는 개념적인 상황을 규정하기 위해 젤(Gelb), 골드스테인(Goldstein), 월론(Wallon) 등이 사용하는 카테고리적(categorical)이라는 용어를 좋아하지 않는다! 왜냐하면 '카테고리적'이라는 말은 사실, 단 하나의 '활동적인' 특성만이 추출되어야 하는 단 하나의 동일한 '활동'을 구성하는 것처럼 보이기 때문이다. 분명히 이렇게도 이해되겠지만, 그러한 일치에 의문을 제기하는 노력을 기울여왔다. 분명하건대 사고하는 것은 이야기하는 것, 범주로 분류하거나 추출하는 것으로 축소시킬 수 없다. 사고하는 것은 대상에 대해 행동하는 것이며 이를 변형시키는 것이다. 자동차가 고장나면, 그 상황에 대한 이해는 눈으로 볼 수 있는 엔진의 결함으로 설명하지 않고 이를 분해하고 재구성하는 방법을 아는 것이다. 물리적인(눈으로 볼 수 있는) 현상이 일어날 때 이해한다는 것은 요인을 분해하고 이를 개별적으로 다양화시키기 위해 - 범주화시키는 행위가 아니라 생산하고 재생산하기 위한 행위 - 사실들을 변형시킴으로서 이해하기 시작한다.[12] 순수 기하학에서조차 지식은 도형을 설명하는 것이 아니라 도형을 기본적인 변형 그룹으로 축소시킬 수 있는 데까지 도형을 변형시키는 것이다. 간단히 말해, 괴테의 말대로[13] '태초에 행위가 있었'고 조작이 이를 따랐다! 따라서 어느 정도는 구조상의 운동 신경 장애, 관념적 운동 신경 장애가, 상징화시키는 것에만 관련 있는 상징적인 형성의 일반적인 운동 신경 장애로, 즉 제스처나 모양, 상, 심지어 상징되는 행위나 조작과 관련이 있다면 언어까지도 재현하는 상징의 운동 신경 장애로 잔재해야 할 것처럼 보인다.

1. 강의를 하는 데 있어서는 어떤 방법이 동화를 용이하게 하는가?
2. 피아제의 단계 이론에서 기독교 교육을 위해 어떤 중요한 점을 찾아볼 수 있는가?
3. 조절과 동화는 어떻게 다른가?

4. 불안정 상태를 설명하라.

Sprinthall, N. A., and R. C. Sprinthall, eds. 1987. Educationl psychology: A developmental approach. New York: Random House.

Ajuriaguerra, J., and H. Hécean. 1960. Le cortex cerebral. 2d ed. Paris: Masson

Hécean, H., and Ajuriaguerra, J. 1952. Méconnaissances et hallucinations corporelles. Paris: Masson.

Piaget, J. 1935 La Naissance de l´intelligene chez l´enfant, Neuchatel, Switzerland: Delachaux and Niestle.

_____. 1959. La formation du symbole chez l´enfant, 2d ed. Neuchatel, Switzerland: Delachaux and Niestle.

1. 주요 단위는 '시기'라고 부르고, 더 세분화된 단위는 '단계' 또는 '세부 단계'라고 부른다.

2. 조작이란 배치하거나 분류하거나 연결시키는 것과 같은, 전체 구조를 내면화시켜 전환할 수 있는 연대적인 행동을 말한다.

3. 우리 세 아이의 경우, 이러한 일치는 6개월, 4개월 반, 3개월 3일에 형성되어 어느 정도 차이는 있지만 아이들의 전체적인 활동에서 볼 때 유사한 시점이었다.

4. 의도적인 이해 체계가 시작되면서, 의도적인 이해는 '방임', 즉 갖지 않기로 선택할 수도 있기 때문에 초기의 반사적 이해와는 구별된다(훨씬 후에 나타나는 의도적으로 손에서 물체를 떨어뜨리는 체계와 혼동해서는 안 된다). Ajuriaguerra가 이야기하듯이, 갖지 않을 수도 있는 이러한 의도

적인 이해의 차이는 배회하며 고정하는 시각과는 대조적으로 활동적인 시각적 탐험(의도적인 시각의 고정과 전이)에 비교할 수 있다.

5. 손가락=기쁨=엄마 젖이라고 이야기할 수도 있을 것이다. 하지만 이는 손가락이 빠는 일에 동화된 것, 인지적이며(사용이나 이해) 정서적인(만족) 동화라는 결론에 이르게 된다.

6. 신경학적인 의미가 아니라 수학적인 의미에서 사실 그룹은 가역적인 구성들(복귀)과 동일하고 관념적인 구성(우회)으로 이루어진다.

7. 그룹 법칙 등

8. 생물학자들이 '환경에 적응하다' 라는 의미로 사용하는 것과 유사한, 즉 유전자 특성의 뚜렷한 표현적 변형

9. 다시 말해, 모델이 없는 초기와 같이 이른 시기에(모델이 있는 가운데서의 초기의 모방과 모델에 없는 동안의 지속되는 것과 반대로)

10. 첫번째 이유는 유전학적 조화 때문이다. 즉 첫 18개월의 행동은 작동된 상(반쯤 열린 상자를 더 열어 보려고 하기 전에 자신의 입을 열었다 닫았다 하는 신생아를 비교해보라)과 내면화된 상으로 볼 수 있을 때까지 상이 나타나지 않는다는 것을 보여준다. 다른 이유들은 다음과 같다. 소리로 나타나는 상(단어나 멜로디 등의 소리를 불러일으키는)도 제스처의 재현과 마찬가지로, 표출되기 위한 윤곽을 가지고 있다. 시각적 상은 수신자로서의 지각을 계속하는 것이 아니라 물체의 실루엣을 모방하는 탐험의 감각 동작적 활동을 지속한다. (물체가 주어진 가운데 지각적 활동에 개입하려는 동작들과 병행하여 상을 동반하는 눈의 동작들에 대한 모렐과 쉬펠리의 실험을 비교하라.)

11. 플라톤은 그의 아카데미 입구 위에, "기하학을 모르는 자는 이곳에 들어가지 못하리라"고 써놓았다고 한다.

12. Auguste Comte가 이야기하는 장애에도 불구하고 '현상의 생산 모드'를 이루기 위해

13. Faust, Part One, Scene Ⅲ-Trans.

6

행동공학
(1971)

B. F. 스키너
(B. F. Skinner, 심리학자)

존 왓슨(John Watson)이 '행동주의의 아버지'라면 스키너는 '행동주의의 장남'이라고 할 수 있을 것이다. 스키너 교수는 자유와 존엄의 개념이 인간이 자율적 존재라는 이상을 지키는 데 커다란 역할을 했다고 주장한다. 세상의 비참한 일들을 이겨나가려면 이 두 개념들을 버리고 행동을 경험적으로 분석한 결과에 기초한, 즉 고도의 행동주의의 심리학적 방법으로, 관념이 아닌 실제로 눈에 보이는 사회 환경에 관심을 기울여야 한다고 주장한다. 인간 행동은 정신 상태나 정서 상태와 같은 정신적인 배경보다는 유전자적 자질과 개인의 과거의 맥락에서 설명해야 한다. 물론 하나님에 대한 전통적인 개념이 필요한 자리도 없다. 인간을 변화시키는 유일한 길은 인간의 환경을 변화시키는 것이다.

"존 왓슨(John Watson)이 '행동주의의 아버지'라면 스키너는 '행동주의의 장남'이라고 할 수 있을 것이다. 1931년 하버드에서 박사 학위를 받은 스키너는 1948년 모교로 돌아와 재직하게 되었다. 행동주의 심리학에서 이룬 스키너의 업적은 교육, 특히 1950년대 이후의 교육에 커다란 영향을 끼쳤다. '정밀 교육(precision teaching)'과 행동 목표의 일반적인 활용은 그가 끼친 영향으로 인한 결과다. 수많은 저서에서 스키너는 그의 조작 행동주의 이론을 정신 질환과 정치, 상담 등에 적용시켰으며 유물론적 휴머니즘을 강력하게 주장하였다.

다음 글은 '자율적 인간'의 개념을 반박하고, 행동 과학이 어떻게 문화의 진보를 가져올 수 있는지를 보여주는 그의 유명한 저서「자유와 존엄성을 너머(Beyond Freedom and Dignity)」의 제1장과, 「문화의 창안(The Design of a Culture)」가운데서 제8장의 마지막 두 문단을 발췌한 것이다. 스키너 교수는 자유와 존엄의 개념이 인간이 자율적 존재라는 이상을 지키는 데 커다란 역할을 했다고 주장한다. 세상의 비참한 일들을 이겨나가려면 이 두 개념들을 버리고 행동을 경험적으로 분석한 결과에 기초한, 즉 고도의 행동주의의 심리학적 방법으로, 관념이 아닌 실제로 눈에 보이는 사회 환경에 관심을 기울여야 한다고 주장한다. 인간 행동은 정신 상태나 정서 상태와 같은 정신적인 배경보다는 유전자적 자질과 개인의 과거의 맥락에서 설명해야 한다. 물론 하나님에 대한 전통적인 개념이 필요한 자리도 없다. 인간을 변화시키는 유일한 길은 인간의 환경을 변화시키는 것이다.

스키너는 이런 개념들을 통해 행동 공학을 주장하고 있다. 이는 환경과 유기체 사이의 상호 작용을 이해하기 쉽게 도와줄 것이다. 자유, 존엄성, 자율적인 인간은 스스로 자신의 행동에 책임을 지고 자신이 하는 일을 인정받아야 한다. 그러나 행동 공학은 책임감과 인정받는 것이 환경에 달려 있다. 누가 행동 공학을 활용하고 통제하는가 하는 문제를 풀어보려는 것은 잘못된 것이다. 환경이 가지고 있는 특성을 다루어야 한다.

스키너의 모든 저서 가운데서 이 책은 행동주의, 행동 분석, 행동 공학을 논리적으로 결론짓고 있다."

From Beyond Freedom and Dignity (New York: Alfred A. Knopf, 1971), 3-25.

    오늘날 우리가 직면하고 있는 심각한 문제들을 해결하려고 노력할 때 우리는 당연히 가장 잘 해결할 수 있는 일들에 손을 댄다. 우리는 힘을 가지고 있고 그 힘은 바로 과학과 기술이다. 인구 폭발을 억제하기 위해 보다 나은 출산 조절 정책을 찾고, 핵무기의 위협 속에서 더 강력한 군사력과 탄도탄 요격 미사일을 갖춘다. 새로운 식량을 찾아 더 좋은 방법으로 재배하여 세계의 기아 문제를 해결하려 한다. 우리는 위생 시설과 의학의 발달로 질병을 다스리고, 훌륭한 주택과 수송 정책으로 빈민 문제를 해결하며, 쓰레기를 처리하고 줄이기 위한 새로운 방법을 개발하여 환경 문제를 해결할 수 있으리라고 믿는다. 실제로 훌륭한 성과를 거두었으며 당연히 계속해서 더 많은 문제들을 해결해나가기 위해 노력해야 할 것이다. 그러나 실제로 점점 더 악화되어가고 있으며 기술 그 자체가 점점 더 문제가 되고 있다는 사실에 실망하지 않을 수 없다. 위생 시설과 의학의 발달은 인구 문제를 악화시켰고, 핵무기의 발명으로 새로운 전쟁의 위협이 생겨났으며, 환경 문제는 결국 풍요로운 행복 추구로 인한 것이다. 달링턴(Darlington)은 "인간이 지구상에서 증진시킨 힘에서 비롯된 모든 자원은 결국 인간의 미래를 어둡게 하는 데 사용되어왔다. 인간의 모든 진보는 전혀 예상하지 못했으며 다시는 회복시킬 수 없는 환경의 파괴라는 대가를 치르게 되었다"(1970).

    예상할 수 있었든 없었든, 우리는 환경을 회복시켜야만 한다. 그렇지 않으면 모든 것을 잃고 말 것이다. 문제의 본질이 무엇인지 알아낸다면 우리는 성공할 수 있을 것이다. 물리학과 생물학을 활용한다고 문제가 다 해결되는 것은 아니다. 해답은 다른 곳에 있기 때문이다. 더 좋은 피임약이 있어도 사용하지 않는다면 인구를 억제할 수 없다. 새로운 무기들이 새로운 방어 능력을 갖추었다 해도 그로 인해 또 새로운 무기들이 만들어질지도 모른다. 결국 국가들이 전쟁을 일으킬 수 있는 조건이 바뀌지 않는다면 핵전쟁은 피할 수 없을 것이다. 새로운 농업 기술이나 의학 기술도 실제로 쓰이지 않는다면 아무런 도움이 되지 않을 것이며, 주택 문제는 도시 계획을 하고 건물들을 더 짓는 데 달린 것이 아니라 사람들의 생활 방식에 달려 있는 것이다. 사람들이 몰려들지 않도록 해야 인구

밀집 지역의 문제가 해결될 것이며, 공해를 만들어내는 생활 습관을 버려야 환경은 더 이상 파괴되지 않을 것이다.

간단히 말해, 인간 행동에 커다란 변화를 가져와야 한다. 그러나 아무리 애쓴다 해도 물리학이나 생물학만으로는 할 수 없다(교육 제도의 붕괴, 청소년 비행과 같은 문제는 물리학이나 생물학적 기술과 아무런 관계도 없다는 것이 너무나 분명해 그런 방법들은 전혀 활용되지 않았다). "인간적인 문제를 깊이 이해하고 기술을 사용한다"거나, "인간의 정신적인 욕구를 위해 기술을 바친다"라든가, "기술자들로 하여금 인간적인 문제들을 중시하도록 한다"는 것만으로는 충분하지 않다. 이런 표현들은 인간 행동이 시작되는 곳에서 기술이 멈추고, 과거에 그랬던 것처럼 과거의 개인적인 경험에서 얻은 것이나 전통적인 지혜와 관습에서 찾을 수 있는 경험을 통해 해나가야 한다는 이야기가 되고 만다. 수세기 동안 이렇게 살아온 결과가 바로 오늘날의 세상인 것이다.

우리에게 필요한 것은 행동을 변화시키는 기술(행동 공학)이다. 우주선의 궤도를 통제하듯이 정확하게 인구 성장을 통제하거나, 고에너지 분자를 가속화하는 것처럼 자신 있게 농업과 산업을 발전시키거나, 물리학에서 절대온도 0도에 다가가는 것처럼 세계 평화를 위해 꾸준히 나아간다면(둘 다 이루어질 수 없을 것처럼 보이지만) 문제들을 더 늦기 전에 해결할 수 있을 것이다. 그러나 힘이나 정확도에 있어서 물리학이나 생물학적 기술과 견줄 만한 행동 기술이 부족하며, 이 가능성을 우스꽝스러운 것으로 보지 않는 사람들도 이를 확신하기보다는 두려워하는 것 같다. 이는 물리학이나 생물학 분야를 이해하는 것만큼 '인간적인 문제를 이해' 하지 못하며, 세상이 꼼짝없이 재난을 당하고 있는 데도 막지 못하고 있기 때문이다.

2. 500년 전에는 인간이 온세상만큼이나 자신을 잘 이해하고 있다고 할 수 있었다. 그러나 이제는 인간이 가장 이해하지 못하는 것이 바로 인간 자신이 되어버렸다. 물리학이나 생물학은 오랜 세월에 걸쳐 발전해왔지만 인간 행동에 관한 과학은 아무런 발전도 하지 못했다. 그리스의 물리학과 생물학은 이제 역사적 흥미 거리에 지나지 않지만, - 오늘날에는 아리스토텔레스에게서 커다란 도움을 받는 물리학자나 생물학자는 아무도 없다 - 플라톤의 대화는 인간 행동을 밝혀 주는 데 커다란 도움이라도 되듯이 여전히 학생들 사이에 인용되고 과제물로 주어지곤 한다. 아리스토텔레스는 현대 물리학이나 생물

학을 한 페이지도 이해하지 못할 것이다. 하지만 소크라테스와 그의 동료들은 요즘 한창 논쟁을 불러일으키고 있는 인간 문제에 관해 별 어려움 없이 토론할 것이다. 물리학이나 생물학 분야에서 커다란 기술적 진보를 했고, 예전과는 매우 달라졌다고 해도 정치, 교육, 경제 분야에서는 크게 향상된 것이 없다.

결코 그리스인들이 인간 행동에 관해 알아야 할 모든 것을 알고 있었다는 말로 설명할 수는 없다. 분명히 그리스인들은 물리에 대해서보다는 많이 알고 있었지만, 결코 충분하지 않았으며 인간 행동에 관한 그들의 사고 방식은 치명적인 오류를 범하고 있었음이 분명하다. 그리스의 물리학이나 생물학은 조잡하기는 했지만 결국 현대 과학으로 이어진 반면, 인간 행동에 관한 이론들은 아무런 발전도 이루어지지 않았다. 오늘날 그 이론들이 전해진 것은 불변의 진리를 담고 있기 때문이 아니라 발전시킬 수 있을 만한 가능성을 가지고 있지 못했기 때문이다.

인간 행동은 특별히 다루기 힘든 분야라고 할 수 있다. 인간 행동을 다루기에 너무 무능력하기 때문에 그렇게 생각하고 싶어하는 것일지도 모른다. 그러나 현대 물리학과 생물학은 인간 행동에 비해 전혀 쉽지 않은 문제들을 훌륭하게 다루고 있다. 그 차이는 알맞게 복잡한 도구와 방법을 사용하고 있다는 것이다. 그렇다고 인간 행동 분야에서는 그와 같이 효과적인 도구나 방법을 사용하지 않았다는 사실이 적당한 설명이 될 수는 없으며, 이는 부분적인 문제에 지나지 않는다. 공립 학교 교육을 발전시키는 것이나 모든 사람에게 더 나은 생활 공간을 만들어 주는 것, 모든 사람이 직장을 얻고 결국 더 높은 생활 수준을 즐길 수 있도록 하는 것보다 달에 가는 것이 정말 더 쉬운 일이었을까? 우선 순위의 문제가 아니다. 아무도 달에 가는 것이 더 중요하다고 말할 수 없을 것이다. 달에 가는 것이 사람들을 흥분하게 만든 이유는 정말 갈 수 있을 것 같았기 때문이다. 과학과 기술은 한번 건드리기만 하면 이루어질 수 있을 만한 곳에 도달해 있었다. 인간 행동이 불러일으키는 문제에 흥분하는 사람들은 없다. 해결의 실마리가 보이지 않기 때문이다.

인간의 행동은 과학적으로 분석할 수 없으며, 효과적인 기술의 발전을 가져오는 것도 불가능할 것이라고 결론짓기 쉽지만 결코 모든 가능성이 다 사라진 것은 아니다. 인간 행동에는 아직 한 번도 과학적인 방법이 적용되지 않았다고 말할 수 있다. 과학적인 도구를 사용하고 수치를 측정하고 비교하는 일들을 해왔지만, 인간 행동에 관한 오늘날의 모든 문제에는 과학적인 본질을 가진 그 어떤 일도 하지 않고 있다. 전문적인 과학 서적

에서는 '원인'이라는 단어를 쓰지 않지만 여기서는 유용하게 쓰일 것이다.[1]

인간은 경험한 일의 원인을 자신의 행동에서 처음 찾았다. 즉 자신이 사물을 움직였기 때문에 사물이 움직인 것이다. 다른 사물이 움직였다면 다른 사람이 그것을 움직였기 때문이며, 움직인 사람이 보이지 않는다면 눈에 보이지 않기 때문이다. 그리스의 신들은 이런 식으로 물리적 현상의 원인들이 되었다. 신들은 보통 그들이 움직이는 사물 밖에 있지만 사물 안으로 들어가 '소유'할 수도 있다.[2] 물리학과 생물학은 곧 이런 식의 설명을 버리고 좀더 쓸모 있는 원인을 찾았지만 인간 행동 분야에서는 이런 결정적인 변화가 일어나지 않았다. 지식인들은 인간이 귀신들린다는 것을 믿지 않으며(귀신을 좇는 의식이 종종 열리고 정신과 의사들이 여전히 귀신 이야기를 하기도 하지만), 인간 행동의 원인이 인간의 내부에 있다고 생각한다. 예를 들어, 비행 청소년은 문제 있는 성격을 가지고 있다고 이야기한다. 이런 설명이 타당하려면 문제를 일으킨 사람의 육체와 성격을 이분해야 한다. 하나의 육체가 때에 따라 다르게 육체를 조절하는 여러 성격을 가지고 있다고 말하는 것은 육체와 정신을 명확하게 구분한 것이다. 정신 분석 학자들은 자아, 초자아, 이드(id)와 같이 세 가지 성격을 구분지었고 인간의 행동은 이들간의 상호 작용으로 이루어진다고 했다.

물리학은 이런 식으로 사물을 인격화하지 않게 되었는데도 불구하고 오랫동안 사물이 의지, 충동, 감정, 의도, 그 밖의 다른 속성을 가지고 있는 것처럼 이야기했다. 버터필드(Butterfield)에 의하면, 아리스토텔레스는 낙하하는 물체는 곧 땅에 닿을 수 있다는 기쁨이 커지기 때문에 속도가 점점 빨라진다고 주장했으며, 후에 학자들은 '충동'이라고 하는 원동력에 의해 발사체가 나른다고 주장했다고 한다(1957). 이런 생각은 모두 사라졌지만 행동 과학자들은 여전히 이와 비슷한 내부 상태라는 말을 좋아한다. 좋은 소식을 가져오는 사람은 기쁘기 때문에 빨리 걷는다든가, 성급해서 부주의한 행동을 한다든가, 순전히 의지의 힘으로 꿋꿋이 행동을 한다든가 하는 말을 들을 때 이상하게 생각하지 않는다. 물리학이나 생물학에서도 별 생각 없이 '의도'라고 여전히 말하는 것을 찾아볼 수 있지만 올바른 의미에서 의도라는 말은 사용할 수 없다. 그러나 대부분의 사람들은 인간 행동의 원인을 의도, 목적, 목표에서 찾는다. 기계가 의도를 가질 수 있는지 없는지 알고 싶다는 것은 의도를 가질 수 있다면 그런 기계는 인간을 더 닮은 것이라고 이야기하고 싶어서일 것이다.

물리학과 생물학에서는 사물의 움직임의 원인을 본질, 특성, 본성에 있다고 보기 시작하면서 의인화된 원인들이 사라져갔다. 예를 들어 중세 연금술사는 물질의 어떤 특성은 변덕스러운 본질로 인한 것이라고 보았으며, 물질은 '개별적인 차이의 화학'이라고 할 수 있는 것으로 비교되었다. 뉴턴은 그 시대의 이런 관습을 반박했다. "모든 종류의 사물이 불가사의한 특성을 가지고 있으며, 이로 인해 활동하고 뚜렷한 효과를 가져오게 된다고 이야기하는 것은 아무 의미도 없다"(불가사의한 특성은 뉴턴이, 비록 이 말을 그대로 지키지는 못했지만, "Hypotheses non fingo"라고 말하면서 거부한 가설들의 예다). 생물학은 오랫동안 생물의 '본성'으로 많은 것을 설명해왔으며 20세기가 되어서야 그 기세가 완전히 누그러들었다. 그러나 행동의 원인을 여전히 인간의 본능에서 찾고, 사람들을 성격, 적성, 능력을 바탕으로 비교하고 설명하는 '개인차에 관한 심리학'이 광범위해졌다.

정치학자, 철학자, 문학가, 경제학자, 심리학자, 언어학자, 사회학자, 신학자, 인류학자, 교육가, 정신과 의사와 같이 인간의 문제에 관심이 있는 대부분의 사람들은 인간의 행동을 전과학적인 방식으로 이야기한다. 신문이나 잡지, 전문 서적, 인간 행동에 관해 무엇이라도 다루고 있는 책들에서 그 예를 찾아볼 수 있다. 인구를 조절하기 위해서는 아동에 대한 '태도'를 변화시켜야 한다거나, 가족 수에 대한 '자부심'을 버리고, 자식에 대한 '책임감'을 키우며, 노후 생활에 대한 '근심'을 덜어 주는 대가족의 역할을 줄여야 한다는 이야기를 들어보았을 것이다. 평화를 지키기 위해서는 지도자들의 '권력을 향한 의지'나 '편집 망상'을 버려야 하고, 전쟁은 인간의 '마음'에서 시작된다는 사실을 기억해야 하며, 인간의 마음속에는 전쟁을 일으키는 '죽음에 대한 본능'과 같은 것이 있으며, 인간은 '천성'적으로 공격적이다라는 이야기들도 한다. 빈민 문제를 해결하기 위해서는 '자존심'을 키워주고, '자발성'을 길러주며, '좌절감'을 줄여주어야 한다고 이야기한다. 청소년 문제를 해결하기 위해 '목적 의식'을 고취시키고, '소외감이나 절망감'을 덜어주어야 한다. 이들 중 어떤 문제도 효과적인 방법이 없다는 것을 깨닫고 나면 우리는 '신앙의 위기'나 '자신감의 상실'을 경험할 것이며, 그것은 '인간의 잠재력에 대한 믿음'을 회복해야 해결할 수 있다. 많이 들어본 이야기들이다. 의심하는 사람도 거의 없다. 그러나 현대 물리학이나 생물학에서는 이와 같은 것을 전혀 찾아볼 수 없다. 이는 행동 공학이 뒤떨어지게 된 이유를 잘 설명해주고 있다.

개념이나 감정, 특성, 의지 등에 대한 '행동주의적' 반대는 이들을 구성한다고 생각되는 요소들에 관한 반대라고 볼 수 있다. 2,500년 전부터 정신의 본질에 관한 몇 가지 끈질긴 의문이 제기되어왔지만 아직도 그 해답은 찾지 못하고 있다. 정신은 어떻게 육체를 움직이는가 하는 문제가 그런 것이다. 최근에 들어와 1965년에 칼 포퍼(Carl Popper)는 이런 의문을 제기하고 있다. "우리는 목적, 의도, 계획, 결심, 이론, 긴장, 가치와 같은 비물질적인 것들이 어떻게 물질 세계에서 물질적 변화를 가져올 수 있는지를 알고 싶다"(1966). 물론 이러한 비물질적인 것들이 어디서 오는 것인지도 알고 싶다. 이 질문에 대해 그리스인들은 '신들로부터'라고 간단히 답하고 있다. 닷즈(Dodds, 1951)에 의하면 그리스인들은 어떤 사람이 어리석은 행동을 하는 것은 그를 싫어하는 신이 그의 마음속에 이성을 잃게 하는 심취를 불어넣었기 때문이며, 어떤 무사를 좋아하는 신은 그에게 용감하게 싸울 수 있도록 힘을 주었다고 믿었다고 한다. 아리스토텔레스는 사고에는 신적인 특성이 있다고 생각했으며, 제노(Zeno)는 지성이 하나님이라고 주장했다.

오늘날 우리는 이 말을 그대로 믿지 않는다. 정신이 행동을 어떻게 유발하는가를 해석하는 가장 흔한 방법은 과거에 일어난 물리적 사건과 관련지어 설명하는 것이다. 즉 인류의 진화에서 비롯된 그 사람의 유전적인 자질로 그의 정신 작용의 일보를 설명할 수 있으며, 나머지는 그의 과거가 설명할 수 있다는 것이다. 예를 들어, 진화 과정 동안 일어났던 경쟁(육체적)으로 인해 현대인들은 적대 행위(육체적인)를 불러일으키는 과격한 느낌(비육체적인)을 갖게 되었다. 또는 성적인 놀이를 하던 어린아이가 벌(육체적인)을 받으면 성인이 되어 그의 성 행위(육체적인)를 방해하는 불안감(비육체적인)이 생기게 된다. 비육체적 단계는 분명히 오랫동안 계속된다. 즉 공격성은 수백만 년 전의 진화 과정으로 거슬러 올라가고, 어린 시절 맛본 불안감은 노년기까지 계속된다.

모든 것이 정신적인 것, 또는 육체적인 것으로 구분된다면 서로간에 전환되는 것이 문제되지 않을 것이다. 어떤 철학자들은 직접적인 경험만이 실재적인 것이라고 주장하면서 정신 세계에 머물려고 해왔으며, 그로 인해 정신적인 요소 사이의 상호 관계를 지배하는 정신의 법칙을 발견하려는 실험 심리학이 생기게 되었다. 오늘날 심리학의 '내면 심리적' 이론들은 하나의 감정이 어떻게 다른 감정을 불러일으키는지(예를 들어 좌절감이 어떻게 공격성을 낳는지와 같은), 감정들이 서로 어떤 작용을 하는지, 마음속에서 사라졌던 감정이 어떻게 다시 나타나는지를 이야기해준다. 묘한 일이지만 심리학이 정신 작용을 설명하는 것이라고 믿은 프로이드도 정신적인 단계가 실은 육체적인 것이라는 상충적인 주장을 했다. 마찬가지로 많은 생리 심리학자들은 그 육체적인 본질을 이해하는 것은 시간 문제라고 믿으며 정신, 감정 등의 상태에 관해 자유롭게 이야기하고 있다.

정신 세계의 차원과 정신계와 육체간의 전이는 곤란한 질문들을 불러일으키고 있지만 보통 이를 무시해도 좋은데, 이는 정신을 중요시 여기는 주의에 대한 커다란 반대를 하는 것은 아니기 때문이다.[3] 정신 세계에 대한 것들은 많은 비중을 차지하고 있지만 행동은 그 자체만으로 하나의 학문 영역으로 인정받을 수 없기 때문이다. 예를 들어, 정신 치료에서는 사람이 어지러운 행동을 하거나 말하는 것이 어떤 증상에 불과하다고 보며, 정신의 깊은 곳에서 나오는 놀라운 이야기와 비교하여 행동 자체는 피상적인 것이라고 본다. 언어학이나 문학 비평에서는 인간이 말하는 것을 거의 생각이나 느낌을 표현하는 것이라고 본다. 정치, 신학, 경제에서는 행동을 태도나 의도, 욕구 등을 추론할 수 있는 내용을 전달하는 것으로 본다. 2,500년 이상 정신 세계가 연구되어왔고, 인간 행동에 대해서는 최근에야 단순한 부산물 이상의 의미로 이해하려는 연구가 시작되었다.

행동을 낳는 조건에 대해서도 별다른 관심이 없었다. 정신적인 설명은 더 이상 아무런 호기심도 자극하지 않는다. 일상적인 대화 속에서 그 결과를 볼 수 있다. "왜 극장에 갔니?"라고 물었을 때 "가고 싶어서"라고 대답하면 우리는 이것이 극장에 간 이유에 대한 설명이 된다고 생각한다. 그 전에 극장에 갔을 때 무슨 일이 있었다거나, 그가 본 연극에 대해 어떤 이야기를 들었다거나, 아니면 그 전에 있었던 어떤 일이나 당시의 환경이 그로 하여금 극장에 가도록 만들었거나(다른 일을 하기 싫어서 등) 하는 이야기를 듣는 것이 더 질문의 요점에 맞는 것일지도 모른다. 하지만 우리는 가고 싶어서 갔다는 이야기가 이 모든 것을 다 설명해준다고 생각하고 자세한 이야기를 묻지 않는다.

전문적인 심리학자도 이와 같은 한계를 갖는다. 오래 전 윌리엄 제임스(William James, 1884)는 무서워서 달아나는 것이 아니라 달아나니까 무섭다는 식의 주장을 통해 감정과 행위에 대해 우리가 흔히 알고 있는 주장을 고쳐놓았다. 다시 말해, 두려움을 느끼는 것은 우리의 행동이 두렵다고 느낀다는 것이다. 그러나 전통적인 관점에서는 행동은 감정을 표현하며 감정으로 설명할 수 있다고 보았다. 그러나 제임스의 주장을 연구한 사람 가운데 제임스가 선행되는 사건에 대해서는 이야기하지 않고 있다는 사실을 알아채는 사람은 얼마 없을 것이다. '원인'은 중요하게 다룰 필요가 없으며, 왜 도망가면서 두려움을 느끼는지를 설명할 필요도 없다고 본 것이다.

감정을 불러일으킨다고 보는 행동을 중요시하건 감정을 중요시하건 간에, 사람들은 그 이전에 일어난 환경에 별다른 주의를 기울이지 않고 있다. 정신과 의사들은 환자의 기억만을 통해 믿을 만하지 못한 환자의 어린 시절에 대해 알게 되며, 중요한 것은 실제로 무슨 일이 일어났는가 하는 것이 아니라 환자가 무엇을 기억하고 있는가 하는 것이라고 주장한다. 심리 분석에 관한 문헌에서 불안에 대한 이야기가 적어도 백 번쯤 나오면 그 불안의 원인이 되는 사건은 겨우 하나 정도 나온다. 심지어 분명하게 드러나지 않는 과거를 더 좋아하는 것 같기도 하다. 예를 들어 최근에는 종이 진화되는 동안 인간 행동을 설명할 수 있는 일들이 일어났으리라는 데 많은 흥미를 가지고 있는데, 실제로 일어난 사실은 추론할 수밖에 없다는 특이한 자신감을 가지고 이야기한다.

사람들이 어떻게, 또는 왜 그런 행동을 하는지 이해할 수 없으면서도 우리는 그 행동을 우리가 알지 못하는 사람 때문이라고 생각한다. 그 알지 못하는 사람의 행동도 전혀 설명할 수 없고, 또 알고 싶어하지도 않으면서 말이다. 이런 주장을 받아들이는 것은 흥미나 능력이 부족해서가 아니라 인간 행동은 전에 일어난 사건과 관계가 없다는 오랜 신념 때문이다. 다르게는 설명할 수 없는 데 대한 설명을 속사람이라는 기능이 해준다. 즉 속사람이 모든 것을 설명해준다. 그는 과거와 현재 행동 사이의 중개자가 아니다. 행동이 일어나도록 하는 '중심'이다. 그에게서 비롯되고 그가 만들어내고 그가 주도한다. 그렇게 함으로써 그리스 사람들처럼 신이 되는 것이다. 우리는 그가 자율적이라고 생각한다. 행동 과학에서 보면 이는 기적과 같다.

물론 약점은 있다. 자율적인 인간은 다른 식으로는 설명이 불가능한 것들만을 설명한다. 그의 존재는 우리가 무지할 때 나타나며 우리가 행동에 관해 알게 될수록 설 자리를 잃어버린다. 과학적 분석이 해야 할 일은 육체적 구조를 갖춘 인간의 행동이 어떻게 인류가 진화했다는 조건과 연관되어 있으며, 어떻게 인간의 현재 조건들과 연관되어 있는가를 설명하는 것이다. 변덕스러운 사건이나 창조와 같은 사건이 끼여들지 않는 한, 인간의 행동과 이런 여건들은 서로 연관되어 있어야 한다. 그리고 실제로 새로운 일은 일어나지 않았다. 인간의 유전적 특성을 좌우하는 생존 조건이 공격적인 행동을 하도록 만드는 것이지 공격적인 감정이 공격적인 행동을 하게 하는 것이 아니다. 성적인 행동에 대한 벌이 성 '행동'을 변화시키는 것이며 거기서 생길 수 있는 감정들은 기껏해야 부산물인 것이다. 우리 시대는 불안의 감정으로 고통 당하고 있는 것이 아니라 사건, 범죄, 전쟁, 그 밖의 인간이 자주 부딪히게 되는 위험하고 어려운 일들로 고통 당하고 있다. 청소년들은 학교를 그만두고 일자리도 구하지 않고 또래와 어울리기만 한다. 이는 청소년들이 소외감을 느끼기 때문이 아니라 가정, 학교, 공장 등의 잘못된 사회 환경 때문이다.

이제는 어서 행동과 환경 사이의 관계로 눈을 돌리고 중개 역할을 한다고 믿었던 정신에서 떠나 물리학과 생물학이 걸어온 길로 들어서야 한다. 물리학은 낙하 물체의 기쁨을 자세히 연구해서 발전된 것이 아니며, 생물학은 생명력의 본질을 연구해서 발전된 것이 아니다. 우리는 성격, 정신 상태, 감정, 인격, 계획, 목적, 의도, 그 밖의 다른 자율적 인간이 지닌 특성을 연구하여 행동을 과학적으로 분석할 필요가 없다.

이를 깨닫기까지 오래 걸린 데는 몇 가지 이유가 있다. 물리학이나 생물학이 연구하는 대상은 인간처럼 행동하지 않으며, 낙하 물체의 기쁨이라든가 발사체의 성급함과 같은 것을 이야기하는 것은 우스꽝스럽다는 것을 안다. 그러나 인간은 인간처럼 행동하며, 행동을 설명해야 할 겉사람은 그 행동을 설명하기 위한 속사람과 같은 사람이다. 속사람은 겉사람 사람의 이미지로 만들어진 것이다.

더 중요한 이유는 속사람이 직접 관찰되는 것 같은 때가 있다는 것이다. 우리는 낙하 물체가 기뻐하리라는 사실을 추론할 수 있다. 하지만 우리 자신의 기쁨은 직접 느낄 수 있지 않은가? 정말 우리는 우리 피부 안 쪽에서 무엇인가를 느낀다. 하지만 행동을 설명하기 위한 것은 느끼지 못한다. 귀신들린 사람은 자신을 사로잡고 있는 '귀신'을 느끼지 못하고 귀신이 존재한다는 것조차 부정한다. 비행 청소년은 자신의 '성격 장애'를 느끼지 못한다. 똑똑한 사람은 자신의 '지능'을 느끼지 못하고 내성적인 사람은 자신의 '내성적인 성격'을 느끼지 못한다(사실, 이러한 정신이나 성격적인 차원의 문제들은 복잡한 통계적 과정을 통해서만 관찰할 수 있다고 한다). 말하는 사람은 문장을 만들 때 적용하는 '문법'을 느끼지 못하며 인간은 문법이 있다는 것을 알아내기 수천 년 전부터 문법에 따라 말을 했다. 질문에 답하는 사람은 그 질문을 특정하게 생각하게 하는 '태도'나 '의견'을 느끼지 못한다. 우리는 행동과 연관된 육체의 어떤 상태를 느낄 수 있다. 그러나 프로이드가 지적한 것처럼, 그것을 느끼지 못하는 때와 똑같이 행동한다. 그런 것들은 부산물이며 원인이라고 잘못 생각해서는 안 된다.

정신적으로 설명하려는 태도를 버리는 데 왜 이리 오래 걸렸는지 훨씬 더 중요한 이유가 있다. 다른 방법을 찾을 수 없었기 때문이다. 외부 환경에서 찾아야 하지만 환경의 역할이 분명하지 않았다. 진화 이론의 역사도 그런 문제를 보여주고 있다. 19세기 전까지 환경은 단순히 서로 다른 많은 종류의 생물체들이 발생하고 번식하고 죽는 수동적인 배경으로 생각되었다. 아무도 많은 종류의 서로 다른 생물체가 '존재'한다는 사실이 환경으로 인한 것이라고 생각지 못했다(그리고 이를 창조적인 '정신'으로 인한 것이라고 보았다). 문제는 환경의 작용이 눈에 잘 띄지 않는다는 것이다. 즉 잡아 당겨 확대하거나 밀어 축소하는 것이 아니라 보이지 않게 '선택'한다는 것이다. 수천 년 동안 인간의 정신사에서 자연 도태 과정은 매우 중요한 것이었음에도 불구하고 눈에 띄지 않았다. 결국 사람들은 이를 발견했고 진화 이론의 열쇠가 되었다.

그 후로도 오랫동안 행동에 대한 환경의 영향은 분명하게 밝혀지지 않았다.[4] 자신이 필요로 하는 것은 취하고 위험한 것은 멀리하면서, 생물체가 주위 세계에서 어떤 일을 하는지는 알 수 있다. 하지만 주위 세계가 생물체에 어떤 일을 하는가를 밝히는 것이 훨씬 더 어렵다. 최초로 환경이 행동을 결정하는 데 능동적인 역할을 한다고 주장한 사람은 데카르트(1662)인데, 단지 강한 힌트를 받아 그런 주장을 할 수 있었다. 그는 숨겨진 밸브에 의해 수력학적으로 작동하는 프랑스 로열 가든에 있는 어떤 자동 장치를 알고 있었다. 데카르트의 설명에 의하면, 그 정원에 들어가려면 사람들은 "타일을 밟고 가게 되는데 목욕하는 다이아나상으로 다가가면 그 상이 장미 덩굴 뒤로 숨고 넵튠 쪽으로 가면 삼지창으로 사람들을 위협한다"고 했다. 사람들은 그 상들이 사람처럼 행동했기 때문에 좋아했고, 따라서 인간 행동도 이처럼 기계적으로 설명할 수 있을 것 같았다. 데카르트는 결국 살아 있는 유기체도 이와 비슷한 이유로 움직이리라는 생각을 했다. 종교적인 논쟁을 피하기 위해 인간은 제외시킨 것 같다.

환경의 연쇄 반응 작용 - 라틴어로 가축몰이 막대기라는 말에서 온 표현 - 을 '자극'이라 하고, 생물체에 일어나는 결과는 '반응', 그리고 이 둘을 합쳐 '반사'라고 부르게 되었다. 반사는 먼저 도롱뇽과 같은 목이 짧은 동물에서 증명되었다. 이 원리는 머리가 잘린 몸통을 움직이게 하는 자율적인 요소('척수의 혼')가 존재하는 것을 부인하는 것처럼 보이기 때문에 19세기 내내 반박을 받았다. 파블로브가 조건을 통해 새로운 반사를 만들 수 있다는 것을 보여주고 나서야 모든 행동을 자극에 대한 반응이라고 보는 본격적인 자극 – 반응 심리학이 탄생하게 되었다. 어떤 저자는 이를 이렇게 표현하고 있다. "우리는 일생 동안 채찍질을 당한다"(홀트, 1931). 그러나 자극 – 반응 모델은 신빙성이 없었고, 자극을 반응으로 전환시키기 위해 속사람과 같은 요소를 만들어내야 했기 때문에 결국 근본적인 문제를 해결하지 못했다. 정보 이론도 입력된 것을 출력시키기 위해 내부적인 '처리자'를 만들어야 했기 때문에 똑같은 문제를 안게 되었다.

유도 자극의 효과는 비교적 이해하기 쉬웠고, 데카르트의 가설이 오랫동안 행동 이론에서 주요한 위치를 차지하고 있었던 것은 놀랄 만한 일이 아니다. 하지만 과학적인 분석이 이제야 겨우 회복되고 있는 현 시점에서 보면 잘못된 것이었다. 환경은 채찍질을 할 뿐 아니라 '선택'하는 것이다. 행동에 대한 환경의 역할은 자연 도태 과정에서도 비슷하며, 다양한 시간차가 있지만 똑같은 이유로 간과되었다. 이제는 반응하기 전뿐 아니라 반응하고 난 후에도 환경이 생물체에 어떤 작용을 하는지를 중요하게 받아들여야 한다는 사실이 분명해졌다. 그 결과에 따라 행동이 형성되고 유지된다. 일단 이 사실을 인정하게 되면 생물체와 환경 사이의 상호 작용을 좀더 이해하기 쉽게 설명할 수 있을 것이다.

여기서 두 가지 중요한 효과를 얻을 수 있다. 하나는 기초 분석에 관한 것이다. 어떤 결과를 가져오기 위해 환경에 작용하는 행동('조작적 행동')은 특정한 결과가 일어날 수 있도록 환경을 설정해놓고 연구할 수 있다.[5] 연구되는 발생 가능한 결과들은 점점 복잡해지고, 예전에는 성격, 정신 상태, 감정, 인격, 목적, 의도들이 해주던 설명을 해준다. 두번째 효과는 실용적인 것으로 환경을 조종할 수 있다는 것이다. 인간의 유전적 자질은 매우 느리게만 변화될 수 있지만, 개인의 환경 속에서 일어나는 변화는 빠르고 극적인 결과도 가져올 수 있다. 조작적 행동의 기술은 이미 발전되어왔고, 우리의 문제들을 해결해나갈 수 있을지도 모른다(울리히, 스타크니크, 마브리, 1966, 1970).

그러나 이런 가능성은 또 다른 문제를 야기시키는데, 우리가 연구한 것을 이용하려면 이 문제들을 해결해야 한다. 우리는 자율적 인간이란 개념을 버리고 발전해왔지만 자율적 인간은 떠나지 않고 있다. 불행히도 든든한 후원을 받으며 뒤로 물러나 있는 것이다. 정치 과학, 법률, 종교, 경제학, 인류학, 사회학, 정신 치료, 철학, 윤리, 역사, 교육, 아동 보호, 언어학, 건축, 도시 계획, 가정 생활 등에서 여전히 중요한 역할을 담당하고 있다. 이러한 분야의 전문가들은 주장하는 대부분의 이론에서 인간의 자율성을 전혀 의심받지 않는다. 속사람은 행동 구조에 관한 연구나 관찰을 통해 얻은 자료를 두려워하지 않고, 이 분야는 대체로 통계 자료에 별로 제약을 받지 않는 집단을 상대로 한다. 결국 전통적인 '지식'이 엄청난 비중을 차지하게 되겠지만, 과학적인 분석에 의해 수정되거나 대치되어야 할 것이다.

자율적 인간의 두 가지 특성은 특히 문제가 된다. 기존의 관점에서 볼 때 인간은 자유롭다. 인간은 인간의 행동이 원인에 좌우되지 않는다는 의미에서 자율적이다. 따라서 인간은 자신이 하는 행동에 책임을 질 수 있고 잘못을 저지르면 벌을 받는다. 이러한 생각은 과학적인 분석을 통해 행동과 환경 사이의 분명한 조절 가능한 관계가 밝혀지면, 이와 연관된 관습들과 더불어 다시 검토되어야 한다. 외부의 통제를 어느 정도는 용납할 수 있다. 신학자들은 전지 전능하신 하나님이 미리 정해놓으신 대로 행동하게 운명지어져 있다는 사실을 받아들였고, 그리스의 작가들은 피할 수 없는 운명을 주제로 한 글을 즐겨 썼다. 점쟁이와 점성가들은 앞으로 하게 될 일을 예언한다고 주장했고 늘 많은 사람들이 그들을 믿었다. 전기 작가들과 역사 학자들은 개인과 인류의 생활에 무엇이 어떤 '영향'을 끼치는지를 연구해왔다. 지혜로운 민담이나 몽테뉴, 베이컨과 같은 수필가들의 글은 어느 정도 인간의 행동을 예견하는 의미들을 담고 있으며 사회 과학의 통계와 증거들도 같은 편에서 이야기하고 있다.

자율적인 인간은 기꺼운 예외기 때문에 이 모든 문제 속에서도 남아 있다. 신학자들은 운명론과 자유 의지를 화해시켰고, 그리스의 청중들은 피할 수 없는 운명을 그린 줄거리에 감동을 받지만 극장을 걸어 나갈 땐 자유인이었다. 한 사람의 교사나 사랑으로 일생이 바뀌듯 역사 과정도 지도자의 죽음이나 바다의 폭풍으로 바뀌어왔고, 이런 일은 모든 사람에게 일어나는 것이 아니며, 모든 사람에게 똑같이 영향을 끼칠 수도 없다. 어떤 역사가들은 예측할 수 없는 성격을 역사의 장점으로 생각했다. 보통, 보험 통계적 자료도 쉽게 무시당한다. 휴일이 낀 주말에 수백 명이 교통 사고를 당하리라는 글을 읽고도 자신은 면제 받은 것처럼 도로에 나선다. 행동 과학은 '예측할 수 있는 인간상'을 만들지 못했다. 반대로 많은 인류학자, 사회학자, 심리학자들은 그들의 전문적인 지식을 통해 인간이 자유롭고 의도를 가지고 있으며 책임적인 존재라는 사실을 증거하고 있다. 프로이드는 결정론자 - 눈으로 확인할 수는 없어도 그의 주장을 통해 - 였다. 하지만 프로이드 학파의 많은 학자들은 환자들에게 어떻게 행동할 것인지 결정할 자유가 있으며 그들의 운명은 만들어 가는 것이라고 아무 주저 없이 이야기해주었다.

인간 행동을 예측할 수 있다는 새로운 증거가 발견되면서 이 비상구는 점점 닫히게 되었다. 개인적으로 완전한 결정론을 피할 수 있다는 사실은 개인적인 행동을 설명하기 위한 과학적인 분석이 진행되면서 무효화되었다. 조셉 우드 크럿치(Joseph Wood Krutch, 1967)는 개인적인 자유를 주장하면서 동시에 통계적 사실을 인정하고 있다. "우리는 그날 기온이 몇 도가 되면 얼마나 많은 사람이 바닷가에 가는지, 몇 명이나 다리에서 뛰어내리는지… 상당히 정확히 예측할 수 있다. 나나 당신이 그렇게 하도록 강요받는 것은 아니지만 말이다." 그러나 바닷가에 가는 사람이 아무런 이유 없이 가거나, 다리에서 뛰어내리는데 그 자살한 사람의 환경과 아무런 연관이 없다는 것은 아니다. '강요'라는 말이 특별히 뚜렷이 강압적인 통제라는 의미일 경우만 그 차이를 인정할 수 있다. 자연히 과학적 분석은 통제적인 모든 관계를 분명하게 밝히려 한다.

자율적인 인간에 의한 통제에 의문을 던지고 환경에 의한 통제를 밝히면서, 행동 과학은 인간의 존엄성이나 가치에 의문을 던지는 것 같다. 인간은 자신의 행동에 책임을 진다. 나쁜 행동을 했을 때 비난을 받거나 처벌받는 것뿐 아니라 자신이 성취한 일로 신용을 얻거나 존경을 받기에 그렇다. 과학적인 분석은 비난뿐 아니라 신용도 환경으로 인한 것이라고 보므로 여태까지 인간을 존중해온 태도는 더 이상 받아들여질 수 없다. 모든 것을 이런 식으로 일축해버리는 변화로 전통적인 이론과 관습에 젖어온 사람들은 당연히 여기에 반발하게 된다.

세번째 문젯거리가 있다. 환경을 강조하게 되면서 개인은 새로운 위험에 직면하게 된 것 같다. 누가 어떤 목적으로 인간을 통제하는 환경을 만들 것인가 하는 것이다. 자율적인 인간은 내면화된 가치관에 따라 자신을 통제한다. 즉 자신이 옳다고 생각하는 일을 한다. 하지만 우리가 가정하고 있는 그 통제자는 무엇을 옳다고 보며, 이것이 그가 통제하는 사람들에게도 옳은 것이 될 것인가? 물론 사람들은 이런 질문에 대한 답은 가치 판단을 요구하는 것이라고 한다.

자유, 존엄성, 가치관은 중요한 문제다. 그리고 불행히도 행동 공학의 힘이 해결해야 할 문제에 비례해서 더욱 중대한 문제가 될 것이다. 해결의 실마리를 가져오는 변화 자체가 그 해결 방법에 대한 더욱 증대되는 반대를 불러일으킬 것이다. 이러한 갈등 자체가 인간 행동의 문제이므로 그런 맥락에서 연구되어야 할 것이다. 행동 과학은 결코 물리학이나 생물학만큼 발전하지는 못했지만 행동 과학 자체의 문제를 해결할 실마리를 가지고 있다는 장점이 있다. 과학이란 인간 행동이며 과학에 대한 반대도 인간 행동이다. 자유와 존엄성을 위한 인간의 투쟁에 어떤 일이 일어났으며, 과학적 지식이 그 투쟁과 관계하게 되면서 어떤 문제가 발생하는가? 이 의문에 대한 해답은 우리가 절실히 필요로 하는 행동 공학의 길을 분명하게 밝히는 데 도움을 줄 것이다.

다음에서 이런 문제들을 '과학적 관점에서' 이야기하려고 한다. 하지만 독자들이 행동을 과학적으로 분석한 세세한 지식을 알아야 하는 것은 아니다. 단지 해설하는 것으로 충분할 것이다. 그러나 이러한 해석의 본질은 오해하기 쉽다. 우리는 때로 정확하게 과학적으로 관찰하거나 측정할 수 없는 일들에 대해 이야기하기도 하지만, 보다 정확한 조건하에서 이루어진 기준이나 원리를 사용하면 얻을 수 있는 것이 많을 것이다. 전문가들은 해질 무렵의 바다는 왜 묘한 불빛으로 빛나는지, 창문에는 왜 이상한 모양으로 서리가 끼고, 불 위에 얹어놓은 수프는 왜 굳지 않는지를 설명해준다. 우리는 물론 그건 "사실이 아니라든가, 그들이 이야기하는 것은 증명할 수 없는 것"이라고 의문을 제기할 수 있다. 그렇지만 실험을 해본 경험이 부족한 사람들보다는 그들이 옳은 것 같고, 중요하다면 어떻게 더 정확한 연구를 할 수 있는지 그들만이 가르쳐줄 수 있다.

행동을 실험적으로 분석하는 것도 마찬가지로 유익한 점을 제공한다. 통제된 조건에서 행동 과정을 관찰하면 생활 속에서 쉽게 그 행동들을 탐지해낼 수 있다. 행동과 환경의 특징들을 찾아낼 수 있고 따라서 아무리 그럴싸해 보인다 해도 중요하지 않은 것들은 무시할 수 있게 된다. 실험적인 분석에서 전통적인 설명들을 실험해보고 부족하다는 것이 밝혀지면 이를 거부하고, 지속적인 관심을 가지고 우리의 연구를 계속 정진해나갈 수 있을 것이다. 다음에 인용된 행동에 관한 사례들은 해석의 '증거'로 제공하는 것이 아니다. 증거는 기초적인 분석 속에서 찾아야 한다. 사례들을 해석하는 데 사용된 원리들은 피상적인 관찰로만 얻은 원리에서는 찾아볼 수 없는 타당성을 지니고 있다.

아래의 내용이 때로 일관성이 없는 것처럼 보일 것이다. 다른 언어들처럼 영어도 일상적인 대화에서는 전(前)과학적 용어가 많이 있다. 천문학자가 해가 뜬다고 하거나 밤에 별이 나온다고 이야기해도 전혀 이상하게 보지 않는다. 천문학자라고 늘 지구가 자전을 하면서 태양이 수평선에 나타났다거나 대기가 태양 광선을 굴절시키지 않게 되어 별이 눈에 보이게 되었다고 이야기하는 것은 우스꽝스럽기 때문이다. 우리가 요구하는 것은 필요하다면 보다 정확한 해설을 할 수 있어야 한다는 것이다. 영어는 세상사의 어떤 다른 면보다도 인간의 행동에 관한 표현이 많고, 이를 기술적인 용어로 바꾼다면 훨씬 어색해 보일지도 모른다. 그래서 일상적인 표현을 사용하는 것이 문제가 될 수도 있다. 마음이란 설명하기 위한 허구라고 이야기하고서 "마음속에 기억해두라"고 이야기한다거나, 개념이란 단순히 행동을 미리 상상해놓은 것에 불과하면서 '자유의 개념을 생각해 보기'로 이야기한다거나, 행동 과학을 두려워하는 사람들의 행동을 행동 과학적인 면에서 변화시켜야 한다면서 "행동 과학을 두려워하는 사람들을 안심시킨다"고 이야기하는 것은 모순처럼 들릴 것이다. 전문가들을 위해서는 이런 류의 표현 없이 책을 쓸 수 있겠지만, 중요한 것은 비전문가들을 위해 비전문적으로 쓸 필요가 있다는 것이다. 영어에 있는 많은 정신적인 표현들을 '일출'과 같이 엄격하게 번역할 수 없다는 것은 분명하지만, 인정 받을 수 있을 만한 번역이 불가능한 것도 아니다.

우리의 중요한 대부분의 문제가 인간 행동에 관한 것이며, 이는 물리학적 기술이나 생물학적 기술만으로는 해결할 수 없다. 우리에게 필요한 것은 행동에 관한 기술(행동 공학)이지만 그런 공학을 이끌어낼 수 있는 과학을 발전시키는 데 오랜 시일이 걸렸다. 한 가지 문제점은 행동 과학이라고 할 수 있는 거의 모든 것이 정신, 감정, 성격, 인간 본성과 같은 데서 계속 행동의 발자취를 찾아보려고 한다는 점이다. 물리학과 생물학도 이와 비슷한 전철을 밟았지만 그런 것들을 버리고 나서야 발전하게 되었다. 행동 과학은 설명할 수 있는 실체들을 직접 관찰할 수 있을 것 같고 다른 설명들은 찾기 어려운 것 같았기 때문에 변화하는 데 오랜 시간이 걸렸다. 환경은 분명히 중요하지만 그 역할은 아직 분명하게 밝혀지지 않았다. 환경은 밀고 당기며 확대시키거나 축소시키는 것이 아니라 '선택'하여 도태시키며, 이러한 기능을 밝혀내 분석하기는 쉽지 않다. 진화에서 자연 도태의 역할을 공식적으로 인정하게 된 것은 겨우 100년 남짓한 일이다. 그리고 개인의 행동을 형성하고 유지하는 데 있어서 환경이 선택하는 기능은 이제 겨우 인식되고 연구되기 시작했다. 그러나 유기체와 환경 사이의 상호 작용을 이해하기 시작하면서 전에는 정신, 감정, 성격들로 생각했던 행동에 영향을 끼치는 요소들을 이제는 이용 가능한 조건들 속에서 찾기 시작했으며, 이로 인해 행동 공학이 유용한 것이 될 수 있게 된 것이다. 그러나 행동 공학이 확고히 자리잡고 있는 전통적인 전(前)과학적인 관점들을 바꾸어놓지 않는 한 우리의 문제들을 해결하지 못할 것이다. 자유와 존엄성이 그 어려움의 실례를 보여주고 있다. 자유와 존엄성은 기존 이론에 나오는 자율적인 인간의 소유물로, 자신의 행동에 책임을 지고 자신이 성취한 일로 신용을 얻게 되는 사회적 관습에 필수적인 것이다. 과학적인 분석은 그 비난이나 업적을 모두 환경으로 돌린다. 이는 여전히 '가치'에 대한 의문을 불러일으킨다. 누가 행동 공학을 이용하며 어떤 목적으로 이용할 것인가? 이런 문제가 해결되지 않는 한 행동 공학은 계속 거부당하고 우리의 문제를 해결해줄 유일한 길도 거부당할 것이다.

1. 스키너의 세계관을 거부하면서도 행동 과학의 근본적인 요소를 기독교 교육에 효과적으로 활용하는 것이 어떻게 가능한가? 가능한 일인가?

2. '문화 창안'의 개념이 '문화를 형성하시는 그리스도'의 개념과 어떤 점이 같고, 어떤 점이 다른가?

3. '자율적인 인간'의 개념은 기독교 교육에서 근본적인 개념인가? 그렇다면, 혹은 그렇지 않다면 그 이유를 설명해보라.

4. 사람들에게 있어서 환경이 밀고 당기며 확대시키거나 축소시키는 것이 아니라 '선택'한다는 의미를 설명해보라.

Butterfield, H. 1957. The origins of modern science. London.

Darlington, C. D. 1970. The evolution of man and society. Quoted in Science 168: 1332.

Descartes, R. 1662. Traite de L' homme.

Dodds, E. R. 1951. The Greeks and the irrational. Berkeley: University of California Press.

Holt, E. B. 1931. Animal drive and the learning process. New York: Henry Holt.

James, W. 1884. What is an emotion? Mind 9: 188-205.

Krutch, J. W. 1967. New York Times Magazine, July 30.

Popper, K. R. 1966. Of clouds and clocks. St. Louis: Washington University Press.

Skinner, V. F. 1953. Science and human behavior. New York: Macmillan.

_____. 1969. Contingencies of reinforcement: A theoretical analysis. New York: Appleton-Century-Crofts.

Ulrich, R, T. Stachnik, and J. Mabry, eds. 1966, 1970. Control of human behavior, Vols. 1 and 2. Glenview, Ill.: Scott, Foresman.

1. 전문적인 과학 서적에서 쓰이지 않는 것은 19세기 과학의 유연적인 인과 관계다. 여기서 이야기하는 원인들은 기술적으로 말해, 종속 변수로서의 행동이 하나의 기능이 되는 독립 변수다.

2. On 'possenssion', see Skinner(1969), chap 9

3. Ibid., 제8장.

4. Ibid., 제1장.

5. 조작적 행동에 대해서는 제5장 스키너(1953)의 글을 보라.

교육에 있어서 구조의 중요성
(1960)

제롬 S. 브루너
(Jerome S. Bruner, 심리학자)

브루너는 경험적 연구를 통해 대부분의 학습은 네 가지 원리를 기초로 한다고 주장한다. 첫번째 원리는 '동기(motivation)'다. 행동이 유지되려면 근본적으로 보상이 내재되어야 한다. 활성, 지속, 방향의 현상을 통해 대안을 발견해낼 수 있도록 아동을 이끌어주어야 한다. 두번째 원리는 '구조(structure)'다. 이 원리에 관한 유명하고 간단한 설명을 보자면, 어떤 분야의 지식이나 대부분의 사람들이 이해할 수 있도록 그 근본적인 구조를 따라 구성될 수 있다는 것이다. 세번째 원리는 '연속성(sequence)'이다. 이는 한 주제의 주요 양상들을 제시하는 순서에 관한 것이다. 학습에는 피드백에 의한, '강화(reinforcement)'라는 네번째 원리가 필요하다. 피드백은 너무 이르지도 않고 너무 늦지도 않게, 자기 평가가 일어나고 있을 때 이루어져야 한다.

브루너 교수는 1930년대에 하버드에서 생리 심리학을 연구했다. 그러나 독일에서 국가 사회주의가 부흥하면서 사회심리학 분야로 관심을 돌렸다. 1941년에 나치의 선전 기술에 관한 논문을 완성했다. 전쟁이 끝나고 다시 하버드로 돌아와 인간의 인지 능력, 특히 아동의 인지 능력에 관해 연구했다. 그는 인간이 과거의 경험과 일치되도록 인지한다고 믿게 되었다. 브루너의 연구는 인간이 어떻게 지식을 습득하고, 지성이 발달하게 되는가를 연구하는 인지 심리학에 대한 관심을 불러일으켰다. 1960년 하버드 인지 연구 센터를 설립한 지 얼마 안 되어 그의 연구는 교육에 영향을 미치기 시작했다. 브루너가 초기에 쓴 「교육 과정(The Process of Education)」에서 발췌한 이 글은 그의 연구의 핵심인 '구조'에 관한 것이다.

브루너는 경험적 연구를 통해 대부분의 학습은 네 가지 원리를 기초로 한다고 주장한다. 첫번째 원리는 '동기(motivation)'다. 모든 아동은 날 때부터 배우고자 하는 의지를 가지고 있다. 그러나 어떤 행동을 불러일으키기 위해서는 보상이 필요하다. 행동이 유지되려면 근본적으로 보상이 내재되어야 한다. 활성, 지속, 방향의 현상을 통해 대안을 발견해낼 수 있도록 아동을 이끌어주어야 한다.

두번째 원리는 '구조(structure)'다. 이 원리에 관한 유명하고 간단한 설명을 보자면, 어떤 분야의 지식이나 대부분의 사람들이 이해할 수 있도록 그 근본적인 구조를 따라 구성될 수 있다는 것이다. 구조는 경제, 권력, 제시 형태에 의해 특징지어질 수도 있다. 따라서 브루너는 "…평범한 원칙들을 분명하게 반영하는 교과 과정을 구성하는 방법"과 같이 구조를 교육에 부과시켰다(1960).

세번째 원리는 '연속성(sequence)'이다. 이는 한 주제의 주요 양상들을 제시하는 순서에 관한 것이다. 브루너는 지적인 발달이 이 연속성을 따르는 것이기 때문에 중요하다고 생각했다. 또 연속성이 동기와 연계되어 있다고 보았다.

학습에는 피드백에 의한, '강화(reinforcement)'라는 네번째 원리가 필요하다. 피드백은 너무 이르지도 않고 너무 늦지도 않게, 자기 평가가 일어나고 있을 때 이루어져야 한다. 때가 맞지 않으면 탐구는 혼란스러워지거나 끝나버리게 된다.

이 네 가지 원리는 학습자로 하여금 자발적인 문제 해결사가 될 수 있도록 준비시키려는 목적을 가지고 있다.

From The Process of Education (New York: Vintage, 1960), 17-31.

어떠한 학습 활동이나 그 첫번째 목적은, 학습의 즐거움을 떠나 미래를 위해 준비시키려는 것이다. 학습은 우리를 어디론가 데려다주는 것이어서는 안 된다. 우리로 하여금 좀더 쉽게 앞으로 나갈 수 있도록 해주는 것이어야 한다. 학습이 미래를 준비시켜 주는 데는 두 가지 길이 있다. 하나는 우리가 최초로 배운 것과 매우 비슷한 과제에 대한 구체적인 적용성을 통해서다. 심리학자들은 이 현상을 훈련의 구체적인 전환이라고 이야기하는데 아마 습관 또는 연상의 연장이라고 해야 할 것이다. 그 유용성은 주로 보통 기술이라고 이야기하는 것에 국한되어 있는 것 같다. 망치질하는 법을 배우고 나면 망치로 못을 박거나 나무를 쪼개는 법을 더 쉽게 배울 수 있게 된다. 학교에서의 학습은 분명히 학교를 다니면서 아니면 졸업하고 나서 부딪히게 될 일들에 전환될 기술을 갖게 한다. 과거의 학습이 미래에 더욱 효과적으로 수행될 수 있도록 하는 두번째 방법은 편리하게 말해서 비특정 전환, 더 정확히 말해, 원리와 태도의 전환이라고 하는 것이다. 근본적으로 이 두번째 방법은 주로 기술이 아니라 일반적인 지식에 대한 학습으로 이루어지는데, 최초로 배운 사고와 관련된 특정한 사례들처럼 연속되는 문제를 인식하는 토대로 사용될 수 있다. 이러한 전환은 교육 과정, 기초적이고 일반적인 지식의 지속적인 확대와 심화 과정의 중심에서 이루어진다.

두번째 유형의 전환, 원리의 전환에 의해 이루어지는 학습의 지속성은 학습하는 학과 내용 구조의 숙달에 달려 있다. 다시 말해서, 새로운 상황에 대한 어느 지식의 적용성 또는 부적용성을 인식할 수 있고 이에 따라 자신의 학습을 넓히기 위해 자신이 다루고 있는 현상의 일반적인 본질을 분명히 알고 있어야 한다는 것이다. 자신이 배운 개념이 기초적이고 기본적인 것일수록 새로운 문제에 대한 그 적용 범위는 더욱 넓어진다. 사실, 이 말은 똑같은 이야기를 반복하고 있는 것이다. 여기서 '기본적'이라는 것은 정확히 말해 어떤 개념이 강하고 커다란 적용력을 가지고 있다는 의미다. 간단히 말해서, 학교 커리큘럼이나 교수 방법이 가르치는 어떤 과목에서나 기본적인 개념을 가르치는 데 역점을 두어야 한다는 주장일 수도 있다. 그러나 이렇게 말하는 순간 굉장히 많은 문제가 발생하게 되는데, 좀더 깊이 연구해야만 대부분의 문제들을 해결할 수 있다. 이제 이 중 몇 가지 문제들을 살펴보도록 하겠다.

먼저 가장 분명한 문제는 평범한 교사들이 평범한 학생들에게 가르칠 수 있고 동시에 다양한 연구 분야의 기본 원리들을 명확하게 보여주는 커리큘럼을 어떻게 구성할 수 있는가 하는 것이다. 문제는 두 가지로 나뉜다. 하나는 관련된 광범위하고 강력한 개념과 관점을 중요시하면서 어떻게 기본 학과들을 고쳐 쓰고 교수 자료들을 개편할 수 있는가 하는 것이며, 두번째는 학교 안에서 학년도 다르고 능력도 다른 다양한 학생들에게 어떻게 내용 수준을 맞추느냐 하는 것이다.

지난 몇 년 간의 경험을 통해 학과 내용의 기본적인 구조에 해당하는 커리큘럼을 기획하는 데 대한 적어도 중요한 한 가지 교훈을 얻었다. 어떤 특정한 분야에서나 최고의 지식이 모여 커리큘럼을 기획해야 한다는 것이다. 초등 학생들에게 미국 역사에 관해 무엇을 가르쳐야 하는지, 산수는 무엇을 가르쳐야 하는지에 관한 결정은 각 분야의 고도의 목표와 능력의 도움이 있어야 가장 훌륭하게 결정될 수 있다. 초등 학생의 대수를 교환 법칙, 배분 법칙, 결합 법칙을 기초로 가르친다고 결정하기 위해서는 수학의 기초를 이해하고 파악하는 수학자가 되어야 한다. 학생들이 미국 역사의 사건과 흐름을 분류하기 전에 미국 역사에서의 개척자들의 역할에 관한 프레드릭 잭슨 터너(Frederick Jackson Turner)의 사고를 이해해야 하는지… 이런 것은 미국 역사에 관한 깊은 이해가 있는 학자의 도움이 필요한 결정이다. 커리큘럼을 짜는 데 있어 최고 수준의 지식을 활용할 때, 공부를 막 시작한 학생들에게 풍성한 학문과 지혜의 열매를 가져다주게 될 것이다.

다음과 같은 의문이 생길지도 모른다. "초등 교육과 중등 교육을 위한 커리큘럼을 기획하는 데 있어서 어떻게 가장 유능한 학자와 과학자들의 도움을 구할 수 있는가?" 이미 부분적이지만 그 해답이 나와 있다. 학교 수학 연구회, 일리노이 대학 수학 프로젝트, 물리학 연구 위원회, 생물학 커리큘럼 연구회 등은 그 다양한 영역에서 저명한 인사들의 도움을 받아오고 있다. 이러한 프로젝트를 통해 훌륭한 초등 학교·중등 학교 교사들, 또는 특별한 목적으로, 전문적인 저작자들이나 영화 제작자, 디자이너, 그 밖의 복잡한 분야에서 필요로 하는 사람들의 도움을 받아오고 있다.

여기서 이야기하고 있는 방향으로 커리큘럼을 광범위하게 수정한다 해도 해결되지 않는 주요한 문제가 하나 있다. 그 분야의 기본적인 개념에 통달한다는 것은 일반적인 원리를 이해하고 있다는 것뿐아니라 학습과 연구, 추측과 직감, 스스로 문제를 해결할 수 있는 가능성에 대한 태도의 발전 등을 포함한다. 마치 물리학자가 자연의 궁극적인 질서에 대한 특정한 태도와 그 질서를 발견할 수 있다는 신념을 가지고 있는 것처럼, 어린 물리학도가 자신이 배운 것이 사고하는 데 유용하고 중요한 것이 되도록 학습해나가려면 그 태도를 효과적으로 활용할 수 있어야 한다. 가르침을 통해 그러한 태도를 주입시켜주려면 기본적인 개념을 제시하는 데서 그쳐서는 안 된다. 그러한 가르침을 훌륭하게 꽃피우기 위해서는 상당한 연구가 필요하지만 중요한 요소는 발견에 대한 흥미, 자신의 능력에 대해 자신감을 불러오는, 예전에는 알지 못했던 관계들의 규칙성과 개념들간의 유사성을 발견하는 데 대한 관심이다. 과학과 수학의 커리큘럼을 연구한 많은 사람들은 학생들로 하여금 혼자 힘으로 발견하도록 이끄는 흥미로운 인과 관계들을 갖추기 위해 그 분야의 기본 구조를 제시할 수 있다고 주장해왔다.

특별히, 학교 수학 위원회와 일리노이 대학의 수학 프로젝트는 교수 활동을 보조하는 데 발견이 중요한 역할을 한다는 것을 강조했다. 그들은 학생들이 특정한 수학 연산의 기초가 되는 일반 법칙을 스스로 발견하도록 이끄는 방법을 활발히 찾고 있다. 그들은 이 방법을 교사가 먼저 일반 법칙을 제시하면 학생들은 그 증거를 통해 문제를 해결하는 '주장과 증거 방법'과 대조한다. 또한 일리노이 대학 모임은 발견 방법이 학생들이 수학을 통해 배워야 하는 모든 것을 제시하는 데 시간이 오래 걸린다고 지적했다. 이 두 점의 적절한 균형을 찾는 것은 결코 쉽지 않다. 더 많은 노력이 필요하며, 현재 그 문제를 해결하기 위한 연구가 진행중이다. 귀납적인 방법이 가르치는 데 더 나은 방법인가? 학습 태도에 바람직한 영향을 주는가?

발견 방법이 수학이나 물리학과 같이 매우 공식화된 과목에 국한될 필요가 없다는 것은 사회학 분야에 대한 하버드 대학 인지 프로젝트의 실험을 통해 입증되었다. 동서부 지역의 사회 경제 지리에 대해서 종래의 방법으로 공부한 적이 있는 6학년 학생들에게, 중북부 지역에 관한 수업에서는 이름은 나와 있지 않고 자연적인 특징과 산물이 나타나 있는 지도에서 주요 도시 지역을 찾아보도록 했다. 학급 토론 결과 도시의 요건에 관한 그럴듯한 다양한 이론들이 나왔다. 예를 들어, 세 호수가 만나는 시카고는 하천 등을 통한 수송 이론, 메사비 지역에는 광업 자원 이론, 아이오와의 풍부한 토양이 있는 곳은 식량 공급 이론 등과 같은 것들이다. 인지 능력 수준뿐 아니라 흥미 수준도 통제받는 수업

보다 훨씬 높았다. 가장 놀라운 것은, 처음에는 도시의 위치를 기억하기 어려워 한참 생각해야 답을 찾을 수 있었던 학생들의 태도다. 답을 구하는 것이 즐겁고 흥미로웠을 뿐 아니라, 적어도 예전에는 도시적인 형상들을 당연시 여기던 도시 학생들에게 발견 방법이 좋은 효과를 거두었다.

어떻게 기본적인 지식을 아동의 흥미와 능력에 맞출 수 있는가? 나중에 자세히 살펴보게 되겠지만 여기서 간단히 한마디 하자면, 물리나 다른 현상들을 제시하기 위해 흥미로우며 결과적으로 정확히 이해할 수 있도록 깊은 이해와 성실성이 조화를 이루어야 할 필요가 있다. 예를 들어, 물리학의 어떤 교수 내용을 살펴보면, 제시하고 있는 주제를 저자가 충분히 이해하지 못하기 때문에 아무 효과도 거두지 못하는 내용인데 성실성만은 찾아볼 수 있다.

조수 현상을 설명하는 일반적인 방법 속에서도 좋은 예를 찾아볼 수 있다. 고등 학생들에게 조수를 설명해보라고 하면 지구 표면에 달의 중력이 작용하여 그 힘이 세어지면 달 쪽으로 바닷물을 끌어당긴다고 이야기할 것이다. 그러나 지구가 달에 대한 중력이 왜 약해지는가를 설명하라고 하면 거의 모든 학생들이 제대로 답하지 못한다. 또는 밀물이 최대로 들어왔을 때 지구와 달의 위치 관계가 어떤지를 물어 보면 보통 지구 표면이 달과 가장 가까울 때라고 대답한다. 학생들은 밀물과 썰물간에 조금씩 시간이 지체되는 지조(遲潮) 시간이 있다는 것을 안다 해도 보통 그 이유에 대해서는 알지 못한다. 이는 자유롭게 움직이는 탄력을 가진 물체에 중력이 어떻게 작용하는지와 중력과 관성 사이의 연관성을 충분히 이해하지 못하기 때문이다. 간단히 말해, 뉴턴의 우주의 중력에 관한 위대한 발견과 그 작용 구조를 확실하게 이해하는 데서 오는 즐거움을 알지 못한 채 조수를 설명하고 있는 것이다. 정확하게 분명히 밝혀주는 설명은 전혀 어렵지 않으며, 부분적이며 따라서 복잡하고 제한되어 있는 것보다는 쉬울 수도 있다. 커리큘럼을 구성하는 작업을 하는 사람들은 모두 내용을 흥미 있게 만드는 것이 그 내용을 깊이 제시하는 것과는 전혀 접목이 불가능한 것이 아니라는 사실에 동의할 것이다. 사실, 정확하고 일반적인 설명이 그 무엇보다도 흥미 있는 것일 수 있다. 과목의 기본 구조를 가르쳐야 할 적어도 네 가지의 일반적인 이유를 자세히 짚고 넘어가야 할 것 같다.

첫번째로 기초를 이해하는 것은 그 과목을 더 이해하기 쉽도록 한다. 주로 예를 들어 설명하고 있는 물리학이나 수학뿐 아니라 사회학이나 문학에서도 마찬가지다. 모든 국가는 살기 위해 무역을 해야 한다는 것을 기본적으로 이해하게 되면 영국의 무역 규제 횡포 속에서 당밀이나, 사탕수수, 럼, 노예를 사고파는 것과 같은 식민지 미국의 삼각 무역과 같은 사회 현상은 이해하기 더욱 쉬워진다. 「모비딕」을 읽은 고등 학교 학생은 멜빌의 소설이 '고래를 죽이는 것'의 비참함과 악이라는 주제를 연구한 것임을 배워, 인간의 참담함 이야기들이 비교적 제한되어 있다는 것을 깊이 이해할수록 이에 대한 소설을 더 잘 이해할 수 있다.

두번째는 인간의 기억력과 관계 있다. 1세기 동안의 깊은 연구를 통해 얻은 인간의 기억력에 관한 가장 기본적인 사항은 세부적인 내용을 구조화된 형태로 두지 않으면 쉽게 잊혀진다는 것이다. 세부적인 내용은 이를 나타내는 단순화된 방법을 통해서 기억될 수 있다. 이렇게 단순화된 표현 방법은 '재생적'인 특징을 가지고 있다. 장기적 기억이 가지고 있는 이러한 재생적 특징의 좋은 예를 과학에서 찾아볼 수 있다. 과학자는 다른 중력장에서 다른 시간대에 넘어진 물체가 관통하는 거리를 기억하려고 애쓸 필요가 없다. 대신 가장 쉬운 방법으로 기억할 수 있는 공식에 세부 사항을 재생시키면 다양하게 특정지을 수 있는 것이다. 즉 거리, 시간, 중력 상수가 적힌 책을 가지고 다니는 대신 $s=1/2 gt^2$를 외워두면 된다. 마찬가지로 「로드짐」이라는 작품을 해석하면서 주인공의 처지에 대해 말로가 정확히 무엇이라고 말했는가를 기억하는 대신, 로드짐이 해협으로 가게 되었는지 알아보지도 않고 이해하려는 냉정한 방관자였다는 사실을 기억한다. 우리는 공식이나 한 사건의 의미를 가져오는 세부적인 내용, 전체적인 내용을 보여주는 중심 내용, 그리고 핵심적인 내용을 보여주는 캐리커처나 사진 등의 모든 것을 응축하고 대표하는 것을 기억한다. 일반적이고 기초적인 원리들을 배우는 것은 기억하던 것을 잊는다고 전체적인 것을 잊어버리지 않도록 해주고, 남아 있는 기억들로 우리가 필요한 세부적인 내용을 재구축할 수 있도록 해주는 것이다. 훌륭한 이론은 현재의 어떤 현상을 이해하기 위한 수단일 뿐 아니라 미래에 기억할 수 있도록 해주는 것이다.

세번째로 앞에서 이야기한 것처럼, 기초적인 원리와 주장들을 이해하는 것은 '가르침으로의 전이'가 알맞게 이루어지는 데 중요한 길이 된다. 구체적인 예를 통해 어떤 사물이나 사건을 좀더 일반적으로 이해한다는 것, 즉 좀더 기초적인 원리나 구조를 이해하는 것은 특정한 경우뿐 아니라 앞으로 경험할 수도 있는 다른 경우를 이해하는 데 도움이 되는 한 예를 알고 있는 것이다. 백년 전쟁이 끝날 무렵 유럽이 얼마나 황폐해졌으며, 이데올로기적으로 완벽하지는 않지만 효과적인 웨스트팔리아 조약의 조건들이 어떻게 만들어졌는지를 깊이 이해하는 학생이라면, - 정확히 같은 상황이라고 볼 수는 없지만 - 동서양의 이데올로기 갈등을 좀더 잘 이해할 수 있을 것이다. 마찬가지로 깊이 생각하게 되면 일반화시키는 데 한계가 있다는 것도 알 수 있게 될 것이다. 가르치기 위한 기초로서의 '원리'와 '개념'에 대한 이론은 전혀 새로운 것이 아니다. 서로 다른 학년들에게 많은 다른 과목들을 가지고 어떻게 가장 효과적으로 연결시켜 가르칠 수 있는가 하는 구체적인 방법을 보여줄 수 있는 연구가 절실히 필요하다.

가르치는 데 있어서 구조와 원리의 중요성을 강조하는 네번째 주장은 저학년에서 가르치는 내용이 가지고 있는 기초적인 특성을 끊임없이 검토함으로써 '기초' 지식과 '고급' 지식 사이의 간격을 좁힐 수 있다는 것이다. 초등 학교에서 중·고등 학교를 거쳐 대학에 이르는 과정 속에서 나타나는 문제 가운데 하나는 저학년에서 배운 내용이 세대에 뒤떨어진 것이 되거나 그 분야의 성장을 좇아가지 못해 그릇된 가르침으로 남게 되는 점이다. 이러한 간격은 앞에서 이야기한 점들을 강조함으로 줄어들 수 있을 것이다.

이제 우즈 홀(Woods Hole)에서 중요하게 다루어졌던 몇 가지 구체적인 문제점들을 살펴보자. 그 중 한 가지는 '일반 과학'이라는 난제와 관계가 있다. 실제로 과학의 모든 영역에 어떤 반복되는 개념이 있다. 한 영역에서 그것을 잘 배웠다면 다른 영역에서 다른 형태로 다시 배우게 될 때 좀더 쉽게 받아들일 수 있게 된다. 많은 교사와 과학자들은 이러한 기초적인 개념들이 '제한적인 것'은 아닌지, 즉 특정한 과학 영역에 얽매이지 않고서도 분명하게 설명할 수 있는지 많은 연구를 해왔다. 그러한 개념의 예는 쉽게 찾아볼 수 있다. 분류와 용도, 측정 단위와 그 환산, 과학에서 정보가 지니고 있는 간접성과 개념들에 대한 조작적 정의를 내릴 필요성 등이다. 마지막 예를 살펴보면, 우리는 압력이나 화학 결합을 직접 볼 수 없지만 측정 수치와 같은 것을 통해 간접적으로 추론한다. 체온도 마찬가지다. 다른 사람들의 슬픔도 그렇다. 후에 배우게 될 다양하고 특수한 원리들이 가지고 있는 특정한 의미를 이해하는데 훌륭한 기초가 되도록 저학년에서 이런 개념들을 효과적으로, 다양한 실례들을 통해 설명할 수 있는가? 후에 배우게 될 전문적 과학에 대한 입문으로서 '일반 과학'을 가르치는 것은 현명한 일인가? 후에 좀더 쉽게 배울 수 있도록 하기 위해 우리는 어떻게 가르치고 무엇을 가르쳐야 하는가? 미래를 위해 이 문제에 대한 많은 연구 - 방법의 유용성에 대한 연구뿐 아니라 가르칠 수 있는 일반 과학적 개념이 어떤 것들인지에 대한 연구 - 가 있어야 할 것이다.

실제로 과학이나 문학의 일반적인 관점이나 방법들 가운데에는 나중에 배우는 내용과 커다란 연관성을 지니고 있는 것을 저학년에서 배울 수 있는 것들이 있다. 사물들은 서로 연관되어 있으며 고립되어 있지 않다는 관점도 중요한 한 예다. 사물들이 서로 어떻게 영향을 주며 어떤 관계를 가지고 있는지 - 물질계나 사회에 어떤 사건에 대한 다양한 의견이 있을 수 있다는 개념을 소개하기 위해- 좀더 능동적으로 이해시키기 위한 유치원생들의 게임을 생각해낼 수도 있다. 아직 연구 중인 과학자라면 자신의 연구 작업의 일부인 관점이나 접근 방법에 관해 이야기해줄 수 있을 것이다. 사학자는 역사와 관련된 영역 속에서 매우 광범위한 글을 쓸 수 있을 것이다. 문학가라면 문학적인 기호나 특성을 만들어내는 감성의 형태에 관한 글의 장르를 단계적으로 전개해나갈 수 있을 것이다. 수학에는 문제를 풀어나가는 방법을 설명하기 위해 학생 스스로 깨닫게 하는 '발견적 지도 방법' 이라는 것이 있다. 다양한 분야의 많은 학자들이 우즈 홀에서 논쟁을 벌인 것처럼, 어떤 방법, 또는 발견적 지도 방법이 가장 널리 퍼져 있고 가장 효과적인지 평가하는 일이 중요하며, 학년이 높아질수록 점점 정교해질 내용의 기초를 가르치기 위해 노력해야 한다는 것은 당연하다. 물론 이러한 주장은 이론의 중심과 학생들이 그 이론에 접하게 되는 첫 단계 사이에 연계성이 있어야 한다는 것을 전제로 하는 것이다. 그 과제는 결코 쉽지만은 않겠지만 신중히 검토하고 연구할 가치가 있는 것이다.

일반적인 원리나 관점을 가르치기 위한 노력을 기울여야 한다는 데 반대하는 주요한 주장은 첫째, 특정한 것을 통해 일반적인 것으로 접근하는 것이 더 낫다는 것과 둘째, 연구중인 주장은 명백하게 제시하지 말아야 한다는 것이다. 예를 들어, 생물학에서 유기체에 대한 주요한 개념 가운데 늘 똑같은 의문을 던지게 하는 것이 있다. "이것은 어떤 기능을 가지고 있는가?" 하는 질문, 생물체에서 발견할 수 있는 모든 것은 어떤 기능을 가지고 있으며 그렇지 않으면 도태된다는 주장을 전제로 하는 질문이다. 다른 일반적인 개념들은 이 질문과 연관되어 있다. 생물학을 계속 배워나가고 있는 학생이라면 점점 깊은 질문을 던지게 되고 더욱 많은 것들을 연관시키게 될 것이다. 다음 단계로 그 생물체의 전체 기능을 유지하기 위한 필요성에서 볼 때 어떤 기능이 어떤 특정한 구조나 과정을 이루어나가는가 하는 질문을 하게 될 것이다. 기능을 일반적인 개념으로 설명하기 위해 측정과 분류를 하게 된다. 자신이 얻은 지식을 훨씬 이해하기 쉬운 개념으로 정리하고 나서 세포 구조나 계통 발생학적인 분야로 진행할 것이다. 일반적인 개념이 가지고 있는 실제적인 의미를 배우기 위해서는 기본적으로 특수한 원리를 이해할 수 있는 사고 방식이 갖추어져야 하는데, 이런 경우 '기능'의 의미를 일반적으로 소개하는 것보다는 생물학의 맥락에서 가르치는 것이 훨씬 효과적이다.

'관점'을 가르치는 것이나 수학에서 학생들이 스스로 깨달을 수 있도록 발견적 지도 방법으로 가르치는 데 대한 문제점은 학습자가 자기 자신의 관점이나 방법을 지나치게 의식하면 기계적이 되거나 문제를 푸는 데 요령 위주가 되어버린다는 점이다. 이 점에 대해서는 아직 분명하게 밝혀진 점이 없으며 이런 방법을 사용하여 가르치기 전에 충분한 검토가 이루어져야 할 것이다. 현재 일리노이 대학에서 물질 현상에 관한 질문을 좀 더 효과적으로 할 수 있도록 가르치는 데 대한 연구가 진행되고 있으나 분명하게 밝히기 위해서는 훨씬 더 많은 연구 내용이 필요하다.

'이해하는 것'과 '실제로 하는 것'은 다르다는 이야기를 들어본 적이 있을 것이다. 수학 공식을 알고 있지만 계산하는 데 이를 어떻게 활용해야 하는지 모르는 학생의 예에서 쉽게 찾아볼 수 있다. 이렇게 구분하는 것이 잘못된 것일 수도 있지만 - 하는 것을 보지 않고서는 이해하고 있다는 것을 판단할 수 없다고 이야기할 수도 있으므로 - 이는 가르치는 것을 강조하는 것과 배우는 것을 강조하는 것 사이에 흥미로운 차이점이 있다는 것을 보여준다. 문제 해결을 다루는 심리학 고전 속에서(예를 들어 막스 베르트하이머의 「생산적인 사고」와 같은 책에서) '기계적 연습'과 '이해' 사이에 선을 그어놓은 것을 볼 수 있다. 사실, 연습은 기계적이어서는 안 되는데 이해를 강조하다보면 학생들은 입으로만 유창하게 이야기하게 된다. 학교 수학 연구회의 많은 회원들은 수학에서는 개념들을 이해하기 위해 계산 연습이 필요하다는 것을 알게 되었다. 마찬가지로 고등 학교 학생들에게 서로 대조적인 작가의 글을 읽음으로 문체를 구분지을 수 있도록 할 수도 있지만 더 좋은 방법은 학생 스스로 다른 문체로 글을 써보도록 하는 것이다. 무엇이나 실제로 해보는 것이 이를 이해할 수 있도록 한다는 사실은 실험의 전제 조건이다. 우즈 홀의 한 심리학자가 핵심을 찌르는 질문을 던졌다. "한다는 느낌이 들기 전까지 내 머릿속에 있는 것을 어떻게 알 수 있겠는가?" 어떤 경우든, 이렇게 구분짓는 것이 그다지 도움이 되지는 않을 것이다. 더 중요한 것은 주어진 영역에서 어떤 연습 방법이 학생들로 하여금 그 내용을 완전히 이해할 수 있도록 하는가를 찾아내는 것이다. 다양한 수학의 분야 속에서 가장 효과적인 계산 연습은 무엇인가? 헨리 제임스(Henry James)의 문체로 써보는 것이 그 저자의 문체를 잘 이해하는 데 좋은 방법이 될 수 있을까? 이런 문제들을 이해하기 위한 좋은 출발점은 성공적인 교사들이 사용한 방법들을 연구하는 것이다. 수집한 정보들은 가르치는 기술, 또는 실제로 복잡한 정보를 평범하게 전달하는 기술에 대한 중요한 많은 실험 연구들을 제시해 줄 것이다.

마지막으로, 시험에 대해 한 마디 언급할 필요가 있을 것 같다. 어떤 과목에서 사소한 점들을 강조하는 내용의 시험이라면 시험은 분명 나쁜 것이다. 이러한 시험은 단절된 교수 방법과 기계적인 학습을 야기시킨다. 그러나 시험이 교과 과정과 교수를 증진시키는 데 도움을 준다는 점이 종종 간과된다. 선다형을 포함한 '객관식' 시험이든 논술형 시험이든 그 과목의 주요한 내용들을 광범위하게 이해하는 것을 강조할 수 있다. 사실, 특정한 사실들간의 관련성을 이해하고 있는지를 묻기 위한 방법으로 자세한 내용을 물을 수도 있다. 국가 고사를 출제하는 기관들 사이에서는 기본 원리에 대한 이해를 강조하는 방법을 찾는 데 심혈을 기울이고 있다. 이러한 노력은 커다란 도움이 된다. 시험을 출제하는 다양한 방법들을 설명하는 책자를 만들어 지역 학교에 도움을 줄 수 있을 것이다. 전반적으로 자세하게 다루는 엄격한 시험 문제를 출제하기 쉽지 않으므로 그 과목에 대한 자세한 설명서가 도움이 될 것이다.

1. 5학년 학생들에게 사도 바울의 선교 여행 중의 하나를 가르치는 주일학교 수업에서, 과목의 구조를 중요시 여긴다면 커리큘럼은 어떻게 되겠는가?

2. 브루너의 견해를 반영하는 기독교 교육 커리큘럼을 개발하는 데 신학자와 교육가들은 어떻게 직접 관여할 수 있는가?

3. 발견 학습은 구조의 문제와 어떻게 연관되어 있는가?

4. '개념'과 '원리'에 대한 강조는 어떤 점에서 '사실'과 '세부 사항'에 대한 강조보다 중요한가?

8

억압 받는 자를 위한 교육: 은행식 교육

(1981)

파울로 프레리

(Paulo Freire, 사회학자)

파울로 프레리는 단순한 읽기와 쓰기 이상의 효과를 가지고 있는 문자 교육에 대해 연구했다. 시골의 소작농들을 대상으로 한 연구에서, 문자를 터득하게 되면 태도와 지식, 행동이 변화되고 불공평한 사회 구조와 억압적인 교육 모델을 비판하고 저항한다고 주장한다. 프레리의 모델은 지각과 행동에 변화를 가져오는, 비판적인 사고를 통한 자유에 역점을 두고 있다. 브라질의 소농들의 수동적인 태도가 적극적인 태도로 변화되자 정부와 권력층은 이 변화를 받아들일 수 없는 현상으로 파악했다. 교육을 통한 이러한 변화는 피지배 계층으로 하여금 그들의 사회적인 지위를 분석하고 행동을 통해 억압으로부터 해방되려는 현상을 낳을 것이며 이는 바로 변혁을 의미하는 것이다(Ewert, 1977).

브라질 레시페 대학에서 교육사와 교육 철학을 가르쳤고 WCC 임원이었던 파울로 프레리는 단순한 읽기와 쓰기 이상의 효과를 가지고 있는 문자 교육에 대해 연구했다. 시골의 소작농들을 대상으로 한 연구에서, 문자를 터득하게 되면 태도와 지식, 행동이 변화되고 불공평한 사회 구조와 억압적인 교육 모델을 비판하고 저항한다고 주장한다. 성인 문자 교육에 관한 연구는 1960년대 브라질의 국가 정책에 반영되었다. 그러나 군사 쿠데타가 일어난 후 정부는 프레리의 연구가 도발적인 성격을 띠고 있다고 인식하여 그를 구속하고 추방시켰다.

프레리의 모델은 지각과 행동에 변화를 가져오는, 비판적인 사고를 통한 자유에 역점을 두고 있다. 브라질의 소농들의 수동적인 태도가 적극적인 태도로 변화되자 정부와 권력층은 이 변화를 받아들일 수 없는 현상으로 파악했다. 교육을 통한 이러한 변화는 피지배 계층으로 하여금 그들의 사회적인 지위를 분석하고 행동을 통해 억압으로부터 해방되려는 현상을 낳을 것이며 이는 바로 변혁을 의미하는 것이다(Ewert, 1977).

이 모델은 구체적인 내용에 상관 없이 교육 분야에 실습을 통한 연구 방법을 낳았다. 자기 성찰은 행동을 낳고, 행동은 더 깊은 성찰을 가져오며, 이러한 성찰을 통해 더욱 정확한 행동을 하게 된다. 이는 독백보다는 대화, 순응보다는 변화, 문제 해결보다는 문제 제기를 통해 이루어진다. 교사는 모르는 것이 없으며 수동적인 학습자에게 지식을 나누어준다는 그 '반대' 방법을 프레리는 교육에 있어서 '은행식 교육' 이라는 개념으로 설명하고 있다.

프레리에 의하면 학생의 사고가 확실하게 인정 받을 수 있을 때에야 교사의 사고도 확실하게 인정 받을 수 있다고 한다. 그리고 진실한 사고는 행동을 유발시킬 수 있어야 의미가 있다. 은행식 교육은 학습자로 하여금 사물을 그대로 수용하도록 하고 창의력을 발휘하지 못하도록 변화시킨다. 또 사람들로 하여금 고통을 겪게 하고 책임 있는 행동을 할 수 없도록 만든다.

교육에 있어서 이러한 문제 제기, 대화, 행동의 방법은 널리 적용될 수 있다. 일상 생활에서 성인 학습자들을 격려하고 그들의 동기를 고조시키며 스스로 학습할 수 있도록 이끌어준다.

From Pedagogy of the Oppressed, trans. Myra Bergman Ramos (New York: Continuum, 1981), 57-74.

_학교 안이나 학교 밖, 어느 단계의 교육에서나 교사 학생의 관계를 조심스럽게 분석해 보면 기본적으로 '서술적'인 성격을 띠고 있다는 것을 알 수 있다. 이러한 관계는 서술하는 주체(교사)와 인내심 있게 듣는 객체(학생)로 이루어져 있다. 가치에 대한 것이든 실제(reality)의 경험적인 차원에 대한 것이든, 내용은 서술되는 과정에서 생명력을 잃게 된다. 교육은 지겨운 '서술병'을 앓는 것이다.

교사는 실제에 대해 마치 정지되어 있고, 정적이며, 서로 상관 관계 없이 구분되어 있고, 예측할 수 있는 것인 양 이야기한다. 아니면 학생들의 실존적인 체험과는 전혀 동떨어진 주제를 상술한다. 교사의 과제는 학생들을 교사가 서술하는 내용, 즉 내용을 이루고 그 내용들에 의미를 부여하는 전체성과 관계 없이 진리로부터 떨어져 있는 내용으로 가득 채우는 것이다. 말은 구체성이 없이 공허하고 진리와는 동떨어진 장황함에 그친다.

그래서 서술식 교육의 뚜렷한 특징은 말이 변화의 힘을 가지고 있는 것이 아니라 울림에 그치는 것이다. "4곱하기 4는 16, 파라의 주도는 벨렘". 학생들은 4곱하기 4가 실제로 어떤 의미를 가지고 있는지 이해하지 못한 채, 또한 파라의 주도는 벨렘이라고 할 때 벨렘이라는 도시가 파라에 무슨 의미가 있는지, 파라는 브라질과 무슨 관계가 있는지 이해하지 못한 채, 기록하고 암기하고 반복한다.

서술(교사가 서술하는)은 학생들로 하여금 서술된 내용을 기계적으로 암기하도록 만든다. 더 나쁜 것은 학생들이 교사에 의해 채워지는 '그릇'이 되도록 하는 것이다. 교사가 그릇을 가득 채우면 채울수록 더 훌륭한 교사이다. 그릇은 자신 스스로 채워지도록 놓아두면 둘수록 더 훌륭한 학생이 된다.

따라서 학생들은 기탁을 받는 자, 그리고 교사는 기탁하는 자로서, 교육은 하나의 기탁 행위가 된다. 서로 의견을 교환하는 대신 교사는 학생들이 얌전히 수용하고, 암기하고, 반복하도록 공식적인 내용을 발표하고 기탁한다. 이것이 학생들에게 허용하는 행위의 영역은 오로지 수용하고 분류하고 저장하는 데 국한되는, 교육의 '은행식' 개념이다. 물론 학생들은 자신이 저장하고 있는 내용을 분류하거나 수집하는 기회를 갖게 된다. 그러나 결국 이러한 잘못된 구조 속에서 창의력과 변화, 지식의 결여를 통해 분류 정리 되는 것은 인간 자신이다. 질문을 차단 당하고 실제로 행해볼 수 없다면 인간은 진정한 인간이 될 수 없다. 발명과 재발명, 인간이 세상 속에서 세상과 더불어 상호간에 추구하는 끊임 없이 계속되는 희망적인 탐구를 통해서만 지식이 출현할 수 있다.

 교육의 은행식 교육 개념에서 지식은 스스로 지식이 있다고 생각하는 사람들이 아무 지식도 없다고 생각되는 사람들에게 수여하는 선물과 같은 것이다. 억압 이데올로기의 특징인 다른 사람들의 완전한 무지를 투사(投射)하는 것은 탐구하는 과정으로서의 교육과 지식을 부정하는 것이다. 교사는 학생들에게 자신이 학생들을 위한 필수적인 상대라는 사실을 부각시킨다. 즉 학생들은 완전히 무지하다는 생각으로 교사의 존재를 정당화 시키는 것이다. 헤겔의 변증법에서 노예와 같이 소외된 학생들은 교사의 존재를 정당화 시키는 자신들의 무지함을 받아들인다. 그러나 노예와는 달리, 그들이 교사를 교육시키고 있다는 사실은 전혀 깨닫지 못한다.

 한편 해방 교육은 화해를 지향하는 데 그 존재 이유가 있다. 교육은 교사와 학생의 대립을 해결하는 것, 대립되는 두 극점이 화해를 하여 서로 동시에 교사이자 학생이 되는 것이다.

 은행식 교육의 개념에서는 이런 해결점을 찾을 수 없다. 반대로 은행식 교육은 지배 계층을 전체적으로 투영하는 다음과 같은 태도와 관습을 따라 대립을 더욱 자극하고 유지시켜 나간다.

 1. 교사는 가르치고 학생은 가르침을 받는다.
 2. 교사는 모든 것을 알며 학생은 아무것도 모른다.
 3. 교사는 사고의 주체이며 학생은 사고의 대상이다.
 4. 교사는 이야기하고 학생은 듣는다. 얌전히.
 5. 교사는 훈련하고 학생은 훈련을 받는다.
 6. 교사는 선택을 결정하고 강요하며 학생은 이에 순응한다.
 7. 교사는 행동하고 학생은 교사의 행위를 통해 행동에 대한 환영(幻影)을 갖는다.
 8. 교사는 프로그램 내용을 결정하고 학생(의논의 대상이 되지 못함)은 이를 수용한다.

9. 교사는 자신의 직업상의 권위와 지식의 권위를 혼돈하여, 학생들의 자유에 반하여 권위를 행사하려 한다.
10. 교사는 학습 과정의 주체이며 학생은 대상에 불과하다.

교육의 은행식 교육 개념에서 인간을 순응적이며 다루기 쉬운 존재로 보는 것은 놀랄 일이 아니다. 학생들은 그들에게 기탁된 내용을 수용하는 데 열심을 낼수록, 세상을 변혁시키는 자로서 세상에 개입할 때 생기는 비판 의식을 개발하지 못하게 된다. 그들에게 부과된 수동적인 역할을 전적으로 수용할수록, 더욱 단순하게 세상을 있는 그대로 받아들이게 되고 그들에게 기탁된 진리의 편파적인 이해를 그대로 받아들이려는 경향을 띠게 된다.

학생들의 창의력을 최소화시키거나 말소시키고 그들로 하여금 쉽게 믿어버리도록 자극하는 은행식 교육의 효과는 세상이 드러나거나 변화되는 것을 좋아하지 않는 지배자들의 관심을 끈다. 지배자들은 유리한 상황을 고수하기 위해 '인도주의'를 사용한다. 그들은 비판적인 요소를 자극하고 진리의 부분적인 이해에 만족하지 않고 항상 한 점과 다른 점, 한 문제와 다른 문제의 관계를 추구하는 어떤 교육적 경험에도 거의 본능적으로 반작용을 나타낸다.

사실 지배자들은 "피지배자들을 억압하고 있는 '상황'이 아니라 억압받는 자들의 '의식'을 변화시키는 데 관심이 있다"(보봐리, 1963). 왜냐하면 피지배자들을 그 상황에 적응하도록 이끌수록, 쉽게 그들을 지배할 수 있기 때문이다. 이러한 목표를 이루기 위해 지배자들은 온정주의적인 사회적 행동 장치와 함께 은행식 교육 개념을 사용하고, 이 안에서 피지배자들은 '복지 수혜자'라는 그럴싸한 이름을 얻게 된다. 그들은 '선하고, 조직적이며 공평한' 사회의 일반적인 모습으로부터 이탈된 주변인처럼, 개별적인 대상이 된다. 피지배 계층은 건강한 사회의 병리학적 존재로 간주되고, 따라서 사회는 그들의 정신을 개조함으로 '무능력하고 게으른' 백성들을 사회 형태에 맞추어야 한다. 이러한 주변인들은 그들을 '용서해' 주는 건강한 사회에 '융화'되고 '협력'해야 한다.

그러나 사실은 피지배자들은 '주변인'이 아니며 사회 '바깥'에 사는 사람들이 아니다. 그들은 항상 '다른 사람들을 위한 존재'로 만들어 주는 구조 '안'에 있다. 문제는 그들을 지배 구조 속에 '융화'시키는 것이 아니라, 그 구조를 변형시켜 그들로 하여금 '자신을 위한 존재'가 될 수 있도록 하는 것이다. 물론 이러한 변혁은 지배자들의 목적을 이루지 못하게 한다. 그래서 그들은 학생들의 양심의 위협을 피하기 위해 교육에 은행식 교육 개념을 사용한다.

예를 들어 성인 교육에 있어서의 은행식 교육 방법은 절대로 진리를 중요하게 여기도록 하지 않는다. 로저가 염소에게 풀을 주었는지 아닌지 같은 지극히 중대한 문제를 다루는 대신 로저가 토끼에게 풀을 주었다는 사실을 배우는 것이 중요하다고 고집한다. 은행식 교육 방법의 '휴머니즘'은 인간을 좀더 완전한 인간이 되기 위한 존재론적인 소명을 정면으로 부정하는, 자동 인형으로 바꾸려는 시도를 감추고 있다.

은행식 교육 방법을 사용하는 사람들은, 의식적으로든 무의식적으로든(자신들이 비인간화시키는 데 기여하고 있다는 사실을 깨닫지 못하는 수많은 선의의 은행식 교육 교사들이 있으므로), 그 은행식 교육의 내용들이 진리에 관한 모순을 지니고 있다는 사실을 인식하지 못한다. 그러나 곧, 이러한 모순은 예전에 수동적이던 학생들을 교사들의 순화 과정과 진리를 순화시키려는 시도로부터 돌아서게 한다. 그들의 현재의 삶의 방식이 완전한 인간이 되려는 그들의 소명에 부합하지 않는다는 사실을 실존적으로 체험하면서 깨닫게 된다. 그들은 진리와의 관계를 통해 진리가 지속적인 변화를 겪는 하나의 '과정'임을 깨닫게 된다. 인간은 추구하는 존재이며 그 존재론적인 소명이 인간화라면 곧 인간은 은행식 교육이 지속하려고 하는 모순을 깨닫고 그들의 자유를 위한 투쟁에 뛰어들게 될 것이다.

그러나 휴머니스트이며 개혁적인 교육가는 이러한 실체화시키는 가능성을 기다릴 수 없다. 처음부터, 비판적인 사고를 하고 상호적으로 인간화를 추구하려는 학생들의 노력과 교사의 노력이 조화를 이루어야 한다. 교사의 노력은 인간과 인간의 창의력에 대한 깊은 신뢰감으로 가득 차 있어야 한다. 이를 위해 교사는 학생들과의 관계에 있어서 학생들의 파트너가 되어야 한다.

은행식 교육 개념은 이러한 파트너십을 인정하지 않는다. 교사와 학생의 대립을 해결하는 것, 학생들 중에서 학생의 역할을 기탁자, 지시자, 조련사의 역할로 바꾸는 것은 지배력을 약화시키고 해방을 가져다줄 수 있다.

은행식 교육 개념은 인간과 세계가 이분되어 있다는 가정을 내포하고 있다. 즉, 인간은 단지 세계 '안'에 있으며, 세계와 '더불어' 또는 다른 사람들과 더불어 있지 않다. 인간은 방관자이지 재창조자가 아니다. 이러한 관점에서 볼 때 인간은 의식적인 존재가 아니다. 인간은 '어떤' 의식의 소유자, 바깥 세계로부터 진리를 수동적으로 수용하는 비어 있는 '정신'을 가지고 있을 뿐이다. 예를 들어, 나의 책상, 책, 커피 잔, 내 앞에 있는 모든 물체들은 나를 둘러싸고 있는 세계의 작은 부분들로서 꼭 내가 지금 내 연구 안에 있듯이, 내 '안'에 있는 것이다. 이러한 관점은 의식에 접근하는 것과 의식에 들어가는 것 사이에 아무런 구분을 두지 않는다. 그러나 거기에는 근본적인 구별이 있다. 나를 둘러싸고 있는 물체들은 단순히 내 의식에 접근하는 것이지 내 의식 안에 있는 것이 아니다. 나는 그것들을 인식하지만 그것들이 내 안에 있는 것은 아니다.

여기서 의식에 관한 논리적인 은행식 교육 개념은 교육가의 역할이 학생들 안에 세계가 '들어가는' 방식을 규제하는 것이라고 주장한다. 교사의 사명은 이미 무의식적으로 일어난 과정을 규제하는 것, 교사가 보기에 진정한 지식을 구성하는 정보를 기탁함으로 학생들을 '채우는 것'이다.[1] 그리고 인간은 세계를 수동적인 존재로 '수용'하기 때문에 교육은 인간을 더욱 수동적으로 만들고 세계에 순응하도록 만들어야 한다. 실제적인 면에서 볼 때 이 개념은 지배자의 목적에 잘 부합되며, 지배자의 침착성은 인간이 지배자가 만든 세계에 얼마나 잘 적응하는지, 얼마나 의심을 품지 않는지에 달려 있다.

소수의 지배 계층이 규정한 목적에 다수가 완전히 적응하면 할수록(그래서 자신들의 목적에 대한 권리를 빼앗기는), 소수는 더욱 쉽게 계속해서 규정해 나갈 수 있다. 은행식 교육의 이론과 실제는 이 목적을 매우 효과적으로 수행한다. 언어를 통한 교수, 독서 요구량,[2] '지식'을 평가하는 방법, 가르치는 자와 가르침을 받는 자 사이의 구분, 진급을 위한 기준, 이러한 기존의 모든 방법은 사고(思考)를 하지 못하도록 미연에 방지하기 위한 것이다.

은행식 교육 교사는 교사의 비대해진 역할이 정말 안전한 것이 아니며, 자신이 다른 사람들과의 결속을 통해 '더불어' 살아야 한다는 사실을 깨닫지 못한다. 교사는 강요할 수도 없고 자신의 학생들과 같은 시간, 같은 장소에서 늘 함께 살아갈 수도 없다. 결속은 의사 소통을 통해 이루어지며, 이와 같은 교사가 따르는 개념은 의사 소통을 두려워하고 금지한다. 의사 소통을 통해서만 인간의 삶은 의미를 가질 수 있다. 학생들의 사고가 확실하게 인정 받을 수 있을 때에야 교사의 사고가 믿을 만한 것이라고 인정 받을 수 있다. 교사는 학생들을 대신해서 사고할 수 없고, 자신의 생각을 그들에게 강요할 수도 없다.

믿을 수 있는 것으로 확인된 사고, 진리에 대한 사고는 상아탑에 고립되어 있다고 생길 수 있는 것이 아니라, 의사 소통을 통해서만 이루어진다. 세계에 대한 행동을 유발시킬 때에만 그 사고가 의미를 가진다는 것이 사실이라면, 학생들이 교사에게 종속되는 것은 불가능하다.

 은행식 교육은 인간을 주체가 아닌 객체로 보는 잘못된 이해에서 시작하기 때문에, 프롬(Fromm. E)이 이야기하는 '생명애(biohpily)'를 개발시키지 못하고 그 반대로 '사체애(necrophily)'를 갖게 된다:

 생명이 구조적이고 기능적으로 성장하는 특징을 가지고 있는 반면, 사체애를 가지고 있는 사람은 성장하지 않고 기계적인 것에 애착을 갖는다. 사체애를 가지고 있는 사람은 유기체를 무기체로 변형시키고, 마치 살아 있는 모든 사람이 사물인 것처럼 생명을 기계적으로 이해하려는 욕구를 가지고 있다… 경험보다는 기억, 존재보다는 소유가 중요하다. 사체애를 가진 사람은 꽃이든 사람이든 그 대상을 소유했을 때에야 그것과 관계를 맺을 수 있다. 그래서 그 사람의 소유물에 대한 위협은 그 사람 자신에 대한 위협이다. 소유한 것을 잃는 것은 세계와의 관계를 잃는 것이다… 그는 통제를 좋아하고 통제 행위를 통해 생명을 죽인다(프롬, 1964).

 억압 지나친 통제는 사체애적인 것, 생명이 아니라 죽음에 대한 사랑에서 나오는 것이다. 지배자가 관심을 갖는 교육의 은행식 교육 개념도 사체애적인 것이다. 의식을 기계적이고 정적이며, 자연주의적이고 공간적인 것으로 이해하는 데 근거하여 은행식 교육은 학생들을 수용하는 대상으로 변화시키고, 사고와 행동을 통제하고 인간을 세계에 적응시키며 인간의 창의력을 제거시키려 한다.
 주도적으로 행동하려는 노력이 좌절되고 자신의 능력을 발휘할 수 없다는 것을 발견하게 되면 인간은 고통스러워진다. 무능력으로 인한 이러한 고통은 인간의 마음의 평정이 동요되는 데서 비롯된다. 그러나 인간의 고뇌를 불러일으키게 되는 행동하지 못하는 무능력은 "행동하는 능력을 회복하려는 노력으로 무능력을 거부하게 만든다. 그러나 그들은 회복할 수 있는가? 어떻게? 한 가지 방법은 권력을 가진 사람이나 사람들에게 종속되어 자신을 동일시하는 것이다. 다른 사람들의 삶에 상징적으로 참여함으로 행동하는 착각을 하는 것이다. 실제로는 행동하는 사람에 종속되어 그들의 일부에 지나지 않지만 말이다"(프롬, 1964).

러시아 인민주의 선언서는 카리스마적 지도자와 동일시함으로 그들이 적극적으로 행동하고 있다고 느끼게 된 피지배자들의 행동 형태를 가장 잘 보여줄 것이다.

자신들이 역사적인 과정 속에서 출현했다고 이야기하는 반란자들은 효과적으로 행동하려는 동기를 가지고 있었다. 엘리트 지배 계층은 자유, 질서, 사회적 평화(즉 엘리트 계층의 평화)라는 이름으로 수행된 더 강한 지배와 억압을 그 치유책으로 삼았다. 따라서 그들은 그들의 관점에서 보기에 논리적으로 "노동자들의 파업으로 인한 폭력을 비난하고 이 파업을 무마시키는 데 똑같이 폭력을 사용할 수 있었다"(니버, 1960).

지배력을 행사하는 교육은 학생들을 억압적인 세계에 적응해야 한다는 사실을 주입하려는 이데올로기적인 의도를 가지고(때로는 교육가들도 모르는 사이에) 학생들의 우매함을 자극한다. 지배 계층의 엘리트들이 단순히 이를 실행하지 않기를 바라는 순진한 희망을 가지고 이러한 비난을 하는 것은 아니다. 진정한 휴머니스트들로 하여금 해방을 추구하면서 바로 이 목적을 부정하는 은행식 교육 방법을 사용할 수는 없다는 사실을 주지하도록 하려는 것이다. 또한 개혁적인 사회는 지배 계층으로부터 이러한 방법을 전수받아서도 안 된다. 은행식 교육을 수행하는 개혁적인 사회는 잘못된 길로 가거나 인간을 불신하고 있는 것이다. 어떤 경우든 반작용의 망령에 위협받는다.

불행히도, 해방시키려는 목적을 가진 사람은 은행식 교육 개념을 불러일으킨 상태에 영향을 받고 거기에 둘러 빠져 있으며 때로는 비인간화시키는 힘이나 그 진정한 의미를 깨닫지 못한다. 역설적으로, 그들은 해방시키려는 노력으로 생각되는 똑같은 소외의 장치를 사용한다. 사실, 어떤 '순진한' 또는 '꿈을 꾸는' 혁명가들, 심지어 은행식 교육에 저항하는 혁명가들까지도 그렇다. 그러나 인간을 소외시킴으로 해방시킬 수는 없다. 확실한 해방, 즉 인간화 과정이 사람들에게 또 다른 기탁 행위가 되어서는 안 된다. 해방은 실천이다. 세계를 변화시키기 위해 그들이 세계를 성찰하고 그대로 행동하는 것이다. 해방시키려는 데 진정으로 전념하는 사람들은 의식을 채워질 수 있는 빈 그릇으로 생각하는 기계적인 개념을 받아들일 수도 없고, 해방의 이름으로 지배하려는 은행식 교육 방법을(선전, 슬로건과 같은 기탁 행위) 사용할 수도 없다.

진정으로 해방하려는 사람들은 은행식 교육 개념을 완전히 거부해야 하며 인간을 의식적인 존재로 이해하며, 의식을 세계에 대한 뜻을 지닌 의식으로서의 개념으로 이해해야 한다. 기탁하는 식의 교육 목적을 버리고 세계와의 관계에서 인간이 가지고 있는 문제를 제기하는 것을 목적으로 해야 한다. 의식 '의지'의 본질에 반응하는 '문제 제기' 교육은 일방적인 공식 발표를 거부하고 상호간의 의사 소통을 구현한다. 또 문제 제기 교육은 의식을 대상에 대한 의지로서의 의식뿐 아니라, 야스퍼식 '분열' 속에 틀어박히는 '~을 의식하는', 의식의 의식으로서의 특성을 지닌 것으로 본다.

해방 교육은 지식 전달이 아니라 인식 행위로 이루어진다. 인식할 수 있는 대상(인식 행위의 목적이 아닌)이 인식자 한 쪽에는 교사, 다른 한 쪽에는 학생 사이에 중개되는 것이 학습 상황이다. 따라서 문제 제기 교육을 실천하는 것은 교사와 학생의 대립을 해결하게 되는 것이다. 그렇지 않으면 인식자들이 같은 인식 대상을 인지하는 데 협력해야 하는 능력에 필수적인 대화 관계가 불가능해진다.

사실, 은행식 교육의 수직적인 형태를 깨뜨리는 문제 제기 교육은 그 대립을 극복할 수 있을 때에야 비로소 자유를 수행하는 기능을 발휘할 수 있다. 대화를 통해 교사의 학생, 학생의 교사는 사라지고 교사 학생과 학생 교사라는 새로운 관계가 출현하게 된다. 교사는 더 이상 가르치는 자가 아니라 학생들과의 대화를 통해 스스로 가르침을 받는 자, 가르침을 받으면서 동시에 가르치는 자이다. 교사와 학생은 모든 성장 과정에 함께 책임을 지게 된다. 이 과정 속에서 '권위'에 근거한 논쟁은 더 이상 효력이 없다. 그 기능을 다하기 위해 권위는 자유와 '대립'하지 않고 자유 '편에' 있어야 한다. 이제 아무도 다른 사람을 가르칠 수 없고 아무도 혼자 힘으로 배울 수 없다. 인간은 세계의 중재를 통해, 은행식 교육에서는 교사가 '소유'하고 있는 인식 대상의 중재를 통해 서로를 가르친다.

은행식 교육 개념(모든 것을 이분하려는 경향을 가진)은 교사의 행동을 두 단계로 구분한다. 첫번째 단계에서 교사는 자신의 연구실에서 수업을 준비하는 동안 인식 대상을 인지한다. 두번째 단계에서 교사는 그 대상에 관해 전달한다. 학생들은 알아야 하는 것이 아니라, 교사가 서술하는 내용을 암기해야 한다. 학생들은 어떤 인식 행위도 하지 않는다. 인식 행위의 대상은 교사와 학생 모두의 비판적인 사고를 불러일으키는 매개체가 아니라 교사만의 소유이기 때문이다. 따라서 '문화와 지식의 보존'이라는 명목으로 우리는 진정한 지식이나 진정한 문화를 얻지 못하는 구조를 갖는다.

문제 제기 방식은 교사와 학생의 활동을 이분하지 않는다. 즉, 교사는 한편으로는 '인식적'이며 다른 한편으로는 '서술적'인 존재가 아니다. 교사는 프로젝트를 준비하든 학생들과 대화를 나누든, 언제나 '인식적'이다. 교사는 인식 대상을 개인적인 소유물로 보지 않고 자신과 학생들이 성찰해야 할 대상으로 이해한다. 이런 방법으로, 문제 제기 교육을 하는 교사는 학생들의 사고 속에서 끊임없이 자신의 사고를 재형성해나간다. 학생들은 더 이상 얌전한 청취자가 아닌 이제 교사와 함께 대화를 나누는 중요한 공동 연구자이다. 교사는 학생들로 하여금 사고하도록 자료를 제공하고 학생들이 그들의 생각을 표현할 때 자신의 기존 사고를 다시 성찰해 본다. 문제 제기 교사의 역할은 학생들과 함께 독사(doxa)단계의 지식이 로고스 단계의 참된 지식으로 바뀌어진 환경을 창조하는 것이다.

은행식 교육이 창의력을 마비시키고 억제하는 반면에, 문제 제기 교육은 끊임없이 진리의 실체를 밝힌다. 은행식 교육은 의식의 '종속'을 유지하지만, 문제 제기 교육은 의식의 '발생'과 진리에 대한 '비판적인 간섭'을 불러일으키기 위해 노력한다.

세계 안에서 세계와 더불어 자신과 관련 있는 문제들이 계속 제기되는 것을 보는 학생들은 계속해서 도전을 느끼며 그 도전에 응하지 않을 수 없다. 이론적인 의구심이 아니라 전체적인 맥락 속에서 다른 문제들과 상호 관련되어 있는 도전으로 이해하기 때문에, 결과는 더욱 비판적인 성향을 띠고 덜 고립되게 된다. 그들이 도전에 응하면 새로운 지식에 의해 새로운 도전을 불러일으키게 되며 학생들은 점점 자신들이 헌신적이라고 여기게 된다.

자유를 실천하는 교육 지배를 위한 교육의 반대로서 은 인간이 관념적이며 세상과 분리되어 있으며 소외되어 있다는 것을 부정한다. 또 세계가 이간으로부터 동떨어진 진리로서 존재한다는 것도 부정한다. 관념적인 인간이나 인간이 없는 세계에 대한 생각 대신 인간과 세계는 서로 관계를 맺고 있다고 이해한다. 이 관계 속에서 의식과 세계는 동시적이다. 즉, 의식은 세계보다 앞서지도 않고 세계 뒤에 있지도 않다.

"의식과 세계는 동시에 잠든다.: 본질적으로는 의식에 속하지 않지만, 세계는 본질적으로 의식과 관계를 맺고 있다."(사르트르, 1947)

우리와 같은 문화권 가운데 하나인 칠레의 어떤 모임에서 문화에 대한 인류학적 개념에 대해 토론하고 있었다. 토론 도중에 은행식 교육 기준에 의하면 완전히 무지한 한 농부가, "이제 사람이 없이는 세상도 없다는 것을 알겠습니다"라고 말했다. 그러자 교사는, "지구상에 있는 모든 사람이 죽고 나무와 새들, 동물들, 강, 바다, 별들 … 이런 것들만 남았다고 생각해 봅시다. 이 모든 것을 세상이라고 할 수 있을까요?"라고 질문을 던졌다. "아니오." 농부가 단호하게 대답했다. "아무도 '이것이 세상이다'라고 말할 수 없어요."

농부가 이야기하려는 것은 의식의 세계를 포함하는 세계에 대한 의식이 없다는 것이다. '아(我)'는 '비아(非我)' 없이 존재할 수 없다. 다시 말해서 '비아'(非我)는 그 존재에 달려 있다. 실존에 의식을 가져오는 세계는 그 의식의 세계가 된다. 따라서 앞에서 사르트르가 말한 대로, "의식과 세계는 동시에 잠든다".

자신과 세계에 대해 동시에 사고하는 인간은 인지 영역을 증가시키면서 이미 눈으로 볼 수 없는 현상에 대해 관찰하기 시작한다:

나는 물체, 예를 들어 종이와 같은 것을 인식, 정확히 말해 뚜렷하게 자각한다(Gewahren). 나는 종이를 지금 여기에 존재하는 것으로 이해한다. 모든 대상은 이미 경험되어진 배경을 지니고 있으며, 개별적으로 선별되어 이해된다. 종이 주변에는 책, 연필, 잉크 등이 놓여 있으며 어떤 의미에서 이것들도 '직관의 영역'에서 지각적으로 '인식'된다. 그러나 내가 종이를 대할 때 다른 것들을 바라보고 이해하지는 못하며 이차적인 감각을 통해서도 이해하지 못한다. 다른 대상들은 보이기는 하지만 아직 개별적으로 선별되지 못했으며 스스로 확인받지 못하고 있다. 만일 '직관적'으로 인식한다는 것이 이미 그 대상을 바라보고 있는 것이며 이것이 '의식적인 경험', 또는 실제적으로 동시에 인식하는 대상의 배경에 놓여 있는 모든 것에 대한 '의식'이라면, 사물을 인식하는 것은 모두 이렇게 이미 경험되어진 예비 직관 또는 예비 인식의 영역을 가지고 있다(허셀, 1969).

객관적으로 이미 존재하고 있지만 더 깊은 관련 속에서 인식하지 못하는 것(실제로 인식되어졌다면)은 문제의 성격과 그에 따른 도전의 성격을 규정하면서 '눈에 띄기' 시작한다. 따라서 인간은 그 '예비 인식'으로부터 요소들을 개별화시키고 이에 대해 사고하기 시작한다. 이러한 요소들은 이제 인간의 사고의 대상, 인간의 행동과 인지의 대상인 것이다.

문제 제기 교육을 통해 인간은 스스로 발견하는 세계와 '더불어' 그 세계 '안에서' '그들이 존재하는 방식'을 비판적으로 인식하는 힘을 개발하게 된다. 즉, 인간은 세계를 정적인 실체가 아니라 과정 속에 있는 실체, 변화되어 가는 실체로 보게 된다. 인간과 세계의 변증법적인 관계는 이 관계를 어떻게 인식하는가와 상관 없이 존재하지만, 인간이 수용하는 행동에 따라서 교사 학생과 학생 교사는 사고를 행동으로부터 이분시키지 않고서 자신과 세계를 동시에 사고하며 사고와 행동의 진정한 형태를 형성하게 된다. 이 두 가지 교육 개념을 분석해 보면 대립되는 점들이 있다는 것을 또 다시 알 수 있다. 은행식 교육은 신화화된 실체에 의해 인간의 세계 속에서 존재하는 길을 설명해 주는 어떤 사실들을 감추려 한다. 문제 제기 교육은 대화가 실체를 밝혀 주는 인지 행위를 위해 불가피한 것이라고 여긴다. 은행식 교육은 학생들을 도움을 주어야 할 대상으로 보고, 문제 제기 교육은 학생들을 판단력이 있는 사고 주체로 본다. 은행식 교육은 의식을 세계로부터 고립시키고 좀더 완전한 인간이 되려는 존재론적이며 역사적인 사명을 부정함으로써 창의력을 말소시키고(비록 완전히 파괴시킬 수는 없지만) 의식의 '의지'를 길들인다. 문제 제기 교육은 끊임없이 탐구하며 창의적인 변화를 가져올 때에야 진정한 존재가 될 수 있는 인간의 소명에 응답할 수 있도록, 창의력을 바탕으로 하며 진정한 사고를 자극하고 진리를 따르는 행동을 자극한다. 요약해 보면 고정시키며 고착시키는 힘을 행사하는 은행식 교육 이론과 그 교육 방법은 인간을 역사적인 존재로 인정하지 않고, 문제 제기 교육 방법과 이론은 인간의 역사성을 그 기점으로 한다.

문제 제기 교육은 인간을 인간과 똑같이 미완성된 실체 안에 그 실체와 함께 있는 미완성된 불완전한 존재, 완성 '되어 가는' 과정 속에 있는 존재로 본다. 사실, 미완성이지만 역사적이지 못한 다른 동물들과는 대조적으로, 인간은 자신이 미완성의 존재라는 사실을 안다. 즉, 인간은 자신의 불완전성을 인식하고 있다. 인간만의 행위인 교육의 뿌리는 이러한 불완전성과 이에 대한 인식에 놓여 있다. 인간의 불완전한 특성과 진리의 변형적인 특성으로 인해 교육은 지속적이고 점진적인 행위가 된다.

따라서 교육은 실천을 통해 끊임없이 재형성된다. '~이 되기' 위해 '~이 되어 가야'

한다. 그 '지속적 관계'는(베르그송이 이야기하는) 서로 대립되는 '영구성'과 '변화'의 상호 작용 속에서 발견할 수 있다. 은행식 교육 방법은 영구성을 강조하고 순응적이 되지만 '품행이 좋은 현재'도 미리 결정된 미래도 인정하지 않는 문제 제기 교육은 역동적인 현재를 토대로 혁신적이 된다.

문제 제기 교육은 혁신적인 미래를 보장한다. 따라서 예언적이며(희망적이라고도 할 수 있다), 인간의 역사적인 본능에 반응한다. 그래서 인간을 자신을 초월하는 존재, 앞을 향해 나가고 위를 쳐다보는 존재, 고정성이 치명적인 위협이 될 수 있는 존재, 더욱 현명하게 미래를 구축해가기 위해 자신이 누구인지를 알기 위한 수단으로서만 과거를 돌아보는 존재로 인정한다. 그리고 문제 제기 교육은 자신의 불완전성을 인식하는 존재로서의 인간을 이끄는 운동, 그 출발점과 주체, 객체를 지니고 있는 역사적인 운동과 같다.

이 운동의 출발점은 인간 자신이다. 그러나 인간은 세계, 진리와 떨어져 살 수 없으므로, 그 운동은 인간 세계의 관계로 시작되어야 한다. 따라서 출발점은 인간이 그 안으로 들어가 있는 환경, 인간이 그 밖으로 출현하는 환경, 인간이 관계하는 환경을 구성하는 '지금 여기'에서 항상 인간과 함께 해야만 한다. 세계에 대한 인간의 인식을 결정하는 이러한 환경으로부터 출발해야만 인간은 변화하기 시작할 수 있다. 확실하게 변화하기 위해 인간은 그들이 운명적이고 바꿀 수 없는 상황이 아니라 단지 제한되어 있으며 따라서 도전해야 하는 상황에 놓여 있다는 점을 인식해야 한다.

은행식 교육은 직접적으로나 간접적으로 인간이 환경을 운명적으로 받아들이도록 하는 반면, 문제 제기 교육은 인간에게 바로 이런 환경을 하나의 문제로 제시한다. 환경은 인간이 인지하는 대상이 되기 때문에, 숙명론을 만들어 내는 순진하거나 그럴싸한 인식은 진리를 인지하는 대로 인식할 수 있고 따라서 그 진리에 대해 매우 객관적일 수 있는 인식에 자리를 내주게 된다.

인간의 환경에 대한 깊은 의식은 인간으로 하여금 그 환경을 변형시키기 쉬운 역사적인 실체로 이해하도록 이끈다. 결국 단념하지 않고 인간 스스로 이끌어 갈 수 있는 것처럼 느껴지는 변화와 탐구의 동기를 따르게 된다. 만일 탐구하는 움직임 속에서 다른 사람들과 불가분의 관계를 갖는 역사적인 존재인 인간이 그 움직임을 이끌지 않는다면, 이는 인간성의 침해가 된다. 어떤 사람이 다른 사람들로 하여금 탐구하지 못하도록 막는 그 어떤 환경도 인간성을 위배하는 것이다. 그 수단은 중요하지 않다. 즉, 인간으로 하여금 스스로 의사 결정을 하지 못하도록 소외시키는 것은 인간을 주체가 아닌 객체로 변질시키는 것이다.

이러한 탐구의 움직임은 인간화, 즉 인간의 역사적 소명의 방향으로 이끌어져야 한다. 그러나 완전한 인간성의 추구는 소외되거나 개별화되어지면 결코 이루어질 수 없으며 동료애와 결속을 통해서만 이루어질 수 있다. 따라서 지배자와 피지배자 사이의 상반되는 관계 속에서는 펼쳐질 수 없다. 아무도 다른 사람의 인간화를 방해하면서 인간적일 수 없다. 이기주의적으로 좀더 인간적이 되려고 노력하는 것은 이기적으로 좀더 소유하려는 것, 즉 비인간화시키는 것이다. 존재하기 위해 소유하는 것이 근본적일 수 없기 때문이 아니다. 정확히 말해 어떤 사람의 '소유'가 다른 사람의 '소유'에 장애물이 되도록 두어서는 안 되기 때문에, 어떤 사람이 다른 사람을 억압하는 힘을 강화하도록 놓아두어서는 안 되기 때문에 필요한 것이다.

인간적이며 해방을 실천하는 문제 제기 교육은 지배력에 종속 당한 인간은 그들의 해방을 위해 싸워야 한다는 것을 기본으로 한다. 이 목표를 이루기 위해, 문제 제기 교육은 교사와 학생이 권위주의를 극복하고 지성주의를 배타함으로 교육 과정의 주체가 될 수 있도록 한다. 또한 문제 제기 교육은 진리에 대한 인간의 잘못된 인식을 극복할 수 있도록 한다. 세계는 더 이상 현혹적인 언어로 표현할 수 있는 것이 아닌 인간화를 가져오는 인간의 변화하는 행동의 목적이 된다.

문제 제기 교육은 지배자의 이익을 위해 사용될 수 없다. 그 어떤 억압적인 질서도 억압받는 자로 하여금 "왜"라는 질문을 하도록 허용하지 않는다. 개혁적인 사회만이 이 교육을 체계적으로 수행할 수 있는 반면, 개혁적인 지도자는 그 방법을 사용하기 전에 권력을 완전히 행사할 필요가 없다. 개혁의 과정 속에서 지도자는 '나중에' 순수하게 개혁적으로 행동하리라는 의도를 가지고, 편의를 위해서라는 이유로 정당화된, 임시적인 방법으로서 은행식 교육 방법을 사용할 수 없다. 지도자들은 처음부터 개혁적, 즉 대화적이어야 한다.

1. 교사 학습자의 관계에 대해 이 글에 나타난 핵심적인 개념은 무엇인가?

2. 자신이 경험한 은행식 교육을 설명해 보라. 그 은행식 교육은 어떻게 개선되어야 했는가?

3. 문제 해결과 대조적인 문제 제기 교육의 긍정적인 예를 들어 보라. 강의 속에서 문제 해결 방법은 어떻게 문제 제기 방법이 될 수 있는가?

4. 성인 교육에 있어서 프레리의 주장은 어떤 점이 위험한가?

Ewert, D. M. 1977. Freire's concept of critical consciousness and social structure in rural Zaire. Unpublished doctoral dissertation, University of Wisconsin.

de Beauvior, S. 1963. El pensamiento de la derecha. Buenos Aires: Ediciones Siglo Viente. Originally published as La pensée de droite, aujord'hui. Paris: Schenhof.

Fromm, E. 1964. The heart of man. New York: Harper and Row.

Husserl, E. 1969. Ideas - general introduction to pure phenomenology. London: G. Allen and Unwin, Ltd.

Niebuhr, R. 1932/1960. C. Scribner's Sons. Moral man and immoral society. New York: C. Scribner's Sons.

Sartre, J.-P. 1974. Situations I. Paris: Gallimard.

1. 이 개념은 사르트르가 말한 교육의 '소화시키는' 또는 '영양을 주는' 개념에 대응하는 것으로, 지식은 교사가 학생들을 '채워 줌'으로써 '먹여지는' 것이다. 참고 Jean-Paul Sartre, "Une idee fundamentale de la phenomenologie de Husserl: L'intentionalite," Situations I (Paris, 1947)

2. 예를 들어, 어떤 교수들은 그들의 독서 목록에 어떤 책은 10-15페이지를 읽는 것으로 학생들에게 '도움'이 될 것이라고 구체적으로 이야기한다.

9

경험과 교육
(1938)

존 듀이

(John Dewey. 철학자, 심학자)

듀이는 인간을 많은 오점도 있지만 커다란 잠재력을 가진 존재로 보았다. 인간을 유기적으로나 낭만적으로 이해하는 시각을 거부하고, 인생의 도전에 직면하는 것이 인간의 성장을 자극하는 가장 좋은 방법이라고 생각하여 교육의 매개체로서의 사회 환경을 강조하였다. 그는 훌륭한 교육이란 교사 중심이 아니라 학습자 중심으로 이루어지는 것이라고 보았으며, "행동으로 배우라"는 말을 자주 사용하였다. 문제 해결을 유도하는 조심스런, 성찰적인 사고도 행동의 일부라고 보았다. 경험들은 서로 연결되어야 하는데 그 이유는 서로 연결되어질 때 학습은 흥미 있는 것이 되고 확장되어간다고 보았기 때문이다. 이러한 학습은 계획이 필요하고 계획은 철학이 필요하다. 듀이는 경험, 즉 지성과 방향에 종속되어 있는 경험의 철학을 토대로 하는 교육 철학을 주장한다.

존 듀이는 진보적인 교육학에 있어서 대표적인 학자다. 그는 교육을 삶의 준비 단계로 보지 않고 실제의 삶 그 자체로 보았다. 학교는 축소된 작은 사회이지 현실로부터의 은신처가 아니다. 그는 정신을 적응을 위한 능동적인 도구로 보았기 때문에 사고를 용이하게 하는 전략으로서 '과학적인 방법'을 아주 중요한 것으로 여겼다.

듀이는 1859년 미국 버몬트 주 하나님을 경외하는 가정에서 태어났다. 어려서부터 신실하게 교회와 주일학교에 참석하였지만 초자연적인 것은 거부했다. 이는 제도화된 종교를 창조적인 사고를 제한하는 것으로 보았기 때문이다. 그는 버몬트 대학에서 학위를 받고 존스 홉킨스 대학의 대학원 과정에 들어가기 전 교편 생활을 하였다. 칸트에 대한 논문으로 철학 박사 학위를 받은 그는 1890년대 중반에 시카고 대학으로 가서 철학, 심리학, 교육학장직을 맡았다. 아내와 함께 대학의 실험 학교에서 일하는 동안 실용적 도구주의 철학을 정립하였다. 이 경험을 통해 자신의 교육 철학을 반영하고 있는 교육학적 심리학에 관한 강력한 이론을 전개하게 되었다. 1904년 콜럼비아 대학으로 옮겨 그곳에서 거의 50년 동안 학생들을 가르쳤다. 그는 수많은 학생들에게 뿐만 아니라 미국의 일반적인 교육 분야에 큰 영향을 끼쳤다.

듀이는 인간을 많은 오점도 있지만 커다란 잠재력을 가진 존재로 보았다. 인간을 유기적으로나 낭만적으로 이해하는 시각을 거부하고, 인생의 도전에 직면하는 것이 인간의 성장을 자극하는 가장 좋은 방법이라고 생각하여 교육의 매개체로서의 사회 환경을 강조하였다. 그는 훌륭한 교육이란 교사 중심이 아니라 학습자 중심으로 이루어지는 것이라고 보았으며, "행동으로 배우라"는 말을 자주 사용하였다. 문제 해결을 유도하는 조심스런, 성찰적인 사고도 행동의 일부라고 보았다.

다음 글은 듀이가 주장하는 교육의 본질에 대해 설명하고 있다. 경험은 좋은 스승이 될 수 있지만 그것이 더 이상 성장하지 않는다면 나쁜 영향을 줄 수도 있는 것으로 보았다. 경험들은 서로 연결되어야 하는데 그 이유는 서로 연결되어질 때 학습은 흥미 있는 것이 되고 확장되어간다고 보았기 때문이다. 이러한 학습은 계획이 필요하고 계획은 철학이 필요하다. 듀이는 경험, 즉 지성과 방향에 종속되어 있는 경험의 철학을 토대로 하는 교육 철학을 주장한다.

From Experience and Education(New York: Macmillan, 1950), 12-22, 113-16

간략하게 말해서, 내가 주장하려는 것은 전통적인 교육의 시행과 그 철학을 거부했을 때, 새로운 형태의 교육이 가능하다고 믿는 사람들이 교육의 여러 어려운 문제들을 해결할 수 있는 새로운 모습을 만들게 된다는 것이다.

경험 철학의 필요성

이 사실을 인지할 때까지, 즉 문제 해결의 시작을 옛것으로부터 찾는 것은 아무 도움도 되지 않는다는 사실을 철저하게 파악할 때까지 우리는 어둠과 혼란 속에 있을 수밖에 없다. 따라서 다음에 이야기하고 있는 것은 새로운 교육이 직면하는 몇 가지 중요한 문제를 지적하고 그 해결 방안을 모색하기 위한 윤곽을 제시해보려는 것이다. 나는 모든 불확실성 속에 하나의 영구적인 이론의 틀이 있다고 본다. 즉 교육과 개인적 경험 사이에 유기적 관계가 있고 또한 새로운 교육 철학이 일종의 경험적이고 실험적인 철학을 토대로 하고 있다고 생각한다. 그러나 경험과 실험은 자명한 개념이 아니다. 오히려 그 의미는 연구해야 할 문제의 일부이다. 경험주의의 의미를 알기 위해 우리는 경험이 무엇인지를 알아야 한다.

모든 순수한 교육이 경험을 통해 이루어진다는 주장은 모든 경험이 순수하거나 똑같이 교육적이라는 뜻이 아니다. 경험과 교육은 서로 그대로 일치할 수 없다. 어떤 경험들은 비교육적이기 때문이다. 더 깊은 경험의 성장이 왜곡되고 구속된다면 어떤 경험도 비교육적이다. 어떤 경험은 냉정함을 야기시키기 위한 것일 수도 있다. 이런 경험은 자극과 반응을 부족하게 만든다. 그러면 미래에 좀더 풍부한 경험을 가질 수 있는 가능성이 제한된다. 주어진 경험은 어느 특정한 부분에서 그 사람의 자동적인 기술을 증가시킬 수 있지만 그를 판에 박힌 듯 가두어둘 수도 있다. 다시 더 깊은 경험의 영역을 축소시키는 결과를 가져오는 것이다. 경험은 유쾌한 것일 수도 있지만 부주의한 태도를 형성하도록 자극할 수도 있다. 이러한 태도는 뒤따르는 경험들이 줄 수 있는 것들을 받지 못하도록 그 연계된 경험들의 특성을 수정한다. 이렇게 되면 경험은 다시 서로 분리되고, 각 경험이 공감적으로 흥미로운 것이라 해도 서로 집약적으로 연결되지 않는다. 그러면 에너지가 분해되고 그 사람은 산만해지게 된다. 각 경험은 생생하고 활기 넘치고 '재미' 있을 수도 있지만 그 분리성은 인위적으로 산만하고 분열되고 중심으로부터 벗어나는 습성을 유발하게 된다. 이러한 습성이 형성되면 결과적으로 미래의 경험을 통제하지 못하는 무능력함을 초래하게 된다. 그러면 미래의 경험은 즐거운 것이든 불만스러운 것이든, 있는 그대로 받아들여지게 된다. 이러한 상황 아래서 자제력을 이야기하는 것은 무익한 일이다.

전통적인 교육은 지금 이야기한 것과 같은 경험들을 과잉 공급한다. 전통적인 학교 교실은 학생들이 경험할 수 있는 곳이 아니라고, 암시적으로라도 주장하는 것은 커다란 오류다. 그러나 경험을 통한 진보적인 교육이 예전 것과 첨예하게 대립되어질 때 이를 암시적으로 주장하게 된다. 대부분의 공격의 쟁점은 학생과 교사가 비슷하게 가지고 있는 경험이 대체로 잘못된 것이라는 점이다. 예를 들어, 얼마나 많은 학생들이 개념에 냉담했으며, 개념에 의해 경험되어지는 방식 때문에 얼마나 많은 학생들이 학습 동기를 잃어버렸는가? 얼마나 많은 학생들이 새로운 상황 속에서 판단력과 현명하게 행동하기 위한 능력을 제한받고 있어 자동적인 훈련을 통해 특수한 기술을 습득했는가? 얼마나 많은 학생들이 학습 과정에서 지루함과 권태감을 느끼는가? 얼마나 많은 학생들이 그들이 배운 것이 학교 밖의 생활과는 동떨어져 문제들을 해결하는 데 아무런 힘도 발휘하지 못한다는 것을 알게 되었을까? 얼마나 많은 학생들이 즐겁게 독서하는 것을 제외하고, 의무적으로 지겨운 책을 읽고 있는가?

이렇게 질문을 던지며 옛 교육을 모조리 비난하려는 것은 아니다. 다른 목적이 있다. 먼저 전통적인 학교에 있는 청소년들로 하여금 경험을 갖도록 강조하고, 두번째로 문제는 경험의 부재가 아니라 경험의 잘못된 특성과 단점-더 깊은 경험과의 연관 관계에서 볼 때 -이라는 사실이다. 이러한 주장이 가지는 긍정적인 면은 진보적인 교육과 좀더 중요한 관계를 가지고 있다. 경험의 필요성을 주장하는 것으로도 충분치 않고 경험적인 활동의 필요성을 주장하는 것도 충분치 않다. 모든 것은 습득되어진 경험의 '특성'에 의존한다. 어떤 경험의 특성이든 두 가지 양상을 가지고 있다. 하나는 동의할 수 있거나 할 수 없는 즉각적인 면과 또 하나는 이것이 지속적으로 나중의 경험에 영향을 끼치는 측면이다. 전자는 분명하고 판단하기 쉽다. 경험의 '결과'는 표면적으로 드러나지 않는다. 경험은 교사에게 문제를 제시한다. 경험이 학생들을 부담스럽게 하지 않고 교사의 활동과 연계되어 있는 가운데, 바람직한 미래의 경험을 습득하도록 자극하기 때문에 즉흥적인 즐거움 이상의 경험들을 정리하는 것은 교사의 일이다. 혼자서 살거나 죽는 사람이 없듯이 경험도 혼자서 하거나 사라지지 않는다. 소망이나 의도와는 완전히 분리되어, 모든 경험은 더 깊은 경험 속에서 활동한다. 그러므로 경험에 근거한 교육의 핵심적인 문제는 뒤따르는 경험 속에서 풍성하고 독창적으로 활동해나갈 수 있는 현재의 경험을 선택하는 것이다.

뒤에서 경험의 지속성 혹은 소위 경험적 연속의 원리에 대해 자세히 설명할 것이다. 여기서는 단지 교육학적 경험 철학에 대한 원리의 중요성을 강조하고 싶다. 이론과 마찬가지로 교육 철학은 언어와 상징으로 제시되어야 한다. 그러나 언어로 표현할 수 있는 것 이상의 교육 철학은 교육을 지도하기 위한 계획이다. 모든 계획과 마찬가지로, 무슨 일을 해야 하며 어떻게 해야 하는지를 언급하는 틀을 가지고 있어야 한다. 교육이 경험 안에서, 경험에 의한, 경험을 위한 발전이라는 사실이 분명하고 진지할수록 경험이 무엇인가에 대한 분명한 개념 이해가 더욱 중요해진다. 경험이 결과적으로 주제를 결정하고, 교수와 훈련 방법을 결정하며, 학교가 구비해야 하는 물질적인 자원과 사회적 조직을 결정하기 위한 계획을 낳지 못한다면, 모든 것은 헛된 것이다. 그 경험이 시도되고 실행되는 효과를 의미하지 않는다면, 당연히 다른 개념들로 똑같이 대체되어지지 않을 때 감정적으로 동요될지도 모르는 개념의 형태로 축소되어진다.

전통적인 교육이 계획과 프로그램을 과거로부터 전수받은 반복이라는 문제를 가지고 있다고 해서 진보적인 교육이 무계획하고 즉흥적인 문제를 가지고 있다고 볼 수 없다.

전통적인 학파는 일관적으로 발전된 어떤 교육 철학 없이도 어울릴 수 있었다. 그러한 선상에서 필요로 하는 것은 문화, 훈육, 위대한 문화적 유산과 같은 추상적인 그러나 실질적인 용어는 여기에서 나온 것이 아니라 관습과 기존의 생활에서 나왔다. 진보적인 학파는 기존의 전통과 제도화된 습성에 의존할 수 없기 때문에, 그들은 다소 아무렇게나 또는 교육 철학을 형성해야 한다는 생각만으로 진행해야 했다. 전통적인 학파는 특수한 조직이 있는데, 이 조직에 대해 거부하려면 창조적인 사상이 있는 조직이 있어야 한다. 교육 개혁가들이 교육 철학을 절실히 필요로 했다는 것은 교육사를 깊이 살펴보지 않아도 알 수 있을 것이다. 기존의 구조를 고수하려는 사람들은 기존의 방법들을 정당화하는 데 단 몇 마디의 그럴듯한 말이 필요했을 뿐이며 정작 제도적으로 고정된 습관에 의해 일해나갔다. 진보적인 교육에 대한 교훈은 경험 철학에 근거한 교육 철학이 시급하게, 예전의 개혁가들이 기대한 것보다 훨씬 더 시급하게 필요하다는 것이다.

나는 링컨이 민주주의에 대해 이야기한 문구를 빌어 '경험의, 경험에 의한, 경험을 위한' 교육 철학이어야 한다고 생각한다. '…의', '…에 의한', '…을 위한'이라는 단어는 어느 것 하나도 자명한 어떤 것을 지칭하고 있지 않다. 이들은 각각 어떤 교육적 경험이 의미 있는가를 이해하는 데서 비롯되는 질서와 조직의 원칙을 발견하고 수행하는 하나의 도전이다.

따라서 전통적인 교육의 경우보다 새로운 교육에 적합한 내용이나 방법, 사회적 경험을 수행하는 과제는 훨씬 더 어렵다. 나는 진보적인 학교에서 겪는 어려움과 그들에 대한 많은 비난이 여기에서 발생한다고 생각한다. 즉 새로운 교육이 옛 교육보다 다소 쉬워보일 때 더욱 어려워지고 비난하는 소리도 커진다. 이는 새로운 교육에서 요구되는 모든 것이 전통적인 학파에서 한 일들을 해서는 '안 된다'는 생각에서 발생하는 양자 선택 철학의 한 예를 보여주는 것 같다.

나는 새로운 교육이 이전 교육보다 훨씬 '단순'하다는 것을 기꺼이 인정한다. 이는 성장의 원리에 어울리는 것이다. 그리고 주제나 방법에 있어서 전통적인 선택이나 계획에 인위적인 것이 많으며 이러한 인위성은 늘 불필요한 복잡성을 야기한다. 그러나 쉬운 것과 단순한 것은 동일하지 않다. 무엇이 정말 단순한 것인지 발견하고 그 발견한 것을 토대로 수행하는 것은 매우 어려운 과제다. 일단 인위적이고 복잡한 것이 관습과 일상 속에 제도적으로 정착되고 뿌리를 내렸는데 새로운 관점을 가지고 실질적으로 새로운 관점과 관련 있는 것을 수행하는 일보다는 이미 나 있는 길을 걸어가는 것이 훨씬 쉽다. 구식 프톨레마적 천문 구조가 가지고 있는 주기와 회기는 코페르니쿠스적 구조보다 훨씬 복잡하다. 그러나 코페르니쿠스적 구조를 토대로 실제적인 천문 현상 조직이 영향을 끼치게 될 때까지, 옛날 방식의 지적인 습관이 제시하는 최소한의 저항선을 따르는 것이 가장 쉬운 길이다. 그래서 우리는 적절한 교육 방법과 내용의 선택과 조직에 긍정적인 방향을 부여하면서, 학파가 해야 하는 일에 새로운 방향을 부여하려는 시도는 실제적인 경험에 바탕을 둔 '이론'을 필요로 한다는 생각으로 돌아가게 된다. 과정은 느리고 험난하다. 이는 성장의 문제이며, 성장을 방해하고 잘못된 방향으로 유도하려는 많은 장애물들이 있다.

조직에 관해서는 이야기할 것이다. 이 시점에서 필요한 것은, 그 조직이 전통적인 교육의 특징을 가지고 있는 내용(또는 주제)이나 방법 그리고 사회적 관계의 조직이든 아니든, 그러한 개념에서 조직을 생각하려는 경향에서 탈피해야 한다는 이야기다. 나는 조직에 대해 반대하는 이유가 전통적인 학파로부터 벗어나기가 어렵다는 사실 때문이라고 생각한다. '조직'을 언급하는 순간 상상력은 거의 자동적으로, 우리와 친숙하며 어떤 조직이든 조직에 대한 생각으로부터 우리를 움츠려들게 만드는 것을 반대하는 조직을 떠올린다. 이제 힘을 모으고 있는 교육에 대한 보수적인 개혁주의자들은 조직의 필요성뿐 아니라 실험적인 과학이 발생하기 전에 구성되어야 하는 모든 조직들을 밝히기 위한 증거로서 더욱 새로운 모형의 학교에서 적절한 지적이고 도덕적인 조직의 부재를 사용한다. 경험적이고 실험적인 기초 위에서 조직의 개념을 발전시키는 것에 대한 실패는 보수주의자들에게 너무 쉽게 승리를 안겨다준다. 하지만 경험주의 과학이 어떤 분야에서나 찾아볼 수 있는 지적인 조직의 가장 훌륭한 양식을 제공한다는 사실은 스스로 경험주의자라고 부르는 우리들이 질서와 조직의 문제를 '식은 죽 먹듯이' 쉽게 해결해야 할 이유가 없다는 것을 보여준다.

교육의 방법과 목적으로서의 경험

이야기하는 가운데 나는 개별적인 학습자와 사회 모두 그 목적을 성취하기 위해 교육이 경험 - 어느 개인의 실제적인 생활 속의 경험 - 에 근거해야 한다는 원칙을 당연하게 이야기했다. 나는 이 원칙을 수용하라고 강요하거나 이를 정당화시키려는 것이 아니다. 교육에 있어서 진보적인 사람들뿐 아니라 보수적인 사람들도 전반적으로 현재의 교육환경에 커다란 불만을 표시하고 있다. 두 부류의 교육 학자들은 적어도 이 정도는 공감하고 있다. 교육 제도는 과학적 시대 이전의 지적이고 도덕적인 기준으로 거슬러가든지, 성장하고 확장하는 경험의 가능성을 개발하는 데 과학적인 방법을 좀더 사용하기 위해 앞으로 나아가든지, 어느 쪽으로든 이동해야 한다. 나는 교육이 후자를 선택할 경우 만족스럽게 성취되어야 할 몇 가지 조건들을 지적하려고 노력해온 것뿐이다.

　교육을 평범한 경험 속에 내재한 가능성들을 현명하게 이끌어 개발시키려는 것으로 이해할 때, 교육이 가지고 있는 잠재력을 확신하기 때문에 나는 다른 경로를 비판하거나 경험의 경로를 수용하는 편에 서서 주장할 필요가 없다고 생각한다. 이러한 경로를 선택했을 때 발생하는 유일한 실패는 경험과 시험적인 방법이 부적절하게 이해되는 위험 속에서 발생한다고 생각한다. 세상에는 지적인 성장과 방향의 검증을 받아야 하는 경험만큼 가혹한 훈련은 없다. 따라서 새로운 교육의 기준들, 목적들, 방법들에 대한 일시적인 반작용의 원인은 그것들을 맹목적으로 이해하고 적용하려는 시도를 공공연히 하는 교육가들이 가져온 실패라고 볼 수 있다. 나는 여러 번 새로운 교육의 길이 예전의 교육보다 더 쉽지 않으며 오히려 더 엄격하고 어렵다는 사실을 강조했다. 중요한 교육적인 지위를 확보하고 이를 고수하려는 수년 간의 협력을 통해 그 지위를 얻게 될 때까지 그럴 것이다. 새로운 교육의 미래를 위협하는 가장 커다란 위험은 그것이 따르기 쉬운 방법이며 너무 쉽기 때문에, 단시적인 양식에서가 아니라면 적어도 시간이 흘러가면서 그 과정이 황폐해질지도 모른다는 생각이다. 새로운 교육의 원리들이 가지고 있는 장점들을 나열하기보다, 정당하게 부여받을 수 있는 성공을 위해 완전히 갖추어져야 하는 어떤 조건들을 제시하는 데 국한하는 것도 이 때문이다.

　나는 '진보적인', '새로운' 교육이라는 말을 자주 사용하였다. 하지만 근본적인 논쟁거리가 새로운 교육 대 옛 교육이나 진보적인 교육 대 전통적인 교육이 아니라, '교육'이라는 의미를 부여받을 가치가 있는 것이 무엇인가 하는 물음이라는 것을 확실하게 밝히면서 이 글을 마치고 싶다. 나는 단순히 진보적이라는 명목으로 적용된다고 해서 그 어떤 목적이나 방법들을 지지하는 것이 아니다. 근본적인 문제는 부적합한 수식어가 붙지 않는 교육의 본질에 관한 것이다. 우리가 원하고 필요로 하는 것은 순수하고 단순한 교육이며, 교육이 무엇인지 또 교육이 어떤 명목이나 슬로건이 아니라 하나의 실체가 되기 위해 충족되어야 할 조건들이 무엇인지를 밝히기 위해 전념한다면 더욱 분명하고 빠르게 진보할 것이다. 견고한 경험 철학의 필요성을 강조하는 것도 오직 이 때문이다.

1. 사고가 어떻게 행동이 될 수 있는가? 사색이 어떻게 생활이 될 수 있는가?

2. '문제 해결'과 교회 목회는 조화를 이룰 수 있는가? 어떻게 또는 왜 안 되는가?

3. '경험'에 초점을 맞춘다는 것은 기독교 교육에서 어떻게 나타나는가?

자발적 학습
(1975)

말콤 S. 노울즈

(Malcolm S. Knowles, 심리교육학자)

성인 교육에 관한 그의 연구는 성인을 텅빈 기계라기보다는 상호 작용하며 성장하는 유기체라고 보는 '유기적 모델'을 토대로 하고 있다(노울즈, 1973). 이를 통해 '성인 학습에 대한 성인 교육학 이론'을 정립하게 되었다(노울즈는 '성인 교육학'이라는 용어를 유고슬라비아에 있는 동료를 통해 알게 되었으며 이를 미국 내에 널리 알렸다). 성인 교육학은 아동들을 대상으로 하는 아동 교육학(pedagogy)과는 다른 교육 방법을 이루었다(노울즈, 1973). 성인이 될수록 자아상은 의존적인 성향을 벗어나 자발적이 되어간다는 것이 성인 교육학 이론이다. 성인이 되어갈수록 학습에 많은 것을 제공하는 경험이 축적되어간다. 본서를 통해 성인 교육을 위한 단계별 계획에 대해 배울 수 있다.

말콤 노울즈는 성인 교육의 '아버지' 라기보다는, 성인 교육의 '좋은 아저씨' 라고 부를 수 있다. 그는 고등 학교 교사, 경제·산업 정부 부처의 인간 관계 개발 분야 고문 그리고 미국 성인교육연합회 이사로 활동했으며, 보스턴 대학과 노스 캐롤라이나 주립 대학 교수를 역임하면서 수많은 글과 책을 썼다. 성인 교육에 관한 그의 연구는 성인을 텅빈 기계라기보다는 상호 작용하며 성장하는 유기체라고 보는 '유기적 모델' 을 토대로 하고 있다(노울즈, 1973). 이를 통해 '성인 학습에 대한 성인 교육학 이론' 을 정립하게 되었다(노울즈는 '성인 교육학' 이라는 용어를 유고슬라비아에 있는 동료를 통해 알게 되었으며 이를 미국 내에 널리 알렸다). 성인 교육학은 아동들을 대상으로 하는 아동 교육학(pedagogy)과는 다른 교육 방법을 이루었다(노울즈, 1973). 성인이 될 수록 자아상은 의존적인 성향을 벗어나 자발적이 되어간다는 것이 성인 교육학 이론이다. 성인이 되어갈수록 학습에 많은 것을 제공하는 경험이 축적되어간다. 성장하면서 학습하는 것이 쉬워지는 것은 생물학적 요소나 외부적인 강압보다는 사회적 역할을 수행하는 데 필요한 개발 과제들을 토대로 하기 때문이다. 학습하는 데 있어서 아동은 내용 중심적으로 여건을 갖추어야 하는 데 비해, 성인들은 문제 중심적이다(노울즈 1973). 「자발적 학습: 교사와 학생을 위한 가이드(Self-Directed Learning: A Guide for Learners and Teachers)」라는 노울즈의 책은 이런 면에서 매우 실제적이다. 간단히 말해 교사의 역할을 내용 전달자이기보다는 학습 촉진자로 제시하고 있다. 교사는 어떤 내용을 전달해야 하는지 또 그 내용을 어떻게 다루기 쉽고 논리적인 순서로 구성할 수 있으며, 전달하는 데 가장 효과적인 방법은 무엇인지에 대해 관심을 기울이기보다는 학습 환경을 조성하고, 임의적인 과정과 의사 결정을 위한 계획을 세우며, 학습 욕구를 진단하고, 목표 설정을 도와주며, 학습 계획을 제안하고, 활동에 참여하며, 평가하는 데 관여한다. 이 외에도 다음 글을 통해 도표, 점검표, 그 밖의 자료를 포함하여 성인 교육을 위한 단계별 계획에 대해 배울 수 있다.

From Self-Directed Learning: A Guide for Learners and Teachers (Chicago: Association/Follett, 1975), 14-21, 23-28, 60-63, 99-104, 110-15.

대부분의 사람들이 배울 수 있는 방법에 대해서는 배운 적이 없고, 가르침을 받을 수 있는 방법만을 알고 있다는 사실은 비극이다. 이것이 비극적인 사실인 데에는 몇 가지 직접적인 이유와 간접적인 이유가 있다.

탐구 프로젝트 1: 왜 자발적 학습인가?

첫번째 직접적인 이유는 학습에 주도적인 사람은(전진 학습자, pro-active learners) 선생님 앞에 얌전히 앉아서 가르쳐주기만을 바라는 수동적인 사람(반응 학습자, reactive learners)보다 더 많은 것을 배우며 더 잘 배운다는 것이다. 전진 학습자들은 반응 학습자들보다 배운 것을 더 잘 활용하고 더 오래 보유하는 경향이 있다.

두번째 직접적인 이유는 자발적 학습이 인간 본래의 심리학적 성장 과정과 더 잘 조화를 이룬다는 것이다. 이 세상에 태어날 때부터 우리는 의존적인 성격을 가지고 있다. 우리를 보호해주고 먹여주며 데리고다니면서 우리를 대신해서 의사 결정을 해줄 부모를 필요로 한다. 그러나 성인이 되어가면서 우리는 먼저 부모의 통제로부터, 그 다음엔 교사나 다른 성인들의 통제로부터 벗어나려는 깊은 심리학적 욕구도 자라게 된다. 성숙의 근본적인 모습은 자기 자신의 삶에 대한 증대되는 책임감을 수용할 수 있는 능력과 보다 자발적일 수 있는 능력을 키우는 것이다.

세번째 직접적인 이유는 교육에 있어서 새로운 많은 발전, 즉 새로운 커리큘럼, 열린 교실, 학년이 없는 학교, 학습 자료 센터, 혼자서 하는 공부, 비전통적인 학습 프로그램, 외부 학위 프로그램, 건물 없는 대학 등은 학습자에게 자신의 학습에 대한 상당한 주도권을 주는 대신 무거운 책임감을 부여한다. 자발적인 학습 기술을 배운 적이 없는 상태에서 이런 프로그램을 시작하는 학생들은 좌절과 혼란, 실패를 경험하게 되며 교사들도 그렇다. 간략하게 말하자면 고등 학교, 기술 학원, 전문 대학, 대학, 성인 교육 등에서 이런 문제가 급속히 퍼지고 있기 때문에 이 책을 쓰게 되었다.

우리가 가르침을 받지 않고서도 배울 수 있는 방법을 배우지 못했다는 것이 비극적인 데는 간접적인 이유도 있다. 그리고 이 이유가 직접적인 이유들을 모두 합해 놓은 것보다 더욱 중요할지도 모른다. 앨빈 토플러(Alvin Toffler)는 이 이유를 '미래의 충격(future shock)'이라고 불렀다. 간단히 말해, 우리는 낯선 새로운 세계로 들어가고 있으며 이 세계의 유일한 고정적인 특성은 급속히 변화한다는 점이다. 그리고 이 간단한 진리는 교육과 학습에 몇 가지 커다란 의미를 가지고 있다.

먼저 교육의 목적이 더 이상 알고 있는 것을 전달하는 것으로 국한될 수 없다는 것을 의미한다. 많은 사실이나 기술의 수명의 절반이 10년도 채 안 되는 세상에서, 인간이 20세에 습득한 것의 절반은 그 사람이 30세가 되면 벌써 구식이 되고 만다. 따라서 이제 교육의 주된 목적은 탐구 기술을 개발시키는 것이 되어야 한다. 우리는 학교를 마치고 나서 배우기 위한 학습 과정을 통해 얻은 지식의 토대뿐 아니라, 남은 일생 동안 쉽고 익숙하게 새로운 지식을 계속 습득할 수 있는 능력을 갖추는 것이 더욱 중요하다.

두번째로 학습에 관해 달리 생각해야 한다는 것이다. 우리는 일반적으로 학습이란 학교에서 이루어지는 것 즉 '가르침을 받는 것'으로 생각한다. 낯설고 새로운 세계에 적응하기 위해 우리는 모든 경험을 '학습 경험'으로 활용할 수 있어야 한다. 사회의 모든 제도 — 정부, 상점, 오락 시설, 교회 등 — 는 학습의 자원이 되며, 우리 주위에 있는 모든 사람 — 부모, 자녀, 친구, 의사, 교사, 동료, 직장 상사, 목사, 상점 점원 등 — 도 학습 자원이 된다. 학습은 개인의 성장과 발전을 위한 모든 자원 — 교육 제도 안이나 밖에 있는 — 을 활용하는 것을 뜻한다.

세번째로 더 이상 청소년기에 적당한 수준의 교육을 끝마칠 수 없게 되었다는 점이다. 선조들의 사회에서는 청소년기가 되면 평생 동안 알아야 할 것을 거의 대부분 배울 수 있었다. 그러나 더 이상 그렇지 못하다. 교육을 위한 학습이라고 하는 것이 더 나을 것이다. 이제 일생 동안 이루어져야 하는 과정이 되었다. 청소년 시절에 기본적으로 배워야 할 것은 탐구 기술이 되어야 하며, 학교를 마치고 배우는 것은 급속하게 변하는 세계에서 적절히 살아가는 데 필요한 지식, 기술, 진리, 태도, 가치를 습득하는 데 초점을 맞추어야 한다.

요약하자면, 자발적 학습의 '이유'는 한 개인으로서의 생존과 인류의 생존을 위해서이다. 분명하게 말해, 우리는 여기서 훌륭하거나 바람직한 어떤 것에 대해 이야기하고 있는 것이 아니며, 어떤 새로운 교육적 유행에 관해 이야기하고 있는 것도 아니다. 우리는 이 새로운 세계에서 살아가기 위해 필수적인 인간의 기본적인 능력 즉 스스로 학습할 수 있는 능력에 대해 이야기하고 있는 것이다.

탐구 프로젝트 2: 자발적 학습이란 무엇인가?

가장 광범위한 의미에서 볼 때 '자발적 학습'은 다른 사람의 도움을 받거나 받지 않거나, 개인이 자발적으로 자신의 학습 욕구를 진단하고, 학습 목표를 설정하고, 학습의 인적·물적 자원을 파악하고, 적절한 학습 전략을 선택하여 수행하며, 학습 결과를 평가하는 방법을 이야기한다. 다른 문헌들에서는 이 방법을 '자기 계획 학습', '탐구 방법', '자력 학습', '자기 교육', '자기 강의', '자기 교수', '자율 학습' 등으로 표현하고 있다. 이렇게 이름 붙이는 것은 학습이 격리된 채 이루어지는 것처럼 보이는 문제를 가지고 있지만, 사실 자발적 학습은 보통 교사나 보조자, 강사, 자원이 될 수 있는 사람들이나 동료나 또래 친구와 같은 여러 종류의 조력자와 함께하는 것이다. 자발적 학습자들은 커다란 상호 관계를 맺고 있다.

두 가지 교육 방법

자발적 학습의 완전한 의미는 탐구 프로젝트 1에서 '가르침을 받는다'고 표현한 그 반대 개념과 비교할 때 더 분명해질 수 있을 것이다. 그 반대 개념은 '교사 주도 학습'이라고 부르도록 하자.

교사 주도 학습의 이론과 실제의 토대가 되는 원형은 희랍어로 '어린이'라는 의미의 'paid와 '지도자'라는 의미의 'agogus'에서 온 '아동 교육학(pedagogy)'이라는 사실을 언급하고 지나가는 것이 좋을 것 같다. 'pedagogy'는 교수 기술과 과학을 규정하는 말이 되었지만 그 전통은 아동을 가르치는 데 있다. 자발적 학습의 이론과 실제의 토대가 되는 원형은 희랍어에서 '사람'을 뜻하는 'aner'에서 온 'andr'의 합성어인 '성인 교육학'(andragogy)이다. 따라서 'andragogy'는 성인(또는 성숙한 인간) 학습을 보조하는 기술과 과학으로 규정할 수 있다. 이러한 정의는 아동은 아동 교육학적으로, 성인은 성인 교육학적으로 가르침을 받아야 한다는 의미가 아니다. 이 두 가지 용어는 교사와 학습자에 관한 두 가지 주장에 따라 차이가 있다. 'pedagogy'는 교사가 아동을 가르치든 성인을 가르치든 아동 교육학적으로 가르치는 것이며, 'andragogy'는 학습자가 아동이든 성인이든 성인 교육학적으로 가르친다는 것이다. 사실, 열린 교실이나 학년이 없는 학교, 학습 실험실, 지역 학교, 비전통적인 프로그램 등과 같이 요즈음 학교 교육에서 일어나고 있는 많은 개혁은 아동과 성인을 모두 학습자로 보는 성인 교육학의 주장을 전제로 하는 것이다.

이 두 가지 방법이 기초로 하는 학습자에 관한 주장은 학습 자료 A에 요약되어 있다. 지금 잠시 훑어본 후 다시 돌아와 다음 설명을 읽으면 도움이 될 것이다.

교사 주도 학습은 학습자가 근본적으로 의존적인 성격을 지니고 있으며, 교사는 학습자가 어떤 가르침을 어떻게 받아야 하는가를 결정하는 책임을 지니고 있다고 본다. 반면에 자발적 학습은 인간이 성숙하는 데 필수적인 요소로서 자발성을 갖추게 되며 이 자발성은 가능한 한 신속하게 개발될 수 있어야 한다고 주장한다.

교사 주도 학습은 학습자의 경험이 학습 자원으로서의 교사나 교재 저술가, 내용 개발자들의 경험보다 중요하지 않으며 따라서 교사는 이러한 전문가들이 주장하는 내용을 학습자에게 정확하게 전달하기 위한 책임이 있다고 본다. 한편 자발적 학습은 학습자의 경험이 전문가들의 자원과 더불어 활용되어야 풍부한 학습 자원이 된다고 본다.

교사 주도 학습은 학생이 성숙의 정도에 따라 각각 다른 것을 배울 준비가 되어 있으며, 따라서 주어진 일정한 성숙 단계에서 일정한 학습자들은 같은 것을 배우게 된다고 주장한다. 하지만 자발적 학습은 각자 자신이 발전해가는 삶에 따르는 과제를 풀어가거나 자신의 문제를 좀더 알맞게 대처해나가기 위해 필요한 것을 배울 준비를 갖추기 때문에 각 개인은 다른 사람들과 다소 다른 형태의 준비를 하게 된다는 것이다.

교사 주도 학습은 주제 중심 지향적 학습으로 교육을 시작하게 되며(학습이란 주제 내용을 축적하는 것이라고 본다) 따라서 내용에 따라 학습 경험이 이루어져야 한다. 반면 자발적 학습은 이러한 주제 중심이 학교 교육에서 미리 조건지워진 결과로 학생들은 자연히 과제 또는 문제 중심 지향적이 된다고 가정한다. 따라서 학습 경험은 과제 수행이나 문제 해결 학습 프로젝트(또는 탐구를 통해)를 통해 이루어져야 한다.

교사 주도 학습은 성적이나 학위, 상, 실패의 두려움과 같은 외부적인 보상이나 처벌에 대한 반응 속에서 학습의 동기를 갖지만, 자발적 학습은 존경에 대한 욕구(자존심과 같은), 성취욕, 성장하려는 욕구, 성취 만족, 특별한 것을 알고 싶어하는 욕구, 호기심과 같은 내면적인 동기로 학습이 이루어진다고 본다.

 이 차이점들을 살펴보면서 이 두 가지 주장이 모두 타당성이 있다고, 즉 모든 교사 주도 학습이 항상 나쁜 것은 아니며 자발적 학습이 항상 좋은 것은 아니라는 생각이 드는가? 분명 우리가 의존적인(완전히 새롭고 낯선 탐구 영역에 접근하면서), 우리의 경험이 실제로 거의 도움이 안 되는(그 탐구 영역에 대한 경험이 없을 때), 우리의 학습 준비성이 정말 탐구 영역에 관한 성숙 정도에 따라 결정되는, 축적된 주제 내용에 초점을 맞추고 있는, 실제로 외부적인 압력이 동기가 되는 학습 환경이 있다. 아동 교육학적이고 성인 교육학적인 교육에 차이를 가져오는 것은 그 이론과 실제를 뒷받침해주는 서로 다른 주장들이 아니라 학습자의 태도일 것이다. 만일 자발적 학습자가 스스로 가르침을 받아야 할 필요가 있다고 생각한다면, 연구하고 탐구할 때 가르침을 받는 학습 상황 속으로 들어갈 것이며 그 상황을 자발성을 잃지 않는 학습을 위한 자원으로 활용하게 될 것이다.

탐구 프로젝트 3: 자발적 학습에는 어떤 적성이 요구되는가?

 교사 주도 학습을 잘 해나가기 위해 필요한 요건은 A 학점짜리 학생들에게 물어보면 될 것이다. 경청하는 능력, 꼼꼼하게 기록하는 능력, 빨리 읽고 정확히 이해하는 능력, 시험 문제를 예측하고 그 부분만 훑어보는 능력 등이 교사 주도 학습의 요건이라고 할 수 있다. 실제로 이렇게만 하면 학교에서 좋은 성적을 거둘 수 있지 않은가?

 그러나 자발적 학습은 완전히 다른 요건들을 필요로 한다. 학습 자료 B를 보면 보다 일반적이고 중요한 요건들에 대해서 알 수 있을 것이다.

 지금 학습 자료 B를 펴서 당신이 그 중 어떤 요건들을 갖추고 있는지 측정해볼 수 있다. 그런 다음 두세 명의 동료와 교사를 통해 당신이 측정한 것이 정확한지 점검해보라.

탐구 프로젝트 4: 학습 계획 세우기

학습 계획을 세우는 데는 여러 가지 방법이 있다. 다음 단계가 과학적인 탐구를 하는 데 가장 간단한 방법이 될 수 있을 것이다.

1. 내가 알고 싶은 문제가 무엇인가?
2. 그 답을 알아내기 위해 필요한 정보들은 무엇인가?
3. 이 정보들을 얻을 수 있는 가장 적절하고 편리한 자료는 무엇인가?
4. 그 자료들 속에서 필요한 정보들을 수집하기 위해 사용할 수 있는 가장 효과적인 방법은 무엇인가?
5. 문제에 대한 답을 알아내기 위해 이 정보들을 어떻게 구성하고 분석해야 할 것인가?
6. 어떻게 그 답의 타당성을 검증하고 보고할 것인가?

그러나 나는 좀더 상세하고 엄격한 '학습 계약'이라는 형식을 제안하고 싶다. 학생들에 의하면 이 방법이 학습을 좀더 효과적으로 이루어지게 하고, 보다 창의적으로 학습 자료를 찾고 학습 방법을 개발하도록 해주며, 좀더 분명하게 성취 결과를 확인할 수 있도록 해준다고 한다. 이 방법은 어떤 학습 내용에도 사용할 수 있다.

학습계약

계약이란 보통 '둘 이상의 개인이나 집단 사이의 결속된 동의'를 뜻하는 것으로, 과제나 성적으로 학생과 계약하는 교사나, 특정한 학위를 얻기 위해 무엇을 끝마쳐야 하는지 학생들과 계약하는 비전통적인 연구 기관 등에서 널리 계약이 이루어지고 있다. 그러나 자발적 학습을 통해 이러한 학습 프로젝트의 목적을 이루기 위해서 스스로와 계약해야 한다. 자발적 학습자가 될 것을 자신과 계약하고 당신은 어떻게 해야 할 것인지 그리고 어떻게 성취한 것을 확인할 수 있을 것인지를 계약해야 한다.

학습 계약을 맺는 데 도움이 될 수 있도록 몇 가지 제안을 하겠다.

1. 학습 자료 C를 펴고 서너 장의 종이에 네 가지 계약 항목을 표시하기 위한 칸을 그려보라(1. 학습 목표, 2. 학습 자료와 방법, 3. 성과 확인, 4. 검증 기준과 방법).

2. 탐구 프로젝트 3에서 측정한 평가 내용을 기초로 하여 학습 자료 C에 있는 1항의 예를 살펴보고, 해야 할 필요가 있는 것이라고 생각되는 목표라면 무엇이나 1항 칸에 써 넣어라. 이 표에는 없지만 스스로 생각한 다른 목표를 더 써보라.

3. 2항으로 가서 각 학습 목적을 성취하는 데 도움이 되리라고 생각되는 학습 방법이나 전략을 한 가지 또는 그 이상 써넣어라. 학습 자료 J(질문 방법과 기술 부분을 보라)와 K에 다양한 목적과 관련된 학습 방법들을 보여주고 있다. 다른 것을 생각해보아도 좋다.

4. 그 목적을 성취한 정도를 측정하기 위해 어떻게 확인해야 하는지 구체적인 내용들을 3항에 써넣어라. 학습 자료 C와 N(상이한 목적에 대한 확인 부분을 보라)을 보면 상이한 목적들을 성취한 것을 확인하기에 적당한 다양한 방법들을 알게 될 것이다. 중요하다고 생각하는 다른 확인 방법들을 생각해보아도 좋다.

5. 4항은 그 확인 결과를 검증하는 데 어떤 기준을 사용해야 하는지, 자신이 그 확인 결과의 타당성을 신뢰하기 위해 어떤 방법을 사용해야 하는지를 보여주는 항목이다. 학습 자료 O(측정 범위의 예 부분을 보라)에 도움이 될 만한 사항들이 있다. 모든 과정 중에서 가장 어려운 부분일지도 모르므로 지나치게 과학적인 방법을 사용하려 애쓰지 말라. 학습의 결과를 측정하고 그것이 얼마나 믿을 만한지 판단하는 데 경험을 가지고 있는 것이 중요하다.

6. 이제 학습 계약서를 친구들이나 교사를 통해 점검해보는 것이 도움이 될 것이다. 그들에게 다음과 같이 질문해보라.

a. 학습 목표가 분명하고 납득할 만하며 현실적인가?
b. 그 외에 다른 목표가 있다고 생각하는가?
c. 학습 방법은 적당한가?
d. 그 외에 다른 방법이 있다고 생각하는가?
e. 다양한 목적에 맞는 확인 방법인가?
f. 다른 확인 방법이 있다고 생각하는가?
g. 분명하고 신빙성 있게 결과의 타당성을 검증하는 기준과 방법인가?

h. 결과를 검증하는 데 다른 방법이 있다고 생각하는가?

7. 그들로부터 얻은 반응에 따라 계약을 수정할 수 있을 것이다. 이제 계약에 따라 학습에 전념할 준비가 다 된 것이다.

좋은 경험이 되기를 바란다.

(학습 자료 A)

교사 주도(아동 교육학적) 학습과 자발(성인 교육학적) 학습의 가정과 과정 비교(흑백 논리적인 차이는 아니므로, 각기 밑으로 내려 읽으십시오)

가정(Assumption)			과정 요소(Process Elements)		
내용	교사 주도 학습	자발 학습	요소	교사 주도 학습	자발 학습
학습자의 개념	의존적 인격	더욱 자발적인 개체	분위기	정형적 권위 중심적 경쟁적 판단적	비정형적 상호 존중적 합의로 이루어지는 협동적 보조적
학습자의 체험이 하는 역할	활용되기보다는 기초가 됨	풍성한 학습 자원			
학습 준비도	성숙도에 따라 다양함	인생 과제와 문제를 통해 성장	계획	주로 교사가	적극적인 의사 결정으로
			부족함 진단	주로 교사가	상호 평가를 통해
학습 지향도	주제 중심	과제 또는 문제 중심	목표 설정	주로 교사가	상호 협의를 통해
동기	외부적인 보상과 적응	내면적인 자극, 호기심	학습 기획	내용 단위	학습 프로젝트
			계획	과정별 계획 논리적인 연결	학습 계약 준비도에 따라 연결
			학습 활동	전달 기술 정해진 독서	탐구 프로젝트 독립적 연구
			평가	주로 교사가	스스로 수집한 자료로 상호 평가

교사 주도 학습이 기초로 하는 이론과 적용 체계는 그리스 어 paid('아동'이라는 뜻)와 agogus('지도자'라는 뜻)로 이루어져 아동 교육 기술과 과학이라고 정의할 수 있는 pedagogy 즉, 아동 교육학이다.

자발 학습이 기초로 하는 이론과 적용 체계는 그리스어 aner('성인'이라는 뜻)로 이루어져 성인(또는 훨씬 성숙한 인간) 학습에 도움이 되는 기술과 과학이라고 정의할 수 있는 andragogy 즉, 성인 교육학이다.

(학습 자료 B)

나는 이러한 능력을 갖추고 있다   점수: _____

자발적 학습 능력: 자기 측정표	전혀 없다	조금 있다	적당히 있다	많이 있다
1. 교사 주도 학습과 자발적 학습에 필요한 기술과 각 학습자들에 대한 주장이 가지고 있는 차이점을 이해하고 이를 다른 사람들에게 설명할 수 있는 능력				
2. 자신이 자주적이며 자발적인 인간이라는 생각				
3. 동료들과 협력하며 그들을 학습 욕구를 진단하고, 학습 계획을 수립하며 학습하는 데 있어서의 자원으로 보며, 그들을 도와주고 그들의 도움을 받는 능력				
4. 교사와 동료들의 도움을 통해, 자신의 학습 욕구를 현실적으로 진단하는 능력				
5. 성취한 것을 평가할 수 있는 형태로써 학습 욕구를 학습 목적으로 전환하는 능력				
6. 촉진자, 조력자 또는 상담자로서 교사와 관계하며 그들을 자원으로서 활용하는 데 주도권을 갖는 능력				
7. 상이한 학습 목적에 필요한 인간 자원과 물질적 자원을 파악하는 능력				
8. 학습 자원을 사용하는 데 효과적인 방법을 선택하고 이 방법을 기술적이고 주도적으로 수행하는 능력				
9. 다양한 학습 목적의 성과에 대한 확실한 결과를 수집하고 검증하는 능력				
10. _____ _____ _____				
11. _____ _____ _____				

(학습 자료 C)
학습 계약서

이름: 홍길동 학습		프로젝트: 자발적 학습	
1 학습 목표	2 학습 자료와 방법	3 성과 확인	4 검증 기준과 방법
1. 교사 주도 학습의 자발적 학습 이론과 실제에 대한 이해	탐구 프로젝트1, 2, 3. 브라운(Brown), 에블(Eble), 호울(Houle), 터프(Tough)의 글, 학습 자료 A 읽기	각 정의, 이론, 주장, 필요한 기술을 필기 또는 구두로 제시	고등학생, 대학생, 교사, 동료에게 제시하고 (1) 명확성, (2) 이해성과 유용성에 따라 5점 만점으로 평가한다.
2. 자신이 자발적 인간이라는 개념 강화	학습 자료 D, 탐구 프로젝트 A.	만족스러운 학습 계약서 작성	동료 두 명과 교사가 계약서가 제시하고 있는 자발성의 정도에 대해 평가한다.
3. 동료들과 협력하는 기술 획득	학습 자료 E. 학습 자료 F.	두 명 이상의 동료와 학습 프로젝트에서 도움을 주고 도움을 받는 역할을 수행해본다.	동료들과 서로 효과적으로 도움을 주었는지, 개방적으로 도움을 받아들였는지 평가한다.
4. 자신의 학습 욕구 파악 능력 증진	탐구 프로젝트 3, 4. 학습 자료 B와 G.	학습 자료 G에 따른 자기 평가	모델의 적절성과 평가의 정확성에 대해 전문가가 평가한다.
5. 학습 욕구를 학습 목표로 전환하는 능력 증진	탐구 프로젝트 3, 4. 학습 자료 I.	탐구 프로젝트 4.	두 명의 동료와 교사가 중요성에 따라 계약서의 목적을 평가한다.
6. 조력자와 자원으로서의 교사를 활용하는 기술 습득	탐구 프로젝트4. 학습 자료 J	상담자와 정보 자원으로서의 교사 이용	탐구 프로젝트 4에서 활용된 교사가 도움과 정보를 얻는 기술을 평가한다.
7. 다양한 학습 목적에 필요한 인간 자원과 물질 자원을 파악하는 능력 증진	탐구 프로젝트 4.	탐구 프로젝트 4에서 파악되어진 자료들	두 명의 동료와 교사가 (1) 다양성, (2) 적절성, (3) 신빙성, (4) 편의성에 따라 평가한다.
8. 효과적인 학습 방법 선택 능력 증진.	탐구 프로젝트 4. 학습 자료 K.	탐구 프로젝트 4에서 확인한 방법들	위와 같다.
9. 목적을 성취한 확실한 결과를 수집하고 검증하는 능력 증진	탐구 프로젝트 4. 학습 자료 N, O.	탐구 프로젝트 4에 있는 결과 확인과 검증 기준과 방법	4. (1) 목적의 적절성 (2) 충분성, (3) 신빙성의 기준에 따라 두 명의 동료와 교사가 검증 방법, 기준과 확인된 결과의 적절성을 평가한다.

질문 방법과 기술

자발적 학습은 학습자가 탐구 활동을 한다는 것을 뜻한다. 탐구란 자료를 수집하고 분석하여 질문에 대한 답을 구한다는 것이다. 따라서 탐구를 하는 데 전제되어야 할 기술은 자료를 통해 답을 찾을 수 있는 질문을 만들 수 있는 능력이다.

불행히도, 우리들은 학교에서 이런 기술을 거의 배우지 못했고, 권위(교사나 교재)나 신념에 의해 답할 수 있는 질문들을 묻도록 가르침을 받았다. 예를 들어, "선생님이 내게 몇 점을 주실까?"라는 질문은 권위에 의해서만 해답을 찾을 수 있지만, "두 가지 다른 공부 방법이 내 성적에 어떤 영향을 줄까?"라는 질문은 탐구(경험적인 방법을 사용하여)를 통해서만 그 답을 찾을 수 있다.

한 가지 탐구 계획은 다음과 같은 여섯 개의 특정한 과정을 거치는 질문을 하고 어떤 기준에 따라 그 적절성을 검증하여 이루어진다. 다음을 살펴보자.

1. 답을 구하고 싶은 질문은 무엇인가?

    적절성 평가 기준:

    1) 질문할 가치가 있는 것인가?
    2) 정말 관심 있는 질문인가?
    3) 정보를 통해 답을 구할 수 있는 질문인가?
    4) 다른 사람들이 분명하게 이해할 수 있는 질문인가?

2. 이 질문에 답하기 위해 필요한 정보는 무엇인가?

    적절성 평가 기준:

    1) 다른 종류의 정보를 필요로 하는 2차적인 질문을 파악했는가?
    2) 이 특정한 질문에만 답하기 위해 필요한 정보가 분명한가?
    3) 시간, 경제력 등의 한계 안에서 활용할 수 있는 정보인가?

3. 필요한 정보 자원은 무엇인가?

    적절성 평가 기준:

    1) 능력과 적성에 맞는 적절한 자원인가?

2) 그 자원은 필요한 특정한 정보를 제공할 수 있는 믿을 만하고 근거가 있는 것인가?

3) 기초적인 자원에 대비하여 부수적인 자원에서 정보를 얻기 위한 요건들을 파악하고 있는가?

4. 정보를 수집하기 위해 어떤 방법을 사용할 것인가?

적절성 평가 기준:

1) 이 방법은 그 자원에서 특정한 정보를 수집하기 위해 가장 효과적이고 능률적인 것인가?

2) 이 방법은 사용하기 적절한가, 아니면 좀더 훈련이 필요한가?

3) 이 방법은 믿을 만하고 유효한 정보를 얻을 수 있는 것인가?

4) 이 방법은 질문에 대해 답할 수 있는 정보를 얻을 수 있는 것인가?

5. 질문하고 있는 것에 답하기 위해 그 정보를 어떻게 분석해야 할 것인가?

적절성 평가 기준:

1) 이 분석 방법은 사용하기에 적절한가, 아니면 좀더 훈련이 필요한가?

2) 이 분석 방법으로 특정한 질문에 확실하고 중요한 답을 얻을 수 있을 것인가?

3) 이 분석 방법은 질문과 제공된 정보를 분석하기에 가장 효과적이고 적절한가?

6. 질문에 대한 답을 어떻게 제시할 것인가?

1) 답은 정보를 통해 분명하게 뒷받침될 수 있는 것인가?

2) 제시 방법은 가장 효과적이고 이해할 수 있을 만한 것인가?

학생들은 몇 가지 질문을 만들어 자세히 검토할 기회를 가지면 질문과 그 효과적인 유용성에 관해 상당히 많은 것을 배울 수 있다. 그러나 질문에 관한 비공식적인 학습이라고 해서 정식 강의를 배제시켜서는 안 된다. 학생들이 탐구 과정이나 문제 해결 과정을 파악하기 위해 시간을 정해놓을 수 있다. 그렇게 해서 파악이 되면 자연적으로 질문을 해나가게 된다. 이제 학생들은 그들이 묻고 있는 질문을 분석할 수 있다. 학생들은 그들의 질문에 만족하는가? 정해진 목표를 성취하는 데 유용한 질문이라고 생각하는가? 그들이 가장 많이 구성한 질문 유형은 무엇인가?

연구 커리큘럼 속에서 탐구할 기회를 갖게 된 학생들은 질문에 대해 토론해볼 필요가 있다는 것을 절실하게 느끼게 될 것이다. 적극적으로 학습하는 학생들은 진행 과정을 분석하기 위한 시간표를 만들 필요가 있다. 블룸(Benjamin S. Bloom)이 제시하는 기준과 같은 것을 따라 질문의 몇 가지 유형에 대해 학생들과 함께 토론할 수 있을 것이다.[1] 단순한 설명에 그치기보다는 정돈된 토론이 되어야 한다. 토론을 하면서 다양한 질문이 특정한 정보를 제공하게 된다는 사실을 알 수 있을 것이다. 결론을 이끌어내고 싶을 때 질문을 통해 할 수 있는 것이 무엇인지 생각해보도록 이끌어줄 수도 있다.

질문에 관한 정식 토론을 하기 전에 교사는 학생들에게 특정한 연구 주제를 다루는 데 사용한 주요 질문을 적어보는 과제를 준다. 이 질문 목록은 그룹 토론에서 살펴볼 수 있다. 학생들은 질문들을 분석하고 평가해볼 수 있다. 질문들이 가진 특성은 무엇인가? 왜 이런 질문이 나오게 되었는가? 결론을 이끌어 내고 싶었다면 주로 이해에 관한 질문을 했어야 했는가?

질문을 이렇게 살펴보면 학생들이 사용한 많은 질문 방법들을 검토해볼 수 있게 된다. 그룹원과 함께 구두로 조사를 하는 학생들은 정보를 검토하면서 질문을 녹음하는 것이 좋다. 연구를 시작하면서 사용한 질문의 유형이 끝날 때 사용한 것과 다른 유형인지 녹음 내용을 들으며 점검할 수 있다. 자신의 연구에서 무엇을 가장 중요하게 질문하고 있는가? 연구할 중요한 질문 목록을 작성하였는가? 아니면 특정한 정보에 대한 반응으로 질문을 이끌어 낸 것인가?

학생들은 다양한 질문 유형을 기록하는 연습을 하고 다른 사람들의 질문을 평가해보는 시간을 가져야 한다. 두 명씩 조를 이루어 서로 질문을 평가해줄 수 있을 것이다. 학생들은 몇 가지 질문 유형을 만드는 특정한 기준을 개발할 수 있을 것이다. 효과적인 질문을 위한 기준을 개발하는 것은 학급이 공동으로 할 과제가 될 수 있을 것이다. 여기서 학생들은 질문과 그 중요성에 관한 글들을 읽어볼 수도 있을 것이다. 학교 잡지의 기사를 통해 탐구에 관한 글을 읽을 수도 있을 것이다.

글을 읽으며 질문을 할 수 있는 것은 다양한 질문을 써보는 것과 관련이 있다. 조를 이룬 학생들은 교과서나 다양한 참고서에서 질문을 분석할 수 있을 것이며 이러한 분석을 통해 질문의 의도를 파악할 수 있을 것이다. 학생들이 자료들 속에서 찾은 것 외의 정보를 얻고 싶다면 어떤 유형의 질문을 해야 할 것인가?

상이한 목적에 대한 확인

상이한 목적을 성취했는지를 평가하는 데는 상이한 증거들이 필요하다. 다음은 의도한 목적에 맞게 확인할 수 있는 방법을 생각하는 데 도움을 줄 것이다.

목적	확인 방법
지식	논문이나 시험, 구두 시험, 시청각 자료 등 얻은 지식에 대한 보고
이해	중요한 사례, 시뮬레이션 게임, 행동 프로젝트 제안, 결론과 건의 사항을 요구하는 연구 프로젝트와 같이 문제를 해결하는 데 지식을 사용한 예
기술	채점자가 점수를 매기도록 하는 실기
태도	역할극, 중요한 사례, 시뮬레이션 게임, 참가자 그룹 등 관찰자가 태도에 대해 평가
가치관	가치 확인 그룹 활동, 중요한 사례, 시뮬레이션 게임 등 관찰자가 가치관에 대해 평가

(학습 자료 K)   　　목적에 맞는 방법

목적의 유형	가장 적합한 방법
지 식 (경험한 것에 관한 귀납적 결론, 정보의 내면화)	강의, T. V. 토론, 대화, 인터뷰, 심포지엄, 패널 토의, 그룹 인터뷰, 대담, 영화, 슬라이드, 녹음, 독서 토론, 독서, 프로그램화된 강의
이 해 (정보와 결론의 적용)	강의 청취, 시범, 극화, 소크라테스식 토론, 문제 해결 프로젝트, 사례 연구, 시뮬레이션 게임
기 술 (실습을 통한 새로운 시행 방법 통합)	기술 실습, 역할극, 참가 사례, 시뮬레이션 게임, 인간 관계 훈련 그룹, 무언의 실습, 연습, 훈련
태 도 (더 큰 성공을 경험하는 데서 오는 새로운 느낌 수용)	경험 나누기 토론, 감수성 훈련, 역할극, 사례 연구, 시뮬레이션 게임, 참가 사례, 그룹 치료, 상담
가치관 (신념의 수용과 우선 순위 정리)	가치 확인 실습, 자서전 독서, 강연, 토론, 심포지엄, 대담, 극화, 역할극, 사례 연구, 시뮬레이션 게임, 감수성 훈련

평가서 작성 예

다음은 내 강의를 들은 학생들이 다양한 목적의 성취를 확인하기 위해 작성한 몇 가지 평가 보기들이다.

스스로 평가서를 만드는 데 도움이 되길 바라는 마음에서 제시한다.

평가서

과 목: _____

학 생: _____

평 가 자: cc

목 적 1: 현 학습 개념과 이론에 대한 이해 증진

학습 방법: 규칙적인 수업 참석과 학급 활동, 토론회 참여

	낮음				높음
1. 올바로 참여하였는가?	1	2	3	4	5
2. 내가 한 질문은 토론과 관계 있는 것이었는가?	1	2	3	4	5
3. 스스로 연구하고 확인하기에 지나치게 많은 수업을 듣지 않았는가?	1	2	3	4	5
4. 다른 학생들을 평가하면서 도움을 주었는가?	1	2	3	4	5
5. 규칙적으로 수업에 참석했는가?	1	2	3	4	5

평가서

과　목: _____

학　생: _____

평가자: 연구 그룹

목　적 2: 성인, 특히 60세가 넘은 성인들이 성장하면서 경험한 변화에 대한 지식 증진

학습 방법: 60세 이상의 성인에 관한 다양한 자료 읽기, 이 연령층에 있는 세 명의 성인과 은퇴한 노인들을 위한 자원 봉사 프로그램 지도자와 인터뷰 녹음.

	낮음				높음
1. 독서 목록이 60세 이상의 성인 연구에 적합한가?	1	2	3	4	5
2. 독서 내용이 그룹 활동을 준비하는데 유용했는가?	1	2	3	4	5
3. 인터뷰 내용 준비에 참여한 것이 그룹에 도움을 주었는가?	1	2	3	4	5
4. 인터뷰가 60세 이상 성인에 관한 연구에 적절한 방법이었는가?	1	2	3	4	5
5. 인터뷰가 학급 발표를 준비하는 데 유용했는가?	1	2	3	4	5

평가서

과 목: _____

학 생: _____

평가자: 상담 그룹

목 적 3: 학급 발표에 새로운 방법을 사용하는 기술 증진

학습 방법: 인터뷰한 사람들 사진 찍기, 슬라이드를 위한 시각 자료 선택, 해설자를 위한 테이프 준비 돕기; 슬라이드와 음향 맞추기

	낮음				높음
1. 프로그램에 알맞은 사진들이었는가?	1	2	3	4	5
2. 사진이 프로그램에 유용했는가?	1	2	3	4	5
3. 해설자를 위해 '편집하지 않고' 테이프가 그룹 프로젝트에 도움을 주었는가?	1	2	3	4	5
4. 음향과 화면을 맞추는 데 도움을 준 것이 그룹에 유용했는가?	1	2	3	4	5
5. 이 학습 경험을 통해 새로운 기술을 개발했다고 생각하는가?	1	2	3	4	5

1. 기독교 교육에서 '학습 계약서'는 어떻게 유용하게 쓰일 수 있는가?

2. 아동 교육학적 사고 방식을 가지고 있는 교사가 성인 교육에 적합하다고 생각하는가? 설명해보라.

3. '탐구 계획'은 무엇인가? 이는 어떻게 이루어지는가?

Knowles, Malcolm. 1973. The adult learner: A neglected species. Houston: Gulf Publishing Company

1. 벤자민 블룸의 「교육 목적 분류학, 핸드북1: 인식 영역(Taxonomy of Educational, Handbook Ⅰ: The Cognitive Domain, New York: McKay, 1956)」을 참고하라)

제 2 부

기독교 교육의 기초 이론

11

체험적인 종교인가, 제도적인 종교인가
(1963)

핀들리 B. 에지

(Findley B. Edge)

이 글은 제도화된 충성심을 바탕으로 한 교회로부터 벗어나 그리스도에 대한 체험을 바탕으로 한 교회를 향해 가야 한다는 외침이다. 이는 얼마 남지 않은 20세기 동안만이라도 기독교 교육이 가야 할 예정표를 만들어준 것이다. 에지는 미국 교회가 교인 수나 교회 수는 증가하지만 영적인 힘이 감소하는 데 커다란 관심을 가졌다. 서론 이후부터는 오늘날 교회가 제도화라는 늪에 빠져 있음을 설명하고 있다. 유대교에서 시작해서 초대 교회, 종교 개혁 그리고 오늘날까지를 살펴보면서 현대 교회는 신약 시대의 활기를 되찾아야 하는데 이것이 바로 기독교 교육의 과제라고 제시하고 있다.

자칭 '진보적인' 복음주의자라고 하는 핀들리 B. 에지(Findley B. Edge)는 남침례교 신학교에서 오랫동안 종교 교육을 가르치면서 많은 기독교 교육가들, 특히 남침례교파 교육가들에게 커다란 영향을 끼쳤다. 에지는 남침례교 신학교에서 가르침을 받았던 게인즈 도빈스(Gaines Dobbins) 교수와 뉴욕 유니온 신학교 교수이자 인성 연구 소장인 에른스트 리곤(Ernst Ligon) 교수 그리고 예일 대학의 랜돌프 C. 밀러(Randolph C. Miller) 교수에게서 커다란 영향을 받았다.

공개적인 편지 같은 이 책의 서론은 25년 전과 똑같이 오늘날에도 유효하다. 이 글은 제도화된 충성심을 바탕으로 한 교회로부터 벗어나 그리스도에 대한 체험을 바탕으로 한 교회를 향해 가야 한다는 외침이다. 이는 얼마 남지 않은 20세기 동안만이라도 기독교 교육이 가야 할 예정표를 만들어준 것이다. 에지는 미국 교회가 교인 수나 교회 수는 증가하지만 영적인 힘이 감소하는 데 커다란 관심을 가졌다. 서론 이후부터는 오늘날 교회가 제도화라는 늪에 빠져 있음을 설명하고 있다. 유대교에서 시작해서 초대 교회, 종교 개혁 그리고 오늘날까지를 살펴보면서 현대 교회는 신약 시대의 활기를 되찾아야 하는데 이것이 바로 기독교 교육의 과제라고 제시한다. "… 교회가 사역을 감당해나가는 기본적인 방법과 수단은 … 교회의 교육 프로그램이다". 교회 교육은 기본적으로 신학적인 노력으로 이루어지는 것이라는 견해를 강조하고 있다. 나머지 부분에서는 그리스도인에게 있어서 생활의 본질과 의미, 그리스도인이 되는 길, 거듭난 교인 등과 같은 기독교 교육의 몇 가지 필수 과제를 제시하고 있다. 뒷부분에서는 관심 있는 그리스도인들에게 자신의 제안을 생각해 보고 서로 대화를 나눌 것을 부탁하고 있다. 그는 그리스도인에 대한 믿음이 아니라 그리스도에 대한 깊은 신앙으로 문제가 해결되리라는 긍정적인 시각을 가지고 있다.

From A Quest for Vitality in Religion: A Theological Approach to Religious Education (Nashville: Broadman, 1963), 15-31.

늘날 미국의 종교계에는 두 가지 모순된 현상이 보인다. 하나는 수적으로 그 어느 때와도 비교가 안 될 만큼 성장했다는 것이고, 또 하나는 의문과 경고의 목소리가 점점 작아지면서 현대 기독교에 심각한 문제가 생겼음을 보여주고 있는 것이다.
이 두 가지 문제 중 무엇이 잘못된 것인가? 무엇이 잘못되었는지 정확히 알아낼 수 있을까? 만일 그렇다면 무엇이 잘못되었는가?

부흥의 증거

우리 시대에 종교의 부흥이 일어나고 있다는 사실은 분명하다. 교인 수는 전에 없이 증가하고 있다. 1850년에 교인수는 겨우 인구의 16%뿐이었으나, 그후 1900년까지 50년 동안 36%로 증가했다. 1940년에는 49%, 1960년에는 63.4%까지 증가했다. 1920년에서 1940년 사이에는 겨우 6% 증가했는데, 1940년에서 1960년 사이에는 14.4%가 증가했다. 1943년에는(1940년보다 통계가 정확하다) 대략 2천 5백만 명 이상이 등록한 21만 3천 개의 주일학교가 있었고, 1960년에는 4천 4백만 명이 등록한 28만 6천 개의 주일학교가 있었다(국립 기독교 교회 협의회, 1960). 이는 거의 20년 동안 등록한 사람이 매년 백만 명씩 증가했음을 보여준다. 대단한 성장이다.

예배 출석 교인수도 마찬가지로 증가되었다. 성인 교인을 대상으로 한 여론 조사를 보면 1939년에는 응답자 중 41%가 출석했고, 1957년에는 51%가 출석했다(윈터, 1961, 30). 가장 현저한 성장 부분은 재정이다. 1940년에서 1960년 사이에 교회 헌금은 배 이상 증가했다. 1940년에는 10억 천만 달러 이상 보고되었고, 1960년에는 23억 달러를 조금 넘었다. 1950년에는 일인당 헌금액이 30. 51 달러였고, 1960년에는 62. 25 달러였다. 인플레에도 불구하고 굉장한 액수이다.

교회 건축도 증가되었다. 새로운 교회들이 건축되었고 오래된 교회들은 개조되거나 부속 건물들이 세워졌다. 사실 건축은 경제와 직접적인 연관이 있는데 최근 미국의 경제 사정은 좋았다. 1928년과 비교해보면 대략 400%가 증가되었다. 마치 종교적인 구조물이 헌신을 상징하는 것처럼 되었고 교회 건축은 네번째로 커다란 민간 건축업 부문이 되었다.

통계만으로는 종교적인 관심의 깊이를 측정할 수 없고 성공의 증거라고 할 수도 없다. 그러나 최근 대다수의 사람들이 종교에 흥미를 가지고 관심을 기울이고 있으며 성장하고 있다는 점은 알 수 있다.

기독교의 종교화

많은 증거들이 특히 최근 20년 간 종교에 커다란 부흥이 일어나고 있음을 뒷받침해주고 있다. 어떤 사람들은 이를 '종교 부흥', '종교에 대한 관심' 이라고 부르고 또 어떤 사람들은 '신앙의 격동기' 라고도 부른다. 뭐라고 부르든 기독교에 확실한 '발전' 이 이루어지고 있음을 부인할 수 없다. 최근 성장이 다소 둔화되기는 했지만 기독교의 미래에 대한 낙관적인 생각들은 약화되지 않았다.

그러나 차츰 이러한 질문들이 쏟아지기 시작했다. 우리는 현재 어떤 종교적 부흥을 경험하고 있는 것인가? 신약 시대 신앙의 부흥인가 아니면 기독교 신앙과는 관련 없는 것인가? 겉으로는 신약 시대와 같은 부흥이 일어나고 있지만 내부는 그와 다른 종교적 성장이 이루어지고 있는 것은 아닌가?

클레어 콕스(Claire Cox)는 이 질문에 이렇게 답하고 있다(1961, 1-2).

"아무도 분명하게 이러한 종교 현상이 무엇을 뜻하는지 알 수 없다. 많은 교인들이 이 질문에 대해 고민한다. 종교적인 관심이 높아졌다는 것은 의심의 여지가 없다. 그러나 종교적인 부흥 뒤에는 뇌물이나 매수, 정치적 스캔들, 나날이 증가하는 폭행, 살인, 강도, 청소년 비행과 알코올 중독, 이혼 등과 같은 어두운 사회 배경이 자리잡고 있다."

로이 엑카르트(Roy Eckardt)는 오늘날 미국에서 일어나고 있는 이러한 부흥을 '민간 신앙'이라고 부른다(1958, 43).

'민간 신앙'이라고 하는 말이 타당한 이유는 '신앙으로의 회귀'가 대중들 사이에 널리 퍼진 운동이기 때문이다. 민간 신앙은 '민간인'들을 위한 것이다. 이는 사람과 종교를 함께 높이 평가하는 특성을 가지고 있다. 신앙심은 사람들 사이에 일어난 문제나 사회가 본질적으로 지니고 있는 근본적인 문제들을 커다란 어려움 없이 해결할 수 있게 해준다. 종교는 이러한 유익한 점을 지니고 있다."

어떤 사람들은 신약 시대의 신앙이 아니라 현대 사회의 높은 윤리 기준을 가진 '새로운 미국의 신앙'이 발전한 것이라고 이야기한다. 이러한 '새로운 미국 신앙'에 대한 관심은 매우 깊다. 단 한 가지 심각한 문제는 신약 시대의 신앙이 아니라는 점이다. 윌 헐버그(Will Herberg)는 현대 종교를 날카롭게 분석한 글에서 오늘날 우리는 '미국식 생활 방식'에 어울리는 '보편적인 종교'를 지니고 있다고 했다(1955, 19-90). 교인들은 1세기의 방식보다 미국식을 훨씬 더 좋아한다. 사실, 사람들은 미국식이 1세기의 방식이라고 여겨왔다. 깊이 조사해보면 평범한 미국인들은 종교 생활이 위협받는 것보다 미국식 생활 방식이 위협받는 것을 더 우려하고 있을 것이다.

이 '새로운 미국식 종교'로 말미암아 신약 시대 기독교의 특성의 본질과 활기를 잃어가고 있다는 경고의 소리가 높아지고 있다.

마티(M. E. Marty)는 다음과 같이 변화되었다고 설명하고 있다.

개신교도들이 미국으로 건너오던 때부터... 지금까지 장로교도들은 환경에 흥미롭게 적응해나가고 있다. 그 결과 소위 '침식 작용'이라는 특징이 나타났다. 끝 없는 마찰로 날카로운 모서리가 닳아없어졌다. 저항적이던 개신교의 특이성과 공격성이 부드럽게 변했다. 미국이라는 환경 속에서 부적합한 점들이 사라져버렸다. 교회와 세계는 평화를 되찾았다. 종교는 미국화되었고, 미국은 종교화되었으며 이 둘은 서로를 만족스럽게 받아들였다(1959, 108).

오늘날 교회에 예수 그리스도를 깊이 믿는 순수한 신앙을 가진 사람들이 없다는 것이 아니다. 불행히도 이 사람들이 평범에서 벗어난 예외가 되어버렸다는 것이다. 우리 시대의 평범한 교인들은 좀더 진보적인 방식의 기독교 신앙이 필요하다는 사실을 인식하지 못하고 있으며, 그런 생활을 하기 위한 진지한 노력이 엿보이지도 않는다.

분명히 교인들은 하나님을 믿고 있다. 조사에 의하면 전체 교인의 90% 이상이 하나님을 굳게 믿고 있다. 그러나 교인들이 믿는 하나님은 어떤 하나님인가? 아브라함과 이삭과 야곱의 하나님인가? 전능하시고 거룩한 분이셔서 죽을 수밖에 없는 우리 인간들이 경배드리는 분이신가? 아니다. 우리 시대의 하나님은 그런 분이 아니시다. 미국인들은 하나님에 대해 '알려고만 하며' 그저 '사이좋은 친구처럼' 지내려 한다. 어떤 사람에게 하나님은 '살아 계신 인형'과 같고, 또 어떤 사람에게는 '이웃집 사람'과 같다. 우리는 하나님 편이고 하나님은 우리 편이시다. 하나님은 "우리 사회를 보시며 미소지으시고 다정한 말씀만을 건네신다. 당신을 꾸짖지 않으신다. 당신에게 무엇을 요청하지도 않으신다. 하나님은 사교적인 분이시라 당신 주위에 있는 행복한 사람들 틈에서 웃고 계신다. 종교도 즐기는 대상이 되어버렸다"(W. H. 화이트, 1956, 254).

어떤 심리학자들은 하나님을 믿는 것은 건전하고 성실한 인격을 형성하는 데 필수적인 요소라고 이야기하고 있다. 정치가들은 하나님께로 돌아가는 것만이 우리의 생활을 지속해나갈 수 있는 길이라고 외친다. 과학자들은 우리의 문명이 살아남기 위해서는 근본적으로 영적인 변화가 일어나야 한다고 주장한다. 그래서 우리 시대는 '하나님께로 돌아감', 즉 종교로 회귀하는 현상이 이루어지고 있는 것이다.

이러한 현대 사회의 종교적 열정은 최근의 어떤 만화를 통해서 그려져 있다. 어떤 목사 옷을 입은 사람이 옷깃에 "나는 하나님을 좋아합니다"라고 쓰인 선거용 배지를 달고 있다. 하나님은 선거에서 승리하실 것이다. 정말로 하나님은 많은 표를 얻을 것이다. 사람들은 "하나님을 좋아한다." 그러나 이러한 '하나님에 대한 믿음'은 그 중요성을 떠나 많은 사람들의 관계성에 커다란 영향을 주지 못하고 있다. 굉장히 많은 사람들이 하나님에 대한 믿음을 고백하지만 "그 중 3/4은 하나님이 자신들의 실생활과 관련이 있다고 생각하지 않으며 자신들이 하는 행동이 하나님과 연관이 된다고 생각하지 않는다"(A. 휘트먼, 1962, 81-2). 하나님의 방식과 사회의 일반적인 방식 사이에 문제가 있으면 항상 후자를 따르기 마련이다.

우리는 '종교'로 돌아온 것을 기독교로 돌아온 것이라고 착각해서는 안 된다. '종교적인' 부흥이지 기독교의 부흥이 아니다. 오늘날 기독교인들은 우리에게 마음의 평정을 주시고, 우리의 생활 방식, 우리의 문명까지도 구원하시려는 하나님이 실존하신다는 사실을 이해하지 못한다. 페리(E. Perry)가 말한 대로 "기독교의 하나님은 우리의 허영과 욕구를 채우기 위해 우리가 필요로 하는 것을 제공해주는 심부름꾼이 아니다. 하나님께서 부르시면 달려가야 하는 우리가 바로 하나님의 종, 하나님 나라의 시민인 것이다"(1958, 16). 하나님께서 그의 백성들에게 현대 사회의 불의와 악에 과감히 맞설 것을 요구하시면, 또 현대 종교에 깊숙이 파고든 '순응이라는 우상'을 제거하라고 요구하시면 단순한 종교인이 아닌 진정한 그리스도인으로서 복종해야 한다. 우리는 하나님을 섬겨야 한다. 하나님께서 우리를 섬기시는 것이 아니다.

오늘날 대다수의 미국인들이 교회에 나간다고 해서 그들 모두 "뜻이 하늘에서 이루어진 것 같이 땅에서도 이루어지도록" 자기 자신을 하나님께 바친 것은 아니다. 노동 조합이나 근로자 협회, 또는 그들이 구성원으로 있는 전문 사회가 그들의 태도, 가치관, 행동에 훨씬 더 큰 영향을 끼치고 있다는 것이 사실이다. 이러한 관계들은 평범한 사람들에게 자신이 속해 있는 교회보다 더 실제적인 충성심을 요구하고 있다.

현대 사회는 교회가 사회적인 가치관에 쉽게 적응하기를 원하고 또 교회는 기꺼이 순응해왔다. 교회와 세상, 하나님의 사람과 세상의 사람들 사이의 구분은 거의 없어졌다. 대중들은 최소한의 신앙을 가지고 교회에 나가며 교회도 그들에게 최소한의 것을 기대한다.

성공을 원하는 많은 교회들은 교인들을 끌어모으기 위해 웃는 얼굴의 목사와 악수를 나누기만 하면 교인이 될 수 있다는 점을 너무도 분명히 하고 있다. 문을 쉽게 열어준 교회는 그 잠재력을 잃어가고 있다…. 종이 되어야 한다는 이야기를 들어본 사람은 이제 거의 없다. 대신 헌금 봉투 뭉치를 자주 받는다. 모든 사람이 '종교적'이기 때문에 아무도 종교적이지 않다(마티, 1959, 117)

어떻게 오늘날 교회의 모습이 이렇게 되었을까? 분명히 여러 가지 이유가 있다. 예를 들어 많은 사람들은 기독교적인 이유보다 다른 이유로 교회에 나오기 시작했다. 어떤 사람들은 예수 그리스도에 대한 개인적인 신앙보다 순수한 사업상의 이유로 교회에 다니기 시작했다. 공립 학교 교사들은 교회를 다니는 것이 훨씬 더 인정받는 길임을 알게 되었고 보험 회사 직원은 교회 활동을 하는 것이 자신에게 도움이 된다는 것을 안다. 존 마퀸드(John P. Marquand)가 쓴 소설에 나오는 믿음 좋은 윌리스 웨이드(Willis Wayde)는 새로운 고장으로 이사간 후 교회에 다니기 시작하면서 모든 교인들의 선거 운동을 통해 유망한 젊은 주지사가 된다.

윌리스 웨이드는 기독교가 무엇인지 전혀 알지 못하는 완전한 세속주의자다. 도시로 이사한 후 그는 사람들이 그 도시에 사는 젊고 유망한 관리들이 모두 개신교 신자들이기 때문에 새로 온 젊고 유망한 관리도 개신교 신자라고 생각한다는 사실을 알게 되었다(허치슨, 1957, 113).

또한 교회에 소속됨으로 현대인들은 동료들이 있는 곳에 소속되어지길 원하는 욕구를 이룬다. 이사야나 엘리야, 아모스에 대해 대충이라도 아는 바가 있을런지는 모르지만 진정한 '주님에 대한 열정'은 가지고 있지 않다. 자기 동료들 앞에 적응하지 못하고 타협하지 못하는 사람으로 보이고 싶지 않은 것이다. 소속되려는 욕구, 인정받고 싶은 욕구가 지나치게 크다.

현대인의 종교는, 진지한 신앙심 없는, 진정한 내면적인 확신이 없는, 순수한 실존적인 결단이 없는 신앙이다. 깨어지고 거듭나면서 실존의 핵심에 이르러야 함에도 불구하고 그저 삶의 표면을 스치면서 신앙이 있다고 여기게 되었다. 이제 종교는 철저한 신앙의 요구에 부딪히지 않도록 자신을 보호하는 방패막이 되어버렸다(헐버그, 1955, 276).

기독교는 제도화되었는가?

생각이 깊은 사람이라면 이런 기독교의 모습을 바라보면서 여러 가지 감정이 교차할 것이다. 많은 성공적인 모습들을 바라보면서 구원받지 못한 사람들을 진정으로 걱정하고 다른 사람들을 위해 헌신하고 봉사하며 아주 커다란 기쁨을 누릴지도 모른다. 그러나 또 한편으로는 현대의 종교 생활이 피상적이고 눈에 보이는 데만 치중되고 제도화되어

가는 모습을 바라보면서 깊은 절망감에 사로잡힐 것이다.

어느 시대나 신앙 생활에 장점이 있으면 단점이 있고, 강한 면이 있으면 약한 면이 있었다. 교회가 가장 좋은 상황에 있을 때라도 약한 부분이 있고, 가장 나쁜 상황에 처할 때라도 강한 면이 있다. 현시대의 기독교를 이렇게 분석한 것은 오늘날 우리가 기독교를 완전히 잘못 이해하고 있다는 의미가 아니다. 지난 몇 년 간 우리도 모르게 신약 시대의 신앙이 지니고 있던 정신과 활기를 잃어버리고 엉뚱한 곳으로 가버려 결국 신앙의 껍데기만 붙잡고 있는 모습이 되어버렸다는 것이다.

현대의 기독교를 이야기하면서 어떤 사람들은 다른 면을 강조한다. "미국식 생활 방식 속에서 종교가 애매해졌다는 게 무슨 상관인가? 믿음 좋은 50년대를 즐기자. 우리의 미국식 생활 방식 속에 불어닥치고 있는 하나님의 바람을 보면 우리는 하나님께서 인류 역사상 가장 위대한 역사를 이루고 계시다는 사실을 알 수 있을 것이다"(엑카르트, 1958, 158). 우리 시대의 기독교가 신약 시대와 똑같다고 느끼는 사람이라면 위의 주장에 동조할 것이다. 그런 사람들은 내가 쓴 이런 책이 잘못된 것이며, 유익하기는커녕 해를 끼친다고 생각할 것이다. 그들은 비난을 멈추라고 할 것이다. 그리고 우리가 그들과 함께 조금이라도 힘을 더해 오늘날 이루어지고 있는 기독교라는 종교의 발전과 성장에 동참하기를 바랄 것이다.

그러나 오늘날 나타나고 있는 모습이 신약 시대의 모습과 크게 다르고, 어떤 외형만이 신약 시대의 모습을 보여주고 있을 뿐이라면 오늘날 우리의 신앙은 하나님의 심판을 피할 수 없게 될 것이다. 우리는, 신약 시대의 신앙의 본질은 무엇인가라는 질문을 던질 때 비로소 이 시대의 종교상이 어떠한지 알 수 있게 될 것이다. 이 질문에 대한 답을 찾아보려는 것이 이 연구의 목적이다.

먼저 우리는 기독교의 '제도화'가 무엇을 뜻하는지 살펴보아야 한다. 이는 본질적으로 제도화나 조직화를 비난하려는 것이 아니다. 제도나 조직은 신앙을 질서 정연하고 합리적으로 전달하는 도구로써 필수적이고 바람직한 것이다. 이를 통해 선교를 효과적으로 할 수 있는 방법이 되고 교육을 하기 위한 좋은 구조를 이룰 수 있다. 그리고 혼자서는 할 수 없는 크고 복잡한 일들을 효과적으로 해나갈 수 있다. 따라서 제도나 조직적인 구조 없이 유지될 수 있는 일은 아무것도 없다. 분명히 제도를 갖추지 않고서 어떤 가치를 보급시키려는 운동이 성공할 수 없다. 제도는 원래 나쁜 것이 아니다. 오히려 어떤 중요한 운동을 해나가는 데 중요하고 효과적인 요소이다.

그러면 '제도화'란 무엇을 뜻하는가? 성도들이 살아 계신 하나님이 아니라 교회라는 제도와 조직에 더 밀착되어 있다면 기독교는 제도화되어버린 것이다. 하나님과의 깊은 영적인 교제를 통해 신앙 생활을 하는 것이 아니다. 제도화된 종교 속에서 개인은 그 조직에 참여하고 자신의 재능을 발휘하여 지원함으로 신앙 생활을 해나간다. 그리고 일반적으로 단순히 '착한' 생활을 한다.

부분적으로, 자신이 속해 있는 종교 단체나 자신의 판단을 결정하는 기준에 따라 오늘날의 경향이 이러한지 알아낼 수 있다. 그러한 주관적인 문제를 정확히 파악해내기는 어렵다. 그러나 어느 저자는 이렇게 결론을 내렸다.

교회 임원들의 약 절반, 어쩌면 2/3까지도 하나님이나 하나님의 가르침이 아니라 조직에 더 밀접한 관계를 가지고 있다. 이는 개신교적인 신앙 이해에서 보면 놀라운 일이다. 로마 카톨릭의 제도화에 맞선 개신교가 1960년대에 조직적인 활동을 매우 중시하는 성도들을 가진 교회의 모습을 지니게 되었다는 사실은 아이러니하다(윈터, 1961, 100).

교회가 교회의 기초가 된 선교보다 교회 자체에 더 관심을 갖게 될 때, 교회의 유지와 성장에 더 관심을 기울일 때, 교회는 제도화되어가고 있는 것이다. 핸드릭 크래머(Hendrik Kraemer, 1958, 127)는 현대 교회의 모습이 바로 다음과 같다고 이야기하고 있다.

대중들은 교회가 내향적인 성격을 띠고 있다고 생각한다. 수세기 동안 교회는 이렇게 유지되어왔으며 교인들도 이를 당연하게 느낀다. 무엇보다도 교회의 성장과 복지에 온 정신을 기울이고 있다. 자기 중심적, 교회 중심적이 되어버렸다.

기독교가 믿지 않는 대중들에게 관심을 기울이고 있다는 것도 사실이다. 주일학교 등록수가 불과 20년 동안 2백만 명이 증가했다는 사실에 자부심을 느낀다. 교인수도 마찬가지로 증가한 데 대해 자부심을 느낀다. 그러나 세상을 향한 선교의 기본 요소인 바로 이러한 성장이 '제도'로서의 교회의 성장만을 가져온 것처럼 보인다. 교회는 세상을 변화시키려는 진지한 노력도 기울이지 않았고, 사람들이 세상을 변화시키는 능동적인 역군들이 되도록 이끌어주지도 못했다.

교회와 성도들이 거대한 업적을 이루게 된 근본적인 동기는 제도를 확장시키려는 것이었다. 사람들은 이것이 바로 '하나님의 뜻'이라고 생각하게 되었다. 목회자들과 교회 임원들이 일상적으로 나누는 대화가 "현재 교회 학교 등록수는 얼마나 됩니까? 작년에 세례 받은 신도수가 얼마나 됩니까? 교회 예산은 얼마나 됩니까?" 등에 대한 것이라는 사실에서도 알 수 있다. "제도화된 교회는 사람들의 진정한 요구나 세상을 개혁하려는 것보다 보다 더 강력한 제도를 만들려는 데 관심을 기울인다. 이러한 상황에서 목회자들이 하는 일은 사업을 추진하는 일이 되어버렸다"(마이스터, 1961, 254-55).

신앙은 목적이 수단이 되고, 수단이 목적이 될 때 제도화된다. 사람을 섬기기 위한 수단으로 만들어지고 그렇게 사용되어져야 하는 제도와 조직이 목적이 되어버리면 사람들의 충성심은 그 제도를 섬기는 것으로 결정된다.

전통적인 미국 개신교가 엉뚱하게 교회 자체의 조직화된 구조의 권위와 신성을 유지하려고 애쓰는 시기가 되어버렸다. 원래 교회가 구속 사업을 규모 있고 질서 있게 해나가기 위해 만든 수단이었던 조직의 형태가 교회 사역의 목적이 되어버린 것이다. 사람들을 섬기기 위해 조직을 사용하는 것이 아니라 조직을 섬기기 위해 사람들을 사용한다…. 치명적인 오류이다. 사람이 생명을 얻으려 하면 잃게 되듯이 교회도 생명을 얻으려 할 때 잃게 될 것이다(마이스터, 1961, 253-54).

교회에서 어떤 모임에 대해 광고하는 것은 조직이 어떤 목적을 가지고 있기 때문이다. 예를 들면 주일학교 교장이 "오늘 오후 레드 포크 교회에서 정기적인 주일학교 연합 모임이 있습니다. 스미스 형제께서 새로운 협회장이 되셨는데 주일학교 학생 수를 늘리기 위해 정말 열심히 노력하실 것입니다. 모두들 주일학교에 참석하셔서 그분이 하시는 일을 도웁시다"라는 광고를 하거나, "오늘 오후 우리 교회에서 교회 연합 모임이 있습니다. 다른 교회에서 우리보다 더 많이 참석한다면 부끄러운 일이 될 것입니다. 모두들 참석하시길 바랍니다"라는 광고를 하는 경우이다.

조직을 도와주라. 이것이 중요하다. 모임에 참석하라. 이것이 바로 당신의 충성심을 보여주는 길이다. 모임의 목적이나 할 일에 대해서는 아무런 말도 없다. 물론 참석하면 유익할 것이다. 그러나 조직의 출석률이 떨어지면 그 출석률을 높이는 것이 교회 지도자들의 사명이 된다. 성도들의 충성심이나 헌신은 교회 모임에 얼마나 참석하는가로 나타난다. 세상에서 그리스도를 위해 무엇을 했고 무엇을 안 했는가 하는 것은 중요한 문제가 아니다. 조직만이 섬김을 받아야 한다.

신앙은 개인 생활의 질보다 그 사람의 신앙의 옳고 그름에 더 관심을 가질 때 제도화된다. 제도는 그 집단이 가장 중요하게 여기는 가치를 전달하기 위해 만들어진다. 어떤 운동이 시작될 때 그 집단은 이러한 가치관을 따라 그들의 삶을 영위한다. 그러나 이러한 가치관이 그 다음 세대로 계속 이어져가면서 점점 가치관을 수용하는 것보다 믿는 것을 강조하게 되고, 생활 속에서 그 가치관에 따른 삶의 흔적을 찾아보기 힘들게 된다. 생활보다 믿음을 중요시하게 되는 것이다.

신앙은 그 '정신'을 잃고 형태만 남을 때 제도화된다. 예를 들어 예배에 대해 생각해 보자. 예배의 진정한 정신은 고도의 의식을 통한 예배나 비공식적인 예배 모두에서 찾아볼 수 있다. 그러나 예배 의식이나 비공식적인 예배도 마찬가지로 제도화되었다. 즉, 예배 정신은 사라지고 예배 형태만 남았다. 이는 생활 속의 모든 신앙 행위에서 찾아볼 수 있다. 기도나 헌금도 일정한 형태를 통해 내면의 깊은 체험을 겉으로 드러내는 종교 행위일 것이다.

종교는 때때로 체험의 중심으로부터 가장자리로 움직이는, 세분화하려는 경향을 보인다. 신앙은 도그마가 된다. 종교적인 행위들은 무의미하고 무가치한 형태로 퇴화한다. 종교가 표현되어지고 많은 종교의 사역이 이루어지는 기구들인 종교 제도는 종교 정신에 죽어가는 손을 올려놓는 겉으로 드러난 일체의 조직이다. 결국 종교는 그 도덕성과 정신적인 분별력을 잃게 된다. 종교의 영혼은 죽었다. 진리의 발견을 거부하고 선지자들에게 돌을 던지며, 최대의 승리자가 된 것처럼, 하나님의 이름으로 진보에 죽음의 무게를 더해간다. 결국 제도화되어지고 도그마화하며 반사회적이며 비윤리적인 '종교'는 아들을 십자가에 못 박고 하나님의 뜻을 좌절시키려는 장애물이 되어버렸다. 하나님은 또 다시 진실을 외치는 예언자와 영혼을 잃지 않은 종교를 위한 길을 만드시기 위해 제도화된 형태의 종교와 지나치게 열정적인 관리인들을 역사의 흐름 속에서 치워놓으셔야만 한다(바우어, 1925, 138-39).

당연히 질문이 생긴다. 만일 우리가 신약 시대의 신앙의 본질로부터 멀리 떨어져 있는 것이 사실이라면 왜 더 많은 사람들이 확실하게 느끼지 못하는가? 정말, 왜 모든 사람들에게 분명하게 보이지 않는 것인가? 두 가지로 답할 수 있다. 첫째로 이러한 변질이 너무나 서서히 진행되어서 이러한 일이 일어나고 있음을 아무도 느끼지 못했다는 것이다. 악한 것이 끼여들어 숭배를 받고 결국 정상적인 것처럼 받아들여지게 되었다. 종교에 생명을 불어넣어주는 활력과 정신은 사라지고 껍데기만 남았다.

둘째로 사람들의 신앙 생활에 이런 일이 일어나고, 모든 사람들 특히 종교 지도자들도 깨닫지 못하게 된 것은 처음 있는 일이 아니다.

겉으로 드러난 모습에 의하면 주전 8세기 중엽에 이스라엘에서도 종교가 굉장히 번성했다. 이스라엘 사람들이 하나님을 기쁘시게 하고 있는 것처럼 보였다. 백성들은 아주 신중하게 제사를 드리고 그 밖의 종교 의식을 치렀다. 온 나라 성소는 경배자들로 가득 찼다. 그들은 번영된 시기에 살았고, 하나님이 자신들을 기뻐하신다고 느꼈다. 그래서 종교를 지원하는 데 아끼지 않았다. 그러나 당황스럽게도 예언자 아모스는 이스라엘이 멸망의 지경에 이르렀다고 외쳤다. 겉으로 드러난 모든 종교적인 번영과 종교 행위는 나라의 생명이 중심에서부터 썩어가고 있는 것을 교묘하게 위장한 것에 지나지 않는다. 그럴싸한 자기 만족 가운데 빠져 있는 백성들에게 어느 목자의 예언하는 소리가 들려왔다. 그는 여지 없이 제사장들로부터 비난을 받았다(암 7:10-17). 사람들은 어떤 '정신 나간' 사람이 자신들의 생활을 휘저어놓으려 한다고 느꼈다(스마트, 1960, 172). 그러나 역사적인 입장에서 보면 당시의 종교 지도자들은 하나님이 보신 것을 보지 못했지만, 아모스는 보았다는 사실을 알 수 있다. 즉, 그들의 종교는 빈 껍데기뿐이며 내면적인 생명력과 생명은 죽었다는 사실을 아모스는 보고 있었다.

철저한 개혁의 필요

우리가 분석한 것을 정확하게 측정할 수 있는 방법이 있다면 현대 종교가 당면하고 있는 상황이 단순히 심각한 것이 아니라 위험하다는 것을 알게 될 것이다. "옳은 것처럼 보이는 이 상황은 교회를 그 실존의 뿌리까지 송두리째 뒤흔들고 있으며, 우리들 사이에 기독교라고 통용되던 것들이 무효한 것이라고 주장하고 있다"(스마트, 1960, 162). 어떤 사람들은 이 문제가 신학교 교수의 연구를 위한 학문적인 문제일 뿐이라고 생각할지도 모른다. 그러나 분명히 그렇지 않다! 오늘날 신앙이 당면하고 있는 문제는 이 이상 더 심각할 것이 없다. 모든 그리스도인들의 생활과 목회의 바로 핵심을 강타하는 문제이다. 우리는 살아 계신 하나님을 섬겨야 한다. 그런데 우리는 교회 생활과 교회 일을 통해 그분을 섬기려 하고 있다. 만일 교회가 어떠한 방법으로든 어떠한 이유로든 제 길이 아닌 다른 길을 가고 있다면, 그리스도인으로서의 우리의 생활과 사역도 마찬가지로 '푯대를 놓치고' 우리의 존재의 바로 중심에서 기만당한 것이다.

현대 교회가 분명하게 제도화되어가는 경향이 있음이 사실이라면, 교회는 기꺼이 그 양태를 변화시켜 생명력 있고 체험적인 신앙을 얻기 위해 노력할 가능성을 가지고 있는가? 대답하기 어려운 문제이다. 교회가 그렇게 하는 것은 분명히 가능하다. 그러나 체험적인 신앙으로 되돌아가는 길이 너무 힘들어 교회는 그 대가를 치르려 하지 않을 수도 있다. 엘튼 트루블러드(Elton Trublood)는 희망적으로 보고 있다.

기독교 역사는 시대마다 다른 위대한 업적을 이루어왔다. 기독교 신앙이 지니고 있는 가장 위대한 특성 중 하나는 내부로부터의 개혁을 가능하게 하는 능력이 있기 때문이다. 교회 외부의 비난이 얼마나 거세든, 사랑을 바탕으로 비난하는 교회 내부의 질책이 훨씬 더 강한 힘을 지니고 있다. 개혁은 어쩌다 일어나는 비정상적인 것이 아니라 고유한 특성이다. 또다시 껍데기들이 생겨나겠지만 항상 부수어버리는 폭발적인 힘을 가지고 있다(1952, 32-33).

목회자들이나 평신도들 사이에도 우려하는 자각의 모습이 나날이 늘어가고 있다. 그 어떠한 커다란 성공도 오늘날 종교상에 심각한 문제가 있다는 두려움을 떨쳐버릴 수는 없다. 교회에 적대적인 사람들이 아니라 교회에 가장 헌신적인 사람들에 의해 계속해서 문제가 제기될 것이다. 바로 지금도 어떤 교회들은 심각하게 자신들의 내부를 분석하기 시작했다. 분명 이러한 자기 평가는 고통스런 일일 것이다. 교회를 어떤 곳으로 이끌어 갈지 아무도 모른다.

사도적인 민감성과 새로운 기독교 생활, 복음주의적 경험, 참신하고 고무적인 신학적 사상이 다시 재현되는 것 같은 전영역에 걸친 자각과 동요는 교회가 철저한 개혁을 할 시기에 있다는 점을 분명하게 지적해 주고 있다. 아마도 16세기의 개혁보다 더 철저할 것이다. 왜냐하면 영적인 압력과 세상의 압력 모두 교회의 신성한 사명을 다시 생각하고 다시 응답하도록 우리를 누르고 있기 때문이다(1958, 99).

제도화로 인한 황폐함을 제거해버리려면, 신약 시대의 생명력을 다시 얻으려면 교회는 교회 자신과 교회 생활 그리고 교회의 사역을 좀더 깊이 또 좀더 분명하게 이해해야 할 것이다. 이를 위해서는 교회의 사역을 실현해나가는 기본적인 도구인 교회 교육 프로그램이 확고한 신학적 기반 위에 정립되어야 한다. 이 책을 쓴 목적은 바로 이러한 신학적 문제를 다루고, 이러한 신학에서 파생되어지는 교육 철학을 밝히고, 교회의 사역을 이끌어주는 데 도움이 될 이러한 철학을 실용적으로 적용시킬 것을 제안하는 것이다.

이는 신약 시대 기독교의 체험적인 본질을 이해하고 이를 토대로 우리 자신을 진지하게 돌아보려는 시도이다. 어떤 사람들은 우리가 제안하려는 것들이 너무 지나치다고 생각할지도 모른다. 그러나 신약 시대에는 그렇지 않았다. 우리도 모르게 너무 멀리 신약 시대로부터 유리되었고, 우리 시대에 너무 익숙해 있었기 때문에 지나치게 보이는 것이다. 아직도 깨닫지 못하고 있었다면 우리는 더 제도화의 늪으로 빠져들고 있었을 것이다. 우리가 좋아하든 싫어하든 우리가 처한 심각한 상황을 변화시키기 위한 과감한 일들이 시작될 것이다.

이러한 상황에서 가장 분명한 한 가지 사실은 '철저한 변화 없이는 성공할 수 없다'는 것이다. 종래의 교회들이 해온 것처럼 기술적인 약간의 개선만으로 만족하는 무미건조한 과정을 거치려는 것이라면 아예 포기하는 것이 낫다. 현대 교회는 찬송가를 조금 고친다거나 기도를 좀 잘해 본다거나 주일학교를 좀더 잘 조직하는 것으로는 아무런 변화도 생기지 않는다. 이러한 것들은 이미 충분히 훌륭하다. 이교도적인 질서에 더 관심을 기울이는 한 아무 일도 일어나지 않을 것이다(트루블러드, 1952, 28).

오늘날 교회는 어려운 문제에 직면하고 있다. 대중들이 좋아하는 비교적 가벼운 형태의 종교가 계속될 것인가? 아니면 신약 시대의 신앙을 따라 어렵고 철저한 자기 부인과 자기 훈련을 할 것인가? 대중들은 힘든 것을 피하려고 하므로 이런 방법은 인기를 얻지 못할 것이다. 오늘날의 세대는 인기 있는 쉬운 신앙 속에서 자라왔다. 이것이 그들이 알고 있는 신앙의 모습이므로 신앙은 반드시 이래야만 한다고 느끼는 경향이 있다. 그러나 조금만 더 깊이 생각해 본다면 힘든 길, 철저한 변화의 길만이 강력하고 생명력이 있으며 체험적인 신앙으로 나아가는 길일지도 모른다는 혼란스러운 생각이 떠오를 것이다.

이제 교회는 자신을, 자신의 본질, 목회, 현대 사회에서의 선교 등을 재평가하는 어려운 과정을 거쳐야 한다. 이렇게 힘든 변화가 이루어지려면 교회 지도자들이 교회의 본질과 이 시대의 교회가 어떻게 변화되어야 하는가를 좀더 깊이 명확하게 이해해야 한다.

1. 에지는 '민간 신앙'의 개념을 어떻게 적용시키고 있는가? 개인적인 사례를 들 수 있는가?

2. 제도화되어가는 것은 왜 나쁜가?

3. 저자가 제안하고 있는 '철저한 개혁'은 어떤 것인가?

Mayr, M.ed. 1983. Modern Masters of Religious Education. Birmingham: Religious Education Press.

Bower, W. C. 1925. The curriculum of religious education. New ork:Charles Scribner's

Sons.

Cox, C. 1961. The new-time religion. Englewood Cliffs, N. J.: Prentice-Hall.

Eckardt, R. 1958. The surge of piety in America. New York: Association Press.

Herberg. W. 1955. Protestant, Catholic, Jew. Garden City, N.Y.: Doubleday.

Hutchinson, P. 1957. The new ordeal of Christianity. New York: Association Press.

Kraemer, H. 1958. A theology of the laity. London: Lutterworth Press.

Marty, M. E. 1959. THe new shape of American religion. New York: Harper and Bros.

Meister, J. 1961. "Requirements of renewal." Union Quarterly Review(March 1961) 16.

National Council of the Churches of Christ in the U.S.A. 1960. Yearbook of American churches. New York: National Council of the Churches of Christ in the U.S.A.

Perry, E. 1958. THe gospel in dispute. Garden City, N.Y.: Doubleday.

Smart, J. D. 1960. The rebirth of ministry. Philadelphia: Westminster.

Trueblood. E. 1952. Your other vocation. New York: Harper and Bros.

Whitman, A. 1962, 'What not to tell a child about God." Reader's Digest(February)

Whitman, Jr., W. H. 1956. The organization man. New York: Simon and Schuster.

Winter, G. 1961. THe suburban captivity of the churches. Garden City, N. Y.: Doubleday.

12

현대 생활에 적용시킬 수 있는 신약의 원리
(1947)

게인즈 도빈스

(Gaines S. Dobins)

도빈스는 미국 내에서 뿐 아니라 세계적으로 만이천 명 이상의 학생을 가르쳤다. 도빈스는 원래 목회자이자 신학자였는데 후에 신학교 교수로 재직하면서 두 권의 신학 저서와 주일학교 교육학(종교 교육), 효과적인 교회 운영(교회 행정) 등에 대한 글을 썼다. 1990년대의 시각으로는 도빈스의 개혁적인 연구가 평범해보일 수도 있지만 여전히 이루어져야 할 일들이다. 보수적인 신학적 견해를 가진 사람에게도 평범하게 보이지만, 그리스도를 위대한 교사로, 성령을 해석자로, 성경을 가장 중요한 교재로, 모든 기독교인들을 섬기는 자와 증인으로 강조하고 있다. 이는 대부분의 복음주의자들이 생각하기에는 더 이상 거론할 필요가 없는 불변의 진리다.

이책에 소개된 저자들 중에는 나와 개인적으로 만난 사람도 있고 연구를 함께한 사람들도 있다. 그 가운데 게인즈 도빈스는 은퇴하기 전 내가 한 학기 동안 가르침을 받았던 나의 스승이다. 그는 거의 50년 동안을 남침례교 신학교에서 재직했고 침례교와 일반적인 복음주의 신학교에서 언론과 교회 행정, 교회 교육 등을 과목으로 채택할 수 있도록 했다. 도빈스는 미국 내에서 뿐 아니라 세계적으로 만이천 명 이상의 학생을 가르쳤다. 그리고 능률적이고 혁신적인 일들을 했다고 인정받는 교파 내의 행정가이기도 하다. 1915년부터 저술을 하기 시작했는데 적어도 30권 이상의 책과 수많은 팜플렛과 교과과정 자료와 5천개 이상의 다양한 글을 썼다(도빈스, 1978).

도빈스는 수천 개의 침례교회와 개인적으로 또는 글을 통해 광범위하게 접촉하고 일을 했기 때문에 '미스터 남침례교'라고 알려져 있다. 원래 목회자이자 신학자였는데 후에 신학교 교수로 재직하면서 두 권의 신학 저서와 주일학교 교육학(종교 교육), 효과적인 교회 운영(교회 행정) 등에 대한 글을 썼다. 「더 좋은 교회 만들기(Building Better Churches)」라는 책도 원래 목회 서적이지만 이런 점들을 다루고 있다(도빈스, 1978). 이 책은 신약의 원리, 효과적인 조직을 통한 목적 달성, 목회에 필요한 모임을 다룬 세 부분으로 구성되어 있다. 여기서는 첫째 부분을 간략하게 살펴보고 저자의 신약의 원리를 실제적으로 설명해보겠다. 이 장에서는 다음 평범한 두 가지 물음에 대해 이야기하려고 한다. "우리가 따를 수 있는 명확한 신약 시대 유형이 있는가?", "만일 있다면, 이 유형은 진정한 기독교의 열매를 풍성하게 맺을 수 있는가?" 도빈스의 답은 긍정적이다. 그러나 혁명적인 시각으로 바라보고 있다. 1990년대의 시각으로는 도빈스의 개혁적인 연구가 평범해보일 수도 있지만 여전히 이루어져야 할 일들이다. 보수적인 신학적 견해를 가진 사람에게도 평범하게 보이지만, 그리스도를 위대한 교사로, 성령을 해석자로, 성경을 가장 중요한 교재로, 모든 기독교인들을 섬기는 자와 증인으로 강조하고 있다. 이는 대부분의 복음주의자들이 생각하기에는 더 이상 거론할 필요가 없는 불변의 진리다.

From Building Better Churches: A Guide to the Pastoral Ministry(Nashville: Broadman, 1947), 83-98.

변화하는 세계 속에서 어려운 사명에 직면하여 자신의 영역과 능력을 돌아보며 신약 시대 교회의 유형을 재발견하려고 노력하면서, 변화된 그리고 변하고 있는 교회의 개념을 평가하고 있는 목회자라면 역사의 빛에 비추어 현재의 상황에서 신약 시대의 원리를 적용시키려는 사명에 대해 절망과 열정이 뒤섞인 감정을 느낄 것이다. 자신의 교파와 교회의 생활이 반죽해놓은 틀을 변화시키는 것은 절망적이라고 느낄 것이다. 목회자 자신이 전통과 분위기를 변화시키기보다는 전통과 분위기가 목회자를 좀더 효과적으로 변화시키는 강력한 힘이었다. 독실한 사람들은 성경이 교파적인 관점과 관습을 뒷받침해줄 수 있도록 이성적으로 합리화시키는 작업에 몰두하고 있다. 성경을 전혀 편견 없이 이해하기는 불가능한 일이다. 그러나 기독교 역사에서 오늘날처럼 생명력이 넘쳐 흐르던 시기는 거의 없었다. 변화가 오늘날의 질서이다. 따라서 교육, 의학, 운송 수단, 통신, 사회 과학, 정치학, 그 밖의 인간이 관심을 기울이는 중요한 부분의 발전 가능성들이 목회를 위협하고 있다.

　신약 시대의 기본적인 원리에 따라 두려움 없이 타당성 있게 변화하는 교회는 어떤 교회인가? 어떤 기능이 활발한 역할을 하는가? 어떤 점이 강하고 어떤 점이 약한가? 과거의 전통 속에서 전수되어왔지만 오늘날에는 그 중요성이 의심스러워져 제거해야 할 방해물들은 어떤 것들인가? 두 가지 기준을 가지고 찾아보아야 한다. 신약을 통한 확인과 실질적인 가치이다. 첫번째 기준에 합당한 것이면 두번째 기준에도 합당하고, 두번째 기준에 맞는 것이면 첫번째 기준에 맞을 것이다. 그러한 교회는 다음과 같은 최소한의 이상(理想)을 좇아 형성되었을 것이다.

교회, 거듭난 몸

기독교인은 달라야 한다

달라졌다는 것은 자기 자신으로부터 그리스도로 삶의 중심이 전환되는 개인적인 체험에서 비롯되는 내면적인 변화의 결과다. 이런 체험을 한 사람은 '두 번 태어난' 사람이다. 즉, 그리스도 예수 안의 새로운 피조물인 것이다. 세례나 그 어떤 의식이나 성례전으로도 이러한 변화가 일어날 수 없다는 사실은 신약에서 증거하고 있으며 상식으로, 체험으로, 심리학적으로 확실하게 알 수 있는 일이다. 회개와 믿음이라는 인격적인 체험을 할 수 없는 대상이나 유아에게도 분명히 일어날 수 없는 일이다. 이러한 필수적인 체험은 성경 지식이나 이론이나 교회 관습에 대한 시험에 합격하는 능력과도 다른 것이다. 교인들의 요청이나 교계의 공식적인 선포로 일어날 수 있는 일도 아니다. 신앙의 교리를 머리로 이해했다고 해도 결코 이루어질 수 없으며 마찬가지로 신앙적인 감격으로 눈물을 흘린다고 해서 되는 일도 아니다.

기독교인은 다른 점을 드러내야 한다

예수께서 손수 기준을 만드셨다. "열매를 보고 안다." 그러나 열매가 열리는 것은 어떤 결과이지 순식간에 이루어지는 일이 아니다. "땅이 스스로 열매를 맺되 처음에는 싹이요 다음에는 이삭이요 그 다음에는 이삭에 충실한 곡식이라"(막 4:28). 겨자씨의 중요한 특성은 그 크기가 작다는 것이 아니라 다 자라서 열매를 맺게 될 때까지 대지를 뚫고 태양을 향해 자라나는 생명체라는 점이다. 한 개인이 한 단계 한 단계 성장할 때 보이는 삶의 질은 예수 그리스도를 체험함으로 하나님과 올바른 관계를 맺게 될 때 일어나는 보이지 않는 변화를 눈으로 볼 수 있는 증거이다.

교회는 이러한 변화를 일으키고 지속시켜나가야 한다

어머니가 아이를 창조한 것이 아니듯이 교회는 새로운 탄생을 만들어낼 수 없다. 교회는 죄인과 구세주가 함께 모이도록 해준다. 그리고 구원의 체험이 일어날 수 있는 상황을 제공해준다. 그러면 교회는 어떻게 갈급한 영혼이 그리스도를 만날 수 있는 최상의 조건을 만들어주고, 거듭난 생명이 힘을 발휘하고 쓸모 있는 도구가 될 수 있도록 도와주는가? 분명 교회는 이런 일이 중요하다는 것을 확실히 알고 있다. 교회는 세례를 받아 구원받게 된 아이가 교회의 품에 안기도록 하는 의식(儀式)을 통해 이러한 역할을 다 할 수도 있다. 세례를 받고 구원을 체험할 수 있도록 이끌어주는 것이다. 또는 교인으로서 살아가는 삶의 모습을 가르쳐주고 그러한 삶 속에서 거듭남을 체험하도록 배경을 조성해 줄 수도 있다. 이러한 두 가지 방법 중 어느 것이 좀더 확실하게 궁극적인 목적을 이룰 수 있는가? 전자의 방법으로 교회에 나오게 된 사람은 누구나 세례를 받았으므로 이미 구원을 체험하게 된 것이다. 후자에 의해 교회에 나오게 된 사람은 실수를 하고 악에 빠질 수도 있지만 그 속에서 계속 구원을 체험할 수 있다. 그러면 신약은 어떤 것이 적합하다고 이야기하고 있는가? 어떤 것이 더 기능적인 가치를 지니고 있는가? 답은 분명하다.

교회, 사랑의 공동체

기독교 공동체에서는 누구나 평등하다

사람들이 자기보다 못한 사람에 대해 우월감을 갖는 분위기에서는 사랑이 넘쳐날 수 없다. 모든 사람이 무한한 가치를 지니고 있다는 생각이 예수 그리스도가 주신 가르침의 바탕을 이룬다. 이기적인 욕망은 "천사도 타락해 버린" 죄이다. '목사'와 '평신도'는 신약에는 거의 나타나 있지 않은 편리한 구분일 뿐이다. 물론 성도들간에는 능력이나 헌신의 차이가 있을 수 있다. 또 어떤 이들은 지도자가 되고, 또 어떤 이들은 그를 따르는 사람이 된다. 그러나 '만인 제사장설'은 높은 자들이 낮은 자들에 대한 주인 의식을 갖지 못하도록 하며 가장 낮은 자도 가장 큰 자가 될 수 있는 기회의 문을 활짝 열어놓고 있다. 신약을 통해 보면 민주주의라는 것은 정치적인 의미 이상의 것이다. 즉 생활 방식이다. 인간관계 속에서 서로의 인격을 존중하도록 해준다. 이는 특권 계층에 속하지 못한 사람들에게는 희망의 촛불을 켜주고 특권 계층 사람들에게는 더 커다란 섬김의 짐을 지워준다. 모든 독재와 전체주의, 영적인 영역에서의 모든 강제적인 것들을 거부한다. 인간의 기본권을 보장한다. 모든 사람이 평등한 생활을 영위하도록 인류의 느린 발걸음을 인도하는 빛이다. 본질적으로 '사랑의 공동체'는 영적인 민주주의를 통해 이루어져야 한다.

기독교 공동체는 간섭하지 않는다

한 개인이나 집단이 누군가의 통제를 받고 있다면 가장 높은 수준의 성장에 이르지 못한다. 가장 이상적인 부모는 자녀들이 받아들일 수 있을 때 가능한 한 일찍 자신들의 권위를 넘겨줄 수 있어야 한다. 권위주의가 자발성의 자리를 차지하고 있다면 진정한 사랑이 아니다. 공동의 목적을 위해 희생할 수 있는 것이 진정한 공동체의 본질이다. 신약에서 "그러므로 우리는 기회 있는 대로 모든 이에게 착한 일을 하되 더욱 믿음의 가정들에게 할지니라"(갈 6:10)고 한 것은 자기 중심적인 사람에게가 아니라 가장 이타적인 사람에게 권유하고 있는 것이다. 기독교 생활은 가정에서부터 시작된다. 그러나 그 어떤 사람이나 집단도 '믿음의 가정'에서 일어나는 일에 간섭하라고 권유하고 있지는 않다. 물론 상호간에 연관된 문제도 있겠지만 모든 교회는 자신의 문제를 스스로 처리할 수 있어야 한다. 사실 이렇게 하기는 힘들다. 외부의 어떤 권위적인 힘이 현명해보이고, 또 이를 필요로 할지도 모른다. 하지만 결국 스스로 결단하고, 스스로 비판하며, 성령의 인도하심을 체험하고, 종교적으로 성숙한 그리스도의 몸이 되기 위해서는, 완전한 자율성을 보장해야 하며 이로 인해 위험한 대가를 치룬다고 해도 가치 있는 일이다.

교회에서는 활발한 협력이 이루어질 수 있어야 한다

교회가 사랑의 공동체, 같은 생각을 갖고 있는 성도들의 모임이라면 교회는 서로 활력 있는 인간 관계를 나눌 수 있도록 정책적으로 공헌해야 한다. 어떤 교회가 진정한 기독교 공동체를 만들고 유지시켜나갈 수 있는가? 목사가 지배하는 교회? 감독이 다스리는 교회? 장로회의 통제를 받고 있는 교회? 교회에서 일어나는 일들이 집사나 장로들의 손에 달려 있는 교회? 독재자 같은 목사가 있는 교회? 아니면 교회를 운영해나가는 일에 모든 교인이 모든 책임을 지고 있는 교회? 우리의 기준은 "어떤 것이 가장 신약 시대의 유형에 가까운가? 어떤 점이 실질적인 가치를 지니고 있는가?"라는 물음이다. 힘들지 않게 답을 찾을 수 있을 것이다.

교회, 예배 공동체

예배는 기독교인의 생활에 필수적인 것이다

　예배는 이교도나 유대교, 기독교를 막론하고 모든 종교의 핵심이다. 경배는 모든 시대 모든 사람들이 행한 특성이다. 선한 것과 좀더 선한 것 그리고 가장 선한 것 중에서 가장 고귀한 가치는 가장 선한 것이다. 인간은 무엇이 되었든, 최고의 가치를 지니고 있다고 생각한 타자(他者), 지고자(至高者)에게 예배를 드린다. 삶의 질적인 수준은 무엇을 예배하는가로 가장 분명하게 결정된다. 예배가 없는 종교는 생각할 수 없다. 기독교가 다른 종교에 비해 무한한 우월성을 지니고 있는 이유도 바로 예배의 대상, 예배의 의식(儀式), 예배의 목적에서 찾아볼 수 있다. 예배의 대상은 성령의 임재를 통해 실재하시는 주 예수 그리스도 하나님이시다. 예배의 의식은 영과 진리의 영역에서 이루어진다. 예배의 목적은 중재자이신 예수 그리스도와 빛을 비추시는 성령님을 통해 성도와 하나님간의 살아 있는 관계를 유지하는 것이다. 하나님의 임재 안에서 서로 연합하는 가운데 삶의 가장 고귀한 가치가 흘러나온다. 교회는 예배 이외의 것을 통해서도 그렇게 할 수 있을 것이다. 그러나 예배가 없다면 그 어느 것도 무가치하다. 교회는 예배 공동체다.

예배를 통해 자유롭게 하나님께 다가갈 수 있다

　하나님은 영이시다. 따라서 하나님께서 받으실 예배도 영적인 것이 되어야 한다. 그러나 인간은 물질 세계에 속해 있어 눈으로 보고 귀로 들을 수 있는 예배가 없이는 하나님을 관심의 중심에 모실 수 없다. 완전히 신비하게 또는 어떤 매개체 없이 하나님을 체험하는 일은 극히 드문 일이다. 중세 교회를 동서로 나눈 쟁점은 예배에 성상(聖像)을 도입하는 문제였다. 어떤 교회는 성상을 거부하고 많은 상징을 만들었다. 또 어떤 교회는 아름답고 섬세한 의식을 통해 예배의 체험을 강화시키려고 한다. 어떤 교회는 설교를 예배의 중심으로 한다. 퀘이커교도들은 예배를 체험하는 데 침묵이 가장 좋은 방법이라고 생각한다. 매우 감정적인 사람들은 히스테릭한 지경에 이르러야 만족스러운 예배라고 여긴다. 좋은 방법이든 잘못된 방법이든, 이 모든 것들은 예배를 통해 하나님께 다가가려는 것이다. 훌륭한 교회인지 아닌지 판단할 수 있는 방법은 사람들이 예배를 통해 풍성하고 고귀한 체험을 하는지 아니면 메마르고 황폐한 체험을 하는지 알아보는 것이다.

교회는 풍성한 예배를 드릴 수 있는 환경을 만들어야 한다

　교회는 경외심을 불러일으키는 성당과 같은 곳에서 예배 분위기를 조성할 수도 있고, 아무것도 없는 평범한 벽과 등받이가 없는 좌석에 앉아서도 똑같은 예배 분위기를 만들 수 있다. 어떤 교회에서는 정성스런 예식을 통해 예배를 드리고, 또 어떤 교회에서는 계획성 없이 즉흥적으로 예배를 드리기도 한다. 예배 의식을 중요시하고 설교를 짧게 할 수도 있고, 설교를 중요시하고 다른 의식을 부수적으로 할 수도 있다. 어떤 교회는 정해진 순서를 따라 하고 어떤 교회는 자유롭게 드린다. 어떤 교파는 세례와 성만찬을 눈에 보이지 않는 은혜의 징표인 성례전으로 삼고, 또 어떤 교파는 세례와 성만찬을 구원의 능력을 가지고 있지는 않고 다만 진리의 상징인 종교 의식이라고 여긴다. 우리는 어디에 속하는가? 어떤 예배가 가장 훌륭한 것인가? 어떤 환경에서 드려야 가장 풍성한 예배를 드릴 수 있는가? 우리의 기준은 "어떤 예배가 신약의 가르침과 신약의 예배 의식에 가장 가까운가? 어떤 형태의 예배가 가장 값진 것인가?"라는 질문이다. 이러한 관점에서 극히 형식적이거나 비형식적인 극단적인 예배 모습은 사라지고, 생명력 있는 설교를 중심으로 영적인 도움을 풍성하게 받을 수 있는 자유로운 예배를 아름답고 단순한 건축물에서 드릴 수 있어야 한다.

교회, 승리하는 성도들

성도들은 서로 믿도록 설득하며 구원의 신앙을 얻는다

　예수께서는 처음으로 질문을 던진 두 사람에게 "와서 보라"고 말씀하셨다. 그들은 긴 대화를 통해 메시야를 만났다는 사실을 믿게 되었다. 그런 다음 각자 형제에게 가서 이 사실을 믿도록 설득했다. 이러한 설득 과정은 주님의 공생애 기간 내내 계속되었고, 오순절에는 백이십 명이나 되는 확실한 신자들이 있었다. 이들의 증언은 베드로의 설득력 있는 설교로 절정을 이루어 하루만에 3천 명이나 되는 새 신도들을 교회로 인도했다. 믿도록 설득하는 것 외에는 교회로 새신자들을 인도하기 위한 다른 방법은 없다. 사도행전을 보면 바울은 많은 사람들, 유대인과 희랍인들을 믿게 하려고 설득하다 고발을 당한다. 로마에서도 "강론하고 하나님 나라를 증거하고 예수에 대해 권하였다"고 한다. 그는 자신의 선교와 방법에 대해 이렇게 말했다. "우리가 주의 두려우심을 알므로 사람을 권하노니 우리가 하나님 앞에 알리워졌고 또 너희의 양심에도 알리워졌기를 바라노라 … 이러므로 우리가 그리스도를 대신하여 사신이 되어 하나님이 우리로 너희를 권면하시는 것 같이 그리스도를 대신하여 간구하노니 너희는 하나님과 화목하라"(고후 5:11, 20). 성도들을 설득하고 권유하여 구원의 믿음을 얻을 수 있도록 하는 신약의 방법에는 결코 잘못된 것이 없다.

모든 그리스도인들은 확실한 증인이 되어야 한다

살아가면서 겪는 모든 경험 가운데 가장 멋진 경험은 그리스도인이 되는 것이다. 평화스럽고 행복하고 안전한 새로운 세계로 들어서는 것이다. 이러한 영적인 거듭남 뒤에 오는, 삶을 변화시켜 보려는 첫번째 충동은 다른 사람들과 자신의 경험을 나누는 것이다. 이러한 충동이 없다면 체험의 진실성 여부도 의심스럽다. 그리고 이런 충동이 그냥 사라져버리도록 내버려두는 교회도 살아 있는 진정한 교회인지 의심스럽다. 여기서 심각한 오해가 생길지도 모른다. 이러한 체험을 대신할 수 있는 다른 경험이나 성례주의, 주지주의는 필요 없다는 생각은 잘못된 것이다. 마찬가지로 이러한 확고한 신앙을 갖는 일은 직업적인 종교 지도자들이나 하는 일이라는 생각으로 대다수의 신도들이 확고한 체험을 통한 신앙을 가지려고 노력하지 않는 것도 잘못된 것이다. 개인적인 체험 없이 성례전을 통한 중생에 의존하거나 아니면 감정적인 경험을 지나치게 강조하는 위험성도 조심해야 한다. 자신을 변화시키는 체험을 하고 이 체험을 다른 사람들과 분별력 있게 나눌 줄 아는 그리스도인이라면 누구나 주님의 증인이 될 자격이 있다.

제자 양성은 교회의 영원한 사업이 되어야 한다

교회는 복음 전파에 일시적이 아닌 지속적인 관심을 보여야 한다. 죄나 죽음은 쉬는 날이 없다. 교회만이 죄의 처방책과 죽음의 해독제를 가지고 있다면 단 하루라도 멸망의 구렁텅이로 빠져들고 있는 영혼에게 구원을 전하지 않는 것은 말할 수 없는 커다란 죄악이다. 교회는 스스로 그 일을 하리라고 결단해야 한다. 강제로 떠맡아서는 안 된다. 교회는 교인이 된 후 훌륭한 그리스도인이 되도록 유아 세례에서부터 성례전, 교리 암송, 절기 지키기, 성경 공부 등을 효과적이고 유용하게 제공해주기만 하면 되는가? 아니면 일상적인 생활 곳곳에서 언제나 개인적으로 회개를 통해 그리스도를 체험하고 다른 사람들과 신앙을 나누며 살아가도록 인도할 것인가? 어느 것이 더 신약 시대의 방법에 가까운가? 어느 것이 성도들이 더 풍성한 열매를 맺을 수 있도록 하는 것일까? 이 두 물음에 대한 답이 우리가 따라야 할 길이다.

교회, 제자들의 스승

구원과 교육은 분리될 수 없는 것이다

구원은 교육을 통해 이루어지는 것이 아니다. 하지만 구원은 교육과 무관하지 않다. 복음서에서는 구원의 두 가지 조건을 이야기하고 있다. 죄를 회개하는 것과 주 예수 그리스도를 믿는 것이다. 회개와 믿음은 고백과 순종 뒤에 오는 것이지만 구원의 조건이 아니라 구원의 증거이다. 영생은 하나님의 선물이지 받는 사람이 무슨 대가를 치르고 얻는 것이 아니다. 그러면 회개는 무엇인가? 도덕률이나 하나님께서 요구하시는 의(義), 그리스도께서 보여주신 행동의 모범을 알지 못하는 사람이 회개할 수 있을까? 신앙은 무엇인가? 알지도 못하는 구세주를 믿을 수 있을까? 그분의 가르침과 삶에 대해 아는 것이 없고 그분의 사랑과 능력에 대해 한 번도 들어본 적이 없는데 그분을 구세주라고 믿을 수 있을까? 이해하지 못하는 일에 대해 어떻게 고백할 수 있는가? 알지 못하는 사람에게 어떻게 순종할 수 있는가? 바울은 논리 정연하게 설명하고 있다. "누구든지 주의 이름을 부르는 자는 구원을 얻으리라 그런즉 저희가 믿지 아니하는 이를 어찌 부르리요 듣지도 못한 이를 어찌 믿으리요 전파하는 자가 없이 어찌 들으리요 보내심을 받지 아니하였으면 어찌 전파하리요 기록된 바 아름답도다 좋은 소식을 전하는 자들의 발이여 함과 같으니라"(롬 10:13-15). 설교와 가르침은 사람들을 그리스도께로 인도하는 데 있어서 그리고 그리스도를 닮아 가고 그를 섬기는 데 있어서 없어서는 안 될 기본적인 두 가지 기독교 교육 방법이다.

그리스도인의 생활 방식을 배워야 한다

사람들은 종교란 마음으로 믿는 것이지 배워서 믿는 것이 아니라고 한다. 어떤 면에서는 사실이다. 신앙의 체험은 어떤 사실이나 진리를 앎으로 얻어지는 것이 아니라 그리스도의 성품을 지닌 사람들을 만나 감화를 받음으로 얻어지는 것이다. 여기서 또다시 우리의 길이 갈라진다. 어떤 사람은 그리스도인의 생활은 그리스도의 보살핌 속에서 이루어진 결과라고 이야기하고, 또 어떤 사람은 새 생활이 세례를 통해 시작되어 교회의 보살핌 속에서 유지된다고 생각한다. 또 믿는 부모로부터 물려받아 그리스도인의 가정 생활과 교회 내의 모임이나 성경 공부를 통해 양육되어진다고 한다. 성례전을 통해서나 유산으로 이어받은 구원을 모두 부정하고 어린아이가 아무것도 모르는 데서 차츰 알아가듯이 그리스도인의 생활이란 불신앙에서 신앙으로 양육되어가는 과정에서 이루어지는 것이라고 말하는 사람도 있다. 반대로 많은 사람들은 땅을 파고 새생활의 씨를 뿌리는 것은 기독교 교육이 하는 일이지만, 완전한 마음의 변화와 구원을 바탕으로 뿌려진 작은 씨앗이 열매를 거두려면 인격적으로 완전히 그리스도를 의지할 때에야 비로소 이루어지는 것이라고 믿는다. 인간적인 노력도 필요할 것이다. 그러나 하나님께서 손수 인도하시며 예수 그리스도의 은혜로 말미암아 성령의 인도하심으로 거듭나게 되는 것이다.

교회는 그리스도인의 학교다

따라서 교회는 학교가 부설되어 있는 종교 기구가 아니라 근본적으로 학교이다. 그리스도가 위대한 스승이시며, 성령이 해석자이시며, 성경이 주교재다. 목사가 학교장이며 그를 중심으로 교사와 임원들이 모인다. 모든 교인들은 학생이며, 그 외의 다른 모든 사람들은 그리스도와 교회로 인도하기 위한 모집 대상이다. 이런 관점에서 볼 때 전도와 그리스도인 양성은, 또 신앙과 지식은 서로 반대되는 것이 아니라 궁극적인 목적을 이루기 위해 서로 강화시켜 주는 것이다. 설교, 가르침, 훈련은 아버지와 아들과 성령의 거룩한 인도하심 아래 인간들이 할 수 있는 세 가지 방법이다. 교회는 복음 선포를 무시한 채 양육에만 신경을 쓸 수도 있다. 또는 양육을 등한시하고 복음을 전하는 것만을 중요시할 수도 있다. 아니면 복음 전파와 양육을 균형 있게 조화시켜 나갈 수도 있을 것이다. 어떤 방법을 따라야 할 것인지 다음 두 질문으로 결정할 수 있을 것이다. 어느 것이 더 신약 시대 유형에 가까운가? 어떤 것이 더 풍성한 열매를 거둘 것인가?

섬기는 교회

기독교는 봉사의 종교다

　그리스도를 깊이 체험한 베드로는 예수 그리스도를 "선한 일을 하신 분"이라고 이야기했다. 신약을 대충 훑어보아도 이 표현이 맞다는 것을 알 수 있다. 마태는 "예수께서 모든 성과 촌에 두루 다니사 저희 회당에서 가르치시며 천국 복음을 전파하시며 모든 병과 모든 약한 것을 고치시니라"(마 9:35)고 기록하고 있다. 예수가 행하신 많은 기적들은 치유의 기적들이었다. 그리고 열두 제자에게 "예수께서 그 열두 제자를 부르사 더러운 귀신을 쫓아내며 모든 병과 모든 약한 것을 고치는 권능을 주시니라"(마 10:1). 사도들에게 육체와 마음의 병을 치유하라는 사명도 주신 것이다. 예수는 자신이 종이라고 말씀하시면서 자신을 따르는 많은 사람들을 진정으로 섬기셨다. 그리스도보다 앞서 온 요한은, "우리가 무엇을 하여야 하는가?"라는 물음에 대해 가진 것을 후하게 나누고, 정직하게 거래하며, 평화스럽고 만족스럽게, 곧게 살아야 한다는 관점에서 대답을 하며 메시야의 도래와 통치의 사회적인 의미를 강조하고 있다(눅 3:10-15). 초대 그리스도인들은 그리스도의 정신을 본받아, "선한 일을 하기에 힘썼다." 병든 자를 치유하고 가난한 자들을 돌보고, 그들이 가진 것을 다른 사람들과 나누며, 슬퍼하는 자들을 위로하고, 죄에서 의로 구원을 선포했다. 교회는 초대 교회의 본을 따라 오늘날의 죄의 문제와 고통의 문제에 관심을 기울여야 하고, 사람들의 사회적인 의식을 교육하며, 부정과 횡포에 과감히 맞서고, 국가들간의 분쟁을 해결하는 방법으로 전쟁을 일으키는 데 반대하며, 기독교적인 시각에서 인종 문제를 바라보게 하고, 낮은 계층뿐 아니라 높은 계층에서 일어나는 타락에 용감하게 맞서며, 가정 복지에 관심을 갖고 여성과 아동, 남성 문제를 확고하게 해결해나갈 수 있어야 한다. 정치적인 방법으로가 아니라 사회 곳곳에 기독교 정신을 퍼지게 하여 악을 선으로, 불의를 정의로 변화시키기 위해 부도덕한 사회로 거듭난 사람들을 내보내야 한다. 교회는 "누구든지 제 목숨을 구원코자 하면 잃을 것이요 누구든지 나를 위하여 제 목숨을 잃으면 찾으리라"(마16:25)는 기본적인 그리스도 정신을 진지하게 받아들이는 사회 구성원들을 만들어내야 한다.

진정한 신앙은 남을 섬기는 것으로 알 수 있다

기독교가 남을 섬기는 종교라는 주장에 이의를 제기하는 사람은 거의 없을 것이다. 그러나 구속 계획에서 봉사가 어떤 의미를 지니고 있는가 하는 것은 논쟁 거리이다. 어떤 사람은 '선한 일'을 쌓는 것이 그리스도인으로서 신뢰를 쌓는 것이며, 연옥에 머무는 기간을 짧게 한다고 말한다. 선한 일을 넘칠 정도로 많이 한 사람은 그냥 지나갈 것이다. 선한 행동이 악한 행동을 그만큼 갚아주고 결국 어떤 행동이 마지막으로 남는가 결정하게 된다고 생각하는 사람도 있다. 우리가 이 세상에서 사는 동안 어떤 행동을 했는가에 따라 보상을 받게 되며 믿음은 구원의 능력을 지니고 있는 선한 행위를 통해 완전해진다고 생각하는 사람도 여전히 있다.

구원을 얻기 위해 믿음과 행위가 모두 필요하다는 이런 생각을 가지고 있는 사람들과는 달리, 믿음만이 구원의 바탕이 된다고 생각하는 사람들이 있다. 이 사람들에게는, 인간의 선한 행위가 구원의 조건이 된다면 하나님의 은혜는 필요 없는 것이 된다. 부분적으로라도 어떤 조건을 통해 구원을 얻어야 한다면 그리스도의 죽으심은 불필요한 일이 된다. 이러한 견해를 선택이라는 극단적인 개념에서 풀어보면, 어떤 사람을 영생을 주시려고 선택했다는 것은 영원히 죽게 하려고 다른 사람을 선택한다는 이야기가 된다. 그리고 결국 구원 받을 사람의 수도 완전히 영원히 정해져 있고 인간의 선택이나 인간적인 노력은 아무 소용 없는 것이 되어버린다.

교회는 믿음을 행위로 옮길 수 있어야 한다

어떤 신학적인 입장에 서 있든 교회는 신앙 고백을 생활 속에 적용시킬 필요가 있다. 가톨릭이든 개신교든, 복음주의 교회든 무엇이든, 그 신앙 공동체가 진지하게 받아들일 수 있는 실제적인 활동 프로그램을 수행하거나 지원해야 한다. 인간 사회에서 이루어나가야 할 일들은 많은데 교회가 이상에만 관심을 갖고 인간의 복지에 관심이 없다면 교회라고 불릴 자격이 없다. 어떤 교회가 가장 잘 섬기는가? 봉사 프로그램에 전념하는 목사나 신부와 같은 직업적인 지도자들을 중심으로 조직되어 있는 교회인가? 근본적인 기독교 정신을 잘 가르치고 설교하며 이런 원칙을 바탕으로 교회 밖의 세상에서 활동해나가는 교회인가? 훈련 받은 사회 문제 전문가들의 지도 아래 사회적인 봉사 프로그램을 수행해나가는 교회인가? 아니면 모든 교인이 섬기는 자세를 가지고 복음을 실제 생활에 적용할 수 있도록 하려는 분명한 목적으로 기독교 진리를 가르치고 설교하는 교회인가? 다음 두 질문으로 기준을 삼으면 된다. 어떤 교회가 신약 시대와 가장 가까운가? 실제 생활에서 어떤 교회가 가장 풍성한 열매를 거둘 수 있는가?

교회, 하늘나라의 모형

구속 사업의 궁극적인 목적은 '하늘나라' 다

예수는 끊임 없이 하늘나라, 하나님나라라는 말을 하셨다. 예수의 첫번째 설교도, "이 때부터 예수께서 비로소 전파하여 가라사대 회개하라 천국이 가까웠느니라 하시더라" (마 4:17)였다. 그리고 계속해서, "예수께서 모든 성과 촌에 두루 다니사 저희 회당에서 가르치시며 천국 복음을 전파하시며 모든 병과 모든 약한 것을 고치시니라"(마 9:35)고 하셨다. 예수께서 설명하시고 예를 들어주신 그 많은 말씀들이 하늘나라의 의미에 관한 것이었다. 하늘나라를 씨 뿌리는 일에, 누룩에, 진주에, 결혼 잔치에, 열 명의 처녀에, 먼 나라로 여행한 사람에 비유하셨다. 제자들에게 어린아이 같아야 들어갈 수 있는 하늘나라에 대해 이야기하셨다. 하늘나라는 이 세상과 다르다고 선포하셨다. 제자들에게 하늘나라의 열쇠를 주셨다. 많은 사건을 통해 하늘나라의 비밀을 풀어가셨다. 하늘나라가 이루어질 것에 대해 기도하도록 가르치셨다.

바울이나 다른 신약의 저자들은 예수의 하늘나라 개념을 이해하고 있으며 초대 교회 생활에 중요한 역할을 했다. 그리고 그리스도께서 "그 후에는 나중이니 저가 모든 정사와 모든 권세와 능력을 멸하시고 나라를 아버지 하나님께 바칠 때라"(고전 15:24)고 하실 때 그 절정을 이룬다. 요한은 "일곱째 천사가 나팔을 불매 하늘에 큰 음성들이 나서 가로되 세상 나라가 우리 주와 그 그리스도의 나라가 되어 그가 세세토록 왕노릇하시리로다 하니"(계 11:15)라는 소리가 하늘에서 들려오는 것을 들었다. 예수가 오심으로 하늘나라가 시작되었고, 예수께서 모든 사람들의 마음에서 다스리실 때 완성된다.

'하늘나라'는 현재적이며 미래적인 사건이다

신약에서 하늘나라 또는 하나님나라만큼 논쟁 거리가 된 문제도 없을 것이다. 어떤 학자들은 실제로 하늘나라와 하나님나라가 같은 것이라고 한다. 어떤 학자들은 '하늘나라' 라는 말을 '교회' 라는 말과 동일한 것이라고 생각한다. 그래서 '보편 교회' 라는 개념을 이해할 때 자연히 '하늘나라' 의 개념과 동일하게 받아들이고, 모든 시대의 구속을 받은 자들로 이루어진 '무형의 교회' 도 '하늘나라' 의 개념과 비슷하게 이해한다. 최근에는 일종의 사회적 유토피아가 실현된 '좋은 사회' 를 완성시켜 나가는 과정으로 보는 견해가 널리 퍼졌다. 세대주의자들은 예수 그리스도가 이 세상에 다시 오셔서 다스리시는 나라, 즉 재림 후 예수께서 예루살렘 보좌에 앉으셔서 이 세상을 다스리시는 것이라고 생각한다.

하늘나라를 이렇게 보편 교회, 무형의 교회, 천년 왕국 등으로 이해하는 견해와는 대조적으로, 교회는 하늘나라가 아니고 하늘나라도 교회가 아니며, 하나님나라란 믿는 성도들이 있는 곳이라면 어디에서나 성령의 중재로 예수 그리스도를 통해 이루어지는 하나님의 통치, 하나님과 구원 받은 사람들 사이의 관계 영역, 영적인 질서라는 견해를 가진 사람들이 있다. 사람들이 이런 관계를 맺도록 인도하고 그리스도를 통한 하나님의 통치가 이루어지는 영역 안에서 살도록 인도하는 곳이 교회이다. 즉, 하늘나라는 발전되어 가는 과정 속에 있는 조직도, 실현되어지기 위한 사회적 이상도 아닌 설득력 있는 증거들을 통해 다른 사람들을 들어오게 하는 영적인 질서, 맺어져야 할 관계이다.

교회는 모든 사람에게 하늘나라를 전해주고 모든 사람을 하늘나라로 인도해야 한다

하늘나라를 만들어야 한다고 말하든, 발전시켜나가야 한다고 말하든, 기다려야 한다고 말하든, 들어가야 한다고 말하든, "나라이 임하옵시며 뜻이 하늘에서 이룬 것 같이 땅에서도 이루어지이다"라고 가르쳐주신 기도가 이루어지도록 더 많은 사람들을 그리스도와 구원의 관계를 맺을 수 있게 해주어야 한다. 많은 사람들이 구주와 구원의 관계를 맺도록 하고 세상 끝날까지 주님의 통치 아래 살아가도록 이끌어주는 것은 복음을 전파하며 선교하라는 명령을 지키는 일이다. 어떤 교회가 이 명령을 가장 잘 지키는가? 어떤 형태의 조직과 활동이 교회에 가장 강력한 초석을 마련해주고 세상 구석구석까지 닿을 수 있도록 해주는가? 하늘나라의 열정을 유지하려면 어떤 열심을 지니고 있어야 하는가? 어떤 프로그램이 세상 곳곳에 있는 기독교 사회에서 거듭난 사람들을 가장 잘 배출해낼 수 있는가? 망설이지 않고 이렇게 물어보면 된다. "어떤 방법이 신약 시대의 이상적인 모습에 가장 가까운가? 실험적으로 볼 때, 어떤 방법이 가장 만족할 만한 결과를 낳았는가?"

때로 목적과 수단은 이상하게 뒤바뀌기도 한다. 전통은 시간이 갈수록 그 영향력이 커진다. 앞으로 나아가는 동안 각 단계가 단절되어진다면 마지막 결과는 처음과는 놀랄 만큼 달라져 있을 것이다. 신약 시대에서 주어진 교회의 원형에서 시작한 점진적인 진행은 충격을 줄여주었다. 각 단계는 분명히 그 정당성을 지니고 있으며, 시간이 흘러도 본래의 가치를 지니고 있다고 인정되었다. 의심스러운 점들을 그럴싸한 이유로 합리화시켜 왔다.

정직하게 사고하는 사람이라면 교회와 교회 정책에 관해 두 가지 질문을 해야 한다. 분명히 신약 시대의 방식인가? 이 방식이 진정한 기독교의 풍성한 열매를 맺도록 할 것인가? 만일 그렇다면 목회자는 과감히 누적된 전통과 편의주의라는 방해물과 교파적 관습의 유산을 거부하고 신약 시대의 원칙을 겸손하게 그러나 담대하게 실제에 적용시켜야 한다. 교파적인 차이는 중요한 문제가 아니다. 가장 중요한 문제는 신약 성경이라는 책에 기록되어 있고, 많은 제자들이 따랐던 원칙, 예수의 가르침에 분명하게 나타나 있는 원칙들을 분명하게 이해하고 전심으로 따르는 것이다. "열매를 보면 알 수 있다"는 말은 충분한 시험 방법이 될 수 있을 것이다.

우리 시대는 혁명의 시대다. 이제 교회가 변화되어야 한다는 것은 불가피한 사실이다. 늦기 전에 신약 시대로 돌아갈 기회를 놓치지 말라.

1. 저자가 제시한 바에 의하면 요즘 교회가 고쳐야 할 점은 무엇인가?

2. 교회와 '예배 공동체'는 어떤 관계가 있는가?

3. 구원과 교육은 어떤 관계가 있는가?

4. 제자 양성과 복음 전파가 적당히 균형 잡혀 있는 예를 들어보라.

Dobbins, A. C. 1978. Gaines S. Dobbins. Review and Expositor 75. 3.

13

흔들리는 기초
(1976)

존 H. 웨스터호프 3세

(John H. Westerhoff Ⅲ)

웨스터호프는 교회가 학교와 같은 형태의 주일학교 교육을 하고 있는 것이 오늘날 기독교 교육의 문제라고 주장하며, 제자 교육에 관한 문제를 제기하고 있다. "우리는 학교 교육의 구조를 받아들여왔고 교육 선교와 목회에 더 이상 효과가 없다는 점을 깨닫지 못했다"(마이어, 1983, 10). 그는 작은 교회의 예를 들어 간단히 설명하고 있다. 그런 다음 신앙 공동체, 가정, 미션 스쿨, 교회, 정기 간행물, 주일학교 등으로 이루어진 깨어진 생태를 지적하고 있다. 지난 40여 년 간 이들은 대부분 본질적으로 변해왔다. 생태학적으로 다른 종자가 되어버렸다. 이러한 상황에서 기독교 교육은 아무런 관심도 받지 못한 채 예전의 형태 그대로 유지되고 있다. 웨스터호프는 종교 사회화와 종교와 신앙의 차이점을 간단히 설명하고 있다. 여기에 그가 관심을 기울이고 있는 기독교 교육의 핵심이 있다.

존 웨스터호프 3세는 신앙심이 깊지 않은 가정에서 자랐다. 몇 군데 교회를 조금 다녀본 것이 신앙 경력의 전부인 그는 하버드 신학교에 입학했다. 교회를 제대로 다니지 못했지만 여러 사람들이 그를 하나님의 사람, 또는 목사가 될 사람이라고 보았다. 하버드 대학에서 많은 지식을 쌓으며 다양하고 깊게 공부한 그는 자신이 가야 할 길을 찾았다. 22세가 되던 해 목회자에 대한 사명감을 느끼고 목사 안수를 받았다. 그후 8년 동안 교구 목사로 일했다. 교회에서 일하면서 주일학교가 아니라 성도들, 특히 성인들의 평상시 생활에서도 효과적인 교육이 이루어질 수 있다는 확신을 가지게 되었다.

그후, 국내사역교회연합회(United Church Board of Homeland Ministry)에서 일하면서 계속해서 교육에 관한 강연을 하거나 글을 썼고, 예배와 전도와 교육과 사회활동 등 교회의 모든 목회 활동은 서로 분리될 수 없는 것이라는 신념을 갖게 되었다. 이러한 체험에서 사람들이 사역을 감당할 수 있도록 준비시키는 일에 좀더 중점을 두고 목회를 해야 할 필요를 느끼게 되었다. 또다시 콜럼비아 대학 사범대학과 유니온 신학대학에서 박사 과정을 시작했다. 그러나 과정을 끝마치자마자 큰 교통 사고를 당해 오랜 시간을 병원에서 보내며 많은 생각들을 할 수 있었다. 듀크 신학교의 초빙을 수락하면서 성공회 소속이 되었다. 이 기간 동안 「우리 자녀에게 신앙이 있는가?(Will Our Children Have Faith)」(마이어, 1983)라는 책을 썼다.

웨스터호프는 교회가 학교와 같은 형태의 주일학교 교육을 하고 있는 것이 오늘날 기독교 교육의 문제라고 주장하며, 제자 교육에 관한 문제를 제기하고 있다. "우리는 학교 교육의 구조를 받아들여왔고 교육 선교와 목회에 더 이상 효과가 없다는 점을 깨닫지 못했다"(마이어, 1983, 10). 그는 작은 교회의 예를 들어 간단히 설명하고 있다. 그런 다음 신앙 공동체, 가정, 미션 스쿨, 교회, 정기 간행물, 주일학교 등으로 이루어진 깨어진 생태를 지적하고 있다. 지난 40여 년 간 이들은 대부분 본질적으로 변해왔다. 생태학적으로 다른 종자가 되어버렸다. 이러한 상황에서 기독교 교육은 아무런 관심도 받지 못한 채 예전의 형태 그대로 유지되고 있다. 웨스터호프는 종교 사회화와 종교와 신앙의 차이점을 간단히 설명하고 있다. 여기에 그가 관심을 기울이고 있는 기독교 교육의 핵심이 있다.

From Will Our Children Have Faith?(New York: Seabury, 1-25, 78)

자유 분방한 개신교 교육은 당장 그 앞날을 예측할 수 없다.
굉장히 중요한 관계성을 지니고 있으며,
현대화 양상을 보여주고 있음에도 불구하고,
기본적인 개신교 정신의 흐름은 지난 세기의 상태에 머물러 있다.
우리가 직면하고 있는 문제는,
기초가 흔들리고 있다는 사실을 받아들일 용기가 있는가 하는 것이다
(로버트 W. 린).

기독교 신앙과 기독교 교육이 불가분의 관계를 지니고 있다는 것은 자명한 사실이다. 생생한 신앙이 숨쉬고 있는 곳이라면 어디나 그 신앙을 알고 이해하고 증거하려는 공동체의 노력이 있다. 그러나 교회에서의 교육을 명확히 정의내리기는 여전히 어렵다. 여기저기에 교육의 훌륭한 보기들이 제시되고 있지만 더 많은 갈등과 혼란, 좌절, 절망 그리고 실패를 겪을 뿐이다. 일반적으로 말하기는 힘들겠지만, 대부분의 교회에서 오늘날 기독교 교육이 건전하고 활발하게 이루어지고 있는지는 의심스럽다. 1957년 라이프지가 주일학교를 일주일 중 가장 시간을 낭비하는 일이라고 했을 때, 많은 목회자들은 교육 목회가 불충분하다는 것을 인정하고 있었다. 많은 과감한 혁신과 최근에 알려진 많은 성공적인 사례에도 불구하고 교회 학교는 병들어 있다. 병든 상태가 얼마나 심각한지, 어떤 병에 걸렸는지에 대해서는 서로 의견이 다를지도 모른다. 그러나 병들어 있다는 데 대해서는 이견이 없다. 그렇지만 진단 결과는 서로 다르다. 아주 심각한 문제에 직면하고 있다는 내 생각과는 달리, 많은 교회 교육은 피상적인 증세만을 다루려고 한다.

이러한 주장은 새로운 것은 아니다. 1968년 '대담(Colloquy)'이라는 잡지가 나왔고 그후 8년 동안 나는 창간자이자 편집자로서 교회 교육의 철저한 개혁을 부르짖어왔다. 1970년 개신교 교회 교육의 기초에 금이 가기 시작하기 직전, 나는 교회 교육에 필요한

변화를 과감하게 제시한 책들을 내놓았다. 결론적으로, 교회 교육의 변화 방법을 단순히 제시하는 것만으로는 충분하지 않다. 깨끗하게 해결되어야 할 근본적인 문제들을 참신하게 연구할 필요가 있다. 이제는 더 이상 우리가 알고 있는 교육학 이론이나 신학적인 토대가 미래에도 적합하리라는 생각을 해서는 안 된다. 기본적으로 학교식이나 강의식 방법을 벗어나지 못하고 점점 더 모호해지는 다원적인 신학을 바탕으로 하는 근시안적인 관심으로만 계속 들여다본다면 종교 교육의 미래를 개척해나가기에 부적당하다. 오늘날 우리는 혁명이라는 말로만 표현할 수 있는 지극히 진보적인 문제에 부딪쳤다. 다음과 같은 근본적인 물음에 정면으로 마주하고 있는 것이다. "당신의 자녀에게 신앙이 있는가?"

시작

우리가 근본적으로 어떤 문제를 가지고 있는지 20세기 초에 유행하던 수수께끼에서 찾아볼 수 있다. "학교는 학교인데 학교가 아닌 것은?" 답은 "주일학교!"이다. 이런 이야기가 퍼지자 개신교 교회 내에서 반성의 움직임이 시작되었다. 일반적으로 종교 교육이라고 부르는 분야에서 새로운 세대의 지도자들이 나타났다. 이들은 주일학교에 대해 문제를 느꼈고, 새로운 아동 발달 이론들과 교육학 이론이 등장하고 공립 학교 제도가 출현한 데 자극을 받았다. 주일학교는 뒤떨어졌고, 새로운 변화가 필요했다. 그들에 의하면 새로운 주일학교(공립 학교 제도를 따르는)가 탄생하고 일반 학교에 신앙 교육을 도입해야 할 때가 온 것이다. 따라서 1903년 교육의 방법으로 전국에 신앙의 힘을 키워보려는 목적과 신앙으로 교육의 힘을 키워보려는 두 가지 목적으로 종교교육협회가 설립되었다.

진보적인 영역에서 일하던 이들은 교회 학교가 공립학교 교육의 모형을 따르는 것이 가장 적합하다고 생각했다. 교회 학교를 만들어내고 유지하기 위한 새로운 전문가가 나타났다. 신학교는 종교 교육 분야를 발전시켜 학위를 수여하고, 종교 교육 지도자와 목회자들이 교회나 교파 내의 새로운 종교 교육국에서 일하게 되었다. 옛시대의 평범한 사람들이 하던 주일학교는 전문가들이 활동하는 교회 학교로 탈바꿈하기 시작했다. 자유주의 신학에 영향을 받은 종교 교육은 이제 새로운 교육학 방법으로 교회 학교를 운영하고 아동과 청소년, 성인들을 가르치게 되었다.

점차 종교 교육 운동의 신학적인 기반은 흔들리기 시작했고, 40, 50년대 후반이 되자 대부분의 주요 교파들은 정도의 차이는 있어도 신정통주의 신학을 받아들이게 되었다. 종교 교육은 그 이름을 기독교 교육이라 바꾸었지만 주일학교의 형태나 종교 교육 강의는 그대로 남아 있었다. 경제적인 여유가 있는 곳에서는 현대 공립 학교 건축 형태를 따라 최신 교육학 장비를 갖춘 커다란 규모의 시설을 갖추었다. 지역 교회에 부속되어 있는 이러한 교육 시설을 운영하고 커다란 사업으로 등장한 교파적 커리큘럼을 지도하기 위해 더 많은 전문가들이 교회에서 일하게 되었다. 60년대에는 랜돌프 크럼프 밀러(Randolph Crump Miller), 캠벨 와이코프(Campbell Wyckoff), C. 엘리스 넬슨(C. Ellis Nelson), 로버트 헤비거스트(Robert Havighurst), 로저 쉰(Roger Shinn), 로스 스나이더(Ross Snyder), 레이첼 핸드릴라이트(Rachael Hendrilite), 사라 리틀(Sara Little)과 같은 사람들이 기독교 교육에 대한 더욱 확대된 이론들을 주장했다. 이들은 기독교 교육 프로그램들을 효과적으로 운영하려면 교회 교육을 교회 목회와 선교의 일부가 아니라 전체적인 관점에서 이해해야 할 필요성이 있다는 실례를 과감히 보여 주었다. 그들은 교회가 예배와 신앙 공동체를 통해 양육하고 가르치는 것이 중요하다는 점을 인식하고 교회 학교에서 교수법을 통해 가르치는 것은 기독교 교육의 일부에 지나지 않음을 분명하게 보여주었다. 그럼에도 불구하고 교회 학교와 강의법이 중요하다는 점을 강조했지만 그들의 견해에 귀 기울이는 사람은 거의 없었다.

이제 신정통주의를 바탕으로 한 70년대를 보면 교회 학교를 변화시키려는 별다른 움직임이 보이지 않는다. 레이첼 핸드릴라이트는 우리가 다시는 집으로 돌아갈 수 없다는 점을 상기시켜 주었고, C. 엘리스 넬슨은 신앙의 사회화를 강조했으며, 랜돌프 크럼프 밀러는 신학적인 바탕으로 다시 눈을 돌렸다. 에드워 A. 파워스(Edward A. Powers) 같은 사람은 그의 책「샬롬의 기적(Signs of Shalom)」에서 기독교 교육을 확대해서 이해할 필요가 있다는 점을 반복해서 주장하면서 새로운 신학적 기반을 제시하려는 시도를 하고 있다. 그러나 교회는 여전히 어떠한 특정한 신학적 기반 없이 교회 학교를 다시 부흥시켜보려고 도움을 요청하고 있다. 한때는 가족 단위 교육과 같은 교회 교육의 여러 변형된 방법들이 만병 통치약처럼 유행했고, 교파는 좀더 나은 커리큘럼을 제공하기 위해 고심하고 있었다.

교사 훈련과 교육 방법 개발, 건축 등에 여전히 많은 돈을 투자하고 있었다. 많은 신학교는 교회 학교를 부흥시키기 위해 비용이 덜 드는 평신도 전문 교육 프로그램들을 개발했다. 교파적으로도 교회 학교를 살리자는 공익 캠페인을 벌이고 여전히 새로운 커리큘럼 개발에 매달렸다. 이전의 희망적인 모습들이 다소 나타나고 줄어들던 출석수가 일단 멈추자 사람들은 희망을 갖게 되었다. 그러나 교육 목회는 여전히 허우적거리고 있었다. 기독교 교육을 새로이 평가하고 계획하고 연구한 확대된 견해들은 여전히 이해되어지지도 받아들여지지도 않았다. 몇몇 사람들이 계속해서 변화를 촉구하고 있었지만 아무런 변화도 일어나지 않는다. 왜일까?

문제

나는 기독교 교육의 기초가 흔들리고 있다고 생각한다. 많은 전문가들이 일으켜 세우려고 다양하게 노력하고 있지만 새로운 구조물을 짓기에는 건축가가 너무나 부족하다. 교회의 교육 문제는 교육 프로그램에 있는 것이 아니라 교육 목회를 지원해주고 있는 패러다임과 모델, 즉 교육적으로 시도해볼 만한, 모든 사람이 공감하는 평가 기준이 부족하다는 데 있다.

모든 사람들은 공통적인 평가 기준이나 공통적인 동질성 속에서 많은 노력을 기울였다. 대체로 이런 경향을 당연하게 받아들였다. 우리가 일해나갈 방향을 잡아주고 서로간의 의문점들을 나누며 문제를 해결해나가는 실마리를 제공해주었다. 우리가 일하는 패러다임은 우리가 무엇을 해야 하는지 알려주고 함께 노력을 기울일 수 있도록 공통의 언어를 제공해준다.

종교 교육가들은 그들이 시도하는 일에 대해 어떤 공통적인 이론들을 가지고 있다. 종교 교육에서 사용하는 언어는 이런 이론들을 표현한 것이다. 우리가 알고 있는 이론이나 언어, 평가 기준은 우리가 하고 있는 교육 목회 패러다임에 나타난다. 20세기에 들어서서 다른 방법이 가능하다는 데 동의하면서도 기독교 교육가와 교회들은 '학교 강의식 패러다임'을 활용해왔다. 즉 우리가 생각하는 교육은 '학교'와 같은 조건에서 하는 강의 형태를 기본적인 방법으로 사용하고 있으며, 신학교나 교과 지도자들, 교육 전문가들이나 평신도 지도자들 모두 똑같이 이런 생각을 가지고 있다.

이러한 형태 속에서 기독교 교육에 창조적이며 중요하고, 뛰어난 많은 업적들이 이루어졌으며 성인과 청소년과 아동의 생활에 커다란 영향을 끼친 것도 사실이다. 그래서 교육 문제를 해결하기 위해 학교식 강의 기술이나 자원을 발전시켜야 한다고 생각한 것도 당연한 일이다. 그러나 한 번 효과를 발휘한 방법에 다른 방법은 생각지도 않고 무의식적으로 더 이상의 훌륭한 방법이 없으리라고 여기게 된 것이다. 사람들은 이러한 견해를 인정하면서도 깨뜨리기 위한 시도를 거부했으며 우리들의 문제를 학교 강의식 패러다임 속에 묶어두었다. 결과적으로 특정한 문제들만 제기되었다. 우리는 학교 강의식 패러다임에 묶여 가르치고, 연구하고, 적용시키며, 자료를 개발하는 데만 집중하고 새로운 가능성들을 보지는 못했다. 거기에만 매달려 그 바깥에서 중요한 교육 프로그램을 창조할 수 있음을 깨닫지 못했다.

물론 이것이 교회만의 문제는 아니다. 교회는 비슷한 패러다임을 따르고 있는 미국 사회의 교육 문제를 반영하고 있다. 탈학교 사회를 시도하거나 강의법이 부적합하다는 문제를 제기하는 것은 무시되었다. 학교식 강의 패러다임은 우리의 사고를 지배해왔지만 늘 그런 것은 아니었다. 플라톤은 교육에 대해 이야기할 때 학교에 대해서는 별로 관심을 두지 않았다. 그가 관심을 가진 것은 교육을 하는 집단, 즉 사람들에게 영향을 끼치는 정상적인 또는 비정상적인 힘의 다양성이었다.

금세기에 들어와서 존 듀이(John Dewey)는 학교에서 이루어지는 강의는 교육의 일부일 뿐이며, 생활의 모든 면이 교육을 한다고 주장했다. 더 나아가 고의적인 교육의 형태가 많다고 주장했다. 이 점에서 듀이는 플라톤 학파와 같다. 하지만 나중에 도시화와 기술 혁명으로 그는 미국 사회의 교육을 돌아보고 가정이나 교회, 공동체에 의해 이루어지는 교육은 더 이상 이 시대에 적합하지 않다고 주장하게 되었다. 이 결론에 힙입어 그는 20세기의 위대한 이론상의 발전을 이루었다. 즉, 학교가 해야만 한다는 것이다. 이 순간부터 미국 교육은 학교와 강의법의 공존으로 이루어지게 되었다. 만일 고속 도로에서 사람이 죽으면 운전 학교를 세웠다. 또 미혼모가 생기면 성교육 학교를 세웠다. 어떤 문제가 발생하든 모든 교육 과정을 만들었다. 학교 강의식 방법은 모든 것을 해결해주는 만병 통치약이 되었다. 물론 학교 강의식 방법에도 문제점은 있었고, 계속 개선해나갔지만 이 방법에 대한 우리의 믿음은 결코 흔들리지 않았다.

그 사회의 문화를 반영하는 교회도 비슷한 패러다임에 의해 똑같은 이유로 운영되었다. 20세기 초 전문적인 종교 교육가들은 예전의 주일학교가 가정이나 지역, 교회, 공립학교 등 연관된 기구에 의존하여 제대로 그 역할을 하지 못한다고 여겼다. 그래서 제대로 그 역할을 감당할 수 있도록 개정된 교회 학교로 관심을 돌렸다. 그 결과 교회가 지닌 문제점이 무엇이든 교회 학교를 위한 교수 과정을 개발하는 것으로 문제를 해결하게 되었다.

나는 종교 교육이 이러한 학교 강의식 이론에 사로잡혀 희생 당해왔다고 이야기하고 싶다. 우리가 학교 강의식 방법에 매달리고 있는 한 새로운 변화는 그만큼 더 멀어질 것이다.

학습이 여러 가지 면에서 이루어진다는 것을 인정하면서도, 교회 교육은 교육 환경을 학교로 맞추고 교육 방법은 교수법에 맞추어놓았다. 공립 학교 제도는 우리에게 교육 모델을 제공해주었고 세속적인 교육학과 심리학이 교회 교육을 이끌어갔다. 교사, 주요 교재, 커리큘럼, 학년, 학급, 가능한 곳에서는 행정가로서의 전문적인 교회 교육가까지 갖춘 모습이 교회 교육의 모습이 되었다. 이 모든 것들은 변화되어야만 한다.

변칙

우리가 무언가 중요한 변화를 시도하려고 할 때 패러다임은 필요하지만, 새로운 가능성을 인식하고 새로운 이론들을 형성하는 데 특정한 평가 기준은 장애물이 된다. 우리가 시도하려는 패러다임의 특성과 한계를 파악하지 못한다면 우리는 평가 기준이 의심스러울 만큼 파격적이고 일탈된 변칙들이 생겨날 위험에 빠지게 된다. 모두가 공감하는 이론에 맞춰 시도한다고 해도 그 실행 가능성이 의심스러운 변칙들을 조심해야 한다. 물론 변칙들은 쉽게 드러나지도 않고 인정하기도 쉽지 않다.

제롬 부르너(Jerome Bruner)는 카드 한 벌을 다른 속도로 스크린에 비춰보는 실험을 해보았다. 카드 속에 일반 카드에는 없는 빨간색 스페이드 에이스 카드와 검은색 하트 4 카드를 넣었다. 처음에는 아무도 이상한 카드가 있다는 것을 알아채지 못했다. 오히려 검은색 스페이드 4와 빨간색 하트 에이스가 있다고 말했다. 어떤 사람은 뭔가 이상한 게 있다는 걸 알았지만 카드를 하나씩 천천히 보여줄 때도 발견하지 못했다. 이와 마찬가지로, 어떤 확신은 우리가 안정된 의견의 일치를 보는 데 도움을 주지만, 전형적인 보수적 성격을 띠게 되어 우리의 인식을 제한하고 눈앞에 확실한 증거가 보여도 우리의 사고와 방법을 변화시키는 것을 어렵게 한다.

나는 오늘 우리 기독교 교육이 직면하고 있는 문제가 이것이라고 생각한다. 우리는 학교 강의식 패러다임을 자신 있게 받아들였고, 이것이 신앙 교육을 더 이상 지탱해 나가지 못한다는 변칙을 이해하지 못하고 있다.

작은 교회

공립 학교 제도를 따라 종교 교육가들도 새로운 교육 제도로 주일학교를 만들었다. 그러나 곧 이 제도는 사람과 교회 생활에서 분리되어 크고 세련된 도시 주변 교회의 문제를 해결해주지 못하게 되었다.

최근 나는 작은 교회 안에 있는 크고 중요한 세상을 발견했다. 전문적인 교회 교육가로서 나는 다른 교회 교육가와 마찬가지로 이 수천 개의 작은 교회들을 도외시했었다. 나는 교육 계획과 장비들, 커리큘럼, 교사 교육, 학년으로 구분된 수업, 개별화된 수업 등에 관해 이야기하는 데 익숙해 있었다. 최근 전문 교회 교육가를 둘 수 없어 목사가 그 역할을 맡고 있는 교회에 가본 적이 있다. 기껏해야 그 교회는 교회 건물에 딸린 아주 작은 교실이 두 개 있었고, 시청각 교재도, 교육 자료도 거의 없고, 교사도 많지 않으며, 나이에 따라 수업을 달리할 만큼 충분한 학생도 없었다. 이 작은 주일학교는 현대화된 교회 학교가 되는 데 실패했기 때문에 문제가 있다. 교회 앞에 있는 주일학교 게시판은 그들의 상황을 단적으로 보여주고 있었다. 그들은 교파적으로 운영되던 프로그램의 대부분을 실행할 수 없었고 따라서 실패한 교회라는 느낌을 주었다.

개신교 대다수의 교회가 교인 수 2백 명이 채 안 된다는 사실을 깨닫고는 절망감을 느꼈다. 이 많은 교회들은 주일학교를 교회 학교로 변형시키려고 끈기 있게 애썼겠지만 실패했던 것이다. 문제는 아주 심각했다. 대부분의 작은 교회들은 20세기 초부터 종교 교육이 바탕을 두고 있는 학교 수업 방식을 결코 행할 수 없다는 사실에서 학교 수업 패러다임의 하나의 변칙을 찾아볼 수 있다.

종족 교회

미국 내에는 종족 교회가 많이 있다는 사실도 고려해야 한다. 나는 한때 국내사역교회연합위원회 간사로 하와이에 간 적이 있었다. 거기서 나는 하와이 원주민 교회 성도들을 만나게 되었다. 그들은 교회 교육 전문가들이 권고하는 대로 교회 교육 프로그램들을 개발하려고 수년 간 많은 노력을 하고 있었지만 여전히 교회 학교를 주일학교라 부르고 있었다. 그들은 교실을 짓느라 모금을 하고 교파의 커리큘럼 자료들을 사들이고, 교사 훈련 워크숍에 교사들을 보내고 있었다. 그러나 출석률은 계속 떨어졌고, 교사들을 구하기도 어려웠으며, 더 심각한 문제는 신앙이 제대로 자라거나 유지되지 못하는 데 있었다.

그들은 나에게 왜 자신들이 실패하고 있는 것 같냐고 물었다. 나는 대답하지 못했다. 그들은 우리가 하라는 대로 다했다. 그러나 실패했다. 나는 그들에게 성공적이었던 시절에 대해 이야기해달라고 했다. 많은 성도들이 매주일 저녁 하와이식 연회인 루아우를 하려 모였었다. 남녀노소 모두 모여 찬송가를 부르고, 복음에 대해 이야기하며, 간증을 하고, 그리스도인의 생활에 대해 토론하면서, 서로 도와주고, 음식을 먹으며 친교를 나누었다. 우리가 비윤리적이라고 가르쳤기 때문에 춤은 추지 않았지만 그 밖의 그들의 문화에서 나온 모든 것들을 자연스럽게 나누었다. 그리고 예전의 교육 프로그램에 대한 설명을 들은 후 나는 학교 수업식에 진저리가 나면서 그들에게 전처럼 루아우를 다시 열라고 권유하고 싶은 생각밖에 안 들었다.

깨어진 생태

대부분 개신 교회는 신도가 교인 수 3백 명 이상 되는 교회가 많지 않으며, 70%에 달하는 성도가 이런 교회에 다니고 있다. 그래서 학교 수업 방식이 이런 교회에서는 효과가 있으리라고 생각할지도 모른다. 지난 몇 년 간 유능한 전문가들이 일하고 있는 활발한 교회 학교를 많이 방문해보았다. 그리고 '완벽한' 교회 학교의 꿈이 실현되어가고 있는 몇몇 교회도 보았다. 이러한 교회의 교사들은 좋은 훈련을 받았고 대부분 자신들만의 커리큘럼 자료들을 개발하고 있었다. 교육 계획이나 시설, 조직 등이 많은 공립 학교들이 부러워할 만했다. 교회 학교 출석률은 줄어들지 않았고, 계속해서 프로그램들을 개선해나가는 데 열심이었다. 이와 같은 거의 모든 교회가 그들이 이룬 일들을 평가하면서 부족한 점이 많다는 것을 발견했다. 현대의 교회 학교는 기껏해야 우리 시대에나 적합할 뿐이다. 그 이유는 학교 방식에 또 다른 변칙이 있기 때문이다.

20세기에 들어선 지금 지난 70년 간 제도의 '생태(유기체와 환경과의 관계성)'를 보면 신앙 교육에 알맞았다.

첫째로 지역 공동체가 있었다. 미국의 전형적인 마을에서 사람들은 개신교적 윤리와 분위기에서 생활했다. 아니면 카톨릭이나 유대교나 그 밖의 다른 동질성을 띤 지역 공동체에서 생활했다.

두번째로 가정은 기본적으로 안전하고 안정되어 있었다. 거의 혼란이 없었다. 부모들은 늘 집에 있었고 가족이 함께 생활을 해나갔다. 그리고 같은 지붕 밑에서 살지는 않더라도 친척들이 가까운 곳에 살고 있었고 계속 왕래했다. 이혼으로 깨지는 가정은 그다지 많지 않았고 일하는 여성도 별로 없었으며 대가족이었다. 부모 가운데 한 사람 밑에서 생활하는 가족은 거의 없었고 종교가 다른 사람과 결혼하는 경우도 거의 없었다. 대부분 사람들은 자신이 태어난 곳에서 100마일 이내에서 성장하고 결혼하고 죽었다. 이런 환경에서 가정은 신앙 교육을 하기에 좋은 배경을 제공해주었고 많은 공헌을 했다.

세번째로 대부분의 공립 학교는 개신교 교회의 도움을 받았다. 아침마다 성경을 읽고 주기도문을 외우면서 시작하고 도덕이나 종교 수업 시간이 있었으며, 학생들은 일반적으로 개신교 신앙 교육을 받았다. 가톨릭도 그들의 자녀들을 교육하는 교구 내에 있는 학교를 지원했다.

네번째로 교회가 있었다. 전형적인 교회는 모든 사람들이 서로 다 알고 규칙적으로 모이는 지역 공동체 교회였다. 예배를 드리거나 여러 가지 사회 활동을 할 때뿐 아니라 많은 시간을 교회에서 보냈다. 여기서 사람들은 공감대를 형성하였다.

다섯번째로 많은 종교 간행물들이 가정에서의 종교 교육과 주요한 오락거리들을 제공했다. 마지막으로 주일학교가 종교 교육을 하기에 적당한 제도적 생태를 완성시켜주었다. 주일학교는 여성들이 중요한 지도력을 발휘하는 평신도 조직이라는 점이 중요하다. 주일학교는 부활절이나 크리스마스, 감사절, 봉헌식 등을 모든 세대가 함께 모여 축하하기에 좋은 환경을 만들어주었다. 주일학교는 늘 지역 사회나 축하 행사, 신앙심, 성경 공부 등에 관심을 기울이면서도 뮤지컬, 게임, 하이킹, 사냥, 가족 모임, 파티, 소풍, 사회 봉사 활동 등을 벌였다. 이 여섯 가지 제도는 함께 효과적인 교육 생태를 만든다.

그러나 오늘날 모든 공동체가 이질적인 성격을 띠면서 변칙이 나타났다(특히 커다란 교회에서 찾아볼 수 있다). 종교적이고 세속적인 다원화 양상이 서로 상호 작용하여 경쟁하게 되었고, 이제 더 이상 지역 공동체가 특정한 이해와 생활 양식을 전하는 데 도움이 되지 못하게 되었다.

가정도 변화되었다. 핵가족화되었고, 아이들은 할머니 할아버지나 친척들과 접촉할 기회가 줄어들었다. 더구나 부모들은 집 밖에서 보내는 시간이 더 많아졌고, 편부나 편모 밑에서 생활하는 가정도 늘어났으며 종교가 다른 사람과 결혼하는 일도 흔해졌고, 이사를 다니는 가정이 늘어났다. 한때 가정이 하던 기능을 사회가 담당하게 되었다. 자녀들을 위한 탁아 시설이나 양로원, 청소년 레크레이션 센터, 환자들을 돌보는 병원 등 수많은 기능을 사회가 담당하게 되었다.

공립 학교는 이제 헌법에 의해 종교적으로 중립적인 제도가 되었고, 기껏해야 종교에 '대하여' 객관적으로 가르칠 수 있을 뿐이다.

오늘날 사람들은 사회 활동이나 지역 활동을 하기 위해 교회에 모이는 일이 거의 없어졌다. 가족들이 주말이면 다양한 세상 모임에 참가하며 자신들의 욕구를 채우는 일도 흔한 일이 되었다. 텔레비전이나 거대한 방송 매체가 종교 간행물의 자리를 차지했다.

이제 교회 학교는 과거에 여섯 개 제도가 이루고 있던 생태가 하던 일들을 혼자 하느라 고전을 하고 있다. 가능할 리가 없다. 그런데도 교회 학교 수업 방식은 이러한 환경의 변화를 무시하려 한다.

감춰진 커리큘럼

여러 가지 이유로 학교 수업 방식은 작은 교회나 큰 교회의 교육 문제를 해결하는 데 부적당하다. 그러나 더 중요한 것은 학교 수업 방식에 변칙이 있다는 것이다. 즉, 교회 교육가들과 목사들이 이 패러다임으로 인해 신앙이 사회화되는 것에 미처 관심을 기울이지 못하도록 하는 변칙이 있다는 것이다.

사회화란 사람들이 공식적인 또는 비공식적인 영향력을 통해 살아가는 방식과 가치관을 획득하게 되는 것을 뜻한다. 자녀를 한 명 둔 내 친구를 예로 들어보겠다. 어머니가 여행을 굉장히 많이 하는 기자라서 아버지가 그 어린 딸에게 두 부모 역할을 거의 다 해 주고 있었다. 한번은 그 아이가 인형을 가지고 노는 모습을 보게 되었다. 나는 "너는 누구니?" 하고 물었다. 그 아이는 "나는 아빠요"라고 대답했다. "응, 그렇구나. 엄마는 어디 계시지?" "글 쓰러 나가셨어요." 이것이 사회화다. 아무도 이 아이에게 아버지가 자녀를 돌보고 어머니가 밖에서 일한다고 의도적으로 가르친 적이 없다. 아이는 학교에서 수업을 받으며 배운 것이 아니다.

학교 수업이 교육이 아니다. 교육이란 지식, 태도, 가치관, 행동, 분별력 등을 전달하고 발전시키기 위한 모든 고의적이고 조직적이며 지속적인 시도를 뜻하는 사회화 과정이다. 따라서 종교 교육의 역사는 가정, 공립 학교, 공동체 윤리, 종교 문헌, 교회 생활 등을 포함해야 할 필요가 있다. 그러나 학교는 교육만을 위한 매우 제한된 형태이다. 우리는 학교에서도 우리가 배우는 것에 영향을 끼치며 사회화가 이루어지는 '숨겨진 커리큘럼'이 있다는 것을 잊어버린 채 학교 수업 방식을 전체적인 사회화 과정에 확대시켜 적용했다.

최근에 나는 학교에서 성 역할에 대해 연구하는 데 참여한 적이 있다. 초등 학교를 방문했을 때 교장은 내가 학급에서 성에 대한 새로운 문제를 다루어야 한다고 생각했다. 교장과 함께 복도를 따라 걷기 시작했다. 우리는 다음과 같은 사실을 관찰할 수 있었다. 여자 교사는 남학생 교실이나 여학생 교실 모두에 들어갔으나 남자 교사는 남학생 교실에만 들어갔다. 교사는 남자 아이들과 여자 아이들에게 다른 종류의 게임을 시켰으며 남학생과 여학생에게 각각 다른 방법으로 벌을 주었다. 유치원에는 남자 교사가 없었고, 교실의 사진에는 남성과 여성의 역할이 구분된 사진들이 걸려 있었다. 나중에 함께 이야기를 나누면서 나는 어떤 학습 과정도 그 학교의 숨겨진, 커리큘럼과 상반된 효과만큼은 나타낼 수 없다는 사실을 설명했다. 사실, 사람의 가치관이나 생활 양식에 영향을 주는 것은 일상적인 학교 생활이다.

교회와 교회 학교도 마찬가지다. 학교 수업 방식은 사회화 과정을 간과하게 만든다. 교회 내의 비공식적인 커리큘럼이 교회 학교의 공식적인 커리큘럼보다 더 큰 영향을 끼칠 수도 있기 때문에 학교 수업 방식은 기독교 교육을 평가하고 계획하는 데 부적당하다. 나는 교회에서 고등학생들을 가르친 적이 있다. 우리는 헌금이란 세상의 삶에 대한 의지와 헌신을 나타내는 상징적이며 공동체적인 행위라고 공부했다. 우리 반은 일 년에 한 번씩 하는 인종간의 정의를 위한 헌금이 헌금 기준에 맞지 않는다고 결정했고 성도들에게 제단에 집 보증 문서를 놓자고 건의했다. 그러나 교회 지도자들은 회의에서 정치적이고 경제적인 이유로 이를 반대했다. 교회 학교 수업과 교회 지도자 회의, 어디에서 더 커다란 가르침을 받겠는가? 우리는 교회 학교에서 평등에 대해 가르칠 수 있다. 그러나 교회 내의 중요하고 영향력 있는 지위를 남자들이나 사회 경제적으로 높은 계층의 사람들이 차지하고 있다면 그리고 특정한 인종이나 사람이 제외된다면 다른 교훈을 배우게 될 것이다. 부유한 기부자의 이름을 따서 교회 여러 예배실에 이름을 붙여놓았다면 아이들에게 그리스도인의 생활은 부를 얻는 것이라고 가르치는 것이 될 것이다. 필요할 때면 언제나 그 기구의 필요를 충족시키기 위해 시간과 재능을 바쳐 봉사하도록 교회를 조직화시켜놓았다면 사람들은 그리스도인의 생활이 세상을 위한 선교가 되어야 한다는 것을 배우지 못할 것이다. 이런 식으로 우리가 학교 수업 방식으로 운영하는 한 중요한 것들을 놓치게 될 것이다.

잘못된 질문

우리는 기정 사실을 계속해서 그대로 받아들이고 있다. 하지만 교수와 학습에 관해 더 많이 알게 된다면 우리의 교육 문제를 해결할 수 있다. 교육 내용이 부족하면 총체적으로 보는 새로운 방법을 찾기보다는 기술적인 분야로 눈을 돌린다. 반응을 보이지 않는 학생이 있으면 그 학생과 교사간의 관계에 대해서 생각하기보다는 행동을 이해하고 지도하기 위해 심리학으로 눈을 돌린다. 분반 토론이나 협동이 잘 안 이루어지면 공동체의 본질에 대해 생각하기보다는 최신 그룹 다이나믹스 기술을 찾아본다. 새로운 문제가 생기면, 능률적인 학교를 짓고 능력 있는 교사들을 훈련하고 교회 교육의 질을 높이기 위해 좀더 유용한 커리큘럼을 제공하려는 새로운 지식과 기술이 덧붙여진 교수와 학습 방법에 더 깊이 몰두하면서 전형적인 해답들을 찾아낸다. 그리고 이것들이 문제를 해결할 수 있으리라고 믿는다. 이러한 불합리적인 사고 방식에 사로잡혀 있으면서 우리는 교회학교 운영에서 나타난 아주 작은 성공이나 부정적인 경향이 나타나는 작은 변화를 낡은 패러다임의 유효성이 드러난 것처럼 해석한다. 따라서 이러한 학교 수업 방식의 변칙은 그 변칙이 나타나도록 영향을 끼친 원인과 관련이 있다.

우리는 행동주의 사회학이 잘못된 낙관주의를 심어주었다는 것을 인정했다. 우리는 사람과 학습에 대해 많이 알면 알수록 교육에 더 커다란 효과를 거둘 수 있다고 생각해왔다. 사고의 단계가 명확히 구분되어진다면 우리가 가지고 있는 교육 문제를 해결해줄 가르치는 기술과 자원이 마련되어질 것이라고 믿었다. 그러나 우리가 가지고 있는 가장 근본적인 문제는 성격이 다른 것이다. 우리는 사람들이 살고 있는 제도를 새롭게 연구하고 재구성해야 할 필요가 있을지도 모른다. 모두 함께 제대로 된 그리스도인이 되기 위해 노력해야 한다.

불행하게도 성인들은 아이들에게 학교 수업 방식을 통해 자신의 힘을 행사하는 결과를 낳았다. 교수, 학습, 행동의 목적, 주관적인 문제 등의 용어는 아동에게 세상에서 성인들 방식으로 살아가려는 사고 방식을 주입시킨다. 처음 참여하는 사람과 함께 찬송하고 예배 드리고 기도하며 봉사하고 친교를 나누는 것은 어렵다. 우리는 항상 우리들이 원하는 바대로 그들도 우리처럼 되게 하려고 그들에게 무언가를 해주려고 한다.

그러나 기독교 신앙을 바탕으로 하는 교육은 통제 수단이 될 수 없다. 공동체 생활을 똑같이 공유할 수 있어야 하고 삶의 의미를 함께 생각하는 기회를 주어야 한다. 물론 우리는 우리의 생각과 생활 방식을 아이들과 함께 나누어야 한다. 하지만 그들도 우리에게 가져다줄 것이 있으며, 우리가 그들에게 가져다주는 것은 하나님의 심판 아래 있다는 사실을 기억해야만 한다. 물론 반사하는 것보다 그대로 투사하는 것이 더 쉽고 나누는 것보다 가르치는 것이 쉽고 상호간에 반응하는 것보다 혼자 행동하는 것이 더 쉽다. 그러나 그리스도의 방식으로 어린아이와 함께 있는 것은 어린아이들을 통제하기보다는 자기 자신을 절제해야 한다는 의미임을 기억하는 일이 중요하다. 그리스도인이 된다는 것은 '내가 다른 사람에게 무엇을 줄 수 있는가?' 라고 묻는 것이지 '나는 저 사람이 어떤 사람이 되기를 원하는가?' 를 묻는 것이 아니다. 이는 자신의 가치관과 삶의 방식을 다른 사람과 나눈다는 것뿐 아니라 다른 사람에게(어린아이에게서도) 배우려고 마음을 활짝 열어놓는다는 의미이다. 학교 수업 방식은 우리를 다른 방향으로 이끌고 다른 결과를 가져온다. 우리는 이렇게 물었어야 한다. 학교 수업 방식은 기독교 공동체 교육을 위해 필요한가? 또는 그리스도인으로서 다른 사람과 함께 사는 일은 원래 교육적인 것인가? 우리가 다른 사람과 함께 그리스도인이 되기를 원한다면 우리는 학교 수업 방식을 사용해야 하는가? 학교 수업 방식을 중점으로 그리스도인의 신앙에 매우 중요한 이러한 질문들은 간과하고 있었다.

종교인가 신앙인가

우리는 너무 일찍 세속적인 교육의 방법과 종교를 연결시켰다. 세속적인 심리학과 교육학 개념에 의존하는 것은 위험한 일이다. 신앙 공동체의 교육은 독특한 특성을 지니고 있을 것이다. 이러한 특성이 내가 말하고 싶은 마지막 변칙에서 분명하게 드러나고 있다.

이 변칙은 학교 수업 방식이 어떤 목적에 가장 적합한가를 이해하는 데서 나타난다. 누가가 한 질문을 생각해보자. "내가 너희에게 이르노니 속히 그 원한을 풀어주시리라 그러나 인자가 올 때에 세상에서 믿음을 보겠느냐 하시니라"(눅 18:8). 물론 그는 종교(제도, 신앙 고백, 문헌들, 문화적 유산 등)를 찾을 수 있을 것이다. 하지만 신앙은 찾지 못할 것이다. 신앙은 심히 인격적이며, 역동적이고, 궁극적인 것이다. 그러나 종교는 신앙이 겉으로 표출된 것이다. 종교는 제도(교회), 문헌들, 신앙 고백들(성경이나 신학) 그리고 우리의 확신과 도덕률에 대한 것이다. 종교는 중요하다. 그러나 궁극적으로 중요한 것은 종교가 아니다. 교육학적으로 종교는 수단이지 목적이 아니다. 신앙만이 유일한 목적이다. 따라서 기독교 교육의 관심은 종교가 아니라 신앙이 되어야 한다.

학교 수업 방식의 변칙은 종교라는 자연적이고 기본적인 관심에서도 발견된다. 종교에 대해서는 가르칠 수 있다. 그러나 신앙은 가르칠 수 없다. 따라서 학교 수업 방식은 기독교 교육을 전후가 바뀐 잘못된 위치에 놓았다. 기독교에 '대해' 가르치는 것은 중요하지 않다. 종교란 적절한 조건 아래서 다른 사람을 신앙으로 이끌어가게 되는 하나의 신앙 표현이다. 바하의 B단조 미사곡은 그 자신의 신앙을 표현한 것이다. 나는 그 음악을 들을 때마다 신앙에 대해 감명을 받기 때문에 신앙을 가지고 있다. 그러나 B단조 미사곡에 대해 알고 있는 것은 신앙을 가지고 있는 것과는 다르다. 사실 기독교인이 아니라도 이 음악을 잘 알고 있을 수 있다.

기독교 신앙이 점점 희미해져갈수록 학교 수업 방식이 기독교라는 종교에 대해 가르치도록 우리를 바쁘게 만들어놓았다. 그리스도에 대한 우리의 개인적인 헌신이 점점 사라져 갈수록 많은 교인들은 학생들에게 성경에 뭐라고 쓰여 있는지, 교회사에 무슨 사건이 있었는지, 우리가 무엇을 믿는지, 무엇이 옳고 그른지를 가르치는 데만 몰두했다. 학교는 성공하기 위한 교육을 받은 무신론자만 배출하고 있다. 오늘날 교회 학교에서 배운 기독교 종교는 하나님과 이를 배운 사람 사이에 놓여 있다. 학교 수업 방식은 우리가 아이들에게 기독교에 대해 가르치는 것으로 우리의 할 일을 다 했다고 생각하도록 만들었다.

성경에 대해 배우는 것과 예수 그리스도의 제자로서 살아가는 것에는 커다란 차이가 있다. 우리는 우리의 지식이나 믿음, 예배를 드리는 것으로 구원받지 못한다. 우리의 행위나 종교로 구원받지 못한다. 우리는 하나님을 향한 사랑과 갈망으로 구원받을 수 있으며, 그 진리를 따라 사는 것이 바로 신앙을 가진 것이다.

신앙은 어떠한 방법으로도 가르쳐질 수 있는 것이 아니다. 우리는 종교를 가르칠 수 있을 뿐이다. 우리는 종교에 대해 알 수 있다. 그러나 신앙으로 확대시켜 신앙 안에서 행동하고 신앙 안에서 살아야 한다. 신앙은 신앙 공동체에서만 체험될 수 있다. 그러나 한 사람이 다른 사람에게 줄 수 있는 것이 아니다. 신앙은 역사적이고 전통을 지니고 있는 신앙 공동체 안에서 자신들의 신앙을 다른 사람과 함께 나눔으로 표현되어지고 의미 있게 되고 전달될 수 있는 것이다. 학교 수업 방식은 이 사실을 쉽게 잊어버리게 한다. 사실, 학교 수업 방식은 개인의 신앙에 대한 근본적인 관심에 방해가 된다. 우리의 관심을 문헌과 이론들, 역사, 도덕률 등으로 나타난 기독교로 옮겨 기독교란 종교에 대해 가르치려고 한다. 우리의 목적이 무엇이든, 현대 심리학과 교육학을 따르는 학교 수업 방식은 우리를 신앙보다는 종교에 관심을 기울이도록 만든다. 그 어떤 이유보다도 바로 이런 이유 때문에 학교 수업 방식은 문제가 있다.

파산

이제 나는 학교 수업 방식은 파산했다고 결론을 내렸다. 단순히 변화된 교육 프로그램이 아닌 변화된 방식이 필요하다. 그러나 말하기는 쉽다. 우리가 당면한 문제는 온 마을을 샅샅이 돌아다니며 양탄자를 팔고 있는 사람에 대한 수피의 이야기를 듣고 이해할 수 있다. 그는 "은 백냥에 이 양탄자를 사실 분 안 계십니까?"라고 외치며 돌아다녔다. 가까스로 팔았을 때 같은 장사꾼이 다가와서 "그 싸구려 양탄자를 더 비싸게 팔지 그러오?" "100보다 더 큰 수도 있나요?"

현재의 학교 수업 방식을 바꿀 방법이 나올 때까지 기독교 교육은 부적합하고 점점 더 비효율적으로 이루어질 것이다. 그러나 새로운 방식은 아무것도 없는 데서 만들어질 수는 없다. 기독교 교육은 철학이나 사회 과학, 일반 교육학 이론에 의지할 것이 아니라 우리가 때때로 잊기 쉬운 신학적인 토대 위에 놓여야 한다. 변화된 방식을 찾아내기 전에 우리는 신학적인 문제들을 살펴보아야 한다. 그러나 먼저 희망의 말씀을 찾아야 한다.

희망이 없다면 방식을 바꾸기 위해 노력해야 할 필요가 없다. 현재의 불만족스러운 점들을 바탕으로 하는 희망이 있음을 기억하라. 희망은 낡은 것이 사라지고 새로운 것이 탄생되는 데 놓여 있다. 죽음, 알지 못하는 것, 새로운 것으로 고민하는 사람들이 있다. 그러나 기독교 신앙은 낡은 방법과 낡은 이론의 폐허에서 내일을 향한 희망을 찾을 수 있다.

학교 수업 방식에 의문을 던진 것은 우리가 신앙 교육에 대해 다시 생각할 기회를 주었다. 반성 없는 짧은 과거나 현재의 유행적인 노력에 의존하여 미래를 위한 견해를 얻으려는 것은 현명하지 못하다. 왜냐하면 너무도 쉽게 고정 관념이 되어버릴지도 모르기 때문이다. 미래는 우리의 상상력과 하나님께 달려 있다. 이것이 우리의 희망이다. 과거의 이론이 죽은 것을 축하하면서 우리의 교육 목회를 지원할 새로운 것을 찾아서 순례자처럼 앞으로 나아가야 한다. 우리는 이렇게 철저하게 물어볼 필요가 있다. 우리 자녀에게 신앙이 있는가?

결론

기독교 교육을 위한 환경으로서 신앙 공동체의 진보적인 본질과 특성을 사용한다는 것은 교회 생활의 모든 면, 즉 예식, 참여하기 위한 준비, 신앙 공동체 내에서의 경험, 우리가 참여하는 개인적인 또는 협동적인 활동 등 모든 것을 교육을 위해 활용한다는 의미이다. 이는 우리가 기독교의 이야기와 전통을 어떻게 삶 속에 구현하며 전하는지, 우리가 공동체 모든 구성원들의 전체 요구에 맞춰 어떻게 목회를 해나가는지, 이 세상에서 다가올 하나님의 공동체를 대신해서 어떻게 사람들을 준비시키고 지속적인 활동을 해나가는지를 판단하기 위해 신앙 공동체로서의 전체적인 삶을 연구하고 판단하는 것을 뜻한다. 이는 종교 교육을 교회를 개혁시키려는 계속적인 노력의 개념으로 이해해야 한다는 의미이다.

신앙 공동체 안에서 이루어지는 생활을 기독교 교육의 환경으로 만든다는 것은 하나님의 나라가 이루어지고 하나님의 뜻이 이루어질 세상 끝날까지 매일같이 복음의 심판과 격려 아래서 살아간다는 의미이다. 이렇게 확신하며 이해하는 것은 오늘날 기독교 교육에 도전하는 것이다. 이는 다음 질문에 답할 수 있는 토대를 마련해줄 것이다. 우리 자녀에게 신앙이 있는가?

1. 저자는 학교 수업 방식이 왜 나쁘다고 생각하는가?

2. 어떤 면에서 기독교 교육의 사회화가 중요한가?

3. 기독교 교육에서의 숨겨진 커리큘럼을 경험해본 적이 있는지 생각해보고 그 실례를 들어보라.

Mayr, M.ed. 1983. Modern Masters of Religious Education. Birmingham, Ala.: Religious Education Press.

14

기독교 교육이란 무엇인가? 문제 해결의 실마리
(1929)

조지 알버트 코우
(George Albert Coe)

코우는 존 듀이(John Dewey)의 영향을 크게 받았고, 다시 종교 교육에 있어서 '진보적인 시기'라로 불리던(컬리, 1960) 1880년대에서 1920년대에 큰 영향을 끼쳤다. 이 시기에 미국 대학과 신학교에는 유럽의 성경 비평과 자유주의 신학이 널리 퍼져 있었다. 이 시기 중반인 1903년에 종교교육협회(REA)가 설립되었다. 코우는 초기부터 협회 활동에 적극적이었다. 연합신학교와 콜럼비아 대학에 재직하면서 출간한 몇 권의 책과 논문이 사람들의 주목을 받게 되었다. 종교교육협회와 더불어 코우는 종교 교육을 '과학적으로' 적용시키며 진보적으로 연구하는 것이 가장 합리적이고 실질적인 방법이라고 인식시키는 데 공헌했다. 그는 종교 교육을 미숙한 단계에서 벗어나 실용적인 신학을 수용하는 단계로 발전시켰다.

조지 알버트 코우는 서던 캘리포니아 대학과 노스웨스턴 대학에서 신학 교수와 철학 교수를 역임했으며, 1909년에서 1922년까지 뉴욕에 있는 연합 신학 대학에서 종교 교육학 교수로 있었다. 은퇴하기 전 5년 동안은 콜럼비아 대학 사범대학에서 학생들을 가르치면서 활발한 교육 활동을 마무리지었다. 그 이후에도 저술 활동을 계속하였으며 이 책을 출판하였다.

코우는 존 듀이(John Dewey)의 영향을 크게 받았고, 다시 종교 교육에 있어서 '진보적인 시기'라로 불리던(컬리, 1960) 1880년대에서 1920년대에 큰 영향을 끼쳤다. 이 시기에 미국 대학과 신학교에는 유럽의 성경 비평과 자유주의 신학이 널리 퍼져 있었다. 이 시기 중반인 1903년에 종교교육협회(REA)가 설립되었다. 코우는 초기부터 협회 활동에 적극적이었다. 연합신학교와 콜럼비아 대학에 재직하면서 출간한 몇 권의 책과 논문이 사람들의 주목을 받게 되었다. 종교교육협회와 더불어 코우는 종교 교육을 '과학적으로' 적용시키며 진보적으로 연구하는 것이 가장 합리적이고 실질적인 방법이라고 인식시키는 데 공헌했다. 이를 위해 학문적으로나 사회적인 활동에 상당한 열의를 보였다. 그는 종교 교육을 미숙한 단계에서 벗어나 실용적인 신학을 수용하는 단계로 발전시켰다.

코우의 글에서 발췌한 다음 내용에는 '기독교 교사의 문제'가 소개되어 있다. 교사가 학생들에게 인격과 가치관을 통해 자신의 신앙을 전달해도 되는지, 아니면 학생들이 코우가 말하는 '신세계'를 만들어가도록 도와주어야 하는지가 문제이다. 코우는 학생들이 예수를 닮으려고 노력하는 대신 예수의 정신, 목적, 원칙들을 받아들여야 한다고 제안한다. 그리고 이러한 것들이 새로운 개인적인 행동 구조를 탄생시킬 수 있도록 현재 상황에 적용될 수 있어야 한다. 코우는 간단한 실례들을 제시해주고 있다. 이것으로 기독교 교육의 초점은 과거가 아니라 미래에 맞추어져야 한다고 결론을 내린다. 코우는 '재건, 계속적인 재건'이 모든 사람들이 해야 할 필수적인 하나님의 사업이라고 주장한다.

From What Is Christian Education?(New York: Charles Scribner's Sons, 1929),327-38

우리는 어떤 점에서 기독교 교육의 본질을 재고해보아야 하는가? 추상적인 개념이 아니라 구체적으로 접근하는 가장 간단한 방법은 상호 관계를 지니고 있는 교사와 학생 사이에 이 관계가 어떤 의미를 지니고 있는지, 두 사람을 함께 살펴보는 것이다. 기독교 교육이 이루어지는 곳에서 교사가 된다는 것은 무슨 의미이며 학생이 된다는 것은 무슨 의미인가?

신앙은 신앙을 가르치는 행위 속에서 변형된다

두 사람의 차이는 일단 겉으로 드러난다. 그 반대일 경우도 가끔 있지만 한 사람이 다른 사람보다 나이가 많다는 사실을 말하려는 것은 아니다. 중요한 차이점은 교사는 교회나 하나님, 원인이나 교과 과정을 대신해서 이야기하는 능력이 있지만 학생은 자신 외에는 아무것도 대신하지 못한다. 이 차이점과 그로 인한 결과를 연구해보자.

교사는 분명히 대리자이며 도구이다. 그러나 그 이상 아무것도 아닌가? 교사는 누군가 단추를 누르면 비로소 타오르는 램프인가? 단지 영혼이 깃든 도구인가? 가톨릭이나 개신교나 누구나 비슷하게 교사 자신은 무엇이며 그의 인격은 무엇인지, 교사 자신의 선택이나 노력, 습관은 무슨 의미가 있는가 하는 물음에, 교사와 학생 상호관계를 유지하기 위해 없어서는 안 되는 요소라고 대답할 것이다.

가톨릭 교회는 다소 입장이 다를 수도 있을 것이다. 가톨릭 교리에 의하면 하나님이 주시는 구원의 은혜를 누리는 가장 중심적인 통로는 미사를 드리는 것이므로 신부의 역할은 중요하지 않다. 신부는 신실하지 못한 신자일 수도 있고, 나쁜 사람일 수도 있으며, 때때로 술에 취해 시비를 벌일지도 모른다. 그러나 신부가 정식으로 서품을 받았고 정식으로 미사를 집전한다면 완전한 헌신을 하는 것으로 인정받는다. 만일 그가 그렇게 나쁜 신도건, 술에 취해 시비를 벌이는 사람이건, 또 정식으로 서품을 받았고 빈틈없이 교리를 알았건간에 이런 것들이 훌륭한 교사를 만드는 것은 아니다. 성도들과 하나님 사이를 중재하는 역할과 학생 앞에 서는 교사로서의 자질에는 어떤 차이가 있는가? 이 질문에 흥미가 있을 가톨릭 신자에게 이 문제를 넘기겠다.

아마 가톨릭과 개신교는 교사가 지녀야 할 진정한 그리스도인의 성품과 열정에 대해 똑같은 견해를 가지고 있을 것이다. 교사 자신은 자신이 말하는 것과 혼연 일체가 된다. 그래서 학생들은 교사가 사용하는 교과 과정뿐 아니라 교사에게 반응하는 것이며, 그를 임명한 교회와 교사를 통해 말씀하시는 하나님에게 반응하는 것이다. 사실 우리가 가르칠 때마다 가장 확실하게 알 수 있는 것은 교사와 학생 사이에 학생의 인격 형성에 영향을 미치게 되는 상호 작용이 일어난다는 것이다. 사실 이것은 심리학적으로 볼 때 자명한 이치이며, 광범위한 의미를 지닌다.

첫번째 의미는 지금 말할 수 있다. 그러나 다른 것들은 나중으로 미루겠다. 인격은, 기독교 교사뿐 아니라 기독교 교육에 있어서도 기독교 교육이 종교의 도구에 불과한 것이 아니라 교사와 학생 상호 관계를 통해 우리 종교의 목표를 실제로 성취하는 것, 또는 성취하려는 시도라는 개념을 나타내고 있는 것이다.

이런 이야기는 이미 많이 해왔다. 하지만 그 완전한 의미와 결과는 다소 의심스러운 점이 있었다. 연관 있는 사람 각자와 가장 인격적이며, 자유로운 관계를 맺는다는 것은 가장 기독교적인 의미에서의 교육적인 의미를 지니고 있기 때문이다. 앞에서 말했듯이 학생은 자기 자신 외에 다른 것을 대신할 수 없다. 거꾸로 교사는 전달자이며, 중재인이지만 자기 자신의 믿음과 자발적인 충성심을 통한 전달자이자 중재인인 것이다. 이러한 자신의 충성심은 불확실하게 보일지도 모르는 것들을 구체적이고 가깝고 생명력 있게 만들어서, 전달하는 내용과 그가 가진 권위를 심도 있게 표현한다. 더 나아가 교사는 언어 형태나 사고 방식, 태도 등을 학생의 나이, 경험, 성격에 다양하고 적합하게 맞춘다. 따라서 교사의 인격적인 바탕을 이루고 또 그래야만 하는 의미가 그 관계 속에 주입되어야 하며 마찬가지로 학생들의 인격적인 바탕을 이루고 있는 의미도 그 관계 속에 주입되어야 한다.

이제 인격은 예민하고 변하는 것이며, 두 사람의 인격이 똑같을 수 없다는 점을 생각해 보자. 두 그리스도인은 어떤 사람이라도 그리스도인으로서의 신앙 모습에 약간의 차이가 있을 것이다. 아마 대부분 많은 차이가 있을 것이다. 학생들도 마찬가지로 개개인이 서로 다르다. 똑같은 용어를 설명한다고 해도 영적인 반응은 똑같지 않을 것이다. 여기에서 필연적으로 발생하는 두 가지 변형 요소가 있는 것이다. 아무리 그 변형을 줄인다 해도 우리는 그것을 제거하지 못한다.

교수와 학습 행위에서 발생하는 이러한 변형들 또는 신앙의 변질은 적절한 평가를 전혀 받지 못했다. 그 한 가지 이유는 생물학적 변종처럼 늘 사소한 것이었기 때문에 중요하지 않게 여겼다.

사실 그것들은 늘 사소한 것들이 아니었으며, 나타날 때마다 축적되어 커다란 것이 되어갔다. 신앙은 다른 변화와 더불어 신자나 학생들의 인격에 거의 감지할 수 없는 변화를 일으킨다. 개신교든 카톨릭이든 교회 성도들은 연약함을 강하게, 가난을 부유하게, 미숙함을 세련되게 변화시킨 종교적 태도를 지니게 된다. 위에서 말한 작은 개인적인 변화가 축적되어 이루어지는 것이다.

교사의 신앙이 영향을 끼치기 때문만이 아니라 학생들이 교사는 교회를 표현한다고 인식하고 있기 때문에 기독교 교육은 이러한 변화를 만들어내는 것이다. 교사를 통해 교회는 "나를 따르라"고 이야기한다. 반대로 학생들은 아무런 구체적인 지식이 없어도 교회가 "예수를 따르라"고 이야기하면 자신이 배운 대로 하는 것이라고 이해한다. 따라서 그리스도인들이 변화시키는, 널리 퍼져 있는 그리스도인들의 습관은 교사나 교재, 설교나 성경이 말하는 것들과 예배나 교회 프로그램에 포함되어 있는 다른 활동이나 예배를 이해하는 토대를 마련해준다.

이러한 토대가 지니고 있는 의미의 변화는 사고와 행동이 변화되므로 일어난다. 특정한 행위나 태도, 개념은 칭찬받고 인정받고 비난받는 영역을 어느 정도 변화시키지만 찬성이나 불찬성이라는 일반적인 형태는 그대로 남는다. 신앙 공동체가 묵인하는 관습은 적어도 종교적으로 인정받는 형태가 된다. 짧은 자동차 역사나 지난 100년 간 인종 관계의 역사에서도 이를 찾아볼 수 있다. 예를 들어 가족 기도와 같은 관습이 쇠퇴해가는 것은 경건의 모습은 아무런 변화가 일어나지 않았음에도 불구하고 의무감이 다소 변화되었다는 것을 보여준다. 세계 대전에서처럼 예전에 미처 알지 못하던 갑작스럽고 심오한 영적인 변화가 일어나기도 한다. 따라서 가르치는 일에 영향을 주는 것은 감정적인 상황이다. 1913년, 1918년, 1928년에 똑같은 교육 과정으로 가르쳤지만 학생들에게는 얼마나 다른 기독교의 모습들이 보여졌는가! 이 모든 '교육 과정 밖의' 중요성은 교사의 개인적인 실존으로 학생에게 중재되어진다. 교회 학교 교사는 이러한 피할 수 없는 사실 앞에서 어떻게 해야 하는가? 물론 학생에게 훌륭한 신앙 유산을 전하기 위해 노력할 것이다. 그리고 더 나아가서 전하고자 하는 것을 넘어서서 자신도 모르게 그 이상의 것을 전하게 될 것이다. 교육은 전달이다. 혹시라도 전달이 멈추어질까봐 걱정할 필요가 없다. 그러나 피할 수 없는 또 하나의 요소를 카톨릭은 하찮은 것으로 여기고 개신교는 제대로 다루지 못하고 있다. 개신교는 '교사의 인격'의 중요성을 감상적으로 받아들였다. 심지어 교육 과정 내에서 일어나는 건전한 효과를 액세서리쯤으로 생각했다. 그 동안 교사와 학생 사이의 인격적인 관계에서 신앙이 느리게 또는 빠르게 형성되어진다는 사실을 전혀 인식하지 못했고 이러한 형성 과정을 의도적으로 받아들여 신중하게 연구하지도 않았다. 지금 드러난 이 개념은, 교육 제도를 통해 기독교나 가톨릭 내에서 일어나는 그리고 일어나야만 하는 변화들을 자발적으로 실행할 교회에 가능성이 있음을 보여준다. 예견할 수 없고 완전히 자발적이지만은 않은 변화들이 계속 일어나겠지만 — 인격이 지니고 있는 설명하기 복잡하고 예견할 수 없는 특성으로 알 수 있다 — 단순한 동요는 줄어들 수 있을 것이다. 교회가 이렇게 인식하고 현재보다 훨씬 일찍 수정할 수 있다면 우리 신앙의 자질에는 의식할 수 있고 조절할 수 있는 성장과 발전이 있을 것이다.

교회 학교 교사의 딜레마

교회 학교 교사가 하는 일은 신앙을 전달하는 것이며, 교사의 인격은 단순히 전달 과정을 강화하는 데 기여한다는 이론은 널리 알려져 있다. 이제 우리는 '단순히'라는 말이 심리학적으로 불가능하다는 것을 이해한다. 교회 학교 교사가 심리학적인 관심이 있으며 철저히 현실적이라면, 어떤 경우에도 완전히 막을 수 없는 신앙의 흐름을 자발적으로 이끌어주어야 한다는 점을 깨달을 것이다. 다음과 같은 실제적인 문제에 직접 부딪히게 될 것이다. 인격적인 요소는 가르칠 때 순종을 최대화시키고 변화를 최소화시키기 위해 사용해야 할까? 아니면 변화를 유도하는 상황 속에서 자유로운 태도를 취하게 하려고 사용해야 할까? 기독교 교육을 통해 신앙을 창조할 수 있다는 가능성을 마음에 품고 이를 위해 교육 과정 속에서 전달이 창조로 연결되어지는 관계를 효과적으로 형성해야 한다. 이 장에서 이야기할 모든 것들은 이 실제적인 문제를 다루고, 신앙 교육에 약점을 만들어내지만 다른 한편으로는 새롭고 훌륭한 그러나 여전히 기독교적인 결과를 가져오는 그 관계성에 대해 이야기할 것이다. 그리고 우리가 선택해야 할 문제들에 대한 실례를 제시해보겠다.

교육이 과거로부터의 전승인지 현재를 향한 반응인지—교육은 어느 정도 이 두 가지 모두이다—를 결정하는 것은 우리의 권한이 아니다. 그러나 우리는 둘 중의 하나를 기본적인 기능으로 선택하여 그 하나가 다른 것을 도울 수 있도록 할 수 있다. 따라서 교회 학교 교사는 선택의 기로에 서 있다. 기독교 교육의 기본 목표를 신앙의 전수로 할 것인가, 아니면 새로운 세계를 창조하는 것으로 할 것인가?

교육은 일반 학교나 교회 학교에서 널리 이루어지고 있는 단순한 전수가 아니라는 사실을 어렴풋이 짐작할 수 있을 것이다. 왜냐하면 학교는 어떤 문화건 문화 전체를 아무런 변화 없이 지속시키려고 할 수 없다. 문학을 가르칠 때 우리는 선조들의 선호도가 아니라 우리의 선호도에 따라 작품을 선택한다. 역사나 생물학을 가르칠 때 무엇을 배경으로 무엇을 예측할 것인지 우리 스스로 결정한다. 도덕을 가르칠 때도 우리가 선택한다. 도덕은 다소 철저하게 한다. 왜냐하면 기성 세대의 행동이나 도덕이 실제로 허용하는 기준을 젊은 세대에게 참된 것이라고 말해 줄 수 없기 때문이다. 우리의 문명 일부에 대해 신중하게 침묵을 지킴으로 우리는 우리가 살아온 문명으로부터 다음 세대를 구원해 줄 희망이 있다.

학교가 이러한 방침을 따르지 않는 곳은 어디나 위험하게도 복제만 이루어질 위기에 놓인다. 일반 학교는 정부가 어떻게 운영되고 무슨 일을 하는지 다 이야기하지 못할 것이다. 대신 학생들로 하여금 그 어느 때보다도 우리의 국력이 위풍 당당하다고 믿도록 하고 국가가 범한 오류나 흠을 덮어버리려고 할 것이다. 따라서 정치 문화를 전수할 때, 학교는 칭찬뿐 아니라 비판도, 전수뿐 아니라 재구성할 필요도 포함한 선택의 과정이 이루어질 때 이상적이다.

교회 학교에는 거의 이상적인 교육 정책이 널리 퍼져 있다. 어떤 주일학교나 신학교도 종교를 편견을 가지고 가르치지 않는다. 그러나 아무리 거룩한 교회라고 해도 완전하게 자기 모습을 드러내지 않는다. 하나님께서 교회 정원을 보시면 모든 교파가 무화과

잎사귀로 가리고 있을 것이다.

이러한 선택적인 교육 기능은 아무리 정상적이고 적절하다고 하더라도 학교 행정가가 완전히 인정할 수는 없다. 철저하지 않은 부분이 있을 수 있고 그리고 교육이 정직하게 사회 비판과 재구성의 책임을 져야 한다는 사실을 정면으로 받아들이지 못할 수도 있다. 정말 그렇게 하지 못한다. 다음 세대가 그 전 세대에게서 지나치게 멀어지지 않도록 하는 것, 우리와 너무 달라지지 않도록 하는 것이 중요한 관심사다.

교육이 과거로부터의 전수인지 현재에 대한 반응인지를 결정하는 것이 우리의 권한이 아니기 때문에 현재에 대한 여러 가지 반응들을 그대로 선택하거나 금지하는 것도 우리의 영역을 넘어서는 일이다. 의식적으로든 무의식적으로든, 환경에 따라 계속 달라지든 연속적인 계획을 따르든 선택을 해야 한다. 우리가 할 수 있는 한 가지 일은 동요되거나 편견에 치우치거나 하지 않고 신중하게 선택하여 하나로 통합하는 것이다. 교사로서 첫번째 우리가 해야 할 일이 이미 존재하고 있는 어떤 것을 전수하는 것이 아니라 현재 경험의 흐름을 창조적으로 만들어내는 것이라면 우리는 다음과 같은 물음을 던지게 될 것이다. 우리에게 전수되어진 신앙에 창조적인 것이 있는가? 역사적 신앙 자체 내에 자기 초월이나 자기 변형 과정을 가져오는 원리가 있는가? 만일 있다면 이 원리는 독창적이고 규정되어 있지 않으며 예전에는 없었던 현세계에 대한 반응을 이끌어내는 역할을 하게 될지도 모른다. 그러면 우리는 기독교적인 창조적인 교육을 해야만 할 것이다. 이 개념을 좀더 자세히 살펴보자.

기독교적인 창조적 교육의 개념

하나님께서 지금도 온 역사를 통해 의롭고 선한 영적이고 도덕적인 질서를 창조하고 계신다는 사실은 오래된 이야기다. 적어도 이렇게 표현하는 것은 구식이다. 그러나 계속된다는 창조의 개념은 이해하기 어려운 점이다. 가장 적절한 이해는 질적으로 완성되는 그 무엇의 양적인 증가의 개념이다. 하나님의 나라가 성장한다는 것은 지리학적인 발전이 더 이루어지고, 교회 성도가 더 증가하며, 자유롭게 쓸 수 있는 자원이 더 많아지고, 예전에 성자들이 완성하려고 수행한 의무가 결실을 맺는, 똑같은 일이 더 많아지는 것으로 이해되어져 왔다. 질적인 변화의 의미에서의 성장은 과거와는 다른 예전에는 없었던, 예측할 수 없는 그 무엇으로 되어간다는 것이다. 여기에는 예전의 선함을 대신할 수 있는 그 무엇이 있으리라는 것도 포함되는데, 지칠 줄 모르는 신성한 생명력을 나타내는 이 개념은 일반화되어 있지 않다.

그러나 주님을 모방하는 것으로도 충분하지 않다는 주장은 이상하게도 여러 번 나왔다. 주님은 결혼도 하지 않았고, 중요한 시기에 가족들과 따로 사셨으며, 일정한 거처도 없으셨고, 자신의 생활을 꾸려가실 만한 돈벌이가 되는 일을 하셨다는 이야기도 없다. 간단히 말해 그에게는 우리처럼 늘 부딪히는 특정한 문제가 없었고, 그래서 주님의 행동을 닮아간다는 것은 문제를 해결하는 방법이 되지 못한다. 따라서 우리는 주님을 닮아가는 대신 주님의 정신, 주님이 행동하시는 원칙과 목적을 받아들여 우리의 환경에 적용할 수 있도록 우리 자신에 맞게 발전시켜야 한다.

지난 30여 년 간 기독교회 내에서 이루어진 사회적 의식과 양심의 발전은 이 개념이 아주 흥미롭게 드러난 시기였다. 복음은 자본, 노동, 재산, 이윤 구조, 회사, 정치, 사회 보장 제도, 국제법 등 이 시대의 가장 심각한 도덕적 문제를 지니고 있는 분야에 대해 직접적으로 가르쳐주고 있지 않다. 그럼에도 불구하고 예수께서 살아가신 삶의 방식은 현대 사회의 전체적인 갈등에 영향을 끼치며 만일 우리도 그 방식을 따른다면 전에 없었던 사회 생활 구조와 예측할 수 없는 훌륭한 결과를 가져오리라는 것을 의심하는 사람은 아무도 없을 것이다. 현대 대중 사회가 어떻게 기독교적인 모습으로 될지 우리는 모르고 또 해보지 않고서는 알 수도 없다. 우리는 선한 삶을 창조해야만 한다. 그렇지 않으면 선한 삶을 살지 못할 것이다. 우리는 이미 낡은 선함, 우리 선조들이 살아온 그리스도인의 생활이 부적당하고 때론 장애물이 되었다는 사실을 잘 알고 있다. 그래서 우리는 스스로 짐을 지고 우리의 기독교를 재창조하는 모험을 감수하지 않는다면 '그리스도인이 될 수 없다'는 점을 분명히 알게 되었다.

이러한 재창조, 예수가 전혀 생각도 못했을 이러한 신앙의 국면은 예수가 시작했거나 자극한 무엇인가를 하려고 한다는 의미에서 그리스도적인 삶의 시작일 수 있다. 예수의 삶의 방식(그가 행하고 생각한 특별한 것들에서 드러나는)은 끊임 없는 발견과 끊임 없는 창조의 길이며, 보편적인 타당성을 지니고 있기 때문이다. 주님이 이루신 발견과 창조의 길을 받아들이지 않는다면 우리는 우리의 삶을 활기 있게 지속시켜나갈 수 없다.

교회는 예수 시대로부터 떨어져나왔고 예수를 찬양하는 길에서도 멀어졌다. 이제 우리는 어떻게 주님을 따라갈 수 있을지 모른다. 우리의 문제는 우리들이 생각하기에 전에 없었던 일들을 이루어나가고 실험하고 힘들게 싸우면서 예수와 함께 창조자가 되어야 한다는 것이다. 재건, 계속적인 재건은 인간을 통해 인간 안에서 이루어져야 할 하나님의 기본적인 사역이다.

물론 익숙하지 못하다면 그 무엇도 재건할 수 없다. 현재와 과거에 대한 지식 없이 도덕적인 질서에 창조적으로 참여할 수 없다. 그러나 진정한 교육의 초점은 과거에 익숙해지는 것이 아니라 과거와 현재와 다른 미래를 만들어가는 것이다. 더 나아가 창조적인 교육은 이 차이점의 본질과 정도가 교육 과정에 의해 결정되어진다는 것을 뜻한다. 교육 과정은 그냥 받아들이거나 어떤 역사 문헌에서 찾아낼 수 있는 것이 아니다.

이것이 바로 기본적이고 조직적인 면에서 그리스도인다운 창조적 교육이 의미하는 것이다. 학습자의 경험적 입장에서 볼 때 그리스도인이 되기 위해 배운다는 것은 필수적인 자유로운 창조성을 경험한다는 것을 의미한다. 교사의 입장에서 볼 때는 선조들을 따르면서 예전에는 없던 목적을 만들고 이루어나가는 교사와 학생간의 관계를 뜻한다. 교회의 입장에서 볼 때는 주위 세상을 향한 신선한 접근 방법으로 스스로 재건해나가는 것을 뜻한다.

그러면 기독교 교육이란 무엇인가?

인간은 무한한 가치를 지니고 있다는 예수의 주장과 가장 위대한 가치를 지닌 분이신 하나님께서 존재하신다는 전제를 통해 이루어지는 인간 사이의 관계를 조직적이고 비평적으로 연구하고 재구성하는 것이다.

1. 코우는 그리스도인의 인격에 관해 어떻게 이야기하고 있는가?

2. 이 글에서 나타난 코우의 자유주의 신학은 기독교 교육에 어떻게 접근하고 있는가?

3. 코우가 말하는 '창조적 교육'이란 무엇을 뜻하는가?
4. 어떻게 재건이 계속해서 이루어질 수 있는가?

Cully, D. B. 1960. Basic writings in Christian education. Philadelphia: Westminster.

15 기독교 교육의 열쇠

(1950)

랜돌프 크럼프 밀러
(Randolph Crump Miller)

그는 기독교 교육의 어떤 이론이라도 신학을 기초로 세워져야 한다는 주장에서 멀리 벗어나지 않았다. 후에 그는 과정 신학의 영향을 받았다. 밀러는 당시 퍼져 있던 논쟁, 즉 기독교 교육이 '전통적인' 교육처럼 내용 중심으로 해야 하는지 아니면 '진보적인' 교육처럼 생활 중심, 학생 중심으로 해야 하는지에 관한 논쟁에 대한 대답으로 보수적인 입장에서 이 책을 썼다고 한다. 그런데 그의 대답은 이 두 가지 입장 모두 아니다. 그는 신학이 기독교 교육의 기초가 되어야지 중심이 되어서는 안 된다고 말한다. "우리가 가르치는 것의 주요 교재는 성경이고, 우리가 가르치는 것의 주요 관심은 학생이며, 우리가 가르치는 것의 주요 목적은 하나님과 예수 그리스도다."

「기독교 교육의 열쇠(The Clue to Christian Education)」라는 책을 쓸 무렵 저자는 가장 사랑하던 가족을 잃고 직업을 저술가로 바꾸었던 시기였다. 강연 원고의 첫 장을 쓰자마자 설흔다섯 살의 나이에 소아마비로 그의 아내가 세상을 떠났다. 밀러와 아홉 살도 안 된 어린 네 딸들은 그가 목사로 있던 교회에서 하나님과 교우들과의 관계 속에서 이 비극적인 상황을 이겨나갈 수 있는 위로를 받았다. 그는 관계와 신학과 삶에 대해 다시 생각하게 되었고 여섯 달 후 다시 이 책을 쓰기 시작했다(마이어, 1983).

랜돌프 밀러는 캘리포니아 버클리에 있는 퍼시픽 신학교에서 종교 철학을 가르치면서 교편 생활을 시작했고, 여기서 예일 대학 종교 철학 박사 과정을 준비했다. 학교가 작았기 때문에 변증법과 기독교 교육도 가르쳐야 했는데 점점 신학보다는 기독교 교육을 더 많이 가르치게 되었다.

1952년 밀러는 예일 대학 기독교 교육학과 교수로 자리를 옮겼다. 그가 기독교 교육학 분야에 가장 큰 영향을 끼치게 된 것은 예일 대학에서의 활동과 종교교육 협회에서 발행하는 「신앙 교육(Religious Education)」의 편집자가 된 일을 통해서다. 그는 계속해서 교육 과정에 관한 글을 썼고 그 준비 위원회에서 일하면서 다른 책들도 썼다. 그러나 「기독교 교육의 열쇠」란 책에서 그의 가장 뛰어난 생각들을 접할 수 있다. 그는 기독교 교육의 어떤 이론이라도 신학을 기초로 세워져야 한다는 주장에서 멀리 벗어나지 않았다. 후에 그는 과정 신학의 영향을 받았다. 밀러는 당시 퍼져 있던 논쟁, 즉 기독교 교육이 '전통적인' 교육처럼 내용 중심으로 해야 하는지 아니면 '진보적인' 교육처럼 생활 중심, 학생 중심으로 해야 하는지에 관한 논쟁에 대한 대답으로 보수적인 입장에서 이 책을 썼다고 한다. 그런데 그의 대답은 이 두 가지 입장 모두 아니다. 그는 신학이 기독교 교육의 기초가 되어야지 중심이 되어서는 안 된다고 말한다. "우리가 가르치는 것의 주요 교재는 성경이고, 우리가 가르치는 것의 주요 관심은 학생이며, 우리가 가르치는 것의 주요 목적은 하나님과 예수 그리스도다"(P. 16). 신학은 내용과 방법 사이에 다리를 놓아줄 수 있다. 진리와 삶이 올바른 관계를 맺도록 도와줄 수 있다. 신앙과 은혜는 기독교 교육을 앞에서 이끌어주고, 신학은 뒤에서 받쳐주어야 한다.

이 장은 기독교 교육 이론에 관한 밀러의 입장을 간단히 살펴본 것이다. "예수를 주님과 구세주로 받아들이는 것"이라는 표현과 에베소서에서 인용한 이 구절 외에 그의 이론에서 전도가 차지하는 자리는 복음주의 지도자들에게는 낯설지 않을 것이다. 밀러의 글은 모든 것을 넓게 포용하고 있다. 이 책에 쓰여진 이론이 먼저 자신이 목회하고 있는 세인트 알반 교회에서 제일 먼저 시도되었고 만족스러운 결과가 나타난 데 대해 그는 자부심을 가졌다.

From The Clue to Christian Education (New York:Charles Scribner's Sons, 1950), 1-17

기독교 교육에 새로운 이론과 실천이 나타났다. 이는 부모와 교사들 모임에서 비롯된 것인데 그들도 잘 알지 못하는 사이에 나온 것이다. 목사들은 낡은 교수 방법이나 새로 나온 진보적인 방법에 대해 불만스러워했다. 새로운 교과 내용과 다양한 교과 내의 교육 지도자들이 시도해본 방법들과 가정과 교회 상호간의 협조가 더 필요하게 되었다.

문제를 확실하게 해결하기는 어렵다. 왜냐하면 지금 우리들이 직면하고 있는 문제들은 근본적으로 부정적인 입장에서 나타나고 있기 때문이다. 아직도 널리 퍼져 있는 내용 중심의 교수 방법에 대해 점점 불만이 늘어가고 있고 또 생활 중심의 교수 방법에 대한 불신도 널리 퍼졌다. 사람들이 새로운 방법들을 계속 시도하는 열정만 보아도 점점 더 방법이 모호해지고 있다는 것을 알 수 있다. 기발한 교수 방법, 영화나 다른 시청각 교재들을 사용하는 것, 아동과 성인을 함께 교육하는 것 등에서는 그 해답을 찾을 수 없다.

오래된 방법들이 가지고 있던 문제점 가운데 어떤 것들은 교육 과정의 기본 요소인 학습자 자신의 경험으로 극복되어질 수 있었다. 기존의 방법은 학생들의 경험이나 신앙적인 욕구를 생각지 않은 교리 문답식이거나, 단계별로 나누어져 있지 않은 성경 중심이었다. 내용을 강조하는 데서 벗어나 학생들의 '성장 한계'에서 시작하여 더 풍성하고 더 성숙한 그리스도인의 생활에 대해 점점 관심과 이해가 증가하도록 이끌어주려고 했다. 그러나 거꾸로 그리스도인으로서의 삶에 대한 깊은 진리를 깨닫는 것이 아니라 자유 토론이나 잘못된 어른들의 편견을 통해 어린아이들은 엉뚱한 것을 또 청소년들은 서로 잘 알지도 못하는 이야기들만 나누는 결과가 너무 자주 일어나곤 한다. 사실, 내용 중심의 교수만큼이나 생활 중심의 교수에서도 교육의 궁극적인 목적을 잃어버리고 있다. 그러나 모든 교육의 목적은 분명히 '진리'를 배우는 것이며, '진리'를 얻고 전하는 데에는 쉬운 길이 없다.

이 점은 모든 교육 이론이 실제적으로 기본적인 약점을 가지고 있음을 보여준다. 즉, 기독교 진리를 전달하고 기독교 교육의 목적을 이해하는 데 실패한 것이다. 우리는 "진리를 알지니 진리가 너희를 자유케 하리라"는 말씀을 알고 있다. 그러나 진리를 강조하면 진리를 전달할 적절한 방법이 없고, 효과적인 방법이 있으면 그 방법을 적용할 기본적인 진리가 없다. 교육 방법에 관한 우리의 철학은 신학을 희생하는 대가를 치르고도 건전하게 이루어져 왔고, 참된 진리든지 잘못된 진리든지 교육 내용은 학생들이 경험할 수 있는 삶 속에서 마땅한 전달 방법이 없어도 전달되어 왔다.

예를 들어보자. 어린아이들이 기본적으로 행동을 통해 배운다는 것은 사실이다. 그리고 자기가 보고 냄새맡고 만진 것들은 듣는 것보다 훨씬 더 중요한 의미를 갖는다. 아이는 꽃이나 인형, 아기들을 보고 만지고 냄새를 맡아보면서 하나님에 관한 커다란 교훈을 배울 수 있다. 그러나 진리를 근본적으로 과학적이거나 기독교적으로 받아들이는 것이 아니라 낭만적이거나 비현실적으로 이해하는 경우가 많다. 결국 성장하면서 자연에 대한 이런 의미를 버려야만 한다.

5학년 아이는 팔레스타인 지역의 모형 지도를 만드는 데 시간이 많이 걸린다. 하지만 이 일은 재미있으며 나사렛에서 예루살렘까지 예수의 일정을 보여줄 수도 있고, 사해의 상태나 갈릴리 호수에 갑자기 불어닥치는 폭풍에 대해서도 이해할 수 있을 것이다. 그리고 지리적인 견문도 굉장히 밝아지고 훌륭한 지도 제작자가 될 수 있을지도 모른다. 그러나 그리스도인이 되는 길에 더 가까이 다가갔다고 할 수는 없다. 이런 식의 재미있는 일이 그 아이를 사로잡는다면 이 방법이 근본적으로 바람직할지 모르겠다. 하지만 '뭔가 새로운 것이 덧붙여지지 않는다면' 그리스도인의 성장이 실제로는 멈춰 버린 결과를 가져오게 된다.

반대의 경우도 마찬가지로 혼란스럽다. 똑같은 성경 이야기를 다른 학년에서 똑같이 들을 수 있을 것이다. 학년 구분이 없는 작은 교회 학교에서는 그런 일이 있을 수 없다고 주장한다 해도 기독교 교육 과정 속에는 여전히 이런 일이 있을 수 있다. 1학년 아동은 사도신경을 외우고 이해해야 한다. 교리 문답은 여전히 정해진 질문과 답을 한다. 어떤 부모들이나 교회 학교 지도자들은 자녀들이 성경 구절을 암송하지 않으려 한다고 걱정을 하기도 한다. 기억력을 잘 사용하는 것이 중요하다는 점을 인정하지만 성경 구절 암송은 아이들에게 아무 의미 없는 횡설수설일 수도 있다.

문제에 대한 불만족은 교회 학교 교과 과정을 저술하는 사람들에게 새로운 해결 방법을 찾도록 만들었다. 그들은 이론을 만드는 것이 아니다. 그러나 그들이 노력하는 가운데 적절한 이론이 생길 수도 있다. 최신 성경 공부 과정으로 바꾼다고 문제가 해결되는 것은 아니다. 성경은 많은 문제들을 해결할 만한 열쇠도 가지고 있지만 더 나아가 해결 방법에 새로운 의문을 던지는 능력도 가지고 있다는 사실을 알게 되었다. 그래서 특정한 연령 집단이 가지고 있는 구체적인 문제를 다루는 데 새로운 성경 공부 과정이 효과가 있었지만 성경 자체가 그저 알 만한 가치가 있는 것이라는 신비감만을 갖게 했다. 교회사를 공부하는 데도 마찬가지이다. 역사상의 발전이나 사건들은 현대가 갖고 있는 문제의 관점에서 이해해야 하지만, 역사적 인물이나 저술가가 부딪힌 실제 상황에 국한되어 이해되어진다. 예배에 관한 글을 쓴 사람들도 문제 해결의 실마리를 제공하고 있다. 예배는 교육을 하기에 가장 훌륭한 경험 중심적인 방법으로서, 하나님의 임재를 대면하는 행위인 예배를 통해 예배자는 자신이 가지고 나아온 어려움을 그분의 임재 앞에 내려놓고 위로를 받고 힘과 축복을 받기 때문이다. 기독교 윤리 또한 전통적인 기독교 신앙이 오늘날의 삶에도 똑같이 타당하다는 진리 위에서 흔들거리고 있다.

I

이렇게 밝혀진 사실들은 중요하지만 문제의 핵심을 이해한 것은 아니다. 오늘날 기독교 교육의 주요 과제는 기독교 신앙의 타당성을 밝히고 전달하는 것이다. 오늘날 대부분의 교육적인 구조에서 놓쳐버린 문제는 '신학'이다. 그리고 올바른 신학에 이 시대의 심각한 교육 문제에 대한 해답이 놓여 있다. 교육 이론에서 이론과 경험, 내용과 방법, 진리와 삶 사이의 유기적인 관계를 밝히는 것이 새로운 분야가 되었다.

이 점에 대해 오해가 생기기 전에 먼저 알아두어야 할 것이 두 가지 있다. 첫째, 내용 중심의 교육 과정으로 돌아가는 것이 아니라는 점이다. 내용을 목적 자체로 강조한다면 학습자는 그 의미도 모르는 채 되풀이하는 형식적인 말이 될 것이 틀림없기 때문이다. 이렇게 되면 기독교 교육은 앵무새를 훈련하는 것과 마찬가지가 되버리고 이러한 방법으로는 성공할 수 없다. 두번째로 신앙을 주입하는 방법으로 되돌아가는 것도 아니다. 신앙을 주입하는 것은 그리스도인의 생활 속에서 개인적인 성숙을 이루기보다는 신앙을 통제하는 일종의 권위적인 의미를 지니고 있기 때문이다. 만일 내용이나 신앙 주입 모두 어떤 해결의 실마리를 제공해주지 못한다면 신학이 어떻게 교육 과정의 중심이 될 수 있는가? 답은 신학이 중심이 아니라는 사실이다. 교육 과정의 중심은 학습자와 하나님 상호간의 관계이다. 교육 과정은 하나님 중심이자 동시에 경험 중심이 되어야 한다. 신학이 교육 과정보다 우선되어야 한다. 신학은 '인간과 관계를 맺으신 하나님의 진리'이다. 기독교 교육 방법의 중심에 하나님과 인간을 두기 위해 우리는 하나님과 인간의 본질과 사역에 관해 그리고 특정한 학생과 하나님과의 관계가 어떻게 이루어지는지 그 본질을 알아야 한다.

사도신경에 관한(사도신경의 고백은 성경적인 사실이며 체험을 통해 그 의미를 깨달아야 한다는) 교육 과정에 대해 공부하는 것은 쉽다. 그러나 사도신경은 교육 과정 내에 있는 것이 아니라 그 뒤에 있다. 오늘날 그리스도인의 생활에 적합한 진리를 요약한 것으로 적절한 수준에서 학습한다면, 기독교 진리가 학습자의 경험과 수용력에 타당한가를 살펴보고서 교육 과정 속에 도입하게 된다. 대부분은 사도신경의 의미를 풍부하게 다루지 않는다면 적당한 교육 과정이라고 생각하지 않을 것이다. 그러나 현대적인 기독교 교육 방법이 아닌 부적절한 교육 과정이라도 심오한 의미와 풍부한 경험을 제공할 수 있다.

기독교 교육의 과제는 신학을 가르치는 것이 아니라, 신학을 도구로 사용하여 학습자에게 교회 속에서의 교제를 통해 하나님과 올바른 관계를 맺도록 하는 것이다. 우리는 성경을 도구로 사용해왔다. 그리고 적절하게 적용하는 기본적인 원칙 없이 성경 지식을 전달하는 것으로 끝내 왔다. 신학의 기본적인 권위를 성경이 지니고 있음은 사실이다. 그러나 신학이 성경을 이해하는 데 길잡이가 된다는 것도 분명하다. 신학은 모든 주제에 대한 관점을 제공해준다. 그리고 우리는 하나님과 이웃에 대한 학습자의 관심과 수용력의 관점에서 모든 주제를 배우게 된다.

진리가 교육 과정 밑에 놓여 있는 기본 원칙이라는 것은 진리를 교리화시킬 수 있다는 뜻이 아니다. 우리는 스스로 그리스도인이라 부르는 다양한 교파가 있고 각 개인들이 다양하게 진리를 믿고 있다는 사실을 이해하고, 교사들이 충실하고도 자유롭게 신학적인 구조에 묶여 있다는 사실을 인정할 필요가 있다. 권위와 자유의 정도는 각 교파와 교회에 따라 다르다. 따라서 교재를 집필하는 사람과 분반 공부를 하는 교사는 신앙을 가르치는 데 필요한 신학적 도구를 선택하는 것에 자신의 지식을 사용해야만 한다. 앞에서 말한 대로 여기에는 커다란 위험이 있다. 왜냐하면 그리스도인으로서 성숙을 가르치기보다는 학습 내용을 강조하거나 신앙을 주입하는 옛 사고 방식을 그대로 사용할 수도 있기 때문이다. 그러나 이러한 잘못을 저지르지 않도록 하는 길은 내용과 방법에 적절한 연계성을 두는 것이다. 신학이 교육 과정을 뒷받침하고 학습자의 '성장 한계'의 관점에서 교육 과정에 도입되어야 한다는 주장이 옳다면 다양한 연령 수준에서 그리스도인의 삶과 신학의 관계를 이해해야 할 필요가 있다. 따라서 신학이 그 어떤 삶에도 적용될 수 있어야 한다는 사실이 무엇보다도 중요하다.

내면의 자아가 그 사람의 행동을 결정지으므로 사람의 행동은 그의 깊은 확신에서 나오는 것이다. 사람의 동기는 그의 신학과 유기적으로 관련되어 있다. 사람은 이러한 개념을 의식적으로 또는 무의식적으로 지니고 있다. 사람은 자신을 속이면서 신앙과는 거리가 먼 행동을 하기도 하는데, 이는 자신의 기본 욕구와 자신이 고백하는 것과는 다를 수도 있다는 것을 보여준다(고백하는 신앙과 하는 행동이 다른 사람은 위선자다). 인격과 욕구의 혼란은 자신의 신앙과 행동 사이에 관계성을 희미하게 만든다. 그러나 이 관계성의 원칙을 지속적으로 모든 요소에 적절하게 적용시켜나간다면, '습관'이 된 신앙은 사람이 행동을 하는 데 기준을 정해주게 된다는 것을 알게 될 것이다.

이것이 사실이라면 기독교 교육에 굉장히 커다란 의미를 주는 것이다. 전통적인 가치관과 진보적인 가치관 모두를 뒤엎어버리기 때문이다. 왜냐하면 전통적인 가치관은 신앙의 타당성 여부와는 관계 없이 특정한 표현의 틀 속에서 받아들여진다고 주장하고, 진보적인 가치관은 궁극적으로 좀더 확대된 우주적인 또는 형이상학적인 관점과는 상관없이 그 문제와 관련 있는 틀 속에서 문제를 해결하는 것으로 국한되었기 때문이다. 만일 신학이 기독교 교육의 목적이 된다면 인격의 기본 바탕이 되지 못하는 신앙을 갖게 되는 위험이 있고, 반면에 신학이 무시된다면 궁극적인 목적 의식이 결여된다.

'신학을 바탕으로 한 신앙과 은혜를 기독교 교육의 목적으로 하는 것'은 새로운 이해의 관점이 될 것이다. 교육 과정의 중심은 신학도 학습자 개인도 아니다. 기독교 교육의 목적은 하나님 중심으로 각 개인이 생활의 모든 영역에서 기본적인 기독교 진리의 관점을 바탕으로 하나님과 이웃과 올바른 관계를 맺도록 하는 것이다. 즉 우주를 기독교적으로 이해하고, 역사와 경험 속에서 알게 되는 하나님을 올바로 이해하며, 절망과 구원을 경험하는 인간을 이해하고, 하나님과 계약 관계를 맺은 하나님의 백성인 교회를 인정하며, 이러한 개념 밑에 깔린 '현실성'의 의미를 학습자가 경험하는 것이다. 내용과 방법 사이에 이런 관계가 성립된다면 신학은 그리스도인의 삶에 적용될 수 있고, 교육은 전도와 거의 비슷한 의미를 지니게 된다. 현대 기독교 교육 분야에서 전도는 종종 무시되거나 잘못 이해되었다. 그러나 만일 기독교 교육이 교회가 유지되는 생명력을 제공한다면 전도의 근본 목적을 결코 무시해서는 안 된다. 전도를 하는 것은 예수 그리스도와 함께 사람들을 대면하는 것으로, 교회와의 교제 속에 그리스도의 제자로서 살아 있는 성경의 권능에 의해 하나님에 대한 신앙을 받아들이도록 만드는 것이다.

신앙이 이러한 경지에 이른 사람을 완성되었다고 말한다. 종교 교육의 목적인 인격의 완성은 성격 교육을 통한 이상만으로, 신앙 주입을 통한 신앙만으로, 또는 현대 심리학에서처럼 사회에 대한 적응만으로는 절대로 얻을 수 없는 것이다. 교육에서도 기독교만을 유일한 것으로 생각했기에 기독교 교육의 교육 철학과 교육 방법은 실패해왔다. 신앙심이 없는 착한 사람은 그의 인격이 자신의 이상을 중심으로 하여 성경의 비유에 나오는 바리새인과 같아지려 한다는 데 약점이 있다. 광신자는 성경 말씀이나 교리에 대해서는 알고 있지만 그 기독교적인 의미를 거의 이해하지 못한다는 것에서 비난을 받는다. 사회적으로 잘 적응한 사람의 문제는 그들이 좀더 나은 세상을 만들어보려는 마음을 갖도록 만드는 의로운 분노, 하나님의 뜻으로 본 분노가 부족하다는 것이다.

좀더 완성된 모습이 있어야 한다. 신학은 기독교적인 해답으로 그리스도인의 완벽함은 하나님과 인간과의 관계에 놓여 있다고 지적한다. 이는 하나님과 인간 사이의 깊은 개인적인 관계에서 비롯된 완전함이다. 이는 생활 속의 기본 과정인 올바른 신앙의 적응에서 나온 것이다. 지적이거나 감정적인, 또는 의지적인 행위 이상의 것이다. 왜냐하면 하나님이라는 궁극적인 실체와의 관계 속에서 본 전인적인 인격을 뜻하기 때문이다. 어린아이가 인간으로 완성되어가는 것은 그의 부모의 이상에서 이루어지는 것이 아니다. 이것은 부모와의 관계에서 이루어진다. 따라서 아동이 생각하는 인간적인 완벽함은 그의 부모에 대한 생각에서 크게 벗어나지 않으며 부모와의 '관계'에서 온다. 따라서 신앙의 완벽함은 기본적으로 하나님에 대한 생각만으로 이루어지는 것이 아니라 하나님과의 인격적인 관계에서 이루어진다.

이 장에서 말하는 교육 이론의 중심은 그리스도인의 완전함에 대한 본질을 이해하는 것이다. 현대 심리학 연구에서도 똑같은 것을 강조하고 있다. 인간은 자기 자신과 환경 사이의 유기적인 관계나 사고와 가치관이 아니라 자기 자신을 발견하는 상황에서 성숙한다. 기독교 신학은 여기에 한 가지 요소를 덧붙인다. 그리스도인의 환경의 중심은 살아 계신 하나님이시며 그리스도인으로서 살아가는 삶의 틀도 우리가 살고 움직이고 우리의 존재를 가지고 계신 하나님이라는 사실이다. 에베소에 보낸 편지에서 "우리가 다 하나님의 아들을 믿는 것과 아는 일에 하나가 되어 온전한 사람을 이루어 그리스도의 장성한 분량이 충만한 데까지 이르리니 이는 우리가 이제부터 어린아이가 되지 아니하여 사람의 궤술과 간사한 유혹에 빠져 모든 교훈의 풍조에 밀려 요동치 않게 하려 함이라 오직 사랑 안에서 참된 것을 하여 범사에 그에게까지 자랄찌라 그는 머리니 곧 그리스도라(엡 4:13-15)"라고 설명하고 있다.

최근의 교육 이론은 기독교 교육의 건전한 프로그램의 이러한 목적을 적절하게 설명하지 못한다. 어린아이들이 교회에서 자라며 신앙이 성숙되어간다는 사실은 누구나 인정한다. 하지만 교회 내에서 목적과 방법에 관한 관심이 고조되어도 이 점이 교육 제도에 있어서 의식적인 목적이 되지 못해 왔다. 그리스도인이 양육되어지는 환경으로서 가정과 교회와의 관계를 다루고 있는 호레이스 부쉬넬(Horace Bushnell)의 「그리스도인의 양육(Christian Nurture)」이라는 책은 이 점을 가장 잘 보여주었다. 하지만 부쉬넬의 견해에 동조하는 사람들도 내용과 방법 사이의 유기적인 관계를 올바로 이해하지 못했고, 가정과 교회 사이에 필요한 관계에 오점만 남겼다. 오늘날의 기독교 교육 상황에 대한 커다란 관심 속에서, 우리가 이야기한 모든 문제점을 다루고 있는 폴 비드(Paul Vieth)의 「교회와 기독교 교육(The Church and Christian Education)」, 아동의 교육 프로그램에서의 부모의 역할을 이해하는 데 공헌한 어네스트 라이건(Ernest Ligon)의 「위대한 세대(A Greater Generation)」가 출간되었지만, 깊이 자리잡은 신앙과 그리스도인의 행동 사이의 관계에서 기독교 신학을 심오하게 가르치는 가장 효과적인 현대 교육 방법을 어떻게 사용해야 하는지 분명하게 보여주지 못하고 있다.

현대 교육이 가지고 있는 신학적인 결점을 알고 있는 사람들도 이 문제에 대한 분명한 해답을 찾지 못했다. 신학을 비신학적인 방법으로 기독교 교육에 접목시키려는 것도 예전의 잘못을 되풀이하는 함정에 빠질 우려가 있으므로 문제 해결 방법이 될 수 없다. 기독교의 진리인 신학은 어떤 교육 과정이든 뒷받침해줄 수 있어야 한다. 그리스도의 일생이나 교회사 연구, 예배와 성례전 연구, 개인적인 행동에서 생기는 문제에 대한 기독교적인 답을 찾는 일, 사회적 상황을 이해하고, 교회 안에서 그리스도인으로서의 친교를 나누는 일 등 성경을 사용하는 데 대한 적절한 신학적인 견해들이 있다.

교회가 이러한 문제를 해결하기 위한 답을 함께 찾아야 한다는 것은 교육자가 신학자가 되고 신학자가 교육자가 되어야 하며, 교재를 집필하는 사람은 철저하게 교육 이론과 신학적인 방법 모두를 바탕으로 해야 한다는 것이다. 신학적으로 건전하다면 아동 심리학이나 성인 심리학, 세속적인 교육학, 사회학, 모두에서 도움을 받을 수 있고 교회 교육 제도는 세속적인 교육 이론과 관계 있는 모든 학문을 활용할 수 있다.

II

기독교 교육의 실마리를 푸는 데 다른 문제들이 발생했다. 부족한 예산과 기독교 교육을 하기에 부족한 시간, 훈련 받지 못한 교회 학교 교사들, 훈련 받지 못했고 때론 무관심하기까지 한 목회자, 부족한 시설 등과 같은 실질적인 문제들이다. 이론이 건전하다고 해도 이것들은 넘기 어려운 장애물이다.

오늘날의 상황을 이겨나가야 하는 교육 이론에도 또 다른 문제가 있다. 첫째는 어린 그리스도인들을 교육적으로 성장시키는 가정에 대한 이해이다. 어린아이들은 기본적으로 학교나 교회 같은 공식적인 교육을 받기 전에 이미 신앙과 인격 발달이 이루어진다. 아동의 모든 자극에 대한 반응 형태는 초기에 형성된다. 일주일에 한두 시간 정도밖에 허용되지 않는 교회(세속적인 가정이나 학교라는 배경과 맞서야 하는)는 이미 형성된 습관에 더 이상 무엇을 할 기회가 없다. 따라서 교회 유년부 교육에서 가정과 교회의 관계의 중요성이 인식되어야 한다. 기독교 가정은 교회에 가장 커다란 도움을 줄 수 있다. 그리고 교회와 가정 상호 관계를 통해 좀더 건전하고 지속적인 기독교 교육이 이루어질 기회가 생긴다.

교회 생활의 여러 부문에서 이러한 견해의 실험이 이루어지고 있다. 학령기 이전의 아이들에 대한 실험에서 보면, 교회는 부모들에게 그리스도인으로서 더욱 성숙될 수 있도록 조건을 제공하는 데 도움을 주었다. 교회가 부모에게 적절한 도움을 제공할 준비가 되지 못하는 한 이러한 협조가 이루어져야 한다는 필요성의 인식만으로는 새로운 교육 철학의 입장에서 볼 때 뭔가 새로운 것이 개발되리라는 희망을 주지 못한다.

교회와 부모간의 협조는 아동이 학교에 입학하는 시기에 꼭 이루어져야 한다. 그러나 대체로 그 시기가 되면 단절되고 만다. 교회 학교에서 이루어지는 일과 아동의 일상 생활간에 중요한 관계가 있다면 이 시기부터 청소년 시기까지 계속해서 부모와의 협조가 이루어져야 한다. 어떤 교육 과정은 방법상 부모를 대신하기도 하지만, 좀더 발전된 과정에서는 부모가 주일학교에 실제로 참여하여 자녀들의 성장에 관해 알려주어야 한다. 이러한 실험의 시작 단계에 있는 부모들은 많은 도움을 줄 준비가 되지 않았지만 적당한 교육을 받으면 보통 교사들보다 훨씬 더 큰 영향을 끼칠 수도 있다. 이러한 교육 이론은 훌륭한 것이지만 좀더 널리 활용되기 위해서는 더 보충되어야 할 필요가 있다.

신앙은 복잡하고 미묘한 태도의 변화, 영성의 개발과 영적인 성장을 다루는 문제이므로 영적으로 성장했는지를 측정하기는 어렵다. 부모들은 자녀들이 영적으로 성장했는지를 파악하는 데 도움을 주고 교사들은 교육이 성공적으로 이루어지고 있음을 보여주는 변화를 인지할 수 있는 사항을 전달받아야 한다. 과거에는 어린아이의 신앙이 얼마나 성숙했는지를 말씀을 기억하고 암송하는 것으로 측정했지만 이는 기억력을 높이는 데 좋을지 몰라도 아동과 하나님과의 관계에는 실제적으로 아무런 영향도 끼치지 못한다. 내용 중심의 교육에 대한 반작용으로 우리는 신앙 성장의 표시로 기억력에 의존하는 일을 강조하는 태도를 버렸다. 그러나 우리는 여전히 기독교 진리를 눈으로 볼 수 있는 일상 생활에 어떻게 적용시키도록 해야 하는지 알아내지 못하고 있다. 복잡한 일은 알아볼 수 없을 만큼 여전히 복잡하지만, 그리스도인으로서 복음을 실생활에 적용하고 증거하는 법을 배워가면서 하나님과 인간에 대한 이해와 지혜가 크게 성숙할 수 있다. 기독교 교육의 열쇠는 이 물음에 쉬운 답을 제시하지 않는다. 그러나 여러 각도에서 문제들을 들여다보고 '그리스도인의 성장은 우리 가운데 계시는 살아 계신 하나님을 중심으로 점점 완전해가는 과정'이라고 주장한다.

현대 사회에서 가정은 일상 생활이 기본적으로 세속적인 철학과 관련되어 있다는 사실을 발견하게 한다. 가정은 산업 사회 구조와 이윤 구조의 경제에 통제를 받는 사회 안에 존재하며, 기독교 가정은 문화적 침투에 대항하고 있다. 이는 기독교 사회에서 기독교 가정을 형성하는 문제(결코 간단한 문제가 아니다)가 아니라, 비기독교적인 동기와 행위를 유발하고 눈감아주며 허용하는 사회 속에서 기독교 가정이 존재할 수 있는지를 밝히는 것이다.

공립 학교의 기본적인 교육과정은 세속 사회의 원칙을 바탕으로 하고 있다. 기독교가 미국 문화에 신앙이라는 중심을 제공한 것은 사실이지만, 미국에 널리 퍼져 있는 교육 철학은 신앙이 발을 들여놓을 자리가 거의 없는 실용주의적이고 도구주의적인 연구 결과로 이루어졌다. 미국 문화에서 아주 중요한 공립 학교는 기본적인 신학적 동기와 주장의 영역에서 교회와 기독교 가정과 거의 관계를 맺지 않고 있다. 학교는 당연히 협조가 이루어져야 할 곳이며 그리스도인이 성취하려는 것을 왜곡하지 않으며 교회와 가정의 사역에 도움을 주어야 한다. 그러나 철학에 있어서 정확히 구별해야 할 기본적인 차이가 있다.

아동은 무엇보다도 부모의 영향을 받으며 그들에게 성격 발전에 커다란 영향을 받는다. 어떤 면에서 학교는, 부모가 자신의 의무를 그치지 않고 잘 이행한다 해도, 부모보다 더 커다란 영향을 끼칠 수 있다. 교회는 늘 가정과 학교와 공동체를 통해 일상 생활 속에서 그리스도인다운 삶을 체험하며 살아가도록 일상 생활의 바깥쪽에 서서 이끌어준다. 다시 말해 교회는 기독교 사회의 기본 원칙을 거스르는 아동의 경험을 판단하는 자리에 서 있다는 것이다. 그리고 교회는 어린아이들이 이러한 경험들을 통해 하나님을 깨달아가도록 이끌어주게 될 것이다.

예배, 성경 공부, 교제, 봉사 등의 교회 생활을 통해 교회는 새로운 경험을 제공한다. 다 합쳐야 일주일에 한두 시간 정도의 짧은 시간이지만 그 시간을 통해 경험한 것은 시간의 길이를 훨씬 넘어서는 굉장히 커다란 중요성을 띠게 된다. 가정과 학교의 상황이 교회에서 이루어지는 일과 충분한 연계성을 지니고 있다면 교회는 생활 속에 더 깊고 풍성한 의미를 제공하는 역할을 감당하기에 적합할 것이다. 그러나 많은 경우 어린아이들은 교회에서 일상 생활과 동떨어진 것을 배우게 되어 신앙을 생활과 별개의 것으로 이해하게 된다. 이는 교회가 사회와의 관계에 대해 잘못된 개념을 갖고 있거나 교육 방법이 부적당하기 때문이 아니다. 진짜 이유는 신학을 생활에 적용시키지 못하는 무능력함 때문이다. 따라서 우리는 현대 기독교 교육의 문제점은 아동 중심이며 하나님 중심의 경험 '뒤에' 놓인 기독교 진리가 적절한 자리를 찾지 못하고 있다는 점임을 다시 깨닫게 된다. 신학이 일상 생활과 올바른 관계를 맺게 되면 예배나 성례전, 설교, 성경 공부, 교제

등 교회 생활에서 이루어지는 일들을 통해 특정한 기독교적인 경험을 반영하는 학습자의 환경 속에서 기독교적인 가치관을 형성하기 위해 일상 생활 속의 모든 경험을 활용할 수 있게 된다.

III

기독교 교육의 방안은 내용과 방법의 차이를 없애는 적합한 신학을 재발견하는 것이다. 그래서 가장 훌륭한 방법과 내용으로, 예수 그리스도로 우리에게 나타나신 살아 계신 하나님과 학습자가 올바른 관계를 맺도록 그리스도인이 양육되는 교회라는 환경에서 이루어지는 친교와 부모의 인도를 통해 기독교적인 바탕과 관점을 제시해주어야 한다.

나는 이 방안이 복음서에 나타난 교사, 또는 랍비로서의 예수의 모습에 있다고 믿는다. 주님은 늘 하나님에 대한 신앙의 기본 진리를 몸소 보여주셨다. 하나님이 우리의 아버지라고 가르치셨다. 구약에 나타난 기본 진리를 끊임 없이 말씀하셨다. 주님의 신학은 그분이 계시는 곳 어느 상황에나 적합한 것이었다. 그러면서도 항상 특정한 개인이나 집단의 특정한 문제에 대해 가르치셨다. 주님은 자신의 신학을 생활에 연결시키셨다. 청중에게 신앙이 성장하도록 말씀하시고 사람들이 아버지께 대한 더 깊은 믿음을 갖도록 인도하셨다. 비유들은 항상 청중의 생활을 배경으로 한 것으로 사람들은 그분의 가르침을 자신의 문제를 해결하는 데 적용시킬 수 있었다. 결코 자신의 신학을 변화시키지 않으셨으나 항상 상황에 맞춰 말씀하셨다.

따라서 우리도 어린아이와 어른들의 실제 문제들을 다루고, 신학은 '인간과 관계를 맺으신 하나님에 관한 진리"가 되어야 한다. 성인으로서 우리는 성숙한 신앙을 지녀야 한다. 하지만 어린아이와 같은 학습자의 능력과 경험 안에서 그들이 항상 '성장 한계'에서 더 인생을 깊이 이해할 수 있도록 신앙을 가르쳐야 한다. 우리가 가르치는 주교재는 성경이고 주요 관심의 대상은 학습자이며 우리가 가르치는 최고 목표는 주 예수 그리스도의 아버지, 하나님이시다.

기독교는 근본적으로 형이상학적이기보다는 역사적인 신앙이므로 하나님께로 나아가는 중심 통로는 예수 그리스도시며 우리는 늘 예수를 성육신의 역사적 배경에서 이해할 수 있다. 유치원에 다니는 아이에게 크리스마스 이야기가 주님이 성육신되신 것을 뜻한다고 이야기하면서 이 표현을 이해하기를 기대할 수는 없다. 그러나 교사나 교재를 쓰는 사람은 이 사실을 이해하고 가르쳐서 아동이 이 신앙에서 벗어나지 않도록 해야 할 필요가 있다. 어떤 교육자들은 어린아이들이 예수를 아기라고 생각할 수도 있기 때문에 '아기 예수'에 대해 강조하지 않는 것이 낫다고 결정할 수도 있다. 다시 말해 성숙한 신학적 견해를 가지고 어린아이들이 어떤 성격을 지니고 있는지 이해함으로써 교육 방법과 내용을 모두 판단한 것이다.

우리는 어린아이의 행동과 사고에 관해 많은 것을 알게 되었고 모든 연령층의 학습 과정을 넓고도 지혜롭게 실험해왔다. 그리고 이러한 새로운 이론들을 유용하게 활용해왔다. 그러나 신학은 그 이론들에 아무런 영향도 끼치지 못했다. 우리는 아동 심리학의 반대 입장에서 신학을 가르쳤고, 신학과 아동 모두를 희생의 대가로 치러야 했다. 새로운 과제는 기독교 교육의 목표가 기독교 진리이며, 진리는 경험을 통해 이해할 수 있고, 교회의 교제를 통해 예수 그리스도로 나타나신 살아 계신 하나님께 우리 자신을 내어맡기도록 진리를 사용할 때에야 비로소 우리가 그리스도인이 된다는 사실을 이해하면서 신학을 실생활에 적용할 수 있도록 만드는 것이다.

1. 방법과 내용에 관한 논쟁은 오늘날에도 있는가? 있다면 어떤 형태로 나타나고 있는가?

2. 밀러는 기독교 교육에서 학습자를 철저히 이해하는 것이 왜 중요하다고 생각하는가?

3. 신학이 기독교 교육의 초점이 아니라는 밀러의 의견에 동의하는가? 왜 그런가? 그렇다면 신학은 어떤 역할을 해야 하는가?

4. 이 장에서 '하나님과의 관계'를 어떻게 정의 내리고 있는가?

Mayr, M., ed. 1983. Modern masters of religious education. Birmingham, Ala.: Religious Education Press.

복음과 교육

(1959)

D. 캠벨 와이코프

(D. Campbell Wyckoff)

와이코프는 해롤드 버쥐스와 기독교 교육을 신학적으로 연구한 동시대 인물이다. 이 연구는 신정통주의의 영향을 받았지만 정확히 말하면 그 중에서도 보수적인 성격을 띠고 있다. 그는 교회가 20세기 중반에 이르러 아주 심각한 문제에 직면했다고 주장한다. 그 문제는 교회가 오늘날의 문화 속에서 어떻게 주님의 종으로서의 역할을 감당할 수 있는가 하는 것이다. 반은 문화적이면서 반은 기독교적인 방법으로는 결코 이 문제를 만족스럽게 해결할 수 없다. 완전히 기독교적인 관점이 필요하다. 기독교 교육 이론의 바탕을 성경적이고 신학적인 토대에 두고 있는 이 책의 취지는 기독교 교육 이론을 자세하고 활발하게 적용할 수 있게 하려는 것이다.

16

1950년대 중반부터 와이코프는 프린스턴 신학교에서 학생들을 가르치고 많은 저술 활동을 하면서 기독교 교육에 커다란 영향을 끼쳤다. 그는 프린스턴 대학에서 30년 이상을 재직하였다. 그가 공헌한 분야는 다양하다. 지방의 고등 학생 선교 교육에서부터 뉴욕 교회 연합 청소년 지도자까지 교회 활동을 통해 자신의 기독교 교육관을 만들어가기 시작했는데 효과적인 기독교 교육을 위해 이론적인 바탕이 마련되어야 한다고 생각했다. 이러한 신념과 대학원 스승들의 격려를 힘입어 뉴욕 대학에서 조나단 에드워즈(Jonathan Edwards)의 신학에 나타난 지식과 책임감에 관한 박사 학위 논문을 썼다.

프린스턴 대학에서 기독교 교육 학장직을 맡고 나서 쓴 첫번째 책은 '기독교 교육의 실질적인 적용을 위해' 연설한 그의 취임사를 기초로 하여 쓴 「복음과 기독교 교육(The Gospel and Christian Education)」으로 그 첫 장을 여기에 실었다. 와이코프는 해롤드 버쥐스(Harold Burgess)와 기독교 교육을 신학적으로 연구한 동시대 인물이다(Burgess, 1975). 이 연구는 신정통주의의 영향을 받았지만 정확히 말하면 그 중에서도 보수적인 성격을 띠고 있다. 와이코프는 교회가 20세기 중반에 이르러 아주 심각한 문제에 직면했다고 주장한다. 그 문제는 교회가 오늘날의 문화 속에서 어떻게 주님의 종으로서의 역할을 감당할 수 있는가 하는 것이다. 반은 문화적이면서 반은 기독교적인 방법으로는 결코 이 문제를 만족스럽게 해결할 수 없다. 완전히 기독교적인 관점이 필요하다. 그는 "기독교 교육을 신학적으로 풀어나가는 것이 초자연주의적이며, 성경적이고, 그리스도 중심적이며, 윤리적이다"고 말한다(P. 69). 기독교 교육 이론은 철학, 역사, 심리학, 사회학, 커뮤니케이션의 분야를 끌어들여 발전시켜야 할 필요가 있을지 모른다. 그러나 먼저 신학과 교회의 사역에서부터 시작해야 한다. 기독교 교육 이론의 바탕을 성경적이고 신학적인 토대에 두고 있는 이 책의 취지는 기독교 교육 이론을 자세하고 활발하게 적용할 수 있도록 하려는 것이다.

From The Gospel and Christian Education: A Theory of Christian Education for Our Times (Philadelphia: Westminster, 1959), 97-112.

기독교 교육은 교회에 대해 성실한 종의 의무를 지니고 있으며 동시에 문화적인 환경이 잠식해 들어오는 것을 보고 제때에 의문을 제기하는 역할을 해야 한다.

그러려면 신학적으로 그리고 교육학적으로 적절한 이론이 필요하다. 이러한 이론은 평신도나 학습자, 기독교 교육을 하는 사람이라면 누구나 이해할 수 있는 것이어야 활용할 수 있다.

곧바로 전달할 수 있도록, 모든 이론은 적절하면서도 복잡하지 않은 분명한 지도 원리를 통해 알려져야 한다. 이 지도 원리는 목적과 교육 과정 원리, 행정 원칙 등을 통해 기독교 교육에 확실한 방향을 제시해줄 수 있다. 또 기독교 교육을 이루는 다양한 요소들(그리스도인의 신앙과 삶)에 초점을 맞추어 그 의미와 활용을 정확하고 분명하게 보여줄 것이다.

성경이나 기독교 교리, '삶', 경험, 아동, 성인, 교회, 목회자와 같은 요소들이 기본적인 지도 원리가 될 수 있다는 다양한 견해들이 있다.

그러나 다른 요소들에 초점을 가장 잘 맞출 수 있고, 기독교 교육을 잘못 이끌어갈 염려가 없으며, 신학적으로나 교육학적으로 모두 적합한 요소는 바로 복음서이다. 기독교 교육 이론이 중요하고 전달될 수 있는 것이 되도록 풀어나갈 가장 좋은 실마리는 예수 그리스도를 통한 구속의 복음을 지도 원리로 이해하고 활용하는 것이다.

기독교 교육 이론의 기본 원리

복음서를 기독교 교육 이론의 기본 지도 원리로 보아야 한다는 견해는 다음 다섯 가지 주장에 관한 논쟁이 뒷받침해준다.

1. 계시(하나님의 말씀)는 기독교 교육 이론의 중심이다.
2. 복음(예수 그리스도를 통한 구속 행위)은 자기 중심적이며 절망적인 모든 시대의

사람들에게 예수께서 하신 말씀의 핵심이며, 오늘날 우리들에게 하시는 말씀의 핵심이다.

   3. 복음은 역사의 의미를 찾는 실마리다.
   4. 복음은 존재의 의미를 찾는 실마리다.
   5. 복음은 교회가 존재하는 이유이다. 복음은 교회를 존재하게 하고 유지시킨다. 복음은 교회를 가르치고 지도하고 잘못을 고쳐준다.

   이 문제들에 관해 살펴본 뒤 복음이 지도 원리로 사용되기에 적절한지 판단할 수 있게 될 것이다.

하나님의 말씀

   …평범하게 말해서 말이란 상대방을 이해시키기 위해 무언가를 건네주는 방법이다… 하나님의 말씀은 가장 완전하게 하나님 자신을 우리 인간에게 보여주시는 하나님의 방법이다.

   하나님의 말씀은 우리가 이해할 수 있도록 하나님께서 당신의 존재 본질과 뜻을 우리에게 보여주시려는 것이다. 물론 입으로 하는 말 이상의 것이다. 대체로 우리는 하나님의 말씀을 책에 기록된 것으로만 이해한다. 그러나 이것은 결코 말씀의 전부가 아니다. 평범한 말을 들을 때 우리는 그것이 무엇을 뜻하는지 알 수 있다. 사람들에게 무엇을 이해시키려고 할 때 우리는 그것이 무엇인지 보여주거나 이야기해줄 수 있다. 그래서 사람들이 계속해서 그것을 떠올리도록 할 수 있다. 하나님께서는, 실례를 보여주시고 말씀하시며, 우리가 떠올리도록 하시고, 존재, 진리, 이런 방법들을 모두 사용하신다. 하나님은 우리에게 하나님이 어떤 분인지 보여주신다. 말씀이 육신이 되어 이미 존재하셨고, 역사 속에 존재하시며 영원히 존재하시는 살아 계신 주님, 살아 계신 그리스도가 되신 것이다. 하나님은 어떤 분이신지 우리에게 기록을 남겨주셨다. 말씀이 쓰여진 성경이 바로 그것이다. 더 나아가 하나님은 끊임 없이 우리가 하나님이 어떤 분이신지 이해하도록 비추어주신다. 즉 우리 마음 가운데 성령께서 말씀을 증거하고 계신다.

하나님의 말씀은 계시다. 말씀은 하나님께서 자신을 드러내보이시고 계시하신 것이다.

하나님의 말씀은 깊은 의미로 우리에게 말을 건넨다. 하나님께서 우리에게 자신을 드러내보이신다. 우리에게는 그 말씀이 분명하게 무엇을 뜻하는지 듣고, 이해하고, 대답하고, 말씀하신 대로 행하고 그렇게 되어가야 할 기회와 의무가 주어져 있다. 이것은 역동적인 만남으로, 인간 대 인간의 만남에서 이루어지는 것과는 다른 말씀의 본질을 통해 이루어진다.

인간은 이성적인 존재이며 우리가 경험한 것을 사고로 전환하여 그 의미를 생각하려고 하기 때문에, 만남이 우리에게 어떤 의미가 있는지 우리 자신과 다른 사람에게 설명함으로 하나님의 말씀에 응답한다. 여기서 신학과 이념이 생겨나고 기독교 신앙이 형성된다. 한번 생각해보자. 기독교 신앙이란 무엇인가? 하나님의 말씀과의 만남을 우리는 어떻게 해석해야 하는가?

기독교 신앙은 그 원천이 있다. 즉 하나님에 대한 기독교 신앙의 교리가 신앙에 대해 말한다. 기독교 신앙은 문제를 다룬다. 즉 사람과 죄에 대한 기독교 신앙의 교리는 이 문제가 어떤 것인지 설명한다. 그리고 문제가 해결되었다고 믿는다. 계약, 성육신, 속죄, 살아 계신 말씀 등의 교리들이 하나님이 인간의 문제를 어떻게 다루고 어떻게 해결하는지를 설명해주려 한다. 우리는 하나님께서 세상에 대한 사역을 하나님의 백성에게 맡기셨고 성령으로 그들을 인도하신다고 믿는다. 여기서 교회가 감당하는 말씀의 사역과 성례전, 선교를 포함하는 교회에 대한 교리가 발전한다. 기독교 신앙은 목표가 있다. 그 목표에 대한 신앙이 개인의 운명과 인간 역사의 성취에 관한 교리의 주제다. 따라서 인생과 역사의 의미에 대한 하나님의 계시가 기독교 신앙의 원천이자 주제다.

기독교 신앙에 대한 이러한 이해는 신학적으로도 중요한 의미를 지니고 있는 기독 교육 이론에 절대 없어서는 안 된다는 사실이 밝혀졌다. 이를 중심으로 하지 않는 기독교 교육 이론은 왜곡되며 불변의 가치를 지니지 못한다. 계시와 계시에 대한 증거인 기독교 신앙은 기독교 교육 이론의 중심이 된다.

기독교 교육의 목적은 '사람들에게 하나님에 관해 가르치는 것'으로 그럴 듯하게 피상적으로 이해되어져 왔다. 그런데 깊은 의미에서 이것은 정말 기독교 교육의 목적이다. 만일 그렇다면 하나님의 말씀 – 하나님이 어떤 분이신지 우리에게 말씀하시는 것 – 이 바로 그 핵심이 된다. 그리고 말씀에 대한 신학적인 증거도 인간이 하나님의 말씀에 귀 기울이도록 하고 이해하고, 대답하며 하나님이 요구하시는 대로 행하고 되어지도록 하는 데 아주 중요하다.

복음 — 하나님 말씀의 핵심

하나님께서 자신을 계시하시고, 따라서 인생과 역사의 의미를 계시하시며, 인간의 문제를 분명하게 하시고 해결하시리라는 가능성을 전혀 생각지 못한 사람, 또는 전혀 생각지 못하는 세상에 좋은 소식, 즉 복음이 들려왔다.

신약 성경 기자들은 예수 그리스도 안에서 역사와 계시가 드러나는 드라마의 절정과 성취를 보았다. 그가 누구인가 하는 사실과 그가 무엇을 행했는가는 인간이 여태까지 들어보지 못한 최고의 소식이었다. "말씀이 육신이 되어", "살아 계신 말씀"이란 문구는 복음이 전하고자 하는 굉장한 이야기의 의미를 상징적으로 줄여 말한 것이다.

웨스트민스터 스터디 성경(The Westerminster Study Edition of The Holy Bible, 1948)에 의하면 '복음'의 정의는 이렇다. 이 말은 '좋은 소식, 희소식'이라는 뜻이다. 예수가 하나님 왕국의 도래에 관해 선포한 메시지, 즉 사도들이 선포하고 복음서 기자들이 거룩한 예수 그리스도의 삶과 죽음, 부활을 통해 나타난 하나님의 구속 행위에 대한 메시지를 말할 때 사용한다."

성경의 근간을 이루는 통일된 이야기가 복음이다. 구약이 고대하던 것도 복음이었고 신약의 메시지가 계속되는 것도 복음이다. 밀라 버로우즈(Millar Burrows, 1946)에 의하면 구약의 절정은 복음이 올 것을 기다리라고 선포한 것이다.

사람들은 하나님께서 계시하신 뜻대로 행하지 않아 심판을 받게 되었다. 그러나 하나님께서는 죄인들에게서 희망을 빼앗가시지는 않으셨다. 하나님은 그럴 가치 없는 죄인들을 구속해주시기로 하셨고 그 길을 알려주셨다. 새로운 계약을 맺게 되리라는 약속은 용서해주시리라는 뜻도 포함된 것이다. 후기 예언자들은 이 사실을 강하게 외쳤고 되풀이해서 구원의 새로운 소식을 선포했다. 이것이 기독교의 '복음'이라는 말의 기원이다. 율법은 하나님께서 명령하시는 것과 그것에 불순종했을 때 어떤 벌을 받게 되는지 이야기한다. 그러나 복음은 인간이 하나님의 명령을 지키지 않았을 때 어떻게 구원을 받을 수 있는지 보여주고 있다. 이것이 바로 바울이 말한 의롭다고 인정받는 것, 하나님께서 죄인에게 값 없이 주시는 선물인 것이다.

복음은 신약의 메시지를 계속 전한다. '복음'이란 단어를 분석한 글에서 앨런 리차드슨(Alan Richardson)은 이렇게 말한다.

예수의 죽음과 부활 이후, 초대 교회가 이해한 것에 의해 그리스도 자신이 복음의 내용이 되었다. 이제 더 이상 단순히 '하나님 나라의 복음'이 아니라(물론 이러한 의미도 지니고 있지만) '하나님의 아들, 예수 그리스도의 복음'이 되었다. 이 말은 단어 하나 하나가 모두 중요한 의미를 지니고 있다. 하나님께서 세상에 전하신 구원의 메시지 '하나님의 복음'이 처음에는 성경 속의 기다림을 통해 왔지만 이제 살아 계신 말씀, 예수 그리스도를 통해 온 것이다. 따라서 복음은 십자가와 부활의 메시지가 되었으며 '믿는 자는 누구나 구원하는 하나님의 능력'이 되었다. 교회는 이 하나밖에 없는 복음 위에 세워졌으며 복음 안에서 이루어지는 공동체이다. 복음은 늘 개인적으로 신앙을 통해 받아들여진다. 따라서 복음을 받아들인 사람에게 복음은 듣고 받아들이기까지 오랜 시간이 걸린다 해도, 신선하게 다가오고 새롭게 믿어지는 '뉴스'이다.

1930년대 중반 나는 뉴욕 암스테르담 거리에 있는 서점에서 우연히 알렉스 마틴(Alex Martin) 학장의 「신앙을 위한 예수의 최후 승리(The Finality of Jesus for Faith」란 책을 보게 되었다. 이 시기는 교회가 '종교성'을 띠거나 문자 그대로 현학적인 분위기에 감상주의가 뒤섞인 시기였다. 이러한 시대에 마틴 학장의 복음에 대한 생생한 증언은 강하고 뚜렷하게 다가왔다. 이 책은 지금껏 나를 인도해주는 책이 되었다.

따라서 복음 ─ 예수 그리스도를 통한 하나님의 구속 행위 ─ 은 온 시대를 통틀어 절망 속에 빠진 사람들에게 하시는 말씀의 핵심이며 오늘날 우리에게 하시는 말씀의 핵심이다.

역사의 의미

복음은 역사의 의미를 찾는 실마리다. 하나님은 역사라는 매개체를 통해 인간을 통치하셨다. 역사라는 개념은 흐르는 시간 속에서 인간이 자기 자신과 자신의 삶의 의미를 발견하도록 하나님께서 인간에게 주신 방법이다.

완전히 현실적인 견지에서 보면 의미 있는 역사란 하나님께서 인간과 관계를 맺으시고 이루신 일들이다. 과거의 역사는 하나님께서 인간과 함께 인간을 위해, 인간을 통해 이루신 일이며, 현재의 역사는 하나님께서 인간과 함께, 인간을 위해, 인간을 통해 현재 하시는 일이며, 미래의 역사는 하나님께서 인간과 함께, 인간을 위해, 인간을 통해 이루시고자 하는 것이다.

그래서 성경은 가장 중요한 내용인 복음과 더불어 '거룩한 역사'라는 의미를 지니게 된다. 이런 맥락에서 히브리 백성들과 맺으신 관계를 통해 하나님께서는 역사 속에서 구원의 목적을 가지고 계심을 보여주셨고, 그의 아들의 탄생과 삶, 죽음, 부활, 승천을 통해 의심의 구름을 거두시고 역사 속에서 구속의 목적을 이루셨다. 똑같은 사건들을 통해 그의 역사적 행위가 승리한다는 결말을 보장하셨다. 사람들에게 하나님의 구속 행위를 알린 것이 바로 기쁜 소식, 복음이다. 따라서 예수 그리스도의 복음은 하나님께서 인간이 살아가는 역사의 의미를 밝히 보여주신 것이다.

역사 속에서 문화가 일어나고 번성하고 사라져간다. 문화가 이루어낸 업적이나 문제들은 역사적인 것들이다. 그 업적과 문제가 무엇이든 교회는 모든 문화 안에서 구원의 메시지를 가지고 하나님의 역사를 이끌어가는 도구이다. 교회가 각 역사 속에 계속해서 전달해야 할 메시지는 바로 복음이다. 그렇지 않다면 문화는 어떻게 역사의 일부로서 그 의미를 알 수 있겠는가?

존재의 의미

개인적으로 볼 때 거리가 멀고 아무 상관 없어 보이는 역사 속에 하나님께서 가지고 계신 목적의 긴 흐름이라는 관점에서가 아니라, 한 개인의 존재, 개인적인 삶의 관점에서 살펴보자. 구속의 목적은 내가 관련되어 있지 않다면 매우 거리가 먼 사건처럼 보인다. 이 순간의 나라는 존재는 개인적인 생각과 느낌으로 아주 커다란 세계를 이루어 나의 주관적인 요구를 이루어갈 수 있는 의미에서 내 주위를 인식할 수 있도록 한다. 나는 내 주위에 무엇이 있는지 보지만 무의식적으로 내가 보고 싶은 대로, 내가 보아오던 대로 본다.

나는 살고 싶을 뿐만 아니라 완전하게 살고 싶다. 그러나 내가 그렇게 애를 쓰면 쓸수록, 그렇게 되지 않는 것 같다. 내 마음속에 있는 커다란 욕망, 내 인생을 완전하게 해줄 수 있을 것 같은 그 무엇을 난 알 수 없다. 그러나 내가 그것에 손이 닿으려 하면 나를 멀리 밀어내버린다. 혹 그것을 잡았다 해도 내가 생각했던 것이 아니고 아무 가치도 없는 것이다. 내가 완전하게 살지 못하도록 하는 것은 바로 내가 모든 것을 근본적으로 한계가 있는 한 가지 입장에서만 바라보기 때문이다. 나의 생각은 내 자신의 욕구, 선입견, 습관, 한마디로 나의 관점으로 완전히 왜곡되어졌기 때문에 결국 세상은 실제 모습이 아닌 것으로 드러나버린다.

어떤 사람은 내가 완전하게 살지 못하는 이유가 바로 내 죄 때문이라고 한다. 그러나 나는 내 인생이 모두 삐뚤어질 만큼 크게 잘못한 일도 없다. 내가 보고 있는 우주는 나를 중심으로 돌고 있다. 나는 내 자신에게서 벗어나고 사물을 바른 관계에서 올바로 볼 필요가 있다.

커다란 죄악에 물든 상태가 점점 분명해지기 시작했다. 인생을 나의 이기적인, 개인적인 입장에서 바라본 것은 너무나 뻔뻔스럽고 주제넘은 짓이다. 난 하나님을 쉽게 무시했다. 내 인생에서 하나님을 밖으로 내보냈다. 따라서 나의 죄는 죽어야 마땅한 커다란 죄다. 하나님을 무시하고 하나님을 도외시한 대가로 나는 죽음의 대가를 치러야만 한다.

깊은 절망의 구렁텅이에서 나는 성육신과 속죄에 관해 들었다(관리자, 교사, 치유자, 십자가, 빈 무덤에 관해 들었다). 이제 이미 오래 전에 들었고 그렇게도 많이 들었던 말씀이 분명해져 나를 압도한다. "하나님이 세상을 이처럼 사랑하사 독생자를 주셨으니 이는 저를 믿는 자마다 멸망치 않고 영생을 얻게 하려 하심이니라"(요 3:16).

내가 응답하자 예전의 나는 죽었고 주님이 나에게 새로운 생명을 주셨다. 이것이 복음이다. 따라서 예수 그리스도의 복음은 하나님께서 한 개인의 존재의 의미를 밝히시고 그 존재가 존재하도록 하시는 것이다.

복음과 교회

나는 교회와 교회의 교육 사역에 관해 이야기할 때, 교회는 하나님께서 그리스도를 통해 이루신 구속 사역을 인간들이 대신해서 계속하도록 세상에 만들어놓으신 것이라고 말한다.

　복음은 교회가 존재하는 이유다. 복음의 실체, 복음의 능력 그리고 메시지를 전달할 책임이 교회를 존재하게 한다. 복음은 모든 세대, 모든 문화에서 교회가 그 기능을 계속해서 수행해나가도록 한다. 교회의 필수적인 메시지인 복음은 교회를 가르치고 지도하고 잘못을 고쳐준다.

　따라서 교회와 문화 사이에 문제가 생기는 경우(언제나 어느 정도 그런 점이 있지만) 교회가 해야 할 일은 복음을 전달하는 것이다. 복음은 교회가 문화에게 이야기하는 것이다. 교회는 문화가 모르는 그러나 알아야 할 필요가 있는 무언가를 알고 있다. 모든 방법을 다 동원해서 사람들이 절실하게 필요로 하는 메시지를 전달하는 것이 교회가 할 일이다.

　성도들은 교회와 문화 사이의 긴장 속에서 살고 있다. 만일 그들이 복음을 듣고 받아들이고 성취해야 할 입장에 있다면 그들이 복음의 의미를 모두 이해할 수 있도록 모든 방법을 다 동원해야 한다.

　이것이 하나님의 뜻이라면 교회 밖에 있는 사람들에게도, 그들이 이해하고 받아들이고 성취할 수 있도록, 어떤 방법으로든 복음이 전달되어져야 한다.

복음과 기독교 교육의 관계

　성도들과 교회 밖에 있는 사람들에게 복음을 전함으로 이루어지는 교회의 사역 가운데 하나는 교육 사역이다. 교회의 교육 기능은 다음과 같다.

1. 인간의 절실한 요구 속에서 하나님은 예수 그리스도를 통해 인간을 용서하시고 구속하신다는 메시지를 전달하는 것.
2. 교회 안에 있는 사람들이나 밖에 있는 사람들이 그 메시지에 응답할 수 있도록 자신들을 준비시키도록 도와주는 것.
3. 어떻게 응답해야 하는지 가르쳐주는 것.

4. 그들과 세상을 향한 복음의 의미를 완전히 이해하고 실천하도록 돕는 것.

교회가 복음을 전하는 방법 중 한 가지가 가르치는 일이라면 복음은 기독교 교육의 중심 내용이다. 기독교 교육을 통한 교회의 가르치는 사역이 활발히 유지되려면 복음과 기독교 교육 사이에 구체적인 연계성이 있어야 한다.

기독교 교육(교회와 가정 모두에서 이루어지는)은 사람들이 자신의 삶이 복음을 접하게 되었다는 사실을 깨달을 수 있게 하여 응답할 준비를 시키고, 어떻게 응답하는지 실례를 보여주며, 성숙한 자세로 응답할 수 있도록 이끌어주어야 한다. 「오직 성령으로(In One Spirit)」(1958, 17)라는 책에서 나는 이렇게 설명했다.

사람은 각자 자신이 무엇을 선택할 수 있다. 사람은 불행하게도 자신과 사회, 문화에 속박되어 있다. 이것이 바로 곤경에 처한 인간의 모습이다. 그러나 인간은 예수 그리스도께 전적으로 헌신하면서 하나님의 영에 의해 자유인이 될 수 있다. 기독교 교육은 인간이 성령의 능력에 힘입어 신앙으로 응답하도록 준비시키고, 자신에게 말을 거신 살아계신 말씀에 어떻게 응답해야 하는지 알려주며, 점점 성숙하게 성령께 응답하고 하나님의 뜻을 행하도록 이끌어주어야 한다. 그래서 기독교 교육은 그리스도인의 생활을 보살피는 것이다.

중요한 점은 인간이 복음에 응답함으로 자유인이 될 수 있도록 하는 것이다.
다시 말해, 교회 안에서 이루어지는 기독교 교육(모든 의미에서의 교육)은 인간이 복음을 이해하고, 받아들이며, 자신에게 요청하는 것을 이해하고 성취하도록 도와줄 책임이 있다. 인간의 삶이나 교회 생활에서 그 어느 때도 이것들이 서로 분리될 수 없다. 그러나 인간의 경험에 수준 차이가 있다는 점을 생각할 때 교회의 교육 과제는, 아동기에는 복음을 이해하고, 청소년기에는 받아들이며, 성인이 되면 영원한 요청을 깨닫고 그를 수행하도록 돕는 데 중점을 둘 수 있다.

따라서 기독교 교육은 분명히 여러 면에서 복음과 복음 사역에 세심한 주의를 기울여야 한다. 우리가 기독교 교육의 내용을 연구하려면 복음의 빛 안에서 보아야 한다. 교육 과정도 주로 복음의 맥락에서 이루어져야 한다. 교육 프로그램과 제도(교회와 가정을 포함한)는 복음을 전하고 복음의 빛에 비추어 충성된 제자들을 양육하는 데 관심을 두어야 한다.

　기독교 교육은 복음과 불가분의 관계를 맺고 있다. 그런데 일반적으로 교육은 무엇인가? 여기서 다시 앞에서 말한 것으로 초점이 맞추어진다. 교육은 사람들이 사물을 있는 그대로 보게 하고 삶을 이해하도록 도와주는 것이다. 가장 중요한 것은 인간화, 즉 성숙한 자유인이 되도록 하는 것이다. 우리는 만일 학습자가 다양한 세상의 교육(기술 교양, 자유주의적 교양, 도덕 교육, 종교 교육 등)을 완전히 기독교적인 관점에서 이해할 경우, 복음의 빛 안에서 교육이 이루어질 수 있음을 알게 되었다. 좀더 나아가서, 더 높은 능력을 지니고 인생에 대해 더 깊이 이해할 수 있게 될 것이다.

　학습자뿐 아니라 세상의 교사들도 자신의 일을 기독교적인 관점에서 할 수 있다. 복음이 살아 있는 것이 되게 하려면 어떤 특정한 종파의 사고를 나타내는 이야기를 할 때보다 훨씬 더 생생한 관계와 깊은 생명력을 지니고 있어야 한다.

　예수 그리스도 안에서 그를 향한 하나님의 구속하신 사랑을 확신하며 생활하고 가르치는 교사는 학급에서 아무런 특별한 말을 하지 않아도 생생한 복음의 증거자가 될 수 있다. 그런 교사는 자신이 누구인지, 어떻게 현재의 자신이 되었는지, 그 결과 자신이 무엇을 하는지 그리고 이것이 자신에게 무슨 의미를 주는지를 숨길 필요가 없고, 실제로 숨길 수도 없다. 개인적인 헌신에서부터 책임 있는 사회적인 행동까지 자신의 온 생활이 복음을 증거하도록 뒷받침해준다.

　그러나 말씀 자체를 그만두어서는 안 된다. 교사들은 공식적인 수업에서 찬양을 주제로 이야기할 필요는 없다. 그러나 인간이 가지고 있는 많은 문제를 해결하는 방법 가운데 그리스도의 복음이 있으며 복음이 인간의 문제를 분명하게 해결해준다는 사실을 가르쳐 주는 것은 모든 교사들의, 특히 인간의 욕구와 가치 문제를 다루는 교사들의 의무다.

　복음과 교육(교회 교육이나 일반 교육 모두)은 어떤 상관 관계가 있다. 이 관계를 연구해보면 우리는 복음이 교육의 지표가 될 수 있음을 알 수 있게 된다. 이는 적합한 일인가? 간단한가? 분명히 그럴 수 있는가?

　복음은 하나님의 말씀의 완성이며, 역사의 의미를 이해하는 실마리고, 교회가 존재하는 이유이자 교회에게 명령을 내리며, 인간화의 실마리(교육적인 의미에서)기 때문에 복음은 기독교 교육을 이끌어가는 데 적합한 토대가 된다.

복음은 그 어떤 필수 요소도 빠뜨리지 않고 구체적인 이야기(관리자, 교사, 치유자, 십자가, 빈 무덤)와 단순한 주장(하나님께서 예수 그리스도를 통해 인간을 구속하심)을 가장 심오하게 전달하고 있기 때문에 기독교 교육을 이끌어가는 간단한 토대가 된다. 복음 또한 서로 다른 많은 교육 수준과 경험의 수준에서 쉽게 이해되어질 수 있기 때문에 기독교 교육을 이끌어가는 분명한 토대가 된다. 목적과 교육 과정 원리와 행정 원리 개발에 있어 도움을 주고 이끌기 위해 사용될 수 있는 한 원리를 생각한다면 다음과 같이 이야기 할 수 있다. 만일 기독교 교육이 그 관심을 복음에 기울인다면 올바로 방향이 설정된 것이다. 복음 외에도 기독교 교육의 다른 요소들이 있을 수 있다. 그러나 독단적으로 다른 요소들에 의미를 부여할 수 있는 유일한 요소는 복음뿐이다. 복음은 기독교 교육 제도와 교육 과정을 형성하는 데 필수적인 요소이다.

따라서 교회의 교육적인 사역 규범이며 주된 관심의 대상은 복음(하나님의 계시, 인간의 본성과 상황, 역사의 의미, 개인적이며 사회적인 구원과 책임, 교회의 중요성과 사명, 인간의 운명의 완성 등 모든 것을 포함한다)이다.

1. 기독교 교육에 있어서 복음이 왜 중요한가?

2. 복음을 도외시한 기독교 교육 이론은 어떻게 되는가?

3. 복음과 교회는 어떤 관계가 있는가?

4. 교회의 가르치는 기능은 어떤 것이며 이는 자유인으로서의 응답과 무슨 관계가 있는가?

5. '세속적인' 교육과 기독교 교육 사이의 유사점과 차이점은 무엇인가?

Burgess, H. W. 1975. An introduction to religious education. Birmingham: Religious Education Press.

Mayr, M., ed. 1983. Modern masters of religious education. Birmingham: Religious Education Press.

17

창의적인 성경 교수법
(1970)

로렌스 O. 리차즈

(Lawrence O. Richards)

리차즈는 '전인 교육'을 강조하였고 기독교 교육을 '사회화'의 관점에서 연구하였다. 즉, 신앙을 성숙시키는 가장 좋은 방법은 가정, 교회, 지역 사회에서 한 개인이 갖는 사회적인 접촉을 통해 이루어지는 것이라고 본다. 교회는 자체 내의 교육 과정을 통해서뿐 아니라 가정에서의 성장도 용이하도록 도와주어야 한다. 그는 기독교 교육의 문제는 성경, 교사, 인간 관계의 역할에 있다고 본다. 교육을 학교 수업 같은 관점으로 제한하기보다는 오히려 공식적으로나 비공식적으로 활성화시켜야 한다고 주장한다. 실제로 교회가 공식적인 학교 수업 방식을 지나치게 강조하여 교회 스스로 심각하게 자신을 제한하고 있다고 생각한다.

리차즈는 복음주의 기독교 교육 분야에서 널리 알려진 사람이다. 그는 미시건 대학과 달라스 신학교를 졸업하고 개러트 신학교와 노스웨스턴 대학에서 기독교 교육과 사회 심리학 박사 과정을 공부했다. 그는 휘튼 대학에서 가르치면서 주일학교 교육 과정을 개발하고 폭넓게 강연을 하며, 교회에서 직접 목회를 했다. 그는 이러한 경험들을 통해 개인적인 갱신 작업으로 이 책을 내놓았다. 그는 성경 공부 교재와 그 외의 저서 등 저술 활동을 활발히 하였다. 그리고 대체로 좋은 호응을 받았다.

리차즈는 「기독교 교육의 신학(A Theology of Christian Education)」이라는 책에서 기독교 교육에 관한 자신의 신학적인 입장을 밝히고 있다. 그는 '전인 교육'을 강조하였고 기독교 교육을 '사회화'의 관점에서 연구하였다. 즉, 신앙을 성숙시키는 가장 좋은 방법은 가정, 교회, 지역 사회에서 한 개인이 갖는 사회적인 접촉을 통해 이루어지는 것이라고 본다. 교회는 자체 내의 교육 과정을 통해서뿐 아니라 가정에서의 성장도 용이하도록 도와주어야 한다. 그는 기독교 교육의 문제는 성경, 교사, 인간 관계의 역할에 있다고 본다. 교육을 학교 수업 같은 관점으로 제한하기 보다는 오히려 공식적으로나 비공식적으로 활성화시켜야 한다고 주장한다. 실제로 교회가 공식적인 학교 수업 방식을 지나치게 강조하여 교회 스스로 심각하게 자신을 제한하고 있다고 생각한다. '창의적인 성경 교수법'에서 발췌한 이 글은 성경을 어떻게 사용해야 하는지 실례를 보여주고 있다. 성경과 교사, 교육 과정에 관한 문제도 다루고 있다. 그는 인간의 공존에 관한 깊은 관심과 나아가 이 문제들도 그가 되풀이해서 강조하고 있는 점들이다.

From Creative Bible Teaching(Chicago: Moody, 1970), 11-19, 122-27, 139-42

'우리가 가르치는 성경은 얼마나 위대한 책인가!' 척(Chuck)이 고등 학생들에게 성경을 가르칠 때면 늘 하는 생각이다. 위대한 책. 하나님의 책! 하나님께서 세상에 있는 수많은 말썽꾸러기들을 그리스도와 동행할 수 있도록 이끄시는 데 사용하는 책. 척은 이렇게 생각한다. 그런데 그가 그렇게도 성실하게 가르치는 데 십대들에게는 왜 아무런 감동도 주지 못하는지 도무지 모르겠다. 척은 성경을 가르쳤다. 그러나 성경은 아무런 효과도 없었다.

성경

오늘날 척과 같은 교사들이 많이 있다. 성경을 가르치는 것이 효과가 없다. 왜 그럴까? 언젠가 척과 같은, 혹은 당신의 문제일지도 모르는 문제를 안고 있는 교회를 방문한 적이 있다. 그 때 나는 깜짝 놀랐다. 보수적이고 복음주의적인 그 교회가 나를 놀라게 한 것은 분반 시간에 무슨 이야기를 하고 무엇을 가르치는가 하는 것이 아니었다. 나를 놀라게 한 것은 사람들이었다.

한마디로 그들은 '외부인'들을 꺼려했다. 농부 한 사람이 사료 가게에 들어와 어떤 농담의 끝부분을 우연히 듣게 되었다. 그는 험상스러운 얼굴로 웃고 있는 사람들을 노려보더니 발길질을 해버렸다. 어떤 교인 가정은 이웃의 초대를 계속해서 거절하여 끝내 이웃 사람들이 초대하기를 포기해버렸다. 그 지역 사람들에게 그 교회 교인들은 알 수 없는 신앙으로 금지된 담을 짓는 괴상한 사람들로 여겨졌다.

만일 당신이 그들을 보았다면 당신도 의아해 했을 것이다. 성경을 알고 믿고 있는 사람들인데도 왜 초대 교회 사람들 같지 않은 것일까? 왜 그들은 사랑이라는 특징을 보여주지 못하는 것일까? 왜 그들은 이웃에게 그리스도를 전하는 데 더 관심을 기울이지 않고 이웃의 죄를 비난하는 것일까?

나는 이야기 속에나 나올 법한 어떤 '근본주의자'들을 만들어내면서 비난하고 있는 것이 아니다. 실제 교회를 말하고 있는 것이다. 당신의 교회도 혹 이럴지 모른다. 실제 있는 교회의 이야기를 하고 있는 것이다. 그리고 그 실체가 우리로 하여금 이렇게 질문을 던지도록 하는 것이다. '성경을 알고 있고 믿고 있는 사람들이 어떻게 영적으로 삐뚤어져 있을 수 있을까?'

정직하게 말하면 우리는 비뚤어져 있는 사람을 알고 있을 것이다. 주일학교에서 자라고 어려서부터 성경을 배운 믿는 가정의 젊은이가 대학에 가서 신앙을 잃는 경우처럼 말이다. 아니면 유명한 성경 공부 과정을 끝마치고 나서도 아내가 둘째 아기를 임신한 동안 다른 여자를 사귄 어떤 사업가나, 목회자의 잘못을 고쳐줄 정도로 성경을 훤히 알면서도 아무와도 사귀지 못하고 교회 지도자들과 늘 반목하는 어느 나이든 괴팍한 장로와 같은 사람들말이다. 모든 교회에는 이런 사람들이 있기 마련이다. 성경을 알면서도 생활은 성경이 가르쳐 주는 모습에서 벗어난 사람들 말이다. 어떻게 이럴 수 있을까?

"물론 그럴 수 있지. 우리는 모두 죄인이니까!"라고 쉽게 대답해버릴 수도 있다. 성경이 말하길 우리가 죄의 힘에서 벗어날 수 있다고 하지만 어떤 그리스도인도 지금 현재 저지른 죄에서 벗어날 수 없다. 이것이 사실이라면 해결 방법은 없다. 죄에 대해 이야기해 보자면 우리는 그리스도인이 그리스도인다워지기를 기대할 수 없을지도 모른다. 결국 우리 모두가 죄인이라면 우리 모두 죄인처럼 행동하는 것은 당연한 일일 것이다.

그러나 사람들은 예전부터 그리스도인은 뭔가 다르리라는 기대를 갖고 있다. 우리는 그리스도께서 어루만지신 사람들의 '자연적인' 행동을 기대하지 않는다. 우리는 '초자연적인' 행동을 기대한다. 그리스도를 알고 그의 말씀을 아는 사람들이 변화되어지기를 기대한다.

그래서 척이나 당신이나 나 같은 사람이 성경을 가르치는 것이다. 원래 죄인이며 실족한 사람들은 자신을 성경의 거울에 비추어볼 것이며 복음을 들을 것이다. 그들은 하나님께서 우리 죄인들을 사랑하시며 우리 죄를 위해 인간이 되신 그의 아들 예수 그리스도를 믿는다면 용서해주시리라는 좋은 소식을 배울 수 있을 것이다. 하나님으로부터 이 메시지를 전해 듣고 자신을 그리스도께 내어 맡긴 사람은 내면적인 변화가 일어날 것이다. 그리고 하나님의 말씀을 통해, 성령님의 인도하심을 따라 이 새로운 삶이 계속 성숙해지고 결국 완전한 그리스도인다운 삶을 살아가게 된다.

우리는 이 사실을 믿는다. 그런데 바로 이것이 우리가 해결해야 할 문제다. 앞서 말한 교회 사람들도 성경을 믿고 그리스도를 믿는다. 젊은이들도 오래된 교인이나 교회 임원들처럼 한결같이 그리스도를 믿는다고 고백했다. 그리고 각자 계속해서 더 열심히 성경을 공부했다. '그러나 그들이 공부하는 성경이 그들을 변화시키지 못하고 있다.' 왜?

하나님께서 우리를 변화시키려고 주신 책을 널리 알려진 유명한 교회에서 배울 때에도 왜 아무런 효과가 없는 것일까? 기독교 교육은 자주 삐뚤어진 인격을 만들어내곤 했다. 우리의 가르침은 삐뚤어진 삶을 바로 펴지 못했다. 이제 우리는 흔하게 볼 수 있는 삐뚤어진 모습에 익숙해져버렸다. 고등 학교 시절에 신앙이 점점 떨어지고 대학에서 결국 '신앙을 잃어버리는' 데 익숙해졌다. 현실 속에서 그리스도와 동행하며 헌신하고 활발하게 신앙 생활을 하지 않는 성도들에 익숙해졌다. 성도들이 점점 늘어나고 요란하게 복음을 전하는 일에도 익숙해졌다. 구세주를 필요로 하는 사람들과 더불어 살면서도 정작 그들에게 아무 이야기도 들려주지 않는 생활에도 익숙해졌다. 성경을 읽고 공부하고 가르치면서도 성경을 통해 변화시키려는 하나님에게는 눈을 돌리지 않는 생활에 익숙해졌다. 우리는 이 20세기에서 성경을 통해 신앙을 전하는 일을 성공적으로 하고 있는가? 우리는 초대 교회가 그랬듯이 세상을 완전히 변화시켜나가고 있는가? 우리의 교회는 위대한 영적 지도자들로 가득 차 있는가?

그렇지 않다. 우리가 가르치는 방법으로는 하나님의 말씀이 증거하는 대로 사람들을 변화시키지 못해 왔다. 왜 그런가? 우리가 가르치는 성경의 본질을 이해하지 못한다는 일이 있을 수 있는가? 우리가 하나님께서 부여하신 목적에 맞춰 성경을 가르치지 못한 것일까?

신학교에서 이제 신정통주의 신학의 시대는 지나갔다. 틸리히나 불트만, 알타이저 같은 신학자들이 있기는 하지만 신정통주의를 대신할 신학의 흐름은 아직 나타나지 않고 있다. 그러나 신정통주의 시대는 기독교 교육자들로 하여금 성경의 본질에 초점을 맞추도록 이끌어 주었다. 그래서 오늘날 기독교 교육을 주도하는 성경의 목적과 본질에 관한 이론들을 발전시켰다. 이 이론은 계시란 무엇인지, 계시에서 성경의 역할은 무엇인지, 성경을 어떻게 가르쳐야 하는지에 관한 명확한 개념을 토대로 하고 있다.

우리는 이러한 관점에서 성경을 가르쳐왔다. 이러한 이론의 발달로 우리는 우리 시대의 새로운 입장을 연구하게 되었다. 우리가 성경을 가르치는 방법을 솔직하게 연구하면서 성경이 정말 우리가 믿듯이 하나님의 말씀이라면 왜 교회에서 가르치는 성경 공부가 성도들을 변화시키고 그리스도 중심으로 살아가도록 이끌어주지 못하는지 생각해보게 되었다. 즉 성경을 가르치는 데 대해 '신학적인' 질문을 하게 된 것이다.

우리는 신학적인 방법이 필요하다. 우리가 성경을 가르치는 것이 단순히 계시하신 사건을 명백하게 보여주는 것이 아니라, 신학적으로 계시의 본질을 이해하고 그 의미를 깨달을 수 있도록 할 필요가 있다.

얼마전 휘튼 대학에서 내가 가르치던 학생을 통해 주일학교에서 고등 학생을 가르치는 척에 대해 알게 되었다. 그 학생은 다음과 같이 썼다.

주일학교 분반 시간에 선생님은 교재에 있는 그대로 충실히 가르치며 교재를 읽곤 했다. 우리 반은 모두 좋은 가정에서 자란 남학생들이어서 처음에는 얌전했다. 그러나 곧 선생님을 화나게 하고 골탕먹이기 시작했다. 우리가 아무리 좋은 교재를 사용하고 선생님이 아무리 열심히 준비를 해와도 분반 시간에 우리가 얻는 것은 거의 아무것도 없었다. 우리는 교실 밖에서 선생님을 흉내내며 놀리기 시작했고 선생님이 가르치고 있을 때에도 놀리곤 했다.

지금 생각해보면 선생님은 신실하고 헌신적이지만 예닐곱 명의 남학생을 가르치기에는 아직 준비가 덜 된 것 같았다. 철이 들면서 나는 어린 학생들끼리 모여서 놀려대곤 하던 그 분반 시간들이 가끔 생각났다. 하지만 시사적인 문제나 일상 생활에서 일어나는 일들과 관련해서 무언가를 공부해본 기억이 거의 없다. 우리가 배워온 것에 도전하고 우리에게 내던져진 기성 세대의 사고의 가치를 판단하기 시작할 때였지만 우리 자신의 문제에 도전해오는 것은 아무것도 없었다. 분반 시간에는 늘 우리의 풍부한 상상력을 표현하거나 유머 감각을 표현할 기회가 없었다. 왜냐하면 선생님은 매우 조직적이고 규범적인 틀 속에서 우리를 가르쳐야 한다고 믿고 있었고 선생님이 해야 할 아주 중요한 일은 하나님의 말씀을 전하는 것이었기 때문이었다. 우리는 하나님의 말씀을 들었다. 하지만 선생님은 그 말씀을 믿기 위한 기본적인 토대를 전혀 닦아주지 않았다.

우리는 척을 실제로 그렇지 않지만, 그저 나쁜 교사라고 단정지을 수 없다. 자유주의자라거나 '새로운' 어떤 유형의 교사라고 말할 수도 없다. 척은 성경에 대해 아주 보수적인 관점을 갖고 있는 사람이다. 그에게 있어 성경을 가르치고 성경을 배운다는 것은 '중대한 일'이었다.

그러나 척은 아무런 도전 없이, 일상 생활과는 관계 없이 성경을 가르쳤다. 척이 가르치는 방식으로는 영적인 성숙을 가져올 수 없다. 오히려 저해시킬 뿐이다.

내가 앞서 이야기한 것이 바로 이것이다. 성경을 어떻게 가르쳐야 하는지 알지 못하기 때문에 성경이 아무런 효과도 없는 것처럼 보이는 것이다. 영적으로 삐뚤어진 학생은 교사의 책임이다. 우리를 변화시키시려는 하나님의 말씀은 잘못 가르쳐지고 있기 때문에 가장 추앙 받고 있는 교회에서도 아무런 효과가 없는 것이다.

하나님께서는 결코 우리들 가운데 쉽게 볼 수 있는 척과 같은 교사들이 가르치는 것처럼 성경을 가르치기를 원하지 않으신다. 그리고 "만일 그들이 성경의 본질을 정말로 이해하고 있다면 결코 그렇게 가르칠 수 없을 것이다."

보수적이고 복음주의적인 그리스도인으로서 우리는 하나님께서 말씀을 통해 우리를 변화시키시려고 한다는 것을 굳게 믿는다. 감히 우리가 어떻게 가르치기 전에, 하나님께서는 말씀을 어떻게 사용하시는지 명확히 살펴보자.

인간 대 인간

"네, 교수님, 저는 교회에서 일하고 싶습니다. 저는 일을 잘 할 수 있으리라고 생각합니다. 교회 임원 훈련 과정에서 높은 점수를 받았습니다."

"그럼, 하나님을 아십니까?"

"성경 시험에서 93점을 받았습니다. 그 시험의 전국 평균이 38점이었다고 합니다."

"그럼, 하나님을 아십니까?"

"저는 어렸을 때부터 매일같이 말씀을 외웠습니다. 지금도 2천 개가 넘는 구절을 외울 수 있습니다."

"그럼, 하나님을 아십니까?"

"지금 저는 성경을 모두 외우는 중입니다. 로마서를 다 외웠습니다. 이제 에배소서를 외울 계획입니다."

"그럼 하나님을 아십니까?" 이것은 평범한 질문이다.

"로마서를 다 읽었습니다. 이제 에베소서를 읽을 계획입니다."

"그럼 하나님을 아십니까?"

불필요한 질문을 하고 있다고 생각하는가? 성경을 알고 있다고 해서 하나님을 아는 것은 아니다.

성경을 가르치는 교사가 해야 할 중요한 일은 학습자들이 늘 교사를 의지하도록 하는 것이 아니라 스스로 말씀을 공부하며 성장해갈 수 있도록 준비시키는 것이다. 교사가 가르칠 때 골로새서를 예로 한 아래의 방식을 따라 학생을 지도한다면 학생들은 성장하기 위한 능력이 개발되어질 것이다.

표 17-1 자기 스스로 하는 생활 적용 방법

원칙	다양한 적용 방법	문제점 파악	개인적 결단
다른 사람들을 위해 자신을 희생하는 즐거움	고민 들어주기, 환자 방문 환자 돕기 환자 대신 장보기 아이들 돌보기 가장 좋은 자리나 일을 포기하기 양보하기	양보하기보다 먼저 차지하기 위해 어떻게 하는가? 왜? 교회에서, 가정에서, 직장에서...	이번 주에는…하도록 노력하겠다.

생활에 적용시키는 방법

위의 도표에 나와 있는 간단한 방식을 설명하자면 다음과 같다. 실제로 결단과 응답은 수업 밖에서 나타나게 된다. 일주일의 생활 속에서 어떤 상황에 부딪히게 될 때, 그때가 바로 각자 응답을 할 새로운 기회가 되는 것이다. 창조적인 수업 과정을 통해 교사는 학생들이 그들의 생활 자체가 신앙과 연관되어 있음을 늘 새롭고 민감하게 느끼며 하나님의 진리에 대한 새로운 의미를 깨달을 수 있도록 준비시켜야 할 것이다.

표 17-2
생활 적용 방식 지도 방법: 사례 요안 수업 기록

토론 결과	다양한 적용 방법	문제점 파악	결단
인기를 얻기 위해서가 아니라 하나님을 기쁘시게 드리기 위해서 한다.	끼리끼리 모일 때 괴상한 옷차림을 할 때 고자질을 할 때 주책한 농담을 들을 때 숙제보다 데이트가 중요한가? 인기 없는 친구 사귀기 다른 사람이 속일 때 어떻게 하는가? 춤추기 성경 공부 모임에 초대	친구들과 있을 때 그리스도를 지켜한다. 소외당한 친구들은 어떤가? 우리 모임에 필요한 것은? 인기를 얻으려는 태도는 왜 안 되는가? 친구를 어떻게 시키는가? 친구에게 필요한 것을 어떻게 충족시켜 주는가?	소외당한 친구들을 초대한다. 점심을 함께 먹는다. 데이트를 한다.
물질을 중요시하지 않는다.	돈은 어떻게 사용하는가? 나누어주는가? 최신 유행 패션? 방과 후 아르바이트를 하거나 공부를 한다. 집이 가난하다고 부끄러워하는가? 부모의 학력이나 태도를 부끄러워하는가? 데이트하는 데 차가 필요한가? 맛 있는 외모가 얼마나 중요한가? 다른 사람들의 외모나 능력을 부러워하는가? 사람들을 있는 그대로 이해하라.		

17장 창의적인 성경 교수법 ■ 347

표 17-2의 세례 요한에 대해 공부한 사례를 통해 적용 방법을 살펴보자. 생활에 적용시키는 방법을 사용하여 학생들에게 어떻게 이 이야기를 가르칠 수 있을까?

교사는 본문을 이야기하고 일반적인 설명을 해준다. 그러면 학생들은 토론을 거쳐 다음과 같이 요한에게서 그리스도인들이 본받아야 할 두 가지 점을 찾는다. 첫째, 개인적인 인기와 상관 없이 하나님을 기쁘시게 한 점과 둘째로 물질을 중요시 여기지 않은 점이다.

이제 교사는 다양한 방법으로 오늘날 우리들의 생활에서 이 점들이 어떻게 드러나고 있는지 학생들이 생각해보도록 이끈다. 고등학교 학생들의 세계에 인기가 어떤 중요성을 지니고 있는가? 대중들이 원하는 대로 할 때와 하나님이 원하시는 대로 하는 때를 여러 면에서 같이 생각해볼 수 있다. 그리고 학생들의 생각을 표 17-2에서처럼 칠판에 적는다. 계속해서 친구들이 중요하게 생각하는 것들도 이야기하고 똑같이 기록한다. 이것이 구체적인 적용 방법이다

학생들이 구체적인 적용 방법을 제시할 때 '소외당한 사람들'에 관해 여러 번 이야기하는 것을 주의 깊게 보아야 한다. 이들은 많은 사람들과 잘 어울리지 못하는 친구들이다. 이들은 세련된 옷이나 차가 없거나, 다른 사람들의 인정을 받을 만큼 외모가 괜찮거나 돈이 많지 않은 아이들이다. 이제 교사는 학생들이 함께 이들에 관해 생각해보도록 지도해야 한다(문제점 파악). 요한과 같은 사람이라면 어떻게 이런 친구들과 어울릴까? 어떤 태도를 취할까? 행동은? 돈이나 외모, 옷이 중요한 것이 아니라면 사람에게 중요한 것은 무엇인가? 다른 사람들의 부족함을 채워주는 것과 골목대장으로서의 지위를 확실하게 하는 것 중 무엇이 정말 중요한 것인가?

교사는 앞에서 이야기하지 않은 요한의 가장 위대한 점을 이야기해준다. 즉, 요한은 예수 그리스도를 가장 먼저 생각했다. 이제 묻는다. "여러분들이 정말로 예수 그리스도를 가장 최우선으로 삼기를 원한다면, 이번 주에는 무슨 일을 하겠습니까? 어떻게 해야 사람들보다 예수 그리스도를 따를 수 있을까요? 어떻게 해야 사람들이나 사물들을 예수 그리스도처럼 이해할 수 있을까요?"

결과는? 샐리는 친한 친구들 모임에 새로운 친구를 데리고 오도록 하겠다고 결단했다. 축구 선수인 탐은 얼굴을 붉히며 탈의실에서 거친 이야기들이 오고가면 그리스도에

관해 이야기하겠다고 자신의 결심을 밝혔다. 그웬은 '소외당한 친구'와 내일 학교 식당에서 점심을 같이 먹기로 했다. 그리고 인기가 있는 제인은 차가 없는 친구가 데이트를 신청해도 받아들이기로 했다.

자, 이제 교사는 수업을 마치고 교실을 나서며 진심으로든 장난으로든 그들이 응답했다는 것을 안다. 탐은 진지하게, 그웬은 언제나처럼 흥분한 듯 떠들어대면서, 제인은 겉으로만 그랬다. 그러나 교사는 하나님께 감사드린다. 왜냐하면 교사가 '교사'의 역할을 감당하고 있을 때 가르치신 분은 바로 하나님이셨다는 사실을 깨달았기 때문이다.

교육 과정 선택

가장 보수적인 입장에서 보는 사람들은 성경은 스스로 말씀을 한다고 생각한다. 우리는 말씀의 진정한 의미를 알 수 있기 전에, 우리가 말씀을 통해 우리에게 이야기하시는 하나님께 응답하기 전에 어떤 교회의 지도자가 먼저 이야기를 해야만 한다는 생각을 불쾌하게 생각한다. 어떤 교회에서는 그리고 어떤 사람들에게는 이러한 불쾌감이 주일학교나 다른 교육 과정에 영향을 미친다. 그래서 사람들은 저자들이 실은 자신의 것이 아닌 권위를 주장하는 것은 아닌지 의심스럽게 여긴다.

분명히 그 어떤 저자들도 스스로 권위를 지니고 있지 못하다. 실제로 사도로서의 권위를 지니고 있었던 바울조차도 베뢰아 신도들에게 자신의 이야기를 아무런 의심 없이 진리로 받아들이지 말라고 권고했다. 우리들은 각자 개인적으로 성경이 가르치고 있는 것들이 진리인지 살펴볼 책임이 있다. 그러나 교육 과정을 가르치는 사람들은 보통 성경 이외의 인정받는 자료들을 찾아보지 않고 있다. 그들은 도움이 필요한 사람들이다. 그들은 마치 목사들이 주석이나 연구 자료들의 도움을 필요로 하듯이 신학적으로 훈련받은 사람의 도움을 필요로 한다. 그리고 평신도들은 전문적으로 교육을 받은 사람들의 도움이 절실히 필요하다.

가르치기에 훌륭한 교육 과정은 권위가 아니라, 도움을 주기 위해 만들어지는 것이다.

'교육 과정의 중요성'. 기독교 교육이 가지고 있는 몇 가지 문제들을 살펴볼 때 그 중요성을 알게 된다. 예를 들어, 점진적인 변화의 문제를 보자. 어린아이들은 자라면서 욕구나 흥미, 사고와 반응의 형태가 변한다. 잠언 22장 6절에서 이야기하고 있는 것처럼 이는 중요하다. 아이들이 '성장의 각 단계마다 적당한 방법으로 진리를 가르침 받았다면' 나이가 들어서도 그들이 가르침을 받은 '방식'에서 벗어나지 않는다.

　우리들은 대체로 아동이 변화와 성장의 특정한 기간들을 거친다는 사실을 알고 있다. 그러나 이런 특징이 학생이 사고하고 느끼는 데 어떤 영향을 끼치는지 정확하게 그 중요성을 이해하고 있는 교사는 많지 않다. 아마 학생들의 욕구의 변화에 맞춰 말씀의 줄거리나 의미, 개념을 잘 선택하기는 쉽지 않을 것이다. 그래서 교육 과정을 따르게 되는 것이다. 교재를 만드는 교사들은 보통 그들이 저술하고 있는 연령층의 학생들이 가지는 특징을 잘 이해하고 있는 전문가일 것이다. 공립 학교 교사들을 제외한 대부분의 평신도들은 전문가들의 지도와 도움이 필요하다.

　교육 과정의 도움을 받아야 해결될 또 다른 문제는 공립 학교의 교육 프로그램이 빨리 변화한다는 데 있다. 매년 새로운 교육 기술이 개발된다. 평범한 주일학교 교사들은 이를 따라가기가 불가능하다. 그러나 교재 편집자들이나 저자들은 할 수 있다. 예를 들어, 국민학교 학생들을 대상으로 하는 종교 간행지의 편집부장을 찾아보라. 그의 사무실에 들어가면 다양한 연령층에 알맞은 어휘를 수준별로 정리해놓은 책이 있을 것이다. 최신 학교 교재와 도서 목록 등도 있을 것이다. 이러한 자료들을 통해 교수 방법을 끊임없이 분석해보고 새로운 학습 방법을 주일학교 수업에 도입해야 한다. 공립학교에서 막 완성된 새로운 학습 기술을 매주 도입해보면 도전적이고 흥미로운 수업을 할 수 있을 것이다.

　이와 밀접한 관계가 있는 또 다른 문제는 현재 공립 학교에서 사용하고 있는 다양한 학습 자원에서 찾아볼 수 있다. 기독교 출판사들은 이에 필적하는 시각 자료나 워크북, 과제 등 학습 자료들을 다양하게 제공해줄 수 있다. 이러한 자료들을 사용할 때 흥미가 더해지고 진리를 더 쉽게 이해할 수 있으며 실제적인 적용도 더 효과적일 수 있다. 평신도들은 출판사들이 제공해줄 수 있는 학습 보조 자료들을 질적으로나 양적으로 그 만큼 만들어 사용할 수 없다. 마지막으로 전체적인 계획이 필요하다. 아동의 발달은 2, 3년 정도의 기간을 통해 천천히 이루어진다. 대부분의 주일학교는 이 단계에 맞춰 유치부, 유년부, 초등부, 중고등부로 이루어져 있다. 학습 계획을 세울 때 편집자들은 2, 3년 정도의 시간을 하나의 학습 기간으로 본다. 이러한 형태로 짜여진 학습 계획을 따르게 되면 같은 나이의 아이들만으로 수업을 하지 않아도 된다. 평신도 교사들이 이러한 학습 계획을 짜기는 쉽지 않다. 이런 이유들로 인해 훌륭한 교육 과정이 있어야 창의적으로 성경을 가르칠 수 있다. 창의력 있는 교사는 평신도들이 교육 과정에 거의 사용하지 못하는 교재들을 선택하여 수업에 적용한다. 중요한 것은 교육 과정을 따라야 한다는 것이 아니라 어떻게 훌륭한 교육 과정을 선택하느냐 하는 것이다.

'훌륭한 교육 과정의 특징'. 교육 과정을 평가하기는 쉽지 않다. 우선 전체적인 학습 계획을 살펴보고 내용의 신학적 특성을 결정해야 한다. 교육학적으로, 수업 내용이 각 나이의 수준에 맞는지 실험해보아야 한다. 여러 출판사에서 나온 주일학교 교재를 테스트하는 데 특별히 관심이 있는 사람이라면 누구나 좋고 나쁨을 알아낼 수 있을 것이다.[1] 다시 말해서 평신도가 성경을 가르치는 데 도움이 되는 적당한 교육 과정인지 교사나 목사가 파악할 수 있다는 것이다.

'성경과 성경의 기능에 대한 올바른 이해'. 보수주의자들은 계시에 대해 현대적인 개념을 반영하고 있는 교재를 선택하지 않는다. 그들은 하나님께서는 말씀을 통해 진리를 계시하신다고 주장한다. 교파적인 압력 때문에 사용하는 곳이 있기는 하지만, 그들은 신정통주의자들의 주장을 반영하고 있는 교재는 받아들이지 않는다.

교파 산하에 있지 않은 많은 복음주의 출판사들은 신정통주의 신앙을 기초로 교재를 만든다. 그러나 이들은 계시의 '기능'에 관해 명확하게 설명하지 않고 있다. 그들은 계시가 하나님과 만나기 위한 정보 이상의 것으로 우리의 응답이 요구되어지는 것이라는 점을 중요시하지 않는다.

아동이나 청소년 교재에서 발견할 수 있는 또 다른 문제점은 행위를 통한 응답을 요구하는 것이다. 그러나 공부한 말씀이 모두 응답을 요구하고 있는 것은 아니다. 대부분의 보수적인 출판사들이 만든 교재에 이런 오류들이 나타난다. 어린아이들이 친절해야 하며 나누어줄 줄 알아야 한다는 점을 가르치고 싶을 때 오천 명을 먹이신 이야기 같은 것을 본문으로 선택한다. 그리고 이야기의 초점을 자신의 점심을 나누어 먹으려고 가지고 나온 어린 소년에게 맞춘다. 이 본문을 통해 '나누어주어야 한다'는 점을 가르친다. 그러나 이 본문이 주는 교훈이 나누어주어야 한다는 것인가? 나누어주는 것이 이 말씀에 대한 적당한 응답인가? 실제로 본문에서 이 어린 소년에 대해 거의 아무 이야기도 하고 있지 않다. 그는 주인공이 아니다. 주인공은 그리스도시다. 거기서 그 어린 소년의 나누어준 행위는 다른 사람들이 따라야 하는 모범으로 이야기되어진 것이 아니다. 예수 그리스도께서는 우리들이 의지할 수 있도록 그 어떤 부족함도 채워주실 수 있는 능력을 가지고 계신다는 점을 보여주고 있는 것이다.

성경의 말씀을 통해 우리의 행동에 대한 규칙을 정하는 일은 쉽다. 그러나 이것은 성경을 가르치는 것이 아니다. 이는 곧 무너져버리고 말 율법주의를 가르치는 것이다. 이러한 가르침은 교사나 학생 모두 자신을 계시하시는 하나님, 율법에 순종하는 것이 아니라 한 인격에 응답하시기를 요구하시는 하나님, 냉랭한 순종이 아니라 성령 하나님께 자발적으로 응답하며 살아가기를 원하시는 하나님을 보지 못하고 만다.

응답 없이 지식만 전달하거나 왜곡되어진 응답을 요구하는 형태의 교재는 선택하지 말아야 한다.

'창의적인 개념의 성경 교수'. 훌륭한 교육 과정은 학생들의 성경을 공부하는 수준을 높이려고 노력한다. 훌륭한 교육 과정은 (개별적으로든 전체적으로든) 골로새서 1장에서 이야기하고 있는 형태를 따른다. 훌륭한 교육 과정은 하나님께 응답하는 데 방해가 되는 장애물이 있다는 점을 이해하고 이를 반영한다. 훌륭한 교육 과정의 목적은 응답하는 것이다. 말씀 안으로 이끌어가 말씀을 깨닫게 하며 학생들이 자신과 연관시켜 반응하도록 만든다. 훌륭한 교육 과정은 융통성 있게, 최대한의 학생들이, 성경의 진리를 통해 스스로 자신의 생활에서 그 의미를 발견하여 적용할 수 있도록 한다. 그리고 좋은 교재는 구조적으로 저자의 이해를 반영하여 배우고자 하는 욕구를 불러일으키는 데 도움이 되도록 한다.

실제로 중요한 것은 훌륭한 교육 과정이라면 성경을 가르치는 데 있어서 훌륭한 철학을 가지고 있어야 한다는 점이다. 그리고 이 철학을 바탕으로 각 수업 내용을 연계시켜 진행해나가야 한다.

이런 관점에서 볼 때 여기서 제기된 신학적이고 교육적인 문제에 관해 입장을 밝히고 있는 교재들은 거의 없다. 만약 있다고 한다면 그 교재를 사용하는 사람들은 그 교재가 그들이 이야기하는 철학적 입장에서 만들어진 것인지 확실하게 살펴보아야 한다. 결국에는 성경을 가르치는 데 도움이 되길 기대하고 산, 바로 그 사용자 스스로가 책임을 져야 하는 것이다. 신학적으로 교육적으로 바람직한 교재를 선택하는 것은 바로 우리 교회의 일이다.

교재를 효과적으로 사용하는 방법

교재는 하나의 도움이 될 뿐이지 교재 하나로 모든 것이 다 해결되는 것은 아니다. 모든 교재에는 한계가 있다. 아무리 훌륭한 교재라 해도 교재가 모든 것이 돼버리면 창의력 있는 성경 공부를 위해 필수적인 자유나 자발성이 사라져버리고 만다.

따라서 교사는 교재에 대해 바람직한 태도를 지녀야 한다. 자신이 가르치는 학생들과 관련 있는 진리를 선택하는 데 도움을 주는 것으로 보아야 한다. 가르칠 본문의 의미와 학생들의 반응을 불러일으킬 수업 진행 방법을 기대할 수도 있다. 시청각 자료나 그 밖의 교재들 또는 새로운 수업 방법을 알게 될지도 모른다. 그러나 교재를 자신이 수업할 때 그대로 따라야 할 고정된 틀이라고 생각해서는 안 된다.

경험이 없는 교사들에게 도움이 될지도 모르지만, 인쇄된 내용을 독창성 없이 그대로 따른다는 것은 잠재적인 창의력을 영원히 잠재워버리는 것이 돼버리고 만다. 창의력 있는 가르침은 학생들이 활기 있게 참여하도록 이끄는 방법이기 때문이다. 이러한 방법을 통해 저자나 교사가 미처 예측하지 못한 생각들이나 부족한 점들이 드러날 수 있다. 교사는 학생들이 자유롭게 반응하도록 이끌고 성령께서 인도하시는 대로 자발적으로 따르도록 융통성을 가져야 한다. 그래서 때로는 수업이 짧아질 수도 있고, 계획에 없었던 활동이 첨가될 수도 있고, 계획했던 활동을 빼버릴 수도 있다. 이러한 융통성은 독창성 없이 교재를 있는 그대로 따르는 교사들이 지닐 수 없는 점이다.

그러면 교사는 수업에 들어갈 때 무엇이 필요한가? 단계별로 자세히 작성해놓은 교안이 아니라 그가 이끌어가고 싶은 진행 방법을 전체적으로 파악해두는 것이 필요하다. 그 진행 과정을 꼭 따르지 않더라도 융통성 있게 끝마칠 수 있어야 한다. 그리고 수업을 진행해가면서 자신의 계획이 달라져도 여유 있게 대처할 수 있고, 학생들이 결국엔 말씀을 통해 그들에게 이야기를 하시는 하나님께 응답하도록 이끌어가기 위해 내용을 명확하게 이해하고 있어야 한다. 이렇게 자발성이 필요하다는 점을 보면 평신도가 창의력 있는 성경 교사가 되기 위해서 무엇이 필요한지 좀더 분명해진다. 교사는 먼저 자신이 가르치는 성경의 본질을 이해하고 있어야 한다. 그 다음으로 그 말씀을 어떻게 가르쳐야 하는지 명확하게 파악해야 한다. 즉 자신의 교수 철학을 분명하게 세우는 것이다. 마지막으로 교사는 자신의 철학을 펼치도록 해주는 학습 활동이나 방법을 계획하고 사용하는 기술을 발전시켜 나가야 한다.

1. 리차즈는 기독교 교육에서 성경을 가르치는 목적이 무엇이라고 생각하는가?

2. 교사의 역할은 무엇인가?

3. 리차즈는 성경이 살아 있는 말씀이 되기 위해 어떻게 해야 한다고 하는가?

4. 그는 여기서 제시한 성경 공부 방법을 따랐을 때 교회에 어떤 일이 일어난다고 말하고 있는가?

1. 단계별로 잘 나누어져 있는지 등 교과 과정을 평가하는 데 도움을 받으려면 로렌스 리차즈(Lawrence O. Richards)가 쓴 「주일학교 성공의 열쇠(The Key to School Achievement)」(Chicago: Moody, 1965) 제4장을 보라.

18

사회 과학으로서의 기독교 교육

(1971)

제임스 마이클 리

(James Michael Lee)

종교 교육 분야에 있어서 그가 한 특별한 공헌 중 한 가지는 종교교육출판사(REP)를 설립한 것이다. 출판사는 그가 노틀담에 있을 때부터 시작했는데 출판 시장에서 제외되었던 종교 교육에 관한 학문적인 서적을 출판하는 유일한 출판사가 되었다. 리가 학자로서 논쟁의 대상이 된 이유는 종교 교육이 신학보다 사회 과학의 한 분야라고 주장했기 때문이다. 「종교. 교육의 형태(The Shape of Religious Instruction)」라는 책은 사회과학적 이해를 토대로 하고 있다. 그는 종교학을 가르치는 것이 기본적으로 다른 사회 과목을 가르치는 것과 같아야 한다고 믿었다. 그가 쓴 세 권의 책은 종교 교육에 관한 조직적인 이론을 세우는 데 크게 기여했다.

"제임스 마이클 리는 뉴욕에서 자라 그곳에 있는 가톨릭 학교에 다녔다. 어려서부터 신앙 생활을 한 그는 성직자가 되어야 할 것인지 고민했다. 결국 학자나 교사가 되어 사람들을 섬기는 것이 자신의 적성과 재능과 능력을 발휘할 수 있다는 결론을 내렸다. 그는 콜롬비아 대학에서 사학을 공부한 후 티처스 칼리지(Teachers College)에서 교육학 박사 과정을 끝마쳤다. 티처스 칼리지를 다니면서 불만스러운 점을 많이 느낀 그는 자신의 신앙 교육 이론에 바탕이 되는 다음과 같은 기본적인 원리를 깨닫게 되었다.

교육은 학습자로부터 시작하여… 발전되어야 한다. 학습은 기본적으로 과목이 다루고 있는 논리적인 내용이 아니라 학습자의 심리 사회학적인 기능에 따라 이루어진다. 내용이란 학습자가 교사로부터 얻을 수 있는 모든 것을 말하며 교과가 다루는 지식적인 차원만을 이야기하는 것이 아니다. 교수와 학습의 효과는 면밀한 체험적인 연구를 통해 확인할 수 있는 것이지 훌륭한 추측이나 심사 숙고한 의견 등을 통해 확인할 수 있는 것이 아니다. 교육의 목적은 여러 가지 방법을 통해 개인이 성장할 수 있도록 돕는 것이다.(Mayr, 275-76)

리는 노틀담 대학에 재직하게 되었다. 몇 년 후 교육학과장으로서 종교 교육학 박사 과정을 신설했다. 이 대학에서 특히 사제직으로 인해 연구하는 데 많은 시간을 갖지 못하자 8년 후 버밍햄에 있는 앨러배마 대학으로 옮겼다. 종교 교육 분야에 있어서 그가 한 특별한 공헌 중 한 가지는 종교교육출판사(REP)를 설립한 것이다. 출판사는 그가 노틀담에 있을 때 시작되었는데 출판 시장에서 제외되었던 종교 교육에 관한 학문적인 서적들을 출판하는 유일한 출판사가 되었다. 리가 학자로서 논쟁의 대상이 된 이유는 그가 종교 교육이 신학보다 사회 과학의 한 분야라고 주장했기 때문이다. 「종교 교육의 형태(The Shape of Religious Instruction)」라는 책은 사회 과학적 이해를 토대로 하고 있다. 그는 종교학을 가르치는 것이 기본적으로 다른 사회 과목을 가르치는 것과 같아야 한다고 믿었다. 종교학 강의도 학습 원칙을 따라야 한다. 이 원칙을 따르지 않으면 효과가 없을 것이다. 리는 그 밖에 「종교학의 흐름(The Flow of Religious Instruction)」과 「종교학의 내용(The Content of Religious Instruction)」이라는 두 권의 책도 썼다. 그가 쓴 세 권의 책을 통해 종교 교육에 관한 조직적인 이론을 세웠다. 이는 가톨릭이나 개신교 교육자 모두에게 유익할 것이다.

From The Shape of Religious Instruction: A Social Science Approach(Mishawaka, IND.: Religious Education Press, 1971), 182-224.

"메이어, 당신은 이치에 맞지 않아.
당신은 아침 식사로 달걀 오믈렛을 먹고 싶다고 했지.
그런데 당신은 달걀을 깨뜨리지 않으려고 해."

(모리스 웨스트)[1]

"**종**교 교육은 신학에 속하는가 아니면 사회 과학에 속하는가?" 나는 이 질문에 답하기 위해 신학과 사회 과학 모두의 본질과 방법론을 다루었다. 이 질문의 답은 실제적으로 대단히 중요하다. 종교학의 모든 면을 이루고 있는 전체적인 축과 요지가 여기에 놓여 있기 때문이다. 예를 들어 종교학이 신학에 속한다고 하면 종교학 강의를 준비할 때 학습자의 신학적인 이해를 성숙시키는 것을 기본적으로 강조해야 할 것이다. 반대로 종교 교육이 사회 과학에 속한다면 학습자가 가장 효과적으로 바람직한 종교적 행위를 할 수 있도록 하는 기술과 이론을 중심으로 준비해야 할 것이다. 나는 종교 교육이 사회 과학에 속한다고 할 수 있는지 없는지를 증명하기 위해 사회 과학의 특성들을 새삼 살펴보려고 한다. 물론 지금 사회 과학의 각 특성을 철저하게 살피거나 모든 특성들을 다 망라해 보려는 것은 아니다. 단지 기본적인 관점을 밝혀줄 수 있는 점들만을 보려고 한다. 나는 독자들 스스로가 신학이나 사회 과학의 범주에서 종교 교육이 차지하고 있는 위치를 연구해서 이해와 결론을 얻을 수 있도록 충분한 지식을 얻게 되기를 바랄 뿐이다.

종교 교육이 신학인지 사회 과학인지 증명하는 데는 '종교 교육'이라는 말 자체가 실마리를 제공해준다. '종교'란 단어는 무엇을 가르치는가를 보여주는 수식어고, '교육'은 명사다. 그렇다면 종교 교육은 교육이 수직적으로 이해되어지든(유아 교육, 초등 교육, 중등 교육, 대학 교육, 직업 교육, 성인 교육 등, 와이코프 1967, 393) 수평적으로 이해되어지든(과학 교육, 독서 교육, 언어 교육, 사회 교육 등), 교육이라는 맥락에서 보아야 할 것이다.

물질 명사인 '교육'은 종교 교육이 다른 종류의 교육과 같은 목적과 방법과 원칙 등의 특성을 지니고 있으며 동시에 다른 종류의 교육처럼 특수하게 이루어진다는 의미를 지니고 있다. 아마 철학에서 유추해서 생각해보면 도움이 될 것이다. 아리스토텔레스 학파는 모든 물질이 실체(esse)와 속성(talis)을 가지고 있다고 생각했다. 즉 어떤 특정한 물질은 다른 물질과 가장 근본적인 유사성을 지니고 있으며 동시에 다른 것들과 구분되어지는 특성을 지니고 있다. 실체는 속성을 위한 실체적이고 정해진 틀을 제공해주는데 이와 마찬가지로 교육도 종교가 이러한 맥락에서 그 영향력을 발휘하도록 실체적이고 정해진 틀을 제공해주는 것이다.

내가 말하려는 것은 종교 교육과 교육적인 종교 사이에는 커다란 차이점이 있다는 것이다. 종교 교육은 학습자가 종교적인 선상에서 행동을 조정하도록 이끌어주는 과정이다. 교육적인 종교는 신앙을 훈련하여 그 부산물로서 교육적인 결과를 가져다주는 과정을 말한다. 신학적인 의미에서 볼 때 물론, 모든 교육은 종교적이고 모든 종교는 교육적이다. 그래서 종교 교육과 교육적 종교 사이의 존재론적인 구분은 그리 중요하지 않다. 유기적으로 서로 연관된 문제들은 모두 서로 중복되는 경향이 있다. 그러나 종교 행위인 교회 예배와 교육 행위인 분반 수업에는 분명 차이가 있다. 예배에서 이루어지는 활동은 예배에 참석하는 것이 종교적인 행위라는 사실을 바탕으로 이루어지는 것이지만, 분반 수업에서 이루어지는 활동은 분반 공부에 참여하는 것이 교육 행위라는 사실을 바탕으로 이루어지는 것이다. 종교 교육과 교육적 종교는 똑같이 행동의 변화를 이루어나가는 것을 목표로 한다. 그러나 이 두 가지 사역이 이루어지는 방법은 본질적으로 종교적인 행위인지 교육적인 행위인지에 따라 달라진다. 어쨌든 교회는 교실이 아니고 교실 또한 교회가 아니다. 사실, 목사와 교사의 역할에서 볼 때 이러한 근본적인 차이가 있다는 사실을 이해하지 못한다면, 예배가 때로 수업처럼 돼버리고 수업이 기도회가 돼버리는 일이 생기기도 한다.

어쨌든 신학과 교육 모두 종교 교육을 해나가는 데 중요한 역할을 하고 있기에 이 둘의 상관 관계를 다루지는 않겠다. 나는 다만 종교 교육에서 종교는 교육적인 과정의 일반적인 상황을 바탕으로 이루어진다는 점을 지적하고 싶다. 다시 말해, 종교 교육이라는 말 자체가 종교 교육이 신학보다는 사회 과학에 속한다는 의미를 지니고 있다는 것이다.

종교 교육의 경험적인 특성

사회 과학의 중요한 특성 중 하나는 경험적인 바탕을 지니고 있다는 점이다. 사회 과학은 관찰 가능한 현상을 중요시하는 경향이 있으므로 이러한 현상의 현재와 미래에 이루어질 결과가 경험적으로 실험되어지고 증명되어져야 한다. 반면에 신학은 경험적인 틀보다는 깊은 사고의 틀에서 이루어지는 학문이다. 물론 신학도 후생적(後生的)인 자료와 밀접하게 관련되어 있다. 그럼에도 불구하고 이 후생적인 자료들의 유효성을 밝히기 위해 경험적이거나 객관적인 방법들을 사용하지는 않는다. 그래서 필립 피닉스(Philip Phenix, 1966)는 고든 올포트(Gordon Allport)와 롤로 메이(Rollo May) 같은 사회 과학자들이 인간의 본질과 욕구에 대한 지식을 경험적으로 검증해온 데 반해, 요한 메츠(Johann Metz)와 같은 신학자들은 인간의 본질에 대해 앞서 얻은 독단적인 가정들을 그대로 지니고 있을 뿐이라고 말하고 있다.[2]

달리 보면 신학은 경험적인 실험과 증명의 관점에서 볼 때 검증되지 않은 가정인 기본적인 원칙들로부터 깊이 사고하여 얻은 인간 행동에 관한 주장들을 하고 있다. 한 예가 이점을 보여주고 있다. 가톨릭 교회로부터 성공회, 루터교 등을 포함하여 대부분의 기독교 교회 지도자들은 수세기에 걸쳐 성직자들의 종교적인 역할이 예수와 그의 삶을 증거하고 영적인 자녀들과 깊은 관계를 유지하는 것이라고 생각해왔다. 사회 과학 지향적인 입장에서 보면 이는 가정의 수준에서 경험적인 실험이 남아 있는 인간 행동에 관한 진술이다. 사실, 성직자들의 종교적인 역할이 가져오는 영향력에 관한 신학적인 진술이 진실이 아니라고 지적하는 경험적인 증거도 있다. 피터 그란데(Peter Grande)의 실험적인 연구가 이와 관계가 있다. 그란데(1964)는 똑같은 전문적인 훈련을 받은 두 그룹의 상담자와 상담을 한 가톨릭 중학교 학생들의 행위적인 공감대 일치에 관해 연구했다. 상담자의 한 그룹은 평신도들이었고 다른 그룹은 성직자들로만 구성하였다. 연구 결과 평신도 상담자들과 청소년들이 얻은 공감대가 성직자들 그룹과 얻은 공감대보다 높았다. 결론은 청소년들이 성직자라는 사실을 알고 있는 것이 상담자와의 공감대를 느끼는 정도를 약화시켰다는 것이다. 다시 말해, 성직자들의 역할이 공감대를 느끼는 데 장애가 되며 의뢰인들과 인격적으로 이야기를 나누는 데 방해가 된다는 것이다.[3] 내가 다른 곳에서도 이야기했듯이(Lee, 1963a), 시간이 지날수록 상담자의 인격이 의뢰인에게 상담자로서의 역할보다 기능적으로 더 중요한 것이 된다. 이렇게 되면 성직자들은 의뢰인들과 효과적인 공감대를 얻을 수 있다. 그러나 이는 성직자들의 행위적인 역할의 긍정적인 효과에 관한 진술이 하나의 가정의 수준에 머물러 있다는 사실을 무효화시키지는 않는다. 왜냐하면 신학은 두 가지 또는 그 이상의 관찰 가능한 인간의 상호 교류 형태 사이에 존재하는 행위적인 원인-결과의 관계를 면밀히 조사하기에는 본질적으로 부적당하기 때문이다. 깊이 사고한다면 인간이 왜 어떤 특정한 방식으로 행동하는지 이해할 수 있도록 실마리를 얻을 수 있다. 그러나 경험주의적인 방법론에서 보면 이 실마리를 실험하고 증명해야 할 일이 남아 있다. 신학적인 사고는 연구하고 있는 어떤 현상이 부분적으로 또는 전체적으로 초자연적인 특성을 지니고 있어서 경험주의적인 방법론으로 분석할 수 없을 때 특별히 도움이 된다.

종교 교육은 효과적으로 학습할 수 있도록 하는 교육학적인 방법론과 일종의 교과 과정을 분별하는 데 커다란 관심을 기울이고 있다. 이 문제에 대한 신학적인 접근 방법과 사회 과학적인 접근 방법 사이의 대조적인 특성은 우리가 토론해나가는 데 유용할 것이다. 19세기 후반, 신학자 요셉 드하브(Jeseph Deharbe)의 교리 문답책은 독일 가톨릭 교회에서 종교 교육을 하는 데 유일한 방법이었다. 드하브가 사용하고 있는 교육학적인 원칙은 "가장 숭고하고 가장 알아 듣기 쉽고 가장 중요한 진리는 가장 추상적인 진리이므로 그렇게 가르쳐야 한다"는 것이었다(드하브, 골드브루너에서 인용, 1965, 41). 20세기 독일과 오스트리아의 가장 영향력 있는 종교 교육자의 한 사람인 요제프 융만(Josef Jungmann)은 이렇게 썼다. "이 연관된 부분들(교리 문답책에서)의 순서를 정리한 결과 교리적인 구조를 가진 복음의 성격이 분명하게 드러난다. 한눈 팔지 않고 자기가 배우는 것에 집중하고 있으면 아동들은, 가장 바람직하지 않은 환경 속에서도, 기독교 신앙의 기본적인 사실들을 외워버리게 될 것이다"(1959, 143). 1960년대와 1970년대에 널리 사용되었던 성경 공부 시리즈인 「추즈 라이프(Choose Life)」를 출판한 신학 중심 출판사인 아거스 커뮤니케이션스(Argus Communications) 사는 이 시리즈는 "…학생들이 생활 속에서 계시를 체험하는 데서 시작된다… 이 내용들은 젊은이들의 삶에 부합될 것이다. 일상 생활에서 겪는 일들, 즉 연설, 신문 제목, 새로운 광고, 말장난 같은 표어, 놀리는 투로 쓴 사설, 진지한 학자의 보고서 등 우리 주위에 있는 광경들과 소리들, 현세대의 세상을 다루는 내용들로 되어 있다"(케네디, 1968, 5)라고 말했다.

드하브나 융만이나 아거스의 이러한 진술들을 사회 과학적 관점에서 보면 구체적인 경험적 자료들이 뒷받침을 해줄 때까지 가정으로 남게 될 흥미 있는 주장들이다. 이 세 가지 진술들은 구체적인 인간의 행위에 관한 이야기다. 추상적인 진리가 모든 진리 중 가장 숭고한 것이며 추상적인 형태로만 가르칠 수 있다는 드하브의 주장을 확증할 만한 경험적인 증거는 무엇인가? 드하브나 그 누구든 실제로 아동이 어떻게 학습하는지 알아냄으로 이 가정의 진실성 또는 허위성을 실험했는가? 논리적인 축을 중심으로 교과 과정을 잘 정리하면 독단적인 진리의 케리그마적 요점을 학습자가 분명하게 이해할 수 있게 될 것이라는 융만의 주장을 경험적으로 뒤받침주는 것은 무엇인가? 또 "한눈 팔지 않고 자기가 배우는 것에 집중한다"면 아동이 교과 과정이 의도하고 있는 대로 자신이 배워야 할 것들을 확실하게 학습하는 데 도움이 될 것이라는 주장을 융만은 어떤 증거로 뒷받침하고 있는가? 융만이 단호하게 말한 대로 아동이 습득하게 될 교과 과정의 구조에서 실제로 아동이 습득하는지 밝히기 위해 어떤 경험적인 연구가 이루어졌는가? 그 교육 내용은 학생들이 생활 속에서 계시를 체험하는 데서 시작한다는 아거스의 가설을 밝혀주는 확실한 자료들은 어디에 있는가? 아거스는 청소년들이 생활 속에서 계시를 체험한다는 것을 어떻게 아는가? 아거스는 또 그 내용이 청소년들의 삶과 부합되리라고 했다. '말장난 같은 표어' 나, '놀리는 투의 사설', '광고에 나오는 비밀 장치', 또는 '진지한 학자의 보고서' 등이 시골에서 살고 있는 청소년에게도 부합된다는 주장을 뒷받침해줄 자료가 있는가? 아거스 시리즈는 어떻게 문화적으로 공평한가? 사용한 어휘나 개념들이 그 시리즈가 의도하고 있는 대로 경험적으로 밝혀진 청소년층의 개념에 일치한다는 사실을 방법론적으로 기본적인 범주에서 보증하기 위해 아거스는 어떤 경험적인 연구를 했는가?

당연히 신학자들이나 신학적인 종교 교육자들이 한 앞의 가정들은 진리다. 내가 밝히려고 하는 점은 종교 교육의 사명이 개인이 습득해야 할 바람직한 학습 결과의 가능성을 넓히는 것이라는 점이다. 이 가능성을 최대화하기 위해, 우리는 학습이 어떻게 일어나는지, 어떤 교육학적 조건이 학습을 가장 효과적으로 증진시키는지를 알 수 있는 자료가 있어야 한다. 이는 근본적으로 사회과학이 하는 일이다. 종교 교육을 효과적으로 해나가려면 실험하지 못한 가정을 토대로 운용할 수는 없다.

분명 문학은 실험하지 못한 가정들로 가득 차 있다. 전문가들의 지도력에 의존하는 종교 교육 교사들이 경험적으로 검증된 것을 바탕으로 하기보다 이러한 실험되지 않은 가정들을 토대로 교육을 하는 것은 그다지 놀랄 일이 아니다. 아동과 청소년 발달에 관한 중요한 자료들이 산더미 같음에도 불구하고 많은 종교 교육가들이 그들의 주장을 경험적으로 실험하거나 광범위한 경험적 자료들과 비교하지 않고 아동과 청소년에 관해 검증되지 않은 가정들만을 주장한다. 이 점을 구체적으로 보여주는 몇 가지 예가 있다. 미국의 종교 교육 교사인 안나 바바라(Anna Barbara)는, "심리학적으로 볼 때 청소년은 종말론에 빠져들기 쉽다"고 주장했다(1963, 466). 바바라의 주장은 청소년의 행위에 관해 일반화시킨 것이다. 그러나 그녀의 주장이 정당한 것인지 아닌지를 밝혀주는 경험적인 자료는 어디에 있는가? 아마 자신이 가르치는 고등학생들을 통해 이런 결론을 얻었을지 모른다. 만일 그렇다면 그녀의 주장은 방법론적인 맥락에서 검증되지 않았기 때문에 가정의 수준에 머무는 것일 뿐이다. 종교 교육에 관심을 기울인 유럽의 신학자인 피에르 란웨츠(Pierre Ranwez)는 순종이 아이들의 최초의 덕목이며 사랑을 통해 익히게 되는 순종이 기본적인 기독교인의 태도라고 말했다(1963, 90). 그의 이야기의 첫 부분은 아동 발달에 관한 주장인데 두번째 부분은 신학적인 주장이다. 란웨츠가 순종이 아동의 첫번째 덕목이라고 일반화시킬 수 있었던 경험적인 분석 자료는 어디에 있는가? 분명히 대부분의 아동 심리학자들은 경험적인 연구 결과를 근거로 이에 동의하지 않을 것이다.[4] 란웨츠의 주장이 명백한 자료에 의해 거부되어지고 있지만 1960년대 초까지도 가톨릭 사제들은 주일학교 프로그램을 이 주장을 바탕으로 수행해왔다는 사실이 뚜렷이 드러났다. 그래서 게르하르트 렌스키(Gerhard Lenski)의 경험적 연구 조사에 의하면 가톨릭 사제의 81%가 주일학교 교육의 결과로 지적인 자발성보다 순종을 얻게 되는 것이 훨씬 중요하다고 꼽았다. 미국의 뛰어난 개신교 종교 교육학자인 랜돌프 크럼프 밀러(Randolph Crump Miller)는 이렇게 기술하고 있다. "초등 학교 학생들은 자신이 교회의 일원으로 인정받기를 원한다. 일곱 살이 되면 자신의 내면 생활에 도움이 되기 때문에 예배를 좋아하게 된다. 그리고 죽음에 대해 질문을 할 만큼 죽음에 대해 이해하게 된다"(1950, 112). 초등 학교 아동이 교회의 일원이 되기를 원한다는 점을 밝혀주는 자료가 있는가? 밀러는 왜 일곱 살이 되면 아동의 내면 생활에 도움이 되기 때문에 예배를 좋아한다는 주장을 뒷받침해주는 명확한 자료를 제시하지 않는가? 초등 학교 아동들의 죽음에 대한 이해를 보여주는 자료는 무엇인가?

나는 종교 교육학에서 경험적으로 분명한 자료가 있어야 한다는 중요성을 강조하면서 사회 과학이 종교 교육의 전체 틀을 제공해준다고 주장하는 것은 아니다. 분명 종교 교육의 내용적인 중심에는 초자연적인 요소가 있다. 그러나 초자연적인 것은 경험적인 방법으로 분석할 수 없다. 사실 신학 자체가 종교 교육의 초자연적인 영향력을 분명하게 평가하려는 것으로 보인다. 그러나 특정한 주일학교 수업이나 교과 과정을 평가하고 발전시키는 것은 학습자의 행동이 바람직한 신앙적인 선상에서 형성되어지는가로 알 수 있다. 결론적으로, 교수 방법 y와 비교하여 교수 방법 x의 결과를 판단하거나, 커리큘럼 b에 비교하여 커리큘럼 a의 효과를 판단해야 한다. 나는 믿음이나 사랑, 다른 초자연적인 덕목이 성숙해가면 결국 그 초자연적인 자질을 성격으로 지니게 될 정도로 학습자의 종교적 행위에 변화가 일어날 것이라고 생각한다. 만일 초자연적인 특성이 강화되어가는 것을 일상 생활에서 볼 수 없다면 기독교 신앙은 무가치한 것이 돼버리고 말 것이다. 그래서 경험주의적인 방법론은 학습자의 생활이나 교수 방법이나 교과 과정 체계나 교재 등에 종교적인 영향을 끼치는 데 필요하다. 분석 자료를 통해서 우리는 이런저런 초자연적인 자질이 학습자에게 성숙되어가고 있다는 것을 정확하게 추론할 수 있다. 예를 들어, A 그룹이 B 그룹보다 이웃을 더 많이 사랑하도록 각각 다른 교육 방법으로 지도한 후 이 두 그룹의 어린 학생들을 오랜 기간 관찰하고 연구해보면, 사랑이라는 가치를 지닌 행위들을 하는데 B 그룹의 학생들에게 사용한 교육 방법보다 A 그룹에게 사용한 방법이 더 효과적임을 알 수 있다.

종교 교육에 있어서의 검증

신학에서 가정의 검증은 신앙이나 성경, 전통, 본능적인 추론, 교권 또는 교회를 통해 이루어진다. 다시 말해, 어떤 현상의 외부에 놓여 있는 사색적이며 권위적인 근거를 통해 이루어진다. 체누(M. D. Chenu)에 의하면 "… 신앙의 산물인 신학은 하나님의 말씀에 굴복하고 그 신비함을 지키며, 그 교리에 복종하고, 결론적으로, 그 기본적인 원리에 대한 확실한 증거가 부재하는 곳에 존재한다"(1964, 89). 한편, 사회 과학에서는 가정에 대한 검증이 서로 다른 방법이나 일반적인 방법에 따라 현상들과 그 관계성들을 경험적으로 실험하고 관찰함으로 이루어진다. 어떤 검증 방법이 가장 적당한지 밝히기 위해 전형적인 종교 교육 활동에 대해 살펴보자. 어떤 주일학교 교사가 자신의 학생들이 이웃 사랑에 대한 기독교적 가르침을 일상 생활에 적용할 수 있도록 배우게 되기를 원한다. 이 교사는 그의 시도가 성공하리라는 사실을 어떻게 검증할 것인가? 교권이 그에게 정확한 답을 제공해줄 수 있을까? 그 수업의 효과를 보증해주는 데 성경이나 전통이 어떤 도움을 줄 수 있는가? 수업이 얼마나 성공적인지 신앙이 그 답을 줄 수 있을까? 아니면 이 학생들이 실제로 수업에서 배운 것을 그들의 일상 생활에 어느 정도 적용하는지를 밝혀주는 경험적인 방법을 사용할 필요가 있는가?

사회학자인 밀턴 로키취(Milton Rokeach, 1970)가 실시한 경험주의적인 연구는 이 점을 밝혀주고 있다. 로키취는 한 개인이 지니고 있는 종교적 덕목과 사회적으로 표출되는 자애로움의 정도 사이의 관계를 연구했다. 신학적인 입장에서 볼 때 여기에는 높은 상관 관계가 있다. 왜냐하면 좀더 종교적인 자질을 지니고 있는 사람은 좀더 성숙한 신앙의 삶을 살고 있으리라고 보기 때문이다. 더 나아가 이런 사람은 성경을 더 많이 읽고, 교회에 참석하며 순종하는 정도에도 높은 상관관계가 있을 것이다. 로키취가 전국적으로 성인 미국인 1천 명을 조사한 결과 종교적인 자질은 사회적으로 표출되는 자애로움의 정도를 밝히는 데 별로 상관 관계가 없는 것으로 드러났다. 사실 로키취는 그 결과를 통해 신앙적으로 성숙한 자질을 지니고 있는 사람들 가운데 산상 수훈에서 배운 것과는 상관 없는 때로는 정반대로 행동하는 경우도 많이 있음을 보여주고 있다. 사람들에게 마틴 루터 킹 목사의 암살 소식을 알게 되었을 때 분노를 느꼈는지, 아니면 암살이라는 사실이 '그 동안 흑인들에게 일어난 많은 비극적인 사건을 떠올리면 이 사건도 그 중 하나일 뿐이라고 생각했는지'를 물었다. 신앙적인 덕목의 수치가 가장 높은 사람들, 특히 중요한 기독교적 가치로 해방을 중요시 여긴 사람들은 "이 일은 분명 나에게 일어나지 않았다"는 식으로 무감각하게 느끼고 있었다. 한편, 해방을 그렇게 중요시하지 않는 사람들은 분노의 감정을 경험한 경향이 있었다. 로키취의 연구는 기독교의 진리에 대한 개인의 믿음이 때로 기독교적 도덕성의 실천과 아무런 관련이 없다는 사회 과학적 결과를 확인시켜 준 셈이었다.

예수는 가르치고 있는 사람들에게 자신의 가르침의 진실성을 확신시키기 위해 경험적으로 검증하는 방법을 자주 사용하였다. 우리는 가버나움에서 아들이 병으로 누워 있는 어떤 귀족의 이야기, 또는 그와 비슷한 이야기를 신약에서 많이 본다. "예수께서 가라사대 너희는 표적과 기사를 보지 못하면 도무지 믿지 아니하리라"(요 4:48). 여기서 예수께서는 이야기하고 있는 것이 사실이라는 초자연적인 원인-결과의 관계를 검증할 수 있는 행동으로 경험적으로 관찰할 수 있고 실험할 수 있는 것을 제시하고 계신다. 이렇게 분명히 검증의 방법을 사용하여 교육적인 목적을 성취했다. 예수께서 가르치실 때 경험적인 검증의 방법을 사용한 예는 다음에서도 찾아볼 수 있다.

"수일 후에 예수께서 다시 가버나움에 들어가시니 집에 계신 소문이 들린지라 많은 사람이 모여서 문 앞에라도 용신할 수 없게 되었는데 예수께서 저희에게 도를 말씀하시더니 사람들이 한 중풍병자를 네 사람에게 메워 가지고 예수께로 올새 무리를 인하여 예수께 데려갈 수 없으므로 그 계신 곳의 지붕을 뜯어 구멍을 내고 중풍병자의 누운 상을 달아내리니 예수께서 저희의 믿음을 보시고 중풍병자에게 이르시되 소자야 네 죄사함을 받았느니라 하시니 어떤 서기관들이 거기 앉아서 마음에 의논하기를 이 사람이 어찌 이렇게 말하는가 참람하도다 오직 하나님 한 분 외에는 누가 능히 죄를 사하겠느냐 저희가 속으로 이렇게 의논하는 줄을 예수께서 곧 중심에 아시고 이르시되 어찌하여 이것을 마음에 의논하느냐 중풍병자에게 네 죄 사함을 받았느니라 하는 말과 일어나 네 상을 가지고 걸어가라 하는 말이 어느 것이 쉽겠느냐 그러나 인자가 땅에서 죄를 사하는 권세가 있는 줄을 너희로 알게 하려 하노라 하시고 중풍병자에게 말씀하시되 내가 네게 이르노니 일어나 네 상을 가지고 집으로 가라 하시니 그가 일어나 곧 상을 가지고 모든 사람 앞에서 나가거늘 저희가 다 놀라 영광을 하나님께 돌리며 가로되 우리가 이런 일을 도무지 보지 못하였다 하더라"(막 2:1-12).

이 이야기를 통해 내가 이야기하려는 것은 종교 교육의 수준과 효과를 검증하는 데 신학보다 사회 과학이 더 유용하다는 점이다. 사실, 신학은 본래 교수-학습 과정의 효과를 검증할 만한 도구가 없다.

딘(T. W. Dean)은 세상의 신비함에 직면할 때 인간은 하나님의 초월성을 확인하고 싶어하는 긍정적인 욕구를 느낀다고 말했다(1963, 246). 신학은 딘이 말한 사실을 어떻게 검증할 수 있는가? 어떤 신학자들은 이러한 욕구가 인간의 편에서 명확하게 밝혀보려는 것을 나타낸다고 말할지도 모른다. 또 어떤 신학자들은 세상의 신비와 대면하는 것은 '저 위에 계시는' 하나님이 아니라 안에 계시는 하나님을 찾으려고 이끈다고 할지도 모른다. 어쨌든 딘은 인간의 행위, 심리학적인 행위에 대해 상세하게 설명하고 있다. 신학을 통해 이러한 행동을 검증하려는 시도들은 복잡한 사색적인 이론들을 이끌어낼 뿐이다.

종교 교육에 뮌헨 방법을 탄생시킨 독일의 신학자들은 이해는 확신과 향상된 종교적 태도를 가져온다는 개념을 바탕으로 하고 있다 (골드브루너, 1965I, 43). 여기서 또 신학자들은 신학에 적당한 방법론으로는 검증될 수 없는 진술을 하고 있다. 확실히 사회 과학적 연구에 의하면 이해력이 신앙을 불러일으키지 않으며 불러일으킨다 해도 선택된 조건의 틀 속에서 이루어진다고 결론 짓는다. 이해력을 향상시키는 것보다 신앙에 강력한 영향을 주는 방법들은 또 있다. 다음과 같은 예가 분명히 보여줄 것이다. 한 사회 과학자가 교도소 수감자들과 대학생들에게 십계명을 중요한 순서대로 차례를 정해보라고 했더니 거의 비슷하게 응답했다(심슨, 1933). 대학생들은 수감자들보다는 십계명을 더 깊이 이해하고 있었다. 그러나 학생들이 십계명을 이해하는 수준이 높다고 해서 십계명의 가치를 수감자들과 실질적으로 달리 믿고 있지는 않았다.

수세기 동안 가톨릭 신학자들은 피정을 통해 사람들의 태도와 신앙이 크게 변화된다고 은둔 생활의 효과를 굳게 믿어 왔다. 이런 신학자들은 개방된 피정보다 폐쇄적인 피정이 태도와 신앙을 변화시키는 데 더 효과적이라고 주장했다.[5] 사제들뿐 아니라 전문 피정 지도자들은 피정을 하는 사람들의 태도나 가치관이나 생활에 변화가 일어난다고 믿어 왔다. 그러나 최근에 사제들과 피정 지도자들이 피정은 참가자들에게 거의 효과가 없다는 보고를 하기 시작했다. 피정이 효과가 있다는 주장과 없다는 주장의 진실성이나 허위성을 증명해줄 신학적인 방법이 있는가? 토마스 헤네시(Thomas Hennessey, 1962)는 그 해답을 찾아 검증하기 위해 사회 과학적 방법을 사용하기로 했다. 헤네시는 폐쇄된 피정을 다녀온 가톨릭 주일학교 학생들과 개방된 피정을 한 주일학교 학생들의 신앙적인 사고에 일어난 변화를 연구했다. 그가 분석한 자료에 의하면 피정을 끝마칠 때 폐쇄된 피정에 참가한 학생들이 개방된 피정에 참가한 학생들보다 신앙적인 사고가 확실하게 향상되어 있다고 나타났다. 그러나 5개월 후, 신앙적인 사고에 있어서 두 그룹은 통계적으로 아무런 차이도 없었다. 사실, 학생들의 신앙 태도는 피정을 가기 전과 마찬가지였다. 태도는 변화되지 않았지만 교회에 잠석하는 것과 같은 신앙의 실천 사항은 향상되었다.

종교 교육에서 예측(prediction)의 위치

사회 과학의 기본적인 목표 중 하나는 경험적으로 관찰되어지고 검증되어진 현상으로부터 얻은 법칙에 근거하여 미래의 행동이나 사건을 예측하는 것이다. 학습자의 행동을 예견하는 것은 종교 교육에서도 굉장히 중요하다. 사실 모든 교육 활동의 기본적인 목적은 바람직한 선상에서 학습자의 행동을 수정하는 것이다. 주일학교 교사는 어떤 특정한 내용과 교육 방법이 학생들에게 바람직한 학습이 이루어지도록 할 것이라는 가능성을 가지고 교육을 한다. 예를 들어 고난에 대한 기독교적인 의미를 가르치려고 할 때 교사는 이 경우 방법 x가 더 효과적이라고 예견하고 방법 y 보다 방법 x를 선호하여 가르칠 것이다.

이런 식의 예측은 신학의 영역이 아니라 사회 과학의 독특한 분야다. 교사나 교육 전문가들이 학습 결과를 정확하게 예측할 수 있도록 다양한 교육의 작용을 경험적으로 밝혀 놓는 일은 사회 과학이 방법론적으로 해야 할 일이다. 바람직한 학습 결과가 나타날 수 있도록 사회학자들은 특정한 것을 다른 것보다 효과적으로 배울 수 있을 것인지 예측하기 위해서 어떤 조건들이 어떻게 갖추어져야 하는지 실험한다. 경험적으로 검증된 사실로부터 학습의 법칙과 교수의 법칙을 끄집어내는 것은 신학이 아니라 사회 과학이 할 일이다. 그리고 이렇게 경험적으로 도출된 법칙을 적절하게 사용함으로 주일학교 교사는 가능한 한 최적의 상태에서 학습이 쉽게 이루어지도록 가르칠 수 있다. 학습 법칙의 중요한 기능 중 하나는 교사로 하여금 바람직한 학습 결과를 가장 효과적으로 가져올 수 있는 교육 방법과 전략을 선택하도록 하는 것이다. 따라서 법칙은 근본적으로 예측하는 기능을 지니고 있다. 예를 들어 긍정적으로 강화시키는 것이 전혀 강화시키지 않는 것보다 학습 내용을 더 오래 보존하는 결과를 가져온다는 것도 학습의 법칙이다. 만일 어떤 청소년에게 사랑이 중요한 기독교의 덕목이라고 가르치려면 교사는 어떤 긍정적인 보상을 통해 이 학습을 강화시키려 할 것이다. 그렇게 함으로 교사는 또다른 학습 법칙, 즉 학습한 행동을 즉시 강화하면 할수록 오래 보존되어진다는 사실을 통해 지도하는 것이 된다. 적당한 강화의 방법을 선택할 때 교사는 청소년들에게 또래 집단을 통한 강화가 교사에 의한 강화보다 더 효과적이라는 학습 법칙을 따라 지도할 수도 있다.

학령기 이전의 아이들에게 종교 교육을 하면서 부모들과 연계하여 지도할 때 교사는 어린아이들에게 벌을 주는 방법으로 여러 가지 공격 방법 대신 무엇을 권유해야 할까? 보수주의 신학자라면 성경 말씀을 따라 공정하면서도 강력한 체벌을 주장할 것이다. "아이를 훈계하지 아니치 말라 채찍으로 그를 때릴지라도 죽지 아니하리라"(잠 23:13-14). 자유주의 신학자라면 좀더 부드러운 방법을 권유할 것이다. 한편 한 사회학자가 체벌을 하거나 하지 않는 것이 아동의 현재와 미래의 행동에 끼치는 영향을 연구했다. 그는 무엇보다도 아동이 엄마에 의해 공격성을 띤 야단을 심하게 맞으면 맞을수록 학령기 이전에 점점 더 공격적이 되어간다는 사실을 발견했다(시어스 et al. 1953, 214). 사회학자들은 사회 과학이라는 방법을 통해 신학자들보다 미래의 행동을 예측하는 데 더 유리하다.

다음 예를 통해 더 명확하게 이해될 것이다. 트렌트 공회가 시작되면서 가톨릭 신학자들과 교권은 세상에서 완전히 고립된 환경이 미래의 사제들을 훈련하는 데 가장 효과적인 환경이 될 수 있다고 강력히 주장해왔다. 제2차 바티칸 공회에 참석한 신학자들은 이 낡은 주장을 뒤엎고 세상과 세상 사람들과 접촉할 수 있는 환경이 더 훌륭한 사제를 배출할 수 있다고 주장했다. 사회학자들은 사회학적인 방법을 사용하여 고립된 환경과 고립되지 않은 환경 중 어느 곳이 효과적으로 사제를 교육하는 데 도움이 되는지 비교 연구하였다. 존 머레이(John Murray)는 전통적인 신학교 교육이 인격에 끼치는 영향을 밝혀보려고 했다. 머레이는 신학교를 다니는 동안 심리학적으로 비정상적인 특성이 나타나며 고립된 신학교 환경을 떠나 성직에 임명되면 정상적인 일에 대해 예민하게 퇴행하는 현상이 나타난다는 사실을 발견했다(1957).[6] 리처드 보건(Richard Vaughan)은 전통적으로 고립된 로마 가톨릭 신학교와 대학에 본거지를 두고 있는 로마 가톨릭 신학교에 머물며 공부한 학생들의 성격에 나타나는 변화를 연구했다. 보건은 네 그룹으로 나누었는데 그 가운데 둘은 별개의 기숙 시설이 있는 대학 내에서 살거나 수업은 모두 대학 캠퍼스에서 받으면서 신학교에 기숙하는 학생들이고 다른 두 그룹은 전통적으로 고립된 신학교 환경에 거주하는 학생들이다. 각 그룹은 신학교에 들어가기 전과 신학교에서 1년 이상 9년까지 보내고 마친 후 두 번씩 실험에 응했다. 네 그룹 모두 교육을 받는 첫 2년은 고립된 신학교에서 보냈다. 그룹 B 와 C 는 1년 동안 대학에서 수업을 받았고 그룹 A는 D 와 마찬가지로 처음부터 끝까지 고립된 신학교에서 보냈지만 그룹 D는 교육을 받은 지 6, 7년 후부터 가르치기 시작했다. 본은 연구 결과, "전통적인 신학교에서 내내 교육을 받은 학생들이 가장 심한 비정상적인 변화를 보였다"고 결론 내렸다. 더 나아가 전통적인 신학교에서 대학 캠퍼스로 교육 장소를 바꾸었을 때 3학년 신학생들까지의 경우 이전에 신학교에서 자기 중심적으로 받은 교육의 영향력을 떨쳐버리지 못하지만 그 이상의 교육을 받은 일반 대학 신학생들의 경우 어느 정도 가능하다는 사실도 발견했다(1970)[7]. 머레이나 본과 같은 학자들이 행한 사회과학 연구는 분명히 전통적으로 고립된 신학교 학생들의 성격과 일반 대학 신학생들의 성격을 비교한 신학자들의 연구 결과보다 더 믿을 만한 예측을 할 수 있게 한다.

 능력 있는 교사가 되는 것은 바람직한 학습 결과를 성취하는 데 가장 도움이 되도록 학습 환경을 조성해주는 것이다. 만일 교사가 의식적으로나 고의적으로 교육 환경을 형성하지 않는다면 학습 결과를 예측할 수 없다. 이 점이 부족하면 애매모호하게 종합되어지고 좋은 교육의 기회는 줄어들게 된다. 사회 과학의 목적은 교사들에게 명확한 자료와 사실들, 가르치는 의도대로 학생들이 배울 수 있도록 그 가능성을 증대시키는 법칙들을 제공하는 것이다. 종교 교육에서 예측의 역할에 대한 신학자들의 태도는 가브리엘 모란(Gabriel Moran)의 다음 글에서 알 수 있듯이 정반대다. "성령은 뜻하는 곳에서 뜻하는 대로 역사하신다. 인간이 성령을 움직이는 것이 아니다. 사도들처럼 전도자들도 인간이 하나님께 응답하도록 초청한다. 그러나 언제, 어디서, 어떤 상황에서와 같은 조건들은 전도받은 전도자들이 결정하는 것이 아니다. 전도자들이 할 수 있는 일은 그리스도인의 삶을 살아감으로 그리스도인의 생활이 어떤 것인지 보여주는 것이다"(1966, 67). 종교 교육의 관점에서 나는 모란의 견해가 중요한 점을 간과하고 있다고 생각한다. 교육학적인 문제는 성령의 역사하심을 통제하는 것이 아니라 성령께서 가장 풍성하게 역사하실 수 있도록 학습 상황을 형성하는 것이다. 사실, 나는 초자연적인 세상과 자연 세상 사이에 아무런 관련도 없다고 주장하는 신학은 잘못된 것이라고 생각한다. 만일 성경이 무언가를 보여주고 있다면 그것은 하나님의 거룩한 사람들이 성령께서 효과적으로 일할 수 있는 정치적, 사회적, 문화적, 환경적 그리고 교육적인 상황을 만들기 위해 끊임없이 노력하는 모습이다. 성경에 나타난 일들을 자세히 살펴볼 때 성령의 역사하심을 효과적으로 증진시킬 기회가 아무렇게나 주어진다는 생각은 있을 수 없는 일이다.

경험적으로 도출된 법칙들과 더불어 뚜렷한 경험적인 자료는 교사나 교과 과정 수립자가 주어진 상황 속에서 어떤 방법이 바람직한 학습의 결과를 가장 효과적으로 얻을 것인지 예측할 수 있도록 해준다. 이러한 방법은 신학보다 사회 과학이 지니고 있는 본질이다. 종교 교육에 관심을 가지고 있는 한 유럽의 신학자가 다음과 같이 말한 것에서도 분명히 알 수 있다. "교사는 먼저 하나님으로부터 시작해서 다음에 그리스도, 교회, 성례전, 도덕률을 다루어서는 안 된다. 먼저 거룩한 생활로 시작해서 거룩한 생활에 대한 우리의 태도와 우리가 경험한 힘들었던 일들에 관해 이야기를 나누고 그리스도인의 생활을 밝혀주는 방법들을 찾아내야 한다"(융만, 1959, 362). 이 신학자가 이야기하고 있는 것은 학습을 최대로 증진시키기 위해서는 교과 과정에서 먼저 주제를 소개하는 순서가 좋을 것이라고 예측하는 것이다. 이렇게 순서를 결정한 것은 신학적인 배경에서 이루어진 것이다. 그러나 신학이 어떤 바탕에서 교과 과정의 순서를 어떻게 하는 것이 학습을 용이하게 이끌어 갈 것인지를 예측하는가? 어떤 것이 학습을 용이하게 하고 어떤 것이 그렇지 못하다는 것을 결정할 수 있는 모든 문제는 신학이 할 수 있는가? 아니면 교수-학습 과정이 일어나도록 하는 과거의 요소들을 예리하게 실험하고 검증한 틀을 가지고 있는 사회 과학의 작업 선상에서 그런 결정이 이루어져 결과적으로 비슷한 교수 학습 행위가 이루어질 때 어떤 일이 일어날지 예측할 수 있을 것인가?

종교 교육의 조건

교수-학습 과정은 항상 일종의 실제적인 상황에서 일어난다. 현상들 사이의 상호 관계는 고립된 상태에서는 전혀 일어날 수 없다. 인간이 어떤 특정한 결과나 과정을 익힐 수 있는 것은 이런 학습이 이루어지는 데 필요한 모든 조건이 이루어져 있고 상호 작용하여 특정한 학습 결과를 만들어내기 때문이다. 만일 어떤 조건 중 하나가 변한다면 학습이 이루어지지 않을지도 모른다. 예를 들어 학생이 어떤 특정한 성경 말씀의 의미를 배울 때 수업이 이른 시간에 이루어지면 학습이 이루어질 수 있지만 만일 점심을 먹은 직후라면 그 의미를 이해하는 것이 꽤 어려울지도 모른다. 이 경우 시간이 중요한 조건이다. 시간이 바뀌면 학습의 질과 정도가 달라진다.

사회 과학자들은 일정한 상황의 조건이 바뀌었을 때 나타날 결과를 신학자들보다 더 잘 알고 있다. 그 이유는 아마 조건이 사회 과학 연구 방법의 중요한 부분을 차지하고 있기 때문일 것이다. 어쨌든 사회학자들이 조건에 대해 더 예민하기 때문에 신학자들보다 종교 교육을 증진시키거나 방해하는 조건들을 더 정확하게 설명하고 예측할 수 있다. 신학을 중심으로 한 교육학으로 가르치는 안젤라 돌로레스 골드벡(Angela Dolores Goldbeck)이라는 종교 교육가가 쓴 다음의 글에서 그 예가 분명히 드러난다. "하나님과 이야기를 나누는 일, 기쁨과 슬픔, 성장하면서 겪는 고통스러운 일들, 그 밖의 다른 일들을 이 친구와 이야기하는 일은 조용하고 경건한 마음을 통해 이루어져야 한다. 따라서 수업이 끝난 후 '머리를 숙이고 손을 가지런히 하고 그날 듣고 즐긴 이야기를 생각할' 시간을 가져야 한다… 말할 필요도 없이, 이러한 비형식적인 명상을 계속해나가면서 얻게 될 커다란 결과 중 하나는 그리스도와, 그리스도를 통해 하나님과 성령님을 진정으로 인격적으로 사랑하게 되는 것이다"(1966, 20-21). '머리를 숙이는' 명상 시간의 효과에 대한 골드벡의 입장은 그녀의 수업을 듣는 아동들에게는 좋은 이야기일지 모른다. 그러나 골드벡의 학생들이 서로 다른 사회 계층의 아동들이라거나, 전부 다른 문화권에 속해 있다거나, 뇌 손상을 입었다거나 하는 등 그 조건이 바뀌었다고 생각해보자. 조건이 그렇게 바뀌었다면 가르치는 방법의 효과도 달라질 것이다. 솔직히 말해, 그녀가 말한 방법의 효과는 어느 상황의 학생들에게도 적용할 수 있는 일반적인 이야기가 될 수 없다. 그녀가 한 이야기는 그녀가 가정하는 상황과 비슷한 조건이나 학생들의 상황에서 일반화되어질 수 있다(사회학자들은 그녀가 말한 진술의 근거에 대해 몇 가지 중요한 질문을 던질 것이다. 하나님과 이야기를 나누는 일은 조용하고 경건한 마음에서 이루어져야 한다는 그녀의 이야기를 입증하는 자료는 무엇인가? 그녀가 실시한 수업이 그리스도에 대한 진정한 인격적인 사랑을 키우는 데 정말로 효과가 있다는 것을 보여주는 자료는 무엇인가? '머리를 숙이는' 방법의 효과를 검증할 수 있는가? 골드벡이 말한 그리스도를 향한 진정한 인격적인 사랑의 기준은 무엇인가?).

사회학자들은 조건들이 바뀌어지면 주어진 상황에서 서로 다르게 작용하게 되는 경우들이 많이 있음을 자료를 통해 알게 되었다. 예를 들어, 범죄는 여성이나 사회 경제적으로 높은 지위에 있는 사람들, 시골에 사는 사람들, 종교를 가진 사람들보다는 남성이나 사회경제적으로 낮은 계층의 사람들, 도시 거주자들, 그리고 종교가 없는 사람들에서 많이 일어난다고 밝혀졌다(버렐슨과 스타이너, 1964). 다시 말해 성별, 사회 계층, 주거 지역, 종교성이 범죄를 유발시키는 정도에 영향을 주는 중요한 조건들인 것이다. 이와 비슷하게 학교 생활이나 학교 활동도 학습자의 성별, 사회 경제적 환경, 가정 환경 등을 포함하여 많은 조건들로 인해 영향을 받는다(리, 1963b). 사실, 학교 환경 자체가 학습을 자극하거나 저해하는 데 중요한 조건이 된다고 한다(코울먼, 1961). 이와 관련된 경험적 연구에 의하면 그룹의 크기와 같은 상대적으로 '부수적인' 조건도 그 그룹의 학생들이 학습하고 활동하는 데 영향을 끼친다고 한다(토마스와 핑크, 1963).

내가 말하고자 하는 것은 신학보다는 사회과학을 통해서 학습에 영향을 주는 조건들의 일반적인 관계를 밝혀주는 법칙이나 사실들을 더 분명하게 알 수 있다는 것이다. 교사가 바람직한 학습 결과를 가져오기 위해 한 가지 교수 전략(조건)을 다른 전략(조건)과 비교하여 더 나은 것으로 전개시키려는 결정을 내릴 때 교사는 신학자가 아니라 사회학자로서 일하는 것이다. 그리고 종교 교육의 핵심인 바람직한 학습을 가져오기 위한 방법은 이런 식으로 형성되는 것이다.

종교 교육에서의 적용

주일학교 교사는 자신의 교육 활동의 효과를 증진시키기 위해 끊임 없이 노력한다. 이런 과정 속에서 과거에 효과가 있었던 교육 방법이 여전히 효과적일지 알아보기 위해 계속해서 경험적인 테스트를 해야 한다. 아니면 현재의 교육 환경 조건이 사회학자들이 X 라는 교육 방법이 Y라는 교육 방법보다 더 효과적이라고 이야기한 예전의 교육 환경과 정말 비슷한지 실험해야 한다. 다시 말해, 교육 효과를 유지하고 개선하기 위해 주일학교 교사는 자기 나름대로 학생들이 바람직한 학습 결과를 분명히 얻을 수 있도록 자신이 또는 사회학자들이 연구해 온 조건들을 되풀이해봐야 한다.

교육 효과나 학습 결과에 관한 사회학자들의 연구는 주일학교 교사들이 자신의 특정한 배경 속에서 손수 연구한 경험적인 실험보다 더 객관적인 유효성과 타당성을 지니고 있다. 따라서 주일학교 교사는 관련 연구 자료를 면밀히 연구하면 자신의 수업에 사회 과학적인 연구를 통해 입증된 효과적인 학습 조건들을 그대로 실행할 수 있을 것이다. 주일학교 교사들이 어떻게 실행할 수 있는지를 보여주는 두 가지 실례가 있다. 1930년과 1940년에 소위 코어 커리큘럼(core curriculum)의 효과에 관해 공립 학교에서 실험한 적이 있다. 코어 커리큘럼이란 사회 전체가 관심을 갖고 있는 문제이면서 동시에 개인적으로 관심을 기울여야 할 문제를 중심으로 공부하는 교과 과정이다. 이 교과 과정은 주제와 관련된 영역을 자세하게 정하지 않고, 주제를 연구하기 위해 설정한 학습 상황 안으로 주제를 끌어들인다. 예를 들어, 사회적 불평등의 문제를 공부하려면 미국 흑인의 역사나 노예들이 부르던 노래, 인간의 인간에 대한 비인간성을 다룬 문학 작품, 그 주제에 관해 종교적으로 쓴 글 등 주제와 관련된 다양한 영역을 통해 그 주제에 대해 공부하는 것이다. 코어 커리큘럼을 통해 얻은 학습 결과와 과목 중심으로 수업한 결과를 조심스럽게 비교한 연구 결과 코어 커리큘럼이 우수하다는 것이 드러났다. 예를 들어 8년 동안의 연구 결과, 코어 커리큘럼으로 공부한 학생들이 전통적인 방법으로 공부한 학생들보다 대학에서 더 높은 점수를 얻었다(아이큰, 1942). 뉴욕 시의 고등학교에서 코어 커리큘럼으로 공부한 학생들과 전통적인 커리큘럼을 통해 공부한 학생들을 비교한 웨인 라잇스톤(Wayne Wrightstone)의 연구 보고서에 의하면 라틴어 과목만 제외하고 모든 과목에서 코어 커리큘럼으로 공부한 학생들이 훨씬 더 높은 점수를 받았다(1936). 코어 커리큘럼에 관한 다른 연구 결과도 똑같이 나왔다(리, 1963b). 코어 커리큘럼에 관한 이 연구들을 통해 주일학교 교사들은 코어 커리큘럼의 방법으로 학생들을 지도하고 싶다고 생각할 것이다. 다른 교사들이나 학생들, 부모들, 학교 관계자들과 일하면서 코어 커리큘럼에 적당한 실험 그룹을 만들려고 학생들을 충분히 모은다. 그런 다음 사회학자들이 연구한 것과 비슷한 교육 환경을 조성할 것이다. 그런 다음 먼저 실험한 사람들이 얻은 것과 같은 결과를 얻으리라는 강한 확신을 가지고 코어 프로그램을 똑같이 시행할 것이다. 다시 말해 주일학교 교사는 교육 프로그램을 개선하기 위해 사회학 연구 결과를 똑같이 사용하고 있는 것이다.

첫번째 실례가 실제 경험을 그대로 적용한 이야기였다면 두번째 실례는 교육 프로그램을 개선하기 위해 행한 조사 내용을 그대로 적용한 것을 토대로 하는 것이다. 1961년 게르하르트 렌스키는 사람들이 일하는 것을 즐기도록 할 수 있는 태도나 신념, 가치, 지적인 성향을 카톨릭 학교에서 발전시키지 못하고 있다고 밝혀진 한 연구 결과를 조심스럽게 발표했다. 개신교 학교에서 일하고 있는 교사라면 자신의 학교에도 렌스키와 똑같은 결과가 나타날지 궁금할 것이다. 가톨릭 교사라면 자신의 학교에 렌스키의 1961년도 자료를 어떻게 적용시켜야 할지 매우 알고 싶을 것이다. 이러한 교사들은 모두 일에 대한 태도와 관련된 학교 프로그램의 효과를 밝히기 위해 렌스키의 연구 방법을 그대로 또는 수정해서 적용시켜볼 수 있을 것이다. 렌스키의 연구 방법을 그대로 적용하면, 즉 사회 과학의 방법을 사용하면 교사들은 무엇이 사실이고 무엇이 허구인지, 교사나 학교 관계자, 부모들의 편에서 바람직한 생각이 무엇인지 알 수 있을 것이다

종교 교육에서 객관성의 기능

교사는 각 학생들이 실제로 교사 자신을 배우고 있다는 것을 명심해야 한다. 교사나 부모는 학생이 특정한 학습을 받았다는 것이 결코 그 학습 결과를 습득한 증거는 아니라고 믿기 때문이다. 다시 말해, 교사는 학생이 바람직한 학습 결과를 습득하는 정도를 객관적으로 검증해야 한다. 학습 결과의 객관적인 과정은 신학보다는 경험적인 학문 분야인 사회과학에 더 적당하다. 학습 결과의 성취를 객관적으로 검증하는 과정에서 주일학교 교사는 가능한 한 자신이 기대하는 정도나 주관적인 편견이 끼어들지 않도록 많은 통제 방법을 사용해야 한다. 따라서 표준화되어 있는 실험 방법을 사용하거나 학생이 자신의 생활에서 가정되어진 학습 결과를 운용할 수 있는 정도를 확인하기 위해 객관적으로 도출되어진 측정 방법을 사용해야 한다. 예를 들어 주일학교 교사는 특정한 학습 결과를 가져오는데 X 방법이 Y 방법보다 더 효과적이라고 생각한다면 교사는 학생들이 X 방법을 사용할 때 더 높은 성취도를 얻게 되리라는 것을 어떻게 알 수 있는가? 아마 교사는 X 방법을 무의식적으로 더 선호하고 있을지도 모른다. 학생들이 더 재미있어 하고 더 만족스런 결과를 보여주기 때문에 방법 X 를 더 좋아할지도 모른다(학습자의 만족도는 학습 정도와 관련이 있을 수도 없을 수도 있다). 객관적인 기준은 상황의 현실성을 수립하기 위해 필요하다.

이 점을 더 분명하게 보여주는 몇 가지 예가 있다. 빌리 그래함은 자신의 집회에 참석

한 군중들이 신앙을 따라 그들의 행동을 궁극적으로 대단히 많이 변화시켰다고 믿었다. 그러나 객관적인 경험적 연구 결과에 의하면 그래함 목사의 집회에 참석한 사람들의 상당수가 거의 변하지 않았다고 밝혀졌다(버논, 1967, 45).

신학 교수인 다니엘 브라운(Daniel Brown)은 대학생들에게 구약을 가르치는 데 개인적으로 효과적일 것이라고 생각한 방법을 제안했다. 그 방법은 이스라엘의 한 사건을 중심으로 '한 학기 동안 다루기에 적당하게 내용을 축소해서 학생들이 구약에서 얻은 진리를 개인적인 생활에 적용시킬 수 있도록 오늘날까지 계속 이어지고 있는 살아 있는 전승 속으로 학생들을 이끌어들이는' 것이다. 그의 교육학적인 방법에 대해 구체적으로 설명하고 있지 못하지만 브라운은 강의나 독서 과제, 보고서 제출, 시험과 같은 방법을 많이 사용한 것 같다(1968-69). 사회 과학의 입장에서 보면 브라운이 말하고 있는 교수 방법의 효과의 개념에는 객관적인 기준과 관련하여 몇 가지 의심스러운 문제들이 제기된다. 브라운의 학생들은 브라운이 생각한 대로 효과적으로 학습했을까? 결국 이론과 실재는 같지 않다는 결론이 나온다. 보고서를 작성하고 기말고사를 치르는 데 대한 브라운의 평가가 객관적인지 아닌지 확인하기 위해 브라운은 어떤 기준을 사용하고 있는가? 다시 말해, 자신이 실시한 수업의 효과를 스스로 공정하게 판단한다고 여긴 방법으로 과제물이나 시험을 평가한 것인지, 의식적으로 또는 무의식적으로 그런 방법들을 선택했는지 입증하기 위한 평가를 어떤 객관적인 기준을 바탕으로 하는가? 브라운은 자신의 방법이 다른 교수 방법보다 더 효과적이라는 사실을 입증하는 데 어떤 객관적인 증거를 보여주고 있는가? 만일 브라운의 방법이 자신의 경우에 효과적인 교육 방법이었다고 가정할 때 다른 교사들의 수업에도 효과가 있으리라고 일반화시키는 데 어떤 객관적인 기준을 사용하고 있는가?

개신교 종교 교육 신학자인 랜돌프 크럼프 밀러는, "대부분의 경우 중학교 2, 3학년 학생들은 형식적인 내용을 싫어한다. 그래서 구약 과정이 좋은 내용이 될 수 있다. 대부분의 아이들은 역사를 좋아하기 때문이다"라고 말했다(1956, 69). 밀러와 같은 전문적인 종교 교육가가 경험에서 우러난 그런 개인적인 의견을 이야기하는 것이 매우 신빙성이 있어 보인다. 그러나 경험적으로 도출된 객관적인 검증을 하려면 좀더 신중하게 타당성이 있어야 한다. 중학교 2, 3학년 학생들에게는 형식적인 내용이 그다지 중요하게 받아들여지지 않는다는 밀러의 주장을 뒷받침해주는 경험적인 연구가 실제로 있다. 이 자료들은 밀러의 주관적인 의견보다 더 객관적이고 바람직한 검증을 거치고 있다. 호기심 많은 중학교 2, 3학년 학생들 수준에 적당하다면 구약 과정은 정말 좋은 내용이다. 한 개인의 의견보다는, 이 학생들의 심리학적 단계에 관한 객관적인 증거 자료가 구약 과정의 효과를 입증하는 근거를 마련해준다.

노인들의 입장에서 볼 때 최근 전세계적으로 젊은이들 사이에 성(性)적인 관습이 타락했다는 염려가 많다. 신학자들이나 종교 교육가들도 이 문제에 대한 관심을 표명하고 있다. 그러나 사회학자들은 이렇게 묻는다. "오늘날 성적인 관습이 예전보다 더 자유분방해졌다는 사실을 어떻게 객관적으로 입증할 수 있는가? 1960년대 프랑스에서는 사회학자들이 이 문제에 대한 객관적인 해답을 제시하려는 노력이 있었다. 인간의 정상적인 임신 기간이 9개월이라는 사실은 경험적으로 입증된 사실이다. 통계 방법을 사용하면 어느 정도까지 여기에서 벗어났는지 꽤 정확하게 밝혀볼 수 있다. 프랑스의 사회학자들은 17세기 중엽부터 현재까지 300년 동안의 지역 기록을 조사했다. 결혼 날짜와 첫아이의 출생 날짜를 비교했다. 그 간격이 9개월보다 현저히 짧다면(비정상적인 임신 기간의 가능성도 허용하여) 자유분방한 성생활이 입증되는 것이다. 결론은 전쟁 중이든 평상시든, 기근이 들었든 풍년이든 또 18세기든 20세기든 상관 없이 혼전 임신의 비율이 거의 비슷했음이 밝혀졌다. 이러한 연구는 감성적인 자료보다 더 객관성을 띠고 있다.

모든 과학은 어느 정도 객관적이라는 특성을 지니고 있다. 그러나 완전한 객관성을 보장하는 학문은 본질적으로 신학보다 사회과학이다. 신학자들은 신학이 시대적인 특성을 지니고 있다고 주장하다. 신학은 연구가 이루어지는 시대의 영향을 받고 마찬가지로 그 시대에 영향을 끼친다. 이는 신학이 전적으로 그 시대의 영향을 받아 이루어진다는 이야기가 아니라 그 시대의 시대 정신을 꽤 많이 반영하고 있다는 뜻이다(라흐너와 포르그림러, 1965). 시대정신이 신학에 끼친 영향을 알아보기 위해 노예제도와 흑인이 다른 시대, 다른 세상에서 성경적으로 신학적으로 어떻게 풀이되고 있는지 살펴보면 이해가 될 것이다. 더 나아가 테오도르 필트하우트(Theodor Filthaut)가 연구한 바에 의하면, 시대 정신은 신학적인 바탕을 지니고 있는 종교 교육의 모든 형태와 내용에 매우 다양한 영향을 끼쳐 왔다(1965, 1). 사실 체누는 신학이 다른 견해를 가진 사람들에 따라 서로 다른 색깔을 지니고 있다는 것을 상기시킨다. 어거스트 파 학교도 있고 도미니언 파 학교도 있고 개신교 학교, 가톨릭 학교, 보수적인 학교, 진보적인 학교 등 다양한 학교들이 있다. 분명히 신학자들은 심혈을 기울여 자료들을 수집하지만 결국은 완벽히 객관적일 수 없는 결론을 내린다. 마지막 분석은 사회 과학 분야에서 이루어지는 것처럼 결정적인 자료를 객관적으로 분석해서 얻는 것이 아니라 자료 외적인 힘이 작용한다. 가톨릭에서는 자료를 분석하고 해석하는 범위를 결정하는 데 교권이 영향을 끼친다(체누, 1959, 48-49). 폴 틸리히는 개신교에서 자료를 분석하고 해석하는 데 결정적인 자료 외적인 힘에 대해 잘 설명하고 있다.

어쩌면 과학적일지도 모를 모든 신학은 개인적인 경험이나 전통적인 가치, 개인적인 신앙 등이 그 특성을 결정 짓게 되는 부분이 있다. 글을 쓴 신학자 자신에게는 이런 특성이 보이지 않을지도 모르지만 다른 경험이나 다른 신앙을 가지고 바라보는 사람들에게는 분명하게 드러난다. 귀납적인 방법으로 글을 읽을 때는 저자가 어떤 방향에서 그 책을 썼는지 물어야 한다. 만일 모든 경험을 통해 바라보고 있다는 결론이 나오면 어떤 사실적인 특성, 어떤 경험의 특성을 그 신학의 경험적 근거로 삼고 있는지 물어야 한다. 그 답이 무엇이든 경험과 가치를 전제로 한다. 고전적인 관념론에서 발전되어진 연역적인 방법에서도 마찬가지다. 관념론의 궁극적인 원칙은 궁극적인 관심을 이성적으로 표현하는 것이며, 모든 형이상학의 궁극적인 근본 원칙들처럼, 동시에 신앙적인 근본 원칙이다. 여기서 도출된 신학은 그 속에 함유되어 있는 숨겨진 신학에 의해 결정되어진다. 경험주의적 방법이든 형이상학적 방법이든(신학에 있어서), 그 두 가지가 혼합되어 있는 수많은 경우에 있어서도 마찬가지로, 귀납법과 연역법을 이끌어가는 전제가 신비한 경험의 형태를 띠고 있다는 사실을 이해할 수 있어야 한다(1951, 8-9).

사회 과학은 객관성을 보장하기 위해 경험주의적인 통제 방법을 사용한다. 그렇게 하는 것은 종교 교육을 하는 데 매우 도움이 된다. 예를 들어 흑인 아동에게 효과적으로 가르치기 위해 이 흑인 아동이 실제로 어떻게 학습을 하는지 객관적인 방법으로 알기란 힘들다. 흑인 아동에 관한 신학은 혼자서 바람직한 교육 효과를 얻는 데 필요한 중요한 요소가 될 수 없다. 그런 신학은 학습에 영향을 주는 다른 방법들과 상호 작용할 때에 중요한 방법이 되는 것이다. 따라서 검다는 것이 하나님을 언짢게 했기 때문에 얻은 외부적인 징표라고 믿는 교사라면 이런 신학은 아동에게 (학습을 부정적으로 이끌어 가는 행위인) 적대적인 또는 경멸적인 태도를 지니게 하는 신학으로서의 의미를 지닐 뿐이다.

종교 교육에 있어 수량적인 측면

종교 교육은 학습자의 전 행동 양식을 그리스도인으로서의 생활에 합당하도록 이끄는 데 그 목적이 있다. 결론적으로 말해 교사와 학생이 어떤 특정한 그리스도인으로서의 행동을 어느 정도까지 쉽게 행동에 옮길 수 있는지 확실히 파악하는 점이 중요하다. 교사와 학생 모두에게 바람직한 학습 결과를 성취할 수 있는 정도와 한계를 측정하기 위한 자세한 방법을 제공하는 것이 수량화의 목적이다. 사실, 효과적인 학습이라는 개념 자체가, 엉성하든 정확하든, 실제로 바람직한 행동을 습득했는지 아닌지 확인할 수 있는 일종의 수치적인 측정 방법의 개념을 지니고 있다. 어떤 주일학교 교사는 혼자서 X 라는 교육학 방법이 Y 라는 교육학 방법보다 효과적이라고 생각할지 모른다. 그러나 두 가지 방법의 효과를 구별하기 위한 수치적인 측정 방법이 없다면 X 방법이 Y 방법보다 효과적이라고 객관적으로 확인하기란 불가능하다. 더 나아가 이 교사는 X 방법이 얼마나 더 효과적인지 확인하여 교육적으로 현명하게 결정할 수 있기를 바랄 것이다. 가령 X 방법을 사용하는 것이 Y 방법보다 더 많은 시간, 노력, 경제적인 비용을 필요로 한다고 생각해보자. 그리고 각 방법의 결과를 분석한 결과 X 방법이 겨우 몇 퍼센트 더 효과적이라고 밝혀졌다면 이러한 수치적인 자료는 교사가 X 방법을 사용하는 데 드는 더 많은 시간, 노력, 비용 등이 적절한 학습을 위해 그만한 가치가 있는지 판단하도록 도움을 줄 수 있다.

미국 학생들에 대한 사회과학 분야의 연구에 의하면 여학생들이 종교적, 사회적, 미학적 가치에서 높은 점수를 얻은 데 비해 남학생들은 이론적, 정치적, 경제적 가치에 대한 실험 점수가 높았다(버렐슨과 스타이너, 1964, 574). 이러한 수치적 자료는 주일학교 교사가 자신의 교육 활동을 구분하는 데 커다란 도움을 준다. 더 나아가 자료를 좀더 깊이 분석해보면 교사는 여학생이 종교적 가치에서 남학생보다 얼마나 더 점수가 높은지 알 수 있다. 자신의 남학생이나 여학생들이 종교적인 가치들을 효과적으로 확실히 습득하기 위해 교사가 교육적으로 구분해야 할 정도는 종교적인 가치의 영역에서 얻은 점수의 정도 차이에 따라 다를 것이다.

교사나 주일학교 프로그램 개발자 등 교회 학교와 연관된 교사들은 이러한 학습을 경험하는 학생들은 그들 나름대로 그리스도인으로서의 생활을 따르는 데 구체적인 이상형으로서의 개인적인 신앙 모델을 갖고 있다고 이야기한다. 이것은 하나의 주장이다. 이를 실제적으로 밝혀주는 자료는 무엇인가? 여기서 다시 이러한 개인적인 신앙 모델이 학습자를 위한 구체적인 이상형으로서의 역할을 어느 정도까지 할 수 있는지를 보여주는 수치적인 측정 방법이 필요하다. 이런 방법으로 교사나 교육 전문가들은 학생들에게 개인적인 신앙 모델을 제시해주기 위한 신앙 프로그램 효과의 정확도를 예측할 수 있다. 로버트 모로코(Robert Morocco)의 연구에 의하면 가톨릭 중등학교 학생들의 62%가 그들의 주요한 개인적인 이상형으로 종교계의 위인을 꼽았다. 가장 많이 언급된 이름은 풀턴 쉰(Fulton Sheen, 당시 TV 프로그램에도 자주 등장하던 유명한 주교)이었으며 단지 9명의 학생이 성모 마리아나 예수를 꼽았다(1957).

수치화 작업은 신학보다 사회학 분야에 더 어울린다. 사실, 신학이 수치화 작업을 했을 때 여러 가지 바람직하지 못한 결과를 초래했다. 예를 들어 가톨릭 교회에서 면죄라는 신학적 구조를 통해 하나님의 자비가 수치에 따라 내린다고 한 적이 있었다. 그래서 사람들은 어떤 행위를 하면 7년 동안의 면죄와 7회의 면죄 기간을 얻을 수 있었고, 또 어떤 행위를 했다고 하여 6년 동안의 면죄를 얻을 수 있기도 했다. 또 어떤 도덕적인 신학자들은 소죄(小罪)의 상태에서 대죄(大罪)의 상태로 옮겨가기 전에 얼마나 멀리 옮겨갈 수 있는가를 결정하기 위해 수치화된 방법을 쓰기도 했다.

신학 중심으로 연구하는 종교 교육 학자들은 신학의 사회학적인 특성을 부정하면서도 그들이 쓴 글에 자신들이 알지도 못하는 명백히 수치화된 어떤 내용을 쓰기도 했다. 예를 들어, 요하네스 호핑거(Johannes Hofinger)는 이렇게 썼다.

"종교 교육학의 입장에서 보면… 대화 미사가 찬미 미사나 장엄 미사보다 더 낫다. 객관적으로 말하면 대화 미사는 가장 엄숙한 형태의 예식이 아니라 아동이나 청소년들에게 미사의 가르침과 의미를 올바로 이해하도록 하는데 가장 알맞은 형태의 미사이며 그들이 가능한 한 의미 있게 집중할 수 있는 미사다"(1962, 41-42).

호핑거는 아동과 청소년들이 찬미 미사나 장엄 미사보다 대화 미사에서 배울 것이 더 (숫적으로) 많다는 것을 이야기하고 있다. 교육학적인 효과의 정도나 수준을 비교한 모든 것을 숫적인 개념으로 설명하고 있다(호핑거는 아동이나 청소년들에게 찬미 미사나 장엄 미사보다 대화 미사가 더 효과적이고 교육학적이라는 주장을 뒷받침하는 데 어떤 뚜렷한 자료를 제시하고 있지는 않다. 여기서는 신학적인 가정이 경험적으로 검증된 자료를 대신하지 않는다).

나는 이 장에서 종교 교육이 본질적으로 수치화되어야 한다거나 모든 종교 교육이 숫적으로 측정될 수 있어야 한다는 것을 이야기하고 있는 것이 아니다. 다만 종교 교육을 평가하고 개선하는 데 가능한 한 그 효과의 정도를 측정하는 믿을 수 있는 수치화된 방법을 사용해야 한다는 것이다.

종교 교육에서의 탈가치화

이 제목은 사회 과학의 특징 중 하나가 탈가치화라는 앞 장에서의 내용을 떠올리게 할 것이다. 다시 말해, 사회 과학은 그 활동의 결과를 판단하는 데 가치 기준을 정하지 않는다는 것이다. 예를 들어 사회학자들은 어떤 행동을 인격 장애 또는 사회적 파괴 행위로 구분할 때 신학자들은 그 행동을 죄악된 행위 또는 이단적인 행위라고 한다.

종교 교육에 있어서 탈가치화는 이미 하나의 가치 체계의 성향을 띠고 있는 교수 방법 자체를 다른 가치 체계로 수정시킬 수 있다는 것을 뜻한다. 다시 말해, 교사가 원하는 가치와 상관 없는 결과가 나타나는 학습이 이루어질 수 있다는 것이다. 예를 들어 감리교 주일학교 교사는 가톨릭 교사가 학생들에게 가톨릭식 행동을 하도록 가르치는 데 사용하는 것과 똑같은 일반적인 교육 방법을 사용하여 감리교적인 행동을 하도록 가르칠 수 있다.

종교 교육에 있어서 탈가치화란 바람직한 행동 수정의 과정이나 효과가 일반적으로 신학적인 판단의 영향을 받지 않는다는 것을 뜻한다. 예를 들어 교권이나 교회, 신앙은 학습자에게 어떤 특정한 베푸는 행동을 하도록 가르치는 데 X라는 교수 방법이 Y라는 교수 방법보다 더 효과적인지 아닌지 판단할 수 없다는 것이다. 또 신학은 학습자의 학습 방식을 판단하는 데 적합하지도 않다. 예를 들어 요제프 골드브루너(Josef Goldbrunner)는 신학자들의 의견에 근거하여 다음과 같이 자신의 주장을 내세우고 있다. "아동은 개인적인 결정이 아니라 순종의 윤리에 의해 행동한다"(1965a, 35). 이러한 심리학적인 판단은 분명히 신학적 방법론이나 일반적인 신학의 영역 밖에서 이루어진 것이다.

내가 종교 교육이 가치 기준에 제한이 없다고 이야기하는 것은 종교 교육이 가치와 무관하다는 이야기가 아니다. 오히려 그 반대다. 종교 교육의 과정이나 결과 모두 그 자체가 가치다. 종교 교육이 목적인 그리스도인의 삶은 가장 고귀한 가치다. 더 나아가 종교 교육은 교육의 구조를 이루는 데 기독교의 가치를 그 척도로 삼는다. 따라서 종교 교육은 행동 수정을 하는 데 그 어떤 기독교의 원칙도 위반할 수 없다. 종교 교육 과정과 신학 사이에서 영향을 받는 연결점은 바로 이 가치의 영역이다. 신학이 종교 교육의 영역에서 차지하고 있는 중요한 역할 중 하나는 종교 교육이 나아가야 할 방향과 종교 교육이 이루어져야 할 범위의 변수를 제공하는 일이다. 다음 장에서 이 점을 깊이 다루게 될 것이다.

종교 교육이 신앙 상담과 완전히 구분되는 부분이 바로 신학적 가치 구조를 수용하고 용이하게 하는 문제이다. 주일학교 교사의 역할은 학습자가 어떤 바람직한 가치를 지니도록 해주는 것이고 신앙 상담자의 역할은 얼마나 잘못되어 있든지간에 그 상담자의 가치를 무조건 받아들여주는 일이다.[8] 상담 교사는 상담자와의 관계에 영향을 끼칠 개인적인 신앙이나 특정 교파의 교리로 상담의 자기 인식에 방해를 해서는 안 된다(시걸, 1959). 예를 들어 어떤 남학생이 신체 심리학적인 욕구와 신앙 사이에서 갈등하면서 수음 행위에 대해 죄책감을 느낀다고 이야기할 때 상담 교사는 이를 수음의 도덕성에 관해 이야기할 기회로 삼아서는 안 된다(쿠란, 1960). 상담 교사는 아무런 가치 판단도 하지 않고 그저 그 학생이 생각하는 것에 대해 무조건 긍정적으로 평가해주면서 이야기를 들어주고 중립적으로 반응해주기만 하면 된다. 신앙 상담도 가치와 관계가 있지만 기본적으로 상담받는 사람이 지니고 있는 자기 자신의 가치 구조를 인정해주는 것이 그 사람의 자기 인식을 증진시켜 준다[9]. 한편 종교 교육은 학습자가 바람직한 가치를 지니도록 의식적으로 신중하게 변화시켜 나가는 것을 목적으로 한다.

종교 교육에서의 촉진 과정

종교 교육에 있어서의 촉진 과정은 특이한 사회 과학적 활동이다. 촉진이란 한마디로 할 수 있게 하는 기능이다. 즉 학습자가 자신의 행동을 바람직한 방향으로 변화시키는 데 도움을 주는 방법이다. 촉진이란 최대한의 효과를 가져오는 학습이 이루어지도록 교육적인 조건을 정비하는 것이다. 정확하게 그리고 철저하게 생각해보면 촉진은 내용에 제한이 없는 방법이다. 그러나 어떤 특정한 수업에서 학습을 촉진시키는 것은 물론 어떤 구체적인 결과를 가져오기 위한 방법이다. 신학은 행동 수정을 촉진시키는 방법을 확실하게 제시해줄 수 없다. 다만 종교 교육 영역에 행동이 수정되어야 할 다양한 방향을 제시해줄 수 있을 뿐이다.

신학자들은 종교 교육에 촉진이라는 사회 과학적 방법을 사용할 것을 용납하지 않고 다음과 같은 경건해보이지만 어리석은 주장을 한다. "교사는 사람으로서 항상 아동을 가르치는 데 성령을 따라야 한다… 교리를 가르치는 일은 교사와 아동 사이에서 이루어지는 사건이 아니라 하나님과 아동 사이에 이루어지는 사건이다."[10] 그러나 종교 교육은 어떤 신비한 체험이 아니다. 종교 교육은 무엇보다도 학습자와 학습자가 어떤 바람직한 학습 결과를 습득하도록 의식적으로 신중하게 형성해놓은 조건들 사이에 일어나는 상호 작용이다. 물론 수업을 포함한 모든 곳에 하나님이 계신다. 그러나 하나님께서는 원하시는 일이 이루어지도록 인간과 다른 자연적인 대리자를 통해 일하고 계시다는 사실을 역사가 보여주고 있다. 종교 교육이 이런 태도를 명확히 하기 전까지 수세기 동안 전문화되지 못한 인간이나 자연이라는 도구를 지나치게 무시하고 하나님을 지나치게 의존하는 구렁텅이에서 헤어나오지 못할 것이다. 하나님께서는 행동을 촉진시키기 위해 모든 수업 시간마다 질질 끌려다니실 수 없다. 나는 오히려 하나님께서는 자연의 질서를 통해 일하신다고 믿는다. 이것은 종교 교육이 학습자에게 의도한 대로 영향을 주려면 교육적인 경험을 주의 깊게 계획하고 기술적으로 준비해야 한다는 것을 뜻한다(블룸, 1963, 387).

학습 상황 내에서 다양한 모든 방법들이 축적되어진 효과는 학습자가 한 가지 특정한 것을 습득하는 결과를 가져온다. 학습이 이루어지도록 하는 데 가장 필요한 방법들만을 따로 조직하여 바람직한 학습 결과가 나타나도록 하는 일은 사회 과학이 하는 일이다.

이렇게 학습 상황을 의식적으로 조절하고 신중하게 조직하는 일은 촉진 과정의 핵심이다. 학습에 영향을 주는 중요한 교육 방법들을 과학적으로 선택하고 효과적인 학습이 이루어지도록 이 방법들을 정돈하는 일은 신학의 영역 밖에 있기 때문에 신학을 중심으로 하는 교사들은 바람직한 학습 결과를 촉진하기 위해 수업 과정을 어떻게 짜야 하는지 고심해야 했다. 이렇게 신학 중심적으로만 연구한 결과는 때로 실수나 학습 의도와는 상관없는 결과를 가져오기도 한다. 예를 들어 요하네스 호핑거는 초등교육 과정에 있는 어린아이들이 좀더 완벽하게 예수와 살아 있는 관계를 맺도록 촉진하는 가장 효과적인 방법은 구원의 이야기를 통해 예수와 접하도록 성경-역사적인 접근 방법을 사용하는 것이라고 말했다. 그의 이야기를 뒷받침해서 호핑거는 바울이 안디옥 회당에서 가르칠 때 학습을 촉진하기 위한 이러한 방법을 썼다고 인용하고 있으며 어거스틴도 신앙 교육을 촉진하는 데 이러한 방법을 썼다고 주장했다. 자신의 주장을 더 뒷받침하기 위해 호핑거는 그리스도가 전한 메시지의 중심이 구원의 역사라는 신학적 주장을 덧붙였다(1962).

호핑거의 주장에는 분명한 오류가 있다. 예를 들어 안디옥에서 바울의 가르침을 듣던 청중들은 모두 성인들이었으며 어거스틴이 염두에 두고 있던 사람들도 성인들이라는 점이다. 사회 과학적 자료가 지적하고 있는 것은 말할 것도 없이 상식적으로도 성인은 아이들과 다르다. 그리고 신학은 행동 수정을 촉진하기에 적당하지 못하다는 커다란 약점을 가지고 있다. 아동이 학습하는 데 적당한 심리학적이고 교육적인 조건을 발견 내고 예측하는 일은 분명히 신학의 영역을 벗어나는 일이다. 예를 들어 학습자의 태도를 형성하는데 교실에서의 토론이 주는 영향과 텔레비전의 영향을 예측해서 비교하기 위해 신학이 할 수 있는 일은 무엇인가? 어린아이들을 통해 호핑거가 말한 대로 사실 성경 역사적 방법이 학습 결과를 얻도록 촉진시키기에 부적당하고 비효율적이라는 사실을 보여주는 명백한 자료들도 있다.[11]

과학의 일종인 사회 과학은 바람직한 학습 결과를 성취하도록 촉진시키거나 방해할 수 있는 수많은 교육 방법의 결과를 발견하고 설명하고 예측할 수 있는 특성을 지니고 있다. 예를 들어 사회 과학은 교사나 다른 사람들이 서로 의사 소통하는 데 사용하는 언어가 메시지의 내용이나 의미를 이해하는 것을 촉진시키거나 방해한다는 사실을 발견했다. 윌리엄 버플랭크(William Verplanck)의 연구가 이 사실을 보여준다. 버플랭크는 두 사람 사이의 평범한 대화를 통해 실험을 했다. 24명을 실험했는데 피실험자에게는 실험

중이라는 사실을 모르게 했다. 각 실험자는 피실험자와 적어도 30분 동안 여러 가지 주제를 가지고 대화를 나누었다. 처음 10분간 실험자는 일상적인 대화를 나누며 피실험자가 이야기하는 비율을 기록했다. 그 기록에 의해 피실험자가 이야기하는 비율의 상대적인 기준이 설정되었다. 다음 10분 동안은 실험자가 피실험자가 하는 이야기에 모두 긍정적으로 반응해주었다. 실험자는 피실험자가 하는 모든 이야기에 말로써 동의를 표시하거나 이야기 중간에 끼여들기 힘든 경우 고개를 끄덕이거나 웃으면서 긍정해주었다. 마지막 10분 동안은 실험자가 피실험자의 이야기를 모두 무색하게 만들어버렸다. 어떤 피실험자의 경우에 실험자는 아예 반응을 하지 않았고 또 어떤 피실험자의 경우에는 모든 이야기에 부정적인 태도로 동조하지 않는다는 반응을 보여주었다. 30분 동안 피실험자가 이야기하는 비율은 변하지 않았다. 그러나 피실험자가 이야기하는 양에 뚜렷한 변화가 있었다. 실험자가 피실험자들의 이야기에 긍정적인 반응을 보여준 두번째 10분 동안에는 24명의 피실험자 모두 상대적으로 빈번하게 이야기를 했고 실험자가 반응을 보이지 않거나 찬성하지 않는다는 부정적인 반응을 보인 마지막 10분 동안에는 피실험자 24명 중 21명의 이야기 회수가 상대적으로 줄어들었다(버플랭크, 1955). 버플랭크의 연구 결과가 종교 교육에 주는 의미는 학생들의 행동이 교사들이 교육하는 의미 있는 행동 방법에 의해 영향을 받는다는 사실을 보여주는 것이다. 종교 교육은 분명히 하나님께서 자라게 하실 것이다. 그러나 심는 것은 학습 상황이고 물을 주는 것은 교사다. 촉진하는 것은 이렇게 심고 물을 주는 것이다.

행동 수정과 종교 교육

종교 교육이 하는 일은 신앙이라는 틀 안에서 학습자의 행동을 수정하는 데 영향을 주는 것이다. 이러한 행동 수정은 인지 정서의 영역, 좀더 총체적으로 학습자의 생활 양식의 틀에서 이루어진다. 기본적으로 학습은 행동에 변화를 가져오는 것이다. 따라서 한 개인의 행동이 변화되는 것은 학습이 이루어진 것을 보여주는 기능적인 방법이다. 우리는 예수께서 사람들의 행동을 변화시키신 사건들을 성경을 통해 많이 찾아볼 수 있다. 예수는 베드로가 신앙을 가지도록 가르치셨고, 요한이 겸손해지도록 가르치셨다. 우물가에서 사마리아 여인이 변화되도록 가르치셨고, 엠마오로 가는 길에 제자들이 통찰력을 갖도록 하셨다. 한마디로 예수는 가르침을 받는 모든 사람들의 행동이 이렇게 또는 저렇게 변화되도록 선한 일을 베풀며 다니셨다.

행동을 효과적으로 수정하기 위해 주일학교 교사나 교과 과정 수립자는 먼저 행동의 변화를 가져올 수 있는 조건들을 알아내어 학습자들의 행동이 실제로 바람직한 방향으로 수정되도록 이 조건들을 구체적으로 조정해야 한다. 결론적으로 주일학교 교사나 교과 과정 수립자는 경험적인 자료를 가지고 주어진 학습자들의 실존적인 상황 속에서 실제로 어떻게 학습이 이루어지며 실재로 가능한 행동 수정을 어떻게 촉진시킬 수 있는지를 깊이 이해하고 있어야 한다. 다시 말해 학습자의 행동을 수정하는 데 있어서 교사는 사회학자가 되어야 한다.

신학도 학습자들의 행동을 수정하는 데 충분히 그 방향을 제시할 수는 있지만 실제로 행동 수정 그 자체를 불러일으키는 것은 사회 과학이 하는 일이다. 예를 들어 신학자들 사이에 수세기 동안 첫번째 영성체에 가장 적당한 시기가 언제인지 그리고 어린아이들이 첫번째 영성체를 또래 그룹과 해야 할 것인지 부모와 해야 할 것인지에 관한 논쟁이 있었다. 이 신학적 논쟁의 기간이나 다양한 주장들은 이 문제를 해결할 수 있는 열쇠가 신학의 영역이 아니라는 사실을 보여주고 있는 것이다. 아동이 부모나 또래 그룹과 상호 관계를 맺으면서 심리학적으로 성숙하고 발전하는 실제적인 상태를 연령에 따라 단계별로 보여주는 것은 사회 과학 분야의 연구이다. 이를 근거로 첫번째 영성체를 받기에 가장 적당한 시기와 함께할 사람들을 합리적으로 결정할 수 있는 것이다.

신학자들이나 신학을 중심으로 하는 종교 교육가들은 모두 신학의 논리적 발전의 입장에서 종교 교육 프로그램을 개발하려고 한다. 반면 사회학자들은 학습자들이 실제로 어떻게 학습하는가 하는 실존적인 상황과 학습을 촉진시키는 조건 등의 관점에서 교과 과정을 개발한다. 마르첼 반 카스터(Marcel Van Caster)와 같은 신학자들은 기독교의 종말론적인 차원에 대해 가르칠 때 교사들은 "그리스도의 부활 사건에서 시작해야 한다. 그리고 그리스도인들의 죽음을 그리스도의 죽음과 그 죽음의 의미와의 관계에서 이해시켜야 한다"고 주장한다(1963, 455). 사회학자라면 자신이 가르치고 있는 특정한 그룹이 실제로 학습하고 있는 방법에서 시작할 것이다. 그들의 나이, 심리 사회학적 욕구, 사회 경제적 배경, 문화적 환경, 이러한 것들이 실제로 학습이 이루어지는 방법과 중요한 관계가 있다는 것을 자료들이 명백하게 밝혀주고 있다. 경험적인 자료는 부활 사건으로 시작하는 것이 부적당하다고 밝히고 있으며, 부활은 학습자들이 실존적으로 어디에 있는가 하는 관점에서 효과적인 시점을 제시하고 있음을 밝히고 있다. 내가 말하고 있는 것은 종교 교육에 관한 전제적인 가정은 신학적인 관점에서 볼 때 아주 훌륭하다고 하더라도 학습자들의 행동 수정을 촉진하기에 가장 효과적인 조건을 제시하지 못한다는 것이다.

종교 교육을 증진시키기 위한 학습 환경 형성

바람직한 학습 결과는 교사나 커리큘럼과 같은 제한된 환경이나 방법에서 이루어지는 것이 아니라 교수 학습 과정이 일어나는 전체 환경에서 이루어지는 것이다. 주일학교 교사의 역할은 학습 환경을 기술적으로 조성하여 모든 조건들이 한데 어우러져 의도한 대로 행동의 변화를 가져오도록 하는 것이다. 사회 과학자로서의 주일학교 교사는 학습 결과를 성취하는 데 중요한 영향을 끼치는 것으로 알려진 모든 방법들, 학습이 일어나도록 상호작용하여 상황을 설정하는 교육학적 전략, 내용, 커리큘럼, 사회경제적 배경, 교육 기관의 환경, 신체적인 배경 등 모든 방법들을 조정하고 형성해야 한다. 그 본질적인 차이 때문에, 학습이 이루어지도록 하는 방법을 확인하고 바람직한 학습이 이루어질 환경 내에서 다양한 방법들을 조직하고 바람직한 행동 수정이 실제로 일어났는지 아닌지를 확인하는 일은 신학이 아니라 사회 과학의 영역에서 이루어져야 할 일이다.

본질적으로 신학은 바람직한 행동 수정이 이루어지도록 하는 환경적인 요소들을 조직하는 데 적당하지 않기 때문에 아무렇게나 조직하여 시도할 수도 있다. 이것이 문제를 해결하는 데 있어서 사회 과학과 뚜렷이 구별되는 점이다. 사회 과학은 행동의 원인과 예측에 있어서 최소한으로 기회를 줄일 수 있다. 사회 과학보다 신학을 통해 학습 환경을 조성하려다 엉성한 결과를 가져온 실례가 있다. 수도 생활을 하는 여성들에게 신앙 훈련을 시키기 위해 수녀원은 신학 중심의 교사들로 하여금 그 안에서 생활하는 젊은 여성들에게 바람직한 행동 수정이 일어나도록 학습 환경을 조성하도록 하고 있다. 사회 과학적 자료는 이러한 환경이 바람직한 행동 수정을 일으킨다는 견지에서 그다지 나쁠 것은 없다는 점을 보여준다. 예를 들어 마리 프란시스 케노이어(Marie Franis Kenoyer)는 수도 생활에 입문한 소녀들과 그냥 평범한 생활을 하는 소녀들 두 그룹을 조심스럽게 경험주의적 입장에서 연구했다. 두 그룹은 수도원에 들어가기 전까지는 별 차이가 없는 평범한 소녀들이었다. 몇 년 후 케노이어는 심리학적 평가 방법을 사용하여 두 그룹의 소녀들을 비교하였다. 연구 결과 수도 생활을 하는 소녀들은 자신들이 평범한 소녀들보다 좀더 순종적이며 복종하기를 좋아하고 겸손하고 더 수줍음을 타고 있다고 생각한다고 밝혀졌다. 케노이어는 이러한 인격적인 특성에 차이가 있는 원인은 수도 생활에 입문한 소녀들에 영향을 준 수도원이라는 환경 때문이라고 결론지었다(1961).

신학 중심적인 교사들이 형성한 환경이 바람직한 학습 결과를 가져오는 데 실패했다는 것을 보여주는 실례들도 있다. 가톨릭 신학자들과 신학 중심으로 연구하는 학자들은 기대하던 학습 결과를 성취하는 데 실패했다. 한 가지 예를 들어보자. 카톨릭 신학자들이나 신학 중심적인 교계 인사들은 수세기 동안 청소년들의 남녀공학을 좋지 않게 생각해왔다. 교황 피오 11세는 남녀 공학이 자연주의에 입각한 것으로 원죄를 부정하는 것이라고 과장되게 주장했다. 피오 교황은 신학의 우세한 입장에서 창조를 연구하면서, 하나님의 법과 자연법은 남녀공학이 젊은 남성과 여성이 자연적으로 그리고 초자연적으로 성장하는 데 매우 해롭다는 것을 보여준다고 주장했다(1936). 남녀공학에 대한 피오 교황의 금지령은 1958년 성 종교 회의(Sacred Congregation of Religious)의 포고에 의해 더 강화되었는데 그 내용은 가톨릭 고등 학교의 남녀 공학은 주교가 이 해악이 매우 필요하다고 간주하는 지역에서만 허용한다고 신학적인 입장에서 진술하고 있다. 그리고 구체적인 몇 가지 사항을 덧붙이고 있다. 예를 들어 남학생과 여학생의 교실을 다른 건물에 두거나 분리할 수 없는 경우 적어도 같은 건물의 반대편에서 수업하도록 하며 등하교 시간을 달리하는 것 등이다. 수도원이 부속 학교로 남녀 공학을 운영하는 것은 금지되었다. 더욱이 남녀공학에서 가르치는 수도사는 남자든 여자든 교사로서의 덕성이 경험적으로 입증된 사람들이어야 했다. 결국 그러한 학교에서 가르치는 것을 거의 금지하려는 조항이다(1958). 이러한 신학적 주장에도 불구하고 청소년들의 신앙적 행동이나 성장에 남녀 공학이 해로운 영향을 끼친다는 점을 지적하고 있는 사회과학적 자료는 없다. 오히려 중·고등학교나 대학에서 남녀가 분리된 학교를 다닌 경우 불행한 결과가 일어난다는 것을 보여주는 자료들이 있다.[12] 예를 들어 앨리스 웨셀(Alice Wessell)과 마리

리타 플러티(Mary Rita Flaherty)의 연구에 의하면, 가톨릭 여자 대학에 입학한 지 1년이 지난 후 여학생들은 학교에 입학했을 때보다 덜 여성적인 것으로 나타났다(1964).

신학 중심적인 개신교 지도자나 가톨릭 지도자들은 학생들의 신앙을 성장시키는 데 도움이 되는 환경이 조성된다는 생각으로 교회와 연결지어 대학을 설립해왔다. 그들은 "성00대학이라는 이름에서 정말 종교적인 분위기를 느낄 수 있다"는 식의 이야기를 자주 하면서 그들의 주장을 신학적으로 뒷받침해왔다. 그러나 교회 지도자들은 개인적으로 만족할지 모르지만 실제로는 그런 분위기를 주지 못하고 있다는 사실을 제시하고 있는 사회과학적 자료들이 있다. 예를 들어 마리 에드먼드 하비(Marie Edmund Harvey)의 장기적인 연구에 의하면, 동부의 가톨릭 여자 대학에서 1학년 학생들이 4학년이 될 때까지 그들의 신앙적 태도에는 아무런 중요한 변화도 없었다(1964). 하비의 연구는 로버트 하센거(Robert Hassenger)의 연구와 비슷하다. 하센거는 중서부의 가톨릭 여자 대학의 환경이 학생들의 신앙 태도에 영향을 끼치는지 연구했다. 4학년들은 신앙적 태도와 가치관에 있어서 1학년들과 아주 최소한의 차이가 있을 뿐이었다(1967b). 가톨릭 대학의 환경이 학생들에게 끼치는 영향을 경험적으로 연구한 가장 완벽한 연구 중 하나인 하센거의 연구에 의하면 이러한 환경은 학교 교직원들이 의도한 대로 학생들의 신앙 태도와 가치관을 변화시키는 데 그다지 커다란 영향을 주는 것 같지 않다고 결론 짓고 있다. 오히려, 4학년들의 신앙 태도나 가치관은 그들이 1학년 때 지녔던 것과 거의 변하지 않았다. 4학년들의 신앙 태도나 가치관의 특성은 대학의 종교 지도자들이 바라던 것과는 다른 방향으로 흘러가고 있었다(1967a).

개인에게 끼치는 학습 환경의 교육학적인 영향력의 형성과 평가는 신학보다는 사회과학이 해야 할 과업이다. 분명 신학은 종교 교육에서 핵심 역할을 담당하고 있다. 그러나 그 역할은 학습 상황을 형성하는 것 이외의 일일 것이다.

기독교 학습 실험실과 종교 교육

가장 완벽한 종교 수업은 그리스도인으로서의 삶을 실험하는 것이다. 이러한 실험은 직접 경험함으로 수업의 과정과 결과를 성취하도록 수업 환경을 형성한다. 존 듀이

(John Dewey)가 주장했듯이 넓은 의미에서 볼 때, 현대 과학의 부흥은 무엇인가를 행하여 얻는 일을 제외하고는 순수한 지식이나 완전한 이해 — 나는 여기에 성숙한 태도와 가치의 발달을 덧붙이고 싶다 — 란 있을 수 없다는 것을 보여준다. 사람들은 지식이나 이해, 또는 가치를 가지고 무엇인가를 한다. 그들은 머리로만 이러한 것들을 습득하지 않는다(듀이, 1916, 321). 인간은 완전한 존재다. 즉, 본질적으로 존재하고 행하는 자신의 생활 방식을 완성시키기 위해 부름 받은 존재다. 사회학자들이 한 유명한 호손 실험에 대해 언급하면서 마샬 맥루한(Marshall McLuhan)은 인간이 실험실이라는 환경에서 학습하고 발견하는 과정에 에너지를 쏟아 넣을 수 있게 되면 그 결과 증가된 효과는 '경이적'일 것이라고 설명하고 있다(1964, ix).

각각의 성질과 취지로 인해 신학이 아니라 사회 과학이 그리스도인으로서의 삶에 대한 실험 학습을 개발하고 성취하고 확인하는 데 필요한 학습 조건을 형성하기에 적당하다. 앙드레 고딘(André Godin)은 신학자들과 신학 중심적인 교사들이 교수-학습 과정에 끼치는 사회 경제적인 배경의 효과를 이해하지 못하고 있거나 어떤 교육학적 전략이 특정한 학습을 이끌어 나가는 데 적당한지를 알지 못한다고 지적했다(1962).[13] 주일학교 교사가 바람직한 학습 결과를 성취할 수 있는 교육학적인 조건들을 적용시키는 일은 사회과학으로부터 얻어진 이해와 기술을 통해서 이루어질 수 있다.

결론

종교 교육은 신학보다는 사회 과학의 지배 아래 놓이게 되었다. 이는 종교 교육이 신학과 아무런 관계가 없다는 뜻이 아니다. 오히려 종교 교육은 그 근본적인 구조와 방법들을 사회 과학으로부터 빌려온다는 뜻이다. 모든 과학은 협력할 영역이나 원리들의 방향을 형성하는 그 자체의 구조와 기능적인 방법들을 가지고 있다.

나는 종교 교육이 실용적인 신학의 한 부류라고 생각한 전통적인 견해가 수세기 동안 종교 교육의 잠재된 영향력을 실질적으로 억압시켜온 데 대해 책임이 있다는 사실을 이 장에서 이야기하고 있는 것이다. 앙드레 고딘은 이러한 맥락에서 종교 교육을 하는 데 있어서 신학적인 기반은 교사와 교과 과정 수립자들이 마치 실험적인 기술, 학습 환경을 조성하는 일, 통계학적인 판단, 촉진 방법 등과 같은 모든 것들이 존재하지 않거나 별로 중요하지 않다고 여기도록 만들었다고 주장했다(1962). 그래서 종교 교육은 신학으로부터 확실하게 분리되지 못하고 신학의 한 부류가 되어버렸다.

  먼저 종교 교육에 대한 사회 과학적 접근 방식은 교수-학습 과정에 뿌리를 두어야 한다. 나는 특정한 행동과 관련된 목표를 의식적으로 신중하게 촉진시키는 것이 종교 교육의 중심 과제가 되어야 한다고 생각한다. 옛 것이든 새 것이든 신학적 방법과 내용에 가능한 한 완전하게 협력하면서 학습 상황을 계획성 있게 조직하도록 연구하고 수행하는 것이 종교 교육이 해야 할 가장 중요한 역할이다. 분명히 신학은 이러한 종교 교육에 있어 없어서는 안 될 중요한 역할을 한다. 그러나 신학이 교수 - 학습 조건이라는 사회 과학에 투입되는 것이지 사회 과학이 신학 안으로 투입되는 것은 아니다.

  두번째로 신앙의 학습이 일어나는 환경에 대한 사회 과학적 이해는 신학이라는 주제를 '이해시키는' 보조적인 환경을 조성하는 것이 아니라 생동적인 학습 과정 속에 있어서 핵심적인 요소 — 어떤 의미로는 통제력 — 이다. 사회적인 시간과 공간이라는 요소가 지닌 효과는 수행되어지고 있는 교수-학습 양식에 필수적인 요소이다. 확실히 학급은 본질적으로 독특한 심리 사회학적 구조를 가지고 독특하게 심리 사회학적으로 구성되어 있다. 여기서 신학은 없어서는 안 될 것이다. 그러나 신학은 학급에서 방향을 설정해주는 데 유용할 뿐이다. 이것은 물론, 학생들로 하여금 신앙에 관심을 가지도록 동기를 유발시키거나 수업에서 배운 신학적 주제를 실천하도록 '이끌어주기 위한' 도구로서 이해해야 한다는 전형적인 주일학교 교사의 주장과는 본질적으로 다르다.

  세번째로 사회 과학적 접근 방법은 종교 교육을 학습자에게 의도된 행동의 수정이 일어나도록 교사와 학생이 의식적으로 신중하게 함께 노력해야 하는 것이라고 이해한다. 학급은 학생들에게 바람직한 행동의 변화가 일어나도록 계획되어진, 그리스도인으로서의 삶을 실험하는 실험실이 되어야 한다. 신학은 매우 중요한 양식이다. 그러나 신학은 학급 활동의 귀착점인 대신, 행동과 관련된 목표를 성취하기 위한 학습 환경을 교육적으로 구성하는 데 관여하는 요소일 뿐이다(리, 1970, 1-2).

  종교 교육을 사회 과학의 영역에 넣는 것은 종교 교육의 미래가 과거보다 훨씬 밝으리라고 보장하는 데 도움을 준다. 이러한 맥락에서 나는 가브리엘 모란이 종교 교육의 미래의 발전은 내용이나 방법으로 구성되어질 수 없으며 낡은 이분법은 종교 교육에서 사라졌다고 이야기하면서 제시한 종교 교육의 미래의 기본적인 청사진을 믿는다. 종교 교육의 미래의 발전은 인간의 삶과 기독교 신앙 속에서, 내용과 방법의 내면적인 관계 선상에서 이루어져야 한다. 종교 교육에서 가장 필요한 것은 고도의 방법론의 문제를 중심적으로 다루어야 하는 것이다. 여기서 방법론이란 행동하고 의사 소통하는 양식을 뜻한다.[14] 이 장의 내용은 모란이 '고도의 방법론' 이라고 말한 행동과 의사 소통 양식을 가장 완벽하게 설명하는 데 적당한 것은 그 어떤 과학보다도 사회과학이라는 점을 제시하려는 것이다. 학습자의 신앙적 행위를 예측하고 촉진하고 형성하는 데 있어서 종교 교육을 효과적으로 이끄는 것은 분명 사회 과학이다.

1. 저자는 신학과 사회 과학을 어떻게 구분하고 있는가?

2. '종교 교육의 검증' 은 무엇을 뜻하는가?

3. 당신이 경험한 기독교 교육은 저자의 사회 과학적 접근 방법을 바탕으로 한 것과 어떤 차이가 있는가?

Mayr, M., ed. 1983. Modern masters of religious education. Birmingham, Ala.: Religious Education Press.

Aiken, W. 1942. The story of the eight-year study. New York: Harper.

Barbara, A. 1963. Straining toward the future: Eschatological perspectives in teaching the

Eucharist to adolescents. Lumen Vitae 18 (Sept.).

Berelson, B., and G. A. Steiner. 1964. Human behavior: An inventory of scientific findings. New York: Harcourt, Brace, and World.

Bloom, B. S. 1963. Testing cognitive ability and achievement. Handbook of research on teaching, ed. N. L. Gage. Chicago: Rand McNally.

Brown, D. 1968-69. Teaching the Old Testament to American students. Living Light 5 (Winter): 65-74.

Caster, M. van. 1963. The subject of eschatology in catechesis. Lumen Vitae 18 (Sept.).

Chenu, M. D. 1964. Is theology a science? New York: Hawthorn.

Coleman, J. S. 1961. The adolescent society. New York: The Free Press.

Curran, C. A. 1960. The concept of sin and guilt in psychotherapy. Journal of Counseling Psychology 7 (Fall): 192-97.

Dean, T. W. 1963. The training of adolescents to prayer. Lumen Vitae 58 (June).

Dewey, J. 1916. Democracy and education. New York: Macmillan.

Filthaut, T. 1965. The concept of man and catechetical method. New catechetical methods, ed. J. Goldbrunner, trans. M. V. Reid. Notre Dame: Univ. of Notre Dame Press.

Godin, A. 1962. The importance and difficulty of scientific research in religious education: The problem of criterion. Religious Education 57 (July-Aug.): S-169.

Goldbeck, A. D. 1966. Another necessity-Helping children to pray. Living Light 3 (Fall):20-21.

Goldbrunner, J. 1965a. Catechesis and encounter. New catechetical methods, ed. J. Goldbrunner, trans. M. V. Reid. Notre Dame: Univ. of Notre Dame Press.

Goldbrunner, J. 1965b. Catechetical method. New catechetical methods, ed. J. Goldbrunner, trans. M. V. Reid. Notre Dame: Univ. of Notre Dame Press.

Grande, P. P. 1964. Rapport in the school counseling interview in relation to selected personality characteristics of religious and laymen (nonreligious) counselors. Unpubl. Ph.D. diss., Univ. of Notre Dame.

Harvey, M. E. 1964. A study of religious attitudes of a group of Catholic college women.

Unpubl. master's thesis, Fordham Univ.

Hassenger, R. 1967a. Impact of Catholic colleges. In The shape of Catholic higher education. Chicago: Univ. of Chicago Press.

Hassenger, R. 1967b. Portrait of a Catholic women's college. In The shape of Catholic higher education. Chicago: Univ. of Chicago Press.

Hennessey, T. C. 1962. A study of the changes and the permanence of changes in the religious ideals of Catholic high school students after a closed retreat. Unpubl. Ph.D. diss., Fordham Univ.

Hofinger, J. 1962. The art of teaching Christian doctrine: The good news and its proclamation. 2d. ed. Notre Dame: Univ. of Notre Dame Press.

Jungmann, J. A. 1959. Handing on the faith. Trans. and rev. A. N. Fuest. New York: Herder and Herder.

Kennedy (Arlin), P. 1968. Introduction: Religious education for young adults. Ultimate concern: Teacher's manual. Chicago: Argus.

Kenoyer, M. F. 1961. The influence of religious life on three levels of perceptual processes. Unpubl. Ph.D. diss., Fordham Univ.

Lee, J. M. 1963a. Couseling versus discipline: Another view. Catholic Counselor 7 (Spring): 114-19.

_____. 1963b. Principles and methods of secondary education. New York: McGraw-Hill.

_____. 1970. Foreword. Toward a future for religious education, eds. J. M. Lee and P. Rooney. Dayton, Ohio: Pflaum.

Lenski, G. 1961. The religious factor. Garden City, N.Y.: Doubleday.

McLuhan, M. 1964. Understanding media: The extensions of man. New York: McGraw-Hill.

Miller, R. C. 1950. *The clue to Christian education*. New York: Scribner's.

_____. 1956. *Biblical theology and Christian education*. New York: Scribner's.

Moran, G. 1966. *Catechesis of revelation*. New York: Herder and Herder.

Morocco, R. R. 1957. A study of the ideals expressed by a selected group of parochial and public school students. Unpubl. master's thesis, The Catholic Univ. of America.

Murray, J. B. 1957. Training for the priesthood and interest test manifestations. Unpubl. Ph.D. diss., Fordham Univ.

Phenix, P. H. 1966. Religious education in the secular city: Myth and mystery in the secular city. Religious Education 61 (March-April).

Pius XI. 1936. Christian education of youth. Trans. Natinoal Catholic Welfare Conferernce. Washington, D.C.: NCWC.

Rahner, K., and H. Vorgrimler. 1965. Theological dictionary, ed. C. Ernst, trans. R. Strachan. New York: Herder and Herder.

Ranwez, P. 1963. The awakening of a child's sense of son. Lumen Vitae 18 (March).

Rokeach, M. 1970. Faith, hope, and bigotry. Psychology Today (April): 33-37, 58.

Sacra Congregatio de Religiosis. 1958. Instructio de juvenum utriusque sexus promiscua institutione. Acta Apostolicae Sedis 50 (Feb. 24).

Sears, R., et al. 1953. Some child-rearing antecedents of aggression and dependency in young children. Genetic Psychology Monographs 57 (May).

Segal, S. J. 1959. Religious factors and values in counseling: The role of the counselor's religious values in counseling. Journal of Counseling Psychology 6 (Winter): 270-79.

Simpson, R. M. 1933. Attitudes toward the Ten Commandments. Journal of Social Psychology 4: 223-30.

Thomas, E. J., and C. F. Fink. 1963. Effects of group size. Psychological Bulletin 60 (July): 371-84.

Tillich, P. 1951. Systermatic theology. Vol. 1:8-9. Chicago: Univ. of Chicago Press.

Vaughn, R. P. Seminary training and personality change. Religious Education 55 (Jan.):56-59.

Vernon, G. M. 1967. Measuring religion: Two methods compared. In The sociology of religion, ed. R. D. Knudten. New York: Appleton-Century Crofts.

Verplanck, W. S. 1955. The control of the content of conversation: Reinforcement of statements of opinion. Journal of Abnormal and Social Psychology 56 (Nov.): 668-76.

Wessell, Al., and S. M. R. Flaherty. 1964. Changes in CPI scores after one year in college. Journal of Psychology 57 (Jan.): 235-38.

Wrightstone, J. W. 1936. Appraisal of experimental high school practices. New York: Teachers College, Columbia Univ.

Wyckoff, D. C. 1967. Religious education as a discipline: Toward a definition of religious education as a discipline. Religious Education 62 (Sept.-Oct.).

1. 모리스 웨스트(Morris W. West, The Devil's Advoate(New York: Morrow, 1959), 274.

2. 필립 휘닉스는 교육 철학자이자 신학자이기도 하다.

3. 그란데가 공감대의 정도를 측정하기 위해 사용한 도구는 앤더슨 공감대 범위 측정표이다.

4. See Elizabeth B. Hurlock, *Child Development*, 4th ed. (New York: Mcgraw-Hill, 1964); Arthur T, Jersild, *Child Psychology*, 6th ed. (Englewood Cliffs, N.j.: Prentice-Hall, 1968); Lawrence J. Stone and Joseph Church, *Childhood and Adolescence*, 2d ed. (New York: Random House, 1968); Justin Aronfreed, *Conduct and Conscince* (New York : Academic Press, 1968); Leonard Berkowitz, *The Deveiopment of Motives and Values in the Child* (New York: Basic, 1964); John Bowlby, *Child Care and Growth of Love*, ed. and abr. Margery Fry (London: Penguin, 1953); Hugh Hartshorne, *Childhood and Character* (Boston: Pilgrim, 1919).

5. 폐쇄된 피정은 바깥 일상 생활과의 접촉을 피한 환경 속에서 이루어지는 기도와 영적인 명상 기간을 말한다. 이러한 은둔 생활은 세상에서 동떨어진 외딴 곳에 있는 수도원이나 피정의 집 같은 곳에서 이루어진다. 개방된 피정은 바깥 세상과의 접촉이 있는 곳에서 기도하고 영적 명상을 하는 기간이다. 이때 피정 참가자들은 기도를 하고 명상을 하는 외에 저녁이면 집으로 돌아가 라디오를 듣거나 TV를 보고 잡지책을 읽을 수 있다.

6. 머레이는 신학을 전공하거나 부전공으로 하는 400명의 가톨릭 신학생들과 사제들을 대상으로 연구 했다.

7. See James Michael Lee and Louis J. Pulz, eds., Seminary Education in a Times of Change(Notre Dame, Ind.: Fides, 1956).

8. 이 부분에 대한 토론을 위해 다음을 보라. James Michael Lee and Nathaniel J. Pallone, Guidance and Counseling in School: Foundations and Prosses(New York: McGraw-Hill, 1966), 302-4, and passim.

9. 상담과 가치와의 관계를 완벽히 다루고 있는 책으로 찰스 A. 쿠란의 「상담과 심리 치료 가치 추구(Counselling and Psychotherapy: The Pursuit of Values」(New York: Sheed & Ward, 1968)를 보라.

10. 첫번째 문장은 가브리엘 모란의 「계시의 교리 문답식 가르침」에서, 두번째 문장은 앞에서 말한 프란츠 아놀드의 책에서 인용.

11. Ronald Goldman, Religious Thinking from Childhood to Adolescence(New York: Seabury, 1968); also David Elkind, The Child's Conception of His Religious Identity, Lumen Vitae 19(December 1964): 635-46; also Christian Van Bunnen, The Burning Bush: The Symbolic Implications of the Bible Story among Children from 5-12 Years, Lumen Vitae 19(June 1964) 327-38

12. 이 부분에 대한 다양한 공부를 위해 다음을 보라. James Michael Lee and Nathaniel j. Pallone, *Guidance and Counseling in Schools: Foundations and Processes*.

13. 이 글은 종교 교육에 있어서의 사회 과학과 신학의 관계를 매우 자세하고 통찰력 있게 분석한 것이다. 고딘은 특히 이렇게 신학 중심적인 환경에서 사회적 압력으로 인한 계속된 몰이해와 반대의 상황에도 불구하고, 사회 과학자로서 용기 있는 특기할 만한 공헌을 했다.

14. 모란은 행동이란 말 대신 사고라는 단어를 사용하고 있다. 단어를 바꾸어도 나는 그가 이해하리라고 믿는다. 종교 교육의 새로운 구조에 관한 이러한 견해는, 적어도 내 생각에는, 종교 교육의 본질과 구조에 관한 가브리엘 모란의 가장 심오한 주장 중 하나이다. 그러나 그 자신이 신학자인 가브리엘 모란이 그가 말한 고도의 방법론적인 축을 가진 도구가 신학이 아니라 사회 과학이라는 점에 동의하는지 안 하는지는 명확히 알 수 없다.

19

교육적인 이슈의 해결

(1979)

테드 W. 워드

(Ted W. Ward)

복음주의적 관점에서 볼 때 워드 박사는 특히 지난 30년 간 연설과 강의를 통해 기독교 교육에 가장 건설적인 영향을 끼쳤다. 그는 기독교 교육을 전체적이기보다는 단편적이며, 발전적이기보다는 너무 명제적이며, 경험적이기보다는 추상적이며, 일반적으로 비학문적이거나 불완전한 구조를 이루고 있다고 본다. 한편으로는 성경적이며 신학적인 학문으로 되돌아가려는 요구로써, 또 한편으로는 사회 과학적으로 접근함으로써 기독교 교육은 가능한 한 기독교적이면서 교육적일 수 있다. 워드는 인간 성장을 이해하는 것과 지도력이나 그 밖의 다른 목회 양상에 대한 이해를 활용할 것을 강조한다. 마태복음 23장 1-7절을 다루는 부분에서처럼 성경과 성장주의를 함께 연결시키는 것은 많은 기독교 교육가들에게 도전이 될 것이다.

수년 동안 테드 워드는 미시간 주립 대학에서 교육학 교수로 일하면서 교육 발전에 커다란 공헌을 했으며 그의 신학 연장 교육과 비형식적인 교육은 유명하다. 20년 이상 북미와 해외에서 여러 목회 영역에서 지도자로 일하는 많은 인물들의 박사 과정을 지도하였다. 그들 가운데 많은 사람들이 기독교 교육 분야에서 다양하게 일하고 있다.

복음주의적 관점에서 볼 때 워드 박사는 특히 지난 30년 간 연설과 강의를 통해 기독교 교육에 가장 건설적인 영향을 끼쳤다. 지금은 트리니티 복음주의 신학교에서 기독교 교육과 세계 선교를 가르치면서 박사 과정 학생들을 지도하고 범세계적인 사역에 관심을 표명하고 있다.

「교회 지도자 양성」이 출판될 때 워드는 미시간 주립 대학에서 기독교 교육을 우호적으로 비평하고 있었다. 그는 주일학교 교사들과 대학생 지도자들, 캠프 지도자에게 강연했다. 그의 강연 내용에는 "기독교 교육은 이것도 저것도 아니다"라는 빈정거림이 자주 담겨 있었다. 다음 글을 읽는 독자들은 이 말이 단순한 조롱이 아니라는 사실을 알게 될 것이다. 워드 교수는 기독교 교육을 전체적이기보다는 단편적이며, 발전적이기보다는 너무 명제적이며, 경험적이기보다는 추상적이며, 일반적으로 비학문적이거나 불완전한 구조를 이루고 있다고 본다.

이 발췌문에서 곧바로 지도자 문제를 설명하는 것은 워드가 제시하고 있는 기독교 교육에 대한 전반적인 관점을 보여주고 있기 때문이다.

한편으로는 성경적이며 신학적인 학문으로 되돌아가려는 요구로써, 또 한편으로는 사회과학적으로 접근함으로써 기독교 교육은 가능한 한 기독교적이면서 교육적일 수 있다. 워드는 인간 성장을 이해하는 것과 지도력이나 그 밖의 다른 목회 양상에 대한 이해를 활용할 것을 강조한다. 마태복음 23장 1-7절을 다루는 부분에서처럼 성경과 성장주의를 함께 연결시키는 것은 많은 기독교 교육가들에게 도전이 될 것이다.

From the National Christian Education Study Seminar, Church Leadership Development(Glen Ellyn, Ⅲ.: Scripture Press, 1977), 31-46. Mimeographed.

'주의: 이 글에는 강한 약품이 들어 있음. 불행하게도 다른 성분이 극소량 섞인 분노와 사랑의 혼합물임. 분노 또는 고약함으로 보이는 이 성분은 인간의 연민이라는 여과지의 가장 미세한 흡수구도 통과해 버렸음.'

이 글은 출판하기 위한 의도로 쓰여진 것이 아니다. 전문적으로 깊이 토론하기 위한 글이다. 그 동기는 치유를 위한 것이다. 부식시키고 노출시키고 태워 버리는 치유 방법으로 북미 지역 교회에 만연된 세속주의라는 통증이 치유를 가로막지 않도록 하는 것이다.

그러나 세속주의의 영향은 너무 크고, 이 글은 거창하거나 적합하지도 않다. 다만 사람들이 모두 다 동의하지는 않으리라는 가정 아래 어떤 주장에 대해 함께 이야기해보자는 것이다. 이 글에 부디 깊은 신앙심을 통한 관심이 기울여지기를 바란다. 이 글의 주장은 교육적인 부분에서 예수 그리스도의 교회를 제대로 섬기지 못하고 있다는 것이다. 즉, '기독교 교육'이라는 천대 받는 프로그램의 교육적인 타당성과 신학적인 관련성에 대한 관심을 불러일으키는 데 실패했다는 비난을 받고 있다.

이 문제를 다루는 글들이 이미 여럿 나왔지만 일단 신학적인 문제를 다루고 부수적으로 실질적인 문제를 다루는 경향이 많기 때문에, 일선에서 실제로 일하는 사람들은 자주 실망한다. 이 글은 그런 의미에서 아주 좋은 조건을 가지고 있다. 신학적인 관점과 실제적인 기획 사이를 연결하여 가장 타당하다고 생각하는 위치에 놓인 글이다. 따라서 주어진 시간과 공간의 제한 속에서, 철저하게 공정하고 완벽한 글이 되기 위해 도전을 받아들인다. 더 이상 좋은 기회가 없을 것이다. 독자들은 알아두시라!

문제1: 기독교 교육

나는 유감스럽게도, 지금도 주도적인 신학 교육을 바탕으로 세워진 건물의 벽에서 찾아볼 수 있는 "기독교 교육(기독교도 교육도)은 아무것도 아니다"라는 낙서를 슬쩍 써놓은 사람 가운데 하나였음을 고백한다. 이런 우스갯 소리에서 시작하는 것이 유감스럽기보다는, 관심을 불러일으켜야 할 필요성이 있다는 사실이 유감스럽다. 주목할 만한 예외적인 경우도 있지만(기독교 교육 분야에서 일하는 몇 친구들처럼), 지나칠 정도로 기독교 교육은 기독교적이지도, 철저히 교육학적이지도 못하다.

　기독교 교육 프로그램들은 인간 발달 이론이나 교육적인 방법에 있어서 그 바탕이나 내용이 부족했다. 정상적인 교육 연구를 위한 바탕을 마련해야 할 사회 과학적 연구가 무시되어 왔다. 기독교 '교육', '기독교 프로그램'에 더 가까운 기독교 교육은, 아동 성장학에서 나온 양육 과정을 '교육 심리학'이라는 행동주의에 애매 모호하게 접목시킨 것이라면 문제를 해결해 나갈 준비가 안 된 것이다. '기독교'의 교육이라면, 증거가 되는 구절들을 잔뜩 들이대면서 기독교 교육의 기원이 훨씬 이전으로 거슬러올라가 모세오경에 있다고 주장하는 사람들도 있다(하나님께서는 그 시대에 주일학교가 없었다는 사실을 아실 것이다). 우스꽝스럽게도 가정과 가족들의 중심 역할이 필수적이라고 하는 주장들도 많이 있다. 그리고는 가족들을 서로 분리시키거나 단절시키기도 하고, 하나님의 은혜로 구원 받은 놀라운 이야기를 사람들이 어쩌다 듣게 된 소식 정도로 보잘것 없는 사건으로 만들어버리는 엄청난 양의 활동 프로그램들을 광범위하게 만들어내고 있다.

　기독교 교육? 기껏해야 그런 정도다. 그러나 여러 기관과 수많은 교회에서 다양한 형태를 통해 보고 겪은 바로는 "기독교 교육은 아무것도 아니다."

　교회의 교육적인 측면은 다시 연구하고 수정해야 할 필요가 있다. 이것은 다음의 부정적인 내용들은 치유하기 위한 것이다. 문제들이 치유되어지지 않는 한, 아무것도 더 이상 나아질 게 없다.

　기독교 교육은 필요하다고 생각되는 배우고 가르치는 행위를 단편적으로 다루는 활동들과 프로그램들을 한데 뒤섞어놓은 것이 되어 버렸다. 기독교 교육은 좀더 이해되어지고 좀더 완벽해지고 좀더 육신과 정신·영혼과 연관된 한마디로 '총체적인' 것이 되어야 함에도 불구하고 오히려 '단편적인' 것이 돼버린다.

　기독교 교육은 사람들이 양육적이고 발전적인 교육 환경을 필요로 하는데도, 올바른 내용을 전해줘서 그들이 올바른 반응을 나타내도록 조건화하는 데 관심이 있다. 즉 너무 명제적이다.

오늘날의 복잡한 생활은 기독교 교육에서 '경험적인' 가르침을 요구하는데, 사람들이 실질적인 문제를 가지고 도움을 청할 때 목회자의 이야기는 '추상적인' 것이 되버리고 만다.

기독교 교육은 명확하게 규정된 학문적인 구조가 부족하다는 의미에서 '비전문적' 이다. 정확하게 기독교 교육은 무엇을 바탕으로 하고 있는가? 신학을 바탕으로 하는가? 기독교 이전 헬라의 진보적인 그럴싸한 격언들을 심혈을 기울여 연구한다 해도, '기독교 대학' 들도 기독교 교육이란 학문이 무엇을 바탕으로 하는지 알아낼 수 없다. 우리가 필요로 하는 것은 교회를 위한 교육에 좀더 분명한 의미의 신학과 사회 과학과의 학문적 연계성을 끌어들여 책임 있는 학문으로서의 새로운 엄격함을 갖추는 일이다.

문제 2:지도력

지도자 훈련 프로그램이나 세미나, 학회 등을 위한 소책자들을 연구한 결과 나는 우리가 '경영 시대' 에 들어섰다고 생각한다. 이러한 경향이 좋은 일이라는 이야기가 아니라 우리에게 일어나는 일이 무엇인지 아는 것이 중요하다는 것이다. 교회는 효과적으로 일하기 위해 능률적인 경영이 필요하다는 주장이나, 교회는 공장이 아니며 수치화하기 어렵다는 이유로 산업 분야에서 경영 기술을 도입하는 것은 부적절하다는 양측의 주장이 다 맞는 이야기처럼 들린다. 사실 진리는 이 둘 사이에 아니면 제3의 입장에 놓여 있다. 그러나 어쨌든 우리는 목표 관리제(MBO)나 훌륭한 목표 달성을 위한 계획 수립에 리니어 모형을, 개별적인 시간 관리의 개념으로 환원주의를, 그리고 그밖의 이윤 추구를 위한 경영에 적용하는 수많은 시스템들을 도입하고 싶어하는 열망을 어떻게 해야 할 것인지 결정해야 한다.

정부도 물론 이 풍부한 제도들로 꽉 차 있다. 실질적인 면에서 볼 때 그 결과는 썩 좋은 편은 아니지만, 경영 세계에서 빌어온 이러한 방법들은 유감스럽게도 부적당하다. 이 방법들은 교활하게 '성공' 이라는 기준에 관심을 끌어 모아 그 이외의 것을 보지 못하게 한다. 교육가들이 광범위하게 주시하며 뜨거운 논쟁을 불러일으키고 있는 이 주장은 소위 교회 성장에 대한 많은 사람들의 찬반 양론 입장을 설명하기엔 역부족이다. 물론 양적인 성장은 중요한 소득이다. 그러나 훌륭한 목표일 수도 있을까? 더 많은 차가 더 많은 돈을 벌어 준다는 제너럴 모터스의 기획가들과 같은 사람들을 제외하고는 좀더 중요한 가치를 지키기 위해서는 단순한 목표가 나올 수 있다. 사람은 그렇게 하지 않는다면 파괴될 수도 있는 인생의 바람직한 아름다움, 즉, 많은 친구를 사귀고, 훌륭한 명성을 얻고, 여가를 즐기는 것에 관심을 기울여야 한다. 이러한 것들은 그 자체가 근본 목표라면 절대로 얻을 수 없는 것들이다.

경영 기술을 교회에 적용시키려는 열망은 스스로 그 정당성을 찾으려는 사이비 과학 때문에 오히려 더 파괴적이 되어 버렸다. 사람들은 과학이 무엇 때문에 있는지 그 간단한 개념을 이해하지 못하고 있다. 교회에서 교회를 위해 이루어지는 교류와 인간 본성에 관한 모든 문제를 과학적으로 이해하려는 것은 너무나 중요하기 때문에 무슨 속임수 장치처럼 남용돼서는 안 된다.

예를 들어 핵심적인 문제, 즉 지도력과 경영 사이의 혼란에 대해 살펴보자(타임지에서도 이 문제를 주요 제목으로 다루었다(1976, 11, 8). 당연히, 과학적인 지식을 지도력을 발휘하는 과정보다 경영 업무에 적용시키는 것이 더 쉽다. 어떤 사람들은 과학적인 것에 대한 지나친 집착 때문에 단순히, '지도력' 이 이제 경영이 되었다라고 말하며 감쪽같이 바꿔버린다. 그리고는 모든 '과학적인' 방법을 도입한다. 그러나 불행히도 과학을 옹호하는 사람들은 그다지 과학적이지 못하다! 과학을 강의할지는 몰라도 과학을 실제로 활용하지는 못한다.

과학은 용어의 정의, 현상의 서술, 그리고 유사점, 차이점, 관계성 탐색에서 비롯되게 마련이다.

정의

올바른 과학을 위하여 그리고 무엇보다도 기독교 교육을 위하여 '지도력' 이라는 용어는 기독교의 성경적 근거와 역사적 전제에서 조심스럽게 정의를 내려야 할 것이다. 지도력은 정확한 말이 아니다. 지도력이란 패튼 장군의 딱 벌어진 어깨에서부터 마하트마 간디의 뼈만 남은 앙상한 모습까지 다 포함될 수 있다. 지도자란 어떤 사람이며, 어떻게 지도자를 만드는지, 어떻게 지도자를 훈련해야 하는지 등에 관한 끝없는 논쟁들을 말로 해

봤자 아무 소용 없다고 경고하기에 충분하다. 기독교 공동체에서 문제는 지도력이 아니라 '섬김'이다. "인자가 온 것은 섬김을 받으려 함이 아니라 도리어 섬기려 하고 자기 목숨을 많은 사람의 대속물로 주려함이니라"(마 20:28). "너희는 그렇지 않을지니 너희 중에 큰 자는 젊은 자와 같고 두목은 섬기는 자와 같을 지니라"(눅 22:26). "예수께서 앉으사 열두 제자를 불러서 이르시되 아무든지 첫째가 되고자 하면 뭇 사람의 끝이 되며 뭇 사람을 섬기는 자가 되어야 하리라 하시고"(막 9:35). "예수께서 이르시되 이방인의 임금들은 저희를 주관하며 그 집권자들은 은인이라 칭함을 받으나 너희는 그렇지 않을지니…"(눅 22:25-26). 교회는 지도력을 다르게 정의 내려야 한다. 아무리 적다 해도, 세속적인 개념의 틀을 빌어오는 것은 교회를 세속화시키는 것이다.

교회에서의 지도력은 사회학자들이 '모델'이라고 말하는 그런 역동적인 정의가 필요하다. 지도력은 무엇을 '하는' 것이 아니라 오히려 성도들의 무리가 성장해나가는 주어진 상황에 '있는' 것이다. 지도력은 사람들을 황야에서 끌어내는 것이 아니라 함께 길을 떠나는 것이다. "그러나 너희는 랍비라 칭함을 받지 말라 너희 선생은 하나이요 너희는 다 형제니라 또한 지도자라 칭함을 받지 말라 너희 지도자는 하나이니 곧 그리스도니라"(마 23:8, 10). 그리고 함께한다는 것은 종으로서 함께해야 하는 것이다. 교회에서 지도자('목사'라고 말하는 것이 나을지 모른다)는 성령께서 교회에 부여하시는 능력의 대리자로서 섬겨야 한다. 어쩌면 교회의 지도력과 세속적인 개념의 지도자 사이에 비슷한 점이 있을지도 모른다. 그러나 비슷한 점보다는 차이점이 훨씬 중요하다.

서술

최근 유행으로 판단해 보건대 다음 용어들은 교회 지도자의 역할을 정의하고 있을 것이다. '권유하기, 동기를 유발시키기, 상 주기'. 사람들에게 무슨 일이 일어나도록 지도하는 것을 중심으로 학습에 대한 행동주의적 이해가 교회로 흘러들어왔다고 해서 놀랄 일은 아니다. 지도자가 필요하다고 결정한 일(또는 '프로그램')을 하도록 하는 것을 포함해 사람들로 하여금 참여하도록 이끄는 것과 '적절한' 행동(좋은 일)에 대해 보상해 주는 일이 지도자의 중심 역할이 될 때, 철학적 결정론뿐 아니라 사회적 엘리트 의식이 하나님의 성역 한가운데 서서 끼치는 모든 해악을 보게 된다.[1] '지도력'이 어떤 의미를 지니는지 밝히는 데 깊은 관심을 기울이고 기존의 기준을 넘어서 평가할 필요가 있다.

그 기준이란 교회 안의 지도력을 이해하기 위한 신학적인 틀을 말한다. 인간이 기획하는 일이라면 무엇이나 그 전제 조건을 설정하고 그 철학적인 근거를 설명할 수 있어야 한다. 교회는 왜 그 전제 조건과 근거를 성경 신학이라는 토대 위에 올려놓는 데 늑장을 부리는가? 이렇게 핵심적인 문제에 늑장을 부리는 것은, '기독교 교육'을 충분히 신학적이지 못한 교회 전략가들에게 맡겼기 때문이거나, 성도들의 삶을 성장시키는 과제에서 교육 목회를 도외시했거나, 수많은 구절들을 인용하면서도 성경이 교육의 신학적인 근거를 충분히 제공해주지 못한다는 주장을 아무런 비판 없이 하고 있거나, 단순히 기독교 교육을 무시하기 때문이다(결국, 신학자들은 인간의 행동을 이해하는 것보다 히브리어 단어 몇 가지를 더 중요한 것으로 여기기도 한다). 교회의 지도자들은 절실한 도움이 필요하다!

지도력을 '권유하고, 동기를 유발하고, 상을 주는' 형태에서 '수용하고, 나누고, 함께 성장하는' 것으로 바꾸어야 한다. 아니면 '지도력'이라는 단어 앞에 '기독교'라는 말을 결코 써넣을 수 없을 것이다.

관계성 탐색

과학자들은 설명하고 예측하기 위해 이해하려고 한다. 복잡한 인간의 환경에서 설명하는 일은 모든 과학자들이 할 수 있는 일이다. 그러나 예측하는 일은 까다로운 문제다. 사회학자들은 보통 관계성을 이해할 수 있는 것만으로 만족한다. 그래서 과학적인 입장에서 볼 때 문제가 바뀐다. "어떤 형태의 지도력이 가장 좋은 결과를 가져올 것인가?"가 아니라, "이런 또는 저런 지도력이 특정한 사람들과 상황과 욕구에 어떻게 결부시킬 것인가?"라는 문제가 된다. 다시 말해, '가장 좋은' 또는 '가장 효과적인'과 같은 일반화된 이야기가 '누구를 위해, 무엇을 위해, 언제, 가장 좋은' 것이냐는 물음으로 확대되었고 서로 연관된 복잡한 상황과 모든 조건들을 조명해보도록 확대되었다는 것이다. 이렇게 확대된 의미에서 볼 때, 교회의 지도력이 지녀야 할 특징들이 점점 명확해진다. 교회를 지도한다는 것은 거의 반복되지 않는 일련의 기계적으로 수행되는 '과정'—삶 속의 하나님의 계속되는 사역—에 참여한다는 것이다. 과정은 꽉 짜여지고 프로그램화된 것이 아니라 대단히 '발전 지향적'인 것이다. 그리고 과정을 통해 얻을 수 있는 가장 중요한 것은 과정이 어떤 목표된 상태나 완전함에 다다르는 것이 아니라 그 자체가 '지속적인 성취'(씻겨지고, 갱신되고, 완전해지는)라는 것이다.

문제 3: 분리 · 구별인가 간격인가?

실제적으로 분리라는 이야기가 나온 것은 타락의 영향이 구원 받지 못한 자들뿐 아니라 구원 받은 사람들에게도 미친다는 증거를 분명히 보여주고 있다. 타락의 영향을 받는 사람들은 어리석게 보이고 때로는 못나 보인다. 성경에는 덫에서 멀리 떨어져 사는 방법을 가르쳐 주는 훌륭한 지혜는 있어도 그리스도인의 분리에 관해 인류의 욕구를 무시하거나 반응을 보이지 말라고 가르치는 곳도 없으며 과학이라는 세속적인 연구에 대한 과학적이고 학구적인 탐구에 대해서도 어떤 근거를 주지 않는다.

교회를 위한 지도력은 인간의 행동과 학습, 사회 성장학 등에서 이루어진 연구를 토대로 많이 발전해왔다. 그리스도인들이 성스러운 것이 아닌 이론들은 모두 무시하고 모든 실험들을 다시 해야 할까(그리스도인들이 진화론과 같은 자연 과학의 연구에 흥미를 가져왔으면서도 최근까지도 사회 과학의 가치를 용납하지 않으려거나 무시하려는 것은 모순된 태도이다). 과학을 공부하는 그리스도인은 곧 주어진 연구의 가치에 관해 두 가지 판단을 내리는 법을 알게 된다. 하나는 연구의 과학적인 핵심과 '복제성' 그리고 또 하나는 연구의 전제 조건들이나 이 전제 조건들이 연구자가 결론을 이끌어내는 영향을 끼친 방식이다. 과학자들(기독교인이든 아니든)이 첫번째 질문을 바탕으로 버려야 할 연구는 많다. 과학적인 가치가 부족하기 때문이다. 그리고 성경이라는 전제 조건을 바탕으로 기독교인들이 새로 분석해야 할 것들도 많다. 많은 경우의 '이론들'은 충분히 존중될 만한 가치가 있고 성경을 바탕으로 이 이론들을, 특히 인간의 본질에 관한 이론들을, 단순히 재분석하는 일은 기독교인들에게는 매우 가치 있는 '결론'을 가져온다.

사실, 기독교 교육을 사회 과학 연구 세계와 좀더 밀접하고 확실한 관계를 맺도록 하는 방법들이 있다. 올바로 다루기만 한다면 이는 교회의 본래 모습을 그대로 유지하는 데 아무런 위협도 되지 않을 것이다.

그러나 다루기에 그다지 쉽지 않은 분리가 있다. 슬픈 이야기지만 북미 지역의 교회는 목회자와 평신도 사이에 그리고 교육 목회와 일반 목회 사이에 비성경적인 구별을 하고 있다. 목사가 양떼들과 분리되어 위임 받았다는 개념은 자연스러운 것이지만 이런 의미에서 대부분 이야기되어지고 있는 것은 일반 목회이다.

교회 교육은 다시 정의내려야 한다. 실제적으로 '담임 목사'가 수행하기 원하는 것은 그것이 무엇이든 '기독교 교육'이다. 이는 그리스도인의 성장이라는 핵심적인 중요성을 떨어뜨릴 뿐 아니라 목회자가 자신의 가장 중요한 의무인 양육을 게을리하게 만든다. 여기서 교육을 '그리스도인의 성장'이라고 이야기하는 것은 학교교육화되지 않은 교육의 입장을 반영하고 있는 것이다. 나는 학교에서 이루어질 수 있다고 해서 교육인 것이 아니라 인간을 성장하게 만들기 때문에 교육이라고 생각한다. 유감스럽지만 성자들을 향해 설교하는 것은 거의 교육이라고 생각하지 않는다. 만일 의식(儀式)이 교육적이지 않다면 단순한 의식에 지나지 않는다는 점도 생각해봐야 할 것이다.

목회와 교육의 역할이 분리된 것은 체계적이지 않은 방만한 프로그램들이 확산되는 가장 큰 근본 원인이다. 기독교 교육 지도자들의 '성공'의 기준은 그가 얼마나 많은 프로그램 활동을 했는가였다. 얼마나 많은 수업, 얼마나 많은 그룹, 얼마나 많은 프로그램, 얼마나 많은 행사를 했는가? 그리고 물론 얼마나 많은 수의 학생들이 참여했는가가 중요했다. 절망적인 일이다. 수를 세고 교회 성장 도표를 만드는 최근의 유행에 직면해서 어떻게 질적인 문제에 대한 관심을 불러일으킬 수 있을까?

교회의 분리, 특히 교회에서 교육적인 사명을 분리시키는 것은, 그것이 인류의 욕구나 인간의 본질에 관한 기본적인 이해를 위해 필요한 것들과 동떨어진 문제일 때, 분리는 그 성경적인 의도를 성취하지 못하게 만든다. 기독교 교육의 지도자들은 분리가 '구별'의 문제가 되도록 관심을 돌려야 한다. 교회를 위한 교육은 어떠한 이론이나 방법을 바탕으로 하든 훌륭한 것이 되어야 한다. 그러나 '구별된 것'이 되어야 한다. 교육하고 있는 신학적인 전제와 철학적 전제를 이해하는 일은 가장 중요한 일이다. 그리고 단순히 세속적인 교육 환경에서 '유행한다'는 이유만으로 기독교 교육에 적용시켜서는 안 된다. 하나님께서 의도하신 대로 그리스도인을 성숙시키고 하나 된 몸으로서 교회를 성장시키는 데 도움을 주는 것이 아니라면 절대로 해서는 안 된다.

사회 과학 분야에서 점점 커 가는 균열

사회 과학은 서로 상반된 주장들로 가득한 분야이다. 모든 문제에 대해 온갖 종류의 주장들이 다 있다. 예를 들어 실험적인 연구를 통해 실제적인 이론을 얻을 수 있는가 하는 문제와 같이 오래 전에 끝난 문제를 포함해서 거의 모든 문제에 대해서 여러 가지, 주장들이 계속되고 있는 것을 쉽게 찾아볼 수 있다. 동물 실험 연구라면 인간에 관해 잘못된 주장을 일반화시키는 실수를 범할 수 있을까? 정치학은 정말 과학일까?

현대 과학은 규명하고 이해하기 위한 필요에서 나타난 것이다. 그래서 사회 과학의 몇 가지 분야, 사회학, 심리학, 인류학, 정치학 그리고 지리학이나 역사 등은 적용의 기능을 가진 분야가 아니라 해석하고 규명하는 학문 분야다. 20세기에 '실용적인 일'을 하려는 욕구는 어떤 사회 과학, 특히 심리학의 뚜렷한 특징으로 나타났다. 장애를 지니고 있는 사람들을 도와주려는 사람들(심리 분석 학자)로부터 시작해서 행동주의가 확산되었다.

사회 과학을 적용시킬 수 있는 두 가지 범주가 나타났다. 행동주의 학자들과 발달주의학자들은 점점 더 대립하여 발달주의 학자들(developmentalists)의 예전의 커다란 실패에도 불구하고 더욱 대등하게 경쟁하고 있다. 사람들을 지나치게 분류하려는 경향과 자신들의 주장을 지나치게 확신한 결과 발달 연구 학문은 거의 소멸할 뻔했다.

이 두 분야의 인간에 대한 이해에 있어서 커다란 차이점은 대립되는 문제를 생생하게 설명해준다. 그리스도인은 세상의 학자들이 보지 못하는 점을 볼 수 있을지도 모른다. 예를 들어 그리스도인이라면 인간은 단순히 고등 동물이며 비둘기나 쥐, 영장류 연구에서 가정을 이끌어 낼 수 있다는 행동주의 학자들의 주장을 거부할 것이다. 철저한 그리스도인이라면 행동주의 학자들의 결정론이나, 더 교육 받은 자가 교육 받지 못한 자의 무엇을 배워야 할 것을 결정해야 한다는 주장에 대해서도 반박할 것이다. 마찬가지로 아동은 부모나, 교사, 친구, 그밖의 다른 사람들에 의해 쓰여질 '백지'라는 주장도 분명히 받아들이지 않을 것이다. 그리스도인은 무엇을 학습해야 하고 무엇을 믿도록 해야 할지를 결정하는 궁극적인 바탕 위에서 환경을 조성하고 일관성 있는 보상과 처벌 원칙에 따라 통제하는 것이 지도력이라는 주장에 동의하지 않을 것이다.

인간에 대한 성경적 이해와 다소 대립되는 것이 인간 발달학적 이해의 핵심이다. 성장은 모든 인류에 공통적인, 광범위한 범위에서 유전학적으로 프로그램되어진 형태를 따라 전개해나가는 과정이다. 환경은 영향을 끼치기는 하지만 성장을 통제하지는 않는다. 지적인 가정은 인간의 신체적인 면과 감성적인 면이 맞물려 있다. 인간은 자신의 운명에 영향을 끼쳐야 할 커다란 책임을 가지고 있다.

교육에 있어서 사회학적 연구와 행동주의는 모두 사람들을 '위해' 고도로 계획하려는 특성을 지니고 있다. 반면 교육에 있어서 발달 연구학은 사람들을 '가지고' 계획하려는 경향을 지니고 있다. 꼭 짜여진 교육 전략은 그 계획자들이 학습자들의 필요를 알고 결과적으로 필요로 하는 학습을 얻게 될 특정한 경험적 순서를 예측하거나 기대할 수 있다는 가정을 바탕으로 한다. 행동주의자는 이러한 류의 프로그램화된 교육을 더 좋아한다.

오늘날 행동주의는 기독교 이전 시대인 헬라 시대나 혹은 그 이전으로 되돌아가 고대의 사회 학습 전략을 '고도로 무장시킨' 것에 지나지 않는다. 이들은 많은 공통점을 가지고 있다. 지식이란 사람의 지식 창고 안에 넣어 주는 일, 즉, 적당한 단위로 묶어 주는 교사의 도움을 통해 습득되어지는 '바깥 세상이 어떤 것'이라고 이해하는 점도 서로 비슷하다.

기독교 교육 분야에 행동주의가 많이 포함되어 있는 것은 모순처럼 보인다. 행동주의의 기본적인 논리는 기독교와 상치된다! 그러나 그리스도인들은 발전된 경험보다 지각할 수 있는 정보로서의 지식을 분명히 더 좋아한다. 물론 이점은 성경이 인정받는 근거라는 점에서 어느 정도 정당화될 수 있다. 그러나 성경 자체가 발전되어 가는 문서, 즉 인간을 구원하시려는 하나님의 역사를 발전적으로 전개해나가는 문서이다.

많은 발달 학자들은 휴머니스트들이다(그들의 "인간이 모든 것의 기준이다"라는 주장은 성경의 진리에 어긋나지만). 아마도 그리스도인들은, 특별히 기독교 교육가들은 교수와 학습에 대한 발달학적인 입장의 중요한 타당성을 인식하지 못하고서 그들의 주장을 거부하는 경향이 있다.

사회 과학 분야에서 발달 연구학과 행동주의 사이에 점점 커가는 균열은 모든 교육가들에게 영향을 미친다. 우리는 각자 어디에 왜 서 있는지 알아야 할 필요가 있다. 우리들 중 소수는 그 시발점인 하나님에 대한 우리의 신앙을 확인하고, 비록 타락했지만 창조주의 위대하심이 얼마나 찬란하고 아름다운지를 보여주는 사역을 전개해내고 발전해나갈 수 있는 존재로서의 인간의 본질에 대한 이해를 확인하기 위해 자신의 입장을 "창조적인

발달 연구학"이라고 설명한다.[2]

발달주의적 지도력의 사례

성경은 추상적인 점들을 좀더 구체적으로 설명하기 위해 포도나무나 곡식, 나무 등의 이야기를 자주 한다. 오래 전부터 성경적인 사건들이 일어나는 가운데 사는 사람들은 대부분 농업에 종사하는 사람들이었기 때문에 농사와 관련된 비유들을 많이 사용하는 것은 말씀을 좀더 이해하기 쉽게 전달하기 위해서라고 설명한다. 충분히 타당한 이야기이다. 그러나 발달 연구 학자들은 좀더 깊이 이해한다. 이 비유들은 단순히 농업과 관련된 것이 아니라 생물학적이다. 목자와 양의 관계나 나귀, 암소 이야기 등을 사용하는 것들을 빼놓고 보면 식물과 같이 자라는 것들이 많이 나온다. 중요한 특징은 중요한 비유의 내용을 만든다. 즉, 인간이 성숙해지고 성장하는 과정은 식물과 유사하다. 식물은 자체에 본성과 성장하는 형태를 지니고 있다. 식물의 환경(물, 빛, 공기)은 커다란 영향을 끼치거나 성장하는 정도에 변화를 가져오고 때로는 그 생존 자체를 결정하지만 식물의 본질이나 성장 형태의 결정적인 요소는 아니다. 식물에 있는 목적은 중요한 문제가 아니다. 하나님께서는 성장하도록 제공해주신다. "또 너희가 어찌 의복을 위하여 염려하느냐 들의 백합화가 어떻게 자라는가 생각하여 보라 수고도 아니하고 길쌈도 아니하느니라 그러나 내가 너희에게 말하노니 솔로몬의 모든 영광으로도 입은 것이 이 꽃 하나만 같지 못하였느니라 오늘 있다가 내일 아궁이에 던지우는 들풀도 하나님이 이렇게 입히시거든 하물며 너희일까 보냐 믿음이 적은 자들아 그러므로 염려하여 이르기를 무엇을 먹을까 무엇을 마실까 무엇을 입을까 하지 말라 이는 다 이방인들이 구하는 것이라 너희 천부께서 이 모든 것이 너희에게 있어야 할 줄을 아시느니라 너희는 먼저 그의 나라와 그의 의를 구하라 그리하면 이 모든 것을 너희에게 더하시리라 그러므로 내일 일을 위하여 염려하지 말라 내일 일은 내일 염려할 것이요 한 날 괴로움은 그날에 족하니라"(마 6:28-34). 꽃이 피는 것은 완성된 단계지 일정한 조건이 아니다. 열매는 계절과 관련된 문제다. 휴지 상태도 정상적인 것이다. 이 자유스러운 성경의 비유가 영적인 건강을 증진시키는 데 얼마나 커다란 도움을 주는가. 어떤 사람은 건조한 날에 조금 말라도, 바람이 몹시 불어 조금 꺾여도, 곡식을 맺지 못해도 실망스러울 것 없이 모든 것이 다 괜찮다는 인상을 받을 것이다. 이러한 이해가 그리스도 안에서의 자유에 대한 바울의 견해의 일부가 될 수 있는가(고전 10:29, 갈 5:1)?

이런 생물학적인 특성을 한 걸음 더 넘어서 지도력에 관해 몇 가지 주장을 할 수 있다. 기르는 자(밭 주인이 아닌)와 같은 지도자를 생각해 보라. 요즈음 유행하는 정원 가꾸기를 보면 정원을 가꾸는 사람은 식물에게 이야기를 걸거나 심지어 노래를 불러주는 것도 자라는 데 도움이 된다고 한다. 말 그대로, 오늘날이나 성경 시대나 식물을 기르는 사람이 '하지 않는' 단 한 가지는 식물에게 식물이 되라고 가르치는 것이다. 아무리 강의를 하고 소리치고 타일러도 토마토가 오이가 되거나 장미꽃이 되지는 않는다. 기르는 사람은 식물이 있는 그대로 자랄 수 있도록, 스스로 자라 완성되어질 수 있도록 환경적으로 필요한 것들을 보살펴준다. 기르는 사람은 꽃을 피우지 못한다. 식물이 피우는 것이다. 왜냐하면 그것은 본성에 지니고 있는 것이기 때문이다. 기르는 사람은 촉진시키는 역할을 하는 것이다. 즉, 식물이 필요로 하는 조건을 적절하게 조성시켜준다.

식물학적인 비유는 또 이 세상에는 모든 종류의 식물, 즉 모든 종류의 '좋은' 식물이 있다는 사실을 상기시켜준다. 만일 수박이 없다면, 얼마나 안타까운 일인가! 가지고 있는 것이 온통 수박뿐이라면, 보이는 곳곳마다 수박, 수박, 수박뿐이라면 또 얼마나 괴로운 일이겠는가! 교회는 나름대로 독특한 개성을 존중하는 지도력을 필요로 한다.

훌륭한 농부는 식물을 알아보고 그 특성에 맞게 필요한 것들을 공급해준다. '그리스도 안에서의 새로운 본성'은 이렇게 부드럽고 사랑스럽게 다루어질 가치가 있지 않을까? 교회 지도자가 커다란 막대기나 물 주전자가 필요한가? 물론 풀을 뽑아 주는 제초기는 중요하다. 그러나 여기서 성경은 이렇게 말한다. 만일 잡초를 뽑는 제초기가 좋은 곡식의 뿌리를 상하게 한다면 추수하시는 주님께서 오셔서 골라내실 때까지 그대로 두어라! 교회는 판단하는 것을 좋아하지 않는 지도자를 필요로 한다. "비판을 받지 아니하려거든 비판하지 말라"(마 7:1).

추수하시는 주님께서 판단하시는 일은 그들의 본성을 어기는 일, 특히, 열매 맺지 못한 나무를 골라내는 일이다. 그러나 좋은 농부는 어떤 나무는 다른 나무보다 그 본성을 나타내는 데 더 많은 세월이 흘러야 한다는 것을 알고 있다. 짧은 기간에 성공 여부를 따지는 일은 얼마나 어리석은가! 교회는 인내심 있는 충성스런 지도자를 필요로 한다.

"사랑은 오래 참고 사랑은 온유하며 투기하는 자가 되지 아니하며 사랑은 자랑하지 아니하며 교만하지 아니하며"(고전13:4).

　가지 치기는 모양새를 위한 것이다. 그러나 이것도 나무의 본성에 어울리는 일이다. 포도 덩굴이나 장미꽃에는 가지 치기가 도움이 된다. 그러나 홍당무에 가지 치기를 하는 것은 터무니 없는 일이다. 훌륭한 농부는 모든 작물을 똑같은 방법으로 기르지 않는다. 교회는 개인적인 성장의 특성을 고려할 줄 아는 지도자를 필요로 한다.

　나는 딸아이의 온실에서부터 유럽의 화려하고 멋진 정원까지 많은 아름다운 정원들을 보았다. 나는 어디에나 똑같은 것이 있다는 것을 알았다. 모든 아름다운 정원에는 자체에 내재되어 있는 가장 아름다운 식물이 되기 위해 각각 알맞은 도움을 받으면서 자라는 다양한 종류의 식물들이 있을 뿐 아니라, 보이지 않는 곳에 정원사가 있다. 가끔 나타나기도 하지만 거의 눈에 보이지 않는 사랑(바라보고, 보살피고, 기뻐하는)을 나누고 있는 매우 행복한 정원사가 있다. 정원사들은 재미있는 사람들이다. 그들은 사람들이 정원을 칭찬해 주기를 기대한다. 그러나 자신을 많이 칭찬해 주기를 바라지는 않는다. 나는 제네바에 있는 작지만 아름다운 공원에서 몇 명의 미국인들이 꽃을 종류별로 하나씩 하나씩 들여다보는 모습을 한 시간 동안이나 바라보면서 행복해 하던 정원사를 잊을 수 없을 것이다. 대화는 정원의 아름다움에서 위대한 정원사에 대한 칭찬으로 바뀌었다. 어떻게 그 모든 꽃들을 키웠는지 물어보려고 돌아보았을 때 놀랍게도 그는 가버리고 없었다. '교회는 그 일의 중요성을 즐길 줄 아는 지도자를 필요로 한다'.

　이 모든 이야기들은 학자의 이야기이기보다는 어느 시인의 이야기처럼 들릴지도 모른다. 나는 '효과적인 교회 지도력 개발에 관한 새로운 교육적 제안'에 대한 글을 부탁받았다. 여기서 이야기하고 있는 것이 기대하던 바와 다를지도 모른다. 그러나 나는 요청받은 문제에 관해 쓰고 있다고 믿는다. 실은 효과적인 교회 지도력에 관한 이해를 도와줄 연구 내용들은 엄청나게 많다. 이들은 두 가지 범주로 나누어질 수 있다. 사람들을 변화시키기 위한 기술에 관한 내용과 인간의 성장이 무엇을 뜻하며 어떻게 촉진시킬 수 있는가에 관한 이해를 돕는 것들이다. 시간이 갈수록 나는 앞의 것엔 흥미가 없어지고, 그 연구 내용이 많지는 않지만 근본적으로 새로운 두번째 범주의 연구 내용에 더욱 관심이 많아지고 있다. 아마 두번째 연구 내용은 성경에서 발견할 수 있는 발달 학문적인 개념의 새로운 적용을 발견하고, 확대시키고, 반복한다고 말하는 것이 더 나을 것이다. 성경의 저자는 6일 동안 위대한 창조를 하신 창조주시다. 창조를 연구하면 할수록(개인적인 노력으로나 사회적인 연구를 통해서나) "우리의 형상을 따라…사람을 만들고"라는 말씀에서부터 시작된 가장 복잡한 과정인 인간의 성장에 놓여 있는 세세한 것들을 더 인식하게 된다.

인간의 발달, 학습, 사회적 상호 작용에 관한 연구를 통해 나는 다음과 같은 것을 깨달았다. 지도력이란 인간의 발달을 촉진시키는 효과를 지닌 관계를 맺는다는 것이다. 이 정의는 지난 30년간의 가장 중요한 연구들 속에서 끌어낼 수 있다. 장 피아제(Jean Piaget)의 인지 발달, 에릭 에릭슨(Erik Erikson)의 인생 단계, 칼 로저스(Carl Rogers)의 개인성과 인간의 상호성, 카트라이트(Cartwright)와 잰더(Zander)의 인간 집단, 론 리피트(Ron Lippitt)의 지도자의 행동과 변화, 끌로드 레뷔스트로스(Claude Levi-Strauss)의 사회구조, 로렌스 콜버그(Lawrence Kohlberg)의 도덕성 발달, 비들(Biddle)과 토마스(Thomas)의 역할 이해, 제롬 케이건(Jerome Kagan)의 생사회적 발달, 플라벨(Flavell)의 자기 인식, 버니스 노이가르텐(Bernice Neugarten)의 성인 사회화, 제인 로빙거(Jane Loevinger)의 자아 능력, 유리 브론펜브렌너(Urie Bronfenbrenner)의 가족 발달, 그리고 많은 연관된 연구들이 그것을 설명해 준다.

그러나 위와 같은 이론들이 실용적인 것일까? 지도력은 어떤 것이어야 하는지에 관한 일반화된 이론 이상의 것도 이야기할 수 있는가? 항상 이러한 문제로 되돌아온다. 그리고 이론가들은 여전히 나타난다. 이런 말이 있다. "훌륭한 이론보다 더 실용적인 것은 없다". 다음은 발달 연구적 조사가 조언해 주는 실용적인 문제에 관한 사례이다. 이 사례의 내용은 효과적인 지도력을 이해하는 데 중요하다.

동기의 발달론적 이해

지도력에 관한 중요한 논쟁 거리는 아마 동기라는 문제일 것이다. 뛰어난 지도력이란 동기를 유발시키는 능력이다. 이 능력에 대해 얼마나 알고 있는가?

동기를 유발시킨다는 것은 여전히 신비한 일이다. 예를 들어 사회 과학 연구에서 도덕적 판단력에 대해서는 모든 것이 밝혀졌지만 도덕적인 행동에 관해서는 거의 알려진 것이 없다. 사람들이 해야 할 일을 어떻게 결정하는지는 분명히 밝혀졌지만 실제로 어떤 일을 하기로 결정하게 되는 배경에 대해서는 거의 알지 못하고 있다. 따라서 행동하도록 만드는 그 사람의 동기의 중요성에 관해서는 여전히 연구해야 한다. 지금 이야기할 수 있는 것은 도덕적인 행동이 적어도, 행동에 관한 지식, 의지, 힘, 이 세 가지 요소로 이루어져 있다는 것이다

좀더 알아야 할 필요가 있다. 그렇다고 해서 알고 있는 것을 현명하게 활용하지 못하는 데 대해 변명을 해서는 안 된다. 동기에 관한 기본적인 사실들을 이해하고 있어야 한다. 그리고 그 사실들이 사람들을 위해 어떤 도움을 주는지 알아야 한다. 인간 발달에 관한 연구에서 알 수 있는 몇 가지 중요한 점들이 있다.

예를 들어, 과정으로서의 동기에 관해서 다음과 같은 것들을 알고 있다.

1. 동기의 뿌리는 인간 내면 깊숙이 내재해 있다. 동기는 내면에서 표출되는 것이다!
2. 동기는 복잡하며 어떤 사람도 똑같은 동기 구조를 지닐 수 없다.
3. 어떤 면에서, 인간은 서로 비슷한 존재다. 기본적으로 서로 비슷한 점은 인간이 가진 동기다.
   1) 비록 욕구를 충족시키는 방법들은 서로 다르게 찾지만, 모두 근본적으로 '똑같은 기본적인 인간으로서의 욕구'를 지니고 있다.
   2) 비록 정도의 차이는 있지만, 모두 '똑같은 지적(인지) 발달 단계'를 거쳐 성장한다.
   3) 비록 서로 다른 단계에 다다르게 되지만, 모두 '똑같은 도덕적 판단 단계'를 거쳐 성장한다.

연구를 통해 동기에 대해 다음과 같은 사실을 알 수 있다.

1. 인간은 자신의 동기를 거의 인식하지 못한다.
2. 인간은 자신의 동기를 좀더 인식할 수 있다.
3. 자신의 동기가 어디서 오는지 좀더 이해할 수 있다면 다른 사람들의 동기도 좀더 수용할 수 있다.

4. 경험이나 객관적 대상에 대한 의견이나 편견은 경험이나 객관적 대상에 의해 동기를 유발시키든 아니든 어느 정도 영향을 끼친다.
5. 언제나 동기를 유발시키는 경험이나 대상을 알아낼 수 있는지 없는지 미리 확실히 알 수 없다.
6. 좀더 다양한 경험을 통해 좀더 광범위한 동기가 일깨워질 수 있다.

다른 사람들의 동기를 이해할 수 있는 길이 있다.

1. 사람들이 어떻게 발달하는지, 특히 사람들이 거쳐가는 단계에 관해 충분히 알고 있다면 어떤 경험이나 대상이 어떤 사람에게 동기를 유발시킬 것이라는 특정한 요소를 예측할 수 있다.
2. '본능적인 욕구'(어떤 사람의 개인적인 경험에 내재되어 있는 동기)와 '외부적인 욕구'(다른 사람의 임의의 행동에 의한 경험에서 생기는 동기)를 구별할 수 있다. 이 구별은 마치 (본능적으로)만족하기 때문에 꽃을 기르는 즐거움과 품평회에서 (외부적으로)상을 타기 위해서 꽃을 기르는 즐거움 사이의 차이와 같다.
3. 주어진 경험이나 대상에 의해 두 사람이 매우 다른 두 가지 이유로 동기가 생길 수 있다.

다른 사람들의 동기를 유발시키는 문제에 관해서도 밝혀진 것이 있다.

1. '동기를 유발시키기' 위해서는 그것이 무엇이든지 그 사람 안에 내재되어 있는 욕구와 같은 동기의 근원과 연관이 있어야 한다.
2. 어떤 사람이 발달하도록 동기를 유발시키는 것은 그 사람의 동기를 불러일으킬 가능성을 높일 것이다.
3. 그 사람의 기본적인 동기와 연관된 경험이나 대상을 제시할 수는 있지만 그 사람에게 동기를 '부여' 할 수는 없다.
4. 기본적으로 정당한 동기 유발 활동은 다음과 같다.
   1) '나눔'(자신의 경험 안에서 다른 사람과 관계를 맺는 것)은 새로운 경험을 제시함

으로 동기를 유발시키는 가장 효과적인 방법이다.
2) '격려' (어떤 사람이 경험하고 있는 가치 있는 일을 분별력 있게 격려해 주는 일)는 긍정적인 동기유발 효과를 가지고 있다.
3) '자극'은 자극을 받는 사람이 그것을 받아들이고 그 자극을 제공하는 사람을 존중할 때 효과가 있다.
4) 새로운 경험이나 대상과 자신이 이미 동기를 가지고 있던 경험이나 대상 사이의 유사점을 이해하도록 돕는 '결합'은 동기가 '전위' 되도록 도울 수 있다.
5) 어떤 경험을 성취하는 데 성공하도록 돕는 '촉진'은 만족감을 얻게 해주고 동기를 얻도록 도와준다.

그러나 이 모든 것을 통해 우리는 다른 사람의 동기를 유발하는 데 위험한 점들이 있다는 것을 알아야 한다.

1. 동기를 유발하는 것과 조종하는 것의 차이는 극히 미미하다. 중요한 것은 다른 사람 자신의 판단과 욕구를 통제하면서 '동기를 유발' 하는가 아닌가다. 조종은 심각한 도덕적 윤리적 문제를 가지고 있다.
2. 다른 사람을 조종을 한다면 그것은 목적이 가지고 있는 타당성을 그가 존중해 주지 않는다는 것을 보여주는 것이다.
3. 자신의 더 나은 판단력에 어긋나게 동기가 유발된(조종된) 사람은 곧 조종하는 사람에게서 돌아서게 된다.
4. 계략적으로 조종하면 관심을 끄는 '목적'을 이루었다 해도 곧 관심이 사라지게 된다.

발달주의적 관점에서 되돌아본 성경

예수의 가르침이 깊이 받아들여졌다면 '기독교 교육'에 어떤 일이 생겼을까? 한 가지 분명한 것은 말만 하는 것보다 행동하는 것을 더 강조했을 것이다. 그리고 지도력의 변화가 훨씬 더 뚜렷하게 나타날 것이다.

'기독교 교육'의 대부분은 세상의 교육적이고 문화적인 교수 학습 방법을 따르고 있다. 주일학교에서 신학교까지 교육 방법은 고대 그리스의 학문적 전통(그리스도 시대에 이루어진 전통)을 사용하고 있다.

지식과 학습에 관한 헬라적 개념은 히브리 성경의 개념과 매우 다르다. 예수는 그 방법들을 따르지 않으셨다. 예수는 학교를 세우지도 않았고, 자신을 강사라는 높은 지위에 올리시지도 않으시고, 주어진 기관을 통해 자신의 가르침을 전파하기 위한 모금을 하지도 않으셨다. 그렇게 할 수 있으셨을지도 모른다. 그랬더라면 바리새인들과 같은 당시의 지식인들 사이에서 실제로 예수가 선택한 방법보다 더 받아들여졌을지도 모른다. 예수는 소수의 제자들을 선택하시고, 이곳저곳으로 순회하는 공동체를 이루시고 그들 사이에서 사셨다.

가까운 제자들과 함께 하신 지상에서의 사역이 끝나갈 무렵 예수는 3년 동안 가르쳐 주시려고 한 것이 무엇이었는가를 매우 분명하게 말씀하셨다. 이 세상에서 가장 뛰어난 지도자이신 그분은 세력 있는 세상의 지도력에 대항하여 계속 공개적으로 말씀하셨다. 세속적인 개념의 지도력은 그리스도의 주장보다 더 합리적으로 보였기 때문에 그가 말한 것은 해를 거듭해 내려오면서 크게 무시되어 왔다.

"지도자들은 지도력을 발휘해야 한다. 지도력을 발휘하기 위해서는 권위를 가지고 있어야 한다. 그리고 권위를 가지고 지도하기 위해서는 인도 받는 사람들보다 뛰어나고 존경받아야 한다. 더 나아가 지도자는 자신의 지위에 맞는 생활을 해야 하며 훌륭하고 능력 있게 지도해야 한다. 지도자들은 지휘력과 '인품'이 있으며 위대한 지도자들은 권력을 행사한다." 이것이 그리스와 로마가 이해한 지도력이다. 예수께서는 "너희 중에는 그렇지 아니하니"라고 말씀하셨다(마 20:25-26). 예수께서는 당시의 세상적인 지도력의 개념을 거부하셨다. 그 대신 무엇을 제시하셨나? "너희 중에는 그렇지 아니하니 너희 중에 누구든지 크고자 하는 자는 너희를 섬기는 자가 되고 너희 중에 누구든지 으뜸이 되고자 하는 자는 너희 종이 되어야 하리라"(마 20:26-27).

종의 신분(성경은 가장 낮은 종의 신분, 노예의 신분을 말한다)이란 지도자가 되기 위해 기다리는 벌인가? 아니면 종의 신분으로 있는 수습 기간을 통해 겸손함을 보여줘야 한다는 것인가(미국인들은 특히 진정으로 위대한 것은 낮은 데서부터 시작하여 극적으로 떠오르는 것이라고 생각한다)? 아니다. 성경이 이야기하고 있는 것은 받아들이기 어려운 충격적인 것이다. 예수께서는 자신을 종으로 말씀하셨다. "인자가 온 것은 섬김을 받으려 함이 아니라 도리어 섬기려 하고 자기 목숨을 많은 사람의 대속물로 주려 함이니라"(마 20:28). 바울에게서 이 역설적인 가르침이 강하게 드러나고 있다. "너희 안에 이 마음을 품으라 곧 그리스도 예수의 마음이니 그는 근본 하나님의 본체시나 하나님과 동등됨을 취할 것으로 여기지 아니하시고 오히려 자기를 비어 종의 형체를 가져 사람들과 같이 되었고 사람의 모양으로 나타나셨으매 자기를 낮추시고 죽기까지 복종하셨으니 곧 십자가에 죽으심이라"(빌 2:5-8). 세상의 뛰어난 지도력과 달리 예수께서 생각하신 지도력은 바로 이런 것이다! 이것은 거의 사람들의 호감을 불러일으키지 못할 것이다. 만일 지도력이 이러한 의미를 지니고 있는 것이라면 교회는 어떤 모습이어야 하는가?

세상적인('이방의' 또는 헬라의) 지도력의 개념을 정면으로 거부하신 것이 부족하게 느껴지셨는지 예수께서는 회당과 성전에서 이루어지고 있는 잘못에 관해 이야기하시면서 지도력에 대해 또다시 거론하신다(마 23:1-12). 하나님의 백성들을 위해 종교적으로 지도해야 할 책임을 지니고 율법을 가르치는 자리에 앉은 사람들은

1. 말씀과 행동에 커다란 차이를 보여 왔다. 그들은 선한 일에 관해 이야기하지만 행동으로 옮기지 못하고 있다.
2. 그들은 지도력이란 자신들의 동족들에게 짐을 지우는 일이라고 생각한다. 그들은 다른 사람들이 해야 할 일이 무엇인지 결정하는 것이 지도력이라고 생각하지만 그들 스스로는 어려운 일을 맡지 않는다.
3. 그들은 자신이 한 일을 크게 드러내놓고 사람들에게 칭찬받기를 원한다.
4. 그들은 자신들을 일반 백성들과 구분짓기 위해 '당당한 위풍'의 전통을 확대시키고 영속시켰다.
5. 그들은 자신의 지위와 명예에 탐닉하고 마치 자신들이 그럴 자격이 있는 것처럼 특권을 누리길 좋아했다.
6. 그들은 그들의 권한과 특권을 나타내는 특별한 호칭, '랍비'로 불리길 좋아했다.

예수께서는 여호와께 드리는 경배에 영향을 끼치는 세상적인 지도력의 모습을 모두 부정하려는 듯이 랍비로 불리우지 말라고 하셨다. 왜 랍비라고 불려져서는 안 될까? "너희 선생은 하나이요 너희는 다 형제니라!"

예수는 여태껏 인간에게 주어진 사명 중 가장 역동적인 지도자로서의 사명을 수행할

것을 제자들에게, 주님의 뒤를 이어야 할 책임을 지고 있는 사도들에게 말씀하셨다. 그리고 이들 중 어느 누구도 명예로운 신앙 지도자이자 교사인 '랍비'로 불려지지 않았다. 그런데도 충분치 않아(모든 틈새를 다 막아 버리시려는 듯이), 계속해서 상기시키며 '지도력'에 관해 폭넓게 이야기하고 계신다. "땅에 있는 자를 '아비'라 하지 말라." 우리는 그 사람에 대한 호칭으로 관계를 맺을 수 없다. 호칭이 아니라 그 사람에게 직접 다가감으로 관계를 형성하라. "또한 지도자라 칭함을 받지 말라 너희 지도자는 하나이시니 곧 그리스도니라!" 예수는 '지도력'에 관해 예전에 하신 말씀을 상기시키며 말씀하신다. "너희 중에 큰 자는 너희를 섬기는 자가 되어야 하리라".

   예수의 말씀을 깊이 받아들일 때 교회에 대한 우리의 이해는 어떻게 변하는가? 다소 혼란스러울 것이다. 교회의 교육 지도자들에 관해서는 어떻게 이해하게 되었는가? 교회를 위한 지도력, 우리가 잊지 않는 한, 이것이 교회 교육의 모든 내용이다. 좀더 주의를 기울여야 할 문제는 '어떤 개념의 지도력이 수행되어지고 가르쳐지고 있는가' 하는 것이다. 그 지도력의 근원은 무엇인가? 그리스도인가 아니면 문화인가? 마태복음 23장 1-7절에서 예수가 말씀하고 있는 여섯 가지 잘못이 '기독교 교육'을 평가하는 기준이 될 수 있을 것이다. 다음에 제시된 것들은 잘못된 조건들을 거꾸로 해서 적절한 기준으로 바꾸어 놓은 것이다.

1. '앎'을 강조하는 것은 '행함'에 대한 강조와 병행되어야 한다. 인간의 성장은 총체적인 것이다. 어떤 사람의 한 단면을 분리해서 다룰 수 없다. 더욱이 정신적 성숙 과정을 증진시키는 것은 (지식을 회상시키는 것과 같은) 교육의 알맞은 목적이 아니다.

2. 사람들은 자신의 욕구를 인식하고 목표를 설정하는 데 참여해야 한다. 지도한다는 것은 경험을 공유함으로써 고무적으로 일하도록 돕는 것이다. 학습자가 무엇을 필요로 하는지 결정하고 해야 할 일을 미리 준비하여 지시하는 것이 지도자의 역할은 아니다.

3. 가르치는 사람은 자신을 영화롭게 하거나 스스로 보상받기 위한 일은 결코 하지 않으며 사람들의 칭찬도 피하는 '본'을 보여줄 수 있어야 한다. 대신 하나님을 영화롭게 하는 데서 더욱 성숙한 만족감을 찾고 다른 사람들을 격려하고 그들에게 영광을 돌릴 줄 알아야 한다.

4. 전통과 상징들은 섬기는 자세를 기준으로 평가되어야 한다. 그리스도보다 다른 사람

들의 노력이나 공헌을 영화롭게 하는 것은 무엇이나 주의하여야 한다. "아무 일에든지 다툼이나 허영으로 하지 말고 오직 겸손한 마음으로 각각 자기보다 남을 낫게 여기고"(빌 2:3).
5. 물질적인 것이나 편리한 것, 그 밖의 다른 특권은 다른 사람들과 똑같이 나누어야 한다. 좀더 편안해질 수 있는 환경을 만들 수 있는 특별 대우를 받게 될 경우, 지위나 나이, 성별이 아닌 기준이 필요하다.
6. 전체 환경은 진정한 공동체의 일치성을 보여주는 것이다. 주되신 그리스도께서 유일하신 교사로서 임재하시는 현실 앞에 교사나 학생이 똑같이 은혜를 나눌 수 있어야 하며 구별된 지위나 계급이나 특권의 상징에 의해 손상을 입어서는 안 된다. 중요한 문제는 직함을 덜 사용하거나 아예 사용하지 않는 것이며 오히려 그리스도의 가족내에서 진정한 관계를 맺도록 노력해야 한다.

동기나 가치가 자기 중심적인 초기 단계에 있는 아동을 효과적으로 양육하기 위해서 이들 중 어떤 기준은 어느 정도 완화해야 할 필요도 있다. 그러나 청소년들이나 성인들의 경우의 '기독교 교육'은 이 기준들을 지킬 때 더욱 진정한 '기독교적인' 교육이 이루어질 수 있다. 사실, 예수의 사역에 동참하고 있다고 주장하는 사람들이 예수의 가르침을 가볍게 여기고 여유를 누리는 것은 놀라운 일이다.

과학적 연구와 건전한 교육학 이론이 교회 지도력의 좀더 올바른 성장을 위해 제공할 수 있는 것은 무엇인가? 하나는 인간의 성장에 관해 알려진 사실들을 좀더 철저한 바탕으로 삼는 것이고 또 하나는 이론을 행동으로 옮기는 새로운 추진력이다!

1. 지도력 훈련에서 '경영 분야'란 무엇인가? 워드 교수는 여기에 대해 어떻게 이야기하고 있는가?

2. 지도력과 종의 자세는 어떤 관계가 있는가? 다른 것인가?

3. 발달 연구학적 지도력에 관해 설명하라. 훌륭한 지도력의 예와 잘못된 지도력의 예를 들어 보라. 이를 발달 연구학적 특징으로 판단할 수 있는가?

4. 워드 교수의 주장을 따르려면 지도자로서 어떤 변화가 필요한가?

1. 결정론(Determinism)은 인생이 완전히 '프로그램 되어' 있어 자신의 의지나 힘이 미치지 못한다는 설이다. "될 대로 되라", "우리의 존재는 우리의 환경에 따라 만들어진다"라는 말들이 그러한 주장이다. 궁극적으로 결정론은 일생 동안 자신이 하는 일에 대해 인간이 책임을 지느냐 아니냐는 중대한 문제에 관한 성서적 가르침에 정면으로 맞서는 것이다.

2. 이것은, 비록 도덕적으로 우주가 창조되어진 것처럼 자신을 일깨울 수 있는 도덕적인 양심을 창조주께서 인간에게 은혜로 주셨고, 로마서 1장 18절-2장 26절 말씀처럼 인간은 하나님 앞에서 의롭다고 할 수 없지만, 인간은 본질적으로 선하다는 개념이다.

내일을 위한 제안

(1969)

도널드 M.조이

(Donald M. Joy)

조이는 사람들이 '어떻게' 학습하는가에 관한 연구가 기독교 교육에 있어서 매우 중요하다고 생각했다. 그는 기독교 교육이 과연 교육위가 하는 광범위한 질문과, 기독교 교육이 그 목적과 기술, 내용에 있어서 '기독교적' 인가에 관해 연구했다. 이 문제들은 기독교 교육가들로 하여금 인간의 학습 능력과 지식을 습득하는 방법들은 하나님께서 주신 것이 아닌지 생각해보도록 하는 데 적당한 것들이다. 조이 박사에 의하면 기독교육에 있어서 효과적인 교육이란 창조주께서 창조시에, 그리고 축적된 역사를 통해 창조자 인간에게 주신 '본성을 다루는 것' 이다.

도널드 조이는 수년 동안 에즈버리 신학교에서 인간 성장학과 기독교 교육을 가르쳤다. 그는 미국 내의 교회 커리큘럼을 계획하고 유럽 지역에 파견된 미공군에서 개신교 종교 교육팀과 해외에서 일한 경험을 토대로 이 책을 쓴 직후 에즈버리 신학교에서 일하게 되었다. 이 책은 그가 인디애나 대학 시절 이후 계속 연구해 온 내용을 반영하고 있다. 조이 교수는 사람들이 '어떻게' 학습하는가에 관한 연구가 기독교 교육에 있어서 매우 중요하다고 생각했다. 그는 기독교 교육이 과연 교육인가 하는 광범위한 질문과, 기독교 교육이 그 목적과 기술, 내용에 있어서 '기독교적'인가에 관해 연구했다. 이 문제들은 기독교 교육가들로 하여금 인간의 학습 능력과 지식을 습득하는 방법들은 하나님께서 주신 것인지 아닌지 생각해 보도록 하는 데 적당한 것이다. 조이 박사에 의하면 기독교 교육에 있어서 효과적인 교육이란 창조주께서 창조시에, 그리고 축적된 역사를 통해 창조자 인간에게 주신 '본성을 다루는 것'이다.

저자의 주장 가운데 다음 세 가지가 「교회 안에서의 의미있는 학습」에 나타나 있다.

1. 인간은 특별히 아는 능력과 배우는 능력을 부여받은 피조물이다. 교회가 인간을 위한 사역을 다하려면, 기독교 신앙의 특별한 자산인 인간과 세상에 대한 비전을 깨닫도록 돕기 위해, 학습이 이루어지는 방법과 이해하게 되는 방법에 관심을 기울여야 한다(10).

   이와 연관지어 그는 오늘날 미국 문화의 가장 커다란 해악이 자신과 다른 사람들에게 무한한 가치를 부여하는 운명에 대한 명확한 감각을 상실한 것이라고 믿는다.

2. 예수 그리스도와 성경을 통해 인간과 세상, 하나님, 죄, 그리고 구원의 본질에 관해 이야기하고 있는 위대한 기독교 신앙은 이 지구상에 있는 어느 누구도 부여받지 못한 가장 고귀한 비전을 부여하고 있다. 이는 신앙을 소유한 자와 그 신앙 앞으로 나올 수 있는 모든 사람들과 의미 있게 이야기를 나눌 수 있는 신앙을 지키는 사람들을 위한 것이다(11).

3. 이 세상에서 예수 그리스도의 능력을 가장 확실하게 보여줄 수 있는 사람들은 전형적인 평신도 교사들, 효과적으로 가르치기 위해 많은 도움을 필요로 하지만 그리스도와의 교제를 통해 기독교의 신념, 가치, 태도 등을 전달하는 복잡한 기술을 자신의 사역에 적용시키는 교사들이다(13).

조이는 기독교 교육을 하는 잠재적인 평신도 지도력이 이 세상에 살아 계시는 하나님의 '성육신'의 모습이라는 깊은 인상을 받았다. 그런 사람이 예수 그리스도께서 사람들의 삶에 변화를 가져오신다는 증거다. 모든 전문가들에 의해 만들어진 교회 프로그램만으로는 그리스도의 변화의 능력을 보여주지 못한다.

From Meaningful Learning in the church(Winona Lake, IND.: Light and life, 1969), 126-52

요즘 미래를 예언하고자 하는 사람들이 부딪히는 커다란 위험 요소가 있다. 어떤 사람들은 여전히 "역사는 스스로 되풀이된다"라고 주장하면서 역사를 알면 미래를 예측하기 쉽다고 한다. 그러나 인간이 존재하기 시작한 오랜 기간 동안 그 타당성이 있었을지도 모를 그 오래된 주장은 오늘날에 거의 맞지 않는다. 이 주장은 단순히 역사는 스스로 되풀이할 수 없다는 사실에 붕괴되고 말았다. 우리는 역사 속에서 똑같은 일들만을 되풀이하고 있지 않다. 지금은 새로운 시대다. 우리는 예전의 그 어느 시대보다도 자신을 잘 안다. 우리는 우리의 환경을 더 잘 이해하고 있다. 우리는 우리가 가지고 있는 문제의 진짜 본질을 알고 있거나 무엇이 문제인지를 더 잘 파악하게 되었다. 내일은 황금 시대라고 보장되었다는 이야기가 아니다. 어쩌면 내일은 원자 폭탄의 버섯 구름에 휩싸일지도 모른다. 어쩌면 정신나간 인종간의 혁명이 시작되면서 아수라장이 되버릴지도 모른다. 어쨌든 미래는 예전의 그 어느 시대와도 다를 것이다. 그래서 쉽게 예측하지 못할 것이다.

핵개발과 우주 탐험이 우리 시대의 커다란 변화의 징조라고 생각하지만 역사는 우리에 대해 그다지 현란하지 않은 발견들에 의해 중요한 변화가 이루어진 시대라고 기록할지도 모른다. 예를 들어 우리가 인간의 본질과 잠재력을 좀더 알 수 있게 되면서 교육 방법은 철저하게 변화되고 있다. 누구나 달에 가는 일에 관심을 갖고 있는 것은 아니다. 분별력 있는 어떤 과학자들이 인간의 본질적인 문제, 즉, 동기, 사고, 학습, 가치관 형성(양심) 등과 같은 문제를 이해하기 위해 노력해 왔다.

나는 교회에서 이루어지는 학습이 다가올 미래에 어떤 의미를 지니고 있는지를 이야기하려고 한다. 앞으로 25년 동안 어떤 형태의 교회 교육이 이루어질 것인가를 예측하려는 것이 아니다. 대신, 내가 보기에 미래를 위해 그리고 현재를 위해 바람직하고 가능한 발전들을 제시하려는 것이다.

개념 커리큘럼

교인들을 위한 가장 시급한 교육 목회는 중요한 개념들이 발전될 수 있도록 이끌어 가는 교육이라는 사실이 분명해졌다. 전통적인 주일학교 수업은 재미있는 이야기로 된 성경의 사건들이나 널리 알려진 성경의 내용을 가르치는 것이었다. 성경의 내용을 풍성하게 활용한 것은 결과적으로 성경의 이야기를 잘 알게 되면 성경을 더 공부할 필요가 없다는 인상을 낳게 했다. 또 성경은 그 장엄한 이야기가 사람들의 비전을 사로잡을 때 생명력을 지녀야 함에도 불구하고 단지 알기만 하면 되는 책이라는 생각을 갖게 했다.

어떤 핵심적인 개념은 오랜 시간에 걸친 사건들의 흐름에 대한 이해가 필요하므로 어떤 점에서는 사람들이 역사를 통해 이루어진 하나님의 전반적인 사역을 이해하고 있어야 한다는 것이 사실이다. 하나님의 구원 행위는 '껍데기만 알려진' 일반적인 이야기가 되어 버렸다. 그러나 학생들은 일주일에 한 번 정도의 달팽이 걸음으로 수세기에 걸친 거대한 자취를 따라가야 할 필요는 없다. 만일 그렇게 한다면 전반적인 개념을 잃고 무관한 사실과 사건들의 미로에서 길을 잃고 헤매게 될 것이다. 아마 그러한 고도의 개념은 일주일에 한 번씩 가는 주일학교에서보다 훨씬 더 깊이 연구되어야 할 것이다.

대부분의 개념들은 중요성이 부여되고 되풀이해서 연구되어지는 개별성과 복잡성을 지니고 있다. 예를 들어, 학생들은 역사 속에서 일하시는 하나님을 보면서 노아의 이야기를 알게 된 것일지도 모른다. 그러나 노아는 어느 시대 어느 곳에 있었다는 사실 이외의 더 중요한 의미를 지니고 있다. 우리가 중요시 여기는 개념 가운데 '은혜'가 있을 것이다. 성경은 노아에 대해 "그러나 노아는 여호와께 은혜를 입었더라"(창 6:8)고 기록했다. '은혜'가 무엇인지 공부하면서 우리는 노아와 하나님과의 관계를 깊이 살펴보아야 한다. 사실, 주일학교를 나온 젊은이들은 '은혜'라는 개념을 올바로 알고 있지 못하다. 어른들이 알아야 할 중요한 개념 가운데 '완전함'이 있다. 다시 노아 이야기로 돌아가 보면 성경에 노아가 '완전한' 사람이었다고 기록한 것을 찾아볼 수 있다(창 6:9). 물론 마태복음 5장 48절에 있는 예수의 말씀을 깊이 연구해도 될 것이다. 그러나 하나님을 믿는 사람들에게 적용되는 '완전함'의 올바른 개념은 넓은 의미의 완전함에 관한 내용들을 인내심 있게 되풀이해서 서로 짜 맞추어야 드러나는 것이다. 위에서 이야기한 예들은 개념 커리큘럼이, 교계의 커리큘럼 연구가가 계획한 것이든 아이들을 위해 그 부모들이 개발한 것이든, "겉만 핥게" 만들어진 커리큘럼과는 매우 다르다. 때로 개념 커리큘럼은 위대한 사상일수록 알아가는 데 시간이 걸리기 때문에, 별로 알게 되는 것도 없고 그나마 매우 천천히 알게 되는 것처럼 보이기도 한다. 그러나 시간이 드는 만큼 학습하는 데 자발적인 탐구심을 불러일으킨다.

당장 필요한 것은 기독교 교육 개념의 중요한 목록을 개발하는 것이다. 이는 인류와 관련된 문제들과 원칙과 가치들을 규명하게 될 것이다. 각각의 연령에 따른 지각 능력에 알맞아야 하고, 전체 목록이 질서 있게 조직되어야 한다.1

그 다음에는 각 개념마다 하나의 완전한 과정을 개발하여, 실험하고, 개념을 가르치는 데 사용할 수 있도록 만들어져야 한다. 각 수준별로 요구되는 지각 능력에 맞추기 위해 과정들이 필요한 것이다.

기독교 교육에 있어 주요 개념의 목록은 신학, 심리학, 인류학에 능한 사람들이 개발해야 한다. 그리고 계속해서 그 개념들을 규명하고 정의하고 수정하고 확대시켜 나가야 한다.

주요 목록이 만들어지면 커리큘럼 개발 전문가들과 학습 전문가들이 개념 학습 과정을 개발해야 한다. 각 개념에 대한 과정은 실험적인 연구 과정에서 실제 학습을 통해 주의 깊게 평가되어야 한다. 이 두 가지 작업은 거의 자료 없이 사람들의 작업 능력을 모아 이루어져야 하는 일이다. 이러한 인적 자원을 충당할 만한 출판사는 거의 없다. 그밖에도 그 작업자들이 그들의 기술을 유지하려면 실질적인 내용 준비를 위해 고용되기보다는 교육적인 연구 환경에서 일하는 것이 더 쉽다. 이제 명확해진다. 교계의 커리큘럼 개발자들이나 출판인들은 대학이나 신학교 등에서 찾아볼 수 있는 고도의 기술적 재능을 지닌 사람들과 함께 연구에 눈을 돌려야 한다. 이 전문가들은 될 수 있는 한 전문화된 영역에서 능력을 발휘해야 한다.

이점에서 볼 때 이미 대학이나 신학교 교수들은 신학적 자원이나 심리학적 자원들을 갖추고 있다. 그러나 전통적인 인문 대학이나 신학교는 최첨단 연구를 거의 하지 않는다. 당연히 신학교나 대학원에 있는 기독교 연구소나 기독교 교육 전문 분야의 커리큘럼 개발자들에게 도움을 요청해야 한다. 더 나아가 커리큘럼 개발자들은 잠재되어 있는 능력을 지니고 있는 학자들이나 대학원생들, 전문 연구자들을 불러내게 될 것이다. 그들은 교회의 아이들과 청소년, 성인들의 마음에 심어 주기 위해 개념을 규명하고 그 개념을 만들어 나가는 교육 과정을 개발하는 일에 공헌할 수 있다.

나선형 커리큘럼

하버드 대학의 제롬 브루너(Jerome Bruner)는 성인이라면 알아야 할 개념들을 어떠한 연령의 누구에게도 지적으로 정직한 형태를 가진 어떤 것을 통해 가르칠 수 있다는 이론을 제공해 주었다. 즉, 연령이나 능력에 따라, 확대된 '개념'을 형성해 나가는 데 중요한 역할을 하는 '지각 능력'이 있다는 것이다.

가령 사람이 살아가는데 필요한 수십 가지 또는 수백 가지의 개념이 있다고 하자. 그러면 이 개념들은 모든 사람들이 성장해가면서 일생 동안 단계별로 습득할 수 있도록 짜여져야 한다. 브루너는 초등 학교 학생들의 커리큘럼도 그가 학습하는 것이 그에게 지속적으로 발전되어 갈 가치인지를 모든 면에서 확인하기 위해 실험되어져야 한다고 이야기했다(브루너, 1940). 그는 성인이 되어서도 그에게 필요한 폭넓은 개념이 되는 데 도움을 주지 못하는 것들은 제거해야 한다고 주장한다.

이는 미취학 아동이나 초등 학교 저학년 아동이 '그리스도인의 완전함'과 같은 개념을 자세하고 분명하게 공부해야 한다는 뜻은 아니다. 그러나 지금 그에게 필요하고 성인이 되어서 그 개념을 잘 습득하여 지니도록 하기 위한 기초를 닦는 의미에서 이해할 수 있는 개념은 수없이 많다. 어렸을 때는 행동이나 이미지를 통해 그 개념을 이해할지도 모른다. 분명 분석적이기보다는 직관적으로 이해할 것이다. 그러나 '그리스도인의 완전함'이라는 개념에 대한 기초적인 이해는 (1) 부모에게서 받는 끊임없는 사랑이나 (2) 그를 변함없이 완전하게 사랑해 주는 하나님에 대해 처음 느낀 인상이나 (3) 사이좋고 만족스러운 인간관계에 대한 내면적인 열망 (4) 완성된 일이나 완벽한 사고와 같은 종결된 일에 대한 만족감 등을 포함한다. 이러한 것들은 하나님의 아들의 형상 안에서 재창조되고 온전해질 수 있는 인간 내면에 지니고 있는 하나님의 형상을 예수 그리스도의 은혜로 회복시켜 나간다는 개념에 점점 초점을 맞추어 가기 시작하는 기초를 놓는 것이다.

'나선형 커리큘럼'이라고 부르는 것은 학생들에게 필요한 개념들이 순환적으로 이루어지는 탐구와 발전을 위해 조직적으로 정리되어야 하기 때문이다. 최소한 주일학교에서 필요한 나선형 커리큘럼은 수평적인 시간대를 따라 순서적으로 발전할 수 있을 뿐 아니라 최고의 수준까지 개념의 탐구가 순서적으로 되풀이될 수 있도록 조직화되어야 한다. 각 주기마다 각 개념에 대한 탐구가 계속 첨가되도록 연령별 수준에 따라 시간과 공간적인 간격을 정해야 한다. 나는 앞에서 미취학, 초등, 중등, 고등, 대학으로 이루어지

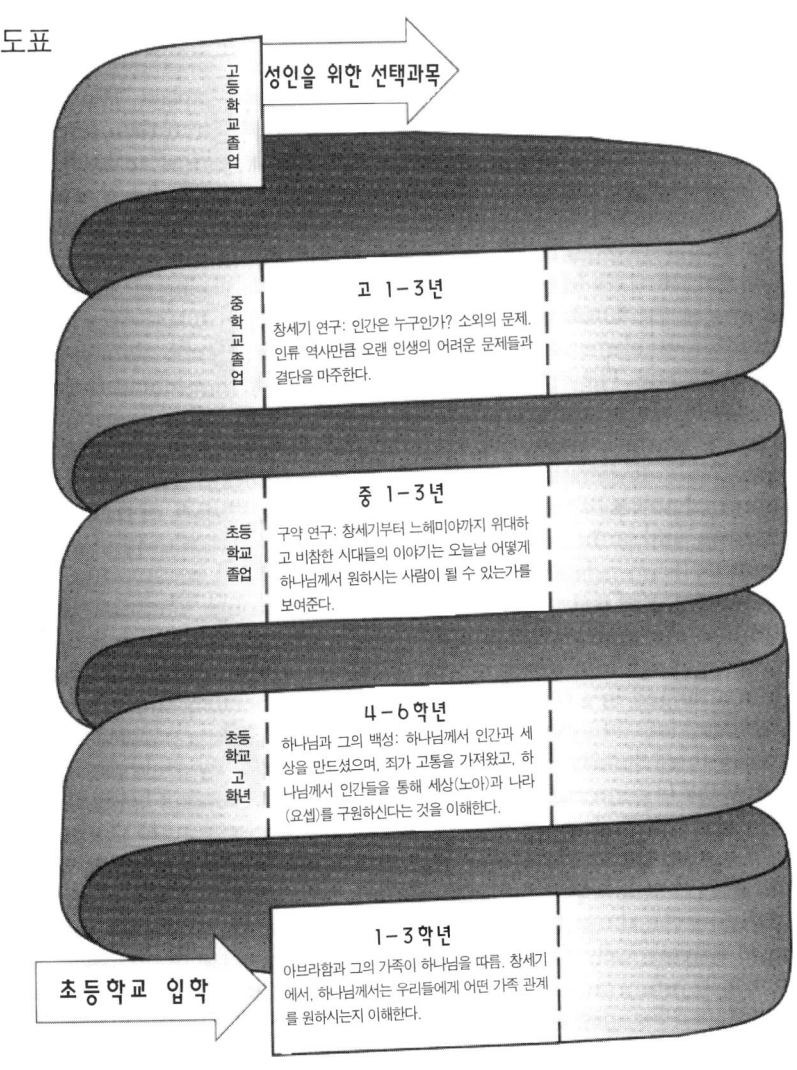

는 전통적인 연령별 주기 단계가 성장학적인 목표를 이루고 필수적인 개념에 대한 연령에 맞는 이해의 폭을 넓히는 데 적합하다는 사실을 밝힌 바 있다.

세대 차이 극복

코넬이 연구한 대로 미국 사회가 문화적으로 세대간에 틈새가 벌어져 있다는 것이 사실이라면2, 교회의 교육 목회는 우리 문화의 찢어진 틈을 꿰매 줄 방법을 찾아야 한다. 역사상 유대교와 기독교가 갖고 있는 기질적으로 뚜렷한 특색은 가정이 그 독특한 생활 양식을 이루는 데 도덕적 정신적 가치와 교육의 근거가 되어 왔다는 것이다. 코넬의 연구에 의하면 러시아의 각 세대는 사회적인 압력 속에서 어린아이들이 가치관을 형성하는 데 국가적인 이해가 중요시되어 왔다고 한다. 의식 발전에 있어서 이러한 사회적인 모델은 특별히 대중의 입장에서 빠른 변화와 가치관이 요구되는 문화권에 적합하다. 인간에 대한 유대교와 기독교적인 견해나 민주주의적인 견해는 우리 자신의 역사에 의해 강요되어 온 것이었다. 우리는 오랫동안 소중히 간직해 온 가치들이 인간성의 미래에 대한 물음 없이도 모든 사람들의 정신 속에서 빨리 지워질 수 있는 것이 아님을 안다. 따라서 정부나 특정한 지도자가 개인적이거나 경제적인 또는 비정상적인 방법으로 정치적인 힘을 발휘하여 새로운 가치 체계를 부여하려는 좀더 실험적으로 보이는 상황과는 대조적으로, 가정이 이러한 가치관들을 전수하는 데 가장 커다란 역할을 담당해 왔다는 것을 보여준다.

따라서 미국의 가정이 도덕 교육의 주도권을 회복하기 위한 방법을 찾는 일은 매우 중요한 일이다. 나는 세대 차이를 극복하는 데 도움이 될 만한 구체적인 두 가지 행동이 있다.

부모에게 대화를 할 수 있는 가정 커리큘럼을 만들어 제공해 주는 일이 하나의 잠재적인 해결 방법이 될 수 있다. 아마 자녀들이 기독교적으로 양육되는 데 커다란 관심을 가지고 있는 부모들은 그러한 프로그램들을 좋아할 것이다. 그러나 그리스도와 교회에게 자녀들을 맡기는 부모들은 대개 가장 훌륭한 부모가 되기를 원한다. 기독교 신앙의 중요한 문제, 원리, 가치관에 대한 관심을 다시 불러일으킬 "나선형 커리큘럼"이 있다면 가정 커리큘럼을 만드는 것도 가능할 것이다. 교회 교육 계획표에 시간 간격을 잘 정해 놓는다면 모든 연령별 수준에서 똑같은 개념을 동시에 탐구할 수 있을 것이다. 그러면 가정에서도 똑같은 개념에 대한 대화를 나눌 수 있을 것이다. 이는 두 가지 효과가 나타날 것이다. (1) 아이들의 삶에서 가장 중요한 의미를 가지고 있는 부모들이 아이들과 함께 삶의 가장 중요한 문제들을 이야기할 기회가 된다는 것이다. 많은 부모들이 이런 기회를 좋아할 것이다. 하지만 자기 나름대로의 종교 교육 프로그램을 만들어 보려는 적극적인 생각을 하는 사람은 거의 없다. 그 결과, 오늘날의 문화 속에서 황폐해지고 계층화된 가정에서 많은 아이들이 부모가 신앙이나 삶에 대해 이야기하는 것을 전혀 들어보지 못하게 되었다.

(2) 다른 어린아이들이 사고할 수 있는 대화를 할 수 있을 만한 때가 되면 교육 단체에 참가한다. 열두 살 된 아이가 부모도 설명하지 못해 쩔쩔매는 여섯 살 수준의 개념을 명확하게 설명하는 것은 흔히 있는 일이다. 분명 서술하는 양식은 어린아이와 어른 사이보다 어린아이들 사이에서 이루어질 때와 더 유사한 형태를 띨 것이다. 게다가 이상화된 형이나 언니는 가족들 가운데 동생에게 가장 커다란 영향을 끼친다. 가정 커리큘럼은 가치 형성에 있어 이 모든 영향력을 염두에 두어야 할 것이다. 커리큘럼은 매일 저녁 식사 때 하는 기도나 대화 시간에 맞추거나 가족들이 함께 결정한 평일 저녁 시간이나 주일 오후 시간에 맞춘다.

부모들은 가정에서의 형식적인 신앙 커리큘럼만으로 충분치 않다는 것을 알고 있어야 한다. 겉치레뿐인 커리큘럼은 형식적인 태도를 불러일으키거나 부모들만 의견을 이야기하는 식이 되버리고 만다. 부모들이 의도적으로 하지 않더라도, 도덕적인 문제에 관한 자녀들의 견해나 스트레스를 받았을 때의 행동, 식구들이나 다른 사람들에 대한 그들의 태도 등에 관해 이야기할 줄 아는 잠재된 능력을 볼 수 있을 것이다.

교회의 기독교 교육을 통해 세대간의 결집력을 가져오는 두번째 방법은 일시적으로나마 교회에서 나이에 상관없이 그룹을 만드는 것이다. 다시 말해, 시간적인 나선형 커리큘럼과 개념 커리큘럼을 연계시킴으로 학생들의 생각을 확대시킬 수 있도록 고의적으로 그들을 뒤섞어 놓는 것이다. 예를 들어 몇 명의 중학교 학생들이 2, 3주 동안 초등학교 학생들 분반에 들어가 그들을 도울 수 있을 것이다. 연구하고 있는 개념에 관한 그들의 생각을 함께 이야기하면서 함께 깨달아 나갈 수 있다. 아니면 몇 가정들이 함께 모여

주어진 개념에 대한 그들의 생각을 나누며 연구한다. 기존의 그룹을 중학교 이상의 학생들로 바꾸어 3주 동안 성경 공부를 하는 것도 해볼 만한 일일 것이다. 전 가족을 위한 세미나나 어린아이들 분반을 보조하거나, 전문적이거나 다소 어려운 활동을 하기 위해 세대 구별 없이 조직적으로 정해진 그룹이 늘 함께 모일 수도 있을 것이다. 이렇게 분반을 재구성하면 또래집단에서 연구하는 시간보다 더 커다란 흥미를 불러일으킬 수 있을 것이다. 동시에 세대간에 공통의 개념을 나누면서 전 교회 공동체가 응집력을 지니게 될 것이다. 강단에서 목사의 역할도 이에 걸맞게 창의적인 개혁 정신으로 개방될 수 있을 것이다.

교회에서의 프로그램화된 교육

프로그램화된 교육이란 각각의 단계를 마치면 상을 주는 일련의 단계별 학습 과정으로 학습자에게 단계별로 학습 내용을 전달하는 기술과 방법을 활용하는 것을 말한다. 소위 말하는 교수 기계(teaching machine)는 프로그램화된 교육의 한 형태다. 이 전형적인 기계는 다음 단계로 넘어가기 전에 학습되어야 하는 정보를 제시한다. 그에 대한 보상으로는 사탕이나, 돈 또는 한 단계를 마쳤을 때 오는 만족감 등이 있다.

교회에서 이루어지는 프로그램화된 교육의 활용성을 저하시키는 두 가지 요소가 있다. 하나는 교회가 어린아이나 새신자에게 전달하고 싶은 개념이 너무 광범위하다는 것이다. 프로그램화된 교육은 개념보다는 고도의 실제적인 정보를 훨씬 쉽게 받아들일 수 있는 방법이다. 두번째로 교회는 신자들의 마음속에 그런 사고나 개념들을 발전시킬 수 있도록 하는 가장 효과적인 방법으로 상호간의 대화에 의존한다는 사실이다. 프로그램화된 교육은 개인적으로 혼자서 공부할 때 훨씬 더 효과적이기 때문이다.

그렇다고 해서 개념들이 '강화 학습'을 위해 프로그램화될 수 없다는 것은 아니다. 실제로, 한국에서 공산주의 '교육'을 받은 미국 군인들이 개념도 상벌을 주는 시스템으로 세뇌시킬 수 있다는 생생한 실례를 보여주었다. 그러나 조건반사 이론과 파블로프의 개의 학습에서 나온 주장들을 우리에게 최초로 전해 준 러시아의 심리학은 어린아이들 사이의 문제 해결에 있어서 좀더 적극적이고 상징적인 연구로 바뀌어 가고 있는데도 미국의 심리학자들은 파블로프의 개념에 집착하는 경향이 있다(브루너, 1965, 92).

우리는 교회 교육이 가장 인격을 존중하는 교육이 되기를 바라기 때문에, 기독교 신앙의 광범위한 개념들을 발전시키기 위해 정신적으로 조종하는 폐쇄적인 방법을 사용하지는 않는다. 이와 더불어 프로그램화된 학습에 의해 좀더 효과적으로 다루어질 수 있는 것이 혹 있는지 알아내기 위해 연구할 의무가 있다. 우리의 교육 목회에서 전달하기 어려운 사실들은 무엇인가? 개념을 형성해 가는 작업을 뒷받침하는 실제적인 주장들은 무엇인가?

예를 들어 많은 사람들이 어린 시절 아무런 신앙 교육도 받지 않은 채 교회 교인이 되었다는 점을 생각해 보자. 그들은 분반 수업에 의미 있게 참여하기 위해 가장 필요한 기본적인 정보도 없이 주일 아침이면 분반 수업에 들어갔다. 아마 교회는 그들이 모르는 것을 전달해 주기 위해 여러 학습 장치를 개발했을 것이다.

성경책의 이름과 구분,
성경 사건들의 요약된 역사,
성경 인물들의 간결한 계보,
교단의 역사,
기본적인 신앙: 교리문답.

이러한 연구는 주어진 시간에 맞게 작은 단위로 나뉘어 프로그램화되어졌고 적절한 상을 주는 시스템이 발전되었다. 프로그램은 '가지를 쳐서' 한 가지를 완성하면 다른 것으로 넘어가게 되어 있다.

이러한 방법을 달리 사용하는 경우도 있을 것이다. 교회의 정기적인 교육을 받는 아이들과 청소년들은 그들이 이해하고자 하는 어떤 개념이 효과적으로 교육되고 있는지 알아보기 위해 이런 방법을 사용할 수도 있다.

우리는 교회가 가르치려고 하는 매우 간결한 내용은 어느 것이나 프로그램화된 교육으로 이루어질 수 있다는 원칙을 적용시킬 수 있을 것이다. 학생들의 능력을 고려하여 또한 복합적인 태도, 가치, 이해를 형성하며 상호작용과 토론이 가능한 학습을 위해, 제한된 분반 시간을 유지하는 프로그램화가 이루어져야 한다.

성인들이 선택할 수 있는 '생동적인 커리큘럼'

교회 안에서 가장 불안정한 계층은 바로 부모의 보살핌에서 어느 정도 벗어나 있으며 더이상 어린아이도 아닌 청소년들이다. 이들은 그리스도에 대한 헌신으로 좀더 나은 세상을 만들어 가려는 그룹으로 창조적이고 정력적이다. 사실, 부모로서의 책임감을 분명히 느끼면서 이 시기의 문제들을 현실적으로 의미 있게 다룰 수 있는 방법을 찾아보려는 부모들도 많이 있다.

성인이 된 많은 청소년들은 그리스도 안에서 하나님의 계시와 성경에 비추어 그들이 처한 시대와 상황을 바라보려고 한다. 하지만 출판사는 현재 일어나고 있는 시위나 암살 사건, 폭동들을 다루는 커리큘럼 교재를 만들어 내기가 쉽지 않다. 물론 끊임없는 인류의 욕구에 대해 이야기할 수는 있다. 하지만 세상을 뒤흔드는 격렬한 문제나 사건을 다룰 수는 없다. 그 문제를 토론하기 위한 교재를 인쇄할 때가 되면 벌써 지나가 버린 사건이 되거나 훨씬 더 복잡해진 논쟁 거리가 되버릴 것이다.

전형적인 주일학교 교과는 분반 시간에 사용하기 위해 방향을 잡는 데서 완성되는 데까지 4년 정도가 걸린다. 아무리 짧은 시일 내에 끝내려 해도 출판인들이 교과 내용을 받고 나서 교재로 만드는 데 1년이 걸린다. 광범위한 커리큘럼 내용을 지원하는 데 필요한 복잡한 중간 과정들을 생각해 보면 계획을 잡고 수행해 나가는 데 오랜 시간이 걸린다는 것을 이해할 수 있을 것이다.

그러나 성인들이 당면하고 있는 복잡한 사회적 도덕적 분위기를 어떻게 그리스도에 대한 관심과 연결시킬 수 있는지를 알고 싶어하는 욕구를 충족시킬 수 있도록, 왕성한 사고력과 열정을 지닌 그들에게 개별적인 토론 지침서라도 생생하게 보급해 줄 수는 없는지 생각해 보아야만 한다. 텔레비전이 지구 저편 외딴 마을의 한 오두막으로 우리를 데려다 주고, 아침에 일어난 사건이 생생한 사진과 함께 저녁이면 인쇄되어 수백만 명의 손에 들어간다는 사실을 생각해 보라. 어떤 동기가 세상으로 하여금 정보를 전달하는 대중매체를 그렇게 활력 있게 만들었는지 생각해 보라. 그렇다면 사건의 정보와 해석을 함께 나누어 보려는 기독교인의 동기는 왜 빠른 커뮤니케이션 수단이 결여된 내용만으로 남아 있게 되었는지도 생각해 보아야 할 것이다. 심지어 어떤 교파의 뉴스 잡지는 편집자의 손에서 독자들의 손으로 전달되는데 100일의 시간 차이가 나기도 한다.

창조적인 기독교 교육 전문가들이 모여 일주일 단위로 토론 지침서를 만들어 볼 수 있지 않을까 제안해 본다. 성인 그리스도인들이 토론할 수 있는 시사 문제나 관심사를 단 4페이지면 충분히 담을 수 있을 것이다. 신문 기사를 발췌하여 기독교 역사와 자신들의 양심에 비추어 그리스도인들이 질문해야 하는 물음들을 이끌어 나가는 형식을 갖추면 될 것이다. 그리고 행동으로 이끌어 주는 성경 말씀이나 성경적 자료와 견해들을 인용할 수 있다. 성인들을 위한 생생한 커리큘럼은 원고와 뉴스 발췌문을 가지고 만드는 데 48시간이면 충분하여 그 주에 바로 사용할 수 있을 것이다. 4일 안에 받을 수 있도록 발송하는 데 필요한 모든 준비를 미리 다 갖추어 놓아야 할 것이다. 무게가 많이 나가지 않는 인쇄물은 그 기간 내에 먼 곳까지 배달이 가능하다. 특별히 사용할 때 사진을 복사할 수 있도록 준비가 된 개별 교재도 만들 수 있을 것이다. 이러한 제안은 다양한 가능성을 지니고 있다. 나는 간단하나 우리의 커뮤니케이션 기술이 가져다 준 이점을 활용하지 못했던 교회들이 이제는 행동을 취하고 빨리 교회의 도덕적 의식을 형성해 나가야 한다고 제안하는 것이다. 우리는 우리의 가치관과 신앙을 변화시킬 수 있는 거대한 힘이 작용하고 있는 시대에 살고 있다.

의미있는 가르침을 위한 공식

나는 우리가 직면하고 있는 복잡하고 평범하지 않은 문제를 해결하기 위한 간단한 제안을 했다. 교회가 새로운 것을 발견하려는 창조적인 가르침이 필요하다는 것을 설명하고 교회에서 이루어지는 학습이 우리 모두에게 훨씬 더 의미있는 것이 될 수 있다는 흥미롭고도 희망찬 이야기를 해 보았다.

이제 어떤 학습 과정에나 적용할 수 있는 아주 단순해 보이는 방법을 제안하면서 이야기를 끝마치려고 한다. 이 방법은 네 단어로 요약할 수 있다. 당신이 더 좋은 표현을 찾을 수도 있을 것이다. 하지만 내가 보기에는 이 네 단어들이 의미있는 학습을 이끌어 갈 수 있도록 하나의 강한 고리를 잘 만들어 주고 있는 것 같다. 이 네 단어들은 '연관'(intersect), '조사'(investigate), '추리'(infer), '이행'(implement)이다. 이제 교수 - 학습 과정에서 이들이 어떻게 연계되어 있는지를 살펴보겠다.

학생들이 흥미를 느낄 수 있도록 학습을 주어진 정보나 사고와 '연관' 시킨다. 우리는 때로 학생들의 주의를 끄는 방법들에 대해 열심히 이야기한다. 결국 이러한 방법들은 학생들의 관심을 연관시키는 도구다. 그 사람의 욕구가 곧바로 학습 경험과 만날 때 더욱 강력하게 연관지어지게 된다. 늘 다음과 같은 물음을 던져야 한다. 이 학생들의 현재의 관심사는 무엇인가? 그들의 깊은 욕구는 무엇인가? 그들은 자신들의 강한 욕구가 무엇이라고 생각하는가? 숨겨진 욕구를 현실적인 것으로 이끌어 낼 수 있을까? 현재의 환경 속에서 어떤 사건을 통해 의미있는 학습으로 이끌어 가는 것이 좋은가? 그들이 좋아하는 우상은 누구인가? 그들의 우상에 대한 열성을 어떻게 더 고귀한 소명에 대한 헌신으로 연관시킬 수 있을 것인가? 이러한 가치관이나 정보는 이 학생들의 특정한 요구나 경험과 관련지어질 수 있을까? 따라서 커리큘럼을 개발하는 사람들이나 교재를 만드는 사람들, 교사들에게 가장 중요한 것은 우리가 가르치려는 것이 학습해야 할 사람들의 관심과 지식과 연관지어짐과 동시에 서로의 이해가 충돌하는 데서부터 시작해야 한다는 것이다. 어떤 가치관이든 어느 연령의 어느 아이들에게나 '지적으로 정직한' 방법을 가지고 가르칠 수 있다는 가정을 중요하게 여긴다면, 우리는 그 학생에게 분명히 중요한 의미를 줄 수 있도록 그 가치관을 전달하는 '지적으로 정직한' 방법을 찾아야만 한다.

일단 학습자가 개념을 보상으로 얻게 될 황금 들판에 들어서게 되면 학습자는 풍성한 개념의 밭에서 일하고 '조사' 하기 위해 도움이 필요하게 된다. 탐구라는 원칙적인 방식으로 발견을 하려면 우리는 학생들에게 자료들을 보여주고, 수많은 규칙과 가정을 만들어 보도록 하고, 그것들을 실험하고, 결국 훌륭한 원칙을 얻을 수 있도록 이끌어 줄 것이다. 그는 탐구하고, 연구하고, 밝혀 내고, 그리고 자신이 발견한 것들을 종합해 볼 것이다. 우리는 학습을 체험해 가는 것을 도와주지만 독선적으로 지도하지는 않을 것이다. 우리는 학습자 스스로가 발견한 가정을 실험하는 것을 도와주면서, 학습자가 가장 좋은 자료들을 가지고 연구하는지, 올바로 연구해 가고 있는지 확인하려고 학습자를 주의 깊게 관찰할 것이다. 만일 그가 부족한 가정이나 잘못된 가정을 가지고 만족스러워 하고 있다면 그에게 더 나은 자료들을 제시할 것이다. 그래서 연구는 새로운 지식을 습득하고 그 지식을 활용하기 위한 학습 과정에서 주요한 단계가 될 것이다.

그러나 내가 제시하고 있는 것은 겉만 얕게 만드는 교수 방법이나 독선적인 방법과는 완전히 다르다는 점을 주시해야 한다. 동시에 성경의 자료들은 이야기 정도로 그치는 자료가 되어서는 안 되며 삶과 체험의 궁극적인 근거를 지닌 자료로서 최대한 활용되어져야 한다. 그래서 성경의 내용이 이야기 형식으로 반복되어서는 안 되며 개념을 형성하고 활용할 수 있는 원칙들을 형성하는 중요한 장이 되어야 한다. 탐구를 통해 제기된 모든 문제들이 궁극적으로 그리고 매우 의미 깊은 중요한 성경의 내용을 연구하는 것이라고 믿는 것은 당연하다. 결국, 연구는 새로운 통찰, 즉 활용할 수 있는 원칙, 또는 학생의 실생활과 하나님께 대한 믿음이 점점 만나가는 성숙함을 얻게 해준다. 통찰은 활동이 아니다. 연관지어 연구한 결과로 얻어지는 것이다.

학습자가 학습 과정에 들어서게 되고 자신에게 주어진 자료들을 연구하게 되면 훌륭한 학습 결과를 얻기 위해 세번째로 해야 할 일은 '추론하는 것'이다. 즉, 자신이 발견한 것을 실생활에 적용시킬 수 있도록 이끌어 내는 것이다. 여기서 교사는 다음과 같은 비판적인 질문들을 던짐으로써 학생에게 도움을 줄 수 있다. 이 사실이 나의 일상 생활에 어떤 의미가 있는가? 내가 발견해 낸 이 특정한 개념을 어떻게 일반화시킬 수 있는가? 조사하는 과정에서 집중적인 사고가 필요하다면 추론하는 과정에서는 다양한 사고를 풍성하게 활용하는 일이 필요하다. 상상력이나 통찰력, 창의력을 통해 변하지 않는 원칙을 해석하고, 예측할 수 없는 상황에서 그 원칙들을 변형시킬 수 있을 때, 기독교 가치관은 변화하는 문화에 적용되어질 수 있다.

일단 추론하여 의미를 파악하게 되면, 학습자는 실제로 그 지식들을 적용시켜 '이행'해야 한다. 교회에서, 어떠한 학습 경험이든 이행시키는 과정이 부족하면 실생활에 적용시킬 때 위험이 따를 수도 있다. 조사 과정에서 멈추면 지식을 단지 지식으로서 맛본 데 그치는 것이 되고 만다. 추론하는 과정에서 멈추면 지식을 진단하는 자로서 만족해 버리는 것이다. 교회 교육에 관여하는 사람이라면 누구나 결국 모든 학습 과정에서 자신에게 이렇게 물어야 한다. "이 과정은, 혹은 이 연구 활동은 학습자가 자신이 이해한 지식을 실생활에 적용시킬 수 있게 하기 위해 어느 정도까지 이끌어 줄 수 있는가?" 우리는 '도덕적 진리'를 가르치는 것이므로 실제로 배운 대로 행동하는 방법까지 개발할 필요는 없다고 생각하는 것은 위험한 일이다. 사실, 도덕적 진리가 생활의 질적인 면이나 행동에서 드러나지 않는다면 도덕적 진리를 이해하고 있다고 주장할 수 없다.

이제, 이 간단한 공식을 통해 효과적인 교수를 시작할 수 있도록 다음과 같은 '삶을 변화시키는 학습' 모델을 제시해 보려고 한다.

삶을 변화시키는 학습

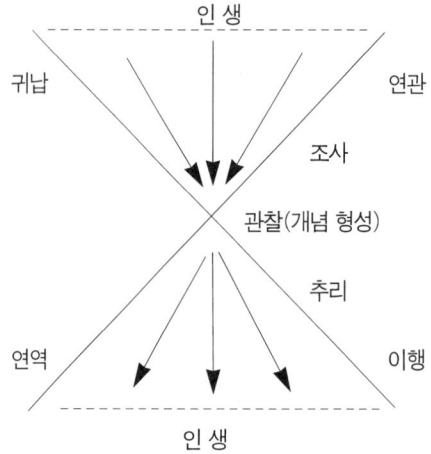

사람의 학습 경험은 실생활이 새로운 개념과 연관되어질 때 시작된다는 점에 주의해 보라. 새로운 개념들은 자신의 외부에 있는 어떤 자료나 환경에서 부딪힌 '메시지'로부터 얻게 된다. 그는 관찰하고 연구하고 이미 이해하고 있는 개념들과의 연관성을 새로 관찰하는 데 도움을 주는 수많은 규칙(가정)들을 만들어 내는 과정을 다 거쳐야 '통찰'하는 단계에 이르게 된다. 자신이 얻은 새로운 지식과 기존의 모든 지식을 다루기 위한 가장 훌륭한 가정을 발견할 때까지 구분하고, 버리고, 다듬어야 통찰을 얻을 수 있다. 이 순간부터 그는 자신이 새로 얻은 통찰력으로부터 추론을 이끌어 내야 한다. 그 추론을 통해 그는 자신의 행동, 자신의 삶을 결국 변화시키게 된다. 그의 행동 양식이 변화되었을 때 우리는 그가 학습을 성취했다고 말할 수 있다.

예를 들어보자. 내가 근본적으로 백인 중심 문화인 미국 출신이라고 가정해 보자. 그리고 인디언 보호 구역 근처에서 자랐다. 인디언들은 게으르고 술을 많이 마시는 등 한 마디로 좋지 않다는 이야기를 어렸을 때부터 들어왔다고 하자. 나는 인디언에 대해 학교에 입학하기 전부터 고정관념을 갖게 되었다. 그리고 내 생활에서 기독교적인 가치관을 갖기 전에 내 태도가 형성되었다. 나는 인디언들에 대해 똑같은 생각을 갖게 되었다. 교회는 인디언 보호구역에 선교를 해야 한다는 이야기를 제외하고는 인디언에 대해 직접적으로 가르쳐 준 것이 없다. 인디언들은 나와 아무 관계도 없다. 그저 그들은 아주 가난하며 나의 동정이 필요할 뿐이다. 그러나 여기서 문제에 부딪히게 된다. 나의 평온한 삶에 "우주와 그 가운데 있는 만유를 지으신 신께서는 천지의 주재시니 손으로 지은 전에 계시지 아니하시고, 인류의 모든 족속을 한 혈통으로 만드사 온 땅에 거하게 하시고 저희의 연대를 정하시며 거주의 경계를 한 하셨으니"(행 17:24, 26)라는 가르침이 날아들었다. 또 모든 인간은 하나님 앞에 가치 있는 존재며 그리스도인들도 모든 사람들을 그렇게 존중해야 한다는 기독교의 가르침에 부딪히게 되었다. 이는 내가 오랫동안 지녀 왔던 생각과 부딪친 것이다. 결국 나는 내 생각과 양심의 단편들을 새롭게 정리해야 한다는 사실을 알게 되었다. 인디언들은 하나님의 사랑을 받는 사람들이고, 나는 그들에게 하나님의 사랑을 보여줘야 하며 그들이 필요로 하는 점을 채워 주기 위해 힘을 기울여야 한다.

'통찰' 단계를 지날 때 나는 내가 알고 있는 것보다 좀더 깊은 의미와 부딪혔다. 나는 나의 실험과 나의 통찰을 발전시키면서 찾아낸 실체를 가지고 추론한다. 나는 인디언과 우정을 가져 본 적이 없었다. 그러나 이 점은 변화되어야 한다. 나는 인디언의 관점에서, 그들의 역사, 가치관, 문화 등의 관점에서 이해하려고 시도한 적이 없었다. 그러나 분명히 나는 변화해 가고 있다.

학습의 각 단계에서 나는 다음 단계로 넘어갈 것인지를 결정해야 한다. 그러나 마지막 단계로 넘어갈 것인가를 결정하는 것보다 더 중요한 것은 없다. 나는 지금 내가 이해하여 얻은 모든 지식을 따라 '행동' 해야 하는가? 적용하며 성취시키는 것은 학습이 효과적으로 이루어졌는지를 가늠할 수 있다. 그리고 자신이 지니고 있는 수많은 개념에 대해 이해하게 된 지식을 따라 살아가는 것이 학습자들이 일생 동안 해야 할 일이다.

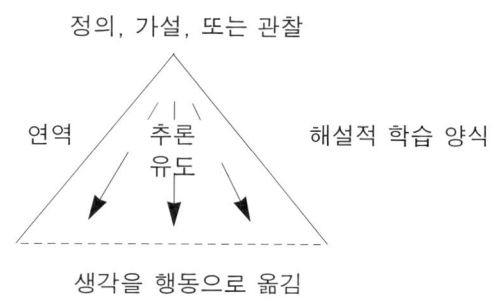

나는 도표의 윗부분으로 귀납적인 결론을 유추해 내려고 한다. 우리는 도입 부분에서 한 사람이 지니고 있는 이해와 느낌, 행동, 문제들로부터 시작했다. 그러나 어떤 문제에 그의 관심을 기울이도록 이끄는 요소들을 덧붙였다. 그는 이미 지니고 있는 생각이나 감정, 습관을 통해 문제나 개념을 다루어 나가야 한다. 새로운 정보를 얻고 혼란스러움을 느끼거나 새로운 호기심이 생길 때 그는 자신이 이제부터 다루어야 할 새롭고도 복잡한 문제에 대처할 수 있는 기본적인 규칙이나 판단력을 지니고 있어야 한다는 함정에 빠진다. 그는 가장 훌륭한 정의나 이해, 가정이 나올 때까지 점점 좁혀 간다.

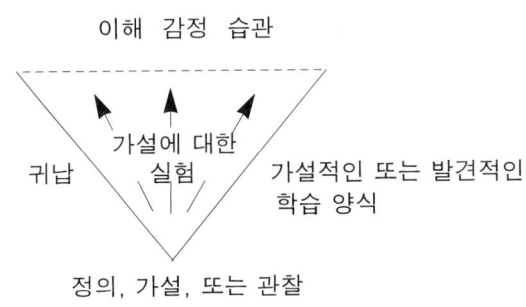

이제는 '삶을 변화시키는 학습' 도표의 아랫부분에서 연역적인 결론을 유추해 내려고 한다. 우리는 연역법으로 하나의 개념이나 가정에서 메시지를 끌어내 적용시키려고 한다. 우리의 전체적인 관심은 그 개념에 있다. 우리는 생활에서 다양하게 적용시킬 수 있도록 그 개념을 모든 방향에서 접목시켜 본다. 가르침이 여기서 시작된다면 다음과 같은 주장을 할 수 있다. (1) 학습자는 그들에게 도움이 되도록 설명되어진 정의(definition)의 타당성과 중요성을 널리 인식하고 있다. (2) 정의는 그 자체가 보편적인 관심을 갖게 해주며 학습자의 다른 모든 경쟁적인 욕구를 없애 버린다. 이 두 가지 주장은 우리로 하여금 학생들에게 연설하는 동안 자신의 사고에 좀더 집중하기 위해 두 눈을 감기 좋아하던 어느 그리스도인 철학자의 우스꽝스러운 비극을 생각나게 한다. 유감스럽게도 그가 눈을 떴을 때는 아무도 남아 있지 않았다.

탐구라는 방식을 둘러싸고 있는 위험에 빠져들지 않도록 '삶을 변화시키는 학습'을 제시하기 위한 귀납적-연역적 모델에 대해 설명했다. 귀납적인 방법으로만 사용되어질 경우, 그리고 가정을 이끌어 내는 탐구 방법의 경우에도 그것들이 가지고 있는 위험이 나타나게 된다. 인간은 혼자서도 자신의 길을 찾을 수 있고 혼자서 알아야 할 필요가 있는 모든 것을 발견해 낼 수 있다. 연역적으로만 사용되는 경우나 설명만으로 이루어지는 교수 방식은 학습자의 진정한 욕구와 인간의 근본적인 본성과 학습 과정을 무시하고, 한 마디로 학습자가 묻지 않는 질문에 대답하는 것이 되버리고 만다.

교회의 교육 목회에서 인간이 자신의 길을 찾는다면 그것은 하나님의 은혜와 지혜다. 이는 탐구라는 가설적인 방식은 늘 궁극적인 진리를 밝히기 위해 수행된다는 것을 뜻한다. 학습자는 자신이 가지고 있는 욕구와 더불어 자신이 어디에 있는지 이해하지만 예수 그리스도와 성경을 통해 계시하시는 하나님의 진리는 자기 자신에게 의미 있는 형태가 되기 시작할 때 그의 체험 속으로 스며드는 것이다. 예를 들어, '사마리아의 여인'에게 죽음을 맛보게 하기 위해서가 아니라 그녀가 어떤 존재인지를 깨닫게 하기 위해 그녀의 무지와 미신과 죄악의 사슬을 벗겨 주려고 궁극적인 진리를 사용하는 것이다. 더 나아가 그녀가 진짜로 원하는 것은 무엇이며 어떤 존재인지를 발견하도록 도와 주기 위해 우리는 그녀가 받아들일 수 있도록 개념을 제공한다. 그 개념은 그녀가 만들어 낸 것이다. 그녀는 이해하게 되었지만 자신의 힘으로 된 것이 아니다. 그녀의 실제 생활, 그녀의 지각 영역에 들어가 그녀로 하여금 궁극적인 진리를 받아들이도록 시야를 넓혀 준다. 하나님의 진리의 성령은 교회에서 이루어지는 학습의 신비를 통해 '메시지'와 '통찰'을 얻을 수 있음을 보장하신다.

'삶을 변화시키는 학습' 모델에서 두 삼각형이 만나는 지점은 인간이 발견할 수 있는 것 이상의 발견을 보여준다. 인간은 이미 알고 있는 지식과 자신이 발견해 낸 궁극적인 실체, 즉 예수 그리스도와 성경을 통한 하나님의 계시를 조화시키기 위해 안간힘을 쓰면서 통찰에 이르게 된다. '연관 짓기'는 늘 있는 그대로의 삶이 변화 가능한 삶의 실마리와 마주치는 것이다. 따라서 '통찰'은 늘 인간의 체험과 하나님의 은혜라는 두 가지 차원을 가지고 있다는 가설을 만들어 준다.

여기서부터 설명적인 방식으로 탐구해야 한다. 이 통찰은 나에게 어떤 의미를 주는가? 내가 이해하고 경험한 것으로부터 어떤 것을 추론해 낼 수 있는가? 우리는 사마리아가 삶의 터전인 그 여인을 통해 알 수 있다. 그녀는 자신이 어떤 존재가 되어야 할 것인지에 관한 가설을 세웠다. 그녀에게는 현재 삶의 모든 것에 대한 의미를 아는 것이 중요해졌다. 의미를 묻는 단계에 이르게 되면서 그 의미를 규명하는 것도 중요해졌다. 그리스도께서 그녀에게 쏟는 관심으로 흥분을 느끼기 전에는 그녀에게는 아무런 의미도 없었다. 하나님의 은혜와 능력으로 그녀는 자신에 관한 새로운 통찰을 얻고 이를 행동에 옮길 수 있게 되었다.

따라서 '삶을 변화시키는 학습' 모델은 기독교 교육이라는 특별한 목적을 위한 가설적이고 설명적인 탐구 방식을 혼합한 것이다. 이러한 교육은 인간의 딜레마를 풀고 비전을 주는 기독교적 계시의 권위와 타당성을 존중한다. 이런 면에서 우리는 인간으로 하여금 어떤 존재가 되어야 하는지 깨닫도록 도와주시려고 생명을 주신 우리 주님을 닮아 갈 수 있다. 전통적으로 제한된 '설명 위주의 방식' 은 아마 게으름의 산물이었을지도 모른다. 우리는 예수께서 가르치시던 기본적인 방법을 이해하고 설명하려고 했으면서도 인간을 대하신 예수의 방법에는 관심을 기울이지 않았다.

이 모델을 통해 우리는 가장 훌륭한 두 개의 가능한 세상을 이루게 되었다. 우리는 학습자가 자신의 위치를 깨닫도록 하고 자신의 진정한 욕구와 적당한 해결 방법을 발견해 나가도록 도와주기 위해 거듭남과 불만족의 씨를 뿌렸다. 그가 그 해결 방법을 찾고 진리를 조금이라도 알게 된다면 우리는 자신의 지식을 자신의 세계에서 행동으로 옮길 수 있도록 규명해 주고 성취시켜 주는 데 도움을 줄 수 있다. 아마 더 이상의 의미 있는 교회 교육 개념에 대한 설명은 없을 것이다.

1. 조이 교수는 '기독교 교육을 위한 중요 개념 목록' 이 왜 교회에 유용하다고 제안하는가?

2. 개념의 '되풀이되는 탐구와 성장' 을 어떠한 전략과 동일시하는가?

3. '가정 커리큘럼' 이 어떤 효과를 가져올 수 있다고 설명하는가?

4. 의미 있는 학습을 이끌어 가는 네 가지 핵심적인 단어들을 말해 보라. 그리고 그 단어들이 어떻게 작용하는지 간단히 설명해 보라.

Bruner, J. 1960. The process of educantion. New York: Random house.

_____ 19965. On knowing. New York: Atheneum.

1. 학습자의 기본적인 욕구, 학습 과제와 학습자의 연관성, 그리고 학습자의 가능한 학습 결과로 이루어지는 세 개의 유용한 분류법이 Tools of Curriculum Development for the Church's Educational Ministry(Anderson Ind.: Warner, 1967, 23-70)에 체계화되어 있다. "개념" 분류법은 이중 세번째와도 어느 정도 다르며 많은 개념들을 논리적이며 중요한 순서대로 분류해 주는 일이 첨가되어야 한다.

2. 제 9장의 토의를 참조. Urie Bronfenbrenner, "The Split - Level American Family," Saturday Review, vol. 50, no. 40:60–66, Octorber 7, 1967 참조.

21

교수 - 학습 과정
(1958)

로이스 E. 르바

(Lois E. LeBar)

르바는 학습자의 활동과 하나님의 말씀과 그리스도를 중심으로 하는 삶을 강조한다. 르바 교수는 교사들에게 어떻게 학생들이 가장 절실하게 느끼는 욕구로부터 시작해서 학생들의 생활에서 가장 중요한 욕구로 옮겨가는가를 보여주고 있다. 그 철학적인 배경과 기독교 교육에 대한 저자의 견해를 보여주는 예로서 성경을 널리 인용하고 있다. 르바 교수에 있어서 성경을 사용하는 것과 교사이신 예수의 일반적인 방법을 중요하게 여긴다. 르바에 의하면 참된 '기독교' 교육가가 되려면 교사들은 성령님과 함께 일해야 한다. 교사의 생활과 영적인 모범, 그리고 교사로서의 '사명감' 도 기독교 교육에 있어서 중요한 요소라고 지적한다.

로이스 르바는 동생 메리(Mary)와 함께 레베카 프라이스(Rebecca Price) 밑에서 공부하면서 휘튼 신학교에서 석사 학위를 받았다. 로이스와 메리는 둘 다 뉴욕 대학에서 종교 교육 박사 학위를 받고 휘튼 대학으로 돌아와 30년 넘게 학생들을 가르쳤다. 은퇴 뒤 잠시 동안 그들은 아프리카로 가서 교육 선교를 했다.

1958년에 출판한 「기독교 교육의 기초(가제; Education that is Christion)」는 오늘날에도 많이 읽히는 중요한 책이다. 가장 최근 판은 르바 교수에게서 배운 학생인 헤롤드 버쥐스(Harold W. Burgess) 교수의 해설이 첨가되어 있다. 버쥐스 교수는 르바 교수의 신학을 신앙의 내용을 전수하는 데 중점을 두는 전통적인 신학 범주에 속한다고 보았다(1975).

그렇지만 르바는 학습자의 활동과 하나님의 말씀과 그리스도를 중심으로 하는 삶을 강조한다. 르바 교수는 교사들에게 어떻게 학생들이 가장 절실하게 느끼는 욕구로부터 시작해서 학생들의 생활에서 가장 중요한 욕구로 옮겨가는가를 보여주고 있다. 그 철학적인 배경과 기독교 교육에 대한 저자의 견해를 보여주는 예로서 성경을 널리 인용하고 있다. 르바는 교수에 있어서 성경을 사용하는 것과 교사이신 예수의 일반적인 방법을 중요하게 여긴다. 르바에 의하면 참된 '기독교' 교육가가 되려면 교사들은 성령님과 함께 일해야 한다. 교사의 생활과 영적인 모범, 그리고 교사로서의 '사명감'도 기독교 교육에 있어서 중요한 요소라고 지적한다.

'교수 - 학습 과정'이라는 이 장에서는 학생들의 생활과의 연관성을 강조하고 있다. "학생들의 성장은 그가 무엇을 들었는가에 의해서가 아니라 그가 들은 것에 대해 어떻게 행동했는가에 의해 결정된다"(143). 겉으로 드러나는 순종보다 영적인 성숙이 교사들의 목표다. 성경 연구, 생활과의 연관성, 그룹 활동, 성경 심리학, 이 모든 것들이 교수 - 학습의 요소이다.

From Education That is Christian(Old Tappan N.J.:Revell, 1958), 142-73.

Unless otherwise indicated, Scripture refrrences are from the King JamesVersion of the Bible.

기 독교적 가르침에 대한 성경적인 근거를 연구하고 나서 우리는 '어떻게' 라는 실제적인 물음에 직면하게 되었다. 어떻게 학생들로 하여금 기록된 말씀을 통해 살아 있는 말씀에 이르도록 도와줄 수 있을까? 어떻게 그들이 성경을 생활에 적용하게 할 수 있을까? 어떻게 그들이 그리스도인으로 성장하도록 도울 수 있을까? 이러한 질문을 하면서도 우리는 주님을 대하는 것은 학생들이므로 학습 과정에서 학생들이 차지하고 있는 비중이 크다는 것을 안다. 학생들은 일상 생활 속의 행동을 변화시키고, 은혜 가운데 성장해야 한다. 우리가 해야 할 일은 그들이 그리스도 안에서 성장할 수 있도록 그리스도께로 인도하고 그리스도를 위해 파송되도록 하는 것이다. 우리는 그들을 대신해서 그리스도를 영접할 수 없다. 우리가 그들을 대신해서 학습할 수는 없다. 옛 격언에 "말을 물가로 끌고 갈 수는 있어도 물을 마시게 할 수는 없다"는 말이 있다. 사람들로 하여금 학습하도록 도와주는 교수란 어떤 것일까? 그러므로 기본적인 문제는 가르침이 아니라 학습이다. 사람들이 어떻게 학습을 하는지 알아내지 못한다면 우리가 의도하는 만큼 가르칠 수 없다.

교사로부터 학생으로의 학습 과정 전이

학생들은 늘 무엇인가를 배운다. 그러나 때로 그들이 배우는 것은 교사들이 가르치려고 의도한 것이 아닐 수도 있다. 재미 없는 선생님이 계속해서 말하는 동안 학생들은 다음 주에 주일 학교를 빼먹을 생각을 하고 있을지도 모른다. 학구열이 높은 선생님이 이런 개념 저런 교훈들을 열심히 설명하는 동안 학생들은 성경이 매우 지겨운 책이라고 배우게 될지도 모른다. 준비를 안 해 온 선생님이 중얼거리며 기도하는 동안 학생들은 기도 시간이 선생님을 골탕먹이기에 좋은 시간이라고 배우고 있을지도 모른다.

학생들의 성장은 그가 무엇을 듣는가에 달린 것이 아니라 그가 들은 것을 어떻게 하느냐에 달린 것이다. 중요한 것은 학생 내면에서 어떤 일이 일어나는가다. 학생은 자신의 외부에서 일어나는 일을 받아들일 수도 거부할 수도 있다. 학습은 학생이 하는 것이 아니라 외부의 힘이 그로 하여금 학습하도록 만드는 것이다. 우리 교사들은 외부의 요소들을 움직여 학생의 내면에 영향을 줄 수 있다. 하나님의 성령과 더불어 일한다면 우리는 그들의 내면에 변화를 가져올 수 있다.

현대인은 요한복음 16장 13절에 우리 주 하나님께서 주신 가르침의 개념 그 이상을 생각할 수 없다. 성령은 학생의 내부와 외부 모두에서 가르칠 수 있는 유일한 교사이기 때문에 그리스도께서 제자들에게 성령이 그들을 모든 진리로 인도하며 다가올 일들을 알려주시리라고 말씀하셨다. 따라서 가르친다는 것은 인도하고 알려주는 것, 즉 학생들을 인도하고 진리를 알려주는 것이다. 참된 교사는 인도하는 가운데 진리를 선포하는 일을 망설이지 않는다. 그러나 진리를 선포하기만 한다면 그는 교사가 아니라 목사이다. 교사는 학생들의 학습을 인도하고 지도하고 도와주는 일을 효과적으로 할 수 있어야 한다.

가르치는 일은 여행 안내자가 하는 일과 같다. 관광객은 그들이 유럽을 갈 것인지, 남미를 갈 것인지, 성지를 갈 것인지를 결정한다. 유능한 안내자는 이미 여러 번 그 여행을 다녀와 어느 곳이 흥미 있는지 잘 알아 관광객들의 질문에 대답해 주고 여행 일정을 정하는 데 도움을 줄 수 있다. 그는 필요한 준비를 도와주고 매시간 새로운 경험을 할 수 있도록 흥미 있는 것들을 알려준다. 관광객들은 새로운 사람들과 새로운 장소를 처음으로 경험하는 것에서부터 만족감을 느낀다. 당신은 관광객들에게, "이곳은 제가 벌써 다녀왔어요. 갈 필요 없어요. 제가 다 이야기해 드리죠"라고 말하는 안내원을 상상할 수 있는가?

그러나 대부분의 우리 교사들이 하는 일이 이런 식이다. 우리는 주님과 새로운 경험을 풍성히 나누었기 때문에 많은 것을 배웠다. 학생들을 가르칠 때도 그들보다 더 깊이 학습 과정에 관여하기 때문에 늘 배우는 것이 더 많다. 그러나 우리가 이미 경험한 형식을 따라 그들을 인도하는 대신 그들에게 우리가 경험한 결과만을 제공하여 그들을 지름길로 인도하려고 한다. 그들은 다른 사람들에게 어떤 일이 일어났는가, 성경 속의 사람들에게 무슨 일이 일어났는가를 알고 싶어하는 것이 아니다. 그들은 그들에게 일어날 새로운 경험, 개인적이고 처음 만나는 흥미로운 것을 체험하기 원하는 것이다.

물론 가르치기 가장 쉬운 방법은 이야기를 들려주는 것이다. 우리는 학생들과는 상관없이 우리가 해야 할 말을 할 수 있다. 제리가 공허한 마음으로 집을 그리워하고 있는지, 앨리스가 지난 주일 일어난 일로 악의를 품고 있는지, 낸시가 우리가 하고 있는 이야기에 대해 질문이 많은지, 앨든은 전에 이 이야기를 여러 번 들은 적이 있다는 것 등은 전혀 상관하지 않는다. 그러면서 우리가 그들을 지도한다고? 그들에게 새로운 체험을 하도록 인도한다고? 제리와 앨리스와 낸시와 앨든 모두? 어떻게? 무엇인가가 필요하다. 그렇다. 그러나 그리스도를 믿는 교사 이상 충분한 것이 없다. 그리스도는 오늘 우리를 통해 주님의 방법으로 그들을 가르치길 원하신다. 하나님의 계시를 받아들인 우리 삶의 영역은 모두 변화한다. 가르치는 일도 그렇다.

교사로서 우리가 해야 할 중요한 사명은 학습이 올바로 이루어질 수 있는 상황을 만드는 것이다. 그래서 제리와 앨리스와 낸시와 앨든이 하나님의 더 고귀한 뜻을 발견하기 원하도록 만드는 것이다. 우리는 대체로 그렇듯 학생들이 수업하기 싫어하는 분위기를 만들기보다는 훨씬 더 좋은 분위기가 되도록 할 수 있다.

우선 그들이 느끼는 대로 느끼고, 생각하는 대로 생각하고, 그들의 신발을 신고 걸어보며 우리 자신을 학생들의 입장으로 바꾸어 놓아야 한다. 그날 수업에 대해 우리가 알고 있는 것은 옆으로 치워놓고 그들이 모르는 것이 무엇인지를 생각해야 한다. 우리 자신의 세계에 머물지 말고 그들의 커다란 바다 속에 빠져 들어가야 한다. 그들 세계에 들어가려고 문을 두드려야 한다. 교사로부터 학생으로 학습 과정을 전이시켜야 한다. 그러면 가르치는 일은 교사이신 우리 주님과 더불어 함께 하는 커다란 모험이 될 것이다.

성장의 본질

성경은 때로 신체적인 성장을 들어서 영적인 성장을 이야기한다. "네 집 내실에 있는 네 아내는 결실한 포도나무 같으며 네 상에 둘린 자식은 어린 감람나무 같으리로다"(시 128:3), "예수께서 대답하여 가라사대 심은 것마다 내 천부께서 심으시지 않은 것은 뽑힐 것이니"(마 15:13).

…신체적인 성장과 영적인 성장 사이에는 많은 교육적인 유사점이 있으며 동시에 커

다란 차이점도 있다. 하등 생물인 식물은 의지가 없다. 종류별로 그 창조주께서 주신 특성을 따라 자랄 뿐이다. 하나님께서 선물로 주신 아들을 영접함으로 거듭나기 위해서는 인간의 의지에 따른 행동이 필요하다. 이러한 중요한 행위는 신체적인 성장과 병행하는 것이 아니다. 그 사람의 정신적인 이해 수준이 어떻든지간에 우리는 그가 다시 태어났다는 뚜렷한 증거 없이 그리스도인이라고 단정할 수 없다. 그러나 신체적으로 태어나기 전인 태아기가 있는 것처럼, 영적으로 태어나는 데도 어떤 사람에게는 길고 어떤 사람에게는 짧은 영적 태아기가 있다. 거듭나기 전, 어린아이의 부모는 그 아이가 자신의 이기적인 길에는 '아니오'라고, 주님의 높은 뜻에는 '네'라고 대답하도록 도와준다. 그러나 엄격히 말해, 영적으로 거듭나야 그리스도 안의 새로운 피조물이 자란다고 말할 수 있다. 우리는 신체적으로 태어나서 죽을 때까지 한 개인이 꾸준히 영적으로 성장하는 과정을 이해하려고 한다.

성경에 나타난 신체적인 성장에 대한 비유

비록 어린아이는 자신이 올바른 판단을 하기 전에 쑥 자라 버리긴 하지만, 신체적인 성장처럼 영적인 성장도 점진적으로 이루어진다. 땅이 열매를 맺는 것에 대해서 "처음에는 싹이요 다음에는 이삭이요 그 다음에는…"(막 4:28)라고 하는 것처럼, 주님이 몸인 교회의 머리이므로 모든 면에서 그리스도를 닮아 가며 성장해야 한다(엡 4:15). 성장은 좋은 조건에서 꾸준히 지속적으로 이루어진다. 매일매일 눈에 띄는 변화는 없지만 분명히 그 과정은 진행되고 있어야 한다. 일시적인 거듭남이나 경쟁에 의존한다면 그 결과는 잠시 활짝 피어나는 것 같지만 곧 시들해지고, 아무리 노력을 기울여도 예전의 상태로 되돌아가 버리고 말 것이다.

성장은 안에서 밖으로 이루어진다. "의인은 종려나무 같이 번성하며 레바논의 백향목 같이 발육하리로다 늙어도 결실하며 진액이 풍족하고 빛이 청청하여"(시 92:12, 14). 나무의 뿌리는 땅에서부터 나무 기둥을 통해 줄기로, 모든 나뭇잎으로 영양을 공급해 준다. 싹과 꽃과 열매는 모두 나무의 성장이 완성되었음을 보여주는 부분이다.

뿌리가 잘려 나간 크리스마스 트리와는 다르다. 그것은 몇 주 동안, 반짝이는 전등과 갖가지 인형들과 여러 가지 장식품들을 매달고 멋지게 보인다. 그러나 그것은 그저 장식품에 불과할 뿐이다. 그런데 우리 교사들이 때로 이렇게 '크리스마스 트리' 같은 효과를 보려고 가르치는 것은 아닌가? 우리는 학생들에게 그저 단어의 나열에 불과한 구절들을 외우라고 시키고 특별한 행사를 위해 짧은 시를 암송하라고 시킨다. 이러한 것들은 어른들을 즐겁게 할지는 모른다. 하지만 학생들의 내면에 어떤 결과를 가져오는 것일까? 하나님의 말씀을 그저 학생들에게 장식품으로 '매달아 놓은' 것뿐일까, 아니면 그들의 존재 내부에 어떤 작용을 일으키는 것일까? 잠언은 우리들에게 "무릇 지킬 만한 것보다 더욱 네 마음을 지키라 생명의 근원이 이에서 남이니라"(4:23)고 훈계하고 있다.

'모든 꽃피는 것'들의 생명의 근원은, 준비가 되어 있든 아니든, 땅이라는 자연에 의지하고 있다. 예수께서는 "길가에 떨어진 씨, 돌밭에 떨어진 씨, 가시떨기 위에 떨어진 씨, 좋은 땅에 떨어진 씨"(마 13:3-8)에 대해 말씀하셨다. 대부분의 성경 공부 시간에 교사는 여러 가지 종류의 땅을 만나는 것이다. 학생들이 어떤 종류의 씨를 받아들일 준비가 되어 있는지 모른 채 어떻게 가르칠 수 있는가? 영혼의 영원한 운명이 위험에 빠져 있는데, 토양에 관계없이 어떤 씨든 손에 닿는 데로 뿌리고서 어떻게 만족할 수 있는가? 어떤 특성을 지니고 있는지 충분히 알아낸다면 가장 황폐한 땅에서도 씨가 자랄 수 있다.

아무리 억센 식물이라 해도 햇볕과 비와 가지치기가 필요하다. "여호와 하나님은 해요 방패시라 여호와께서 은혜와 영화를 주시며 정직히 행하는 자에게 좋은 것을 아끼지 아니하실 것임이니다"(시 84:11). "저는 벤 풀에 내리는 비 같이, 땅을 적시는 소낙비 같이 임하리니"(시 72:6). 그리스도께서는 "무릇 내게 있어 과실을 맺지 아니하는 가지는 아버지께서 이를 제해 버리시고 무릇 과실을 맺는 가지는 더 과실을 맺게 하려 하여 깨끗케 하시느니라"(요 15:2)고 말씀하셨다. 태어나서 죽을 때까지 누구나 매일 영양분 섭취와 운동이 필요하다. 어떤 교사들은 한 영혼이 거듭나고 나서는 그다지 노력을 기울이지 않는다. 끊임없는 보살핌이 필요한 갓 태어난 영적인 어린아이를 혼자서 크도록 내버려 둘 수 있는가?

참된 학습인지 테스트하기

"그의 열매로 그들을 알리라"(마 7:20). 의인은 "시냇가에 심은 나무가 시절을 쫓아 과실을 맺으며 그 잎사귀가 마르지 아니함 같으니 그 행사가 다 형통하리로다"(시 1:3)고 했다.

우리는 가르치고 나서 어떤 열매를 맺었는가? 학생들이 성경 구절을 암송하거나 성경에 나온 이야기를 기억하고 있거나 개근상을 탔다고 만족해 하는가? 우리는 가르치면서 어떤 점에 특별히 관심을 기울여야 하는가? 우리가 가르친 것을, 학생들이 학습을 정말로 했는지 어떻게 테스트할 수 있는가?

학생들이 비기독교인들과 섞여 사는 일주일 동안 정말로 하나님의 말씀이 그들의 삶을 지배하고 있는가? 운동장에서, 그들을 모르는 낯선 사람들도 그들이 가장 이기적이지 않으며 성실하고 진실하며 협동심이 있다고 생각하게 될까? 학교나 사무실에서, 그들은 가장 믿을 만한 사람일까? 가정에서 그들은 부모님께 순종하며 예의바르고 사랑스러운 자녀들인가? 그들의 가족들이 자녀가 변했다고 "우리 아이가 어떻게 된 거죠?"라고 물어 오는 일이 있는가? 당신이 그들과 함께 있지 않아도 그들은 성령의 열매를 맺는가(갈 5:22-23)?

우리는 영적인 체험을 통해 하나님께서 우리에게 새로운 진리를 깨닫게 하시면 곧 그것을 시험하신다는 것을 안다. 그 진리대로 행동하기를 거부하면 곧 우리는 뒤로 미끄러지기 시작한다. 그러나 진리를 따라 행동하면 새로운 삶으로 전율을 느끼며 승리하기 시작한다.

성경에서 잊혀지지 않는 구절 가운데 하나가 "잎사귀 외에 아무것도 없더라"(막 11:12-14)는 말씀이다. 예수께서 멀리서 잎사귀가 무성한 무화과나무를 보시고는 먹을 열매가 있는지 보려고 가까이 가셨다. 그러나 잎사귀 외에는 아무것도 없었다. 우리가 가르치는 것이 이처럼 헛수고가 아니길! 성경 말씀에 관해 이야기하고, 찬송을 부르고, 기도하고, 출석을 확인하는 이 모든 일들은 성령의 열매 없이도 할 수 있는 것들이다. 그러나 우리가 주님의 방법을 따라 주님의 사명을 감당하고 있다면 "피곤하지 아니하면 때가 이르매 거두리라"(갈 6:9).

오늘날 주님께서 우리의 교회에서 "영혼의 수고한 것"(사 53:11)을 찾으시면, 만족해 하실까? 아니면 잎사귀 외에는 아무것도 찾지 못하실까? 주님께서는 우리에게 모든 족속으로 제자를 삼으라고 말씀하시며 제자들을 찾으신다(마 28:19). 제자들은 그리스도와 더불어 사는, 자신을 성장시킬 줄 아는, 옛사람이 죽어 버린, 썩어가기 위해 땅 위에 떨어진 밀알인 그리스도인들이다(요 12:24). 제자들은 예수님을 따르며, 예전의 이기적인 길을 버리고 매일 주님과 동행하는 사람들이다.

그러나 오늘날 우리들의 교회에 있는 제자들은 많이 변했다. 물론 그들은 구원받았고 그리스도를 만났고 영생을 얻었다. 그러나 예수님께서 저주하신 무화과나무처럼 아무 열매도 맺지 못하고 있다. 그들은 "잎사귀 외에는 아무것도" 맺지 못하고 있다. 그들은 교회에 다니고, 복음송을 부르고, 사도신경을 외운다. 그러나 자신을 성장시키지 못한다. 그들은 자신을 의지하는 데서 벗어나 주님을 의지하며 구원 받은 삶을 살아간다. 그러나 그들은 그들을 구원해 준 믿음 안에서 살지 못하고 있다. 주님은 우리에게 이런 식으로 제자의 삶을 살라고 하지 않으셨다.

우리가 가르치는 방법으로 진정한 제자가 되도록 할 책임이 있다. 우리의 학생들이 성경 말씀을 암송할 때 우리들은 그들에게 그 말씀을 '배우라'고 가르치고 잘했다고 별을 붙여 주었을지도 모른다. 아이들에게는 이것이 목적이다. 따라서 "서로 사랑하라"는 성경 말씀을 배운 것은 그저 그 이야기를 알게 된 것일 뿐이다. "서로 사랑하라"는 말씀은 암송하기 쉬운 구절인가? 그는 언제 서로 사랑하기를 배웠는가? '당신은' 다른 사람들을 사랑하라고 배웠는가? 그럼 다른 사람을 사랑하고 있는지 어떻게 시험할 수 있는가? 서로 사랑하라! 정말 말하기 '쉬운' 구절이다. 그러나 자존심을 버리고 사랑할 수 없는 사람들에게 사랑을 보여주기란 얼마나 '어려운' 일인가!

엉터리 제자들이 사랑을 실천하도록 어떻게 도와줄 수 있는가? 우리의 프로그램으로 사랑을 실천할 기회를 제공해 줄 수 있다. 바로 우리 수업 시간에 나누고, 함께 일하고, 따뜻하게 대해 주고, 다른 사람들의 처지를 생각해 주고, 자신을 부인하는 일들을 실천할 수 있는 상황을 만들어 줄 수 있다. 그러한 프로그램들은 성경 공부 시간에 이루어질 수 있다. 그러나 그리스도인다운 행동을 필요로 하는 일주일 동안에도 실천되어질 수 있는 것이다. 그래서 진짜 시험은 학생들이 교사들이 없는 곳에서 자신의 결정을 따라 행동하는 데서 치러진다. 만일 집에서, 놀이터에서, 학교에서 또는 사무실에서 실제로 사랑을 나타낼 수 있다면 그들은 서로 사랑하라는 말씀을 정말로 배운 것이다. 그렇지 않다면 성경 말씀을 제대로 배우지 못한 것이다.

성장의 개인성

한 그루의 나무에 달린 잎사귀도 모두 서로 다르게 생겼는데 하물며 각자 독특한 특성을 지닌 인간은 그보다 훨씬 더 복잡하지 않겠는가? 우리는 각각 특별히 그 아들을 통해 분명하게 보여주신 위대하신 디자이너에 의해 만들어진 옷을 입고 있다. 그분은 당신의 특성을 보여주시기 위해 우리 모두를 지금의 모습대로 지으셨다. 어떤 단점이 우리의 모습에 금이 가게 한다고 느끼는 것은 당연할지도 모른다. 그러나 우리는 전지 전능하신 분의 계획에 따라 정확하게 만들어진 존재들이다. 어떤 씨는 빛이나 모래, 물이 잘 빠지는 땅에 가장 알맞고 어떤 씨앗은 비옥한 땅에 알맞는 특성이 있듯이 인간의 개인성도 환경적인 조건에 민감하다. 어떤 씨앗은 햇볕이 내내 필요하지만 어떤 씨앗은 그늘에서 자란다. 어떤 씨앗은 매년 똑같은 곳에서 자라지만 어떤 것들은 옮겨 심어야 한다. 어떤 학생들은 민감하고 쉽게 상처를 입기 때문에 부드럽고 신중하게 대해야 하고, 어떤 학생들은 거칠게 다루어야 반응이 나타난다. 어떤 학생들은 부수적인 내용들까지도 이해하려고 매우 정열적이지만, 어떤 학생들은 그 의미를 파악하기도 전에 핵심에서 벗어나 버리며 영적인 일에 별로 관심이 없다. 학생들은 각자 자기만의 특별한 욕구가 있으며 성장의 정도도 모두 다르다.

우리는 어떻게 한 반에 있는 제각기 다른 개인들 모두에게 적합한 수업이 이루어지게 할 수 있을까? 학생들을 만날 때마다 우리가 해야 할 일은 각각의 학생들이 그리스도 안에서 좀더 성숙해지도록 돕는 것일 뿐이다. 그렇다면 우리가 해야 할 첫번째 일은, 매일 그 학생들 하나 하나를 위해 분명하게 기도하는 것이다. 제리에게 어떤 변화가 생기기를 원하는가? 제리는 왜 그런 식으로 느끼고 그렇게 행동하는 것일까? 제리가 웅크리고 앉아 세상을 어떻게 바라보고 있는지 이해할 수 있는가? 그렇지 못하다면 알아내야 한다. 그의 집을, 학교나 사무실을 방문하고 그의 친구들과 잘 가는 곳을 가 보아야 한다. 그러면 그에 대해 확실하게 기도할 수 있게 될 것이다. 더 나아가 제리를 바라보시는 주님의 입장에 서서 성령과 함께 제리를 도울 준비를 해야 할 것이다.

내적 과정으로서의 학습

물론 참된 학습은 밖으로 드러난다. 그러나 우선 내부에서 일어나지 않는 한 결코 영원한 참된 변화가 일어날 수 없다. 하나님의 진리는 점차 인간의 내면의 삶을 인도해야 한다.

우리가 주님과 함께 학생들의 내면을 변화시키고자 한다면, 이미 그의 행동을 지배하고 있는 변화가 필요한 부분에서 시작해야 한다. 우리로 하여금 행동하도록 불러일으키는 힘은 무엇인가? 하나님께서 우리 안에 넣어 주신 강한 동기와 욕구가 우리로 하여금 행동하도록 만든다. 욕구란 교육에 있어서 중요한 개념 중 하나다. 모든 인간은 막대한 노력을 기울이거나, 거짓말을 하고, 도둑질을 하고, 전쟁에 나가는 등 만족감을 얻고 싶어하는 물리적인 욕구를 가지고 있다. 우리는 안전, 애정, 인정, 죄의식으로부터의 자유, 새로운 경험 등을 하고 싶어하는 정서적인 욕구를 가지고 있다. 생활 수준이 높은 진보된 문화권에서는 이러한 심리적인 욕구가 대부분의 행동을 유발시키는 동기가 된다. 정신적으로 우리는 모두 현재의 관심사를 따라 일어나는 행위와, 현재의 능력에 대한 도전과 새로운 지적인 경험을 넓힐 필요가 있다. 영적으로 우리는 우리의 창조주이자 구속자이신 하나님께 나아가 그리스도인으로서의 특권을 누리며 책임 있는 삶을 살아가고, 우리가 그리스도께 붙잡힌 바 되었음을 드러내기 위해 주님과 더불어 창조적으로 일해야 할 필요가 있다.

이 많은 욕구들은 동시에 발생하는 것이지만, 어떠한 것이든 가장 기본적인 것이며 우리의 주의와 관심과 노력을 필요로 한다. 우리의 온 존재는 의식적으로든 무의식적으로든 이 욕구들을 충족시킬 방법들을 찾고 있다. 만일 어떤 사건이 우리 자신의 욕구와 아무런 관계가 없다면 우리는 그 사건에 아무런 관심도 기울이지 않는다.

창조주께서는 왜 우리에게 이러한 욕구를 주셨을까? 하나님께서 손수 만족시켜 주실 수 있으시기 때문이다. 하나님은 예수 그리스도의 영광 가운데 풍성하게 우리의 욕구를 채워 주시려고 기다리고 계신다(빌 4:19). 주님은 우리가 가장 잘 알고 있는 언어로, 우리의 매일의 생활 환경 속에서 우리에게 이야기를 건네고 싶어하신다. 생활 속의 모든 문제는 우리로 하여금 주님께 해결해 달라고 부탁하도록 만든다. 그리스도께서 복음서에서 가르치신 대부분의 교훈은 이러한 개인적인 욕구로부터 시작된다. 교사로서 우리는 우리의 학생들로 하여금 개인적인 욕구를 채워 주시는 주님을 바라보고 그분께 다가가도록 인도해야 한다.

왕 중 왕이시며 주의 주이신 그리스도 앞에 절할 때 존귀하신 구세주께서 우리의 모든 욕구를 채워 주신다는 것을 알게 된다! 그리스도께서 우리를 세상의 죄의 능력 가운데서 구원해 주시므로, 우리는 점점 더 그분께 우리 자신을 드려야 한다. 그분 안에서 기쁨을 누리고 주님의 죽으심과 부활 사건 속에서 그분을 알게 되면 주님은 우리에게 거룩한 목적을 부여하시고 주님께서 우리를 통해 이루시고자 하는 영적인 사명을 주신다. 자신의 삶을 부인하면 주님이 모든 삶의 중심이 되신다. 그러면 그분과, 그분의 부활 능력과 고통 당하심에 우리의 전 관심을 기울이게 된다. 더이상 우리의 욕구에 관심을 기울이지 않고 그분의 세상을 향하신 구원의 위대한 계획에 관심을 기울이게 된다.

때로 학생들이 가장 절실하게 느끼는 욕구들은 영생의 빛에 비추어 볼 때 그다지 중요하지 않은 것일 수도 있다. 그러나 우리는 그들에게 다가가기 위해 그들이 느끼는 이러한 욕구에서 시작해야 한다. 그래서 우리의 목적은 이러한 욕구들을, 마치 그리스도께서 사마리아 여인을 만나셨을 때 그의 육체적인 욕구를 영원히 목마르지 않는 생수로 채워주시려고 한 것처럼 영적인 참된 욕구로 인도해 가는 것이다. 주님이 생수와 진정한 예배에 관한 이야기부터 시작하셨더라면 우리는 결코 사마리아 여인의 이야기를 들어볼 수 없었을 것이다. 학생들이 느끼는 욕구에서 시작한다는 것은 거기서 멈추라는 이야기가 아니다.

수업을 욕구로 시작하는 것과 똑같이 학생들의 관심사로 시작하고 있는가? 관심과 욕구와의 차이점은 무엇인가? 아이들에게 다윗과 골리앗 이야기를 가르치려고 할 때 당장 그들의 관심을 끌 수 있는 새총으로 이야기를 시작할 수 있을 것이다. 그들은 서로 새총을 쏘아본 이야기를 하면서 즐거워할 것이다. 아이들은 다윗의 이야기 속으로 들어가 새총을 쏘는 부분을 특별히 주의 깊게 들을 것이다. 이야기가 끝난 후 대부분의 아이들이 무슨 이야기를 하게 될까?

"나도 새총이 하나 있으면 좋겠다. 어디서 살 수 있지? 나는 거인을 때려눕힐 필요는 없어. 새를 맞춰 봐야지. 사람들의 모자도 좋겠어. 새총이 하나 있으면 재미있겠다." 이것이 우리가 이야기를 들려주면서 얻기를 바라던 반응인가?

제도적으로 이 이야기를 개인적인 욕구에 대한 이해로 시작해 보자. 어린아이들에게 자신이 해야 할 일이라고 생각하지만 하기 힘든 일들이 무엇이 있는지 이야기해 보도록 하자. "이러한 것들이 우리의 거인이다. 만일 우리가 주의를 기울이지 않으면 우리를 때려눕힐지도 모른다. 다윗도 거인을 만났다. 그리고 그를 이겼다. 어떻게 이겼지? 우리도 주님의 능력 안에서 강해질 수 있을까? 어떻게 강해질 수 있을까? 이번 주에 어떻게 할까?" 그렇다. 관심은 피상적인 것이 될 수도 있지만 욕구는 우리 내면 생활에 깊이 뚫고 들어갈 수 있다.

다음에서 이야기하는 것처럼 우리는 성경 공부 시간을 통해 학생들을 하나님의 말씀으로 인도해가야 한다:

진리와 대면하고
진리에 관심을 기울이고
진리에 관해 무엇인가를 행하고
진리의 다스림을 받으라

만일 학생들이 자신의 욕구와 말씀 사이에 아무런 관계도 없다고 생각하게 되면 말씀이 마음 속으로 들어가 열매를 맺지 못하게 되므로 공허하게 떠드는 이야기가 되버리고 만다. 만일 관심과 연관되어 있다면 좀더 깊이 주의를 기울일 수 있을 것이다. 성경이 자신의 욕구를 충족시켜 줄 수 있다면 학생들은 하나님의 응답을 찾으려고 노력을 기울이기 시작할 것이다. 그리고 경험을 통해 살아 계신 하나님께서 다른 욕구도 채워 주시리라는 사실을 깨닫게 되면 계속해서 하나님께 다가가려고 할 것이다.

그러나 우리가 학생들의 욕구로 시작해서 문제의 중심을 꿰뚫었다 하더라도 자동적으로 변화가 일어나는 것은 아니다. 그 동안 우리가 만들어 온 개인적인 구조를 새로 조직하려는 것이기 때문에 그들은 당연히 변화를 거부한다. 기존의 사고 방식과 행동 방식을 무너뜨리는 것보다 변화를 거부한 채로 있는 것이 훨씬 쉽다. 만일 한꺼번에 너무 많은 변화를 요구받게 된다면 견디지 못하게 된다. 교사들은 그리스도인으로서 살아가기 위해 세속적인 가정과 학교로 돌아가는 한 어린이나 청소년에게 필요한 것이 무엇인지 알아낼 수 있어야 한다. 그는 주님으로부터 그리고 이 세상에 있는 주님의 대리자들로부터 많은 도움과 관심을 받아야 한다.

인간은 영적인 세상으로부터 자신을 끌어당기는 힘을 느끼면 자신을 그 안으로 몰입시키기보다는 어느 정도이든 외부적으로 여태까지 이루어진 틀 속에 그대로 있으려는 경향이 있다. 학생들은 하나님께서 요청하시는 대로 행한다고 생각하며 말씀을 암송하는 습관에 젖어들기가 더 쉽다. 단 우리 교사들이 기껏 말씀만을 요구한다면 학생들은 말씀으로 그들의 양심을 얌전히 내버려두려고 할 것이다. 그들은 그들에게 다가오는 모든 것들에 맞서 진리를 옹호하려 들지도 모른다. 그러나 주님은 우리의 생활 가운데서 성령의 열매를 찾으러 오신다. 이단 종교가 가지고 있는 힘은 그들의 종교가 일상 생활과 밀접하게 연관되어 있다는 것이다.

교사로서 우리의 사명은 학생들의 현재의 동기나 가치관과 목적을 이용해 학습 동기를 유발시키려는 것이 아니다. 그들은 많은 욕구를 지니고 우리에게 온다. 가능한 한 우리들은 이미 그 욕구들이 무엇인지 이해하고 있어야 하며 그것을 바탕으로 수업을 준비해야 한다. 수업 시간 동안 자연스럽게 대화를 나눈다면 지금 당장 그들의 사고 가운데 무엇이 가장 중요한지를 알 수 있게 될 것이며 바로 거기서 시작하면 된다. 칠판에 성경의 내용을 이해하기 위한 개인적인 질문들을 써놓을 수 있다. 내면적인 문제들을 보여주는 말씀을 선택할 수도 있다. 때로 개인적인 욕구는 수업 가운데 나타날 수도 있고 다음 수업을 위해 풍부한 이해를 제공해 주기도 한다.

젊은 교사들을 지도하는 경험 많은 교사들은 때로 교사들의 눈에 띄지 않는 학생들이 훌륭한 지도력을 갖추고 있음을 보고 놀라기도 한다. 열띤 토론과 수업을 이끌어내는 질문이나 제안, 짧은 설명은 들리지도 않는다. 교사는 너무 내용에 몰입한 나머지 어떤 대상에게 그 내용을 통해 무엇인가를 가르치는 것이 아니라 그저 내용만을 가르치는 게 되어 버리고 만다. 그는 학생들이 자신의 이야기에 귀를 기울여 주기 원하지만 학생들이 무슨 이야기를 하는지에는 귀기울이지 않는다. 이것이 잘하고 있는 것일까? 학생들의 내면적인 욕구와 사고들, 주장들이 수업을 통해 잘 표출되면 행동의 주요 원인을 깊이 이해할 수 있게 된다.

우리는 수업이라는 방법을 통해 학생들의 욕구를 충족시키려고 하거나, 학생들은 수업을 거부하고 방해하면서 자신들의 욕구를 충족시키려고 하기도 한다. 학생들이 배우고 싶어하는 것은 교사들이 가르치고 싶어하는 것만큼이나 중요하다.

능동적인 과정으로서의 학습

1학년 학생들의 수업 시간을 보자.

교사: 디키, 이제 어떻게 하면 좋을까? 수업 시간 끝나는 종이 울렸는데 아직 색칠을 다하지 못했구나. 그리고 말씀도 못 외웠고. 넌 오늘 아무것도 못한 것 같구나. 디키야, 왜 그랬을까?

디키: 선생님께서 저보고 조용히 앉아서 선생님 말씀을 들으라고 하셨잖아요. 선생님은 계속해서 '가르치고, 가르치고, 또 가르치셔서' 전 아무것도 배울 수가 없었어요(팩, 1953, 11).

일곱 살짜리 엘리자벳은 학교 놀이를 좋아한다. 인형들을 의자에 앉혀 놓고서 학교에서 배운 대로 읽기, 셈하기 등을 가르친다. 엘리자벳 집에 같이 사는 에디스 아주머니는 읽기, 셈하기같은 학교에서 배우는 것들이 지겨워서 하루는 새로운 놀이를 해보라고 말했다. "엘리자벳, 주일학교 놀이를 해보지 그러니? 인형들이 좋아할 것 같은데."

"아니에요. 내 인형들은 공부를 해야 돼요. 주일학교에서 하는 일은 늘 앉아서 이야기나 듣는 것인데요 뭘. 거기서는 아무것도 배울 수가 없어요."

주일학교 교사인 에디스는 많은 걸 생각하게 되었다(에티취, 1929, 80).

학생들로 하여금 능동적으로 참여하게 하라

수많은 설교와 성경 강의를 통해, 교회는 개인적으로 필요 없는 것을 골라 내버리는 데 익숙한 '전문적인 청취자'들을 훈련시키고 있는 것인가? 어느 시간이건 정말로 설교자에게 귀를 기울이고 있는 교인들은 대략 $\frac{1}{4}$ 정도다. 사람들이 소위 수업 시간에 '듣기만' 하고 있다면 분명히 영적인 성장에 문제가 있을 것이다. 학생들은 듣는 것이 아니라 훈련을 받아야 한다.

가르치는 데는 상호 작용이 확실하게 이루어질 수 있는 서로 친밀한 적은 수의 그룹이 좋다. 우리들은 때로 학생들을 적은 수의 그룹으로 나눈다. 왜? 단지 이야기를 하려면 학생 수가 많아도 상관없다. 목사들은 설교를 통해 사고를 자극해야 하지만 듣고 있는 성도들은 목사에게 대답할 수 없다. 가르치는 일은 서로 주고받는 상호 작용이 이루어지도록 해야 한다. 그리고 전인격적인 가르침이 이루어져야 한다. 들어간 대로 나온다는 옛 말이 교육을 받는다는 사실에 있어서 만큼은 정말 진리다. 엘버트 후바드(Elbert Hubbard)는, "교육은 유물이 아니라 획득물이다. 즉 받을 수 있는 것이 아니라 획득돼야 하는 것이다"라고 말했다.

"그 아이에게 온갖 짓을 다해서라도 정복하고 말 것이다." 잘못된 교사는 이렇게 말한다. 그러나 현명한 교사는, "무슨 일이 있더라도 그 아이가 자신을 정복하도록 도울 것이다."라고 말한다. 해가 갈수록 교사들은 학생들을 조용히 앉혀 놓느라고 애를 쓴다. 그러나 조용히 앉아 있는 일은 학생들의 생리에 맞지 않는다. "교사들이 학습의 대부분을 그런 식으로 한다면 학생들은 맛도 없고 볼품 없는 '말라비틀어진' 상품을 얻게 될 뿐이다"(루스 베일리). 교사가 있든 없든, 교실이 있든 없든 학생들은 행위를 통해 학습한다.

교사에게서 학생으로 학습을 전이시킬 때 학생에게 도움이 되도록 절반은 학생들의 능동적인 활동으로 얻을 수 있어야 한다. 이는 학생들이 원하는 대로 하도록 내버려두거나 규제하지 않아도 된다는 뜻은 아니다. 다만 교사와 책임과 활동과 결과를 함께 나누어야 한다는 뜻이다. 학생은 계획을 세우고, 성경 이야기를 이해하고, 자신이 얻은 결과를 스스로 평가할 줄 안다. 교사는 학생들이 좀더 유익하게 할 수 있도록 도와주는 일 외에는 아무것도 할 일이 없다. 우리는 학생들 자신의 추진력을 최대화시키고, 교사들의 말에 몰입하는 것은 최소화시켜야 한다.

학생들로 하여금 스스로 그리스도 안에서 삶의 커다란 가능성을 찾아내도록 도와주는 것, 무관심하거나 지겨워하는 사람들에게 이야기하는 것보다 열심히 뭔가를 스스로 하도록 지도하는 일이 얼마나 멋진 모험인가! 스스로 진리를 찾아낸다면 더욱 그 진리에 순종할 것이다.

인쇄물들이나 말로 가르치는 것은 성육신이 이끌어 주시고, 느낀 것을 실천하고, 실례들이 자신의 경험이 될 때 정말 효과적인 것이 된다. 우리는 옳은 것들을 행함으로 가장 잘 배울 수 있으며 우리의 지식과 훈계는 우리의 아이들이 잘못된 일을 하지 않도록 도와주는 데 족할 뿐이다(에드먼, 1953, 10).

경험은 그 과정을 통해 늘 무엇인가를 배울 수 있다는 점에서 가장 훌륭한 교사다. 홀류한 교훈을 얻게 되든 아니든 새로운 것을 얻는 것임에는 틀림없다. 경험은 무서운 선생님이다. 왜냐하면 먼저 시험을 쳐야 교훈을 가르쳐주기 때문이다.

히브리서의 저자는 듣기를 싫어하고 영적으로 성숙해 가지 않는다고 청중을 꾸짖고 있다(5:11-14). 그들도 말씀을 가르칠 기회가 왔는데 여전히 영원한 진리의 말씀을 처음으로 받아들였던 상태에 머물러 아직도 젖을 먹고 있고 단단한 식물을 먹지 못하고 있다. "지각을 사용함으로 연단을 받아(체험을 통해) 선악을 분변하는" 자가 되어야 한다. 우리 시대의 교회에서도 우리는 어린 학생들이 미래의 유능한 지도자로 성숙해 갈 수 있도록 분별력을 갖출 수 있는 체험(연단)을 하도록 이끌어 주어야 한다.

운동선수들이 받는 훈련과 경기를 보는 관중들이 받는 훈련의 차이를 생각해 보라. 관중들은 경기의 규칙을 이해하고 결정적인 순간 소리를 지르거나 응원을 하고 고도의 기술을 평가할 수 있는 눈을 갖는 정도면 된다. 이러한 과정을 통해 그가 변화받는 것은 아니다. 경기장에서 본 것을 경기장 밖에 나가서 똑같이 할 수 있는 일도 아니다. 그러나 운동선수들은 세밀하게 전략을 세워야 하고 상대편 선수들의 움직임을 자세히 살펴보고, 판단력을 기르는 연습도 하고, 여러 가지 기술을 연습하고 연습하고 또 연습해야 한다. 혼신을 다해 경기를 치렀기 때문에 경기가 끝나면 완전히 딴 사람이 되버리고 만다. 여태까지 너무도 오랫동안 학생들은 관중에 불과하고 교사들만이 학습이라는 경기에 참여하는 선수들이었다. 이제 학생들이 경기에 참여할 때가 되었다.

어쨌든, 전통적인 교육 과정에서 학생들과 교사들의 역할은 학습에 참여하는데 있어 서로 뒤바뀌어 왔다. 학생들이 원칙적인 참가자가 되어야 한다. 전통적인 교육에서 교사는 학생들이 해야 할 것을 하고 학생들은 학습 과정을 무관심하게 지켜보는 입장이었다. 때로 대학은 학생들이 학습을 하는 교사들을 위해 기금을 조성해 주는 기관 역할을 했다. 뒤죽박죽된 이러한 상황은 교사들의 활동 분석을 통해 명백하게 드러난다. 교사들은 학생들이 누려야 할 생동감 있는 활동들을 빼앗아 버렸다. 교사가 학생들을 위한 목표를 정하고 질문을 던지고, 문제를 만들고, 수업 과정을 평가하고, 학생들의 활동을 조직하고, 커리큘럼을 '완성시키고', 강의 내용과 과정을 계획하고, 수업 시간 외의 과제에 대해 생각하고, 대부분을 교사가 이야기했다. 한마디로, 교사가 학생, 학습자, 교육과정의 '참여자'였다. 교사들이 이렇게 말하는 것은 흔한 일이 되었다. "내가 처음으로 가르치던 해만큼 공부를 많이 한 적은 없었다." 우리 사회가 언제까지 '학생들'은 앉아서 교사들이 가르치는 것을 보는 그러한 기관을 지원해야 할지 의심스럽다(깁스, 플렛, 밀러 1951,65).

성경 탐구하기

주일 아침 고등학생들이 삼삼오오 짝을 지어 새 옷이 어떤지, 토요일 저녁 어떤 재미있는 일이 있었는지, 학교에서 새로운 남학생을 봤다느니, 어떤 여학생이 머리를 잘랐다느니 떠들어대면서 주일학교 예배실로 들어갔다. 예배 시작을 알리는 종소리가 울릴 때까지 여러 가지 이야기 거리로 한층 흥겨운 분위기로 가득 찼다. 그러나 종소리가 울리자 학생들은 마지못해 조용히 하면서 수동적으로 예배를 드리는 처음에는 목사님이, 그 다음에는 선생님이 자신들의 생활과 별로 연관도 없는 오래 전 이야기를 하시는 것을 듣는다. 자기들끼리만 신이 나서 부르지 전혀 영적인 분위기를 느낄 수 없는 성가대의 찬양 시간을 빼고는 습관처럼, 얌전히 앉아 있도록 훈련을 받았기 때문에, 아니면 사회 생활의 일환으로 예배가 진행되는 것을 참고 있다. 때로 어떤 친구들은 약삭빠르게 장난을 치며 좋아하지만 교사들은 예배나 수업에 몰두하여 알아채지 못한다. 모든 것이 끝나면 학생들은 선생님의 형벌 집행 시간에서 해방되어 다시 흥겨운 수다를 떨며 돌아간다.

매주 학생들은 주일학교 수업을 통해 성경 속에서 우리 시대에 이루어지고 있는 과학 분야의 발견보다 훨씬 가슴 떨리는 발견들을 해내야 한다. 갈망하는 영혼들에게 하나님께서 드러내 보여주시고자 하는 그리스도인의 삶의 비밀은 자연 세계의 비밀보다 더 인격적이고 잠재적이다. 우리 교사들이 학생들의 바로 지금 그 모습에서 그들이 원하는 데서부터 시작한다면 학생들도 하나님께서 주시는 해답을 찾으려 할 것이다. 따라서 우리의 책임은 그들이 필요한 것을 또는 그들이 곧 필요로 하게 될 것을 제때에 발견할 수 있도록 인도해주는 것이다.

어린아이들은 책을 읽을 수 있을 때까지 스스로 성경을 찾지 못한다. 어린 학생들에게 성경의 진리를 전해주는 가장 좋은 방법은 성경 속의 사건들을 학생들이 마치 자신의 이야기처럼 느낄 수 있도록 생생하게 재구성해서 들려주는 것이다. 그렇게 되면 아이들은 자신의 성경책은 적극적으로 사용하지 못하지만 성경을 사용하는 일에 적극적으로 참여할 수 있는 것이다.

이야기를 하는 것은 교사지만 학생들은 무엇인가를 찾아내기 위해 적극적으로 귀기울이게 될 것이다. 그들이 텔레비전에서 명작 극장 시간에 본 이야기보다 훨씬 더 재미있다는 생각이 들어야 한다. 만일 그 이야기의 교훈을 얻기 위해 현실적으로 그들의 개인적인 문제에 관해 토론한다면 그들은 성경 속의 이야기들이 자신의 욕구를 해결해 준다는 사실을 발견하게 될 것이다. 그들은 자신의 욕구를 충족시키기 위해 성경에 귀를 기울일 것이다. 이야기가 끝난 후, 교사는 그들이 떠들고 있는 동안 그 이야기를 암기시키려고 애쓸 필요가 없다. 그들은 스스로 결론을 이끌어 낼 수 있고 스스로 적용시킬 수 있게 될 것이다. 다윗과 골리앗 이야기가 끝난 후, 교사는 "함께 이야기해 보았듯이 우리는 이제 우리만의 거인을 만났을 때 새총이나 조약돌이 필요 없어요. 그럼, 전능하신 주님 안에서 어떻게 강해질 수 있을까요?"라고 질문을 던질 수 있다.

어린아이들은 성경 이야기를 조용히 들어야 하기 때문에 주일학교의 나머지 시간은 활동적인 프로그램으로 이루어져야 한다. 그런 활동 시간이 충분하지 못하다면 아이들이 조용히 앉아서 이야기에만 귀를 기울이기는 힘들다. 수업 시간 전에 성경 공부와 관련된 자료들을 관찰할 수도 있고, 예배를 드리며 뜨겁게 찬양하고 기도하고 잘 아는 성경 말씀을 읽을 수도 있고, 이야기가 끝난 뒤 그림을 그리거나 공작 활동을 할 수도 있고, 하나님의 뜻을 아는 것과 하나님의 뜻을 행하는 것 사이를 연결해 줄 수 있는 프로그램도 할 수 있다.

아이들이 초등학생이 되면 자신의 성경책을 사용해서 성경 공부를 할 수 있게 된다. 성경에 나오는 말들이 학교 교과서를 읽을 때 나오는 말들과 다소 차이가 있기 때문에 성경 말씀을 잘 읽거나 이해하기에는 어려운 점도 있다. 더듬거리며 읽는다면 학생들 앞에서 읽도록 시켜서도 안 된다. 미리 연습을 시켜서 크게 읽을 때 다른 학생들이 다 무슨 내용인지 알아들을 수 있도록 해야 한다. 그러나 이야기식으로 꾸며서 서로 역할을 맡아 읽는다면 학생들은 자신이 맡은 부분을 읽으면서 주님께서 행하신 놀라운 일들을 발견하는 절정에 이르는 재미를 느낄 수 있을 것이다.

초등학생들은 성경의 책들이 어디에 있는지 찾는 데 많은 연습이 필요하다. 그러나 하나님의 말씀을 그저 기계적으로 사용하는 습관이 들어서는 안 된다. 누가 먼저 뒤죽박죽된 말씀을 순서대로 찾아내는가라던가, 뜻도 모르면서 말씀을 줄줄 외우는 것 등은 별로 도움이 되지 못한다. 성경 찾기 훈련을 한 아이들은 다른 친구들은 찾을 생각도 않는 동안 먼저 말씀을 찾는다. 초등학교 아이들은 자신들의 문제와 직접적인 관계가 있는 성경의 말씀을 여러 곳에서 찾아보며 일주일 동안의 생활 속에서 그 말씀을 통해 어떻게 살아야 할 것인지 이야기할 수 있어야 한다.

중고등 학생들은 스스로 성경을 공부하며 깨닫는 활동을 규칙적으로 해야 한다. 교사가 할 일은 그들의 개인적인 욕구와 그 욕구를 충족시켜 줄 말씀을 연결시켜 주는 것이다. 학생들이 이러한 식으로 직접적으로, 귀납적으로, 실험적으로 성경 공부를 시작하면 교사들은 중요한 대답을 이끌어 낼 질문들을 충분히 던졌어야 한다. 학생들이 여러 가지 성경 말씀들을 서로 비교하면서 공부하는 동안 여러 가지 질문들이 생길 수도 있을 것이다.

적극적인 성경 공부를 하는 첫번째 단계는 하나님께 우리가 진리의 말씀을 깨닫고 사랑하고 따를 수 있도록 도와주시기를, 그 말씀의 뜻을 환히 밝혀 주시기를 부탁드리는 일이다. 그들의 욕구에 대한 답을 보여주는 말씀은 역사적인 상황 속에 자리잡고 있으므로 주요한 흐름을 파악하는 가운데 읽어야 한다. 학생들은 말씀을 읽고 읽고 또 읽으면서 먼저 그 말씀의 중요한 특징들을, 그 다음으로 자세한 부분들을 확실하게 구체적으로 알아낸다. 그들은 저자의 상황에 자신을 맞추어 놓고, 그가 보는 대로 보고, 그가 느끼는 대로 느낀다. 강조되고 있는 말씀을 적어 놓고 비교하고 또 대조해 본다. 그리고 질문을 한다. 언제, 어디서, 무엇을, 어떻게, 왜? 그리고 그 말씀이 왜 그곳에 쓰여 있는지, 왜 그런 식으로 표현되어 있는지, 흥미로운 연관성들을 이해하게 된다. 계속 공부하면서 그 문학적인 구조를 이해하게 된다. 이런 식으로 사실을 찾아내며 공부하면 지각력이 예리해지고 판단력도 정확해진다.

그 말씀이 뜻하는 것이 무엇인지 알고 나야 비로소 그 의미를 이해할 수 있게 된다. 사실들을 먼저 파악하고 나야 우리가 지니고 있는 선입관을 '증명'하는 데서 그치는 것이 되지 않고 하나님의 메시지를 이해하게 되는 것이다.

학생들이 교사의 지도 아래 이런 식으로 공부를 하고 나면 그들은 일주일 동안 집에서도 이런 식으로 수업을 준비할 수 있게 된다. 학생들이 최근에 느끼는 욕구와 관련된 것을 공부할 수 있도록 과제를 내주어야 한다. 학생들은 집에서 성경을 공부하고 그들이 깨달은 것을 다른 친구들과 교회에 와서 서로 이야기할 수 있을 것이다. 교사는 수업 시간에 그들이 해 온 것을 통해 정해진 문제나 그와 관련된 문제들을 풀어 나가도록 한다.

만일 아무 질문도 없으면 같은 말씀을 통해 다른 문제들을 토론할 수도 있다. 학생들은 수업을 통해 예전 것을 되풀이하는 것이 아니라 새로운 영적인 지식을 깨닫기를 원한다. 우리들은 끊임없이 많은 욕구들이 생겨나므로 이것은 어려운 문제가 아니다.

교사들이 던진 질문이나 자신들이 가지고 있는 문제에 답하려면 학생들은 계속해서 사실들을 발견해 내고 그들이 미처 깨닫지 못한 점들이 있는지 찾아내고, 그들이 파악한 사실들이 옳은 것인지 가려내고, 이야기가 쓰여진 관점을 이해하고, 다른 성경 말씀은 이 구절을 어떻게 이해하고 있는지 살펴보고, 이해하게 된 진리의 실제적인 의미에 대해서도 토론해야 한다. 학생들이 배우게 될 가장 중요한 것 중 한 가지는 한두 시간으로는 아무도 성경 말씀이 주는 완전한 의미를 모두 이해할 수 없다는 것이다. 따라서 학생들은 서로 적극적으로 의견을 나누면서 지적으로 정서적으로 활발하게, 결단력 있게 참여해야 한다.

학생들로 하여금 하게 하라. 그리고 좋아하도록 만들라!

"안녕하세요, 미스 레이드! 당신 같은 분을 찾고 있었습니다. 지금 시간이 있으신지요?" 말하는 사람은 포워드 침례교회에서 초등학교 아이들을 가르치는 보험 회사 직원 돈 로우즈다. "들어오세요, 돈." 미스 레이드가 대답했다.

돈은 문을 닫고 검지손가락을 들어 어깨 너머 교회 복도 게시판이 있는 쪽을 가리키며 말한다. "당신이 붙여놓은 것을 보았습니다. 그리고 당신과 이야기를 나누어야겠다고 생각했습니다." 그는 주일학교에서 찾아볼 수 있는 잘못된 점들을 적어 놓은 것이 눈에 띄었다. 간단히 말해, 미스 레이드는 훌륭한 수업 환경과 나쁜 수업 환경을 특징적으로 잘 표현해 놓았다. 돈은 그녀가 원하고 기도하는 것이 무엇인지 알고 싶었다.

"저는 저 글을 읽고 또 읽었습니다, 미스 레이드. 어떤 부분은 저희 반 이야기와 똑같았습니다. 저도 이 글에서 이야기하는 것처럼 저희 아이들에게 해주고 싶습니다."

"선생님께서는 자신의 수업에 대해 어떤 점을 좋아하고, 또 어떤 점을 싫어하십니까?"

"저희 반은 당신이 이야기한 대로 교사와 학생이 하나가 되어 수업을 이끌어 갑니다. 저는 이런 분위기가 좋다고 생각합니다. 하나님의 말씀은 정말 위대합니다. 진리의 말씀은 저에게 많은 깨달음을 줍니다. 저는 저희 반 학생들도 그렇기를 바랍니다. 그러나 저는 혼자서 아이들에게 떠들고 있다는 느낌이 듭니다. 그들은 조용히 앉아서 듣기는 하지만 정말로 생활 속에 적용시키는 데는 문제가 있는 것 같습니다. 그들은 아주 적극적입니다. 그래서 더욱 절망적인 느낌이 듭니다."

"당신이 말씀하신 것의 요점은 이것이로군요. 당신의 목적은 말씀을 가르치는 것입니다. 당신은 그들에게 '설교'를 하지만 아이들은 들으려고 하지 않고요. 그들은 아주 활동적인 아이들입니다. 그들은 늘 무엇인가를 하고 싶어하고 능동적으로 참여하고 싶어합니다. 이 점을 이해하실 수 있으시겠습니까?"

"그럼 아이들의 적극적인 에너지를 잘 다스리고 하나님의 말씀을 공부하는 데 그 에너지를 사용하도록 이끌어 간다면 문제가 해결될 수 있겠군요."

"하지만 꼭 그렇게 한다고 해결되지는 않을 것입니다. 쉬운 일이 아니지요."

"그럼 어떻게 하면 좋을까요?"

"다음 수업 시간에는 무엇을 공부하죠?"

"요즈음은 마가복음을 공부하는 중입니다." 돈은 그의 성경을 뒤적거렸다. "다음 시간에는 10장에 나오는 젊은 부자 이야기를 공부할 차례군요."

"토론하기에 좋은 이야기군요." 미스 레이드도 성경을 펼쳤다. "그 사람은 영생을 얻고 싶어하지요. 당신 반 학생들도 그것을 원하겠죠. 당신도 초등학생 입장이 되어 그 말씀을 한번 읽어 보십시오. 당신이 교사라는 사실을 잊어버리고 아이들 입장이 되보세요."

돈은 읽기 시작했다. 그러나 곧 고개를 들었다. "읽고 싶지 않습니다. 무슨 뜻인지 모르겠어요." 돈은 얼굴을 찡그렸다. "저희 반 학생들은 늘 이러죠. 어떤 학생들은 좀더 오래 읽어 내려가지만 거의 재미없어 합니다."

"솔직하게 문제점을 인정하시는군요. 어떻게 그들로 하여금 성경 이야기를 읽고 싶게 만들고, 지금 그들이 고민하고 있는 문제에 대한 해답을 찾을 수 있도록 도와줄 수 있을까요?"

"글쎄요. 아이들은 착합니다. 나쁜 아이들이 아니죠. 젊은 부자에 대해 설명하면서 시작해 보죠. 집과 땅을 가지고 있고 시중드는 하인들이 있고 등등 말입니다. 멋진 옷을 입고서도 주님 앞에서 더러운 길바닥에 무릎을 꿇은 이유는 무엇일까요? 이 사람은 모든 것을 다 가지고 있는 것 같은데도 무엇을 더 원하는 걸까요? 제 생각에는 아이들이 17절 말씀을 읽고 싶어할 것 같습니다. 그러나 그 아이들에게 영생이 어떤 의미가 있죠?"

"영생이 무엇을 뜻하는지 이야기할 수 있는 아이가 있을까요?"

"아마 로저가 대답할 수 있을 것입니다."

"그러면 초등학교 아이들이 이해할 수 있도록 그 아이가 한 말에 덧붙여 설명을 해보세요. 가장 완전한 생명 같은 것, 좀더 깊이 이해할 수 있도록 은하수와 인간 개개인이 살고 있는 거대한 우주를 만드신 전능하신 창조주의 생명 같은 그런 생명이라고 설명해도 좋겠죠."

"아이들이 예수께서 대답하신 말씀을 읽어야 할까요? 더 잘 설명할 수 있을 것 같은데요."

"물론이지요. 십계명을 설명하면서, 훔치지 마라, 거짓말하지 마라, 남을 속이지 마라, 부모님 말씀을 잘 들어라 하고 이야기해도 좋고요."

"그리고 나서 아이들에게 20절에 나와 있는 그 사람의 대답을 알려주고 21절에서 예수님이 그 사람에 대해 어떻게 느꼈는지 살펴보도록 하죠."

"아주 잘 하시는군요. 학생들에게 너무 쉽지도 너무 어렵지도 않은 질문을 던지는 기술이 정말 필요하죠. 우리가 이끌어 내고 있는 결론에 도달하기 위해 이제 당신의 학생들에게 핵심적인 질문을 던질 때가 된 것 같군요. 아이들의 언어로 어떻게 질문을 던지면 될까요?"

돈은 재빨리 생각했다. "완전한 생명을 원하지 않는 사람이 어디 있겠어요? 문제는 어떻게 영생을 얻는가 하는 것이니까, 아이들의 입장에서 보면 우리가 도둑질을 하지 않고, 거짓말을 하지 않고 부모님 말씀을 잘 들으면 하나님께서 우리에게 만족하실까요? 우리는 이러한 가장 좋은 생명을 어떻게 얻을 수 있을까요? 아, 그래요, 아이들에게 바로 이점을 물어 보면 될 것 같군요!"

"네, 훌륭하군요. 이제 아이들은 스스로 무엇인가를 찾아낼 것입니다."

"잊지 않도록 이 중요한 질문을 적어 놓아야겠군요. 그런데 예수께서 하신 말씀을 듣고서 그 젊은이는 고개를 떨어뜨렸죠. 예수께서는 21절에서 뭐라고 말씀하셨죠? 오늘 우리에게 예수님은 그 젊은이에게 하셨던 것처럼 똑같이 말씀하시지는 않을 것 같아요. 하지만 그 중 두 마디는 우리에게도 하시는 말씀입니다. 우리는 갖고 싶은 것을 가지지 못했다고 슬퍼서 돌아갈까요? 아니면 예수님의 말씀을 따를까요?"

"아이들이 모든 말씀을 다 스스로 읽어야 한다고 생각하지 마세요. 당신이 23절 말씀을 읽고 제자들이 24절에서 어떻게 느꼈는지 물어보면 되죠. 그리고 다시 24-25절의 주님의 대답을 읽고 아이들에게 26절의 제자들 반응을 이야기하도록 시키면 되고요."

"젊은이가 왜 어려운 일이라고 느꼈을지를 물어 볼 수 있겠군요. 그리고 아이들에게도 예수를 사랑하면서 왜 모든 것을 포기하는 것이 힘든지 물어 보죠."

"그리고 나서 아이들은 그 젊은이가 할 수 없는 일이 있다는 것을 알고는 기뻐했습니다."

"그리고 예수께서는 그를 따르는 사람들에게 상을 주실 것임을 말씀하셨습니다. 학생들은 29-30절 말씀을 읽고 그들이 기대하지 못했던 말씀을 보게 될 것입니다. 백 배나 받되 '핍박'을 겸하여 받게 되죠! 누가 예수님을 따르는 사람들을 반대하고 핍박합니까? 학생들은 그들의 적에 대해 강건해져야 한다는 사실을 이해하게 될 것입니다."

돈은 31절 말씀을 읽고 미소를 띠었다. "31절 말씀이 수수께끼군요. 아이들은 수수께끼를 좋아합니다. 어떻게 처음된 자가 나중 되고 나중된 자가 처음이 될 수 있을까요? 부자는 처음이 되었을까요, 나중이 되었을까요? 우리는 오늘날 어떻죠?"

미스 레이드는 토론을 통해 깨달음을 얻게 되는 것이 즐거웠다.

"끝날 때 항상 그랬던 것처럼 아이들에게 길게 설명할 필요가 없겠군요. 우리 자신에 대해 개인적인 질문을 던지는 것이 좋겠어요. 지난 주에 어떤 일이 있었는지 생각해 봅시다. 예수님의 말씀을 따라 살았습니까? 주님이 가르쳐 주신 길이 아니라 자신이 하고 싶은 대로 했습니까? 아이들에게 예수님보다 더 사랑하는 것이 무엇인지 써 보라고 하죠. 실제로 적용할 수 있도록 가능한 한 구체적으로 많이 써 보도록 하지요."

"아이들의 생활이 밤새 변하기를 기대할 수는 없습니다. 그러나 이번 주에는 예수님을 먼저 사랑하기 위해 어떤 일을 할 것인지 생각해 보도록 하죠."

"우리는 정말 이런 일들을 할 것 같이 느끼지만 아이들에게는 쉽지 않은 일입니다. 하지만 주님께서 우리를 도와주실 겁니다. 가장 하기 힘든 일은 무엇인지, 지금 당장 주님께 도와주시길 부탁드립시다."

"주일학교 성경 공부 시간에 당신은 예배를 드리십니까?"

"시작할 때 드립니다."

"학생들이 그날 배운 성경 말씀을 통해 주님을 따르기로 결단하면서 끝날 때 드리는 것은 어떻습니까? 학생들은 복음 성가를 부르거나 그 부자 젊은이에 대해 그림을 그릴 수도 있고 여러 가지 성경책으로 마가복음 10장 29-31절 말씀을 읽고 진리의 말씀을 현대적으로 표현해 볼 수도 있습니다."

"정말 감사합니다. 미스 레이드. 이제 저희 반 학생들은 재미있게 수업을 할 수 있을 것 같습니다. 아이들로 하여금 자신들 스스로 하게 하고 좋아하도록 만들겠습니다."

그룹 토의 지도하기

최근 공동체 훈련(group dynamics)을 통해 어린 학생들이나 성인들이 공통적인 문제를 가지고 서로 솔직하게 함께 토론할 때 흥미가 생기고 많은 것을 배울 수 있다는 점을 알 수 있게 되었다. 기본적인 개인적 욕구는 자신의 관점을 토론을 통해 이야기하고, 사람들이 자신의 이야기를 무시할지도 모른다는 두려움 없이 자신이 가지고 있는 문제들을 털어놓고, 다른 사람들은 어떻게 생각하는지 우리가 어떤 문제들을 함께 해결할 수 있는지 알아내면서 충족되어질 수 있다.

그러나 그룹 토의가 귀중한 시간을 낭비하지 않고 아무것도 얻지 못하는 시간이 되지 않으려면 뛰어난 지도력이 필요하다. 지도자는 성경이나 시사적인 문제에 대해 잘 알고 있어야 하고 그룹 구성원들이 서로를 잘 알 수 있도록 적은 수로 이루어져야 하며, 영적인 해답을 알 수 있는 방향으로 문제의 초점이 맞추어져야 하며, 개인적인 배경에 상관없이 서로를 도와주는 영적이며 친근한 분위기를 조성해야 한다. 지도자는 성령의 인도하심에 따라 어느 누구도 혼자서 성령님을 독점하지 못하도록 막고 지적인 통찰력보다는 말씀에 순종함으로 영적인 깨달음을 얻을 수 있도록 이끌어야 한다. 모든 사람들은 하나님의 계획 안에서 중요한 역할을 감당하고 있다.

지도자는 모든 사람의 인격과 능력, 솔직한 질문들을 존중하고 다른 구성원들도 그렇게 하도록 이끌어야 한다. 만일 한 그룹 구성원이 다른 사람들과 지도자가 자신의 전인격을 인정해 준다는 확신을 갖게 되면 자신의 의견이나 자신이 한 말이 거부당하더라도 이는 자신의 작은 일부에 지나지 않으므로 창피함을 느끼거나 절망하지 않을 것이다. 그러나 다른 사람들이 자신을 인정해 준다는 확신이 없으면 자신의 의견이 거부되었을 때 다시는 자신의 의견을 이야기하지 않을 것이며 그룹은 그 사람이 어떻게 생각하고 있는지 알지 못하기 때문에 그를 도와줄 수 없게 된다. 거부당한다 하더라도 자신의 의견을 말할 수 있는 분위기라면 그는 그 토론에 만족할 것이다. 만족하지 못한다 하더라도 적어도 문제에 대한 성경적인 근거는 본 셈이 된다.

그리스도인들의 공동체 훈련에서는 모두들 성령님을 의존하고, 관련있는 성경을 공부하며, 각자의 의견을 평가하면서 배우기 때문에 깊은 일치감이 기대된다. 성경에 나타나 있는 기본적인 교리의 문제들이 분명해서 모든 진리를 얻고자 하는 사람들은 성경 말씀에 동의한다. 학생들이 성경을 실제적이고 객관적으로 공부할 때 사소한 문제에 대한 해석의 차이점도 훨씬 적다. 그러나 하나님이 계획하신 길은 인간의 길보다 훨씬 높은 차원의 것이며 전통적인 사고 방식과 행동 방식이 새로 발견한 방식들로 바뀌어지기 때문에 갈등도 생길 것이다. 구성원들은 왜 다른 사람들이 그렇게 느끼는지를 이해해 주고 새로운 방식에 쉽게 적응할 수 있도록 도와줌으로써 그들을 어렵지 않게 변화시킬 수 있을 것이다. 개별적으로 변화시키기보다 그룹을 통해 변화시키는 것이 더 쉽다는 것이 실험을 통해 밝혀졌다.

지속적인 과정으로서의 학습

앞에서 살펴보았듯이 영적인 성장은 꾸준히 진행되며 지속적이라는 점에서 신체적인 성장과 비슷하다. 가정에서 어린아이들은 자신보다 나이가 많은 사람들의 일상 생활 속에서 살아간다. 그를 가르치고자 하는 직접적인 의도가 없더라도 아이들은 계속해서 배운다. 무엇을 배우는가? 자신이 성장해 갈 다음 단계를 배우는 것이다. 단지 모방하고 있는 것이라 해도 아이는 그가 보는 모든 것을 모방하는 데 관심도 없으며 전부 모방할 수도 없다. 가정에서 이루어지는 활동들 가운데 어떤 것들은 자신의 발달 단계와 관계가 없으므로 아이에게 아무런 의미도 주지 못한다. 어린아이는 중요한 어떤 단계를 뛰어넘을 수 없다. 다만 성장 특징에 따라 한 단계 한 단계씩 거쳐가는 것이다. "땅이 스스로 열매를 맺되 처음에는 싹이요 다음에는 이삭이요 그 다음에는 이삭에 충실한 곡식이라" (막 4:28). 싹이 나기 전에 이삭이 열릴 수 없고 이삭이 열리기 전에 열매가 익을 수 없다. 이러한 발달 단계는 무한하신 지혜로 우주를 지으신 하나님의 순서를 따르는 것이다.

식물과 달리 인간이라는 피조물은 자아 의식과 자기 의지를 가지고 하나님의 형상을 따라 만들어져 그리스도인으로 성장하는데 중요한 결단을 할 경우 영적으로 갑자기 쑥 자랄 수도 있다. 동시에 하나님의 질서를 따르는 단계들 중 몇 단계를 한꺼번에 거치는 것일 것이다. 연령별로 아이들은 그 단계에 맞춰 성숙해져야 한다. 다섯 살짜리 아이가 세 살짜리의 자기 본원적인 욕구를 가지고 퇴행해서는 안 되며 그에게 열 살짜리처럼 행동하기를 기대해서도 안 된다.

성장의 각 단계에서 아이들은 자신이 이해할 수 있고 행동할 수 있는 진리와 원칙들을 얻게 된다. 그 때가 되면 아이는 그러한 진리에 대한 욕구를 느끼게 되고 그 욕구들은 그에게 의미를 던져 주고 아이는 자신의 삶 속에 적용시킬 수 있게 된다. 좀더 일찍 가르치려고 애쓰는 것은 시간 낭비일 뿐이며 학생들을 더 의기소침하게 만드는 것이 되버린다. 때를 맞추는 것이 중요하다.

예를 들어 성경을 가르칠 때 나이에 맞는 적당한 질문을 만들어 보자. 가족의 사랑을 독차지하는 세 살짜리에게 성경책의 이름을 가르쳐 보라. 아이는 그저 어색한 소리로 중얼거릴 뿐 발음하지 못할 것이다. 그러면 아이들이 성경책의 의미와 그 유용성을 배울 수 있는 것은 언제인가? 초등학교에 들어가서 읽을 수 있게 되고, 자신의 성경책을 갖게 되고, 잘 아는 이야기들이 생기고, 여러 가지 이야기들의 구성을 이해할 수 있고 역사와 지리에 대한 지식이 생기기 시작할 때다. 1학년 아이들은 신약 성경의 사복음서와 사도행전을 먼저 배우는 것이 좋다. 아이들이 탐구할 수 있는 내용들이 많이 있고, 이들 중 많은 이야기들이 잘 알려져 있고, 그 책의 이름이 무엇을 뜻하는지 이해할 수 있으며 많은 구절들을 기억할 수 있다.

그러나 다음 단계를 위해서 준비시킬 필요는 없을까? 물론 준비시켜야 한다. 그러면 어떻게? 다음 단계에서 필요로 할 지식으로 그들의 머리를 채워 놓으려고 하면 어떤 일이 일어날까? 만일 학생들의 현재의 사고와 생활 속에서 성경 말씀이 완성되어지지 않는다면 단지 말씀은 이야기에 지나지 않는다. 아이의 주머니에서 자석이나 손전등, 드라이버, 못, 콤파스, 앞으로 어른이 되면 필요하게 될 운전 면허증, 자동차 보험 증서, 투표권, 주민등록증 같은 물건들을 빼앗아 버리면 어떻게 될까?

어떻게 하면 가장 효과적으로 아이들이 지상에서나 천국에서나 훌륭한 시민으로서의 지위를 가질 수 있도록 준비시킬 수 있을까? 바로 오늘, 내일의 필요를 충족시킬 수 있을까? 만일 오늘 주님께 의지하고 순종하는 자세를 갖추었다면 그는 계속해서 유지해 갈 수 있을 것이다. 50대가 되어 온전한 기도의 역꾼이 되도록 하려면 오늘 청소년 시절의 생활 속에서 주님께 나아가도록 이끌어 주어야 한다. 현재의 욕구를 억제하는 대신 미래의 모호한 욕구에 집중하는 것은 바보스런 짓이다.

그러나 우리가 미리 이해할 수 있고 이해해야만 하는 미래의 모습들이 있다. 불행한 사태가 생기지 않도록 조처할 수 있다. 적어도 어느 정도는 생활 속에서 느끼는 정상적인 충격들에 대처할 수 있도록 준비시킬 수 있다. 사랑하는 사람이나 친지가 죽었을 때, 천국에 대해 심각하게 생각해 볼 준비가 되어 있어야 한다. 우리 주변에서 누구에겐가 어떤 사고가 생겼을 때 우리에게도 그 일이 일어날 수 있으리라는 생각으로 조심할 수 있을 것이다. 직장을 얻거나 여행을 하거나 새로운 가정을 꾸리거나 하는 개인적인 경험을 상상할 수 있게 되었을 때 우리는 그러한 생활을 할 준비가 된 것이다. 만일 우리 교사들이 현재의 경험 속에 뿌리 박힌 이러한 간접적인 기회를 활용한다면 우리의 학생들은 어느 정도 미래를 향해 자신을 준비시킬 수 있을 것이다.

훈육 과정으로서의 학습

학생들의 욕구에서부터 시작하고 그들의 성장 수준에 따라 진행하면서 우리는 학생들을 하고 싶은 대로 내버려두고 있는가? 부드러운 교육 방법은 잘못된 것인가? 부수적인 문제에 관심을 기울인다면 가능한 한 모든 문제를 다 다루게 되는 것일까? 물론 우리는 좀더 많은 연관된 문제들을 가르칠 수 있고 겉으로 드러나는 순종을 강요하기보다 내면적으로 자제력을 성숙시킬 수 있고 모든 학생들의 능력을 알맞게 지도할 수 있다.

학생들의 욕구를 충족시키려할 때 교사들은 때로 그룹의 수준을 가장 낮은 수준의 아이들에 맞추는 잘못을 저지르기도 한다. 그렇게 되면 다른 보통의 아이나 뛰어난 아이들의 욕구를 충족시켜 줄 수 없게 된다. 모든 아이들이 그 수업을 통해 당장 얻고 싶은 모든 것들을 얻을 수 있을까? 그룹으로 가르치지 않고 개인적으로 가르친다면 가능할 것이다. 중간 수준의 아이들도 여러 가지 차이가 있기는 하지만 우리는 그들을 중심으로 계획을 세울 수 있다. 그러면 중간 이상이거나 이하인 아이들에게는 특별한 관심을 기울이면 된다. 우리는 학생들 각자에게 그리스도 안에서 그가 지니고 있는 무한한 능력에 대한 높은 비전을 갖도록 이끌어 주어야 한다. 그러나 그들이 다다르기에 너무 높아서 실망하거나 너무 가까이 있어서 쉽게 얻을 수 있는 비전을 갖도록 해서는 안 된다.

예전에는 많은 학생들이 자신과 상관없는 비전이나 교사가 바라는 수준의 비전을 갖고 힘들게 애쓰느라 자신의 에너지를 다 써 버렸다. 학생들이 자신에게 중요한 의미를 주는 자신의 목적을 갖게 되면 그들은 그 목적을 이루기 위해 자신의 온 힘을 기울이고 그 목적을 성취하기 위한 최선의 방법을 알아내려 하고, 그들이 필요한 내용을 열심히 연구하고 그 과정을 평가할 것이다. 다시 말해, 목적은 학생들의 것이며, 성경 공부 시간도 그들의 것이지 교사의 것이 아니다.

잔디 깎는 일처럼 하기 싫다고 느껴지는 집안 일과 자신이 만들기로 한 나무 집을 짓는 데 쏟는 노력을 비교해 보라. 잔디 깎는 일이 더 쉬운데도 하기 싫다고 짜증을 낼 것이다.

학생들이 교회에 오는 것은 그들의 의무이고 습관이거나 부모나 교사나 친구들이 끌고 오기 때문이고, 유쾌한 교제 시간이 될 수 있기 때문에 교회에 오는 동기는 약하다. 자신을 훈련시키며 강한 의지력을 가지고 유지시키려면 강한 개인적인 동기가 필요하다. 어떤 역동적인 힘이 자기 의지나 자아 도취적인 욕망을 이길 수 있어야 한다. 옛사람을 다스리기에 충분한 강한 동기는 주님에 대한 사랑뿐이다. 거룩한 사랑이 영혼을 이끌고 그 영혼이 응답하지 않는다면, 그 영혼이 절제하기를 기대하기는 어렵다.

어떤 상황에서나 그룹에는 통제력이 필요하고 새로운 그룹은 스스로 통제할 수 있으리라고 기대할 수 없으므로 새로운 교회는 확고한 지위를 가지고 시작해야 한다. 그러나 기독교 교육의 목적은 기계적인 복종이 아니라 모든 성도들의 내면적인 통제력의 성숙이다. 무서운 선생님은 외부적인 통제력을 행사할 것이다. 아이들을 잘 다스리는 교사는 자신이 원하는 대로 그룹을 이끌 것이다. 현명한 교사는 그룹을 즐겁게 이끌 수 있을 것이다. 교사는 자신의 반 학생들을 하나님의 주권 아래서 그들에게 조금씩 책임감을 심어 주며 스스로 이끌어 나갈 수 있도록 지도해야 한다. 교사가 갑자기 학생들에 대한 통제력을 완화하고 스스로 책임적으로 이끌어 나가도록 맡겨 버리면 치명적인 부작용이 생기게 된다. 아이들의 발달 단계에 맞춰 조금씩 책임감을 부여해야 한다. 교사의 능력을 시험할 수 있는 좋은 방법은 잠시 교사가 자리를 비웠을 때 어떤 일이 일어나는가를 보는 것이다. '생쥐들'은 갑자기 하던 일을 멈추고 놀기 시작한다. '고양이'가 가버렸기 때문이다. 아니면 그들 자신의 일임을 알고 자신들의 활동을 스스로 이끌어가는 데 익숙해졌기 때문에 계속해서 하던 공부를 할까?

기독교 교육의 커리큘럼은 그 내용이 가볍고 풍족하지 않은가? 학생들은 미처 필요로 하기 전에 많은 내용을 알아버리고 만다. 학생들은 사랑하는 주님에 대해 가능한 한 모든 것을 알고 싶어하고 그들이 깨닫게 된 의미들에 대해 흥분하고 스스로 체계적인 교리 안에서 각 개념들을 연관시킨다. 때로 학생들이 어떤 말씀에 대해 연구하는 시간은 교사가 그 이야기를 설명하는 데 필요한 것보다 더 긴 시간이 걸린다. 그러나 교사가 이야기할 때는 한쪽 귀로 듣고 한쪽 귀로 흘려버리고 말지만 그들 스스로 연구에 몰두하면 그들 자신의 것으로 만든다.

예수께서는 "내가 너희에게 분부한 모든 것을 가르쳐 지키게 하라"(마 28:20)고 말씀하셨다. 모든 성도들은 하나님의 전체적인 가르침을 알아야 한다. 우리가 하나님의 명령에 순종한다면 우리가 전해야 할 진리의 말씀을 배우는 것보다 해야 할 일이 훨씬 더 많다. 우리는 학생들을 진리를 향해 이끌어갈 수 있는 기술과 과학을 지니고 있어야 한다.

한마디로 효과적인 학습은 그리스도 안에서 성숙해가도록 인도하시는 성령님의 다스림과 하나님의 말씀의 주권 아래서 내면적으로, 적극적으로, 지속적으로, 훈련되어지는 과정이다.

기독교 교육은 체험하도록 인도하고 진리를 선포하는 것이다. 하나님께서는 "내가 너의 갈 길을 가르쳐 보이고 너를 주목하여 훈계하리로다"(시 32:8)라고 말씀하셨다.

진리를 행하는 것이 왜 어려운가?

새로운 진리를 깨닫는 것이 그것을 실천하는 것보다 훨씬 쉽다는 것은 누구나 알고 있을 것이다. 때로 교사들은 "네 부모에게 순종하라"는 말씀보다 긴 말씀을 아이들이 외우지 못한다는 이야기를 한다. 무슨 이야기인가? 아이들이 더 긴 말씀도 암송할 수 있다는 이야기인가? 그들이 말씀을 외우기만 한다는 이야기인가? 아이들은 이 몇 마디를 쉽게 실천할 수 있을까?

성경 심리학에서는 아직 많은 연구가 이루어지지 못하고 있다. 그러나 기독교에서 인간의 본성은 대단히 중요하다. 성경 심리학 연구가 활발하지 못한 한 가지 이유는 성경이 과학 교과서가 아니라는 점이다. 성경은 그 용어들을 정확하게 사용하지 않는다. 그러나 사람들은 성경을 통해 무한한 깨달음을 얻는다.

인간의 형상 중 성경이 가장 많이 사용하는 단어는 '마음(heart)'이다. 마음은 자아, 에고(ego), 인간의 본질을 나타내는 데 사용한다. 성경은 우리의 물질 세계와 연관되어 있는, 행동하는 '육체'를 긍정적으로 인정하고 있다. 우리가 하나님과 관계를 맺을 수 있도록 하고, 죽음을 이기며 인간의 내면을 채우고 있는 숨결인 '영'은 성령께서 거듭나게 하실 때까지 죽어 있다.

'영혼(soul)'이란 단어는 오늘날 우리가 분명하게 이해하기 어렵다. 많은 주석가들은 우리를 우리의 사회에 연결시켜 주는 것은 의지, 정신, 감정들이라고 설명한다. 인간 본질의 이 세 가지 요소 중 어느 것이 다른 것들을 조절하는지가 문제다. 이 세 가지 중 어느 것이 인간에게 실제로 가장 중요한 것일까?

우리의 '감정'은 통제를 받아 가능한 한 삶이 편하고 유쾌한 것이 되도록 한다. 우리는 감정을 부인할 수도 의존할 수도 없다. 감정들은 에너지를 가지고 행동을 유발시키는 원천이 된다. 정신에 이성을 공급해 주기도 한다. 그러나 감정은 지적인 것이 될 수는 없다.

대부분의 사람들에게 있어서 '정신(mind)'은 생각만큼 의지를 가지고 있지 않다. 행동으로 옮기는 데 거의 아무 힘도 발휘하지 못한다. 지식은 부풀려진 것이다. 분석은 할 수 있을지 몰라도 이성적인 추론으로 하나님을 만날 수는 없다. 하나님은 우리로 하여금 하나님을 따라 하나님의 뜻을 생각할 수 있도록 하셨다. 하나님은 성경이라는 기록되어진 계시의 방법으로 인간의 정신을 통해 인간의 내면적인 존재에 가까이 오신다.

하나님께서는 인간에게 '의지'를 주셔서 전인적인 존재로서 전인적인 빛에서 결단을 내리며 존재를 완성시켜 나가도록 하셨다. 정신이나 육체, 영, 감정들은 무엇이 선한지에 대해 의견을 일치시키지 못하기도 한다. 그래서 인간의 본질은 매우 복잡하다. 이 모든 것들에 대해서는 각자 견해와 관심을 가지고 있다. '의지'는 이 모든 것을 하나로 묶어 다른 부분과 조화를 이루도록 이끌어야 한다. 자주적이고 프로그램화된 것 사이에 균형을 잡아야 하고, 정당한 권한 안에서 자유로울 수 있어야 한다. 의지는 우선 순위와 원칙들을 분명하게 보여주고, 태도와 습관들을 훈련시켜야 한다. 쉬운 일은 아니다.

거듭나지 않은 사람은 그를 지으신 자와 조화로운 관계를 유지하지 못하고 세상과 자신에 대해 훌륭한 인격을 지니고 있지 못해 갈등을 겪기도 한다. 어떻게 올바른 관계로 돌아올 수 있을까? 아마 계시의 말씀이 보여주는 진리와 대화를 나눌 수 있는 자신의 정신을 통해서일 것이다. 바깥에 있는 성령과 안에 있는 자신의 양심이 성경이 진리임을 증거해준다. 살아계시는 하나님 아버지께로부터 조금이라도 돌아서면 그를 사랑하시는 아버지께서는 잃어버린 자를 계속해서 찾으시며 대답하신다. 성령께서 구세주를 계시하신다면 정신은 이것을 느낄 수 있으며 의지는 창조주께 그 존재를 위탁하도록 결단할 수 있다. 높으신 분의 자녀가 되는 데 대해 감정들이 충일한다면 감격스러운 기분이 들 것이다. 그러나 감정들은 생명에 대해 흥분하지 않을 수도 있고 육신은 피곤해하거나 아프거나 졸려서 거부할지도 모른다.

의지는 감정이 토라지거나 무관심해도 다스릴 수 있을 만큼 강해질 수 있을까? 그렇다. 하나님께서 자기의 기쁘신 뜻을 행하도록 우리 안에 뜻을 두시기 때문이다(빌 2:13). 우리의 연약한 의지를 그분의 강한 의지에 둔다면 우리는 강한 의지를 가질 수 있게 될 것이다. 하나님께 그분의 뜻을 우리 안에 두시기를 간구한다면 하나님께서 우리의 의지력을 넘어서 무의식적으로 깊이 우리를 다스리실 것이다. 우리 자신을 주님께 묶어둔다면 그리고 성령님과 하나가 된다면 우리의 보잘것 없는 본성을 다스려주실 것이다. 우리는 매일 매일 거듭날 수 있다(고후 4:16). 마음을 새롭게 하고 변화를 받아 하나님의 선하시고 기뻐하시고 온전하신 뜻을 체험할 수 있다(롬 12:2). 우리가 이러한 방향으로 계속 나아간다면 우리의 감정들은 점차 생명의 충만함을 기뻐하게 될 것이다. 우리의 전인적인 존재가 주님을 향해 열심히 나아가고 있을 때 이것이 정말 생명이 된다. 전심으로 나아갈 때에만 충만해질 수 있다.

온 우주의 가장 커다란 신비 중의 하나는 우리의 물질적인 부분과 비물질적인 부분이 어떻게 공통점이 없으면서도 서로 상호 작용할 수 있는가 하는 점이다.

이제 우리는 쉽게 이해할 수 있는 진리를 실천하는 것이 왜 어려운지 살펴보았다. 의지가 마음과 감정과 육신을 다스려 성령께서 인도하시는 대로 따를 수 있어야 한다. 우리 교사들이 전인격적으로 수업을 하지 않으면 학생들은 우리의 가르침에 동의할지는 몰라도 그들의 행동을 변화시키지는 않을 것이다. 어린아이들의 의지는 조금씩 휘어져야지 부러져서는 안 된다. 우리의 아이들은 이 악한 세상에서 하나님 앞에 설 수 있도록 강한 의지를 지니고 있어야 한다.

1. "교사로부터 학생으로의 학습 과정 전이"란 무슨 뜻인가?

2. 내적 과정이란 개념은 어떤 방법들을 암시하는가?

3. 르바의 교수 – 학습 개념을 순례에 비유해 보라.

4. 3번 문제가 기독교 교육에 어떻게 적용될 수 있는지 예를 들어보라.

Burgess, H. W. 1975. An invitation to religious education. Birmingham: Religious Education Press.

Edmon, V. R. 1953. Storms and starlight. Wheaton: Van Kampen.

Etecht, M. F. 1929. Moody Monthly. October.

Gibb, J. R., G. N. Platt, and L. F. Miller. 1951. Dynamics of participative groups. St. Louis: John S. Swift.

Peck, K. B. 1953. "Jottings." In Church School Builder, March.

22

나눔의 프락시스: 다섯 가지 무브먼트
(1980)

토마스 H. 그룸

(Thomas h. Groome)

그룸에게 있어서 기독교 교육의 중요한 요소는 서로 의지하고 하나님을 의지하는 작은 수의 성도들의 모임을 통해 기독교 전통의 빛 안에서 지속되어 온 삶을 함께 나누는 것이다. 그의 주장은 기독교 교육의 내용을 기독교 전통 안에서 중요하다고 생각하는 것에 따라 개별적으로 이해하는 융통성을 지니고 있다. 이러한 융통성은 어떤 교파의 사람들이라도 그들의 신학적 성경적 입장을 고수하면서 사용할 수 있는 방법론을 제시한다. 무엇보다도 모든 방법은 코이노니아, 있는 그대로 함께 나누는 삶을 요구한다.

토마스 그룹은 가톨릭 종교 교육가로 아일랜드 출신이다. 그는 미국 포드햄 대학에서 종교 교육을 전공하고 유니온 신학교와 콜럼비아 대학에서 종교 교육학 박사 과정을 마쳤다. 보스턴 대학의 종교 교육과 목회 연구소에서 몇 년간 종교 교육과 신학을 가르쳤다.

　　그룹 교수의 저서인 「기독교 종교 교육(Christian Religious Education)」은 지난 50년간 종교 교육학 분야에서 가장 중요한 책 가운데 하나였다. 이 책은 기독교 교육의 본질, 목적, 내용, 방법, 단계와 교사들의 역할을 다루고 있다. 그리고 듀이(Dewey)나 피아제(Piaget), 하버마스(Habermas), 파울러(Fowler), 프레리(Freire)의 이론을 날카롭게 분석하고 있다. 그룹에게 있어서 기독교 교육의 중요한 요소는 서로 의지하고 하나님을 의지하는 작은 수의 성도들의 모임을 통해 기독교 전통 안에서 지속되어 온 삶을 함께 나누는 것이다. 그의 주장은 기독교 교육의 내용을 기독교 전통 안에서 중요하다고 생각하는 것에 따라 개별적으로 이해하는 융통성을 지니고 있다. 이러한 융통성은 어떤 교파의 사람들이라도 그들 신학의 성경적 입장을 고수하면서 사용할 수 있는 방법론을 제시한다. 무엇보다도 모든 방법은 코이노니아, 있는 그대로 함께 나누는 삶을 요구한다.

　　자신의 책의 제10장인 아래 글에서 그룹은 그리스도인으로서의 삶을 실천하는 다섯 가지 방법을 설명하고 있다. 그는 이론과 실천이 서로 밀접하게 연관되기 위해 어떤 방법이 필요한가를 보여주려고 한다. 어린아이들 그룹이나 성인들 프로그램, 대학생 수업 등을 통해 각 활동의 예를 보여주고 있다.

　　비록 책의 다른 부분에서 만큼은 아니지만 그룹은 성경을 광범위하고 적절하게 사용하고 있다. 그룹이 말씀의 전통을 사용하는 것이 개신교도들에게 불편하게 느껴질지도 모른다. 하지만 누구라도 자신의 전통을 돌아볼 필요는 있다. 그룹은 자신의 신학적 배경의 입장을 제외시키려 하지만 그는 가톨릭의 입장에서 유니온 신학교를 대표하고 있는 것 같다.

From Christian Religious Education (San Francisco: Harper and Row, 1980), 207-23

기독교 교육에서 실천을 위한 나눔의 프락시스, 즉 공동 성경 연구 방식을 사용하려면 참가자들이 그들의 현재 기독교적 행동의 차원을 규명하고, 그들이 규명한 것에 대해 어느 정도까지든 비판적으로 생각해 보고, 대화를 통해 그들이 생각한 것을 나눌 수 있는 기회가 있어야 한다. 현재의 행동에 대한 비판적인 사고는 기독교 신앙 전통에 의해 이루어지므로 이야기나 비전은 다루고 있는 문제나 주제에 적합하고 그룹과 관련 있는 것이어야 한다. 결국, '현재의 변증법적인 해석학'을 유지하고, 이론과 실천 사이의 변증법적인 통일성을 유지하려면 참가자들이 개인적으로 자신의 삶과 관련지어 이야기와 비전을 이해하고 어떻게 생활화되는 반응으로 나타낼지를 결정할 기회가 그들에게 주어져야 한다.

지난 몇 년간 나는 주말 피정이나, 세미나, 심포지엄, 회의, 지역 개발, 교사 훈련 프로그램 등에서 성인들과 고등학교 학생들, 대학생들을 대상으로 이 방법을 활용해 보았다. 성공한 경우와 실패한 경우를 통해 점차 다섯 가지 교육적인 장(movement)이 나타났다.[1]

각 단계는 독특한 초점을 가지고 있다.

1. 참가자들은 관심을 기울여야 할 주제와 관련된 그들의 행위를 정한다(현재 행위).
2. 참가자들은 그들이 지금 왜 이런 작업을 하는지 생각해보고, 그들의 행동이 어떤 결과를 의도한 것인지 살펴본다(비판적인 성찰).
3. 교육가는 그룹에 주제와 직접 연관된 기독교 공동체의 이야기와 여기서 얻을 수 있는 신앙을 제시해 준다(이야기와 그에 따른 비전).
4. 참가자들은 그 이야기를 자신들의 이야기와 함께 변증법적으로 해석하고 삶에 주는 의미를 평가하도록 한다(기독교 공동체의 이야기와 참가자 개인의 이야기들 사이의 변증).
5. 미래에 개인적인 신앙 응답을 선택할 기회가 있다(기독교 공동체의 비전과 참가자 개인의 비전 사이의 변증).

다섯번째 장은 종교 교육에만 적용할 수 있는 방법은 아니다. 다른 교육가들도 이 활동들을 교정하거나 서로 결합시키거나 증진시키면 도움이 된다는 것을 알 수 있을 것이다. 나눔의 프락시스를 계속해가다보면 증명될 것이다. 여러 가지 교수 방법을 통해 활동들을 이끌어 가는 것이 아니라 각각의 활동마다 다양한 교육적 기술을 사용하며 진행해야 한다.

먼저 각 장의 활동들을 설명하고 나서 내가 실습했던 것을 토대로 실례[2]를 들고 끝으로 진행 방법을 살펴보겠다. 분명하게 하기 위해서 다섯 가지 장 모두 똑같은 예들을 사용했다.

각 과정은 활동에 참가한 그룹의 신앙 차원이나 체험 같은 특별한 중심점이 있어야 한다. 교육자는 보통 그룹에서 관심의 초점을 모아 주는 사람이다. 사람들의 관심을 한데 모으는 방법은 무수히 많다. 한마디로 참가자들은 초점을 맞추는 연습을 하는 것이다. 초점을 맞추기 위해 때로 그룹은 뚜렷한 활동을 해야 한다. 성경을 읽거나 영화나 사진을 보고, 그림을 그리거나 시나 이야기를 쓰고, 사례 연구, 역할극 등에서부터 시작하면 된다.

첫번째 장: 당면한 현재 삶을 표현하기

첫번째 무브먼트는 참가자들에게 그들이 할 단편적인 활동의 초점을 맞추면서 현재 그들이 할 행동을 정하도록 하는 것이다. '현재 행동'이란 "우리 자신에게 어떤 방법으로 표현하는 것이든… 고의성을 지니고 하는 모든 일, 즉 우리가 개인적인, 상호적인 그리고 사회적인 차원의 삶을 살아가면서 개인적으로, 정서적으로, 지적으로, 그리고 영적으로 하고 있는 일"이라고 설명할 수 있다. 따라서 관심의 초점을 맞추는 첫번째 장은 참가자들의 반응, 감정, 뚜렷한 활동, 가치 판단, 의미 파악, 이해, 믿음, 관계성 등과 같은 것을 표현할 수 있도록 한다. 중요한 일은 '사람들 말에 의하면' 하는 식의 이야기가 아니라 현재 행동에 대한 개인적인 의견을 이끌어 내야 하는 점이다. 예를 들어 성만찬에 관한 공부를 시작하면서 "성만찬은 무엇입니까"라는 질문대신 "당신의 삶에서 성만찬은 어떤 의미를 가지고 있습니까?", "성만찬을 할 때 당신은 어떤 느낌이 듭니까?" 등과 같은 질문을 던진다(성만찬이 무엇이냐고 묻는 것은 이론적인 대답을 하게 할 뿐이다). 다시 말해서, 세상에서 살아가면서 얻게 된 개인적인 '앎'(행함)을 표현하도록(언어나 그림, 마임과 같은 것을 통해서) 이끄는 것이 중요하다. 이렇게 이끌어 나가는 데는 토론할 만한 문제점들과 더불어 참가자들이 사회적 상황이나 지역사회 속에서 경험하고 있는 문제에 대한 인식이 필요하다. 그러나 특별한 사회적인 적용 차원에서 그들 자신의 관점으로 보는 것이 되어야 한다.

나는 첫 질문을 만드는 데 조직신학과 도덕신학 사이의 오랜 차이점이 도움이 된다는 사실을 알았다. 그룹이 어떤 특정한 신앙을 가지고 있을 때 보통 이런 질문을 던지며 시작한다. "그 신앙을 당신은 어떻게 이해하십니까?" 만일 윤리적인 문제나 어떤 신앙의 실천적인 문제가 다루어질 경우, 나는 그들의 삶 속에서 그 문제에 대해 현재 어떤 입장을 가지고 살아가는지를 물으면서 시작한다. 실제로 첫 질문을 던질 때 그 특정 그룹의 특성을 많이 고려해야 하지만 어쨌든 이론적인 것을 이끌어내기보다 실천적인 진술을 하도록 질문을 던질 때 효과적인 것이 된다. 다음에 제시하는 몇 가지 모델을 통해 명확히 이해할 수 있을 것이다.

대학 행정을 맡고 있는 18명의 교수들과 사회 정의를 위한 대학의 역할에 관한 주말 세미나에서 나는 "사회 정의를 위한 교육을 증진시키거나 억제하는 대학을 뭐라고 부르겠습니까?"라는 질문으로 시작했다. 기독교 교육의 목적에 관한 대학원생들의 연구 과정에서는, "교회나, 학교에서 여러분 자신이 하는 일을 볼 때 여러분 자신은 기독교 교육의 목적을 무엇이라고 생각합니까?"라는 질문으로 시작했다. 누가복음 24장에 나오는 엠마오의 제자 이야기를 중심으로 교회 교육 지도자들과 공부할 때는 본문 말씀을 천천히 읽고 나서, "이 말씀에서 당신이 들은 중요한 메시지는 무엇입니까?"라고 첫 질문을 던졌다. 가톨릭 학교 조직과 신앙 교육 환경을 평가하는 사람들을 교육하는 과정에서는 "평가를 당한다면 기분이 어떨까요?"라는 질문을 던지며 시작했다. 고등학교 2학년 학생들과 고독이라는 문제를 연구할 때는 고독에 관한 짧은 영화를 보고서 그 영화를 본 느낌을 서로 이야기하도록 했다. 중학교 3학년 학생들과 성만찬에 관해 공부할 때는 "여러분들의 삶에서 성만찬은 어떤 의미가 있습니까?"라고 물었다.

초등학교 4학년 학생들이 공부하는 과정을 통해 연령 수준에 따라 첫번째 장이 어떻게 이루어지는지 알 수 있다. 기도에 관해 공부하는 과정에서(교회에서 하는 기도에 관해 공부한 후) 다음과 같은 질문들을 했다. "여러분은 무슨 기도를 하는가? 어떻게 하는가? 하나님께 말씀을 드릴 때 뭐라고 하는가? 언제 기도하는가? 정말로 진지하게 기도하는 때는 언제인가?" 다른 4학년 학생들과 미사를 시작할 때 드리는 고해 성사를 중심으로 화해에 관해 공부할 때에는 학생들에게 그들이 최근에 싸운 일을 그림으로 그리도록 했다. 그리고는 각자 그룹 친구들 앞에서 싸움에 관해 이야기하도록 했다. 무엇 때문에 싸움이 일어났는지, 싸운 친구에 대해 '정말로 화가 났었는지', 어떤 기분이었는지를 물어 보았다. 미사 때 드리는 헌금에 관해 공부할 때 4학년 학생들에게 선물을 주고받는 일에 관해 물어 보면서 시작했다. "누군가에게 선물을 준 적이 있는가? 선물을 받아 본 적은 있는가? 언제 누군가에게 선물을 주었는지, 언제 선물을 받았는지 이야기해보자."[3]

    이 장에서 이루어지는 활동은 알고 있는 이론을 실천하는 차원으로 변화시키는 데서 시작하는 것이다. 초점을 맞추는 활동 후 참가자들이 그들이 알고 있는 이론이 아니라 그들이 실천할 수 있는 일을 이야기해보도록 이끌 수 있는 질문으로 시작해야 한다. 예를 들어 삼위일체와 같은 조직신학이나 추상적인 문제를 다룰 때는 어려울지도 모른다. 그러나 이러한 경우에도 참가자들이 어떻게 이해하고 있으며 그 이해를 바탕으로 기독교 신앙을 지니고 살아가는 데 어떤 의미가 있는지 물어볼 수 있어야 한다. 나는 나눔의 프락시스를 준비할 때 첫 질문을 어떻게 할 것인지 생각하는 데 많은 시간을 보낸다.

    첫 질문은 부담 없이 대답할 수 있도록 편한 분위기에서 해야 한다. 사전에 아무런 설명 없이 질문을 할 때 성인들의 경우, 특히 나눔의 프락시스에 익숙지 않은 사람들에게는 그들의 실존의 모습을 정당화시켜야 할 것 같은 도전적인 분위기로 받아들여질 수 있다. 어떤 연령층이든 나는 그들이 평가받는 것이 아니라 자신이 알고 있는 것을 스스로 확인해보고 표현해볼 수 있도록 초청받은 것임을 설명하면서 조사받는다는 느낌을 없애도록 한다. 이렇게 하면 서로 잘 알지 못하는 사람들끼리 모였을 경우 그룹 안에서 최소한이나마 공동체 의식을 형성하면서 한 그룹 안에서 서로 담을 허물기 시작할 수 있도록 해준다. 그룹이 몇 번 이 방법을 하고 나면 첫 질문을 도전적으로 받아들이지 않게 된다.

    참가자들이 서로 이야기를 나누기 전 각자 조용히 앉아 있는 것을 편하게 느낄 수 있도록 해주는 것도 중요하다. 많은 수의 성인 그룹은 네 개 정도의 작은 그룹으로 나누어 그룹에서 말을 하지 않고 그냥 앉아 있어도 어색하지 않도록 하고, 모두 함께 이야기를 나눌 수 있을 정도로 그룹이 적어야 한 사람도 소외당하지 않고 참여할 수 있다는 점도 기억해야 한다. 그러나 소그룹의 경우 그 환경과 시간때문에 그룹 '안으로' 들어가지 못하고 주변에서 맴도는 사람은 이야기를 하고 싶어하지 않거나 원하지 않는데도 이야기를 강요당할 수도 있다. 첫번째 장에서 지도자는 참가자들이 가능한 한 분명하게 자기 의사를 표현할 수 있도록 이끌어 주어야 한다. 어떤 경우에는 좀더 자세히 설명하도록 부탁해야 한다는 뜻이다. 그리고 사람들이 질문의 요지에서 벗어나지 않도록 하는 것도 지도자의 역할이다. 첫 장은 이유를 설명하거나 옛날 이야기를 하는 시간이 아니다. 지도자는 필요한 경우 즉시 질문으로 되돌아가도록 자연스럽게 이끌어주어야 한다.

사람들로 자신들이 당면한 활동을 설명하도록 이끄는 방법은 매우 다양해서 내가 여기서 설명하는 것 이상으로 독창적인 방법들이 많이 있을 것이다. 성인 그룹에게는 주제에 관해 어떻게 생각하는지 간단히 써보라고 하는 것이 도움이 되고 주말에 모이는 대학생 그룹이 교회에 관해 공부할 때 대학생들에게 찰흙을 주고 교회에 관한 그들의 '느낌'을 멋있게 표현해 본 후 설명하도록 시키기도 한다.[4]

두번째 장: 참여자들의 이야기와 비전의 나눔

두번째 장은 비판적으로 반성해보는 단계다. 연령에 따라 다른 방법을 사용하지만 모든 참가자들이 주제에 초점을 맞춰 "왜 우리가 지금 이렇게 하고 있으며 이렇게 함으로 무엇을 바라는지" 생각해보도록 해야 한다. 즉, 참가자들이 지금 참여하고 있는 활동을 통해 자신의 이야기와 비전을 인식하도록 하는 것이다. 이 두번째 장은 먼저 분명한 이해를 얻기 위해 현재 하고있는 활동을 주의 깊게 통찰하는 것이다. 그러나 분명하게 이해하기 이전에 현재 하고있는 활동을 하게 된 내력, 그 근본적인 이유를 이해하려는 시도도 한다. 이렇게 함으로 두번째 장은 참가자들에게 그들이 현재 하고있는 활동과 관련해 지니고 있는 사회적인 조건, 개념, 주장과 같은 것들을 깨닫도록 한다. 이는 자신의 일생을 돌이켜보고 어떤 사회적인 환경이 우리로 하여금 지금처럼 행동하도록 영향을 끼쳤는지, 다시 말해 우리 자신의 이야기를 함으로써 깨달을 수 있다. 철저하게 반성하는 것과 더불어 자신의 행동의 결과가 어떨 것인지 예측해보고 결국 어떤 결과가 이루어지길 원하는지(자신의 비전) 결단하는, '앞을 내다보는' 상상력도 필요하다. 지금 현재 어떻게 되리라고 예측되어지는 결과와 바람직한 결과가 일치하지 않는 경우도 많다. 그러나 이러한 부조화 속에 변화와 성장, 발전 가능성이 숨어 있는 것이다. 이 장은 앞에서 제대로 하지 못했던 이야기를 마음껏 나누도록 해준다. 이것이 두번째 장의 목표이기도 하다.

나는 참가자들에게 무엇이 그들로 하여금 첫번째 질문에 그와 같이 이야기하게 했는지 설명하도록 몇 가지 질문을 던지며 두번째 장을 시작한다. 그리고 이어 현 상태에서 예측되어지는 결과와 바람직한 결과에 관한 질문을 던진다. 다시 말하지만 질문들은 참가자들에게 자신이 하는 일을 변명해야 할 것처럼 도전적인 것이 되지 않도록 해야 한다. 그저 자신을 돌이켜보도록 요청해야 한다(물론 아이들은 기초적인 것 이상으로 성찰을 하기는 어렵다.)[5] 그리고 자신의 의사를 분명하게 밝히고 그들이 지금 왜 이 과정에 참여하고 있는지 어떤 결과를 이루기를 원하고 있는지 인식하도록 한다. 다음 사례들이 두번째 활동 과정을 분명하게 보여줄 것이다.

앞에서 이야기했던 대학 직원들의 주말 성경 공부 시간에 나는 다음과 같은 세 가지 질문을 개별적으로 했다. "대학교에서 일어나는 사건 속에서 사회 정의를 증진시키기 위해 우리가 하고자 하는 바를 우리는 왜 하거나 하지 못하는가? 우리 학생들이 사회 정의감을 확고히 지니고 졸업한다면 어떻게 될까? 우리는 대학에서 사회 정의 교육을 증진시키기 위해 어떤 일을 하길 바라고 있는가?" 두번째 장에서 해야 할 질문들을 항상 이렇게 개별적으로 해야할 필요는 없다. 그리고 대답들이 중복될 수도 있다. 자신의 이야기를 하는 데 더 열중하는 사람도 있고 자신의 비전을 이야기하는 데 더 열중하는 사람도 있다.

대학원생들과 기독교 교육 목적에 관해 연구하는 과정에서는 먼저, "왜 그런 목적을 가지게 되었는가?"(성경인물의 이야기)라고 묻고 나서 나중에 "그 목적을 통해 어떤 기독교 교육을 하고 있는가?"(성경인물의 비전)라고 물었다. 엠마오의 제자 이야기를 공부하는 교회 교사들에게는 "이 본문을 읽고 어떤 이야기가 생각나는가?" 그리고 "이 글이 당신에게 주는 희망은 무엇인가?"라고 물었다. 평가를 준비하고있는 평가단에게는, "평가받을 때 그런 느낌이 드는 이유는 무엇일까?" 그리고 나서, "당신이 평가를 하게 되면 이 이야기들이 당신에게 어떤 영향을 줄 수 있을까?"라고 질문한다.

성만찬에 관해 공부하는 중3 학생들에게는 그들이 처음으로 성찬식을 했던 때를 기억해보고 그 이후 성찬식은 그들의 삶이 변화되는 데 어떤 역할을 했는지 설명해보도록 했다. 그리고 "성찬식이 여러분의 생활 속에서 어떤 의미를 지니기를 원하는가?"라고 물으면서 두번째 장을 끝마쳤다.

4학년 학생들 경우에는 후에 그들이 성장하면 철저하게 성찰할 수 있는 능력을 갖출 수 있도록 그들의 능력에 따라 왜라는 질문을 던짐으로 생각해보도록 이끌었다. 기도에 관해 공부하면서 나는 아이들에게 내가 저 우주 밖에 있는 작은 사람이라고 상상해보도록 했다. (그 당시는 "스타워즈"라는 영화가 인기 있던 때로 대부분의 아이들이 그 영화를 보았다.) 그리고 학교에서 집으로 돌아가는 중 우주선을 착륙시키고 이렇게 말한다고 하자. "도망가지 말아요. 물어보고 싶은 게 있어요. 나는 지난 주 밤에 이 지구에 왔어요. 그런데 창문을 통해 보니까 어떤 아이가 침대 곁에 무릎을 꿇고 있는 것을 보았어요. 그 아이는 무엇을 하고 있는 거죠?" 4학년 아이들은 그 장면을 상상하며 대답한다. "기도하는 거예요." 그러면 나는 이렇게 묻는다. "그게 뭐죠?" 그들은 열심히 기도가 무엇인지 그럴싸하게 설명한다. 그러면 더 깊이 들어가 "왜 기도를 하죠?"라고 묻는다. 아이들은 대체로 "하나님께 무엇인가를 구하기 위해서"라는 비슷비슷한 설명들을 한다. 나는 여기서 멈추지 않는다. 그들의 대답으로 만족하게 되면 기도란 정말 파울러가 말한 제2단계의 신앙인 '상호 이익' 차원에서 이해되고 만다. 나는 간구의 기도가 중요하다는 사실을 인정해준다. 그러나 여기서 다른 종류의 기도가 없는지, 다른 이유로 기도할 일은 없는지 묻는다. 이런 식으로 현재 하고 있는 일 이상의 것을 인식할 수 있도록 그들의 생각을 이끌어 준다. 좀더 대화를 나누면 그들은 무엇인가를 구하기 위해서 뿐 아니라 단순히 하나님께 사랑한다는 말을 하기 위해서도 기도할 수 있다는 것을 이해하게 된다. 실제로 아이들은 우리가 기도하는 이유는 오직 하나님께서 우리를 사랑하시기 때문이라는 것을 배우고 끝마치게 된다. 한 여자 어린이는 이렇게 자신이 이해한 것을 주의 깊게 표현했다. "하나님께서 우리를 사랑하지 않으신다면 기도는 아무 소용 없어요." 그리고 나서 나는 아이들에게 기도를 하면 어떤 일이 일어나는지, 어떤 느낌을 주는지, 하나님께서 어떻게 느끼실지를 물었다(아이들의 비전). 이 과정에서 이루어지는 대화를 통해 결국 세번째 장(공동체의 이야기와 비전)으로 넘어가도록 이끄는 이야기를 했다. "좋아요. 그럼 우리가 우주인이고 학교에서 집으로 돌아가는 선생님을 만나서 똑같은 질문을 던진다면 선생님은 뭐라고 대답하시겠어요?" 과정의 전이가 항상 이렇게 쉽게 이루어지는 것은 아니다.

　화해(가톨릭 미사에서 고해성사와 관련하여)에 관해 공부하는 과정에서는 "우리는 왜 싸우는가?"와 "싸우고 난 결과는 어떤가?"라는 두 가지 질문을 했다. 대체로 '내 마음대로' 하고 싶기 때문에 싸운다고 대답했다. 그래서 나는 "우리는 왜 우리 마음대로 하고 싶은 것일까?", "우리는 항상 하고 싶은 대로 할 수 있을까?"라는 질문을 했다. 나는 화가 났을 때의 기분에 대해 묻고 싸울 때 자신과 다른 사람의 기분은 어떤지, 그리고 싸우고 나서 화해할 수 있는지를 물었다. 또 하나님께서는 싸우는 것에 대해 어떻게 느끼실지, 하나님께서는 우리가 서로 화해하기를 원하실지를 물어보았다. 그들은 모두 하나님께서는 우리가 싸우지 않기를 바라신다고 했다. 우리가 용서를 하면 하나님께서도 용서를 해 주시는지에 대해 물었을 때 어떤 아이들은 그렇지 않다고 대답했다. 한 여자아이는 우리가 싸운 사람에게 다시는 화를 내지 않겠다고 약속을 해야 하나님께서 우리를 용서해 주신다고 대답했다.

　헌금에 대해 공부하는 과정에서는 다음과 같이 물었다. "우리는 왜 선물을 줄까? 선물을 받을 때 기분은 어떻지? 선물을 줄 때 기분은 어떻지? 선물을 받은 사람은 기분이 어떨까? 누구에게 선물을 주고 싶지? 하나님께서는 우리에게 어떤 선물을 주셨지? 우리가 하나님께 드릴 선물이 있을까? 우리가 하나님께 선물을 드리면 하나님께서는 기뻐하실까?"

　이 두번째 장도 다양한 형태를 통해 여러 가지 방법으로 이루어질 수 있다. 참가자들의 연령과 환경에 따라 다르게 보일 수도 있지만 참가자들이 누구건 어떤 문제건 비슷한 점이 있다. 참가자들로 하여금 항상 그들이 현재 어떻게 하고 있는지 돌이켜보고 왜 그렇게 하고 있는지 그 결과는 무엇일지를 생각할 수 있도록 이끌어주어야 한다. 이렇게 돌이켜보고 이야기할 수 있도록 도와주는 교육 방법이나 교수 모델은 어느 것이나 좋다.

　어린아이들은 이 두번째 장을 즐기는 것 같다. 한편 성인은 전체 과정 가운데 가장 힘들고 고통스러운 활동일 수 있다. 경험에 기초한 교육은 "고통스러울지도 모르는 재형성 과정을 거친다"라고 한 듀이의 말이 떠오르곤 한다.[6] 그래서 다시 이야기하지만 사람들에게 이야기를 하라고 강요하지 않는 태도가 중요하다. 그리고 아무 이야기도 하지 않고 앉아 있는 사람은 그 과정에 참여하지 않고 있다고 생각해서는 안 된다. 경험으로 보건대 조용히 다른 사람의 이야기에 귀 기울이고 있으면 말하고 있는 사람을 통해 내 자신의 내부 깊숙이 대화 속으로 이끌려 들어가게 된다.

철저하게 돌이켜보기 위해서는 이성과, 기억력, 상상력이 모두 필요하지만 위의 실례에서 보듯이 모든 연구 과정에서 똑같이 이 세 가지 차원 모두에서 이루어져야 하는 것은 아니다. 주제에 따라 다양할 수 있고 그룹의 성격에 따라서도 다를 수 있다. 똑같은 주제를 가지고 수많은 그룹에서 공부해본 결과 어떤 그룹은 이성을, 어떤 그룹은 기억력을, 또 상상력을 바탕으로 제각기 다르게 이루어진다.

세번째 장: 기독교 공동체의 이야기와 비전의 해석

세번째 장은 그룹이 주제와 관련하여 기독교 공동체의 이야기와 하나님 나라의 관점에서 이해한 이야기를 통한 비전을 대변하는 시기이다. 앞에서 이야기했듯이, 이야기와 비전은 기독교 공동체의 신앙 전통과 이 전통이 우리를 이끌어 가는 데 대한 반응을 나타내는 것이다.

보통 이 기독교 공동체의 이야기와 비전은 지도자가 그룹에 제시한다. 나는 때로 성인 그룹에서는 미리 준비한 그룹의 일원이나 외부의 인사를 통해 제시하기도 했다. 그룹에 제시되어진 기독교 공동체의 이야기와 비전은 그 교육이 이루어지고 있는 그룹의 배경이 되고 있는, 보다 광범위한 기독교 공동체가 지니고 있는 신앙을 정확하게 제시할 수 있어야 한다는 점이 매우 중요하다. 따라서 제시자는 학문적인 연구나 교회 교육을 통해 정확한 지식을 지니고 있는 사람이어야 한다. 그렇다고 모든 기독교 교육 지도자가 전문적인 신학자거나 성경 학자여야 한다는 뜻은 아니다. 다만 정확하고 신빙성 있는 자료를 통해 이끌어가야 한다는 뜻이다. 어린아이들 수준에서 이해되어진 이야기와 비전은 후에 완전히 바뀌어야 할 필요가 있는 것이어서 좀더 첨가되어야 할 필요가 있는 것은 괜찮다. 어떤 연령층이든 나쁜 신학은 신앙 생활에 해를 끼치게 된다.

이 세번째 장은 나눔의 프락시스에서 가장 교리 연구적인 활동이다. 이것도 과거의 신앙의 발자취를 따라 오늘날 우리에게 전해진 것을 그대로 '반복'(echoing)하는 일이다. 기독교 공동체의 이야기와 비전 제시는 다양한 교수 기술을 통해 제각기 다른 많은 방법들을 통해 이루어질 수 있다.[7] 나는 개인적으로 다양한 스타일의 강의나, 시청각 자료, 연구 과제들을 사용해왔다. 이야기는 혼자서 전달하는 방법보다는 대화 형식을 통해 전달하는 것이 더 효과적이다. 그렇다고 제시자와 참가자들이 계속해서 주고받는 식이어야 한다는 것은 아니다. 폐쇄된 방식으로 전달하는 것보다는 자기 자신의 이야기와 비전을 살펴본 사람들로 하여금 지금 제시되고 있는 내용과 개인적으로 대면하여 고민하고 질문하면서 밝혀 나가도록 하는 식으로 기독교 공동체의 이야기와 비전을 제시해 주어야 한다는 것이다. 제시자가 '진리'와 같은 결정적인 단어를 사용하여 자신이 하고 있는 이야기를 기독교 공동체의 이야기와 비전이라고 믿게끔 만들어서는 안 된다는 점이 무엇보다도 중요하다. "여러분들이 믿어야 할 사실은, 또는 해야 할 일은 …입니다"라는 식으로 확고하게 이야기할 경우, 참가자들은 그들이 살아온 체험에 비추어 자기 스스로 깨달을 수 없게 된다. 전통은 생명을 주지만 도그마화된 교리는 신앙의 여로를 황폐하게 만들고 만다.

대다수의 사람들이 신앙 발전 단계 가운데 제3단계에 머물러 있다는 사실은 지나치게 많이, 지나치게 빨리, 지나치게 결정적으로 가르치는 신앙 교육 때문이 아닌지 의심스럽다. 기독교 공동체의 이야기와 비전에 관한 설명이 신앙을 성숙시켜 나가기 위한, '성인이 되어 가는 교육'이 되려면[8] 폐쇄된 방식보다는 밝혀 나가는 방식으로 제시되어져야 한다. 사람들로 하여금 그 전통을 깊이 생각하고 개인적으로 받아들이고, 무엇 때문인지를 이해하여 스스로 재발견할 수 있도록 해야 한다. 그래야 변증법적 해석 방법을 통해 결론을 얻게 될 네번째 장을 위한 기본적인 준비가 이루어지는 것이다. 대화 형식을 통해 진리를 밝혀 나가는 방법에 도움이 되는 가장 중요한 원칙은 "이 주제에 관한 전통에 대해 저는 이렇게 생각합니다. 여러분의 생각은 어떻습니까?"라는 질문을 던지면서 설명을 마치는 것이다. 그러면 참가자들은 나의 의견을 존중해 주면서 내가 설명한 것을 그리스도인으로서 살아온 경험을 통해 그들이 알고 있는 것과 연결시키고 그들 자신에게 적용시킨다.

기독교 공동체의 이야기와 비전을 제시해 주는 세번째 장은 먼저 이야기를 하고 다음에 비전을 제시하는 분리된 단계가 아니다. 때로 이 두 가지 모두에 초점을 맞추어 이야기되어야 하지만 대부분의 경우 이야기를 하면서 비전도 제시되어진다. 즉, 이야기를 제시하는 것 자체가 응답하기를 요청한다. 다음의 구체적인 예를 통해 살펴보자.

사회 정의를 교육하기 위한 대학의 역할에 관해 연구하고 있는 그룹에서는 세 명의 연구자들을 통해 세번째 장을 해 나갔다. 첫번째 사람은 자신이 들은 대로 앞의 두 장에서 이해하게 된 이야기와 비전에 대해 간단하게 설명했다. 나머지 두 사람은 그룹 외부의 사람으로 사회 정의와 관련된 목회 활동을 한 사람이었다. 성경 말씀을 중심으로 최근의 신학 서적과 문서들을 통해 그들이 이해하고 있는 사회 정의에 관해 이야기하고 대학이 어떤 공헌을 할 수 있을지 대략적인 비전을 제시해주었다.

기독교 교육의 목적을 연구하는 모임에서는 내가 지도자로서 그 목적에 관해 간략하게 설명했다. 엠마오 이야기를 공부하는 모임에서는 몇 가지 주석서를 가지고 그 본문을 해석하고 기독교 교육의 모델로 제안했다.

교회에서의 여성 역할에 관해 연구하는 그룹에서는 기독교 이전 시대에서의 여성의 낮은 지위에 관해 이야기하고 여성에 대한 성직자들의 억압적인 태도와 (예를 들어 터툴리안, 제롬, 어거스틴 등과 같은), 오늘날까지 전해져 내려오고 있는 교회 안에서의 불평등한 여성들의 지위와 그에 관련된 관습 등을 살펴보고 오늘날 여성에 대한 의식을 성경에 비추어 예수께서 여성들에게 개방적이고 자유로운 태도로 대하셨던 이야기를 대조적으로 제시해 보았다. 예수의 말씀과 행동은 당시 문화적 상황의 법과 성차별을 거부하고 계신다. 오늘날의 여성 신학적 입장을 설명하고 유대인과 헬라인, 종과 자유인, 남성과 여성이 우리 주 예수 그리스도 안에서 하나가 되고(갈 3:28) 더 이상 어떠한 차별도 있어서는 안 된다는 하늘나라의 비전에 관해 이야기했다.

성찬식에 관해 공부하는 중학교 학생들에게는 성만찬이 우리에게 부여하는 의무에 관해 강조하고 이 주제를 아주 심도 있게 다루고 있는 "성만찬"이라는 제목 영화를 보여주었다.

기도에 관해 공부하는 초등 학교 4학년 학생들의 경우에는 대화의 형식을 취했다. 예수께서 우리에게 어떻게 기도하라고 하셨는지를 설명했다. 성경 이야기를 사용하여 예수께서 하나님과 대화하신 모습들, 즐거운 일, 경배, 고통스러운 일에 대해서나 그 밖의 간구하시던 모습 등에 관해 설명하고 예수께서는 어떤 때에 어떤 곳에서 기도하셨는지, 그리고 특별히 우리에게 기도에 관해 어떻게 가르쳐 주셨는지를 이야기해 주었다. 그리고 함께 주기도문을 드렸다. 나는 아이들에게 단지 간구만이 아닌 기도에 관해 이야기하고, 또 가족이나 친구들을 위한 것뿐만이 아닌 간구에 관해 이야기해 주었다. 결론적으로 그리스도인은 기도하는 백성이 되어야 하며, 우리가 원하는 대로 항상 이루어 주시지는 않지만 하나님께서는 항상 우리의 기도를 들으신다는 점을 이야기하며 마쳤다.

화해라는 주제로 공부하는 모임에서는 돌아온 탕자의 비유를 아이들에게 맞게 각색한 짧은 영화를 보여주었다. 그리고 하나님께서는 우리가 저지른 잘못을 뉘우칠 때 항상 우리를 용서해 주신다는 점을 설명하고 제단에 제물을 바치기 전 다툰 형제나 자매들과 화해하고 오라고 하신 성경 말씀을 통해(마 5:23-24) 미사를 시작할 때 드리는 고해성사의 의미와 목적을 설명하고 사랑과 용서의 정신으로 성찬을 거행하는 공동체가 되도록 우리를 준비시킨다는 점을 설명했다. 그리고 좀더 나아가 우리가 뉘우칠 때 하나님께서는 항상 우리에게 자비를 베푸시듯 우리도 우리에게 잘못을 저지른 사람들을 용서할 줄 알아야 한다는 점도 설명했다.

세번째 장에서 사용할 수 있는 교수 모델이나 제시 방법도 굉장히 다양하다. 단 10분만에 끝날 수도 있고 여러 주, 심지어 여러 달이 걸릴 수도 있다. 어쨌든 기본적인 목적은 참가자들로 하여금 기독교 전통으로부터 전해져 온 좀더 광범위한 공동체의 이야기와 비전을 대하도록 하는 것이다. 예를 들어 4학년 학생들에게 우리에게 자비를 베푸시며 우리가 서로를 용서하기를 원하시는 사랑과 용서의 하나님이라는 개념을 새롭게 깨닫게 하려는 것이 아니다. 이는 전수할 가치가 있는 우리의 신앙 공동체의 유산의 일부이다. 그러나 학생들이 개인적으로 이 개념을 그들의 삶에 적용하려면 첫째로 그들이 살아온 경험 속에서 현재 당면하고 있는 문제로 받아들여야 하며 그 다음으로 자신에게 적용시키며 응답해야 하는 책임을 받아들여야 한다. 이 두번째 점이 다음 두 단계의 방향을 이끌어 가게 된다.

네번째 다섯번째 장은 세번째 장을 가능하도록 이끈 첫번째 두번째 장을 통해 이루어진 일들을 한 데 묶는 작업이다. 이 활동들을 통해 이론과 실천은 서로 변증법적으로 통합된다. 개인의 이야기들과 비전들도 전통을 삶 속에 적용시키고 실천을 위한 결단을 하기 위해 기독교 공동체의 이야기와 비전과 변증법적인 관계에 놓이게 된다. 경험에 비추어 볼 때 어린아이들에게는 두 장이 중복되기도 한다. 그러나 성인들의 경우 서로 분리시키는 것이 중요하다.

네번째 장: 기독교 공동체의 이야기와 참여자의 이야기들 사이의 변증법적인 해석학

네번째 장은 참가자들의 이야기의 관점에서 기독교 공동체의 이야기를 비평하고 개인의 과거의 이야기에 비추어 현재의 이야기를 비평하는 것이다. 근본적으로 네번째 장의 질문은 기독교 공동체의 이야기가 우리 이야기에 어떤 의미를 주는가(무엇을 밝혀 주는가, 무엇을 묻고 있는가, 무엇을 요청하는가), 그리고 우리의이야기는 공동체 이야기에 어떻게 반응하는가(어떤 확신을 주는가, 어떤 한계를 인식시키는가, 어떻게 더 요구하는가)다.

여기서 부정적이고 좁은 의미에서의 비판이 아니라 변증법적인 의미에서의 비평에 대해 이야기해 보자. 부정이 있으면 긍정이 있기 마련이고, 부정보다는 긍정이 훨씬 더 많기 마련이다. 기독교의 진리가 긍정과 격려와 치유의 의미로 다가올 때가 있다. 그러나 개인적이고 상호적이며 사회적이고 복잡한 생활 속에서, 우리는 결코 우리의 신앙을 완벽하게 따르지 못한다는 사실을 이해한다면 진리가 우리 앞에 버티고 서서 무엇인가를 요청하며 우리를 앞으로 이끌어 내려는 때가 있음을 알 것이다. 하나님께서 세상을 향해 하시는 자기 계시는 항상 위로와 도전, 격려와 훈계, 인정하심과 요청하심, 이렇게 두 가지 면을 지닌 것으로 인식되어야 한다. 거꾸로 개인의 이야기가 진리의 말씀에 응답할 때 우리 자신의 삶이 공명하는 더 커다란 진리의 차원이 있다(우리보다 먼저 산 그리스도인들의 삶에서부터 생긴 것이기 때문에). 따라서 우리는 기꺼이 진리를 증거할 수 있어야 한다. 그러나 거기엔 더 커다란 진리의 차원, 또는 적어도 우리가 한계를 인식한 세번째 장에서 제시된 진리가 있을 것이다.

진리가 우리의 삶을 향해 던져 주는 의미는 무궁무진하므로 진리를 이해하는 데 드러나는 한계는 불가피한 것처럼 보인다. 우리의 진리의 토대는 신비함으로 살아 계신 하나님이므로 인간들 사이에서 행하시는 하나님의 행위에 대한 그 어떠한 이해도 완벽할 수 없다. 단순히 이해할 수 있는 말씀을 수동적으로 받아들이거나 반복하기보다 우리는 우리가 현재 이해하고 있는 것의 한계를 인식하고 그것을 뛰어넘으려는 시도를 해야 한다.[9] 이는 부정적인 비판을 하는 것과는 전혀 다르다. 그 반대로 변증이란 우리가 앞으로 전진할 수 있도록 힘을 주는 전통 자체를 사용하는 자유롭고 창의적인 과정이다. 다음의 네번째 장에 대한 실례들을 통해 내가 여기서 이야기하려는 것을 분명하게 이해할 수 있을 것이다.

대학 교수들이 사회 정의에 관해 연구하는 과정에서는 세번째 과정을 끝마친 일반적인 느낌이 어떤지를 물어 보면서 시작했다. 앞에서의 내용을 통해 대학에서의 그들의 상황을 어떻게 이해하게 되었는가, 어떤 것이 실행하기가 가능해 보이고 어떤 것이 실행하기가 불가능해 보이는가, 앞에서 이야기된 내용 이외에 무엇을 덧붙이고 싶은가? 기독교 학교 평가 준비원들은 성경을 근거로 해서 많은 이미지들을 사용하여 청지기 의식에 관해 매우 감동적인 이야기를 들으며 세번째 장을 마치고(그룹원 중 한 사람이 준비했다), 네번째 장으로는 참가자들에게 앞에서 이야기했던 것 중 가장 강한 이미지가 무엇인지 왜 그런지를 설명하도록 했다. (두 사람씩 서로 대화를 통해 나누도록 했다.) 엠마오의 이야기를 공부하는 그룹에서는 내 설명이 끝난 후 내 이야기를 통해 새로이 깨닫게 된 것은 무엇이며 내 이야기 가운데 더 구체적으로 알고 싶거나 덧붙이고 싶은 것이 있는지 질문했다. 기독교 교육의 목적을 공부하는 대학생들에게는 그들이 내 이야기에서 동의하는 점 세 가지와 의문이나 첨가하거나 다시 설명하고 싶은 것 세 가지를 적는 전형적인 방법을 사용했다. 그리고 나서 전체 그룹, 또는 참가자의 수가 너무 많을 경우 네 사람씩 한 조로 나누어 서로 이야기하도록 했다.

"가르치는 교회에서의 양심의 자유"를 공부할 때 한 여성이 이 네번째 장에서 이루어지는 작업이 어떤 것인지를 분명하게 설명해 주는 매우 좋은 이야기를 했다. "저는 가족 계획에 관한 안내문을 받아 본 후부터 교회의 교사로서의 사명에 대해 불신감을 갖고 있었습니다. 나에게 도덕적인 것을 요구할 때는 그것을 무시해 버렸습니다. 그러나 오늘 저녁 저는 윤리적인 결단을 하는 데 있어서 기독교 신앙 공동체의 일치된 의견과 지지가 필요하다는 사실을 깨닫게 되었습니다. 이제는 모든 것을 혼자서, 고립된 그리스도인으로서 내 자신의 생각으로 결단하지 않겠습니다." 나는 이 이야기가 어떤 개인적인 이야기거나 기독교의 진리만을 이야기하는 것이 아니라 이 두 가지가 서로 창조적인 변증법적 관계 안에 있다는 사실을 느꼈다.

중학교 3학년 학생들에게는 성찬식에 관한 영화를 본 후, "오늘 밤 잠자리에서 오늘 본 영화 생각을 할 때 무엇이 가장 먼저 생각날까? 왜 그럴까?" 하고 물었다.

고해성사에 관해 공부하는 초등 학교 4학년 아이들에게는 고해성사가 무엇이라고 생각하는지, 미사를 시작할 때 드리는 것이 좋다고 생각하는지를 물었다. 아이들은 대부분 좋은 생각이라고 대답했다. 우리는 평화와 사랑의 느낌이 미사를 드리는 데 어떤 도움을 주는지 이야기를 나누었다. 이 그룹에서도 한 재미있는 이야기를 찾아볼 수 있다. 학생들 가운데 고해성사라는 말을 제대로 발음하지 못하는 아이가 한 명 있었다. 그러자 나는 고백이라는 어려운 말을 4학년 아이들이 어떻게 이해하고 있는지 궁금해졌다. 성사라는 말도 마찬가지였다. 아이들은 모르고 있었다. 그래서 아이들과 더 좋은 이름을 찾아보라고 했다. 그러자 어떤 여자아이가, "용서하는 시간이요"라고 했다. 우리는 그 이름으로 결정했다. 그리고 그 학기 내내 고해성사를 용서하는 시간이라고 불렀다. 아이들은 스스로 훨씬 더 좋은 이름을 붙이게 된 것이다.

 그리고 아이들에게 미사에서 용서하는 시간을 어떻게 생각하고 어떻게 느끼는지 묻는 것과, 고해성사가 어떤 시간인지 묻는 전통적인 교사의 역할 사이의 차이점을 눈여겨보았다. 교사들은 전형적으로 수업 시간에 후자와 같은 식으로 질문을 하는데 이 방법은 네번째 단계에서 좋은 방법이 되지 못한다. 그러한 질문은 학생들이 선생님에게 '정답'을 이야기해야 할 것 같은 생각을 갖도록 만든다. 그렇다고 해서 네번째 장이 개인적인 의견이나 감정을 이야기하는 데서 그치는 것은 아니다. 반대로 참가자들은 그들의 공동체의 이야기를 알 수 있어야 한다. 4학년 학생들의 경우 나는 그들이 고해성사가 무엇인지 정확히 알게 되기를 원했고 아이들이 정확히 알고 있지 않자 설명을 되풀이하게 되었다. 그러나 더 중요한 것은 고해성사가 그들의 삶에서 어떤 의미를 가지고 있는지를 이해하기를 원했던 것이다.

 기도에 관해 공부하는 그룹에서는 참가자들에게 지금 기도에 관해 그리고 예수님의 기도 방법에 대해 어떻게 생각하는지를 물었다. 아이들은 하나님께 우리가 무엇을 요구하는 것뿐 아니라 사랑과 감사를 드리는 것도 중요하게 생각해야 한다는 점을 이해하게 된 것 같았다. 그리고 나서 우리는 과연 우리의 언어로 , 어느 곳에서나, 어느 때나 그리고 무엇에 관해서나 하나님께 말씀드릴 수 있는지 이야기를 나누었다. 이 문제는 아이들에게 익숙치 않아 보였고 많은 학생들이 이 개념을 받아들이길 주저했다. 두 학생은 자신의 이익을 위해 기도하는 사람은 '진정한 기도자'가 아니라고 말했다. 그들에 의하면 진정한 기도자는 하나님 아버지와 성모 마리아며 그들이 배운 기도문을 따라 기도해야 한다고 했다. 여기서 나는 예수께서도 정해진 기도문을 외우지 않으신 때가 많이 있으며 나도 하나님께 내가 이야기하고 싶은 대로 기도드린다고 말했다. 우리들은 다음과 같이 이야기를 나누었다. "빌리, 지금 네가 가장 소중하게 생각하는 것이 뭐지?", "네, 강아지요". 나는 이런 대답을 예상치 못했는데 그 아이는 바로 며칠 전 강아지를 갖게 되었다. 나는 그 아이에게 하나님께 강아지에 관해 말씀드릴 수 있는지 물었다. 그 아이는 어떻게 그런 우스꽝스러운 질문을 할 수 있느냐는 식으로 웃으며, "아니오"라고 대답했다. "왜 할 수 없지?", "왜냐하면 강아지는 아프지 않거든요." 우리는 모두 함께 이 문제에 관해 토론을 했고 아이들은 강아지가 아프지 않더라도 하나님께 강아지에 관해 말씀드릴 수 있다는 것을 이해하게 되었다. 나는 빌리에게 하나님께 강아지에 대해 감사드릴 수 있는지, 아무도 가르쳐 주지 않아도 자기가 스스로 기도할 수 있는지 물었다. 빌리는 잠시 생각을 하더니 할 수 있다고 대답했다. 그래서 "한번 해보겠니?"라고 묻자 하겠다고 열정적으로 대답했다(다섯번째 활동과 중복된다).

네번째 장에서 지도자가 해야 할 중요한 역할은 두 가지다. 기독교 신앙 전통을 통해 진정한 신앙의 삶의 모습을 알려주고 그 전통을 자기화하는 것은 삶 속에 적용시킨 신앙 경험을 통해서다. 그래야만 앎을 실천으로 전환할 수 있는 것이다. 네번째 장은 참가자들이 기독교가 왜 그런 진리를 가지고 있는지 이해하도록 하고, 피아제가 말한 대로 '재구성'하는 계기가 된다. 두번째 활동은 자신이 알고 있는 사실을 성찰해 보는 기회지만 네번째 장에서는 공동체적으로 알고 있는 바를 성찰하고, 적용하고, 새로운 사실을 발견하는 계기가 되어야 한다. 참가자들이 기독교의 진리를 자신의 삶 속에서 자신의 것으로 받아들이게 될 때 '아하, 그렇구나' 하는 깨달음을 얻는 것이다.

먼저 어린아이건 성인이건 이 과정을 처음 접해 보는 사람들은 교사가 이러한 대답을 기대하리라는 가정하에서 대답을 하려는 경향이 있다. 이러한 경향은 과정이 진행되면서 사라지게 된다. 네번째 장에서 질문을 던지는 방식이 '정답'을 요구하는 것이 되지 않도록 조심해야 한다. (예를 들어, "기도란 무엇인지 말해 봅시다"라고 질문하기보다는 "기도에 대해 어떻게 알고 있습니까? 당신에게 기도는 어떤 의미가 있습니까?"라고 질문하는 것이 더 좋다).

다섯번째 장: 진리가 제시해 주는 비전과 개인의 비전들 사이의 변증법적 해석학

다섯번째 장이 의도하는 것은 하나님 나라의 비전의 관점에서 현재 우리가 가지고 있는 비전을 비평하고 하나님의 비전에 응답하기 위한 우리의 미래의 행동을 결단하려는 것이다. 다섯번째 장에서는 기술적인 언어를 통해, "우리의 현재 행동은 어떻게 창조적인 비전을 지닐 수 있는가, 우리는 앞으로 어떻게 행동해야 할 것인가?"를 물어야 한다. 좀더 간단히 말하자면, 이 활동은 그룹과 개인 모두 앞에서 거쳐온 과정을 토대로 신앙의 응답, 기독교 신앙의 실천적인 적용을 결단하는 시기다.

여기서 의도하는 변증법은 이미 우리들 가운데 있는 하늘나라의 징조를 인식하고 아직 완성되지 않았음을 지각하도록 해 주면서 우리의 생활 가운데서 이 둘을 이루기 위해 어떻게 할 것인지 결단하도록 이끈다. 특히 이 과정에 처음으로 참여하는 사람들에게는 우리가 앞으로 어떻게 행동할 것인지 실천적인 결단을 하는 것이 어려울지도 모른다. 경험에 의하면 성인들의 경우 분명히 어려움을 겪는다. 우리는 모두 "앞으로 우리들은…", "교회는 이제…"라는 식으로 이야기하기 쉽다. 그러나 이러한 표현은 우리 자신의 것이기보다는 다른 사람들의 결단을 이야기하는 것이며 이론적인 진술에서 그치고 마는 것이 된다. 우리는 우리가 새로이 깨닫게 된 것이 우리 자신의 것이 되도록 하기 위해서는, "나는 이제…", "이 이야기는 저에게…라는 의미를 줍니다"라는 식으로 표현하도록 해야 한다.

여기서 명심해야 할 일은 뚜렷한 활동 작업을 하거나 새로운 깨달음, 이해, 느낌, 희망 등을 분명하게 표현함으로써 앞으로 어떻게 행동할 것인가를 결단하도록 해야 한다는 점이다. 이렇게 하면 좀더 깊이 성찰하고 분명하게 시도하기 위한 결단이 될 수 있을 것이다. 이 장에 참가한 사람들은, "전에는 이 문제를 이런 방식으로 생각해본 적이 없었어요. 더 깊이 생각해 봐야 할 것 같군요"라는 식의 말을 하는 경우가 많이 생긴다. 이렇게 말하는 것도 실제로 앞으로 어떻게 할 것인지를 결단하는 것이다.

나눔의 프락시스 과정을 지도하면서 이 다섯번째 장에서 일어난 일들의 예를 들자면 참가한 사람들의 수와 과정에 참여한 횟수를 서로 곱한 것만큼이나 다양하고 서로 다르다. 사회 정의에 관해 연구하는 과정에서 이 마지막 장은 다음 단계를 위한 구체적인 계획을 세웠다. 어떤 일들을 해야 할지 많은 의견들을 나누었다. 나중에 이 의견들은 다른 그룹원들의 동의를 거쳐 대학 행정에 반영할 수 있도록 했다.

엠마오 이야기를 공부하는 사람들은 "여기서 우리가 깨달은 점들이 앞으로 교육하는 데 어떤 영향을 끼칠까?"라는 질문으로 다섯번째 장을 시작했다. 기독교 교육의 목적을 공부하는 사람들은 "나에게 있어 기독교 교육의 목적은 무엇인가?"에 대한 글을 쓰도록 했다. 평가단들은 30분 동안 조용하게 그 동안의 과정을 통해 깨닫게 된 점을 돌이켜보면서 평가 위원의 역할을 수행하는 데 적용하고 싶은 것 다섯 가지를 자세하게 써보도록 했다. 그리고 나서 모든 조원들과 각자의 의견을 함께 나누었다.

성찬식에 관해 공부한 중학교 3학년 학생들은 "나는 사람들에게 어떻게 '성찬'을 베풀 수 있을까?"라는 질문에 대답하면서 마쳤다. 구체적으로 이야기하는 학생도 있었지만, "좀더 생각해 보겠습니다"라고 대답한 학생들도 있었다. 성찬식에 관해 공부한 다른 그룹의 경우에는 성찬식을 거행하기도 했고, 고등학교 남학생들의 경우에는 세계적인 기아 문제를 생각하며 금식을 한끼 하기로 했었다.

기도에 관해 공부한 4학년 학생들의 경우에는, "앞으로 기도하겠니?, 뭐라고 하겠니?, 언제 하겠니?"라는 식으로 간단하게 질문했다. 아이들은 식사를 할 때와 아침에 일어나서, 잠자리에 들 때 기도를 드릴 것이며 원하는 것을 구하는 기도 외에 찬양과 감사의 기도도 드리겠다는 이야기 등을 했다. 그날 한 여자아이가 병원에 입원하느라 수업에 참석하지 못했는데 아이들은 그 아이를 위해 기도하기로 했다. 나는 아이들에게 기도문을 쓰면 병원에 있는 친구에게 가져다 주겠다고 했다. 아이들은 각자 기도문을 써서 친구들 앞에서 발표한 후 나에게 모아 주었다. 한 남자아이는 그날 밤에도 이렇게 기도하겠다고 이야기했다.

고해성사에 관해 공부한 학생들은 다음 주일 미사를 드릴 때 "용서하는 시간"에 어떻게 할 것인가에 관해 이야기했다. 그들이 용서해야 할 사람이나 화해해야 할 사람이 있는지 물어 보았다. 아이들은 모두 미안하다는 말을 해야 할 사람이 있었다. 그래서 그들을 만나면 꼭 미안하다는 말을 하기로 했다. 그리고 모든 아이들이 그날 수업을 하기 전 남자아이 두 명이 서로 싸웠다는 사실을 알고 있었고 그 아이들은 서로 화해했다. 헌금에 관해 공부한 그룹에서는 다음 미사 시간에 헌금을 할 때 우리가 무엇을 기억하고 있어야 할지에 관해 이야기를 나누었다. 이 수업은 크리스마스 직전이었는데 아이들은 크리스마스 선물에 대해서도 많은 결단을 했다.

우리의 신앙 교육이 진정으로 실천되기 위해서, 세상에서 온전히 기독교 신앙을 따라서 살기 위해서, 이론이 아니라 진정한 응답을 하기 위해서 사람들에게 결단을 하도록 만드는 이 다섯번째 장은 필수적이며 없어서는 안 될 과정이다. 요사이 사용되고 있는 많은 교재들, 특히 수준에 따라 학년별로 나누어진 좋은 교재들은 나눔의 프락시스의 앞부분 네 가지 장들을 나름대로 다루고 있지만 불행히도 다섯번째 장을 빠뜨린 경우가 적지 않다. 단순히 그 필요성을 인정하는 데서 그치는 것이 아니라 계속적인 과정으로서 삶 속에서 변화시킬 것을 요구하는 기회를 가져야 한다.

다섯번째 장이 신앙의 결단을 하는 단계라는 사실도 중요하지만 자신이 하고 싶은 대로 마음대로 결단을 내릴 만큼 완전히 자유스러워서도 안 된다는 사실도 중요하다. 반대로 지속적인 공동체적 안내자로서의 교회가 결단을 인도해주어야 한다. 이는 하나님나라가 우리들에게 초청을 함과 동시에 명령을 하며, 그리스도인의 자유가 엄격한 개인주의나 방종이라는 극단적인 자유와는 다르다는 사실을 상기시킨다. 이것이 무슨 의미인지 다음의 한 예가 분명하게 보여주고 있다. 정의에 관해 연구하는 그룹에서 지도자는 네번째 장이나 다섯번째 장에서 기독교의 진리나 비전이 가끔 던지는 "당신은 앞으로 정의롭게 살겠습니까?"라는 질문을 할 수는 없다. 정의는 하늘나라의 명령이다. 참가자들은 자신들의 삶에서 정의롭지 못한 것들을 그냥 내버려둘지도 모른다. 지도자도 확신할 수 없는 대답을 하늘나라에 대한 올바른 응답인 척하고 지나갈 수는 없는 것이다. 그래서 지도자는 정의가 무엇을 뜻하며 왜 그들이 정의를 실천해야 하는지, 어떻게 정의롭게 살아갈 것인지 물어야 한다.

그러나 하나님나라의 명령을 기억하며 올바른 결심을 마음에 품고 있다고 해도 여전히 학생들이 결단에 따라 살며 개인적으로 적용하도록 요청하는 데 위험이 남아 있다. 우리 모두는 우리 학생들이 선택하는 것에 희망을 가지고 어떤 목적이나 의도 없이 지도해야 한다. 우리는 학생들에게 우리의 희망을 보여줄 권리가 있고 학생들은 그것에 관해 들을 필요가 있다. 하지만 우리가 바라던 것과는 다른 결단을 내리면 어떻게 될까? 이것이 바로 우리가 받아들여야 할 모험이다. 사실 학생들이 자신들의 의견을 가지도록 개방적인 환경을 제공해 주는 것은 우리의 책임이다. 그렇지 않으면 우리는 교육을 하기보다는 교파적인 생각 속에 빠뜨리는 것이다. 예수께서 그 본을 보여주신다. 부자 청년이 어떻게 해야 영생을 얻을 수 있는지 물었을 때 예수께서는 가진 것을 다 팔아 가난한 자들에게 나눠주고 주님을 따르라고 초청하셨다. 그 젊은이는 그 초대에 응하지 않았다. 예수께서는 그가 따르지 않음을 보고 슬퍼하셨지만 그 젊은이의 선택을 존중해 주셨다(눅 18:18-25). 요한복음 6장에서 생명의 떡에 관해 말씀하시고 나자, 많은 사람들이 떠나갔다. "제자 중에 많이 물러가고 다시 그와 함께 다니지 아니하더라"(요 6:66). 그러자 예수께서는 자신의 의견을 따르도록 그들을 감언이설로 속이거나 위협하거나 그들의 선택을 비난하지 않으시고 돌아서서 열두 제자들에게 이렇게 물으셨다. "너희도 가려느냐?"(요 6:67). 성경 속에서 여호와께서 부르시거나 제자가 되기를 요청하실 때는 항상 거부해도 될 권리가 함께 주어졌다. 여호와 하나님께서는 우리에게 자유 의지를 주시고 이를 감수해야 할 모험을 하신다. 기독교 교육자로서 우리도 마찬가지다.

학생들이 우리가 제시한 대로 결단을 하지 않는다고 해서 그들이 기독교 진리나 비전에 대해 분명히 불신앙적이라고 단정해서는 안 된다. 그들을 향한 '우리의' 의도가 꼭 하나님의 의도와 같은 것은 아니다. 사실 학생들은 우리가 바라던 것과 다른 것을 선택할 수도 있다. 그러나 그들은 교사로서 우리가 가지고 있는 제한된 비전을 넘어 더 신실한 신앙의 응답을 하고 있는 것인지도 모른다. 훌륭한 교사의 특징은 학생들을 그들 자신의 상황에서 밖으로 데리고 나와 교사조차도 한번도 가보지 못한 새로운 세계로 인도해가는 것이다. 나눔의 프락시스를 하면서 나도 전에는 한번도 생각해 보지 못했던 것을 결단하는 경우가 종종 있었다. 이러한 순간을 통해 볼 때 교사는 '먼저 공부한 학습자'가 되어야 한다. 그리고 신앙의 여로에 있어서 교사나 학생은 모두 형제 자매이며 함께 순례의 길을 떠난 사람들인 것이다.

1. 당신의 경험에 비추어 볼 때 기독교 교육에 대한 그룹의 견해는 '일상적인 사업'과 어떻게 다른가?

2. 저자는 이론과 실천 사이의 상호 작용을 어떻게 다루고 있는가?

3. 당신은 프락시스가 어떤 의미를 가지고 있다고 생각하는가?

4. 다섯번째 장은 앞의 네 가지 과정을 통해 행동하는 데 초점을 맞추고 있다. 이런 식으로 이루어진 행동에 대해 적당한 기준이 있는가? 어느 정도까지 용납할 수 있는지 한계가 있는가? 그 한계는 무엇인가?

1. 앞서 나온 책에서는 '단계'라는 단어를 사용했지만 지금은 '장'이라고 이야기한다. 단계는 각 행동들이 마치 서로 개별적이면서도 연속적인 관련을 지니고 있는 것처럼 오해를 불러일으킬 수 있다. 그러나 '장'은 음악적인 흐름을 연상시킨다. 모든 장들은 흐르고, 합쳐지고, 반복되고, 각각의 전체성과 아름다움을 그대로 가진 오케스트라 연주처럼 혼합되어 버린다.

2. 실례란 그냥 사례라기보다 모델로서 제시하려는 예이다. 내가 다섯 가지 장을 실행해 나가는 방법에 비판의 여지가 있는 것도 사실이다. 창의력 있는 교육자는 더 좋은 방법을 사용하여 실행할 수 있을 것이다.

3. 내가 담당한 4학년 수업에서는 벤지거의 The Word Is Life 시리즈를 사용했다. 이 시리즈는 공동 성서 연구와 많은 공통점을 가지고 있다. 사실 학생들을 위한 많은 기독교 교육 시리즈는 나눔의 프락시스 방식으로 쉽게 적용할 수 있다. 나는 연합 교육 개발원에서 개발하고 필라델피아 United Church Press에서 출판한 Shared Approaches를 권하고 싶다.

4. 이모임에 대한 묘사에 대해서 케네디(Kennedy)의 "Young Adults Confront a Bishop"을 참조하라.

5. 어린아이들은 어떤 문제이든 자신을 완전히 돌이켜보며 철저하게 반성하기 힘들다. 그러나 왜라는 질문을 통해 적어도 피아제가 말한 구체적 조작기 단계에서는 자신을 구체적으로 반성할 수 있다. 나는 11장에서 어려서부터 기초적인 형식을 통해 반성을 해보지 않았다면 성인이 되어서도 철저하고 완전하게 자신을 성찰하는 것이 쉽지 않다는 것을 이야기했다.

6. Dewey, Art as experience, 41

7. 마샤 웨일(Marsha Weil)과 브루스 조이스(Bruce Joyce)가 연구한 많은 교수 모델을 활동 단계마다 다양하게 사용해도 좋다. 그러나 세번째 장에서는 특별히 좀더 조직화된 모델과, 개념을 제시해줄 수 있는 모델을 사용하는 것이 적당하다.(웨일과 조이스, 「지식 전달을 위한 교수 모델」을 보라.)

8. 이 표현은 가브리엘 모란(Gabriel Moran)의 최근 저서인 「성인이 되어 가는 교육」에서 빌어온 것이다. 모란은 모든 신앙 교육은 성인 중심이 되어야 하는데 이는 어린아이들을 제외시켜도 좋다는 것이 아니라 성숙되어 가기 위해서는 일생 동안 교육이 계속되어야 한다는 것임을 주장했다.

9. 내가 여기서 이야기하려고 하는 것은 데이비드 트레이시의 "비평적인 상호관계"라는 개념과 매우 가깝다. 트레이시는 근본적인 신학적 사고에는 두 가지 토대 즉, '기독교적인 사실'과 평범한 인간의 체험과 언어가 있다고 한다. 두 가지 모두 스스로 비판적이어야 하며 서로 비판적인 관계를 가지고 있어야 한다.

신앙 발달 단계
(1981)

제임스 W. 파울러

(James W. Fowler)

에모리 대학의 신앙 발달 센터 소장인 제임스 파울러 교수의 저서 「신앙 발달 단계」는 종교(religion)와 신앙(faith)의 차이점을 구분하는 데서 시작한다. 비교종교학자인 윌프레드 캔트웰(Wilfred Cantwell)의 작업을 뒤이어 파울러는 다음과 같이 이야기하고 있다. "종교란 미술 전시관과 같은 축적된 전통이며 신앙이란 종교보다는 한층 심오하고 개인적인 것으로, 축적된 전통의 형태를 통해 이해돼 온 초월적인 가치와 능력에 대한 한 개인이나 집단의 반응이라고 한다. 신앙과 종교는 이러한 관점에서 서로 밀접한 관계를 가지고 있다." 신앙과 종교는 각각 역동적이며 서로를 성숙시킨다. 그러나 신앙(faith)과 신념(belief)을 같은 말이라고 생각해서는 안 된다. 신앙은 믿음이 형성된 초월적인 존재에 대한 신뢰와 충성의 관계며, 신념이란 지지하는 개념들을 소유하는 것이다. "…신앙은 마음이나 뜻이 중심점을 향해 조정되도록 하는 것이다…."

"에모리 대학의 신앙 발달 센터 소장인 제임스 파울러 교수는 보스턴 대학을 졸업하고 하버드에서 박사 학위를 받았다. 그의 저서인 「신앙 발달 단계」는 종교(religion)와 신앙(faith)의 차이점을 구분하는 데서 시작한다. 비교종교학자인 윌프레드 캔트웰(Wilfred Cantwell)의 작업을 뒤이어 파울러는 다음과 같이 이야기하고 있다. "종교란 미술 전시관과 같은 축적된 전통이며 신앙이란 종교보다는 한층 심오하고 개인적인 것으로, 축적된 전통의 형태를 통해 이해돼 온 초월적인 가치와 능력에 대한 한 개인이나 집단의 반응이라고 한다. 신앙과 종교는 이러한 관점에서 서로 밀접한 관계를 가지고 있다." 신앙과 종교는 각각 역동적이며 서로를 성숙시킨다. 그러나 신앙(faith)과 신념(belief)을 같은 말이라고 생각해서는 안 된다. 신앙은 믿음이 형성된 초월적인 존재에 대한 신뢰와 충성의 관계며, 신념이란 지지하는 개념들을 소유하는 것이다. "…신앙은 마음이나 뜻이 중심점을 향해 조정되도록 하는 것이다…."

마음이 어떻게 조정되는가가 신앙 발달 과정을 이해하는 데 중요한 열쇠가 될 것이다. 이는 완전한 믿음을 보여주는 틀을 만들어 보려는 구조적인 접근 방법이다. 파울러 교수와 그의 동료들은 피아제와 에릭슨, 콜버그의 연구를 토대로 4세부터 84세까지 359명을 대상으로 설문조사를 했다. 이들 중 80%가 기독교 신자거나 가톨릭 신자였지만 무신론자를 포함하여 이들의 종교도 모두 다양했다. 97%가 백인이고 남성과 여성의 수는 거의 비슷했다. 어느 정도 나이가 든 사람들에게는 그들의 삶과 인생 경험, 인간관계, 가치관과 신앙에 관해 되돌아보는 질문을 했다. 그리고 이러한 문제에 관해 점점 더 깊이 생각해볼 수 있는 질문들을 했다. 한 사람씩 인터뷰하는 데 2시간에서 2시간 반 정도가 걸렸다. 그 결과를 분석하여 인터뷰한 사람들의 공통점과 차이점에 따라 여섯 단계로 나누었다.

이 장의 내용은 파울러가 신앙 발달 단계에 관해 설명한 내용들을 잘 보여주는 "인간 성장의 심리학과 의미에 대한 탐구"라는 부제가 붙은 책에서 발췌한 것이다."

From Stages of Faith: The Psychology of Human Development and the Quest for Meaning (San Francisco: Harper and Row, 1981), 119-213.

아침이다. 갓난아이가 잠에서 깨어났다. 배가 고프고 기저귀가 젖어 불안한 기분으로 울음을 터뜨린다. 엄마가 일어나 울음소리를 듣고 움직이기 시작한다. 아기에게 다가가 이름을 부른다. 아침 인사를 하고는 정다운 말을 속삭인다. 아기가 고개를 돌린다. 눈이 반짝이기 시작한다. 엄마와 눈이 마주친다. 얼굴을 맞대고는 다시 인사를 나눈다. 그리고 애정과 관심을 표현하면서 엄마는 아기를 안아 들고 껴안고 어루만지면서 계속 애정 어린 말을 속삭인다. 엄마는 아기를 닦아주고 젖은 옷을 갈아 입히면서 아기에게 필요한 일들을 해준다. 아기는 엄마가 일하는 모습을 지켜보고 엄마와 아기의 눈은 자주 마주친다. 엄마는 아기를 다시 안아 들고 따뜻한 우유나 젖을 물린다. 엄마는 아기를 팔에 안고서 가볍게 흔들어준다. 아기는 힘차게 젖을 빤다. 우유는 아기의 입술과 혀와 목구멍을 통해 배로 들어간다. 아기의 눈은 어머니의 얼굴을 들여다본다. 엄마의 눈은 밝고 애정이 넘치며 얼굴 표정도 계속 달라진다. 엄마는 계속 이야기를 하면서 친근하고 재미있는 소리를 낸다. 배고픔이 가시면 아기는 멈춘다. 엄마는 아기를 세워 안고서 가볍게 등을 두드려 준다. 트림을 하고 나면 잠시 숨을 돌릴 여유가 생긴다.[1]

영아기와 미분화된 신앙

우리는 모두 갓난아기 때부터 신앙의 순례를 시작했다. 어머니의 자궁 속에서 태아로 생성되고 세상에 태어나면 우리는 잠재적인 능력은 가지고 있지만 아직 완전한 능력은 갖추지 못한 채 새로운 환경 속에 던져지게 된다. 그리고 태어나서 9개월 동안 그 어떤 포유동물보다도 더 많은 보살핌을 필요로한다. 우리는 이 새로운 세상에 적응할 수 있는 잠재적인 능력을 가지고 태어난다. 그러나 우리의 적응 능력이 활성화되고 알맞게 다듬어지는 것은 전체적인 성장과 우리 주변에 있는 사람들과 환경이 우리를 반겨주고 반응해 주는 방식에 달려 있다. 충분히 안아 주거나 흔들어 주거나, 이야기를 걸어주거나 하지 않는다면 관계를 맺는 능력이나 애정을 표현하는 능력이 심할 경우에는 장애를 가져와 활성화되지 않을 수도 있다. 만일 우리의 환경이 우리에게 아무런 변화도 주지 않고 우리를 자극하는 신기함이나 물리적인 물체가 아무것도 없다면 우리의 동작이나 협동, 호기심, 지식의 활용 등은 제한되고 말 것이다. 제대로 먹지 못하고 제때에 기저귀를 갈지 못하면 그리고 상호적인 관계 속에서 의존할 만한 사람이 없다면 세상과 우리 자신에 대한 신뢰감은 불신과 유아기 절망으로 짓눌리게 될 것이다.[2]

우리는 우리와 우리의 환경에 있는 대상들이 서로 분리된 것이며 우리의 눈에서 보이지 않아도 계속 존재하는 것임을 아주 천천히 알게 된다. 엄마의 젖이나 우유병, 엄마의 얼굴, 우리가 쥐고 맛보는 물체들이 마치 우리의 일부인 것처럼, 필요하거나 호기심이 자극될 때면 기적처럼 바로 우리에게 주어진다. 다른 사람이나 물체와의 상호 작용을 통해 일어나는 최초 의식의 깨어남은 우리로 하여금 피아제가 "대상 영속성의 도식(schema of object permanence)"이라고 한 것을 인지하고 형성하도록 해 준다. 7, 8개월이 되면 우리는 사람이든 사물이든 잃어버린 물체의 이미지를 지니게 되고 우리가 우리를 사랑하는 사람과 분리되어 있다는 사실을 점점 깨닫게 되며 우리 자신이 다른 사람들의 세계에서 중심이 되기를 점점 요구하게 된다. 이러한 인식은 충격적인 것이다. 어떤 사람은 아이가 대략 8개월 정도가 되면 엄마가 함께 있지 않아도 엄마를 기억하게 되면서 엄마가 함께 있는지 없는지 불안해하고 엄마가 언제 돌아올지 불안해하는 새로운 갈등을 경험하게 되는데, 이 때 의식과 무의식이 최초로 분리되기 시작한다고 생각한다. 이 불안감은 아주 고통스러운 것으로 우리의 최초의 심리적 방어에 의해 억압받고 "잊혀진다"(로위, 1980). 이러한 잊혀짐은 어머니나 보살펴주는 다른 사람이 제때에 돌아오면 바람직한 것이 된다. 아기의 이름을 부르면서 엄마가 눈과 얼굴에 미소를 띠며 돌아오면 아기는 편안함을 재확인하고 점점 더 분리되어가는 물체의 세계에서 자신이 중심이 되었다는 안도감을 느끼게 된다. 이러한 식으로 보살펴 주는 사람과 그들이 제공해 주는 환경에 대한 신뢰감이 생겨난다. 자아에 대한 신뢰감, 자신의 가치와 편안함을 누리고 있음에 대한 신뢰감, 신체와 목소리, 아기가 느낄 수 있는 바람직한 여성상이나 남성상을 지니고서 아기를 보살핌, 갓난아기를 둘러싸고 있는 좀더 넓은 세계에 대한 신뢰감, 이러한 신뢰감을 형성해가고 있는 것이다(에릭슨, 1963).

나는 우리가 최초로 갖는 하나님에 대한 전-이미지(pre-images)가 여기서 비롯된다고 한 이야기가 정말이라고 생각한다. 그 이미지는 우리의 최초 의식 속에 들어온 거대한 능력을 가지고 있는 타인들, 인정해 주는 눈길과 거듭 확인해 주는 미소로, 우리가 처음으로 자아를 인식할 때 우리를 이미 알고 있는, 그러한 타인들과 자아가 분리된 존재며 그들에 의존하고 있다는 것을 기초적으로 인식하는 상호성을 경험하는 데서 형성된다(리쯔토, 1979). 내가 전-이미지라고 부르는 것은 언어를 사용하고 개념을 갖기 이전에 의식이 나타나면서 생겨난 이미지이기 때문이다.

미분화된 신앙 요약. 신앙이 분화되지 않은 단계에서는 신뢰감이나 용기, 희망, 사랑의 씨앗이 분화되지 않은 상태로 섞여 있으며 유아의 환경 속에서 무관심하게 버려지거나 모순되고 상실된 느낌의 위협을 받고 있다. 우리가 이 미분화 단계를 경험적으로 연구하기는 불가능하지만 이 시기에 발달한 상호 관계의 질과 신뢰감, 자율성, 희망, 용기(또는 그 반대되는 것들)의 정도는 장차 신앙 성장에 기초가 (또는 방해가) 된다.

신앙이 생성되는 힘은 자신에게 기본적인 사랑과 보살핌을 주는 사람과의 상호 관계성과 신뢰감의 축적에서 나온다.

이 시기에 적당한 보살핌과 사랑을 받지 못하면 상호관계를 맺는 데 문제가 생긴다. 즉 지나치게 자기 중심적으로 모든 일이 이루어져 상호성이 왜곡되는 데서 과도한 나르시시즘이 나타나게 되고, 모순되고 무시되는 경험 속에서 유아는 고립되고 상호관계를 맺지 못하게 된다.

신앙의 단계는 어린아이가 언어와 의식적인 놀이에서 상징을 사용하기 시작하고, 사고와 언어가 연결되는 데서 첫 단계로 전이가 일어나기 시작한다.

제1단계 : 직관적-투사적 신앙

나의 큰딸은 15개월에서 18개월 사이에 매일같이 호기심 어린 행동을 반복해서 했다. 대학원생들이 쓰는 방 넷 딸린 기숙사 아파트에서 딸아이는 우리 방과 연결된 작은 방에서 잠을 잤다. 전에는 뉴잉글랜드의 낡은 농장이었던 그 집에는 거의 마루에서 천장까지 닿을 만한 커다란 유리창이 있었다. 아침 일찍 햇살이 쏟아져 들어오면 조앤은 일어나 침대 난간을 붙들고 서서 아직도 자고 있는 우리 부부를 깨우곤 했다. 우리가 일어났다는 것을 알게 되면 조앤은 알아듣지도 못할 영어로 자기 방에 있는 여러 가지 가구나 그림들의 이름을 대기 시작한다. 하나씩 우리가 칭찬해 주기를 기다려 가면서 자기가 알고 있는 열두어 가지 정도의 이름을 대고는 다른 놀이를 시작하면서 하루를 시작한다.

이러한 반복되는 행동의 의미는 무엇인가? 나는 발달 심리학에 대해 거의 알지 못하던 때라 그저 언어를 배우기 시작하는 단계라고 생각했다. 물론 언어를 배우는 단계다. 그러나 지금 나는 그 이상의 의미를 지니고 있는 시기라는 사실을 알게 되었다. 사고력을 발휘하는 것과 언어를 사용하는 것은 유아기 시절부터 근본적으로 다른 문제이다. 인간의 최초의 '이성적인 활동'은 감각적인 인식, 즉 공간, 물체의 지속성, 우연한 행동의 실질적인 스키마의 형성과 움직임의 협력과 연관이 있다. 부모와 자녀간의 상호적인 모방과 반응을 불러일으키는 목소리의 생성과 반복은 두 살이 되기 전에는 효율적으로 사고와 연결되지 못한다. 사고와 언어가 하나로 연결되면 아이는 경험의 세계에서 새롭고 강력한 일종의 지렛대를 갖게 되는 것이나 마찬가지다(비고츠키, 1962). 나는 우리 딸이 아침마다 반복한 행동이 이러한 사고와 언어의 연결이라는 혁명적인 사건과 관련있는 것이라고 생각한다. 내가 생각하기에 아이는 최소한, 외부의 세계가 의지할 만한 지속성을 지니고 있는 물체로 이루어져 있다는 사실과 이름이 있다는 사실, 그리고 그 이름을 연습하면서 매일 부모와 함께 자신이 알고 있는 것들의 의미를 재구성하고 있다는 사실을 재확인하는 일종의 예식 같은 것이라고 생각한다.

두 살에서 여섯, 일곱 살에 이르는 직관적-투사적 단계의 아이는 자신의 감각적인 경험을 의미있는 것으로 만들어 나가기 위해 언어와 상징의 표현이라는 새로운 도구를 사용한다. 단어와 이름을 통해 아이는 아직 발달되지 않은 범주와 구조를 가지기 위해 매일같이 부딪히는 새로운 요소들과 신기한 바깥 세상을 탐험하고 구분짓는다. 이 시기에 두세 살 된 아이들은 끊임없이 '왜', '무엇' 이라는 질문을 해대며 결국은 부모도 어떻게 대답해야 할지 모를 정도가 되버린다. 부모와 자녀의 상호 관계를 자세히 관찰해보면 질문을 만들어내는 논리가 대답을 만들어내는 논리와 다른 식으로 작용한다는 사실을 알 수 있다. 따라서 질문은 만족할 만한 대답을 얻지 못하는 경우가 종종 있다. 아이들은 한 번 생각한 것을 뒤집어서 생각하지 못한다. 원인과 결과의 관계도 제대로 이해하지 못한다. 아이는 비교적 미숙한 지각과 이러한 지각이 일으키는 감정에 의해 어떤 일들이 어떻게 이루어지고 그것들이 어떤 의미를 지니고 있는지를 이해하게 된다.

직관적-투사적 단계의 아이는 인지적 자기 중심성을 드러낸다. 아직 똑같은 대상에 대한 두 가지의 다른 관점을 비교하거나 연결시키지 못하기 때문에 단순히 어떤 현상에 대해 지니고 있는 경험과 지각이 아이가 가지고 있는 단 하나의 관점이 된다. 이는 이 단계의 아이들 사이에 이루어지는 많은 대화가, 자신의 관점을 다른 아이의 관점과 비교하지 못하고 서로의 관심이나 경험, 지각이 동일하다는 사실을 보여주는, 이중의 독백 같은 특성을 지니고 있다는 것을 의미한다. 인지 발달적인 관점에서 보면 아이의 사고는 유동적이고 신비하다. 귀납적이거나 연역적인 논리는 부족하다. 아직은 확고한 논리 체계의 제한을 받지 않는 상상력이라는 방법을 따라 서로를 이해하는 일시적인 성향을 지니고 있다.

우리들의 인터뷰는 4세 아이들부터 시작되었다. 대화 속에서 그들이 표현하려고 한 것은 여기 제시된 대로 인지적인 과정을 통해 표현되고 있음을 알 수 있다. 우리는 아이들이 낯선 사람과 이러한 대화를 통해 표현한 것이 그들이 형성한 신앙의 모습을 다 드러내 보여준 것이라고 추정해서는 안 된다. 다만 시작일 뿐인 것이다. 나는 가톨릭 가정에서 자란 6세의 프레디와 나눈 대화를 제시하려고 한다. 프레디에게 가족끼리 공원에 소풍을 간 어느 남매(남자 아이는 프레디와 나이가 같고 여자 아이는 남자 아이의 동생인)에 관한 간단한 이야기를 들려주었다. 오후쯤 그 남매는 가족들과 떨어져 공원 옆에 있는 깊은 숲 속에서 길을 잃고 방황하게 되었다. 프레디에게 그들이 숲 속에서 무엇을 보고 어떤 일을 겪게 될지에 관해 이야기해 보도록 했다.

프레디: 그들은 사슴들을 볼거에요. 커다란 나무들도 보구요. 호수와 맑은 시냇물도 보고 햇님도 볼거예요.
면담자: 그럼, 그 나무들과 동물들과 호수 같은 것들이 어떻게 그곳에 있게 되었는지 이야기해 주겠니?
프레디: 비가 와서요… 엄마들은 아이들이 생겼어요. 햇볕이 구름 사이로 반짝이는 게 아주 재미있어요. 그리고 시냇물하고 호수는, 음, 호수는요, 숲에 커다란 구멍이 있었는데요 거기에 비가 와서 호수가 되었어요. 그런데 호수에 냄새가 나서 수영은 못해요.

면담자: 음, 그렇구나. 그런데 나무나 동물들은 왜 있을까?

프레디: 하나님이 만드셨기 때문이죠.

면담자: 그렇구나. 하나님이 왜 나무하고 동물들을 만드셨을까?

프레디: 음, 왜냐하면, 두 가지 이유가 있어요. 나무는 산소를 주고요, 동물들은 다른 동물들을 지켜주거든요.

면담자: 아, 그렇구나. 그런데 사람들은 왜 있지?

프레디: 음, 모르겠어요.

면담자: 사람들이 없으면 어떻게 될까?

프레디: 아름다운 세상이 미워질거예요.

면담자: 왜 미워지지?

프레디: 아무도 내려오지 않으니까 미워지지요.

면담자: 응?

프레디: 옛날같이 될 것 같다구요.

면담자: 음. 옛날에는 어땠는데?

프레디: 나쁜 사람들이 마차를 습격하구요, 그리고 빨리 달리는 마차들이 있었어요.

면담자: 그럼, 그 전에는 어땠지? 아무도 사람들이 없다면 어땠을까?

프레디: 동물들이요? 아마 동물들 세상이 되었을 것 같아요.

면담자: 그게 좋을까?

프레디: 아니오, 사람들이 없으면 동물들도 아무 소용 없잖아요.

면담자: 그럼, 사람들이 어떻게 여기 있게 되었지?

프레디: 사람들은 하나님이 만들었다니까요? 이것 말고는 옛날에는 어땠는지 모르겠어요.

오래된 피아제의 도덕적 갈등 상황에 대한 프레디의 대답에서 우리는 그 아이가 도덕적 추론을 하는 형태와 어디에 권위를 두는지를 조금 알 수 있다. 면담자는 숲 속에서 길을 잃었던 똑같은 두 어린이가 저녁을 먹을 때 생긴 일에 대해서도 질문을 했다. 식탁 건너편에 있는 마가린을 집으려다 동생이 우유를 엎지르고 옷을 적셨다. 오빠는 식사를 마치고 케이크를 한 조각 더 주지 않는다고 화가 났다. 그래서 우유잔을 밀어버렸는데 윗

도리에 우유가 몇 방울 튀었을 뿐이다.

면담자: 이 두 아이 중 누가 더 나쁜 짓을 했다고 생각하니?
프레디: 동생이요.
면담자: 왜 그렇지?
프레디: 우유를 다 엎지르고 옷을 적셨으니까요.
면담자: 그래. 그게 더 나쁘단 말이지?
프레디: 네.
면담자: 그럼 언제 나쁜 일을 한 적이 있었니?
프레디: 컵을 깨뜨렸을 때요.
면담자: 어떻게 나쁘다는 것을 알았지?
프레디: 엄마가 화가 나서 소리를 지르며 야단을 치니까요. 카페트를 보시면 정말 크게 소리를 지르실 거예요.
면담자: 엄마는 그게 나쁘다는 것을 어떻게 아시지? 누가 엄마에게 가르쳐 주셨을까?
프레디: 엄마는, 그러니까, 엄마의 엄마가 화가 나신 걸 보고 아셨겠죠.
면담자: 그럼 할머니는 어떻게 아셨지?
프레디: 또 할머니의 엄마 한테서 배웠겠죠.
면담자: 그럼 맨 처음 엄마는 어떻게 알았을까?
프레디: 엄마한테요.
면담자: 그 첫번째 엄마는 어떤 사람일까?
프레디: 분명히 똑똑한 사람일거예요.

끝부분에서 면담자는 병과 죽음에 관해 몇 가지 질문을 했다. 프레디는 어떤 사람이 병이 낫지 않을 경우에 "…병원에 가야 돼요"라고 말하고는 "하지만 병원에서도 못 고칠 수 있어요"라고 덧붙였다.

면담자: 병원에서 고치지 못하면 어떻게 되지?
프레디: 죽어요.

면담자: 죽는다고?
프레디: 네.
면담자: 죽으면 어떻게 되지?
프레디: 몰라요. 아기였을 때 말고는 한 번도 하늘나라에 가 본 적이 없어요.
면담자: 어렸을 때 하늘나라에 가 봤어?
프레디: 네.
면담자: 어떻게 알지?
프레디: 저어, 추웠거든요.
면담자: 하늘나라가 추웠니?
프레디: 네, 아니오, 따뜻한 것 같아요. 정말 따뜻했어요.
면담자: 하늘나라가 어디에 있는데?
프레디: 저기 하늘에 높이 높이 올라가면 있어요.
면담자: 어떻게 생겼지?
프레디: 높은 산 같애요. 그런 것 같아요.
면담자: 마을에 누가 있는데?
프레디: 하나님이요.
면담자: 하나님? 하나님 혼자 계셔?
프레디: 아니오.
면담자: 그럼 누가 또 계시지?
프레디: 거기엔 목자들이 있어요. 그러니까 죽은 동방박사들 말이에요.
면담자: 또 다른 사람은 없니?
프레디: 없어요. 아기 예수님은 없어요.
면담자: 안 계셔?
프레디: 네. 아기 예수님이 하나님이시거든요.
면담자: 정말?
프레디: 네.
면담자: 그렇구나. 또 다른 사람은 없니?
프레디: 마리아님이 계시구요, 성 조(Joe)도 계시네요. 이분들뿐이에요.

면담자: 그럼 하늘나라는 사람들이 죽어서 가는 곳이니?
프레디: 영혼이 가는 곳이에요.
면담자: 아, 영혼이 가는구나. 그럼 영혼이 뭐지?
프레디: 그러니까 우리를 도와주는 거예요. 모든 걸 도와줘요.
면담자: 아, 그렇구나. 영혼은 어디에 있지?
프레디: 사람 몸 속에요.
면담자: 네 안에도 있어?
프레디: 네.
면담자: 영혼이 널 뭘 도와줬지?
프레디: 많은 걸 도와줬어요.
면담자: 어떤 걸?
프레디: 모르겠어요. 아마, 내가 걷는 걸 도와주는 것 같아요. 여기 저기 보는 것하고 이것 저것을 도와줘요. 더는 잘 모르겠어요.

프레디가 영혼에 대해 한 이야기는 프랑스 아를르에 있는 12세기에 지어진 성당 벽의 조각들을 생각나게 했다. 첫번째 순교자인 스데반이 돌에 맞아 죽는 모습을 조각한 것으로 아기 만한 스데반의 영혼이 죽어가는 스데반의 입에서 나와 천사들에 의해 높이 올려지고 있다.

나는 프레디가 하나님에 대해 이야기한 것들을 제시하면서 끝마치려고 한다. 그에게 교회 그림을 보여주었다. 면담자는 프레디에게 그림에 있는 사람들이 교회에 가는 것을 어떻게 생각하는지를 물었다.

프레디: 슬퍼해요.
면담자: 왜 슬퍼하지?
프레디: 하나님에 대한 것 때문에요.
면담자: 하나님에 관한 어떤 일들이 그들을 슬프게 하지?
프레디: 하나님이 죽었어요. 하나님이 죽었는데 다시 살아나셨어요. 살아오신 것은 좋은데, 그런데…

면담자: 그런데 무엇 때문에 슬프지?
프레디: 저어, 아직도 사람들은 죽어 있기 때문에요. 그리고 잘 모르겠어요.
면담자: 그래. 하나님이 어떻게 생겼는지 이야기해 주겠니?
프레디: 환한 옷을 입으셨구요, 갈색머리를 하셨구요, 눈썹도 갈색이구요, …

여기서 프레디는 두 개의 작은 예수님 상을 가지고 와서 면담자에게 보여주었다. 상을 살펴본 후 면담자는 "모든 사람들이 다 하나님이 이렇게 생겼다고 생각할까?" 하고 물었다. 프레디는 다른 관점을 지니지 못하는 그 시기의 특징을 그대로 보여주면서, "음, 머리를 자르면 달라질 거예요"라고 대답했다. 면담자는 하나님을 어떻게 알아볼 수 있느냐고 질문했다. 프레디는 전에 들었던 이야기를 이해하려고 노력하면서 거기에 자기 생각이 뒤섞인 대답을 재미있게 했다.

프레디: 거기 가면, 영혼이 하늘나라에 가면 알 수 있어요.
면담자: 그 전에는 알 수 없니?
프레디: 모르겠어요…우주에 가면 알지도 몰라요.
면담자: 그럼 너는 하나님에 대해 어떻게 아니?
프레디: 선생님이 이야기해주셨어요. 카드에서도 봤구요. 하늘에 올라간 다른 사람들도 봤어요.
면담자: 사람들이 하나님에게 이야기하니?
프레디: 네.
면담자: 어떻게 이야기하지?
프레디: 하나님께서 사람들 하는 말을 알아들으세요. 그런데 하나님은 말하지 않으세요. 그냥 어떤 표시만 하세요.
면담자: (잘못 알아듣고서) 말을 하지 않으시는구나. 그럼 어떤 노래를 부르시지?
프레디: 하나님이, 무슨 노래를 부르시는지 잘 모르겠어요. 하지만 표시를 하세요. 멈춤 표시 같은 거 말이에요.
면담자: 멈춤 표시? 하나님이 어떤 표시를 보내 주시는지 알 수 있니?
프레디: 평화 표시 같은 걸 하세요.

면담자: 평화 표시?
프레디: 네. 이것밖에 모르겠어요.

다음의 마지막 이야기에서 우리는 프레디가 그리스도에 대해서는 사람의 이미지를 가지고 있지만 하나님에 대해서는 다르게 이야기하는 것을 볼 수 있다.

면담자: 나쁜 일을 했을 때 하나님은 어떻게 아시지?
프레디: 하나님은 하루만에 온 세상을 다 살피세요.
면담자: 정말? 어떻게 그러실 수 있지?
프레디: 하나님은 굉장히 똑똑하시거든요.
면담자: 하나님이 똑똑하시다구? 그럼 어떻게 하루만에 온 세상을 다 돌아보시지?
프레디: 저어, 나누어지시기도 하고 다시 하나님처럼 되기도 하고 그래요.
면담자: 하나님이 여러 개로 나누어지니?
프레디: 네.
면담자: 하나님은 못하시는 일이 없니?
프레디: 하나님은 뭐든지 할 수 있어요. 나쁜 일 말고 좋은 일은 뭐든지 할 수 있어요. 하나님은 절대로 거짓말하지 않으세요.
면담자: 절대로 안 하셔?
프레디: 절대로 안 하세요.

프레디는 궁극적인 상황의 특성에 대해 자신이 가지고 있는 이미지를 설명하는데 비교적 풍부한 상징들을 사용하고 있었다. 프레디가 이미지들을 절충해서 지니고 있고 확대시키는 모습은 제1단계의 어린아이들이 그들의 문화를 통해 습득한 이야기와 이미지의 단편들을 섞어 하나님과 거룩한 것에 대한 의미를 지니고 있는 하나의 덩어리를 만들어 낸다는 것을 알 수 있다. 종교가 없는 가정에서 자란 아이들도 그들이 사용하는 이미지와 상징에 다소 제한이 있지만 종교가 있는 가정에서 자란 아이들과 비슷한 성향을 보인다. 의도적으로 아이에게 종교적인 상징들을 보여주지 않는 부모 밑에서 자란 4세 반 된 샐리와 하나님을 믿는지에 대해 함께 이야기를 나누었다.

샐리: 가끔 하나님이 있는 것 같아요. 그런데 엄마 아빠는 하나님이 없다고 하세요.
면담자: 왜 하나님이 있다고 생각하지?
샐리: 만화영화 같은 데 나오는 사람들은 하나님을 믿어요. '다윗과 골리앗'이라는 만화를 보면 정말 그래요. 그 만화는 토요일 아침 일찍 하는데요, 나는 일찍 일어나서 봐요. 오늘 아침에는 '두더지 해결사', '우리 아빠 최고'라는 만화를 봤는데요, 거기서는 사람들이 하나님을 별로 안 믿어요.
면담자: 정말 하나님이 있다고 믿니?
샐리: 네… 가끔은 정말 하나님이 있는 것 같아요.
면담자: 하나님은 어떻게 생기셨지?
샐리: 하나님은 어떻게 생기거나 하지 않으셨어요. 우리 옆에 여기저기에 다 계세요.

샐리는 TV 드라마에서 가끔 하는 결혼식이나 장례식을 통해서도 하나님을 알고 있었다. 샐리의 이야기는 안나 마리아 리즈토(Ana-Maria Rizzuto) 박사가(1979) 연구한 하나님의 형상을 갖게 되는 근원에 대한 심리학적 분석 결과를 뒷받침해 주고 있다. 리주토 박사에 의하면 우리 사회가 세속화됐고 신앙적인 모습이 많이 붕괴되었음에도 불구하고 어린아이들은 초등 학교에 입학하기 전 – 신앙 교육을 받았든 안 받았든 – 에 이미 하나님에 대한 이미지를 가지고 있을 만큼 우리 사회에 종교적인 상징과 언어가 널리 퍼져 있다고 한다.

미취학 아동들은 아직 조리 있게 이야기를 구성하거나 이미지를 연결시켜 재현하지 못한다. 아이들은 긴 이야기를 듣고 감상하고 세세한 부분까지도 이해하지만 들은 이야기를 구사하는 데는 한계가 있다. 추상적인 개념을 가지기 시작하는 단계기는 하지만(프레디가 하나님은 하루에 온 세상에 다 계신다고 이야기한 것처럼) 아이들이 이해하는 과정은 구체적인 상징과 이미지들을 통해서다.

어린 아이들에게 무엇이 무서운지에 관해서도 질문을 했다. 대부분의 아이들은 남자 아이든 여자 아이든 관계 없이 모두 사자, 호랑이, 곰, 괴물 같은 것들이 무섭다고 대답했다. 나는 이런 대답을 들을 때마다 "하지만 이런 것들은 진짜로 네 곁에 있지는 않잖아, 그렇지?"라고 묻게 된다. 그러면 아이들은 그렇다고 대답한다. 내가 다시 "무엇이 무섭니?"라고 물으면 똑같이 사자, 호랑이, 곰, 괴물이라고 대답한다. 의아스러워서 이 문제에 관해 문자 한 여성 동료가 이러한 전형적인 두려운 동물들은 아이들이 밤에 꿈을 꾸거나 낮에 상상을 하면서 생기는 것이며 실재와 환상이 그들에게 상호 침투작용을 하는 것이라고 지적했다. 나는 그 이후 브루노 베텔하임(Bruno Bettelheim)이 쓴 「아이들을 사로잡는 방법들: 동화의 의미와 중요성」(1977)이라는 책을 읽고 많은 도움을 받게 되었다. 아동 정신과 의사인 베텔하임은 동화가 어떻게 아이들의 내면에 잠재된 두려움과, 은밀한 죄의식을 불러일으키는 폭력과 성에 대한 감춰진 야릇함을 강력하게 상징적으로 표출하도록 하는지 설명하고 있다. 또 동화는 용기와 같은 덕목을 보여주는 이야기도 있고 착하고 지혜로운 것이 악하고 게으른 것에 승리하는 모습을 통해 가치를 일깨워주는 이야기도 있다. 베텔하임의 입장은 아동문학이나 어린아이들에 대한 조기 신앙 교육이 아이들에게 밝고 건전한 면만을 보여주려는 것이라는 주장과 대립된다. 서너 살이 되면 아이들은 죽음, 특히 아빠나 엄마가 죽는 데 대한 두려움에 사로잡히게 된다. 마찬가지로 아이들은 이미, 때로는 부모와 같은 성인들이 의도하는 것보다 훨씬 더 엄격하게, 성적이고 종교적인 것들을 둘러싸고 있는 금기들을 내면화시키고 있다. 동화나 많은 성경 이야기들이 지니고 있는 유익한 현실성은 어린아이들로 하여금 내면적인 욕구를 밖으로 표출하도록 하고, 그들의 삶을 형성해가는 데 필요한 정돈된 이미지와 이야기들을 찾아내도록 간접적이지만 효과적인 도움을 준다. 베텔하임이 이야기한 한 가지 예를 살펴보자.

동화가 아이들에게 주는 중요성에 관한 설명을 듣고 난 후 한 어머니가 자기 아들에게 '참혹하고 무서운' 이야기를 주저한 끝에 하게 되었다. 아이와의 대화를 통해 그녀는 자기 아들이 이미 사람을 잡아먹는 것이나 사람이 잡아먹히는 일에 대한 공상적인 두려움을 가지고 있다는 사실을 알게 되었다. 그래서 재크와 콩나무 이야기를 들려주었다. 이야기가 끝나고 나서 아이의 반응은, "진짜 거인 같은 건 없어, 그치 엄마?"라고 했다. 이 말에 엄마가 뭐라고 대답하기도 전에, 그리고 엄마의 대답이 이 이야기를 통해 아이가 얻게 된 어떤 의미를 망쳐버릴지도 모르는 순간에 아이는, "하지만 커다란 어른들은 있어. 어른들은 꼭 거인 같아"라고 말했다. 다섯 살인 이 아이에게는 비록 어른이 무서운 거인과 같은 존재라고 느껴질 수도 있지만, 약삭빠른 아이들은 그들을 이길 수 있다는 그 이야기의 바람직한 교훈을 이해했다(1979).

또 다른 실화가 이 단계의 아이들이 가치관을 형성하고 의식을 일깨워주는 상징과 이미지에 어떻게 광범위하게 반응하는지를 깊이 이해하는 데 도움을 준다. 우리의 응답자 가운데 30대의 한 남성은 네 살 때 어머니가 매일같이 낮잠을 재워 주시던 이야기를 했다. 어머니는 잠을 재워 주시면서 가끔 성경 이야기를 읽어주셨다. 이야기를 다 읽고 호기심에 찬 몇 가지 질문에 대답을 해 주신 후 어머니는, "자, 이제 자렴" 하고 말씀하시며 방을 나가셨다. 그러면 그는 잠이 들면서 그날 들은 이야기에 자극을 받은 상상을 하거나 꿈을 꾸곤 했다. 그 중 두 가지 이야기를 들려주었는데 하나는 다니엘과 세 친구가 바빌론 왕 앞에서 영웅적으로 신실하게 신앙을 지키려했던 이야기였다. 물론 이야기는 다니엘과 친구들이 불구덩이와 사자굴에서도 하나님의 보호하심으로 아무런 해도 입지 않고 살아 나온 데서 절정에 이른다. 이 응답자는 특별히 사자굴에서 살아 나온 이야기가 가장 멋있게 느껴졌다. 그는 엄마에게 하나님이 어떻게 사자들의 입을 닫으셨는지에 관해 많은 질문을 던졌다. 그는 사자의 이빨을 꽉 묶어놓거나 입을 묶어놓아야 이런 일이 일어날 수 있다고 생각했다. 그날 어머니가 방을 나가신 후부터 계속해서 며칠 동안 그는 사자굴에 갇힌 꿈을 꾸었다. 기억에 의하면 적어도 한 번은, "하나님, 저도 다니엘처럼 용감합니다. 사자를 몇 마리 이 방에 넣어 보세요. 제가 무서워하지 않는다는 걸 보여드릴게요"라고 혼자서 속으로 소리지른 적이 있었다고 한다. 그리고 나서는 곧 하나님이 정말로 사자를 넣을까봐 무서웠던 적이 있다고 이야기해 주었다.

그는 또 사무엘이 성전에서 하나님의 부르심을 받는 이야기를 들었던 것을 기억했다(삼상 1-3장). 한나가 아들 사무엘을 하나님께 바치는 이야기가 아주 인상적으로 남았다. 마치 상상 속에서 자신이 다니엘이 된 것처럼 이번에는 자신이 사무엘이 되어 그 신실한 어머니의 아들로 태어난 것 같았다. 특히 성전에서 하나님을 섬기는 어린 사무엘의 모습과 자신의 모습이 매우 닮았다고 느꼈다. 이야기 속에서 사무엘은 밤중에 두 번이나 누군가 자신을 부르는 소리를 들었다. 두 번 다 엘리 제사장이 부르는 소리인 줄 알고 그에게 갔다. 그러나 엘리 제사장은 하나님께서 그 아이를 부르신다는 것을 알고는 "여호와여 말씀하옵소서 주의 종이 듣겠나이다" 하고 대답하라고 가르쳐 주었다(삼상 3:9). 이 응답자는 자라면서 곧잘 한 밤중에 잠이 깨고는 자신이, "여호와여 말씀하옵소서 주의 종이 듣겠나이다"라고 말해야 할 것만 같은 느낌이 들곤 했다. 결국 이 사람은 자연스럽게 신학을 공부하고 목회자의 길을 가게 되었다.

다음에 인용한 베텔하임의 글에서 나는 다소 그 의미가 약간 가공적이고 비현실적인 의미를 지닌 '공상'이라는 말대신 좀더 강한 의미의 '상상'이라는 말로 바꾸는 게 좋을 것 같다는 생각을 한다. 상상은 환상적이긴 하지만, 이 단계에서는 우리가 근본적인 환경을 형성하고 존재나 그 특성을 구성하는 존재들에 관심을 갖게 되면서 생기는 강하고 영구적인 힘으로서 나타난다(린치, 1973).

어린아이들의 정신 세계는 때로 왜곡되고 한쪽으로 치우친 인상들이 모여서 만든 커다란 덩어리로 이루어져 있다. 어떤 것들은 현실의 모습을 올바로 본 것이지만 그보다 완전히 공상에 의해 이루어진 요소들이 더 많다. (여기서 "현실의 모습을 올바로 본 것"과 "완전히 공상에 의해 이루어진"이라는 말은 베텔하임이 제시한 주장의 한계를 보여 준다.) 공상은 미성숙한 사고와 적절한 정보의 부족으로 말미암아 어린아이들이 제대로 이해하지 못하는 커다란 공백을 채워 준다. 그 외의 왜곡된 부분들은 내면적인 억압의 결과로 생기는 것인데, 이것이 어린아이들의 지각을 잘못 해석하게 만든다(베텔하임, 1979).[3]

우리는 상상이 단지 지식의 공백을 일시적으로 메우는 것이며 현실을 '왜곡한 것'이라는 베텔하임의 견해를 그대로 받아들일 수는 없지만 그의 주장을 통해 이 단계에서 아이들에게 상상력이 생기는 것은 불가피한 일이며 그 상상의 힘이 크다는 것을 알 수 있다. 우리가 앞서 보았던 응답자들의 이야기와 베텔하임의 이야기는 어린아이들의 상상력으로 가득찬 삶이 어른들에 의해 얼마나 개발될 수 있는가 하는 점을 알 수 있다. 자신에게 중요한 타인들이 신앙의 이야기와 이미지, 상징들을 사랑과 신뢰와 용기를 심어주면서 아무런 제한 없이 마음껏 전해 주는 데 있어서, 신앙이라는 것이 두려움을 불러일으키고 자신의 영혼이나 다른 사람들의 영혼을 억압하는 것이라는 느낌을 갖게 하는 사람도 꼭 한 사람은 있기 마련이다. 직관적-투사적 단계의 어린아이들에게 마귀가 얼마나 무서운지, 회개하지 않는 사람들을 기다리고 있는 지옥이 얼마나 뜨거운지를 강조하는 설교나 이야기를 가르치는 사람들도 있다. 이런 식으로 신앙을 형성해나가면 아이는 일곱 살이나 여덟 살이 되어 확실한 신앙을 가질 수는 있다. 그러나 필립 헬페어(Philip Helfare)가 이야기한 '조숙한 자아 정체감 형성'으로 인해, 성인이 되면 요구되는 신앙의 정체감에 문제가 생길지도 모르는 커다란 위험을 안고 있다(1972). 그래서 이러한 어린아이는 성인이 되면 매우 엄격하고 완고하며 권위주의적인 성격을 갖게 된다.

우리의 연구 결과에 의하면 이 시기의 교육은, 집에서나 교회에서나 유치원에서나 아이들의 풍부한 상상력을 잘 지도하고 개발할 수 있는 좋은 이미지들과 이야기들을 들려주어야 할 책임이 있다. 상징적인 요소가 가지고 있는 의미에 대한 어린아이의 개인적인 이해는 미리 예측할 수 없으며 이 시기에 개념적인 이론을 강요하기에는 아직 충분히 성장하지 않았고 또 위험하기도 하므로 부모나 교사들은 어린아이들이 언어나 그 밖의 방법을 통해 자신이 형성해 가고 있는 이미지들을 자유롭게 표현할 수 있도록 분위기를 조성해주어야 한다. 이렇게 마음껏 표현할 수 있을 때 어른들은 아이들이 만들어가고 있는 비뚤어지고 일그러지고 파괴적인 이미지가 올바로 형성되도록 적절히 도와줄 수 있다. 제롬 베리먼(Jerome Berryman) 박사가 아이들에게 우화를 들려주는 일의 어떤 효과를 연구한 내용은 내가 이야기하는 내용을 이해하는 데 도움을 준다(1979). 베리먼의 연구 내용은 우화의 기능에 관한 최근 연구와 발달 이론, 몬테소리 원리를 근거로 이루어져 있다(크로산, 1973).

이제 우리는 오해를 불러일으킬지도 모르는 점에 주의해야 한다. 아이들이 동화나 성경 이야기 속에 나오는 죽음이나 가난, 반역, 나쁜 짓을 신뢰할 수 있는 어른에게 듣는 것은 바람직하지만, 수동적으로 텔레비전에서 만화나 그 밖의 잡다한 것들을 들여다보면서 접하게 되는 것도 바람직하다거나 어른들이 즐겨보는 시간에 나오는 과도한 폭력이나, 물질만능주의 풍조, 성을 상업적으로 이용하는 풍조 등을 보게 내버려두는 것도 괜찮다는 이야기는 아니다(설리번, 1980).

직관적-투사적 신앙 요약. 제1단계의 직관 투사적 신앙은 아이들이 자신들과 기본적인 관계를 맺고 있는 어른들의 신앙을 통해 볼 수 있는 본보기나 분위기, 행동, 이야기 등에 의해 강력하고 지속적인 영향을 받으며 공상으로 가득 차고 상상적인 특성을 지닌 신앙이다.

세 살에서 일곱 살까지의 어린아이들이 이 단계에 해당는데, 이 시기의 특징은 사고의 형태가 상대적인 유동성을 띠고 있다는 것이다. 아이들은 끊임없이 신기한 것들을 경험하므로 고정된 지적 기능의 틀이 아직 잡혀지지 않은 상태다. 공상을 하는 상상력도 논리적인 사고의 제약을 받지 않고 마음껏 펼쳐진다. 지각의 지배를 받는 지적 기능과 연합하여, 이 단계에서 이루어지는 상상력은 후에 좀더 고정되고 자신의 생각을 반영할 수 있게 된 가치관과 사고를 통해 정돈되고 다듬어져야 할 이미지와 느낌들을 만들어 낸다. 이 시기는 최초의 자기 인식 단계다. '자기 인식'을 한 어린아이는 다른 사람들의 관점을 자기 중심적으로 이해한다. 여기서 아이들은 가족들과 문화가 강력하게 차단시켜 버리려는 금기들, 성, 죽음 등을 처음으로 인식하게 된다.

이 단계에서는 실존의 궁극적인 바탕을 형성시켜가면서 아이들이 직관적으로 이해하고 느끼는 이야기 속의 강한 이미지를 통해 경험한 세계를 파악하고 통일시키는 상상력이라는 능력을 최초로 갖게 된다.

그러나 아무런 제한도 없이 받아들이는 공포와 파괴의 이미지들이 아이들의 상상력을 지배하게 되는 위험성과 도덕적 기대와 금기를 강요당하면서 알게 모르게 자신의 상상력이 타인에 의해 지배될 수 있는 위험성을 안고 있다.

다음 단계로의 전이를 촉진시키는 주요한 요소는 구체적 조작적 사고를 하기 시작한다는 점이다. 정서적으로는 오이디푸스 콤플렉스나 그와 연관된 잠재된 문제들이 또한 중요한 요소로 나타난다. 전이의 핵심적인 요소는 점점 커 가는 지적인 관심과 사물의 실체와 겉으로 드러나는 모습을 스스로 조금씩 구분해 가는 점이다.

제2단계: 신화적-문자적 신앙

10세 아동의 정신 세계는 놀라운 기능을 가지고 있는데 기네스북을 그대로 외울 수 있을 정도다. 두 손을 사용해 체스 게임을 할 줄 알고 때로는 어른을 이길 수도 있다. 또한 시간 반 동안이나 〈스타 워즈〉 영화에 대해 장황하게 설명을 늘어놓을 수도 있다. 글씨를 쓸 수 있고, 재미있는 이야기를 할 수도 있고, 셈도 할 수 있고, 분류시키거나 정돈할 줄도 알게 되고 특정한 대상이나 평범한 관심거리에 대한 다른 사람들의 관점을 정확하고 일관성 있게 파악할 수 있게 된다. 10세 아동의 정신 능력은 어떤 물체나 액체가 다른 형태로 바뀌더라도 그 부피와 질량이 변하지 않는다는 것을 이해할 수도 있다. 또 어떤 질문을 받았을 경우 구체적인 유추 과정을 통해 답을 할 수 있을 만큼 사고의 과정을 거치게 된다. 한 사건을 원인과 결과라는 두 가지 상황 관계에 대해 추론할 수 있고 그 추론한 것을 실험하고 정돈하는 과정을 통해 그럴듯하게 재구성할 수도 있다.

미취학 아동과는 대조적으로 10세 아동은 좀더 질서정연하고 잠정적으로 직선적이며 의존적인 세상을 구성한다. 귀납적인 추론이나 연역적인 추론을 할 수 있는 10세 아동은 어엿한 경험주의자가 되어 있다. 직관적 투사적인 신앙 단계의 어린아이들은 공상과 사실, 느낌들을 혼동하지만 신화적 사실적 신앙 단계에 있는 아동들은 허구의 이야기와 사실을 구분해내려 든다. 그들은 자신들이 생각하고 관찰할 수 있는 범위 내에서 사실임을 주장하는데 구체적인 증거나 실제적인 예를 보여주려 한다. 구체적 조작기의 아동은 더 이상 상상하지 않거나 고도의 공상적인 생활을 그만두는 것이 아니라 놀이 세계에서만 상상을 하거나 자신이 '알고' 있는 범위 내에서 깊이 생각하여 좀더 논리적인 형태를 띠게되는 것이다. 인식론적인 자기 중심적 사고와 1단계에서 활발하게 드러난 대단히 혼란스러운 사고 형태는 사라지거나 급격히 감소하게 된다. 그대신 자신의 관점을 다른 사람들의 관점과 동등한 위치에 놓고 파악할 줄 알게 되고 일상적인 일일 경우 어느 정도 틀 속에 고정되어 예측이 가능하다는 사실에 대해 체험이 쌓이게 된다.

이 단계에서 의식 세계가 지니게 되는 가장 커다란 능력은 자신의 경험을 이야기로 구사할 줄 아는 것이다. '신'이라는 측면에서 볼 때 신화적 사실적 단계로의 발전은 이야기라는 매개체를 통해 우리의 경험을 의미와 연결시킬 줄 아는 능력을 지니게 된다는 것을 말한다. 앞에서 보았듯이 어린아이들은 그들 내부에서 애매하지만 강력한 충동과 감정, 소망을 나타내는 이미지나 상징들을 만들어내는 데 많은 이야기들에 의존한다. 제1단계 아이들은 이야기를 통해 상징적인 표현들을 얻게 되고 이를 통해 궁극적인 환경과 관련하여 자신과 다른 사람들을 나타내는 모델들을 표출하고 만들어가지만, 아직 전조작기에 머물러 있는 아동은 이야기를 만들어내지는 못한다. 구체적 조작적 사고는 새로운 능력을 가져다준다. 원인과 결과의 관계를 이해하게 되는 것과 연계하여, 다른 사람들의 관점을 이해함으로 사고의 전환 능력을 갖게 된다는 것은 자신이 들은 수많은 이야기들을 도용하고 재구성할 준비가 되어 있다는 뜻이다. 더 나아가 그들의 경험과 뜻을 그대로 담아 전달하고 비교할 수 있게 된 자신의 이야기를 만들 요소가 갖추어진 것이다.

이야기를 만들어내는 능력과 이에 대해 흥미를 갖게 된 취학 아동들은 특별히 자신이 속해 있는 친숙한 공동체를 통해 처음으로 알게 되는 이야기에 관심을 쏟게 된다. 사실이든 가공한 이야기든 동식물의 이야기나 커다란 모험담에 대해 흥미를 보이는 것은 본능적인 것이기도 하지만 아이들의 삶에 대한 경험과 이해를 넓혀 가는 매체가 되기 때문이기도 하다. 물론 제1단계의 아동들이 상징적이고 공상적인 것들에 반응하고 이들을 구성하는 능력을 지니고 있는 것이 중요하듯이, 이야기를 좋아하는 아이들의 특성을 지니고 있어야 하는 것도 매우 중요하다. 이야기를 하는 사람은 누구라도 단순히 구상하는 데서 더 나아가 이야기를 하고 싶어질 때 일어나는 기분 좋은 신체적인 변화나 즐거운 얼굴 표정을 이해할 것이다. 그러나 좀더 발전해 가면 우리의 이야기에서 한 걸음 물러서서 다시 생각해 보는 능력과 좀더 추상적이면서도 일반적인 표현 방법으로 의미를 전달하는 능력을 갖추게 된다. 2단계의 어린아이들은 아직 이런 능력을 갖추고 있지는 못하다. 만일 우리가 인생의 흐름을 강에 비추어 그려 볼 때, 2단계에서는 강의 한가운데의 흐름을 묘사한 이야기를 한다. 어린아이든 어른이든 2단계에 속해 있는 사람은 강 옆의 둑으로 나와서 흘러가는 것이나 그에 얽혀 있는 여러 가지 의미들을 따로 생각해 보지 못한다. 2단계에 있어서 의미는 이야기 속에 담겨 있고 이야기를 통해 표현된다. 삶속에 담긴 어떤 일반화된 의미를 결론으로 이끌어내지는 못하지만 의미를 이야기라는 형식으로 덧입혀 놓는다.

10세 아동과의 실제 대화 내용을 살펴보도록 하자. 개신교 가정에서 자란 4학년 여학생 밀리는 비올라 연주와 노래하기, 연극하기를 즐기는 아이다. 밀리의 말을 빌리자면, "너무 어렵고 복잡해서" 산수 과목을 제일 싫어한다. 밀리에게 이 세상에 왜 사람들이 있는지 물어 보았다.

> 밀리: 왜 세상에 사람들이 있느냐구요? 글쎄요. 만일 사람들이 없다면 정말 세상도 없을 거예요. 그리고 세상이 없으면 세상은 까맣게 될 거예요. 그러니까 모든 것이 말이에요. 잘 모르겠어요. 왜 사람들이 있는 거지요?

이 질문과 다음 몇 가지 질문을 통해 밀리의 사고는 구체적인 성격을 띠지만 아직 일반적인 질서에 따른 개념적인 의미의 형태를 띠지 못한다는 것을 보여준다. 얼마 지난 후 다시 밀리에게 자신이 없는 세상을 상상할 수 있는지, 그리고 그 세상이 어떻게 생겼을 것 같은지를 물어 보았다.

밀리: 내가 없어도 다른 사람들이 있으니까 세상은 똑같을 거예요… 그냥 밀리라는 아이가 없는 거예요. 그리고 어떤 곳인지 다른 곳이 있을 거예요. 그리고 수지 (동생)는 혼자서 방을 쓸 거예요. 윌링햄 학교에는 비올라를 연주하는 꼬마애가 없을 거구요. 재클린은 가장 친한 친구가 밀리가 아닐 거예요. 그리고 어린이 오케스트라에서도 밀리라는 비올라를 연주하는 애도 없을 거예요. 아마 이런 게 달라질 것 같아요.

밀리에게 있어 자신의 정체감은 자신의 인간관계와 역할에 관한 이야기다. 밀리는 구체화된 생각의 틀을 통해 자신이 없는 세상을 자신이 없을 때의 인간관계와 역할에 생길 공백의 의미로 묘사하고 있다. 흥미로운 것은 사람들이 없는 세상에 관해서는 하나님에 대한 체험의 역할과 관계에 생기는 공백의 의미로 생각하고 있다는 것이다.

질문자: 자, 이제 첫번째 질문으로 돌아가서 왜 세상에 사람들이 있는지 말해줄 수 있겠니? 무슨 목적이 있는 걸까?
밀리: 저어, 세상에 사람들이 없다면 누가 하나님 하고 친구가 되죠?
질문자: 그게 바로 세상에 사람들이 있는 이유구나?
밀리: 잘 모르겠어요. 하지만 갑자기 그런 생각이 들었어요. 하나님이 하실 일이 없잖아요.
질문자: 그러면 하나님은 사람들과 무엇을 하시지?
밀리: 하나님께서 사람들을 만드셨어요. 그리고 가족을 주셨어요. 그리고 음, 세상을 만드셨어요. 나무도 만들구요, 모든 걸 다 만드셨어요. 만일 나무가 없으면 책을 못 만들잖아요. 그러니까 하나님이 세상을 만드셔서 세상에 예쁜 것도 많이 생겼구요, 많은 물건들이 생겨난 거예요. 돌이나 쇠 같은 것들 말이에요.
질문자: 그러면 하나님은 이런 모든 것들을 우리를 위해서 만드셨으니까 우리에게 뭐 원하는 건 없으실까?
밀리: 하나님은 아마 우리가 그분을 믿기를 원하실 거예요. 그리고 서로 사랑하구 용

서하고 새 계명을 지키며 살기 원하실 거예요.

질문자: 더 없을까?

밀리: 글쎄요, 사랑하고 용서하고, 그리고 세상에서 행복하게 살기를 원하실 거예요.

질문자: 그럼 어떻게 하면 행복하지?

밀리: 하기 싫은 일을 안 하구요, 그러니까, 나쁜 짓도 안하구요, 슬퍼하지도 말구요.

다음의 대화에서 밀리는 하나님에 대해 어떤 이미지를 갖고 있으며 하나님을 어떻게 생각하고 있는지를 이야기해주고 있다. 여기서 우리는 어느 정도 한계가 있지만, 이해하고 표현하기 위해 독창적으로 작용하는 구체적 조작적 사고를 볼 수 있다. 상징을 사용하는 제2단계의 문자적인 특성의 전형적인 예를 볼 수 있다. 하나님이 어떻게 생겼는지를 물어 보았다.

밀리: 잘 모르겠어요. 내가 하나님 모습을 어떻게 상상하고 있는지를 물어보는 거죠? 제 생각에는요, 하얀 수염이 나구요, 머리카락도 하얗구요, 긴 옷을 입으시구요. 구름 위에 보좌에 앉아 계실 것 같아요. 그리고 그 옆에는 사람들도 많고 천사들, 그러니까 큐피드 같은 천사들도 많이 있을 것 같아요. 그리고 아주 잘생기셨을 거예요. 눈은 파랗구요. 다 하얗지는 않고 눈은 파랄 것 같아요. 이렇게 생기셨을 것 같아요.

질문자: 그럼, 어떻게 해야 착한 사람이 되지?

밀리: 하나님을 잘 믿구요, 착한 일을 많이 하면 돼요.

질문자: 우리가 나쁜 일을 하는지 하나님은 어떻게 아시지?

밀리: 하나님은 항상 우리와 함께 계시니까 다 아세요.

질문자: 그러니? 하나님은 어떻게 우리와 함께 계시지?

밀리: 우리 안에 계세요. 우리가 하나님을 믿으면 우리 안에 계세요. 그렇지만 안 계실 때도 있어요. 하나님은 여기 저기 다 계세요.

질문자: 어떻게 하나님이 온 세상에 다 계실 수 있을까?

밀리: 잘 물으셨어요. 그러니까, 하나님은요, 세상 꼭대기에 사시거든요. 그래서 온 세상에 다 계시는 거예요.

밀리처럼 우리가 인터뷰한 2단계의 많은 아이들에게서 찾아볼 수 있는 하나님에 대한 이미지(세상 꼭대기에 사는 하얀 수염이 난 할아버지)에 나타난 인격화된 요소들은 우리가 1단계에서 살펴본 프레디가 가지고 있는 미성숙한 이미지에서 많이 발전된 것이다. 그리고 다음 글에서 나타나겠지만, 밀리는 하나님의 능력에 대해 자신의 관점과 주변 사람들의 관점에서 이해하고 있다. 하나님은 사람들의 뜻과 고통스러운 문제점들을 아시며 슬퍼하신다. 이 문제를 다루기 전에 우리는 미취학 아동들 사이에서도 밀리와 같이 하나님에 대해 어엿한 인격화된 이미지를 갖고 있는 아이들이 있다는 것을 알아냈다. 우리가 알아낸 바에 의하면 1단계의 어린아이들이 하나님이 어떻게 생겼느냐는 질문에, 공기처럼 모든 곳에 계신다거나 프레드가 말했듯이 하루에 온 세상에 다 퍼져 계신다거나 나뉘어질 수 있다고 대답하는 경향이 훨씬 더 많았다. 전에 쓴 적이 있듯이 (파울러와 킨, 1978), 2단계까지 안전하고 인격화된 하나님의 이미지가 나타나지 않고 예상 밖으로 지체되는 경우는 구체적 조작적 사고가 가능하게 해 주는 관점의 이해에 어떤 급격한 변화가 일어난 것으로 설명하면 이해가 갈 것이다. 1단계의 자기 중심적인 사고는, 다른 사람들의 관점을 이해하기 어려운 것처럼, 하나님의 관점을 자기 자신의 관점과 분리시켜 생각할 수 있는 능력을 제한한다. 제2단계에 나타나는 다른 사람들의 관점으로 사물을 바라볼 수 있는 능력("수지는 혼자서 방을 쓸 수 있다", "재클린의 가장 친한 친구는 밀리가 아닐 것이다"와 같은)은 어린아이들이 이제 하나님에 대한 관점을, 친구들이나 가족들에 대해 가질 수 있게 된 것과 마찬가지로 폭 넓게 - 또한 같은 한계를 가지고 - 가질 수 있다는 것을 뜻하는 것이다. 밀리의 이야기를 계속 살펴보자.

질문자: 하나님께서는 네가 나쁜 일을 할 때도 돌봐주실까?
밀리: 그럼요, 돌봐주세요. 선생님이 그것에 대해 슬퍼한다는 것도 아세요. 그리고 항상 우리를 용서해 주시려고 하세요.
질문자: 만일 네가 뉘우치지 않으면 어쩌지?
밀리: 그래도 하나님은 우리가 고생할 것을 아시니까 우리를 용서해 주실 거예요. 그리고 하나님을 믿지 않는 사람들도 아마 용서해 주실 거예요. 왜냐하면 하나님께서는 사람들이 다 자기 생각과 믿음이 다르다는 걸 아시니까요.

2단계에서 지니고 있는 구체적이고 있는 그대로의 신앙의 모습은 다음에서 살펴볼 우주에 관한 밀리의 이야기에서 잘 나타나고 있다.

질문자: 자, 누가 너에게 와서, 하나님이 어떤 분이신지 이야기해달라고 하면 뭐라고 이야기해주겠니?
밀리: 하나님은 성자 같은 분이세요. 선하시고, 그리고 세상을 다스려요, 선한 방법으로요. 그리고…
질문자: 어떻게 세상을 다스리시지?
밀리: 저어, 하나님이 진짜로 세상을 다스리는 건 아니구요. 그러니까, 세상 꼭대기에서 사시면서 항상 모든 사람들을 내려다 보구 계세요. 그리고 옳다고 생각되는 일을 하시구 최선을 다하시려고 하세요. 그리고 하늘에 살구 계시구요, 그리고…
질문자: 그럼 사람들은 하늘에 갈 수 있니?
밀리: 만일 가고 싶고 하나님을 믿는다면 하늘나라에 갈 수 있어요.
질문자: 가고 싶지 않고 하나님을 믿지 않는다면? 그러면 그런 사람들에게는 어떤 일이 생기지?
밀리: 그런 사람들은 반대쪽으로 가요.
질문자: 거기가 어딘데?
밀리: 땅 밑에요. 마귀가 사는데 말이예요.
질문자: 아, 그렇구나. 마귀가 뭐지?
밀리: 마귀도, 성자예요. 그런데 악을 믿구요, 나쁜 짓만 해요. 하나님 하고 반대로 말이예요. 그리고 하나님께서 원하지 않으시는 일만 항상 해요.
질문자: 마귀가 세상에서도 힘을 쓰니?
밀리: 아니오, 마귀는요, 모르겠어요. 어려운 질문이에요. 하나님도 세상에서 정말로 힘을 쓰지는 못하세요. 그냥 내려다 보구만 계시는 거예요. 그리고 마귀는 치즈를 먹으려는 작은 생쥐 같아요. 세상에 들어오고 싶지만 아마 못 들어올 거예요.

다음 글에서는 죽음과 하나님에 대한 정의에 대해 어떻게 알고 어떻게 생각하는지 물어 보았다. 여기서 우리는 밀리의 부모가 최근 그녀에게 가르쳐 준 것들을 그녀가 어떻게 이해하고 받아들이고 있는지를 알 수 있었다. 그러나 밀리는 단지 부모들이 가르쳐 준 것을 그대로 이야기하고 있는 것이 아니라, 자신의 가치 체계와 자신이 알고 있는 지식을 통해 여과된 의미를 지니고 있으며, 밀리는 이런 문제들에 관해 처음으로 자신의 의견을 이야기하고 있다는 사실을 염두에 두어야 한다. 밀리에게 왜 사람들이 죽는 것인지를 물었다.

밀리: 저어, 만일 모든 사람들이 죽지 않고 살아 있다면 세상에는 사람들이 너무 많아질 거예요. 그리고 사람들이 돈을 벌거나 일을 하거나 직장을 구하거나 음식을 구하기도 더 어려워질 거구요. 그래서 하나님은 어떤 사람들은 죽도록 만드셨어요.

질문자: 죽는 사람은 하나님이 결정하시니?

밀리: 음~ 네. 하지만, 그렇지만, 아, 그래요, 어떤 조절 방법 같은 걸 가지고 계세요. 그리고 어떤 사람이 죽어가고 있다면 하나님도 어떻게 하실 수 없을 거예요. 저 사람은 착하니까 죽으면 안 돼라고 하시지도 않구요. 그냥, 그 사람이 죽어야 하다니 참 안 됐구나 하세요. 그러니까 내 말은 하나님은 도와줄 수 없다는 거예요. 내 친구는 강아지가 있었는데 아파서 죽었어요. 그런데 그 친구는 아무것도 못했거든요. 하나님도 그러실 거예요. 내 친구는 너무 슬퍼서, "난 하나님이 싫어, 정말 싫어" 하고 말했어요. 그래서 나는 하나님은 신비스럽게 일하시니까 그렇게 말하면 안 돼라고 말해줬어요. 그리고 우리들은 나중에 어떤 일이 일어날지 아무것도 모르잖아요. 하나님도 모르세요.

질문자: 하지만 그게 항상 제일 좋은 일일까?

밀리: 항상 좋은 일이에요. 왜냐하면 그 강아지가 죽지 않았다면, 그러니까, 그 다음에는 무슨 일이 일어날지 알 수 없었을 거예요. 그리고 보통 하나님이 하시는 일은 가장 좋은 일이예요.

질문자: 보통?

밀리: 대부분은요. 아니, 항상 좋아요.

질문자: 항상 좋아?
밀리: 네. 하나님은 항상 좋은 일만 하시구 우리를 위해 가장 좋다고 생각되는 일만 하세요.
질문자: 하나님께서 가장 좋은지 어떻게 아시지?
밀리: 음— 우리 엄마 아빠처럼 아세요. 엄마 아빠는 뭐가 제일 좋은 것인 줄 아시고 옳은 일만 하시려고 노력하시잖아요. 그래서 하나님도 그러세요. 그리고 항상 하나님이 하시는 일은 좋은 일이라고 밝혀져요.

하나님께서는 가장 좋다고 생각되는 일을 하신다는 이야기가 마치 부모들이 자녀들을 위해 가장 좋다고 생각되는 일들을 한다는 이야기 같은 밀리의 이야기를 통해 우리는 중요한 점을 알아낼 수 있다. 밀리가 지니고 있는 하나님에 대한 이미지는 그녀가 속해 있는 문화, 넓게는 서구 문화, 좀더 구체적으로 말하자면, 밀리의 가족이 지니고 있는 개신교적 문화를 통해 형성된 것이다. 그리고 하나님에 대한 이미지는 자기 부모를 의사결정자로서 바라보는 관점에서 형성된 것이다. 밀리가 하나님의 행위를 부모의 행동에 비추어 이야기한 후 질문자는 계속해서 부모들이 항상 옳은 일만을 하는지 물어보았다.

밀리: 아니오, 항상 옳은 일만을 하지는 않아요. 하지만 엄마 아빠는 엄마 아빠가 하는 일이 항상 가장 옳은 일이라고 생각해요. 가끔 엄마 아빠도 실수를 해요. 그리고 제 생각에는 하나님도 실수를 하시는 것 같아요. 엄마 아빠는 엄마 아빠가 생각하는 게 가장 좋은 거라고 하지만 어떤 때에는 그게 아니었다는 게 드러나요. 그리고 하나님도 옳다고 생각되시는 일을 하실 거예요. 그리고 아마 옳은 일일 거예요. 하지만 엄마 아빠는 항상 옳은 일만을 하시지는 않는 것 같아요.
질문자: 엄마 아빠는 옳은 일이 뭔지 어떻게 아시지?
밀리: 엄마 아빠는 많이 생각해 보세요. 전에 있었던 일들을 가지고 많이 생각해보고 무엇이 가장 좋은 일이 될지 결정하세요.

이런 식으로 부모의 입장을 이해하는 것과 자녀들이 이해할 수 있도록 의사 결정을 하려는 부모들의 분명한 자발성은 밀리로 하여금 하나님께서도 실수를 하시며 그 능력에 한계가 있다고 이해하도록 만들었다. 그리고 이런 점들로 인해 밀리는 2단계의 많은 응답자들과는 대조적으로, 하나님은 착한 사람들에게는 좋은 일이 일어나게 하시고 나쁜 사람들에게는 나쁜 일이 일어나게 하신다는 아주 단순한 의미를 넘어서서 하나님을 이해할 수 있는 것이다. 신화적 문자적 단계의 신앙이 구체적으로는 신정론(하나님의 행위를 인성으로 설명하려) 형태로 좁혀져 있지만, 밀리의 경우는 인간의 운명이 서로 다르고 불공평해 보이기도 하는 것이 실제로는 선한 일을 위한 것이라고 생각할 수 있는 구조가 나타나리라는 점을 보여주고 있는 것이다. 밀리에게 왜 어떤 사람들에게는 다른 사람들보다 행운이 따르는지 물어 보았다.

> 밀리: 음, 만일 하나님이, 그러니까 하나님이 온 세상을 똑같이 공평하게 만들어 놓으시면 세상은 별로 좋지 않게 되요. 왜냐하면 다들 회사를 가진 사람들처럼 부자가 될 테니까 물건을 파는 사람들이 없어지거든요. 그런데 그런 부자들은 물건을 팔지 않아요. 왜냐하면 회사 같은 게 없으니까요. 그렇게 되면 일자리도 없어져요. 왜냐하면 사람들은 다 다른 사람에게 줄 돈이 없거든요. 왜냐하면 자기들이 다 써야 하니까요. 그래서 다 엉망이 되요… 그리고 보통, 행운이 생기는 사람들은 부자들이에요. 그런데 그런 사람들한테도 정말 행운은 아니에요. 왜냐하면 그 사람들도 돈을 벌기 위해 열심히 일해야 하거든요. 돈을 벌 수 있으니까 행운이지만 정말로는 아주 힘들게 일해야 해요.

열 살짜리 아이가 나름대로 이해하고 있는 자본주의 이론까지 거창하게 드러나는 이 이야기를 통해 우리는 2단계에서 전형적으로 찾아볼 수 있는 하나님의 인간에 대한 상호성과 공평하심에 대한 믿음을 밀리도 지니고 있음을 찾아볼 수 있다. 그러나 밀리의 경우는 일반적인 모습보다 훨씬 더 복잡하고 궤변적인 사고 형태를 지니고 있다("돈을 벌 수 있으니까 행운이지만 정말로는 아주 힘들게 일해야 해요").

열한 살인 앨런에게도 왜 어떤 사람들은 다른 사람들보다 더 행운이 따르는지를 물어 보았다.

> 앨런: 행운 같은 게 정말 있는지는 잘 모르겠어요. 왜냐하면, 음, 그런건 대부분 때 맞춰 일어나는 우연의 일치 같은 거니까요.

앨런은 계속해서 사람들이 얻는 것은 그들의 의도와 관계된 것이라는 다소 모호한 설명을 하고 있다. 앨런에게 사람들이 자기들이 원하는 것을 가질 수 있는지 없는지 하는 문제가 하나님과 관계 있는지를 물어 보았다. 여기서 좀더 분명하게 설명되고 있다.

앨런: 아니오. 왜냐하면, 음, 아담과 하와가 죄를 지은 다음부터 하나님께서는 나쁜 일을 한 사람에게 벌을 주세요. 하지만 하나님께서 그들이 나쁜 일을 하도록 만드실 순 없어요.

질문자: 사람들이 나쁜 일을 하도록 만드실 수 없다고?

앨런: 네. 그래서 하나님은 사람들이 무슨 일을 하려고 하는지 보시고 계시는 거예요… 그래서, 음, 하나님은 정말로 사람들에게 행운이 생기든지 불행한 일이 생기든지 아무 책임도 없으세요.

질문자: 나쁜 사람들은 벌을 받게 되니까 불행한 일이 생기는 거란 말이니?

앨런: 아니오. 그건 불행한 일이 아니에요. 음, 만일 나쁜 일을 했다면 벌을 받아야 마땅하죠.

질문자: 그럼 자기가 원하는 것을 얻지 못한 사람들이나 절망 속에 빠진 사람들은 벌을 받은 거구나?

앨런: 그래요. 그냥 원하는 것을 얻지 못한 게 아니라 나쁜 일을 했기 때문에 원하는 것을 못했다면 그것은 벌을 받은 거예요… 아니, 대답을 다시 해도 되나요? 그러니까 나쁜 일을 하고 있는 게 아니라면, 아까 이야기해 주신 것처럼 (하인즈 딜레마) 어떤 사람은 좋은 일을 하려고 나쁜 일을 하기도 해요. 그런 사람들은 잘못이 없어요. 하지만 자신을 위해서 일부러 나쁜 짓을 한다면 벌을 받게 되죠.

질문자: 그래. 하나님께서 그렇게 하신단 말이니?

앨런: 그래요.

밀리의 경우보다는 다소 덜 궤변적이긴 하지만 앨런도 우리 생활 가운데 내재하고 있는 구조로서 상호적인 정의를 이해하고 있다. 아마 하나님은 이 세상의 질서를 만들어 놓으셨고 하나님도 자신이 만든 법칙 속에 제한되어 있는 것 같다. 앞에서 살펴보았던 밀리의 이야기 속에 아주 평이하지만 이러한 이해가 보인다. 인터뷰 마지막 부분에 가서 밀리에게 콜버그가 자신의 연구를 위해 개발해 낸 '하인즈 딜레마' 이야기를 들려주었다. 엉성한 이야기이긴 하지만 암으로 죽어 가는 부인을 둔 유럽에 사는 어떤 남자의 이야기다. 근처에 사는 약사에게 최근에 라디움으로부터 어떤 특수한 약이 개발되었는데 그 약이 그 부인을 치료하는 데 도움이 될지도 모른다는 이야기를 들었다. 약사는 200달러에 구입한 라디움을 가지고 약을 만들었는데 그 약의 판매가는 2000달러라고 했다. 그런데 하인즈는 돈을 다 모아도 1000달러밖에 되지 않았다. 약사는 그 가격에는 절대로 약을 팔 수 없다고 했다. 실망한 하인즈는 약국에서 약을 훔쳤다.

질문자: 하인즈는 약을 훔쳐야만 했을까?
밀리: 글쎄요, 정말 어려운 질문이에요. 어떤 면에서 보면 훔쳐야 했고 또 어떤 면에서 보면 훔치지 말아야 했어요. 왜냐하면, 음, 왜냐하면 하인즈의 아내는 정말로 그 약이 필요했으니까 만일 하나님이 용서해 주신다면 훔쳐도 될 거예요. 아마 모든 남자들이 다 훔쳐도 괜찮다고 이야기할 거예요. 그래서 세상은 옳은 곳이 못돼요.
질문자: 세상이 좋지 않다고?
밀리: 네. 왜냐하면 모든 사람들이 다 훔치고 나쁜 짓을 하는 것은 하나님께서 원하지 않으시니까요.

참 재미있는 이야기다. 우리는 여기서 밀리가 앨런과 마찬가지로 콜버그의 분류에 의한 2단계에서 특징적으로 나타나는 공정성에 대한 사고구조를 지니고 있음을 볼 수 있다. 이는 도구적 상호교환의 공정성으로, 한 사람에게 어떤 자격이 주어졌다면 다른 사람들도 각각 똑같은 자격이 있다는 것이다. 그러나 밀리는 일종의 근본적인 사회 조직으로까지 범위를 넓혀 나갔는데("만일 하나님이 용서해 주신다면", "모든 남자들이 다 훔쳐도 괜찮다고 이야기할 거예요"), 여기에는 어쨌든 하인즈가 훔친 것은 잘못이라는 의미가 담겨 있다.

왜냐하면 공정성에 있어서 모든 사람들이 다 훔칠 자격이 주어지는 것이며 더 나아가 세상에 있는 의의 구조는 파괴될 것이기 때문이다. "그래서 세상은 옳은 곳이 못돼요…

왜냐하면, 하나님께서 원하지 않으시니까요". 여기서 우리는 밀리에게 있어서 정의란 법 이전의 이해를 바탕으로 한, 의의 존재론적인 구조, 즉 자연법의 기능적, 선개념적 구조로까지 확장된 공정성과 같은 것임을 알 수 있다. 하인즈를 용납하실지도 모르는 하나님조차도 일반적으로 하나님께서 원하시는 일이 아닌 훔치는 일을 어떻게 바꾸어 보시지는 못한다. 훔치는 일은 나쁘다는 존재론적인 의미를 강하게 가지고 있기 때문에 밀리는 하인즈의 아내의 입장을 이해하는 데 다소 한계가 있음을 보여준다. 밀리에게 어떤 사람의 목숨을 구하는 것보다 훔치는 일이 더 나쁜 것인지 물어보았다.

밀리: 음, 제 생각에는 어떤 때는 사람의 목숨을 구하는 것이 더 중요해요.
질문자: 어떤 때에?
밀리: 죽어가고 있을 때에요. 하지만 어쨌든 그 사람은 곧 죽을테니까 꼭 목숨을 구하는 게 더 좋지는 않아요.
질문자: 그러니까 조금 더 오래 살 뿐이란 말이지?
밀리: 네, 그래요.
질문자: 그럼 하인즈가 어떻게 해야 한다고 생각하니?
밀리: 최선을 다해야 해요. 돈을 벌기 위해 열심히 노력한다던가 하는 것처럼 말이에요. 그리고 시장님같은 높은 사람에게 찾아갈 수도 있잖아요.
질문자: 왜 시장에게 찾아가지?
밀리: 시장님한테 약을 살 수 있도록 돈을 구할 수 있는 방법이 있는지 알아볼 수 있으니까요. 그리고 누군가가 도와줘서 아픈 아내를 돌봐줄 수도 있으니까요.
질문자: 그럼 약을 훔치지 않아도 되었을까?
밀리: 최선을 다해야 했어요. 왜냐하면 아내가 죽는다면, 어쨌든 아내는 죽을 거잖아요. 그래서 아내가 죽는다면 잘못했다는 걸 알게 될 거예요. 그리고 벌을 받아야 하니까요. 자기가 나쁜 일을 하고 있다는 걸 알고 있어야 해요.
질문자: 어떻게 알 수 있지?
밀리: 그 사람은 알 수 있어요. 왜냐하면 느낄 수 있으니까요. 마음속으로 아내의 목숨을 구하기 위해 나쁜 일을 하고 있구나 하고 느낄 수 있거든요.

다음의 구체적인 이야기에서 좋은 의도를 가지고 '자연법'을 어기는 경우일지라도 벌을 받아야 한다는 필요성과 하나님과의 관계가 잘 나타나 있다. 밀리는 단순하게, "마음속으로 아내의 목숨을 구하기 위해 나쁜 일을 하고 있구나 하고 느낄 수 있거든요"라고 이야기했다.

질문자: 그런 느낌은 어디서 오는거지?
밀리: 양심에서요.
질문자: 그럼 양심은 뭘까?
밀리: 양심이라는 건요, 사람 안에서 항상 말을 하고 있는 어떤 사람 같은 거예요. 머리 같은 데서 말이에요.
질문자: 음, 그럼 양심은 어디서 오지?
밀리: 네?
질문자: 양심이 어디서 오는지 아니?
밀리: 하나님이요. 하나님이 모든 사람에게 양심을 주셨어요.

다음 글에서는 모든 사람들의 양심이 다 똑같지는 않다고 이야기하고 있다(다시 지적하지만 밀리는 관점과 판단의 차이를 이해하고 있다). 그러나 도둑질에 관한 한 모든 사람들의 양심은 이를 거부한다고 분명하게 이야기하고 있다.

질문자: 그럼 모든 사람들이 다 똑같은 양심을 가지고 있니?
밀리: 음, 아니오. 그 사람이 어떤 사람이냐에 따라 달라요. 그러니까 만일 어른이라면 어른의 양심을 가지고 있어요.
질문자: 그렇구나. 그럼 어른의 양심과 어린아이들의 양심은 어떻게 다를까?
밀리: 어른들은 나이가 더 많고 어린이들하고 성격도 달라요. 그래서 아마 생각하는 것도 다를 거예요.
질문자: 그럼 하인즈의 양심과 너의 양심은 다르니?
밀리: 네. 하인즈는 아마 자신이 하고 있는 일이 옳다고 생각했을 거예요.
질문자: 왜 그렇게 생각했을까?

밀리: 아내의 목숨을 구해야 했으니까요. 하지만 아내가 죽고 나면 내가 왜 약을 훔쳤을까 하고 후회할 거예요.

질문자: 만일 아내가 죽지 않는다면? 살아난다면 어떻게 되지?

밀리: 그래도 자신이 잘못했다는 걸 알 거예요. 그리고 아마, 음, 아마도 하인즈는 감옥에 가게 될 거예요. 그리고 아마 그 돈을 갚기 위해 열심히 일해야만 할 거예요.

밀리와 앨런의 대답에서 모두 깊이 내재되어 있는 하나님께서 주신 자연법과 같은 강한 본을 기초로 하고 있는 궁극적인 환경의 구조를 볼 수 있다. 동기나 의도, 밀리의 대답에서 영향을 준 경험 등과 같이 다소 용납될 수 있는 부분이 있음에도 불구하고 밀리는 앨런과 마찬가지로 하나님도 사물의 질서에 내재되어 있는 상호성의 구조에 묶여 있다고 믿는다.

2단계는 보통 초등 학교 시기에 형성되지만 밀리가 인터뷰한 청년이나 성인들 가운데서도 2단계적인 특성을 지닌 신앙을 찾아볼 수 있었다. 다음에서 그런 사람들 중 한 명인 50대 여성의 이야기를 살펴보려고 한다. 특별히 여자라거나 신앙인이라고 여기서 그 예를 제시하는 것은 아니며 이런 사례 가운데 무신론자나 다른 종교를 가지고 있는 사람들도 있었다는 사실을 밝혀 둔다.

W 부인은 아이들도 거의 다 자란 50대 여성이다. 자녀들이 출가하기 전까지 어머니로서 가정주부로서 온 정성을 다하며 살아왔다. 자녀들이 대학을 가거나 다른 이유로 집을 떠나고 나서 그녀는 다시 학교로 돌아가 바쁘게 아이들을 가르치며 살아가고 있다. 그래서 친구들과 대화를 나눌 시간도 별로 많지 않았다. 그녀와 대화를 나누는 가운데 내면의 고독함과 허무함 같은 것을 볼 수 있었다. W 부인은 질문자와 대화를 나누면서 그녀가 존경하며 그녀와 비슷한 종교적 성향을 띠고 있는 어느 신부와 나눈 대화를 들려주었다.

W 부인: 지난 주에 신부님은 대강절이라고 꼭 한 가지씩 누군가를 위해 선한 일을 베풀라고 하셨죠. 모르는 사람이 지나갈 때 문을 열어 준다던가 하는 아주 작은 일 말입니다. 그런 걸 바치라고 하셨어요… 이런 일, 정말 이런 일을 하는

게 중요하다는 생각이 들었죠. 사람들은 다른 일들이 더 중요하다고 생각하지요. 기도문을 모두 다 외우는 것이나 교황님 사진을 가지고 매일같이 그 사진을 보면서 "영광받으소서, 하나님 아버지, 성모 마리아시여"라고 외우는 것 같은 것 말입니다. 그런데 정말 필요한 이런 작은 일을 했는가 하고 생각해 보면 아무 생각도 안 나는 거예요. 그래서 아이들에게도 이런 일들을 하라고 했습니다. 학교에서 공부를 하든 직장에서 일을 하고 있든 항상 이런 일들을 해서 잔뜩 저축해 놓으라고 말입니다. 그러면 어려운 일을 당할 때 저축해 놓은 은행 문이 열려 그 어려움을 이기는 데 도움을 줄 거라고 했죠.

W 부인에게 다른 각도로 신앙에 대해 물어 보았다.

질문자: 어떤 신앙을 가지고 계신지 설명해 주실 수 있는지요. 믿음이 당신에게 왜 중요한지 다른 사람에게 이야기하려면 어떻게 설명하시겠습니까?

W 부인: 글쎄요, 다른 사람들도 이렇게 느끼는지 잘 모르겠지만 저는 가끔 지친 것 같고 혼자뿐인 것 같은 느낌이 들어요. 하지만… 이렇게 위대하신… 하나님을 믿기 때문에 좀 나아지는 것 같고 또 좋은 시간도 찾아오는 것 같아요. 정말 누군가와 함께 이런 기분을 나누고 싶어요. 왜 그런지 모르겠어요. 아마 언니하고 함께 자랐기 때문일 거예요. 우리는 끊임없이 수다를 떨곤 했지요. 우린 서로 모든 이야기를 다 했지요. 그런데 남편 벤은 말이 없는 사람이었어요… 그래서 내가 느끼는 것들을 사람들보다는 하나님과 이야기하는 것이 더 쉬워졌지요.

질문자: 당신은 하루 생활 속에서 늘상 하나님과 많은 이야기를 주고받고 계신다는 이야기입니까?

W 부인: 네, 그냥 이렇게 이야기를 하는거죠. "하나님, 전 불평을 하려는 게 아닙니다. 육신도 멀쩡하고 먹을 것도 부족하지 않습니다. 하지만 하나님, 이런 문제는 이렇게 하는 게 어떨지…" 그리고 아이들도 이런 식으로 키워왔다고 생각합니다… 지금 생각해 보면 탐(그녀의 큰아들)은 정말 훌륭한 아이입니다. 그 아이는 미사를 드리러 가는 일을 가장 중요한 일로 여기고 있지요. 맥

(그녀의 작은아들)은 뭔가 어려운 일이 생기면 혼자서 잘 견디어 나갑니다. 그 아이는 이렇게 말해요. "어머니, 전 하나님이 저에게 무슨 커다란 호의를 베풀어 주시거나 제가 하나님께 무슨 커다란 부탁을 할 만한 준비가 안 된 것 같아서 요즘 매주 성당에 나가요. 무슨 일이 생길지도 모르니까 매주 조금씩 노력해야죠." 아휴…, 그래요…, 그러니까 어떻게… 그냥 아이들 이야기와 내 느낌을 이렇게 이야기할 수 있다는 게… 다른 사람들은 이런 이야기를 하지 않거든요. 하지만 다른 사람들도 모두 이런 이야기를 하고 싶어하는 것 같아요.

이 몇 마디 이야기 속에는 W 부인의 관점이 구체화되어 있고 설화식 특징을 가지고 있다는 걸 분명히 알 수 있다. 그녀는 10세인 밀리와 앨런처럼, 하나님과 세상이 서로 주고받는 상호성을 지니고 있다고 이해하고 있다. 매일, 매시간 기도하고 경배드리는 행위가 마치 '은행에 저금을 하는 것', 특별한 도움이나 용서를 필요로 할 때를 대비해 하나님의 호의를 저축해 두는 것이라고 생각하고 있다. 그녀는 세상에 대한 이런 식의 이해를 자녀들에게도 가르치려고 했으며 아이들도 하나님의 도움과 보호를 원한다면 그런 일들을 해 두어야 한다고 이해하고 있음을 보고 기뻐하고 있다.

다음 글에서 우리는 W 부인이 이해하고 있는 하나님은 다소 멀리 있고 비인격적인 분이심을 살펴보려고 한다. 그녀는 남편이 '직접 성당 꼭대기로 올라가' 기도를 한다고, 즉 하나님께 직접 기도한다는 이야기를 했다. 그러면서도 그녀는 성자들을 수호자나 교우로 여기면서 그들을 통해 하나님과 자신의 관계를 명상해 보는 것이 중요하다고 생각하고 있다.

W 부인 : 성당에 가보면 거기 다 계시죠. 제 수호성인 두 분 말이에요. 탐은 크리스마스 다음날에 태어났는데, 성당에 가보면 성모 마리아께서 아기 예수님을 안고 있는 그림이 있지요. 그 아기 예수님이 탐을 돌보아 주시지요. 그리고 크리스와 함께 있는 여자분은 앤 성녀예요. 그분은 조앤(W 부인의 딸)을 돌보아 주십니다. 구석에는 안토니 성자도 계시는데 그분은 맥을 돌보시죠. 그래서 저는 성당에 갈 때마다 그분들께 감사의 기도를 드리죠… 그런데 아이들

은 모두 그 사진들을 가지고 기도를 합니다. 그리고 밈(그녀의 둘째 딸)은 작은 인디언 인형을 가지고 있어요. 그 이름이 테카와다던가 뭐 그렇죠?… 저는 이 작은 성당을 좋아합니다. 요즈음 앤 성녀에게 기도를 드릴 때 – 앤 성녀에게는 제 자신을 위해 기도하죠 – 흔들의자에 앉아서 저를 도와주시기 위해 하나님께 기도드리는 그분의 모습을 생각하곤 합니다. 어쩌면 그분들과 너무 허물없이 지내게 된 것 같아요. 무슨 말인지 아시겠죠?

질문자: 성자님들과 말입니까?

W 부인: 네. 앤 성녀께서는 거기 앉아 저를 위해 묵주를 돌리며 이렇게 말씀하시지요. "하나는 W 부인을 위해서," 아기 예수께는 이렇게 말씀드리죠. 톰은 요새 정말 열심히 일하고 있습니다. 정말 모든 일을 다 잘해 나가고 있습니다… 그리고 맥을 위해 안토니 성자께도 열심히 기도를 드립니다. 이렇게 말씀드리죠. "늘상 뭘 해 달라고 기도드리지만은 않겠습니다. 아시죠? 그런데…" 저는 성자님들께 늘 아주 친숙하게 기도를 드리죠. 이렇게 기도를 드리면 든든한 마음이 생기죠. 그러니까 혼자가 아니라는 기분이 듭니다… 그분들은 모두 친구 같은 분들이죠.

W 부인의 이야기에서 우리는 그 부인의 신앙이 1단계의 신비적인 사고 요소를 가지고 있음을 알 수 있다. 이는 3단계의 핵심적인 특징인 사람과 사람 사이의 관계성 형성을 암시해 주고 있다. 그러나 전반적으로 이 부인의 신앙은 자신의 의도를 표현하는 방법으로 한정적인 설화적 방법에 의존하고 있으며 하나님과 인간의 관계를 서로 주고받는 상호성을 지닌 관계로 이해하는 2단계의 특성을 지니고 있다. 2단계의 또 다른 특성은 자신의 의도를 나타내는 상징이 인류학적인 특징을 지니고 있는 것과 그 상징을 바탕으로 문자 그대로 직접적인 표현을 하는 것이다. 이 인터뷰를 좀더 살펴보면 W 부인의 신앙이 그녀가 실제로 가족과 친구들로부터 소외된 데서 비롯되는 것임을 좀더 분명하게 알 수 있다. 어떤 부분에서는 자기 자신을 어린아이같은 특징을 지닌 존재로 이해하기 시작한다. 질문자는 왜 그런 식으로 표현하는지를 파악하는 데 실패했지만 W 부인은 자신이 가지고 있는 신앙 형태가 복잡하고 위험한 세상에서 자신의 구심점이 되어주지 못한다는 사실을 고통스럽게나마 인식하고 있는 것 같아 보였다. 대학에 다니는 그녀의

아이들이 정말로 어머니의 신앙 형태를 바람직하거나 가능한 것으로 이해하고 있는지, 아니면 그들끼리 어머니에게 어머니가 원하는 대로 이야기를 해 주며 어머니의 어린애 같은 면을 만족시켜 주려고 한 것인지는 알 수 없다.

신화적-문자적 신앙 요약. 제2단계의 신화적-문자적 신앙은 자신이 신앙 공동체에 소속되어 있다는 것을 상징화시키는 이야기나 믿음이나 이해 등을 가지기 시작하는 단계이다. 믿음은 있는 그대로 이해하는 특성을 지니고 있으며 도덕률이나 도덕적 양심과 같은 역할을 한다. 상징들은 그 의미에 있어서 일차원적으로 문자 그대로 받아들인다. 이 단계에서 생기기 시작한 구체적 조작적 특성은 앞 단계에서 상상력을 통해 세상을 이해한 것을 억제하고 규제한다. 직관적 투사적 신앙이 지니고 있던 에피소드적인 특성은 일관성과 의미를 지닌 좀더 직선적이고 설화적인 특성을 갖추게 된다. 이야기 형식은 체험에 통일성과 가치를 주는 주요한 방법이 된다. 이 단계는 초등 학교 학생들의 신앙 단계다(때로 청년이나 성인들에게서도 찾아볼 수 있지만). 2단계에서는 다른 사람들의 관점을 좀더 정확하게 파악할 수 있게 되면서 서로 주고받는 상호성을 바탕으로 한 세계를 형성하게 된다. 그들의 광대한 이야기에 등장하는 주인공들은 인류학적인 특성을 지니고 있다. 상징과 드라마적인 요소에 강한 영향을 받으며 어떤 일이 일어났는가에 대해 끝도 없이 계속해서 설명할 수 있다. 그러나 이야기의 흐름을 거꾸로 거슬러 올라가 개념적인 의미를 되돌아보지는 못한다. 이 단계에서 의미는 이야기 형식으로 전달되고 동시에 이야기라는 틀에 갇혀 제한되고 만다.

이 단계에서 생기는 새로운 능력은 경험에 일관성을 주고 또 일관성을 찾기 위한 방법으로 이야기나 드라마, 신화라는 방법을 사용할 수 있게 되며 이야기 형식을 사용할 수 있게 되는 것이다.

글자 그대로 받아들이려는 데서 오는 한계나 궁극적인 환경을 형성하는 데 필요한 원칙으로서 지나치게 서로 주고받는 상호성에 의존하는 것은 과도한 통제력이나 완벽주의적 성향, '정의 실현' 을 해 나가려는 결과를 가져오거나 그 반대로, 가까운 사람들로부터 미움을 받거나 방치되거나 학대받아 나쁜 것을 그다지 나쁘지 않게 받아들이는 결과를 가져오게 된다.

3단계로 전이되는 데 중요한 역할을 하는 요소는 의미를 성찰하도록 이끌어가는 이야기 속에서 분명하게 드러나는 모순이나 부조화다. 형식적 조작적 사고로 전이되면서 이러한 성찰을 가능하게 하고 필요하게 만든다. 그리고 이전의 사실적 사고의 틀은 깨지게 된다. 새로운 '인지적 공상력'(엘킨드)은 이전의 교사의 가르침에서부터 깨어나게 만든다. 아이들은 저마다 권위 있는 이야기들(창세기의 창조 이야기와 진화론) 사이에서 무엇을 믿어야 할지 갈등을 느끼게 된다. 서로의 관점을 상호적으로 이해할 수 있게 되어 ("나는 네가 날 어떻게 생각하는지 알아", "나는 내가 널 어떻게 생각하는지에 대해 네가 어떻게 생각한다는 것을 알아") 궁극적인 환경의 통일된 힘을 가지고 좀더 개인적인 관계를 만들어가고 싶은 욕구가 생기게 된다.

제3단계: 종합적-인습적 신앙

사춘기는 아이들에게 신체적, 감정적 변화를 가져다 주는 시기이다. 청년들은 이번 주엔 얼마나 자랐는지 기록할 표를 붙여 두고 낯선 얼굴 모습과 새로운 몸의 윤곽에 익숙해지기 위해 거울이 필요하다. 그러나 이 어린 성인들은 다른 방법으로 비춰볼 수 있는 다른 종류의 거울이 필요하다. 이들은 몇 명의 믿을 만한 사람들의 눈과 귀를 필요로 한다. 그들을 통해 막 드러나기 시작하는 '인격'의 이미지를 보고 또 지금 막 형성되어 표현할 방법을 찾고 있는 새로운 느낌들, 욕구들, 견해들, 책임 등에 관해 들어보기 위해서다. 해리 스텍 설리번(Harry Stack Sullivan)은 '단짝' 관계, 즉 청년들이 가족 밖에서 처음으로 경험하는 친밀함을 이야기했다. 동성간이든 이성간이든 이 단짝을 통해 청년들은 같은 또래의 비슷한 능력과 욕구를 가지고 있는 다른 사람을 발견하게 된다. 끊임없는 이야기와 골탕먹이기, 상상, 걱정거리 등을 통해 이들은 서로를 이해하고 용납하게 된다. 더 나아가 자신의 내면 세계에서 생겨나는 많은 새로운 분출물들을 조명하는데 도움이 되는 거울을 서로에게 제공해 준다. 에릭 에릭슨이 말한 것처럼 풋사랑은 결코 단순한 육체적 변화나 성적인 호기심 문제가 아니다. 분명한 관심을 가지고 새로운 사랑의 감정을 확인해가면서 자아의 개인적인 비밀스런 이야기를 만들어가고, 사랑을 시작하게 되며 빠져들게 된다(1963).

형식적 조작기의 사고는 고등 생물 실험 시간이나 대수 시간에서 처음으로 나타나기 시작하는데 자신이 생각한 바를 돌아볼 줄 아는 능력을 동반하게 된다. 어떤 상황이나 문제를 파악하고 문제를 해결하기 위한 다양한 가정이나 설명을 하게 되며 가정들을 실험하고 검증하는 방법들을 사용할 수 있게 된다. 문제를 해결하는 데 있어서 여러 가지 명제와 상징을 가지고 형식적 조작적 사고가 이루어지는데, 그 명제와 상징들이 제시하는 상황이나 실제적 물리적인 물체와의 접촉에 앞서서 그 명제와 상징들을 조작함으로 문제를 해결하려고 한다. 그리고 가설적인 명제를 통해 설명을 해나갈 수 있듯이, 가능한 현실과 미래의 세계를 마음 속에 그릴 수 있다. 형식적 조작적 사고는 인간이나 공동체, 또는 다른 상황에 대한 이상적인 특징들을 파악할 수 있다. 그리고 이러한 이상적인 개념에 비추어 실제 사람들이나 조직을 이상적으로 또는 냉정하게 판단할 수 있게 된다.

인간관계를 맺으며 이루어지는 사회적 삶 속에서 형식적 조작의 출현은 몇 가지 중요한 결과를 가져온다. 2단계에서 사람들은 그들이 이해하는 의미를 그들이 체험한 중요한 경험을 보여주는 이야기 형식을 통해 표현하려고 한다. 이 단계에서 이야기를 하는 사람은 경험의 맥락에서 이야기를 하는 것이며 의미를 종합할 수 있는 좀더 일반화된 명제를 만들어보려는 것은 아니다. 형식적 조작적 사고는 자신의 사고와 경험을 돌아볼 수 있는 새로운 능력을 가지고 인생이라는 강 밖에서 그 흐름을 보도록 이끈다. 말하자면, 강둑에 서서 강의 흐름을 전체적으로 바라볼 수 있다는 것이다. 자신의 이야기를 쌓아가면서 얻게 되는 의미가 지니고 있는 어떤 형태를 깨닫고 이해하게 된다. 개인적인 과거의 신화들도 합성되어질 수 있다. 즉, 새로운 수준의 이야기, '우리 이야기들의 이야기'라고 부를 수 있는 수준에 이르게 된다. 이와 더불어 있을 수 있는 미래에 대해 신화를 구성할 수 있는 가능성과 책임을 갖게 된다. 청년들은 자신의 신화를 형성하는 일을 미래의 역할과 관계에 투사하기 시작한다. 한편으로 이렇게 투사하는 것은 형성되고 있는 자아에 대한 믿음과 그 자아가 미래에 받아들여지고 확증되리라는 신뢰감을 나타내지만, 또 한편으로는 초점을 잃게 되며 다른 사람들과 함께 할 자리가 없어지고 미래에 인정받지 못하여 무의미하게 내버려질지도 모른다는 두려움을 가져다 준다.

서로의 관점을 이해할 수 있는 능력이 나타나면 개인적인 신화를 형성하고 친구간의 우정이나 첫사랑의 역동적인 힘을 형성하기 시작한다. 가설을 만들어내는 형식적 조작 능력과 더불어 다른 사람이 자신을 어떻게 보는가 하는 자신에 대한 가설적 이미지를 구성하는 복잡한 능력이 생긴다. 분명 친구나 첫사랑은 다음과 같이 우리 자신을 비춰보는 거울 역할을 한다.

나는 나를 바라보는 너를 본다.
나는 네가 보리라고 생각되는 나를 본다.

이런 능력으로 인해 생기게 되는 '자의식'은 사춘기적 특성을 지닌 새로운 자기 중심주의의 산물이다. 청년들은 모든 사람들이 자기를 바라보고 있다고 생각하며 '네가 보리라고 생각되는 나'에 관해 자아 도취적으로 과장되게 느끼거나 축소시켜 자기 회의적으로 느낀다. 이러한 자의식을 적절하게 느낄 수 있도록 해 주고, 보통 일시적이고 지나친 자기 중심주의를 극복할 수 있도록 도움을 주는 것은 위의 두 구절에서 보여주고 있는 상호성을 기능적으로 구현하는 것이다. 그래서 곧 다음과 같이 인식하기 시작한다.

너는 나를 통해 너를 본다.
너는 내가 보리라고 생각되는 너를 본다.

이 네 구절들이 이야기하고 있는 관계적인 상황은 소위 상호적 관점 수용이라는 것이다.
2단계는 자신에 대한 다른 사람들의 관점이 비교적 객관적인 세계를 구축한다. 합법성과 상호성이 앞에서 살펴본 대로 이러한 세계의 주요한 특성이다. 하나님이나 궁극적인 환경을 구축하는 데 있어서 2단계는 인격화된 이미지를 사용하는 특징을 가지고 있다. 그러나 이렇게 인격화시키는 것은, 자신을 깊은 인격적 존재로서 보지 못하며 인격성이 다소 결여된 전인격적인 것이다. 상호적 관점 수용이 이루어지면 하나님은 재구성된다. 자신과 또래 친구, 또는 풋사랑을 통해 풍부하고 신비한, 그리고 결국은 도달할 수 없는 인격의 깊이를 경험하게 된다. 하나님도 이 단계에서 그 사람의 신앙 속에 확고하게 자리잡게 되면, 헤아릴 수 없는 깊이를 지닌 존재로, 우리들의 힘으로는 결코 알 수 없는 우리 자신이나 다른 사람들의 신비한 깊이를 인격적으로 이해할 수 있는 존재로 새로운 이미지를 지니게 된다. 나는 청년기의 신앙 체험을 다루고 있는 많은 문학작품들이 자신을 깊이 이해하고 용납하시며 인정해 주시는 하나님, 신앙과 자신의 정체성의 신화를 만들어가면서 자신의 영원한 보증인이 되어 주시는 하나님에 대한 청년들의 종교적인 갈증을 잘 이해하고 있다고 본다. 3단계에서 나타나는 많은 초월적인 이미지가 신성하고 인격적이며 의미있는 타자(他者)의 특징을 가지고 있는 것은 놀라운 일이 아니다.

10대가 되면 청년들은 보다 폭 넓은 환경과 연관되기 시작한다. 가족이라는 영역 외에도 이제는 또래집단이나 학교, 직장, 매스컴, 대중문화 그리고 신앙 공동체와 같은 영향력 있는 영역에 속하게 된다. 이러한 영향력 있는 영역들 속에는 각자가 의미를 내재하고 있는 타자들인 친구들이나 성인들이 있다. 이들은 청년들에게 해 주는 그들의 '거울' 역할이 정체감과 신앙을 형성하는 데 함께 도입돼야 하는 의미들의 이미지와 자아의 이미지에 긍정적으로 또는 부정적으로 도움이 되는 힘을 가지고 있는 사람들이다.[4] 에릭슨이 이야기하고 있는 청년들의 '정체감 위기'는 자아 이미지와 다른 의미있는 타자들이 반영하고 있는 가치 사이의 모순과 부조화로부터 오는 것이다. 청년 시절, 다양한 영역에 있는 영향력 있는 의미있는 타자들이, 우리와 다른 그들의 기대감을 한꺼번에 쏟아 부을 때 우리를 조이던 긴장감을 기억하지 못하는 사람이 있겠는가?

'그들의 기대감'. 3단계 신앙의 상호적인 세계에서 '그들의' 기대감은 우리로 하여금 자신에 초점을 맞추고 가치 있는 일들에 전념하도록 도와준다. 하지만 샤론 파크스(Sharon Parks)가 말한 '그들의 독재'(1980)에 영구히 의존하고 종속되어 가는 위험이 언제나 도사리고 있다. 청년기에 시작되는 3단계에서는 자아의 외부에 권위 있는 존재가 생기게 된다. 서로간에 도움을 주는 '그들', 또는 조직 내의 지도적인 역할을 하는 자격 있는 인물이 권위를 지니게 된다. 청년 스스로 자신의 가치관과 행동 덕목에 대한 강한 느낌과 헌신을 발전시키고 선택한다는 것을 부인하는 것이 아니다. 그러나 예전부터 선택하고 헌신해 온 순수한 느낌에도 불구하고, 그들의 삶 속에 있는 의미있는 타자들이 전해 주는 가치관과 자아상이 그것들을 선택하도록 해 왔다는 것이다. 그리고 청년들은 그것들을 선택하도록 한 그 자아상과 가치관들을 분석하고 검증하면서 선택을 해 온 것이다.

이런 상황에서 하나님이 의미있는 타자(他者)가 될 때-그리고 신성한 존재가 늘 잠재적으로 제임스 콘(James Cone)이 말한 '결정적인 타자'(1975)가 될 때-하나님께 대한 헌신과 여기서 비롯된 자아상은 청년의 정체감과 가치관에 강한 질서를 부여할 수 있다.

이제 두 명의 청년들과 나눈 대화를 통해 지금까지 이야기한 3단계 신앙과 정체감 형성에 대한 역동성의 실체를 살펴보도록 하자.

15세인 린다는 몸집이 작고 진한 금발 머리를 한 핀란드계 소녀다. 미국에서 태어났지만 핀란드어를 모국어로 쓰고 있다. 집에서는 가족들이 핀란드어만을 사용한다. 건축일을 하시는 아버지의 일자리를 따라 15년 동안 열네 번 이사를 다녔다. 딸보다도 더 마르고 금발머리를 한 어머니는 가정부인데 지금 살고 있는 플로리다 시에서 많은 사람들이 그녀가 일해 주길 원한다. 그리고 남동생 매트가 있다. 가족들은 새로 지은 연립 주택에 사는데 다소 빈약하지만 멋있는 현대 핀란드 가구로 꾸며져 있다. 가족들이 플로리다로 이사온 것은 린다에게 즐거운 일이 되었다. 린다는 인기도 많은 착한 학생이다. 또래의 많은 친구들이 그런 것처럼 린다도 유행이나 남자친구, 인기에 관심이 많다. 하지만 린다는 자신의 강한 신앙심과 도덕성 때문에 친구들과 다소 거리감이 있는 것처럼 느낀다. 루터교인 린다는 교회 학교 활동에도 적극적이어서 교회에서 가끔 오르간을 연주하기도 한다.

대화 초기에 린다는 자신의 생활 속에서 경험한 많은 이야기들을 하는 가운데 신앙이 그녀에게 얼마나 중요한가를 들려주었다. 린다가 사물에 대한 자신의 느낌을 잘 이해하고 있는 것 같아 질문자는 그 느낌에 대해 이야기해 달라고 요청했다.

린다: 지금 저는 두려운 것이 아무것도 없는 것 같아요. 왜냐하면 저는 제가 무엇을 믿고 있는지, 무엇을 하고 싶어하는지도 알고, 또 아무것도 절 막을 수는 없으니까요. 이제는 이사를 가지 않을 거예요. 전에는 이사를 하면, 다른 사람들 사이에 끼어서 그 사람들처럼 변했지요. 하지만 이제는 자신의 모습 그대로 있는 것이 가장 좋다는 것을 알게 되었어요.

질문자: 린다, 자신이 무엇을 믿고 있는지 알고 있다고 이야기했는데… 자신이 믿는 것을 어떻게 알게 되었는지 이야기해 줄 수 있겠니?

린다: 종교라고 생각해요. 저는 늘 교회에 갔어요. 부모님께서도 늘 저를 인도해 주셨지요… 부모님께서는 늘 하나님이 항상 거기에 계시고, 하나님만이 정말 뭔가를 할 수 있는 유일한 길이라고 가르쳐 주셨어요… 부모님도 그분을 의지하고 저도 정말 하나님을 믿어요. 그리고 하나님께서 어떻게 많은 신비한 방법으로 말씀하시는지 아시죠? 하나님께서는 저에게도 많이 이야기해 주셨어요…저는

정말 하나님이 오늘날까지 저를 인도해 주셨다고 생각해요. 왜냐하면 전에는 아무것도 느낄 수 없다고 생각할 때가 많았어요. 하지만 어느 날 아침, 뭔가를 느끼게 되었어요. 누군가가 계시다는 거 말이에요.
질문자: 하나님은 어떤 분이시라고 생각하니?
린다 : 하나님은 사람들마다에게 다른 분이세요. 저는 성경에 정확히 뭐라고 되어 있는지는 잘 모르겠어요. 하지만 제 생각에는 사람들은 세상을, 사람들을 행복하게 해 주려고 노력해야 한다고 생각해요. 그리고 동시에 즐겁게 살아가야지요. 착하게 말이에요…

하나님에 관해 어떤 개념을 가지고 있는지 몇 가지 질문을 더 했다. 린다는 "그냥 느껴요. 그냥 하나님이 거기 계시다고 느끼지요. 눈에 보이는 증거는 없지만 저는 '알아요'. 맹세해요. 정말이에요. 하나님께서 저에게 말씀하셨기 때문에 알아요"라고 대답했다. 린다는 하나님께서 자신에게 이야기하신다는 것을 깊은 고민이 있을 때 느끼는 느낌, 하나님께서 돌보아 주신다는 느낌, 자신이 뭔가를 할 수 있다는 느낌 속에서 알 수 있다고 설명하고 있다. 한번은 친구가 등을 돌렸을 때 자신의 방에서 그 상황을 생각하면서 울었다고 한다. "그때 저는 하나님이 살아 계신다는 생각이 떠올랐어요. 그래서 하나님께 말씀해 달라고 했어요. 제가 어떻게 해야 할지 말씀해 달라구요. 제가 왜 한 사람한테 그렇게 매달려야 하지요? 왜 모든 사람들과 다 친하게 지낼 수는 없지요? 정말 그랬어요."

자신의 신앙과 하나님에 대한 린다의 이야기 속에서 정체감과 상호 관계성에 관한 점들을 눈여겨보라. 또 자신의 과거와 미래, 그리고 열네 번의 이사로 산만해진 자신의 생활을 안정시키려고 애쓴 이야기들을 보라. 그녀에게 있어서 하나님은 인격적이시다. 다음에 나오는 이야기를 보면 아직 2단계의 다소 구체적인 이미지가 남아 있지만, 린다가 가지고 있는 하나님에 대한 이미지는 그녀를 알고 그녀를 사랑해 주시는, 도와주고 인도해 주시고 동행해 주시는 3단계적 특징을 가지고 있다. 자신의 신앙의 확신은 자신이 배워온 것들과 자신의 '느낌'에서 온 것이다.

린다는 친구들과 때때로 신앙에 관해 이야기하지만 친구들이 자신의 이야기를 무시하는 것을 많이 느꼈다. 왜 그런지를 물어 보았다.

린다: 그들은 겁이 나는 것 같아요… 죽는 걸 무서워하는 것 같아요. 하지만 저는 죽는 것이 하나도 무섭지 않아요.
질문자: 죽으면 무슨 일이 일어날까?
린다: 무슨 일이 일어나는지 알아요. 저는 죽으면 하늘나라에 갈 거라는 느낌이 들어요. 왜냐하면 세상에서 사람들한테 착한 일을 하려고 노력했고 하나님을 믿고 하나님을 '따르니까요'.

린다는 자신이 알 수 있는 능력의 한계와 자신의 중요한 신념과 믿음을 지키며 살아가기 위해 선택한 이것도 저것도 아닌 수수께끼 같은 점들을 인정할 때 3단계의 특징이 더욱 두드러지게 나타났다.

질문자: 하늘나라에 간다는 것이 무슨 뜻이지?
린다: 아무도 확실하게 아는 사람은 없어요. 낙원 같은 곳일 거예요. 그리고 언젠가는 알게 되겠지요. 하지만 그런 질문은 많이 하고 싶지 않아요. 제가 원하는 건… 음, 사람들은 종교에 대해 깊이 연구하면 이상해지는 것 같아요. 저는 그렇게까지 되고 싶지는 않아요. 저는 그냥 성경책에서 말하는 대로 하고 싶어요. 많은 사람들이 어떻게 지구가 만들어졌는지, 모든 것들에 대해 깊이 생각하는 것 같아요. 저는… 저는 한계가 있는 것 같아요. 저도 하나님이 만드셨다는 것은 알아요. 하나님께서 만드신 걸 아니까 저는 더 이상 묻지 않아요. 나중에 다 알게 되겠지요.

린다에게 하나님을 의심해 본 적이 있는지 질문했다.

린다 : 네. 하나님이 없는 것 같다고 느낀 적이 몇 번 있었어요. 하지만 곧 '제가' 문제가 있다는 걸 깨달았어요. 제가 하나님으로부터 '멀리' 떠난 거예요. 하나님 가까이 있어야 하는데 말이에요. 사람들은 하나님 같은 분과 가까이 있어야 해요. 가까이 있어야 하고 그래서 아침에 일어나 해야할 일이 있어야 해요. 그러니까 제 말은 … 사람들은 마음 속에 살 만한 가치가 있다는 느낌을 가지고 있어야

해요. 그래서 살고 있는 사람들, 일하러 가고, 집에 오고 잠자고 또 일하러 가는 그런 사람들, 그러니까, 일상적인 생활을 하는 사람들은, 하나님을 믿고 하나님을 따라야 한다고 생각해요.

린다의 종교적, 도덕적 신념에 영향을 준 권위 있는 존재는 주로 그녀의 부모님이시다. 그들의 가르침과 규범의 영향을 강하게 받고 있지만 그녀는 자기 자신의 것으로 느끼고 있다. 그 한 예가 결혼 전의 성관계는 잘못된 것이라는 그녀의 강한 신념에서 찾아볼 수 있다. 질문자가 왜 그렇게 느끼는지를 물어 보았다.

린다 : 모르겠어요. 그냥… 엄마가, 엄마가 그런 걸 반대하세요. 하지만 꼭 엄마가 그래서 그런 건 아니에요. 많이 생각해 봤지만, 하지만 정말이에요. 그럴 기회도 있고 다 그렇지만, 저는 절대로 아무 짓도 하지 않았어요.
질문자 : 부모님께서 네게 얼마나 중요한 영향을 끼쳤다고 생각하니?
린다 : 부모님께서는 저를 올바르게 인도해 주셨어요… 그렇게 해 주셔서 정말 고마워요. 언제나 나쁜 일을 멀리하고 올바른 일을 하도록 가르쳐 주셨어요. 그분들을 통해 다 배웠어요. 제가 알기에는… 부모님께서 저를 교회에 나가게 하셨고, 하나님과 사랑과 모든 걸 가르쳐 주셨어요. 그래서 다 알게 되었지요… 저도 '제' 아이들에게 다 똑같이 가르쳐 줄 거예요.

린다의 뜨거운 신앙심은 청년기에 종합적이고 관습적인 신앙을 형성하게 된 한 예를 보여주고 있다. 다음에 살펴볼 브라이언과의 대화는 비슷한 3단계의 예로 신앙의 '구조'를 보여준다. 그러나 브라이언의 신앙의 '내용'은 린다와 매우 다르다. 린다의 신앙 공동체는 신앙에 대한 회의를 막아주는 데 도움을 주었지만 브라이언의 경우는 그 반대다.

16세의 나이에 비해 키가 큰 브라이언은 여섯 살 때부터 뉴잉글랜드 근교에서 산 중상류층 소년이다. 엔지니어인 아버지는 이 마을에서 자랐고, 가족들은 유니테리언 교회에 다니고 있다. 브라이언은 하이킹과 카누를 좋아하고 여행을 즐기며 여름마다 메인 주의 시골에서 며칠씩 지낸다. 똑똑하며 성적도 상위권에 속한다. 그러나 수업시간에 딴 생각을 자주 한다고 고백했다. 스스로 책을 많이 읽고 친구들에 둘러싸여 마음껏 즐기는 것보다 공부하는 것을 더 좋아하는 것 같다. 부모님이 엄격하다고 생각하며 자신에 대한 부모님의 기대와 친구들의 기대 사이에서 상당한 갈등을 느끼는 것 같다.

먼저 브라이언과의 대화에서 커다란 특징은 린다보다 훨씬 더 주관적인 성격을 띠고 있다는 점이다. 린다보다 회의적이고 냉소적이며 별로 경외감을 가지고 있지 않다. 그러나 좀더 깊이 살펴보면 브라이언이 가지고 있는 생각들이 그가 자란 지역과 유니테리언 교회라는 환경 속에서 얼마나 '인습적'인지 알 수 있다. 이 부유하고 자극적이며 비판적인 환경이 브라이언으로 하여금 린다보다 빨리 4단계적인 관점을 구축하도록 해준 것 같지만, 순종을 좋아하는 사람들, '그들의 독재'가 브라이언과 어떤 관계가 있는지 살펴보고 브라이언이 취하고 있는 관점이 어느 정도 자기 스스로 구축한 관점이기보다 그가 속한 공동체가 대표하는 것을 자신의 것으로 변형시킨 것인지를 알아내는 것이 중요하다.

브라이언에게 어떤 생각으로 인생을 살아가는지, 자신이 중요하다고 생각하는 규율이나 지침이 무엇인지 물어 보았다.

브라이언: 그냥, 다른 아이들을 괴롭히지 않는 거예요. 다른 사람의 인생에 끼어들어서는 안 된다고 생각해요. 예를 들어, 누군가와 사귀고 있는 많은 아이들이 자기가 사귀고 있는 아이와 좀더 잘 어울리기 위해 달라지려고 노력하지요. 하지만 달라져야 할 필요가 없다고 생각해요. 저는 자신의 인생이 자기를 인도하는 대로 자라야 한다고 생각해요. 그리고 자신의 성격을 변화시키려고 하는 사람은… 자신의 권리를 침해하는 거라고 생각해요.

브라이언이 이런 생각을 연장시키는 방식은 정체감과 자신의 삶 속에 대한 연결에 관심이 있음을 보여준다.

브라이언: 그리고 달라진다는 건 정말 어려운 일이에요… 전 갑자기 아주 착한 아이가 되고 학교에서 공부도 열심히 하고 어머니를 도와 드리고 국기와 애플 파이를 좋아하는, 나 아닌 딴 사람이 될 수는 없어요.

이어 브라이언에게 자신의 기본적인 가치관을 함께 공유하고 있는 친구들이나 사람들이 있는지 물어보았다.

브라이언: 음, 저와 정말 친한 사람들은 몇 명 있어요…. 제 친구들 중 몇 명은 정말 좋은 친구예요. 그 친구들에게 이런 이야기들을 많이 하지요. 그냥 둘러앉아서 여자애들이나, 아무 이야기나, 옛날에 겪었던 일 같은 이야기를 해요. 저랑 정말 친하고 정말 이런 이야기들을 하는 친구들은 여자애들이 많아요. 왜냐하면 여자애들도 이런 이야기를 많이 하거든요. 그래서 남자 아이들보다는 여자 아이들하고 더 편하게 이야기할 수 있는 것 같아요. 남자 아이들은 서로 또는 여자 아이들한테 좋은 인상을 주려고 하기 때문에요. 이런 이야기는 남자 아이보다는 여자 아이 하고 이야기하는 게 훨씬 좋을 거예요.

브라이언은 '부모님과의 비틀린 관계'를 여자 아이들과 이야기할 수 있으며 몇몇 친구들에게 '우리가 무엇을 감사해야 하는지, 아닌지와 같은 좀더 깊은' 이야기를 할 수 있다고 한다.

브라이언 : 인생 있잖아요. 그것은 저를 매혹시켜요. 태어나기 전이나 죽은 후에 무슨 일이 있는지 그런건 잘 몰라요. 그리고 좀 무서울 때도 있어요. 정말 알 수 없는 그 무엇이 제 인생을 이끌어가는 것 같아요. 그런 것에 관해서 그리고 또 모든 것이 왜 존재하는지 그런 이유에 대해 생각하게 되요. 정말 심각하게 고민해요. 그 답을 모르겠거든요. 아무도 모르지요. 하나님 말고는 아무도 해답을 주지 못해요. 만일 하나님이 있다면 말이에요. 아마 언젠가는 전능하신 분께서 훤히 알려 주시겠지요!

브라이언은 최근 철학이나 신앙서적을 읽으면서 이 '해답'을 찾고 있었다. 그리고 칼릴 지브란의 「예언자」를 막 읽은 후였다. 그 책과 전에 들은 적이 있는 불교 사상이 그에게 어떤 의미를 주는지 물어보았다.

브라이언: 그들이 하려고 하는 것은 서로를 이해하려는 거예요. 모든 사람들은 단점이 있고 그런 본성을 가지고 있다고 해요. 그리고 그런 점과 세상을 인정하려고 해요. 저도 그래야 한다고 생각해요. 어떤 사람들은, 제가 그랬던 것처럼, 세상의 잘못된 점을 꼬집기만 하지요. 그건 모두 우리 때문인데 말이에요. 왜 세상을 가장 좋은 곳으로 만들려고 하지 않지요?… 무엇이든 제가 하고 있는 일로 뭘 밝히려고 하는가를 말하기가 어려워요. 인생의 의미가 무엇인지, 양심이 어떤 의미를 가지고 있는지, 그런 것은 설명하기 어려워요. 하지만 중요한 거예요… 저는 누군가 먼저 세상의 잘못된 점을 꼬집기 시작했고 그래서 다른 사람이 따라하고 그러다 모든 사람이 다 그렇게 된 거라고 생각해요… 하지만 모두들 더이상 미루지 않는다면, 그러면 사람들이 말하는 그런 잘못된 점들은 없어질 거예요.

브라이언은 사람들이 왜 그들의 부정적이고 냉담한 점을 극복하지 않고 세상을 변화시키기 위해 함께 노력하지 않는가 하는 자신의 중요한 생각을 다시 보여주고 있다. 또 삶 속에서 그가 호소하고 있는 것들이 어떤 권위와 부딪히고 있는지 보여준다.

브라이언: 나는 사람들이 다 그런 일을 하길 바래요. 하지만 그런 일을 하려고 하는 사람들은 주위의 친구들이 부담이 될 거예요. 친구들이 그가 하고 있는 일을 보고는 몰려들어서 놀리고 그 사람은 소외되겠지요. 그래서 사람들은 친구들과 잘 어울리기 위해서 또는 체면 때문에 그런 일을 하지 않으려고 하지요. 저도 많이 그랬어요.
질문자: 그러면 친구들이 널 비웃기 때문에 세상의 잘못된 점들을 고치려면, 정말 그런 일을 맡으려면 어떤 희생을 치러야겠구나.
브라이언: 맞아요. 사람들은 모두 늘 이 세상에서 다른 사람들에게 영향을 끼치려고 하지요. 사회적인 지위말이에요. 모두들 다른 사람들보다 더 나은 사람이 되려고들 애쓰지요. 그리고 그럴 순 없겠지만, 사람들이 그렇게 되려고 하지 않는다면, 정말 그럴 수만 있다면 세상은 훨씬 더 좋아질 거예요. 세상을 바꾸려는 일을 하는 걸 싫어하지 않을 테니까요. 그냥 자신이 하고 싶어서

하게 될 거예요.

브라이언과의 대화가 끝나갈 무렵 질문자는 앞에서 이야기한 인생의 의미에 관한 브라이언의 생각을 다시 살펴보려고 했다.

질문자: 확실히 알지는 못해도 인생에 의미나 가치를 주는 어떤 구체적인 것이 있니? 앞에서 알 수 없는 그 무엇이 무섭기도 하다고 이야기했지?

브라이언 : 네, 그래요. 제 생각에는 모든 사람들이 이런 걸 고민할 것 같아요. 죽은 후에 무슨 일이 일어나는지 알지 못하니까요… 사람들은 환생이라든가 뭐 그런 이야기들을 하지요. 하지만 제가 다른 어떤 존재가 된다는 걸 생각할 수 없어요. 전 환각 같은 걸 경험해요. 전에 본 것을 보고 있는 것 같은 기분 말이에요. 하루에도 몇 번씩 보지요. 죽은 후에 무슨 일이 일어나는지는 몰라요. 인생이란건 말이에요. 태어나서, 많은 걸 알게 되고, 죽고, 그게 다예요. 그뿐이에요. 다른 것은 없어요. 죽은 후에 무슨 일이 일어나는지는 절대로 알 수 없지요. 많이 고민했어요. 제가 죽은 다음에 무슨 일이 일어나는지 알고 싶거든요. 사람들이 제가 한 일이나 하려고 했던 일을 어떻게 평가할지 정말 알고 싶어요. 제가 뭔가를 했다면 말이에요. 그리고 어른이 되고 늙어서 인생에 대해 회의적이지 않게 된다면 말이에요. 세상에 뭔가 작은 거라도 흔적을 남기고 싶어요. 그리고 그것이 어떤 일을 하게 될지 보고 싶어요. 죽는 것이 모든 것의 끝이라면, 그렇게 생각할 순 없지만 말이에요. 어떤 기분이 들지 모르겠어요. 아마 허무할 거예요.

질문자 : 죽은 뒤에 무슨 일이 일어나는지 알 수 없다는 생각이 널 괴롭히는 거구나?

브라이언: 그래요. 설명할 수 없는 일이니까요. 우리는 그 해답이라고 생각하는 걸 만들어낼 뿐이에요. 그리고 그렇게 받아들일 뿐이지요. 어쩌면 그 해답은 아무도 알 수 없는 그런 것일지도 모르는데 말이에요. 아무도 그 해답을 알 수 있을 만큼 똑똑한 사람이 없거나 산다는 것이 무엇인가 하는 그런 문제를 이해할 수 있는 건 완전히 우리 능력 밖의 일일 거예요. 그래서 정말 생각 많이 해 봤어요. 다른 사람들은 어떤지 몰라요. 하지만 그런 걸 알 수 없다

는 생각이, 이 세상에서는 그런 문제를 이해할 수 없다는 것이 정말 저를 고민하게 하고 많이 생각하게 했지요.

이 마지막 글에서 우리는 브라이언이 스스로 고민하고 있으며 곧 또래 집단과 교회의 관습을 그대로 따르지 않으려 할 것이란 사실을 분명하게 알 수 있다. 간단하게 살펴본 것이지만 다음과 같은 점을 알 수 있었으리라고 생각한다. 린다의 종합적-인습적 신앙은 주로 3단계적 신앙 공동체로 보이는 곳에서 형성되었다. 반면 브라이언의 종합적-인습적 신앙은 형태상 4단계 신앙의 성격을 더 지니고 있는 신앙 공동체에서 형성되고 있다. 다시 말해서 린다와 브라이언의 가족과 교회에 있는 성인들의 '평균적 신앙 발달 단계'가 각각 3단계, 4단계일 것이다. 이는 4단계로의 전환에 있어서 그들 각자의 경험이 빠르거나 어려운 데 관계가 있을 것이다.

이제 우리가 대화를 나눈 상당수의 남녀 성인들이 3단계의 종합적-인습적 신앙 형태를 가지고 있다고 말하는 것이 가장 타당하다는 사실을 이야기할 때가 되었다. 브라이언과 같은 청년들에게는 3단계에서 정체감과 신앙을 형성하는 것이 상황에 따라 변화될 만큼 자유로우며, 10대 후반이나 20대 초반이 되면 분명 4단계로의 전이를 원하게 된다. 그러나 다른 사람들(린다도 그 중 한 명일 것이다)에게는 3단계에 형성된 정체감과 신앙이 균형 잡힌 스타일로 영구히 자리잡게 된다. 어떻게 이런 일이 이루어지는지 알아보기 위해 3단계의 다른 구조적인 특징을 몇 가지 살펴볼 필요가 있다.

형성 단계에 있는 사춘기나 3단계에서 마음의 평정을 찾은 성인 모두에게 그들에게 영향을 주는 이미지와 가치를 전달해 주는 체제는 '암묵'(暗默)적 구조로 남아 있다. 암묵적이란 뜻은 검증되지 않았다는 뜻이다. 마이클 폴라니(Michael Polanyi)가 말한 나의 암묵적인 지식은 내가 선택하는 것을 도와주고 결정해 주는 역할을 하는, 내가 알고 있는 것의 일부지만 설명은 할 수 없는 것이다. 나는 내가 암묵적인 지식으로 어떻게 아는지 이야기할 수 없다. 3단계의 이미지와 가치 구조가 암묵적으로 이루어져 있다고 말하는 것은 철학자 조지 산타야나(George Santayana)가 한 말을 생각나게 한다. "누가 제일 먼저 물을 발견했는지 알 수 없다. 하지만 우리는 물이 물고기가 아니라는 사실을 확실히 알 수 있다." 의미와 가치의 암묵적 구조 속에서 살아간다는 것은 물고기의 상태에 비유할 수 있다. 물고기가 어항 안에서 물의 도움을 받고 물에서 살고 있지만 어항이 어떻게 생겼는지, 그 실체가 무엇인지를 보려고 밖으로 뛰쳐나갈 수는 없다. 3단계에 있는 사람은 가치와 규범적인 이미지를 가지고 있다는 것을 의식한다. 그는 그것들을 입으로 말하고, 지키고, 감정적으로 깊이 표출한다. 하지만 가치 체제를 '하나의 체제로서' 성찰의 대상으로 만들지는 못한다(1966).

3단계에 있는 사람이 자신의 암묵적 가치 체제를 비판적으로 바라볼 수 있도록 해주는 상황에 부딪히거나 이에 반응하는 것은 중요하다. 이러한 상황 속에서 4단계의 '명백한' 체제로 변환한다. 자신의 가치관과 자신이 속해 있는 공동체의 일원으로서 새로운 성격의 선택과 개인적인 책임감을 가질 수 있게 된다. 그러나 많은 이유로 사람들은 그들의 신앙과 가치관을 좀더 의식적으로 책임감 있게 받아들이려 하지 않고 외부의 권위를 의존하며 그들이 의식하고 있는 특정한 가치와 이미지에 만족하고 있음을 재확인한다.

'체제'를 의식하거나 하지 못하는 것은 3단계에서 세계에 대한 관점을 구축하는 데 또다른 요인이 된다. 3단계는 강한 상호적인 성향을 띠고 있는 개인들이 모여 있는데, 개인적인 상호 관계보다 다른 그룹이나 계층에 쏠리는 특성을 지니고 있다. 그래서 상호적인 관계를 연장하여 사회적인 관계를 구축한다. 법이나, 규율, 역할, 구조적으로 일정한 틀을 지니고 있는 체계의 의미에서 본 사회를 말하는 것이 아니라, 관계를 맺는 상호적인 방법과 그 사람의 인격으로 다른 사람들을 알고 평가하게 된다는 뜻이다. 실제적으로 이러한 방식으로 알게 될 때 사람들은 그들의 삶을 형성하고 제한하는 사회구조적 요인들과 분리된다. '나와 가장 친한 친구들은 X'라고 말하는데 그 X가 어떤 인종적, 종교적, 민족적 '외집단'을 지칭하는 것은 이런 식의 상호적인 관계로 구성해 나가려는 성향이 지속되고 있는 것이다. 다시 말해서 자신의 친구들을 그 외집단으로부터 자신에게 개인적인 가치 있는 개념으로 동화시키려고 하는 것이다. 실제로 그들의 삶을 형성하는 데 강력하게 영향을 끼치는 사회적 상황이나 정치적인 실체들, 그리고 그 집단의 역사로부터 효과적으로 그들을 분리시키려고 하면서 말이다.

이제 3단계적 특성이 강한 사람들이 어떻게 상징을 사용하며 그 상징들을 초월적인 존재와 어떻게 연관시키는가 하는 것을 보여주면서 3단계의 구조적인 특성을 이야기해야 할 필요가 있다. 앞에서 우리는 신앙이 의미와 가치 체계에 대한 강하고 영속적인 이미지들, 즉, 궁극적인 환경을 형성한다는 점을 살펴보았다. 3단계에 있는 사람에게는 가치와 의미의 폭넓은 암묵적 구조와 더불어, 그들의 신앙을 표현하는 상징과 의식적인 표상들이 조직적으로 그리고 대체할 수 없도록 그들의 의미 체계의 완전한 실체들과 묶여 있다. 바꾸어 말하자면, 가장 깊은 의미와 신앙을 표현하는 상징들이 그들이 상징하는 것과 분리될 수 없다는 것이다.

앞으로 살펴보겠지만 4단계에서 자신의 의미 체제를 하나의 체제로 보게 되는 과정에서 일종의 비신화화가 일어날 수 있다. 의미들은 그 의미를 내포하고 있는 상징과 분리될 수 있다. 이는 상징에게 다른 방식으로 표현되어질 수 있는 의미를 위한 매개체로서의 지위를 부여하는 것이다. 그러나 3단계에서는 비신화화가 의미에 대한 근본적인 위협으로 느껴진다. 의미와 상징이 함께 결합되어 있기 때문이다. 예를 들어보자. 1960년대에 건축 근로자들과 베트남 전쟁을 강렬히 비난하는 젊은이들 사이에 미국 국기를 거부하는 주장이 일었다. 내 생각에는, 두 그룹 모두에게 국기와 국기가 가지고 있는 의미는 분리될 수 없이 뒤얽혀 있다. 건설 근로자들에게 국기는 그들이 가지고 있는 가장 깊은 의미와 정체감에 담겨 있는 꿈과 믿음의 상징이었다. 국기를 파괴하는 것은 정체감과 가치의 바탕을 이루는 신성한 이미지와 신화를 파괴하는 것이었다. 그러나 베트남 전쟁을 반대하는 사람들에게 국기는 변화되고 정화되어야만 하는 역사와 현실을 상징했다. 국가에 대해 매우 다른 경험을 가지고 있는 두 세대간의 갈등으로 보여지기도 하는, 때로는 유혈사태까지 가져온 저항은 두 집단 모두에게 국기가 그들이 느끼는 강한 의미와 분리될 수 없다는 사실을 인식하지 않고서는 설명할 수 없다.

3단계에서 종교적인 의미와 상징은 비슷한 방식으로 서로 영향을 끼친다. 3단계에 있는 사람은 일종의 상징적 형태들의 근본주의적 입장에서 특정한 상징에 묶여 있다기보다는 신성한 것에 대한 상징 - 그들 자신이나 다른 사람들의 - 은 신성한 것과 불가분의 관계로 연관되어 있다. 따라서 고귀한 상징들은 그 자체가 신성하며 의미의 깊이다. 그래서 비신화화 작업은 어떤 것이든 상징의 역할을 위협하고, 결국 신성한 것 자체에 대한 모독으로서 받아들이게 된다.

거꾸로, 3단계에서 나타나는 상징을 통해 연관되는 방식에 있어서 상징이 점점 사소한 것이 되고 공동의 중요한 상징을 기리는 의식에서 벗어나게 될 때, 신성한 것은 무의미한 것이 되어 버린다. 이러한 현상이 사회에 널리 퍼지게 되면 - 오늘날 우리 사회처럼 - 의미와 의미 있는 상징들의 공허함으로 결국 갈등과 노이로제 현상이 만연하고, 그리고 모든 초자연적이고 정신적인 현상에 대한 관심이 제기된다.

잠시 되돌아보면 3단계에서 가치와 의미의 구조에 대한 암묵적인 성격에 대해 이야기했었다. 그리고 상호적 관계 방식이 사회적이고 정치적인 관계를 구축하는 패러다임을 제공한다는 것을 살펴보았다. 마지막으로 3단계에서는 상징하는 실체와 연관된 상징이 서로 분리될 수 없는 것으로 보며, 그들이 상징하는 실체와 연관된 상징과 의식을 통해 초월적인 것과 관계를 맺는다는 것을 이야기했다. 사람들이나 집단이 3단계에서 어떻게 평정을 찾을 수 있는지를 좀더 명확히 설명하는 데 도움이 될 수 있을 것이다. 여러 면에서 종교 기구는 3단계적인 특성을 가장 강하게 띠고 있는 사람들로 이루어질 때 가장 활성화된다.

종교와 종교 제도들에 대한 많은 비평들은 한 제도안에서 종교적이어야 한다는 것은 반드시 종합적-인습적으로 되는 것을 의미한다고 잘못 이야기하고 있다. 이러한 잘못된 비평도 이해할 만한 일이다. 미국 내에서는 많은 사람들의 교회 생활이 다분히 종합적-인습적이라고 이야기할 수 있기 때문이다. 게다가 텔레비전 선교사들이나 고도의 매스컴 신앙 단체들은 종합적-인습적인 사람들의 신앙적인 갈증을 다루고 세속화시키는 기술이 발달되어 있다. 그들은 기독교의 중심이 되는 개념들에 대한 상징들의 여파에 호소하고 상호적인 관계에 대한 열정과 의미의 중심에 자리잡고 있는 암묵적인 모습의 기독교 신학을 제공하면서, 새로운 카리스마적 권위를 구성한다. 소위 이러한 전자 교회는 강력한 전자 매스컴과 마음을 끄는 사람들, 그리고 감상적인 '하나님의 말씀'의 신성한 힘(mana) 아래 모호하게 연합되어 있다. 그들은 정통 기독교를 서투르게 모방한 것에 불과하며, 성경적 신앙에 대한 혐오감을 조장할 뿐이다.

이제 몇 명의 성인들과의 인터뷰를 소개하려고 한다. 3단계의 특성을 가장 잘 드러내고 있는 사람들로 지금까지 설명한 특성들과 종합적 관습적 신앙 내용의 다양성을 보여줄 것이다.

D 씨는 인터뷰 당시(1976) 63세였다.[5] 그는 자신을 거의 25년 동안 트럭을 운전한 은퇴한 트럭 운전사라고 소개했다. 인디애나 주 게리의 가난한 백인 지역에서 자랐으며 천주교 공립 학교를 다녔다. 미군에 입대하기 위해 고등학교 2학년에 학교를 그만두었다. 2차대전이 끝날 때까지 2년간 복무했으며 전쟁 후에는 일본에 있었다. 심각한 건강

상의 문제로 58세에 운전을 그만두어야 했으며 일생 동안 매우 열심히 살았다고 자부한다. 그는 자신의 삶을 실제로 만족스럽다고 느끼는 것 같다. 그의 직업에 대해 질문했다.

D 씨: 디트로이트에서 뉴잉글랜드까지 가는 길은 훤히 다 압니다. 가끔 시카고에서 디트로이트까지 가기도 했고 잠시 다른 회사에서 일할 때 미네아폴리스에서 시애틀이나 메인에서 플로리다까지 다니기도 했지요. 하루 종일 달리고 트럭 터미널이나 휴게소에서 다른 기사들과 어울리는 것보다 더 즐거운 일은 없을 거요.

병 때문에 일찍 은퇴했지만 그는 자신을 여전히 트럭 운전사라고 생각하고 있다. 그의 기본적인 가치관과 신념에 대해 묻자 자신의 관점이 정말 중요한 것인지 다소 회의적인 것 같았다.

D 씨: 말씀드릴 게 별로 없습니다. 저는 별다른 생각 없이 살거든요. 다른 트럭 운전사들이나 근로자들과 별로 다른 게 없을 겁니다.

이런 식으로 흥미롭거나 중요한 철학적 구조를 지니고 있지 않다는 것을 이야기하고 있다. 그는 '다른 많은 사람들'과 같다고 한다.
그래도 조금 이야기해 달라고 하자 종합적-인습적 수준이라고 이야기하는 것이 가장 적당한 많은 성인들의 일반적이고 비분석적인 특성을 D 씨는 보여주고 있다. 예를 들어, 그는 오늘날 사회가 아주 많은 문제에 직면하고 있다는 것을 인정하지만 사회가 변하지는 않을 것이라는 생각을 고수하고 있다.

D 씨: 제기랄! 오늘날 문제가 많지요. 내가 어렸을 때도 똑같은 문제들이 있었고, 40년 후에도, 우리가 죽은 지 오래 돼도 똑같을 거요.

그는 '겉으로'는 사회가 변하는 것처럼 보이지만 속으로는 모든 것이 다 그대로라고 생각한다. 특정한 사회 문제를 이야기할 때 그는 부패한 정치가들에 대한 이야기를 끄집어냈다.

D 씨: 시카고처럼 큰 곳에서 작은 도시 뉴잉글랜드로 이사하고 나서 정치가들이 모두 썩었다는 것을 알았죠. 그리고 그들 자신을 위해, 자기들의 이익을 위해 이런 문제들을 만들어 내는 겁니다… 제기랄, 닉슨 대통령에 대한 시끌벅적한 이야기들 좀 보십시오. 닉슨이나 케네디나 존슨이나 아이젠하워나 누구나 다를 게 하나도 없습니다. 그리고 이곳에 있는 녀석들도 다 똑같지요. 두고 보십시오. 지미 카터도 다 똑같다는 게 들통날 테니. 그렇지 않으면 놀라 자빠질 일이지요.

정말 에너지 위기가 계속될 것 같은지 물어 보았다.

D 씨: 그런 게 어디 있습니까? 어떤 썩어빠진 정치꾼이 또 모든 사람들을 속이고 돈을 벌려는 수작이지요.

당시 그는 자신의 삶을 바꾸어 놓은 심각한 질병에 시달리고 있었다. 매우 희귀한 악성 종양으로 의사 말에 의하면 '부동 종양 -한 곳에만 국한되지 않은-으로 제거하기 어려우며 수술도 성공하기 어렵고 사망을 초래할 수도 있다고 한다. 종양 때문에 일을 그만두어야 했던 그는 다소 약해졌지만 위험에도 불구하고 수술하는 데 동의했다. 수술은 성공했고 그 사례가 의학 잡지에 나 잘 알려졌다.

D 씨: 알다시피 저는 의학 잡지에 난 유명한 사람이라구요. 그 똑똑한 의사 선생님들 덕분에 아직도 살고 있지요.

이 이야기를 하면서 인생의 근본적인 의미와 죽음과 죽어가는 데 대한 그의 생각을 살펴보았다.

D 씨:…저는 지금 종교를 믿지 않습니다. 전에도 그랬고 앞으로도 그럴 겁니다. 종교

는 넌센스예요. 태어나고 이렇게 살다가 죽으면 끝이지요. 종교는 사람들에게 뭔가 믿을 만한 게 있다고 하고 그리고 뭔가가 더 있다고 해요. 그건 사람들이 뭔가 더 있길 바라기 때문입니다. 하지만 아무것도 없지요… 헌금 주머니에 돈을 넣다니, 그 돈 있으면 술집에 가서 한잔 하고 날 위해 쓰겠어요! 다른 사람들도 그러는 게 더 낫다고 생각합니다. 쓸데 없는 일로 하고 싶은 일도 못하다니!

D 씨는 늘 이런 생각을 가지고 있었으며 희귀한 병으로 인해 곧 죽을지 모른다고 해도 이 생각은 절대로 바뀌지 않을 것이라고 말한다.

D 씨: 병들었다고 내 생각이 바뀔 이유는 없지요. 운 없게도 나쁜 카드가 걸려든거나 마찬가진데요, 뭘. 하지만 아직도 이 늙은 몸뚱이가 살아 있다는 건 고마운 일입니다.

D 씨는 아무 의미가 없거나 이해할 수 없는 물음이라 생각해서인지 인생의 근본적인 목적이나 의미에 관한 질문은 염두에 두지 않는 것 같다. 그는 이해하기 힘든 물음이므로 그냥 내버려두어야 하며 그리 심각하게 생각해 볼 가치가 없는 것이라고 생각한다. 그래서 다음과 같이 재미있는 대답을 하고 있다.

D 씨: 열일곱 살짜리 아이에게 가서 이 질문을 해보시오. 대답을 할지도 모르니까. 하지만 진짜 대답은 자기 품에 안고 싶은 젊고 예쁜 여자일거요. 그리고 그 젊고 예쁜 여자의 대답도 그 잘생긴 젊은이일거요. 그건 본능이지요. 그리고… 예순세 살이나 된 나이에도 젊고 예쁜 여자를 쳐다본다는 걸 자랑스럽게 얘기할 수 있소! 당신 생각은 어떻소? 이거야말로 대단한거 아니요?

D 씨는 간단하게나마 자신의 신념이 어떤 체제를 가지고 있는지 그 윤곽을 보여주었다. 그러나 실제로 이는 그가 스스로 '평범한 사람의 관점'이라고 생각한 의견들을 대충 집약해 놓은 것이다. 그리고 어떤 의미에서는 그가 올바르다. 특별히 사색적이지는 않지

만 사색적으로 보이려고 가장하지 않기 때문이다. 어떤 생각들은 진부한 것처럼 보이기도 한다(예를 들어 모든 정치가들은 예외없이 부패했다거나 모든 정치적 위기는 부패한 정치가들이 꾸며낸 일에 지나지 않는다는 등). 개인적인 철학에 대한 그의 이야기처럼 그의 시각은 자성적인 과정을 거친 결과가 아니다. 오히려 그의 시각은 그를 공동체, 열심히 일하는 사람들이라고 생각하는 공동체의 일원으로 만들었다. 이것이 '종합적'이고 '관습적'이라는 말 뒤에 숨겨진 중심적인 의미이다. 3단계의 개인의 신앙 구조는 관습적이다. 모든 사람들의 신앙 구조 또는 전체 공동체의 신앙 구조로 보기 때문이다. 그리고 일종의 통합된 일반적이고 총체적인 것으로 비분석적이기 때문에 종합적이다. 사실 D씨에게 가치관이나 신념에 관해 이야기하는 것은 자신이 속해 있다고 보는 공동체와의 결속을 확인하는 것이다. 그는 자신을 구별짓는 가치관을 이야기하지도 않고 가치관을 점검해 보지도 않으며 자신의 가치관이 옳다고 확신하지도 않는다. 오히려 이런 이야기를 통해 다른 사람들과의 공통성이나 연관성을 확인하려고 한다.

다른 예를 한 가지 더 살펴보자. 40세의 안토니는 뉴잉글랜드 시의 이탈리아 사람들이 주로 사는 구역에 훌륭한 집을 가지고 있다. 그는 자신을 '근로자'라고 이야기하며 아내와 두 자녀를 부양하는 것을 자랑스럽게 생각한다. 안토니는 자신의 가치관과 사고방식이 이민 온 그의 부모나 형제 자매들과 다르다고 생각한다. 가족들과 근본적으로 다르다고 여기는 것은 말로 설명하기 어려운 그가 가지고 있는 느낌이다. 안토니는 말을 빠르게 하고 많이 하는 편이다. 하지만 스스로 말하길 자신이 느끼고 알고 있는 것을 말로 표현하는 것이 정말 어렵다고 한다. 그는 세상이 자기 때보다 두 자녀들 때가 되면 훨씬 힘들어질거라고 믿는다. 자녀들이 잘 대처해 나갈 수 있도록 준비하거나 세상을 바꾸기 위해 자신이 무엇을 해야하는지 혼란스러워한다. 그는 가치관이란 가정에서 부모로부터 전달되는 것이며 그의 자녀들도 그의 아내가 지니고 있는 가치관들을 이어갈 수 있다고 믿는다. 아이들을 교구 학교에 보낸 데는 아내의 역할이 컸을지도 모른다. 안토니는 종교에 아무런 관심이 없으며 실천적인 가톨릭 신자가 아니다. 그는 직장을 잃게 될지도 몰라 걱정하고 있다고 한다. 이러한 상황에서 그의 가장 커다란 두려움은 자신의 '남성다움'을 잃을지도 모른다는 것이다. 훌륭한 경제적 부양자로서 그리고 성적으로 남성이라는 의미 모두를 뜻하는 것 같다. 그의 가치관의 중심은 그의 가족이다. 그는 가족을 상징하는 데 바퀴가 넷 달린 자동차 이미지를 사용하고 있다. 가장으로서 그는 운전사며 일급 기계공이다. 바퀴가 같은 방향으로 잘 달리고 있는지 엔진이 효과적으로 조화롭게 움직이고 있는지 살펴보는 것이 그의 의무다. 또한 가족들이 – 아버지를 포함하여 – 서로에게 다할 도리가 있다고 생각한다.

> 안토니: 보세요, 이건 바퀴 네 개 달린 자동차가 여기서 방향을 꺾는 것과 같습니다. 우리는 바퀴들이 모두 제자리를 잘 지키도록 해야 합니다. 하나라도 탈선하게 되면 제자리에 다시 갔다놓아야 하지요. 마찬가지로 누구든-남자, 커다란 바퀴라도 말입니다-곧은 길을 따라 잘 가야합니다. 질서를 지켜야 하지요. 벗어날 수도 있을 겁니다. 하지만 가족이란 건 "이봐, 잠깐 기다려… 너는 벗어났어. 돌아와야 해"라고 말하고 누군가 가서 데리고와야 하는 겁니다. 그래서 남이 하는 이야기나 안 된다고 하는 이야기나 비난 같은 것을 잘 받아들일 수 있어야 하지요.

인생의 중반기에 접어든 안토니는 자신의 인생을 평가해 보았다. 앞에서 살펴본 두 명의 십대처럼 자신의 동료들의 성공의 수준과 판단에 맞추려는 경향이 강했다.

> 안토니: 내 인생이요? 글쎄요, 전 행복합니다… 잘 살고 있지요… 제가 믿고 있는 것은 오로지 게임을 정당하게 하자는 겁니다. 규칙에 따라서 말입니다. 인생이 계속되는 동안 말입니다. 후우! 그런데 갑자기 단두대에 칼이 떨어진 것 같습니다. 모든 게 완전히 멈추려는 것처럼 말이죠. 제 인생은, 글쎄요, 평범하다고 생각합니다… 음…그저 조용히 정상적으로 일하는 사람이지요. 보시다시피 뭐 별다른 건 없습니다. 다른 사람들보다 더 낫다거나 나쁘다는 생각은 안 듭니다. 아침이면 일어나 직장에 나가지요. 일상적인 생활, 아주 평범한 생활입니다. 다람쥐 쳇바퀴 도는 것 같지만 그런대로 잘 받아들이고 잘 살고 있지요. 이게 잘못됐다고 생각했다면 이렇지 않았을 겁니다. 글쎄요… 일하는 게 잘못됐다고 생각했다면 일하지 않았을 테지요. 해야할 일을 한 거라고 생각합니다. 이렇게 교육받고 자랐는지는 잘 모르겠지만 말입니다. 어쨌든 저는 이렇습니다. 그리고 모든 게 다 괜찮다고 생각합니다. 모든 게 다 괜찮

아야지요. 아내도 그렇게 생각하는 것 같습니다. 그렇지 않다면 어떻게 같이 살겠습니까?…

안토니의 세계에서는 가족의 복지를 위한 자신의 헌신으로부터 나온 기대감과 의무감의 틀에 맞추는 것이 가족에게 결속을 가져오는 것 같다. 그는 '그저 조용히 정상적으로 일하는 사람'이라고 말했고 각자가 통제하지 않는다면 제멋대로 굴러갈 수도 있는 바퀴달린 자동차로 가족의 이미지를 설명했다. 그의 인생에 무엇이 질서와 정당성을 부여하는가에 대한 그의 생각을 이야기한 부분도 있다.

안토니: 모든 일은, 어디 봅시다, 그러니까 법을 준수하는 것, 법뿐 아니라 뭐든지 말입니다. 그것은 그 사람의, 종교적인 이야기는 하지 맙시다, 법에 달려 있습니다. 만일 당신이 살아가는, 음, 그러니까 당신이 지키면서 사는 어떤 규율-그것을 다른 사람들이 다 알 수 있도록 공개했든 아니든 - 이 있다면 그 규율이나 법은 자기가 옳고 그르다고 생각하는 것입니다. 그걸 지키면서 산다면 자신이 하는 일은 옳은 겁니다…
질문자: 그럼, 가족에 대해서 당신은 어떤 규율을 가지고 있다고 생각하십니까?
안토니: 가족에 대해 성실한 겁니다. 절대로 가족들을 속이려 들지 않고 약속을 깨뜨리지 않고… 저는 제가 하는 모든 게 다 올바른 일이라고 생각합니다. 하나님이나 누구 다른 사람이 이런 제 법을 만든 게 아닙니다. 글쎄요, 잘 모르겠군요. 제가 옳다고 느끼는 겁니다… 그리고 여태까지 해 온 일도 다 옳았다고 생각합니다.

D 씨와 안토니의 경우에서 우리는 그들이 종합적-인습적 단계에 머물러 있는 이유를 찾아볼 수 있는 몇 가지 요인을 발견할 수 있다. 모두 제한된 교육 환경에서 자랐고 자신의 내면의 상태나 태도, 가치관, 다른 사람에 대한 느낌을 언어로 표현하는 데 다소 어려움을 보여주고 있으며 자신의 인생의 자세가 올바르다고 느낄 필요가 있음을 보여준다. 하지만 그들과 같다고 생각되는 다른 사람들의 인정을 받거나 그들과 비교하기 위한 자기 성찰은 부족하다. 두 사람 모두 도시에 거주하는 가톨릭 근로자 계층이 종교적인 활

동에서 멀어져 가는, 전통과 관련된 이유들로 교회와 지속적이고 의미있는 관계를 맺고 있지 않다.

이제 마지막 종합적-인습적 신앙을 지닌 성인의 사례로 M 부인의 이야기를 살펴보려고 한다. 가난한 소작농에서 자란 남부 여인인 M 부인은 61세로 최근 '자신의 삶을 그리스도께 다시 헌신' 하고자 서던침례교회에 나가기 시작했다.

M 부인은 남부의 농장 지역에서 자랐으며 아버지는 지주로부터 수확량의 4분의 1을 받고 토지를 경작하는 소작농이었다. 대가족의 셋째 아이로 태어났으며, 그녀의 말에 의하면 아버지는 학교에 다니고 주일학교에 가고 할아버지 할머니를 방문하는 것 외에는 하고 싶은 일을 거의 허락하지 않은 완고한 분이었다. 어머니는 교육도 조금 받고 아버지보다 나은 환경에서 자란 여자로 아버지가 화를 내거나 지나치게 엄격해도 감히 아버지로부터 자식들을 보호하거나 맞서지 못하는 분이었다. M 부인은 열일곱 살 때 집에서 도망쳐 결혼을 했다. 그녀는 꼭 자기 아버지와 같은 남자와 결혼했고 세 자녀를 두었다. 그는 건설 노동자였으며 자주 이사를 다녔다. 결국 그는 다른 여자들 주위를 맴돌고 이제 알콜 중독이 걸릴 지경에 이르렀다. 술을 마시면 난폭해졌고 그녀가 서른 살이 되었을 때 그녀의 아버지와 어머니가 그에게 일자리를 구하고 이혼할 것을 강권했다. 그녀가 일하러 간 동안 어머니가 아이들을 돌보아 주었으며 그녀는 자신의 일에 만족했다. 곧 그는 직장에서 알게 된 남자와 사귀다 결혼을 하려고 했지만 두 가족들이 모두 강하게 반대했다(남자가 그녀보다 훨씬 어렸기 때문이었다). 그래서 그들은 직장을 그만두고 세 명의 자녀를 데리고 그녀의 친척이 사는 다른 주로 이주했다. 거기서 결혼식을 올리고 보금자리를 차렸으며 일자리를 구해 같은 회사에 다니기 시작했다.

두번째 남편과의 사이에서 두 명의 자녀를 낳았다. 그리고, 그녀의 말에 의하면, 주로 그녀의 친구보다는 그의 친구들이 많았다고 한다. 시간이 나면 주로 그가 좋아하는 자동차나 모터 싸이클 경주, 또는 미식 축구를 보았다. 둘이서 함께 즐길 만한 다른 방법을 찾지 못했다. 그는 40대 후반에 커다란 병을 앓고 나서 자신의 비서와 결혼하기 위해 그녀와 이혼했다. 24년 동안의 결혼생활이었다. 우리에게 자신의 인생을 돌아보며 이야기를 들려줄 때 그녀는 57세로 이혼한 지 5년이 지났을 때였다.

M 부인: 철이 들고 나서야 인생에서 뭔가를 얻기 위해 내가 할 수 있었을 만한 일들

을 하지 못했다는 것을 알게 되었어요… 저는 대학에 다닐 수도 있었죠… 하지만 일만 했어요. 그리고 늘 불행했었지요. 제 생각에는 다른 사람들이 하는 일을 하지 못했기 때문에 그런 것 같아요. 2차대전에서 살아 남았지만 교회에도 나가지 않았지요. 언제나 이사를 다녀서요. 두번째 결혼했을 때는 나가보려고 노력했지만 우리 둘의 나이 차가 있어 성경공부를 따로 해야 했지요. 그래서 그만두었어요. 우리가 함께 한 일이라고는 야외극장에 가거나 좋은 레스토랑에 가서 저녁을 먹거나, 지겹도록 자동차 경주나 야구를 보는 거였습니다. 그는 골프를 쳤고 몇 년 동안 오거스타 대회에 나갔습니다. 그는 어디나 날 데리고 다녔어요. 결국 나는 "난 아이들과 집에 있고 싶어. 다른 사람과 같이 가요"라고 이야기했지요… 하지만 나는 늘 어떻게 해야 좋을지 몰랐어요. 언제나 글을 쓰고 그림을 그리고 싶었지요. 하지만 아무것도 해 보지 못했어요. 저는 한 번도 하고 싶은 일을 하려고 노력해 보지 못했어요. 일생 동안 불행하다고 생각한 적이 많았던 건 제 자신을 싫어했기 때문인 것 같아요. 제가 다른 사람들에게 하는 일들이 싫었지요. 부모님을 속상하게 해 드리고 제가 원하는 것 때문에 세 명의 아이들을 가족과 친구들과 떨어지게 했어요. 두번째 남편은 좋은 사람이었고 나나 아이들에게 잘해 주었어요. 돌아보면 제 잘못이 컸던 것 같습니다. 하지만 이제는 제 삶을 주님께 바치기로 하고 다시 교회에 다니기 시작했고 기분도 훨씬 좋아졌습니다.

M 부인의 절망은 다른 사람들이 하는 일을 하지 못했다는 생각에서 온 것이었다. 이러한 깊은 실패감은 D 씨와 안토니가 가지고 있는 자신의 삶이 '평범'하고 옳다는 생각과 정반대다. 그러나 둘 다 '모든 사람들'의 관습적인 삶의 형태를 기준으로 한 서로 다른 양면이다. 이러한 사회적 양심이 그녀에게 아이들의 시중을 들고 응석받이로 만든 것을 잘했다고 이야기한다. 그러나 여성들이 지니고 있는 독선과 해방감이 새로운 사회적 통념이 된 시점에 있어서 M 부인.은 자신의 선택을 슬픈 시각으로 보고 있다.

결혼한 딸과 살고 있는 지금, M 부인은 거의 왕복 50마일이나 되는 교회에 손수 차를 몰고 참석하고 있다. 어떤 주일엔 하루에 두 번 가기도 하고 한 주 동안 이틀에 한 번씩 가기도 한다. 거기서 새신자들을 위해 벌이는 교회의 봉사 활동에 참여하고 있다.

마지막으로, 신앙에 대한 그녀의 사고 방식을 살펴보려고 한다. 여기서 외부의 권위에 대한 종합적-인습적 의존 형태와 그 상호적인 이미지와 가치에 의미를 구축하는 것을 볼 수 있을 것이다.

질문자: 이 세상에서의 삶이 미래에도 계속되리라고 생각하십니까? 아니면 종말이 가까왔다고 생각하십니까?

M 부인: 성경에는 마지막 때에 일어날 일들에 관한 이야기가 많은데 요즈음 그런 일들이 일어나고 있어요. 제 생각에는 종말이 가까왔다고 생각합니다. 성경을 아주 많이 아는 선생님이 성경에 의하면 종말은 2천년 전에 올거라고 이야기하는 것을 들었습니다.

질문자: 당신도 그렇게 생각하십니까?

M 부인: 그 선생님의 말을 들으면 들을수록 그 말이 옳다는 것을 더 믿게 되요.

질문자: 당신은 하나님을 언급했는데 하나님이라는 단어를 들으면 어떤 느낌이 들지요?

M 부인: 슬프고 부끄러워져요. 제 인생을 낭비했기 때문이예요. 하나님께서 제가 저지른 모든 잘못을 용서해 주시고 저를 사랑하신다는 것을 잘 알고 있어요. 늘 하나님께 가까이 다가가는 느낌이 들어요. 그래서 다시 교회 일을 열심히 하고 있지요. 물론 하나님께 멀어진 것 같은 느낌이 들 때도 있어요. 하지만 멀어진 건 바로 나지 하나님이 아니라는 것도 압니다. 우리가 모두 잠시 멈춰서 받은 축복을 세어 본다면 하나님께 감사할 게 굉장히 많다는 것을 배웠지요.[6]

이제 신앙의 종합적-인습적 단계의 특징들을 요약해보자.

종합적-인습적 신앙 요약. 3단계의 종합적-인습적 신앙에서는 그 사람의 세상에 대한 경험이 가족의 범위를 넘어선다. 몇 가지 영역에 주의할 필요가 있다: 가족, 학교나 직장, 동료나 또래 친구들, 주변 사람들, 매스컴, 그리고 종교다. 신앙은 좀더 복잡해지고 다양해진 관계의 영역 한가운데에 응집하려는 성향을 부여하고, 가치와 정보를 종합하고, 정체감과 가치관에 토대를 제공해야 한다.

3단계는 전형적으로 청년기에 시작돼서 고조되지만 많은 성인들은 이 단계에서 균형을 찾고 영구히 지속하게 된다. 상호적인 관계 속에서 궁극적인 환경을 구축하고 통합된 가치와 능력의 이미지들은 개인적인 관계에서 경험한 특성들의 연장에서 온다. 의미있는 타인들의 기대와 판단에 정확히 맞추려 하고, 독립적인 관점을 형성하고 유지하기 위한 자발적인 판단과 자신의 정체감을 분명히 가지고 있지 못하다는 의미에서 볼 때 '순응'하는 단계라고 이야기할 수 있다. 신념과 가치관을 깊이 느끼는 반면 암묵적으로 지니고 있어 그 신념과 가치관과 그것들을 매개하는 의미있는 세계 안에 '거한다'. 하지만 그것들은 분명하게 체계적으로 성찰하고 점검하기 위해 그 바깥으로 나오는 경우는 없다. 3단계에서 사람은 가치관과 신념이 다소 지속적으로 밀집된 '이데올로기'를 가지고 있지만 이를 검토해 보기 위해 객관화시키지 못하며 어떤 의미에서는 이를 지니고 있다는 사실을 인식하지 못하고 있다. 다른 사람들과의 사고 방식의 차이는 그 사람들과 '부류'가 다르다는 것으로 느낀다. 전통적으로 권위를 가지고 있는 인물(개인적으로 가치가 있다고 느낀다면)이나 가치 있는 것으로 합의가 된 것이나, 자신과 직접 대면하는 집단이 권위를 가지고 있다.

이 단계가 출현하기 위해서는 개인적인 신화-정체감과 신앙에 있어서 자신의 존재에 대한 신화, 개인적인 성격에 따라 통일된 궁극적인 환경의 이미지 안에서 자신의 과거와 기대하는 미래가 통합되어진 신화를 구성하는 능력이 있어야 한다.

이 단계는 두 가지 위험과 약점을 지니고 있다. 다른 사람들의 기대와 평가가 강제적으로 내면화되어 (신성시되어) 후에 자율적인 판단과 행동에 혼란이 올 우려가 있다는 것과 상호적인 관계 속에서 배신감을 느끼게 되면 궁극적인 존재에 대한 개인적인 원칙에 허무적인 절망을 느끼거나 이에 대한 보상으로 세속적인 관계와 상관없이 하나님과의 친밀감을 갖게 되는 것이다.

3단계가 깨지고 다음 단계로 전이되기 위한 준비 요소들은 다음과 같다: 가치를 부여한 권위 있는 존재들 사이의 심각한 충돌이나 모순; 공식적으로 신성시된 지도자에 의한 변화나 전에는 신성하고 깨트릴 수 없을 것처럼 보인 정책이나 관습의 변화(예를 들어, 가톨릭에서 미사를 라틴어에서 통용되는 말로 바꾼 것이나, 금요일에 고기를 먹는 것을 더이상 금하지 않는다거나 하는 것); 자신의 신념과 가치관이 어떻게 형성되었으며 어떻게 변하는지, 그것들이 자신의 환경이나 특정한 그룹과 어떻게 '연관' 되어 있는지를 깊이 성찰해 볼 경험이나 관점에 부딪히게 된 사건 등이다. '집을 떠나는' 경험-감정적으로든 실제로든-은 자주 자기 자신이나 주위 환경, 그리고 단계의 전이를 가져오는 삶을 이끄는 가치관을 되돌아보게 한다.

4단계 : 개별적-반성적 신앙

우리가 잭과 대화를 나누었을 때 그는 28세였다. 그는 북동부 어느 도시의 하층 소수민족 거주지에 있는 대가족 가정에서 자랐다. 아일랜드인 아버지와 이탈리안인 어머니는 험한 결혼 생활을 했다. 열 명의 아이들 중 네번째로 태어난 잭은 부모들의 부부 싸움에 특히 민감했던 것 같다. 알콜 중독에 걸린 아버지에 대해 분노와 슬픔을 느꼈고 어머니를 매우 두려워했다. 이웃 사람들은 그와 형제들의 이름을 알려고 하지 않았고 모두들 '도노반' (아무도 이런 이름을 가진 사람은 없었다)이라고 불렸다. 형제들은 목소리가 매우 비슷해서 잭은 때때로 다른 형제가 이야기하는 것을 들으면 마치 자기가 이야기하고 있는 것 같았다고 한다.

6년 동안 공립학교에 다녔으며 중학생이 되자 가족 형편에 비해 상당히 비싼 가톨릭 교구 학교로 다녔다. 교구 학교는 힘들었다. 초등학교를 다닐 때는 쭉 반장이었는데 그의 생각으로는 단순히 결석하지 않고 옷을 깨끗하게 입고 다니며, 관심이 있는 것처럼 보여서 그런 것 같았다. 그 때나 지금이나 잭은 결코 자신이 특별히 똑똑하거나 재능이 있다고 생각지 않았다.

그의 말에 의하면, 중학교에서는 신앙에 대해 가장 중요하게 가르쳤다고 한다. 중학교 1학년 때 잭은 일종의 종교적 회심을 체험하게 되었다. 봄에, 부활절이 다가올 무렵, 그는 매일 미사를 드리러 다녔고 두 번에 걸쳐 9일 연속 기도를 드렸다. 그는 이렇게 말했다. "저는 제 자신이 예수 그리스도의 특별한 자녀 가운데 한사람이라고 생각하게 되었습니다. 주님과 일종의 거래 같은 걸 한 거죠. 아버지가 술을 좀 끊도록 도와주시면 주님을 열심히 믿는 학생이 되겠다고 약속했지요."

1학년이 끝나갈 무렵 수녀인 그녀의 선생님이 운명적인 실수를 했다. 교실에서 잭을 불러 세우고 이렇게 이야기한 것이다. "매일같이 성실하게 미사에 참석한 학생은 우리

반에서 잭밖에 없습니다. 저는 잭이 아주 자랑스럽습니다." 그 때부터 못된 친구들이 잭을 괴롭혀 대기 시작했으며 나머지 2년 동안 신앙적으로 인정받은 그 순간으로 인해 고통스런 대가를 치러야 했다고 말했다. "저는 교회에 다니는 걸 그만 두었습니다. 아버지가 술을 끊지 않아서 그랬을 겁니다. 사실 아버지는 금요일, 토요일, 일요일뿐 아니라 목요일 밤까지도 술을 마시러 다니기 시작했지요."

열아홉 살에 그는 군대에 입대했다. 훈련을 받으러 메릴랜드로 간 것이 그 때까지 살던 도시를 처음으로 떠나 본 여행이었다. "그 여행은 제 눈을 열어 주었습니다. 저는 다른 지역에서 온 사람들과 잘 지냈고 특별히 저와 같은 도시 출신들과 잘 지냈습니다." 그는 군대에서 많은 것을 배웠다. 그의 말에 의하면, "감옥처럼 이야기 말고는 달리 할 일이 없었기" 때문이었다.

잭은 흑인 음악가들이 연주하는 몇 군데 술집에서 많은 시간을 보냈다. 그는 그 음악을 좋아하게 되었는데 흑인 군인들과의 대화가 그에게 새로운 세상을 열어 주었다. 그 당시 「성벽(Ramparts)」이라는 잡지에는 흑표범당(미국의 흑인 과격파)에 관한 연재 기사가 실리고 있었다. 휴이 뉴튼(Huey Newton), 엘드릿지 클레버(Eldridge Cleaver) 등이 글을 쓰고 말콤 X의 유작도 실렸다. 잭은 이 기사와 흑인 권력에 관해 이야기하면서 새로운 정치 세계를 발견하게 되었다.

"자랄 때 정치란 연설이나 요란한 선전, 선거, 플레이오프 같은 거라고 생각했습니다. 정치에 대해 알고 있다고 생각했었죠. 하지만 이제 정치를 새롭게 보기 시작했습니다. 그 동안 배워왔고 제가 자란 곳에서 모든 사람들이 믿어왔던 흑인들에 대한 편견이 잘못된 것이란 걸 알게 되었죠. 가난한 흑인들과 대결하는 함정에 빠져든 우리 가난한 백인들은 오로지 부자와 권력자들의 이익을 위해 일하고 있다는 것을 알게 되었습니다. 처음으로 정치적인 사고를 하게 된 거지요. 일종의 철학 같은 걸 갖기 시작했습니다."

이 시기에 잭의 형제 중 한 명도 진보적인 정치적 사고에 빠지게 되었다. 잭이 싸우다 영창에 갇히게 되자 이 형이 돈과 그의 관심을 끄는 정치적인 생각들이 담긴 편지를 보내 왔다. 이는 잭이 새로운 시각을 갖는 데 도움이 되었다.

군대를 마치고 집으로 돌아왔을 때 그의 오랜 이웃이 교육에 있어서의 인종차별을 없애려고 법정에서 명령한 (백인·흑인을 함께 태우는) 버스 통학에 겁을 잔뜩 집어먹고 있었다. 잭은 오랜 친구와 친지들에게 그의 새로운 정치 철학을 설명해 주려고 애썼다. "누구든 흑인에 대한 편견을 이야기하려고 하면 어느새 설교를 늘어놓고 있었죠. 저는 우리 주위를 이렇게 만들어 놓은 것은 흑인이 아니라는 점을 설명했습니다. 그러나 늘 결과는 좋지 않았지요. 저는 사람들에게 부자들이 우리가 흑인들과 대결하는 데서 이익을 취한다는 것을 이야기했어요."

그는 곧 주위에서 자신이 소외되고 있다는 것을 알았다. 그는 자신의 새로운 정치적 생각을 함께 나눌 다른 집단을 찾기 시작했다. 그리고 한계에 부딪히게 되었다. 새로운 친구들은 거의 대부분 대학 교육을 받은 사람들이었다. 그들은 그를 색다르게 보았고 그들이 사용하는 언어는 그를 불안하게 만들었다. 그는 이웃 사람들의 리듬과 스타일을 잊어버렸다. 이제 그는 그 어디에도 어울리지 못했다. 그의 새로운 깨달음은 오랜 친구들에게 이상하고 위협스럽게 보였다. 그들은 그가 가지고 있는 일종의 정치적 분석을 할 능력도 관심도 없었고 언어를 사용하는 '그의' 새로운 방식에 위협을 느끼기도 했다.

이 시기에 잭은 중산층 가정에서 자란 한 똑똑한 젊은 여성과 결혼했다. 그녀는 그와 공통적인 관심을 가지고 헌신하고 있었다. 그는 곧 주 정부에서 낮은 직책의 일을 하게 되었다. 두 아이를 낳은 부인은 결국 의료 기술자 일을 그만두게 되었고 우리와 대화를 나눌 당시에는 연봉 12,000달러를 받는 잭의 수입을 보충하기 위해 저녁마다 식당 종업원으로 일하고 있었다. 대화를 나눌 무렵 잭과 그의 아내는 그들이 사는 도시의 세입자들의 권리를 위한 운동을 이끌고 있었다. 조직을 성공적으로 이끈 그들은 소송을 통해 각자 소유주 협회로부터 모두 백만불에 이르는 돈을 받게 되었다. 잭은 자신들의 헌신을 설명하면서 다음과 같이 이야기하고 있다. "저는 철학에 대해 많이 알지 못합니다. 헤겔이나 마르크스에 대해 알지도 못합니다. 하지만 제가 속한 계층에 대해서는 잘 알고 있고 우리가 해 나가려는 일에 대해서도 잘 압니다. 그리고 자신들의 삶의 기회를 위해 싸우는 데 우리보다 더 나쁜 상황에 처한 사람들이 있다는 것도 압니다. 우리들이 뒷골목에서 싸우고 있다면 그들은 지하에서 싸우고 있습니다. 우리들 아래서 싸우고 있는 사람들을 짓밟지 않도록 조심해야만 합니다. 그들의 권리를 위해 고통당하고 투쟁하는 사람들이 있는 한 저는 계속해서 싸울 것입니다."

무엇보다도 잭의 이야기는 종합적-인습적 단계에서 개별적-반성적인 4단계로 전이되는 중요한 시점에 있음을 꽤 분명하게 보여주고 있다. 군대에 입대할 때 잭은 감정적으로나 지리적으로나 모두 자신의 가정을 떠났다. 우연히 흑인 운동가들의 이데올로기적으로 영향력있고 위협적인 가르침을 받게 되면서 처음으로 자신이 자라는 동안 자신의 이웃과 가족들과 자신이 공통적으로 갖고 있던 확고한 가치 체계를 비판해 보게 되었다. 여기서 우리는 어항 밖으로 나와 자신의 가치관을 진지하게 바라보기 위한 자리를 찾아보려는, 산타야나가 말한 물고기를 볼 수 있다. 흑인 운동가들로부터 배운 '구조'의 분석은 이데올로기들은 특정한 역사를 지니고 있으며 개인이나 집단은 그들의 특정한 경험과 그들이 처해야 했던 조건에서 비롯된 세계관을 가지고 있다는 사실을 깨닫게 되었다. 그는 다른 사람들을 특별한 기질이나 성격을 지닌 개인들로만 보지 않게 되었다. 이제 그는 사람들이 그들의 사회 계층과, 그들이 물려받은 공동체의 역사와, 그들과 그들이 속한 집단이 투쟁하는 경제적 조건과 기회에 의해 특성지어진다는 것을 깨닫게 되었다. 잭은 종합적-인습적인, 자신의 독단적인 세계관으로부터 분리되었다고 볼 수 있다. 이를 반대하는 일종의 상호적-독립적인 단계에서, 이를 벗어난 그의 첫번째 변화는, 흑인의 권력 운동과 마르크스의 경제적 반(半)정치적인 분석이 합쳐진 흑인 운동가들의 분명한 이데올로기를 받아들이는 것이었다. 그의 3단계의 암묵적인 가치와 의미 구조는 명확한 4단계 구조로 바뀌기 시작했다.

단계의 전이를 가져온 잭이 경험한 다른 요인들도 4단계 신앙의 특성을 보여주는 데 도움이 될 것이다. 예전에 잭의 정체감은 가족과 친구들, 이웃 세계에 대한 소속감에서 온 것이었다. 10대 초기에 짧은 시간이나마 그에게 중요했던 종교 세계는 2단계에서 3단계로의 전이 과정에서 분명하게 사라진 것 같다. 13세에 잭이 자신의 약속을 성실하게 지켰다해도 하나님은 아버지가 술을 끊도록 도와주지 않으셨다. 이는 잭의 신앙의 2단계에서 상호성의 구조를 붕괴시켰다. 그리고 짓궂은 친구들은 그들의 인습적이며 남성적인 종교에 대한 무관심에 순응하도록 강요했다.

그는 10대 중반에서 후반까지의 '제멋대로의' 시기에, 함께 살아온 군중들로부터 자신을 구별시킬 만한 아무런 특별한 표시도 없었다고 한다. "저는 사랑을 하거나, 싸우거나, 이끌어 가거나, 무슨 특별한 일을 하지 않았습니다." 그의 정체감은 그가 속한 곳에서부터 왔다. 그는 운명적으로 자신이 속해 있는 공동체, 가족, 학교, 친구들, 이웃들 속에서 존재할 수 있는 그런 존재였다. 그러나 잭의 개성이 자신의 고유하지 않은 10대의 정체감 안에서 완전히 표현되었다거나 고갈되었다는 것은 아니다. 그는 10대를 보내는 동안 내내 형이 틀어대는 레코드 소리를 들으면서 혼자 지냈다고 한다. 자기또래 친구들이 그를 소외시키고 싸움을 걸고 때릴 때마다 견디기 힘들었다고, 특별히 친구들이 흑인들을 꾀어 놓고 모든 문제는 '검둥이들' 한테 있다고 뒤집어 씌우는 것을 볼 때 매우 언짢았다고 한다. 그러나 그의 개성의 이러한 면들은 그가 속한 집단이 그에게 준 정체감 안에서는 거의 표현될 수 없었다. 그리고 좋은 옷이나 돈이 거의 없어 여자 친구를 사귄다는 것도 불가능하다고 생각했다고 한다.

그가 군대에 입대한 것은 자신의 정체감을 형성하고 유지하고 제한해 온 상호적인 집단으로부터 벗어나는 것을 의미했다. 다른 청년들에게는 대학에 가는 것이 이와 비슷할 것이다. 자신의 인습적인 가치관을 돌아보게 만든(강요한) 이데올로기를 만나게 되었을 뿐 아니라, 이제 잭은 집으로부터 벗어난 자유(그리고 부담)를 맛보게 되었다.

이는 3단계에서 4단계로 전이되는 매우 중요한 시기를 보여준다. 자신의 종래의 정신적 지주로부터 멀리 떠나 두렵고 다소 방향감각을 상실하는 시기일 수도 있다. 개별적-반성적 단계로 '확실히' 전이하느냐 마느냐 하는 것은 자신을 불러들이는 이데올로기적으로 구성된 그룹의 특성과 자질에 전적으로 달려 있다. 대학에서 느끼는 형제애는 종종 자신의 가족이나 다른 집단을 효과적으로 대신하면서 종래의 이데올로기적 공동체를 보여줘 정체감과 사고 방식이 완전히 개별화되기 어렵게 한다. 많은 신앙 공동체도 마찬가지로 종래에 가지고 있던 신앙 구조를 똑같이 강화시키고 3단계의 고유하지 못한 공동체의 정체감과 외부의 권위에 의존하던 것을 그대로 신성하게 만든다. 많은 젊은이들에게 결혼도 새로운 종합적-인습적 바탕을 만들어 내는 기회가 되며, 부부란 성인으로서의 역할을 요구하므로 잠시나마 개별화 단계로 전이하려는 기회를 제대로 살릴 수 없게 된다.

그러나 잭은 자신을 흑인 군인들과 동일시하면서 그들이 좋아하는 흑인 영가와 흑인 운동가들의 이데올로기에 빠져 4단계로 가는 다리를 확실하게 건너와 버렸다. 앞으로 어떻게 될지 확실하게 알지 못한 채 그는 새로운 정체감과 신앙을 형성하기 시작했다. 예전에 그의 정체감은 함께 자란 운명적으로 관련지어진 공동체의 기능으로부터 온 것이었다. 그러나 이제 확실하게 4단계에 들어서서 이데올로기적 관점을 가지고 자신이 선택한 공동체가 정체감을 형성하도록 해 주었다. 그는 자신이 수용한, 삶을 다시 규정지어 보려고 하는 그 공동체와 사고 방식과의 관련 속에서 새로운 정체감을 형성했다.

4단계로의 순수한 전이가 일어나기 위해서는 권위를 가지고 있는 외부의 존재에 대한 의존이 깨어져야 한다. '그들의 독재'-또는 그럴 가능성-를 중단시켜야 한다. 예전에 지니고 있던 자신의 독선적이고 암묵적인 가치 체계를 비판적으로 성찰해 볼 뿐 아니라 자신 내부에서 권위가 새로운 위치를 찾아야 한다. 개별적-반성적인 사람들에게 다른 사람들의 존재와 그들의 판단이 여전히 중요하게 남아있는 한 그들의 기대감, 충고, 의견 등은 선택할 권리가 있고 그 선택에 대한 책임을 지려는 일단의 내면적인 경험가들을 따르게 될 것이다. 나는 이를 '실행 자아'(executive ego)의 출현이라고 말한다.

4단계가 출현한 두 가지 근본적인 특징은 자신의 예전의 독선적인 가치 체계로부터 바람직한 거리를 두는 것과 실행 자아가 출현하는 것이다. 이러한 현상이 일어나면서 자신의 새로운 정체감을 형성하게 되면, 그는 개인적인 그리고 공동체적인 관계를 선택하고 '생활 방식'을 형성해 가면서 정체감을 표현하고 구현한다.

때로 많은 사람들이 이 이중적인 활동을 절반만 완성하고 나머지는 완성하지 못하는 것을 볼 수 있다. 대학을 다닌 경험이나 여행 또는 다른 공동체로의 이동에 의해 많은 사람들은 그들이 물려받은 세계관과 가치 체계의 상대화를 경험하게 된다. 그들은 그들의 삶에 대한 자신과 다른 사람들의 관점의 상대성에 직면하게 된다. 그러나 이 상대성을 대처하기 위해 외부의 권위에 대한 의존을 깨뜨리지는 못한다(그리고 더 강하게 의존하기까지 한다). 한편 공동체적인 가치관으로부터 자신의 상이한 삶의 방식을 형성하고, 합의적이거나 인습적인 권위에 대한 의존을 깨뜨리며, 강한 실행 자아가 나타나는 것을 보여주는 사람들이 있다. 그러나 공동체적인 독단적 가치 체계로부터 적당한 거리를 유지하지는 못한다. 이 두 가지 경우 중 어느 하나이든 우리는 3단계와 4단계 사이의 전이적인 위치에서 잠재적으로 지속적인 평정을 찾는 것을 볼 수 있다.

이 단계에 대한 이야기를 결말 짓기 위해 개별적-반성적 신앙의 다른 몇 가지 상관 구조적 특징을 살펴보려고 한다. 예를 들어 사회적 시각을 수용하는 데 있어서 4단계는 사회 구조와 조직들을 순수하게 인식하는 관점을 구성하게 된다. 3단계의 개인 지향적인 성격을 지니고 풍부한 상호적인 관점을 수용하고 있지만, 여기에 두 가지 연관된 특징을 더하게 된다. 먼저 4단계는 자아가 계속해서 형성하고 또 재형성하는 이데올로기를 가지고 있다는 사실을 인식하고, 다른 사람들의 이데올로기들의 결정적인 형태와 이를 축적하는 집단 경험을 고려할 뿐 아니라 다른 사람들을 그들의 고유한 성격으로 이해하는 작용을 한다. 두번째로, 구조적 환경 속에서 사회적 관계를 이해하게 된다. 더 이상 사회 관계를 상호적인 관계의 연장으로서 구성하지 않고 법이나 규율, 사회적 역할을 지배하는 기준의 비개인적인 의무의 의미에서 생각하게 된다.

4단계의 의미 구조에 대한 비판적인 성찰을 계속하면서 상징에 대한 관계와 사용은 3단계와 질적으로 달라진다. 예전에 직접적으로 신성한 것을 매개하고 신성한 것 자체로서 받아들여졌던 상징과 의식은 4단계에서 회의적인 물음을 낳는다. 비판적인 성찰을 통해 4단계는 의미란 그것을 표현하는 상징적 매채로부터 분리된 것으로 간주한다. 의식이나 종교적 상징 앞에서 개별적-반성적인 사람은 "하지만 이것이 무엇을 '의미'하는가?"라고 묻게 된다. 상징이나 상징적인 행위가 정말 의미가 있다면, 4단계에서 그 '의미'는 명제나 정의, 또는 개념적인 기초로 변환될 수 있어야 한다.

4단계에 자연스럽게 일어나는 이러한 비신화화 전략은 잃은 것도 얻은 것도 있다. 종교적 상징과 그 능력에 관한 글을 쓴 폴 틸리히는 상징이 상징을 통해 초월적인 존재와 관계를 맺는 사람들에 의해 상징으로 인식될 때 '깨어진 상징'이 된다고 이야기한다(1957, chap. 2). 대신하는 상징이 가지고 있는 신성한 힘과 효과, 전해져 오는 진리에 대한 순수한 의존과 신뢰는 깨어진다. 주도적인 힘을 가지고 행사하는 상징과 상징적인 행위대신 이제 상징을 가지고 있던 회의론자는 상징을 거스르는 힘을 발휘하려고 한다. 이미 일단의 종교적 상징을 통해 초월적인 존재와 동료 경배자들에 대한 관계를 아무런 의심없이 맺었던 사람들에게 4단계에 일어나는 의미의 개념적인 전환은 상실감, 변이, 슬픔, 심지어 죄의식까지 가져올 수 있다.

신학자이자 문화분석학자인 하비 콕스(Harvey Cox)가 그리스도인들의 중심적인 상징적 행위에 대해 순진한 상실감을 맛보았던 자신의 경험을 이야기하는 것을 들은 적이 있다. 콕스는 침례교도지만 고등학교 시절 친구들과 집 근처에 있는 가톨릭 성당에 나갔다. 잠시 동안 자기보다 한 살 정도 많은 천주교 여학생과 데이트를 했다. 그녀는 고등학교를 마치자 그를 떠나 대학에 진학했다. 크리스마스 휴가에 그녀가 돌아왔을 때 하비는 그녀와 함께 크리스마스 이브에 멋진 자정미사를 드리러 갔다. 미사가 끝나갈 무렵 성찬식을 하면서 대학에서 인류학을 막 배운 그 여자친구가 하비에게, "이건 원시적이고 종족 숭배적인 의식이야"라고 속삭였다. 하비가 "뭐라고?" 하고 묻자 그녀는 자신감에 차서 이렇게 대답했다. "원시적인 종족 숭배적인 의식이라구. 거의 모든 근대적인 종교나 종족들이 이런 의식을 하지. 경배자들이 죽은 신의 특권을 흡수하는 식인적인 행위로 자신들을 결속시키고 또 신성한 힘과 결속시키는 의식이야." 콕스는 그 이후 더 이상 성찬식이 예전과 같지 않았다고 이야기했다. 상징으로서 인식되는 상징은 깨어진 상징이다.

그러나 얻는 것도 있다. 예전의 암묵적으로 지니고 있던 의미가 분명해지는 것이다. 예전에 성찰 없이 반응하고 느낀 상징적이거나 의식적인 표현 속에 있는 깊이의 차원이 이제 분명해진 것이다. 상징의 '신비화', 상징을 그것이 나타내는 실체와 조직적으로 연관된 것으로 경험하려는 경향이 깨어지고 열리게 된 것이다. 이제 상징적인 매개체로부터 분리되어진 상징이 지니고 있던 의미는 상징적인 형태나 행위를 거의 직접적으로 반향하고 있지 않은 개념이나 주장으로 표현할 수 있게 된다. 다소 의미의 '평정'과 환원주의의 경향을 피하기는 어렵지만, 의미의 비교가 쉽게 이루어질 수 있다.

잭에게는 가장 적절한 시기-20대 초반-에 3단계에서 4단계로 전이되는 현상이 일어났다. 레빈슨(Levinson)은 이 시기를 '초보 성인기(novice adulthood)'라고 부르며 최초의 성인 생활 구조를 형성하는 시기라고 보았다. 에릭슨은 이 시기를 친밀감 대 소외감의 위기로 보았다. 친밀감은 삶의 목표(레빈슨의 "꿈")에 대한 비전을 형성하고 자신의 행동을 이끌어 내는 이데올로기적 헌신과 다른 사람들과의 가까운 관계 속에서 느끼는 정체감과 자아를 형성하는 모험뿐 아니라 혼자 설 수 있는 능력도 요구한다.

그러나 어떤 성인들에게는 4단계로의 전이가 30대, 40대에 일어나기도 한다. 이혼이나 부모의 죽음, 자녀들의 성장과 분가와 같은 기본적인 관계의 변화로 이루어질 수 있다. 아니면 이사나 직업의 변화, 자신의 종합적-인습적 신앙의 부적당함이나 붕괴를 경험하면서 일어날 수도 있다.

이 전이는 어느 시점이든 그 사람의 인생에 커다란 변화가 찾아오는 것으로 그 과정이 5년에서 7년 또는 그 이상 걸릴 수도 있다. 그러나 일반적으로 청년들에게는 그다지 어렵지 않게 집을 떠나거나 최초의 독립적인 삶의 구조를 구축함으로 자연스럽게 찾아올 수 있다. 30대 후반이나 40대 초반에 일어날 경우엔 더 커다란 갈등이 생길 수 있다. 이는 성인 생활 구조를 구축하고 있는 관계와 역할의 좀더 고정적이고 정교한 구조에 영향을 끼치기 때문이다.

개별적-반성적 신앙 요약. 3단계에서 개별적-반성적인 4단계의 신앙으로 옮겨 가는 것은 후기 청년들이나 성인들이 자신의 생활 방식, 신념, 태도 등에 대한 책임을 지기 시작해야 하기 때문에 특별히 중요하다. 4단계로의 전이가 확실히 일어날 때 그 사람은 몇 가지 피할 수 없는 갈등에 부딪히게 된다: 개인적인 존재 대 공동체나 공동체의 일원으로서 국한되었던 존재; 주관성과 강하게 느끼지만 성찰되어지지 않은 느낌이 가지고 있는 것 대 객관성과 비판적인 성찰의 필요; 자아 성취나 자아 실현에 대한 근본적인 관심 대 다른 사람들에 대한 봉사나 다른 사람을 위한 존재; 상대적인 것에 헌신하는 것에 대한 회의 대 절대적인 것이 있으리라는 가능성에 대한 갈등.

4단계 거의 대부분이 성인 초기에 형성된다(많은 성인들이 이 단계를 구축하지 못한다는 사실과 30대 중반이나 40대에 일어날 수도 있다는 사실을 기억하라). 이 단계는 이중적인 발달 특징을 가지고 있다. 예전에 중요한 타인들과의 상호적인 관계에 의한 정체감과 신앙 안에서 지니고 있었던 자아가 이제는 다른 사람들에 대한 역할이나 의미에 더 이상 국한되지 않는 정체감을 요구하게 된다는 것이다. 그 새로운 정체감을 보유하기 위해 자신의 한계와 내면적인 관계를 의식하는 의미의 틀을 구성하고 이를 '세계관'으로 인식한다. 자아(정체감)와 사고 방식(세계관)은 다른 사람들의 것과 구분되며 자신과 다른 사람들의 행동에 대한 판단과 반응, 해석에 있어서 중요한 요인이 된다. 궁극적인 환경에서 결속에 대한 직관력을 분명한 의미 구조의 토대에서 표현한다. 4단계는 상징을 개념적인 의미로 전환시키는 특징을 가지고 있다. 이는 '비신화화'가 진행되는 단계이다. 판단과 행동에 영향을 주는 무의식적인 요소에는 거의 의존하지 않는다.

4단계로 상승하는 힘은 정체감(자아)과 사고 방식(이데올로기)에 대한 비판적인 성찰 능력과 관계가 있다. 그 힘은 다음과 같은 위험을 가지고 있다: 의식적인 정신과 비판적인 사고에 대한 과신과 이제 분명하게 성찰하고 있는 자아가 '실체'와 다른 사람들의 관점을 자신의 세계관으로 지나치게 동화시키려는 이차적 나르시즘이다.

4단계가 지니고 있는 자아 이미지와 사고 방식을 가지고 전이가 준비된 사람은 자신이 무질서하고 혼란스러운 내면의 목소리에 귀 기울이고 있는 것을 발견하게 된다. 과거 어린 시절에서 온 요소들, 깊은 자아에서 나오는 이미지와 의미들, 이러한 것들은 뭔가 새로운 것에 대한 준비 신호다. 자기 자신의 전통이나 다른 사람들의 전통에서 오는 이야기, 상징, 신화, 역설은 정돈된 예전 신앙에 간섭하려 든다. 인생이 4단계의 명확한 구분과 추상적인 개념의 논리보다 더 복잡하다는 인식은 자각을 불러일으키고 인생의 진리에 대해 좀더 변증적이고 다각적인 시각을 갖도록 이끈다.

제5단계 : 결합적 신앙

접속적 신앙을 설명하는 간단한 방법을 아직 찾지 못했다. 고민스러운 문제다. 이 단계의 특징들을 제대로 전달할 수 없다면 내 자신이 이를 잘 이해하지 못하고 있는 것이란 느낌이 들기도 한다. 더 나아가 내가 '5단계'라고 말하는 것이 정말 존재하지 않을 것 같은 두려움도 느낀다. 그러나 정말 이렇게 생각하는 것은 아니다. 사실은 신앙을 이해하는 방식으로서, 5단계가 '존재'하며 매우 복잡하다는 것이다. 그리고 그 구조적 특징은 사람들의 생활 속에, 그들이 쓴 글이나 그들에 관한 글 속에 구현되어지면서도, 여태까지의 나의 글이나 다른 사람의 글로 적절하게 표현해 보지 못했다는 것이다.

접속적인 신앙을 살펴보기 위해 먼저 4단계에서 5단계로의 전이의 특징의 이미지를 찾아볼 수 있는 몇 가지 내용을 유추해 보겠다. 5단계의 출현은 다음과 같은 것이다:

빛의 활동은 빛의 파장 현상이자 동시에 에너지 입자로서 이해해야 한다는 사실을 요구한다는 사실 인식.

매우 정교해 보이는 문제에 대한 이성적인 해결방안이나 '설명'은 복잡하고 끝없이 얽혀있는 매우 깊은 동굴을 그린 캔버스에 지나지 않는다는 사실 발견.

꽃이 피어 있는 들판을 현미경과 동시에 커다란 렌즈로 바라보는 것.

손님이, 그렇게 하기 위해 초대받았다면, 너그러이 인생의 경험에서 얻은 값진 지혜를 보여주고 있는 것을 발견.

당신과 같은 신분증이 있는 사람이 수표를 쓰고 구좌를 만들고 당신 계좌에 대한 지불을 중지하는 것을 발견.

자신의 부모가 자신의 부모라고 해서 훌륭한 사람들은 아니라는 사실을 발견.

5단계는, 보고, 알고, 수용하는 방식으로서의 5단계는 4단계의 '이것 또는 저것'으로 이분하는 논리에서 벗어난다. 5단계는 어떤 문제의 양면(또는 여러 면)을 동시에 본다. 접속적인 신앙은 사물이 조직적으로 서로 연관되어 있다는 사실을 의식하고, 이전의 정신 체계에 강제로 맞추는 것을 피하면서 사물들이 가지고 있는 상호관련성의 형태에 주의한다.

'변증법적인 지식'이라는 표현이 5단계의 스타일을 비슷하게 표현해주고 있지만 너무 방법론적으로 제한하고 있다. 내 생각에는 '대화적 지식'이라고 말하는 것이 더 나을 것 같다. 대화적인 지식 안에서 주지자(周知者, the known)는 그 자체의 언어 안에서 자신의 단어로 이야기하도록 되어 있다. 대화적인 지식 안에서 세계에 대한 복합적인 구조는 자신을 노출하도록 되어 있다. 서로 "말하고" "들으면서", 인식자(認識者, the knower)와 주지자는 나너 관계 속에서 대화한다. 인식자는 그 지식에 자기 자신의 범주를 부여하기 전에, 인식되어지고 있는 지식의 구조에 자신의 지식을 조화시키려고 한다.

5단계의 대화적 지식은 인식자의 대화 능력을 필요로 한다. 인식론적으로, 인식자에게 주도권을 부여하기 위한 충분한 자기 확신이 있어야 한다. 신비주의자들이 '분리'라고 말하는 것이, 인식자의 안전이나 자부심에 대한 영향력과 상관없이, 실체로 하여금 그 단어를 이야기하도록 하려는 5단계의 자발성의 특성을 부여한다. 나는 여기서 기존의 범주에 맞추기 위해 수정되고 통제되기 전에, 있는 그대로의 사물에 관한 '지혜'를 높이 평가하고 존중하는 지식에 있어서의 친밀감을 이야기하고 있다.

그러나 인식 행위에 있어서 실체에 주도권을 주려는 5단계의 자발성은 단순한 인식자의 자기 확신의 기능이 아니다. 이는 주지자의 가치와도 관련이 있다. 이런 의미에서 5단계는 일종의 관계에 있어서의 상호성이나 상보성(相補性)을 나타낸다.

나는 신학교에서 언어 연구, 자료 비평, 양식 비평, 원문 비평으로 성경을 연구하는 방법을 배웠다. 이러한 방법들은 모두 마틴 루터가 말한 것처럼 '호두처럼 쪼개기 위해' 원문에 할 수 있는 방법들이다. 성 이그나티우스의 '영적 훈련'의 전통 안에서 영적인 인도를 처음 경험한 30대가 되어서야 5단계의 정신을 좀더 맛볼 수 있는 성경 연구 방법을 배우기 시작했다. 이그나티우스적 방법은 나의 비평 실력을 포기하게 하거나 부정하지 않았고, 성경 본문에게 주도권을 양도하도록 배웠던 방법들로 보충할 수 있도록 지도해 주었다. '내가' 성경 본문을 읽고 분석하고 의미를 찾아내는 대신, 이그나티우스의 명상적인 기도를 통해 나는 성경 본문이 '나를' 읽도록 하고 성경 본문이 내 안에서 성령님의 역사하심과 나의 요구를 의식할 수 있도록 하는 법을 배우기 시작했다.

직설적으로 말해, 3단계의 접속적 신앙은 4단계에서 열심히 구축해 놓은 명확한 이데올로기적 구조나 분명한 정체감의 한계를 넘어선다. 4단계가 자아와 자아의 의식적 인식을 동일시할 수 있도록 하는 반면 5단계는 부분적으로 우리의 행위나 반응을 결정하는 무의식적인 개인적, 사회적 그리고 종족이나 원형적인 요소와 절충되어야 한다. 그리고 의식적인 자아가 의식의 주인이 아니라는 사실과도 타협해야 한다. 우리 은행 구좌에 투자하고 출고하는 신비한 도플갱어(살아 있는 사람의 유령)의 비유에서처럼, 5단계는 통합되고 타협하는 의식과 무의식의 과제를 인지한다.

5단계는 진리가 대부분의 진리에 대한 이론이나 설명으로 이해할 수 있는 것보다 더 다차원적이고 조직적으로 상호 의존적이라는 사실을 자명하게 받아들인다. 종교적으로, 그 종교 자체의, 또는 다른 전통들이 제공하는 상징, 이야기, 교리, 의식 등은 불가피하게 부분적이고, 특정한 사람들의 하나님에 대한 경험으로 제한되거나, 불완전하다는 것을 알고 있다. 그러나 5단계는 중요한 종교적 전통들의 관계성은 서로간의 관계성이 아니라 관계를 매개하는 실체에 대한 관계성이라는 사실도 안다. 따라서 접속적 신앙은 보충하거나 올바로 수정하는 방법을 통해 진리가 그 전통들 안에서 스스로 밝혀져 왔고 앞으로도 밝혀지리라는 것을 기대하면서, 자신의 전통보다 다른 전통들과 만날 준비가 되어 있다. 크리스터 스탕달(Krister Stendahl)은 상호간에 공유하고 수용하는 정도가 각자 다른 진리로 개종하기 쉽도록 하지 않는 한 그 어떠한 신앙간의 대화도 순수하게 에큐메니칼하다고 이야기할 수 없다고 말한다. 이것이 5단계의 에큐메니즘이다.

이러한 입장은 자신의 진리의 전통에 대한 헌신이 부족하다는 의미가 결코 아니다. 그렇다고 맥빠진 중립성이나 다른 문화의 민족적 특성에 대한 단순한 매력을 뜻하는 것도 아니다. 접속적 신앙의 다른 진리에 대한 진보적인 개방성은 정확히 자신의 전통에 의해 매개된 실체에 대한 확신과 그 실체가 그 진리의 중재를 넘어서고 있다는 인식에 대한 확신으로부터 온 것이다. 5단계에 속한 사람은 진리에 대한 자신의 경험이 진리에 대한 다른 권리를 검증하는 원칙이 된다. 그러나 그 사람은 실체와 진리를 향한 상호간의 움직임 안에서, 순수한 각 관점이 다른 진리의 모습을 확대시키고 수정할 것이라고 가정한다.

접속적 신앙은 이야기와 신화에 대한 해석, 또는 상징과 의식에 대한 이해에 대해서 4단계의 비신화화 과정과 공존할 수 없다. 4단계는 상징적인 표현들과 행위들을 의문시하고 그 의미들이 개념적인 주장으로 전환되도록 강요하려 한다. 그래서 개별적-반성적 단계는 그 의미를 이끌어 내면서, 상징적인 표현을 4단계의 범주로 넣어 작용시키려

한다. 이는 4단계에 있는 사람이나 집단을 분명하게 통제 속에 남겨둔다. 이렇게 이해되어진 의미를 조명하고, 대면하며, 가혹하게 판단하거나 부드럽게 재확인하게 된다. 그러나 잠재적으로 어떤 영향을 받게 되든, 그 의미의 인증과 비중은 이미 의문이 제기되어지고 있는 범주를 형성하는 주장과 헌신에 맞춰 정해질 것이다.

한편 접속적 신앙은 비평의 충동이나 비평 능력이 결여되어 있지 않다. 폴 리꾀르(Paul Ricoeur)의 강력한 표현을 보면, 접속적 신앙은 '최초의 순진함', 즉 상징적으로 매개된 실체의 깨지지 않은 관계의 전비평적인 연관성과 동일시될 수 없다(1967). 그러한 양식은 3단계의 종합적 인습적 신앙을 설명하는 데 더 어울린다. 접속적 신앙은 신앙의 상징의 파괴와 '실체의 혼란'을 경험하고, 비평적인 성찰과 상징, 의식, 신화가 개념적인 의미로 '환원'되려는 노력을 잘 보여준다. 그러나 그러한 전략으로 만족할 수 없다. 근시안적인 성향을 변화시키거나 구제하기 위해 통제할 수 있는 힘이 없다는 것을 인정한다. 환원적인 해석을 하는 우리의 전략들을 피하는 강력한 의미의 잔재들을 인식한다. 사물의 유기적이고 상호 관련적인 성격을 중시하면서, 5단계는 상징과 상징화된 것들에 대한 구별을 신화하지 않는다. 상징의 주도권을 중립화시키려 할 때 우리가 존중하는 의미를 희미한 우상으로 만든다는 사실을 인지하기 때문이다.

리꾀르가 말하는 '이차적 순진함' 또는 '의지적 순진함'은 상징의 주도권에 재종속하려는 접속적 신앙의 후비평적인 욕구를 표현하기 시작한다(1978). 5단계는 이렇게 하려고 하면서 어떻게 해야 하는지 다시 배워야 한다. 이전 단계의 비평적인 능력과 방법들을 가지고 있지만 자기 기만을 피하고 다른 방식으로 진리들을 정리하기 위한 도구로서 외에는 이들을 더이상 신뢰하지 않는다.

내가 설명한 사실들이 교수나 신학자, 해석학의 대가들이나 5단계에 이르는 것이라는 생각을 하게 했을지도 모른다. 이제 J 양과 T 씨의 이야기를 하려고 한다. 우리가 대화를 나누었을 때 그녀는 78세였다. 대학이 있는 도시에 살면서 20년간 하숙을 하고 있으며 당시 4명의 대학생들에게 방을 내주고 있었다. 관절염에 걸려 걷기가 매우 불편했으며 곧 통증을 없애고 좀더 자유로이 움직일 수 있도록 3차 수술을 할 예정이었다. 독서를 하거나 학생들과 대화를 나누거나 다른 친구들과 전화를 하면서 지냈다. 그 즈음엔 50대 초기 신경성 질병에 걸렸다. 회복하는 기간 동안 썼던 인생의 진리에 관한 작은 책을 출판하기 위해 다시 손질하면서 나날을 보내고 있었다. 이 외에도 인생의 문제들을 어떻게 해결하는가에 관한 인기있는 책이 이미 출판되어 있었다. T 양와의 대화 내용을 읽으면(내가 대화를 나누지 않았다), 인생을 정면으로 바라보고 있는 매우 활기차고 지적인 여성의 이미지를 갖게 될 것이다. 인생에 대한 환상은 거의 없으며 다른 사람들의 환상도 관대하게 받아들이지 않는다. 그러나 환상 이상의 자신의 인생에 대한 희망, 용기, 사랑의 토대를 발견한 것 같다.

T 양은 일생 동안 많은 일을 했다. 웨스트 코스트에서 인형극장을 설립하여 운영했고, 뉴욕에서 작은 미술 학교를 운영하면서 미술을 가르치기도 했다. 연기를 공부하고 몇 년간 극단과 영화계에서 배우부터 분장사, 대본 작가 등 다양한 경력으로 일했다. 특이하게도 정신 건강 분야에서 자원봉사를 한 경험도 있다. 50대 후반에 갑자기 관절염에 걸리지 않았더라면 매우 중요한 경력들을 더 쌓았을지도 모른다. T 양은 20년 동안 인종 편견을 없애려는 목적의 어린아이들을 위한 여름 캠프에서 자원봉사자로 참여하면서 흑인 어린이들을 모집하는 데 훌륭하게 일했다. 여행도 많이 했고 미국 동부 해안에서도 살았고 또 서부 해안에서도 살았으며 일생동안 도덕적이고 종교적인 진리를 추구해 왔다.

1898년 뉴잉글랜드에서 물려받은 재산과 문학적 소양이 있는 변호사와, 그녀의 말에 의하면 '스스로 목사가 되고 싶어하셨던 여성' 이었던 어머니 사이에서 태어나 유복하게 자랐다. 1910년경 완고한 아버지와 개방적인 어머니 사이의 말다툼 끝에 어머니는 두 딸을 데리고 유럽으로 가서 겨울을 나셨다. 언니인 T 양은 당시 12세였다. 그녀는 유니테리언 교회에 나가게 되었는데 잊을 수 없는 사건이었다.

T 양: 저는 유니테리언 교회에 나갔습니다. 매우 자상하시고 독실하신 삼촌께서 그 작은 교회의 목사님이셨지요. 저는 그 예배를 지금도 기억합니다. 하얀 드레스를 입고 머리에는 분홍 리본을 했지요. 모두 새것이었고 아주 예뻤지요. 삼촌께서 인도하신 그 예배는 저에게 신앙적인 체험을 주었다고 생각합니다. 아주 깊은 곳으로부터 일생동안 제 자신이 아주 순수하고 거룩하게 살게 될 것 같은 느낌을 받았습니다.

몇 년 후 아마도 심신증(心身症)이었던 것으로 생각되는 병의 재발 때문에 정신과 치료를 받을 때 그녀는 자녀들에 대한 부모님의 깊은 갈등이 주는 고통을 회상했다. 그녀는 정신과 의사와 나눈 첫번째 대화를 이야기해 주었다.

> T 양: 의사 선생님을 만나기 시작하면서 부모님이 우리를 우리가 원하지 않는 곳으로 억지로 끌고 가려는 것이 어린아이인 저에게 어떤 의미를 주었는지를 쏟아 내게 되었습니다. 이런 적이 있었지요. 기차역에서 어머니께서는 캠프에서 돌아온 우리를 집으로 데리고 가시려고 하셨고 아버지께서도 저희들을 데리고 가시려고 했는데 어머니는 저희들을 아버지와 가지 못하게 하셨죠. 사람들이 모여들었지요. 아이들을 두고 싸우고 있는 부모님의 모습을 생각해보세요. 이런 이야기들이 쏟아져 나왔지요. 사무실에서 나왔을 때 너무 피곤해서 지하철 역까지 난간을 붙들고 내려가야 했어요.

10대 초반에 부모님은 이혼을 하셨다. 아버지는 재혼하셨고 아들을 둘 낳으셨다. 막내 동생은 10대에 일생 동안 앓게 된 정신 질환이 발병했다. 그 동생은 T 양의 인생에 중요한 영향을 끼쳤다. 아버지에 대해 물어 보았다.

> T 양: 어렸을 때는 아버지를 굉장히 좋아했지요. 아버지도 어린 두 딸을 굉장히 사랑하셨어요. 그리고 아버지 콤플렉스가 생겼던 것 같아요. 배우자를 고를 때 저는 아버지같이 재능이 있지만 아버지처럼 위험한 성격을 갖지 않은 사람을 원했지만, 어려운 조건이었죠. 결국 찾지 못했고 그래서 저를 사랑하던 남자들을 놓쳐 버렸죠. 글쎄요. 전 아버지께서 천부적으로 제게 훌륭한 점들을 많이 물려주신 것 같아요. 그리고 아버지에게 적의를 품기도 했지요.

T 양은 어머니에 대해 '신실한 유니테리언 신자, 자신의 감정을 잘 다스릴 줄 아는 분'이라고 회상했다. 어머니는 학생 시절 레드클리프 대학에 있는 종교 교육 과정에 다녔다. T 양은 어머니를 늘 공부하고 성장하는 여성으로 기억한다.

> T 양: 어머니는, 어머니는 굉장히 성실하신 분이셨다고 생각해요. 어머니는 외동딸은

아니셨지만 다소 버릇없게 자란 아이 같은 분이셨는데, 제가 보기에 꼭 그런 아이가 자라는 것처럼 성장해 나가셨습니다. 어머니는 아침마다 공부하셨죠. 늘 공부하는 책과 함께 있는 어머니 모습을 보았습니다. 그리고 돌아가시기 전 어머니는 정말 굉장한 분이셨지요. 어머니께서 성장하시는 모습은 제게 커다란 자극을 주었습니다.

T 양도 레드클리프 대학에 다녔다. 그 곳에 다니는 동안 미국은 1차 대전에 참전했다. 그녀는 유명한 유니테리언 목사인 존 헤인즈 호움즈(John Haynes Holmes)의 책을 읽게 되었다. 그 책은 일생 동안 그녀로 하여금 평화주의자가 되게 했다. 그녀는 누군가가 강권하는 바람에 20세에 교회에 나가는 것을 그만두었다고 했다. 그 지역 유니테리언 목사가 찾아와 그녀의 평화주의를 '고쳐' 보려고 했던 것이다. 그 목사에 대해 이렇게 이야기하고 있다.

T 양: 훌륭한 분이셨지만 참 유감스러운 일이었어요. 그분도 제가 옳다는 것을 알고 계셨지요. 사랑과 평화와 이해에 대한 제 이야기가 옳다는 것을 알고 있었지만 제게 1차 대전에 대해 어떤 태도를 가지고 있어야 하는지 설득하려고 한 것은 잘못이었어요. 어쨌든 그 전쟁으로 저는 교회에 대한 환상을 버리게 되었지요.

교회가 미국의 참전에 대해 비판적인 입장에 서지 않는 데 실망한 그녀는 방향을 바꾸었다.

T 양: 그때 저는 퀘이커 교도에 대해 알게 되었습니다. 저는 당시 힘을 모으고 있던 노동 운동에 관심을 갖게 되었지요. 머스트씨가 교회를 떠나 노동운동 지도자가 되었고 로저 바윈은 미국 시민 자유 연합을 조직하고 있었지요.

그녀의 말에 의하면 자신의 신앙은 미를 추구하는 것이 되었다고 한다.

T 양: 저는 늘 신앙을 가지고 있었다고 생각합니다. 하지만 교회에는 나가지 않았지

요. 어머니를 기쁘게 해 드리려고 크리스마스나 부활절에만 나가고 그 외에는 수십 년 동안 전혀 나가지 않았습니다.

20대 초반부터 어머니가 돌아가신 1940년까지 T 양의 삶은 대화 가운데 자세하게 나타나 있었다. 요약해보면 이렇다. 대학을 졸업하고 곧바로 서부로 여행을 떠났다. 거기서 다른 여성과 함께 인형극장을 시작했고 캘리포니아를 여행하기 시작했다. 그들은 동부까지 갈 계획이었지만 경비가 부족했다. 그래서 다시 뉴욕으로 돌아와 어린아이들을 위한 미술학교를 시작했다. 얼마 후 뉴욕에서 북쪽에 있는 어머니 집으로 이사했고 그곳 여학생 기숙 학교에서 미술사와 미술을 가르쳤다. 몇 년 뒤 다시 집을 떠나 뉴욕의 극장에서 일했다. 그곳에서 10년 넘게 배우로, 전문 분장사로 일했고 영화계에서도 일했다. 심신증으로 정신과 의사를 찾은 것이 그 당시였다. 왜 결혼하지 않았는지 이야기할 때 언급한 '불행한 관계'를 경험한 것도 그 때였다. "제게는 몇몇 중요한 관계들이 불행한 관계였어요. 외로워서 실수를 했던 것 같아요."

이 시기에 어머니는 그녀를 좀더 가까이에 두고 싶어하셨다. 극장과 영화계에서 일하던 시절을 이야기하고 있다.

T 양: 저는 주말마다 어머니와 함께 보내기 위해 집으로 갔죠… 어머니는 어린아이들을 위한 인성 교육에 전념하고 계셨지요. 어머니가 나이 드셔서 시작하시는 일에 제가 끼여들고 싶어하지 않는다는 것을 아시고 이 일을 하시게 되었지요. 저는 독립적이길 원했고 어머니는 이를 어렵게 받아들이셨죠. 하지만 어머니는 이를 받아들이셨고 자신의 일을 계속하게 되신거죠.

20대 초반에서 40대 초반까지 그녀는 어머니로부터 독립하고, 자신의 직업을 찾고, 아버지에 대한 해결되지 않은 감정적 구속에 대처해 나간 시기였던 것 같다. 앞에서 어떻게 그녀가 유니테리언 교회에 거부감을 느끼고 떠나게 되었는지를 이야기했었다. 그녀는 자신의 신앙을 미에 대한 추구로 만들었다. 이 모든 것을 통틀어 볼 때 30대경에 T 양은 4단계의 개별적-반성적 신앙 단계로 발전했다는 것을 알 수 있다.

1940년 어머니가 돌아가시고 나서 그 기간도 끝났다고 볼 수 있다. 당시 그녀는 40대 초반이었는데 나이든 어머니에 대한 의무를 다하려고 직업상 다소 손해가 있었지만 그대로 동부에 머물러 있었다. 어머니가 돌아가시고 1년 뒤에 캘리포니아로 갔다. 어머니가 돌아가시고 나서 어떻게 역경에 부딪혀 이겨나갈 수 있는지 인간의 책임에 관해 쓰기 시작한 원고를 가지고 갔다. 4-5년 동안 헐리우드에서 일하는 동안 성격 배우를 할 수 있을지 테스트를 받아보고 분장사로 일했다. 대본을 쓰기도 했다. 그러나 성공하진 못했다.

    48세가 되었을 때 헐리우드에서 스스로 말하길 '심각한 신경쇠약'에 걸렸다고 한다. 내 생각에는 그녀가 겪었던 것이 심각한 중년기의 위기였던 것 같다. 그 시기에 그녀는 루돌프 스타이너(Rudolph Steiner) 박사 제자의 치료를 받았고 그녀도 칼 융과 다른 깊이 있는 심리학자의 글을 읽게 되었다. 친구들을 통해 작은 별장을 알게 되어 정신적으로 회복될 때까지 그 곳에 머물렀다. 근처에 강이 있는 일종의 종교가나 예술가들이 모여 사는 이 곳에서 그녀는 다시 글을 쓰기 시작했고 자신의 인생의 새로운 토대를 발견하기 시작했다. 이 곳을 소개해 주고 글을 쓰도록 배려해 준 친구의 도움으로 그녀는 이미 헐리우드에 있는 인도 베단타(Vedanta) 교도들의 모임을 알게 되었고 이 모임에서 인도의 현자 크리슈나무르티를 알게 되었다. 3-4년간 여름마다 2주 동안 배웠던 그의 가르침은 그녀에게 강한 신앙적인 이미지를 주었다.

  T 양: 그(크리슈나무르티)는 나에게 많은 지혜를 깨우쳐 주었습니다. 제가 받아본 그 어떤 것보다도 깊은 도움이 되었죠. 기독교의 기초를 알게 해 주었어요. 기독교인들에게는 문제가 될 수도 있겠지만요.
  질문자: 어떤 문제 말입니까?
  T 양: 예를 들어 지옥과 저주가 있다고 믿는 기독교인들 말입니다. 그런 것은 사악한 철학이고 그런 생각을 한 건 기독교인들이죠. 그래서 많은 사람들이 그런 무서운 철학으로 인해 심리학적으로 상처받아왔죠.
  질문자: 그러면 크리슈나무르티가 당신에게 어떤 영향을 주었죠?
  T 양: 그러니까, 사람들이 뭐라고 부르든 그런 건 중요하지 않아요. 하나님, 예수, 또는 우주적 실체, 사랑, 뭐라고 부르든 상관없습니다. 그런 것이 있는 거죠. 그 근원으로부터 직접 배운 것들이 당신을 어떤 교리에 구속시켜서는 안 됩니

다… 그런 교리는 당신을 주위 사람들로부터 분리시키지요.

크리슈나무르티가 그녀에게 새롭고 좀더 총괄적인 종교 단체로 이끌어 주었다면, 그녀를 다시 기독교로 돌아가도록 한 사람은 캠프 파디스트 아웃(Camp Farthest Out)이라는 단체에서 만난 사람이었다. 자신의 신앙을 아름다움에 대한 추구로 이야기하고 있는 것을 듣고 그는 이렇게 이야기했다. "하지만, 아름다운 것은 이단이 될 수 있습니다… 그런 삶의 방식이 의로운 것이 될 수 있을까요?" T 양은 그 질문을 기억하고 있다.

T 양: '의' 라는 그 단어가 바로 내 마음을 찔렀습니다. 모든 것을 이 한 단어가 제게 다 설명해 주었지요… 일생 동안 갖지 못했던 새로운 시각으로 모든 것을 바라보게 되었습니다. 의라는 그 한 단어가 신앙의 기초도 없이 부족했던 그 모든 것을 보여 주었습니다. 캘리포니아 헐리우드에서 한 훌륭한 스와미(요가 수행자), 스와미 프라바바난다가 종교(religion)의 뜻을 이렇게 가르쳐 주었지요. re는 '다시' 라는 의미이고 'ligio'는 '묶는 것' 이라는 뜻이랍니다. 그러니까, '다시 묶는 것' 이지요. 그리고 저는 '의' 라는 한 단어가 저를 제가 자라면서 깨닫게 되었던 것들에 다시 묶어놓았습니다.

이런 경험을 한 직후 T 양은 고향 뉴 잉글랜드로 돌아갔다. 이복 동생-아버지가 재혼해서 낳은 둘째 아들-이 심각한 정신 질환으로 다시 병원에 입원해 있었다. 그녀는 왜 그가 회복할 수 있도록 돌보기 위해 돌아갔는지에 대해서는 깊이 생각하지 않는다. 그냥 그렇게 했던 것이다. 동생을 돌보다 그녀는 정신 병원에서 환자들에게 그림, 춤, 민속 음악 등을 가르치는 자원봉사를 하며 훌륭한 시간들을 보내게 되었다. 손으로 돌리는 축음기에 맞춰 환자들이 노래하고 춤추도록 가르쳐 주는 이야기는 매우 인상적이었다. 그녀는 환자들이 춤을 추고 체조를 하도록 잔디밭으로 이끌어냈다. 간호사들과 의사들은 그녀가 하는 일이 좋은 효과를 가져오는 것을 보고 깊은 감명을 받았다. 몇 년 그녀의 프로그램을 지원하고 확대시키기 위한 주정부의 보조를 받을 수 있었지만 당시 50대 후반이었던 T 양은 심한 관절염을 앓기 시작했고 이 기회를 사양하지 않을 수 없었다.

스스로 '노인직' 이라고 부르는 일로, 1952년에 가입한 퀘이커 교도의 어린이들을 위한 여름 캠프를 위해 많은 시간과 노력을 기울였다. 그녀가 사는 도시의 흑인들과 접촉하여 매년 많은 아이들과 가족들이 캠프에 참여토록 모집하는 일이었다. 거의 20년 동안을 열정적으로 그리고 효과적으로 일했다.

오늘날의 자신의 삶과 사고 방식에 관한 이야기를 하면서 그녀가 사용하는 단어와 문구들은 그녀의 신앙이 5단계의 구조를 갖추고 있다는 것을 보여준다. 이를 보여주는 대화 내용을 살펴보기 전에, 30-40대의 개별적-반성적 단계에서 정신 질환을 앓게 된 후 나타난 접속 전 단계로의 전이를 살펴보는 것이 좋을 것이다. 중년기에 일종의 신경쇠약을 앓게 된 요인은 분명해 보인다. 몇 년 전의 어머니의 죽음과 더불어 그녀는 세상에 홀로 남게 된 것이다. 몇 년 동안 아마 배우로서 성공하지 못하리라는 결론을 얻게 되면서 시작된 직업으로 인한 좌절을 겪었다. 앞에서 자세히 언급하지는 않았지만 결혼할 수 있는 기회도 놓쳤다. 50대가 다가오고 자녀도 없는, 한번도 그런 적은 없었지만 꼭 그렇게 서원이라도 한 것 같은 자신의 상황 - '노인' - 이 점점 더 분명하게 자신의 미래로 다가오고 있었다. 이런 모든 이유로 인해, 그리고 우리가 알지 못할 그런 이유들로 인해 미를 추구하는 것을 중심으로 하던 그녀의 신앙은 점점 희미해져 갔다. 그녀의 삶을 지탱해 오던 의미들이 붕괴되었던 것이다.

어머니가 돌아가시고 나서 그랬던 것처럼 그녀는 다시 모든 것을 되돌아보는 글을 썼다. 크리슈나무르티의 가르침, 융의 심리학, 캠프 파디스트 아웃(Camp Farthest Out)에서 만난 친구의 이야기 등이 그녀로 하여금 새로운 신앙 생활을 시작할 수 있도록 도와 주었다. 5단계의 특징이 그런 것처럼, 이것은 그녀의 어린 시절의 신앙으로부터 온 힘의 요소들을 교정하고 재통합해야만 하는 새로운 시작이었다. 그녀의 이야기 속에서 의에 대한 의문이 그녀에게 끼친 강한 영향에 관한 이야기는 '다시 묶는 것' 이라는 religio에 대한 설명 뒤에 이어진다. 그리고 나서 12세 때 유니테리언 교회에서 한 성사와 그 종교적 체험이 가진 힘에 관해 이야기하고 있다. 뉴 잉글랜드로 돌아가고, 퀘이커교에 참여하고, 계속해서 캠프 파디스트 아웃과의 계속되고 깊어지는 관계와 더불어 그녀는 새로운 신앙의 단계, 그녀의 나머지 반생을 유지해 주고 다른 사람들을 위한 봉사에서 성취감을 얻을 수 있도록 바탕이 되어준 새로운 신앙 단계를 형성하기 시작했다. 그 신앙의 모습은 어떠한 것인가? 그 신앙이 지니고 있는 생명력 있는 주제와 확고한 신념은 무엇인가?

모든 사람들이 지니고 있어야 하는 신념이나 가치관이 있는지 물어보았다.

T 양: 누군가 나에게 그런 질문을 하고 대답할 시간을 단 2분만 준다면 무슨 대답을 할지 알고 있습니다. 퀘이커교의 창시자인 조지 폭스(George Fox)가 한 이야기를 할 거예요. 오래된 표현이지만 모든 사람들의 인생의 모든 활동에 대해 하는 이야기 같습니다. 하나의 혁명이고, 커다란 안식이며, 평화를 만드는 말입니다. "모든 사람 안에 하나님이 계시다"라는 말씀이에요. 생각해 보세요. 정말 그 말을 믿는다면 다른 사람들과의 관계가 완전히 달라질거예요… 이 이야기가 적용될 수 있는 범위는 아주 큽니다. 국가적으로 개인적으로 계층에 상관없이 적용될 수 있겠지요. 전체에 말입니다. 제가 사랑하는 사람들에게 이렇게 말하곤 하지요. "이 글을 보이지 않는 작은 목걸이에 담아 영원히 걸고 다니거라."

그녀가 겪었던 어려운 일들과 어려운 일을 당하고 있는 다른 사람들에 대한 헌신을 생각하면서, 세상의 불평등과 불균형을 어떻게 생각하는지 물어 보았다. 그녀가 거의 30년 동안을 돌보아주고 있는 병원에 있는 이복 동생에 대한 자신의 감정으로 말문을 열었다.

T 양: 저, 제 자신이 어려운 일들을 겪었던 경험을 다시 이야기해야겠군요. 제 동생을 보세요. 만일 순수하고 죄 없는 영혼을 가진 사람이 있다면 그건 바로 제 동생입니다. 왜 일생을 그렇게 살아야 할까요? 전 선하신 하나님을 믿게 된다면 이 문제를 꼭 풀어야겠다고 생각했어요. 그리고 이런 결론을 얻었죠. 인생은 영원 속의 한순간이라고. 대학 다닐 때 철학적으로 다른 것보다 더 흥미가 있었던 학문이 두 가지 있었지요. 하나는 천문학이었어요… 천문학을 공부해 본다면 넓은 안목을 갖게 됩니다. 아주 놀랄 만큼 시야가 넓어지지요. 다른 하나는 이 지구상에서의 인간의 발전을 알 수 있는 인류학이었어요. 둘다 세상을 바라보는 관점에 영향을 주었습니다. 인간의 생애는 영원 속의 순간이라는 결론을 얻게 되었지요. 고치의 단계가 있고 나비의 단계가 있는 유충의 모습을 사용하여

영원 속의 순간에 있는 인간의 모습을 이야기하자면, 제 동생은 지금 고치 속에 있는 순간일 겁니다. 그리고 언젠가 어디에선가 하나님의 길을 따라가다 동생을 만나게 될 거란 생각을 합니다. 활개치는 날개를 달고 세상으로 나올 때 말입니다… 고통을 겪는 모든 사람들, 굶주림으로 죽어 가는 모든 사람들에게 그들의 시간이 꼭 오리라고 생각합니다.

T 양은 계속해서 영원의 광대함과 아무리 똑똑한 사람이라도 이를 이해할 수는 없다는 사실을 언급하고 있다. 그리고 최후에 대한 생각으로 인한 고통에 대해 이야기하고 있다.

T 양: 저는 최후가 죄나 순결, 그런 것들과 아무 상관도 없다고 생각합니다. 마음이 청결한 자는, 그리스도께서 말씀하셨지요, 하나님을 보게 될 겁니다. 저는 그 말씀을 믿어요. 동시에 하나님을 볼 기회가 없는 사람들도 많이 있을 겁니다. 그리스도께서 말씀하신 것처럼, 보지 않고 믿는다면 그게 바로 진짜 신앙이지요. 그러니까 제 생각에는 의미있는 일이라는 믿음을 잃지 말고 고통당하고 있는 사람들에게 가진 모든 것을 줄 수 있어야 한다는 것 같아요.

아무것도 모르는 사람에게 하나님에 관해 어떻게 이야기해 줄 것인지 도전적인 질문을 던지자 우리는 우리 자신을 능가하는 힘이 있다는 것을 인정해야 한다며 우리를 능가하는 힘에 관한 자신의 믿음을 이야기했다.

T 양: 퀘이커 교도들은 이를 '내재하는 빛'이라고 합니다. 뭐라고 부르든 크게 상관없다고 생각합니다. 어떤 사람들은 하나님이라는 단어를 듣기만 해도 넌더리를 내서 하나님에 관해 이야기할 수 없지요. 실체, 우주의 힘, 사랑, 그렇게 불러 보죠. 그러면 아무도 딴 이야기를 할 수 없을 겁니다. 이 힘은 각 개인의 내면으로부터 온 것이어야 합니다. 모든 사람들은 똑같은 유산을 가지고 있기 때문이죠. 정신 속에 이는 신앙적인 구조 말입니다. 저는 이것에 흥미가 많습니다; 칼 융은 분석학자가 깊이 탐험해 본다면 모든 사람들의 정신 속에 종교적 상징

이 있는 것을 발견하게 될 거라고 말했지요. 자신을 무신론자라고 하든 불가지론자라고 하든 상관없이 말입니다.

긴 대화를 끝내갈 무렵 죄를 어떻게 생각하는지 물어보았다.

T 양: 죄요? 저는 죄라는 단어를 사용하지 않습니다. 절대로요.
질문자: 왜 그러시죠?
T 양: 대체로 사람들은 그들의 빛 안에서 할 수 있는 최선을 다하고 있다고 생각합니다. 그래서 저는 죄라는 의미보다는 실수라는 의미를 가지고 있다고 생각합니다. 사람들은 누구나 많은 실수를 하지요. 제 자신의 인생에 있어서는 뭔가를 제대로 해 본 적이 없기 때문에 이를 커다란 실책이라고 부르는 게 더 나을 것 같습니다. 사람들은 살아가면서 내내 커다란 실수를 합니다. 그래서 빛을 좀더 받아들일 수 있도록 활짝 열고… 그리고, 물론 죄에 대해서도 활짝 열어두어야 합니다. 죄에 대한 훌륭한 정의는 당신이 빛이라고 부르든 무엇이라 부르든, 내면 속에 있는 그 빛과의 관계를 견디지 못하는 생각이나 행위라고 할 수 있습니다. 하지만 저는 죄가 있어야만 한다고 굳게 믿습니다. 있어야만 한다고 말입니다. 거대한 실책과 실수들은 모두 어리석은 일이죠. 오늘날 세계가 어리석은 일을 저지르고 있다는 것은 이미 다 알고 있는 일입니다. 미국 사람들이 전 세계로 군대를 파병하는 것은 미국 산업이 돈을 벌어야 하기 때문이지요. 이건 정말 어마어마하게 어리석은 일이라고 생각합니다. 저는 죄라고 하기보다는 어리석은 일이라고 말하지요…인류를 생각하며 인생을 살아야 합니다…또는 사람들은 일반적으로 판단력이 있다는 생각을 하며 어린아이처럼 시작해야 합니다. 오늘날의 경험 속에서 어떻게 그런 식의 개념이 사실이 될 수 있도록 하지요?… 이 그 커다란 어리석음의 지배를 받고 희망이 없다고 말하지 않으려면 전능하신 하나님과 선한 힘을 깊이 믿어야 합니다. 그래서 저는 죄란 한마디로, 하나님으로부터 떨어져나간 결과라고 생각합니다.

그리고 나서 '그 커다란 어리석음의 지배를 받고 희망이 없다고 말' 하려는 강한 유혹과 어떻게 싸웠는지를 이야기했다. 에릭슨이 한 이야기의 의미에서 볼 때, 얻기 어렵지만 T 양의 싸움이 이루어 낸 완벽성과 그녀의 신앙이 의존하고 있는 힘에 대해 언급하고 있다.

질문자: 언제 지금처럼 믿음이 있는 사람으로 변화, 또는 성장했다고 생각하십니까?
T 양: 생각해 볼 시간이 좀 필요하군요! (잠시 멈춤) 1950년이 되기 전 캘리포니아에서 이 작은 두번째 책을 썼지요. 숲 속에 은둔생활을 하고 있었습니다. 작은 마을이 있는 계곡에 살았죠. 숲 속에 있는 이 곳은 집 밖으로 나와 일하기에 아주 이상적인 곳이었어요. 그 곳 주인은 제가 낡은 탁자와 의자를 꺼낼 수 있도록 해 주었고 덤불 속의 버려진 벌통 속에 타자기를 넣어 주었지요. 이 책은 가장 이상적인 환경 속에서 쓰여졌습니다. 완벽한 평화, 완벽한 자연, 산 언덕에서 날아오는 꽃향기, 그 곳은 산타 바바라 산악 지대였어요. 숲 속의 동물들이 저를 방문해 주고 초원의 말들과 친구가 되었죠. 그래서 다른 곳이었더라면 쓸 수 없었을지도 모르는 글을 쓰게 된 거에요. 지금 제가 살고 있는 곳도 정말 좋아하지만 방해거리들이 많이 있지요. 하지만 성공했습니다. 지난 몇 년간 취미로 한 일은 이 자료를 편집하는 것이었습니다. 이 자료들이 제게 커다란 도움을 주고 있지요. 제 자신이 고조된 순간도 제게 도움을 주었습니다. 바로 지난 며칠 떠오른 생각 가운데 하나는, 뭐라고 부르든간에, 하나님인 우주의 흐름이 몸 속의 모든 세포 뒤에 있는 생명이라는 것이었습니다. 강이 흐른다는 것은 좋은 은유적 표현이지요. 작은 구멍이 많아 더욱 깊이 스며들 수 있기 때문에 말입니다. 하나님의 이러한 새롭게 하시고 치유해 주시는 사랑이 제 안에 흐른다는 것입니다. 78세이고 관절염을 앓고 있고 모든 사람들이 지겨워하고 관심을 기울이지 않는 노년의 인종적인 개념은 부담스럽습니다. 하지만 몸이 어디에 있는지, 아픈지 안 아픈지는 중요하지 않습니다. 그 진리, 이 실제 생활의 진리, 잠을 자거나 깨어 있거나 어느 순간에나 당신을 통해 흐르고 있습니다. 결론적으로 사람은 자신의 최후의 순간까지 창조적일 수 있다는 겁니다. 제가 살던 곳에 삽화를 그리는 사람이 있었는데 그가 삽화를 그려 주었지요. 바위들을 따라 흐르는 강물을 그려주었습니다. 미신이라고 생각할 사람이 있을지도 모르지만 당

신의 상상력을 사용하는 것은 올바른 일이라고 생각합니다. 저는 그 그림을 만지면 강이 흐르고 있다는 사실을 알 수 있도록 제게 힘을 줄 것 같은 느낌이 들었습니다. 신체적으로 다소 지쳤을 때, 또는 당신이 호감을 느끼지 못하는 누군가가 신경을 거스릴 때, 당신의 생각들을 적어 보면 도움이 된다는 것을 아실 겁니다. 그냥 흘러가도록 내버려두고 다른 사람들에게도 흘러가는지 보세요. 그러면 평화가 찾아옵니다.

결합적 신앙 요약. 5단계의 접속적 신앙은 4단계의 자기 확신과 의식적 인지와 진리에 대한 효과적인 적응을 위해 금지되고 인식되지 않았던 많은 것들에 대한 사고 방식과 자아의 통합을 이룬다. 이 단계는 상징적인 힘이 개념적인 의미와 재결합되는 '이차적 순진성'(리꾀르)을 발전시킨다. 여기서 자신의 과거가 새로이 재구성되어져야 하며, 중요한 것은 자신의 '더 깊은 자아'의 음성에 귀 기울이는 것이다. 특정한 사회 계층, 종교적 전통, 민족적 집단 안에서 자랐기 때문에 자아 구조 속에 깊이 형성된 신화, 이상적인 이미지, 편견 등과 같은 사회적인 무의식을 비판적으로 인지하게 된다.

중년 이전에는 찾아보기 힘든 5단계는 돌이킬 수 없는 행위가 지니고 있는 현실성과 좌절이 지니고 있는 거룩함을 알고 있다. 그리고 자아와 가치관의 범주 속에서, 이전 단계에서 명확하게 밝히려고 애썼던 것이 잘 투과되어지고 스며들 수 있도록 한다. 분명한 모순 속에 있는 진리와 역설을 민감하게 인지하고 정신과 경험 속에서 상반되는 것들을 일치시키려고 애쓴다. '타자'의 낯선 진리에 대한 취약성이 발생한다. 자신의 자아와 가치관과 달라 이를 위협하는 것에 접근할 준비가 되어 있으며, 종족, 계층, 종교 집단, 또는 국가의 제한에서 벗어나 정의를 수행하게 된다. 인생의 절반이 지나야 생길 수 있는 진지함을 지니고, 다른 사람들이 정체감과 의미를 형성할 수 있도록 가능성을 개발해 주고 보호해 줄 여력이 생긴다.

이 단계의 새로운 힘은 아이러니한 상상력(린치, 1973)의 출현, 즉 자신이, 또는 자신이 속해 있는 집단이 가지고 있는 가장 강력한 의미를 이해하고 소속하게 되는 능력에서 온다. 반면에 그 의미들이 상대적이고 부분적이라는 사실을 인식하게 되고 동시에 초월적 진리에 대한 이해를 불가피하게 왜곡하게 된다. 진리를 역설적으로 이해함으로 인해 맹종하거나 냉소적으로 거부하는 경향을 불러일으켜, 마비된 수동성이나 부동상태가 나타나는 위험을 안고 있다.

　5단계는 자신이나 다른 사람들의 상징, 신화, 의식을 평가할 수 있다. 그것들이 전하고자 하는 진리의 깊이를 어느 정도 이해할 수 있기 때문이다. 또 인간이 여러 부류로 구분되는 것을 명확하게 이해하는데 이는 자신이 포함될 수도 있다는 공동체의 가능성과 필연성을 통해 이를 이해하기 때문이다. 그러나 이 단계는 분리된 채로 있다. 전환되지 않은 세계와 전환되고 있는 비전과 믿음 사이에서 생활하고 활동하기 때문이다. 드물게 이 분리는 6단계라 할 수 있는, 철저한 사실화에 대한 요구에 무너지는 경우도 있다.

제6단계: 보편적 신앙

　신앙의 단계에 대한 구조적-발달 이론이 생겨나고 연구되면서, 이를 기술하고 기준을 세워보려는 시도가 이루어지고 있다. 이 경험적인 연구의 목적은 신앙 생활에 있어서 일정한 형태로 기술할 수 있는 단계들이 미리 예견될 수 있도록 연계되어 있지 않은지 검증하려는 것이다. 그러나 이미 시작된 가설화되어진 단계들과 경험적인 자세한 검증을 거친 변형된 단계들은 반박의 여지없이 일정한 경향이 있음을 보여준다. 처음부터 우리는 이전 단계 또는 준비 단계에서 발전된 단계를 찾아보려는 시도 속에서 성숙한 신앙에 대한 복잡한 이미지를 가지고 있었다. 이제 그 규범적인 마지막 지점, 이 이론에서 성숙한 신앙의 최고의 이미지를 이야기하려고 한다. 6단계 전 인류적 신앙의 기준이 되는 틀은 어떤 것인가?

　「인생의 지도(Life-maps)」라는 책에서 나는 제6단계를 다음과 같이 기술했다.

　제6단계의 특성을 규정하기 위해서는 제5단계의 신앙의 변증법적인 또는 역설적인 특징을 좀더 자세히 살펴보아야 할 필요가 있다. 5단계는 정의에 대한 요구와 그 의미에 대한 인식의 폭이 넓어져 불의를 매우 예민하게 볼 수 있다. 또 진리를 좀더 깊이 이해할 수 있게 되었으므로 편파적인 진리나 그 한계를 인식할 수 있다. 상징이 나타내거나 매개하는 진리의 깊이를 어느 정도 이해할 수 있으므로 상징과 신화, 의식을 제대로 분별할 수 있다. 인간이 속해 있는 공동체의 가능성을 통해 인류의 분열과 불일치를 이해한다. 그러나 5단계는 역설적이며 분열된 채로 있다. 자아가 이러한 인류를 위한 깨달음과 존재 그대로 남아 있으려는 요구 사이에서 갈등하기 때문이다. 또는 사회 경제 구조의 모호한 질서, 실제보다 더 파괴적이거나 부당해 보이는 구조 속에 깊이 정체해 있기 때문이다. 바로 이러한 역설적인 상황 속에서 5단계는 정지되지 않고 진행되어야 한다. 그러나 5단계는 갈등하면서도 그대로 순응하는 가운데 이루어진다. 즉 기존의 질서와 조직, 그룹, 그리고 타협하려는 경향을 따르는 가운데서 5단계를 완성하는 데 한계를 발견하게 된다. 5단계의 정의에 대한 인식은 좀더 포괄적인 정의와 사랑의 구현을 위해 기존 질서의 부분적인 정의에 대해 위험을 감수하고 자아를 희생할 준비를 하게 된다.

인류를 위한 깨달음이 도덕적이고 금욕적으로 구현됨으로 말미암아 이런 역설적인 모습을 극복하고 6단계로 전이하게 된다. 자아나 기초 집단들, 연관된 현재 질서의 조직적인 제도에 대한 위협에 상관없이, 6단계는 5단계가 부분적으로 이해하는 완전한 사랑과 정의에 대한 의무를 절제 있게 능동적으로 실생활-눈으로 볼 수 있는 실체적인 것으로-에 구현한다. 6단계에서 자아는 현재의 진리를 초월적인 실재로 변형시키려 한다.

6단계의 성향이 가장 강한 사람들은 우리가 정상이라고 여기는 보통의 기준을 흔드는 특성을 지니고 있다. 자신을 보호하는 데 관심이 없는 태도나 초월적인 도덕이나 종교적인 진리에 대한 애착이나 감각으로 그들은 때로 예견할 수 없는 비범한 언행을 하는 특성을 가지고 있다. 인류를 위한 열정과 헌신으로 그들은 정의에 대한 우리들의 편협한 이해를 공격하기도 한다. 생존, 안전, 의미에 대한 집착을 꿰뚫어보면서 우리들이 설정한 정의와 선, 가치의 기준을 위협한다. 인류를 위한 공동체에 대한 확대된 비전으로 우리의 종족이나 이와 유사한 집단에 대한 불완전성을 드러낸다. 때로 비폭력적 고난과 극도의 인간 존엄성을 바탕으로 한 그들의 지도력은 적당이라는 평범한 우리의 생각과 끊임없이 맞선다. 6단계의 성향이 강하다고 할 수 있는 사람들은 그들이 실제적으로 구현하려는 비전을 위해 순교도 마다하지 않는다고 아무런 의심 없이 이야기할 수 있다(1978).

「인생지도」라는 책에서 인용한 글에 대해 이야기하기 전에 더 최근에 쓰여진 글을 통해 6단계를 좀더 설명해보겠다. 이 글은 6단계에 대한 요약이 될 수 있을 것이다.

6단계는 찾아보기 매우 힘들다. 6단계에 있다고 말할 수 있는 사람들은 궁극적인 환경에 대한 그들의 깊은 이해가 모든 인류를 포괄하는 그런 신앙을 구성하게 된다. 그래서 그들은 포괄적이고 완성된 인류 공동체 정신을 구현하고 실현하는 사람이 된다.

그들은 우리가 인류의 미래를 위해 부여하고 견디어 가는 사회, 정치, 경제, 이념적 사슬로부터 해방되는 영역을 창조한다는 의미에서 볼 때 '전염'시키기 쉬운 위험을 가지고 있다. 인류를 위해 보편화시키려는 신앙을 가진 사람들은 세상을 통일시키고 변형시키는 힘을 발휘하면서, 우리가 유지하고 있는 개인적이며 공동체적인 생존, 안전, 의미로 이루어진 구조(종교를 포함한)를 전복시키기도 한다. 이 단계에 있는 많은 사람들은 그들이 변화시키고자 하는 자들의 손에 죽음을 당한다. 그들은 살아 있을 때보다 죽은 후에 존경을 받고 명예를 얻기도 한다. 흔하지 않은 6단계 사람들은 다른 단계에 있는 우리들보다 더욱 뚜렷하고 단순하지만 어떤 면에서는 더욱 완전한 인간이라고 할 수 있는 특별한 품위를 지니고 있다. 그들의 공동체는 어느 정도 모든 인류를 포함하는 보편적인 성격을 띠고 있다. 특별한 사건들은 중요하게 다루어진다. 실용성에 대한 이해와는 별개로 나름대로의 가치를 지니고 인류를 위한 도구가 될 수 있기 때문이다. 그들은 생명을 사랑하고 아낀다. 그러한 사람들은 어떤 단계의 사람들이나 어떤 다른 신앙 전통을 가지고 있는 사람들과도 쉽게 어울릴 수 있다(파울러 1979).

이 글을 읽으면서 나는–당신도 그럴 것이다–가이아나(역자주: 남아메리카 동북부 기아나 지방에 있는 공화국) 존스타운에 살았던 짐 존스 목사가 생각날 것이다. 또 나이든 아야톨라 호메이니가 깊은 분노를 담고 있는 신비스러운 눈으로 자신이 쇼비니즘적 국민주의와 종교 절대주의로 선동한 군중들의 광기와 열정을 바라보고 있는 모습이 떠오른다. 이들을 따르는 추종자들–그리고 그들과 같은 다른 많은 사람들의 추종자들–은 6단계에 대한 나의 설명이 그들이 존경하고 두려워하는 지도자에 대한 이야기처럼 느껴질 것이다. 그러나 6단계의 특성을 이런 식으로만 이해한다면 6단계 신앙의 극히 중요한 특성과 차원을 놓쳐 버리게 된다. 그러한 지도자들의 카리스마, 권위, 그리고 자주 볼 수 있는 그들의 무자비함에 매료되어 6단계에 대한 설명 속에서 공동체가 포함하는 영역의 기준, 정의와 사랑을 진보적으로 실천하는 기준, 변화된 세상, 그들의 이미지로 변화된 것이 아니라 거룩하고 초월적인 뜻으로 변화된 세상을 향한 이타적인 열정의 기준을 간과하는 잘못을 저질러서는 안 된다.

6단계의 특성을 보여주는 대표적인 인물들을 들라고 한다면 나는 간디나 마틴 루터 킹, 캘커타의 테레사 수녀 등을 이야기하고 싶다. 또 닥 하마르스쾰트(Dag Hammarskjöld), 디트리히 본회퍼, 아브라함 헤셀(Abraham Heschel), 토마스 머튼(Thomas Merton)이 있다. 우리들에게 널리 알려져 있지는 않아도 분명히 6단계의 특성을 보여준 많은 사람들이 있을 것이다. 6단계의 특성을 가지고 있다고 해서 그 사람이 완전하다는 것은 아니다. 대부분 그렇게 보이지만, '자아 실현'을 한 사람이나 '완벽한 능력을 발휘한 인간'이라는 의미도 아니다. 아브라함 매슬로우(Abraham Maslow)나 칼 로저스(Carl Rogers)가 설명하는 것과 다소 다른 의미에서 본다면 말이다. 헌신과 비전의 위대함은 결점과 한계를 훌륭하게 감추어 주기도 한다. 에릭 에릭슨은 간디에 관해 쓴 글에서 간디의 사티야그라하 사상, 즉 정의로운 사회 진리를 능동적으로 추구하는 데 있어서 비폭력 운동에 의존하는 그의 사상이 가지고 있는 종교적이고 도덕적인 힘을 조명해 보고 있다. 책을 쓰는 도중에 에릭슨은 멈추지 않을 수 없었다. 마하트마 간디-죽은 지 25년이 지난 후-가 아내 카스투바(Kasturba)와 아들들에게 무언의 폭력을 휘두르며 부당하게 대우했다는 비난의 글을 서글프지만 단호하게 써야 한다는 사실 때문이었다(1969, 229-54 - 간디는 힌두교식 은신처를 만들면서 집안에 천민 계층들이 들어와 살도록 했다). 카스투바는 불평 없이 이를 받아들였다. 그러나 그녀는 간디가 그들의 대소변을 치우는 일을 자신은 하지 않으려고 하면서 그녀에게만 시키자 지나치다고 생각했다.) 도덕적, 심리학적, 또는 지도력 등 어떤 의미에서 보더라도 6단계의 특성을 지니고 있다고 해서 완벽한 사람이라고 볼 수는 없다.

  나는 사람들이 처음부터 6단계가 되기 위해 구별되어 있다고 생각하지 않는다. 그렇다고 후에 6단계의 설명에 부합하게 된 사람이 과거에는 '성인' 같지 않았다는 것은 아니다. 토마스 머튼은 콜럼비아 대학에 다니던 학생 시절부터 위대한 성인이 되고 싶은 마음을 분명하게 가지고 있었지만 그가 가르친 학생들은 그가 소위 6단계라고 하는 단계까지 성장하는 데는 어린 시절 막연히 성인이 되고자 했을 때는 예견할 수 없었던 어려움의 길이었다고 이해하고 있다(1948, 233-34). 나는 전 인류적 신앙을 구현한 사람들은 하나님의 섭리와 역사의 긴박성에 의해 그러한 헌신과 지도력을 발휘하게 된다고 믿는다. 역사의 위대한 대장장이신 하나님께서 그들을 선택하시고 고난과 시련의 불길 속에서 연마시키시며 갈등과 투쟁의 견고한 모루 위에서 쓸모 있는 모양으로 만들기 위해 무겁게 쇠망치를 내리치신다.

앞에서 본 6단계에 대한 설명을 통해 신앙의 발달 단계의 마지막 기준점을 전 인류적 신앙으로 이해하려는 노력 속에서 또다른 현실주의적 설명을 덧붙여야 할 것 같다. 그들의 비전과 지도력이 '전복' 시키려는 파괴적인 영향을 끼친다는 것이 무엇을 말하는지에 대해 언급하려 한다. 사회, 정치, 종교계의 부정하고 부당한 구조에 대해 더욱 대담하게 반대하기는 하지만, 그들은 정의에 대한 기존의 틀에 박힌 개념을 지니고 살아가는 우리의 평범한 삶 속에서 이루어지는 타협에도 이의를 제기한다. 마틴 루터 킹의 '버밍햄 감옥에서 쓴 서한'은 '불' 코노('Bull' conner)나 KKK단(Ku Klux Klan)에게 쓴 것이 아니라, 그의 추종자들이 도시에서 비폭력 시위를 통해 행사하는 압력을 좋은 방향으로 이끌기 위해 킹과 함께 탄원해 왔던 온건하면서도 진보적인 종교 지도자들에게 쓴 것이었다. 인종차별이 보다 심한 도시의 특징들에 대한 킹의 공격은 인종차별 사회에 적응해 온 선한 백인과 흑인들 모두의 고상한 타협을 전복시키려는 것이었다.

6단계 지도력의 이러한 파괴적 특성은 때로 일종의 세태에 역행하는 가운데 일어나 우리를 놀라게 하기도 한다. 캘커타의 테레사 수녀의 경우가 이를 잘 보여준다(머거릿지, 1971). 외국인인 테레사 수녀는 기숙 여학교의 교장이던 30대 후반에 피정에 들어가려고 했다. 시내를 돌아다니다 거리에 버려진 채 죽어 가는 사람들을 보고 놀라지 않을 수 없었다. 버려진 사람들 가운데는 쥐들이 갉아먹을 정도로 움직이지 못하는 수족을 가진 사람들도 있었다. 이런 소름끼치는 장면을 본 그녀는 새로운 사명감, 절망 가운데 버려진 사람들을 돌보며 봉사하는 사역에 대한 새로운 사명감을 느끼게 되었다. 국가적으로나 세계적으로 빈곤이 엄연한 삶의 한 단면이며, 치료나 유용한 물자 배분을 받을 기회가 전혀 없는 그들에게 저술가들이나 정책 수립자들은 자원이 '낭비' 되어서는 안 된다고 주장하기조차 하는 '최하 순위' 사업이 되어 있는 가운데, 이 죽어 가는 사람들을 돌보아 줄 곳으로 데려가 씻겨 주고, 필요한 것을 채워 주며, 영양분을 섭취할 수 있을 때 먹여 주고, 하나님이 그들을 사랑하며 그들은 가치있는 존재임을 말과 행동으로 확신시켜 주는 일보다 더 무관심할 수 있는 일이 무엇이 있겠는가? 자신에게 주어진 일을 다하며 남을 위해 의미있는 일을 할 때에만 가치있는 존재가 된다고들 이야기하는 세상에서 이보다 더 중요한 일이 무엇이 있겠는가?

전 인류적 신앙을 가진 이러한 사람들의 구속적으로 전복시키려는 특성과 세태에 역행하는 특성은 그들이 가진 비전에서부터 나와 그들의 존재 전부를 바쳐 헌신하도록 이끈다. 이는 초월적 상상력에서 나온 유토피아와 같은 추상적인 비전이 아니다. 인류의 미래를 가로막고 붕괴시키고 황폐하게 하는 사람들과 환경의 정체를 파악하는 과감한 행위로부터 탄생되는 비전이다. 가족과 교회의 영향 속에서 대학, 신학교, 박사 과정 등을 거쳐, 비폭력 저항에 대한 간디의 가르침에 신학적으로 철학적으로 영향을 받은 마틴 루터 킹과 같은 사람은 로자 파크스(Rosa Parks)가 자신의 인격이 짓밟히는 일을 더 이상 그냥 놓아둘 수 없다고 항거할 때 압박받는 자들의 편에 서는 과감한 행동을 취했다. 자이나 교도인 어머니로 인해 아힘사(ahimsa) 사상(살생하지 않는 도)에 심취하고, 공직에서 일하는 가문의 전통에 영향을 받았으며, 영국에서 법학을 공부한 간디는 남아프리카 기차를 탔다가 일등 칸에서 구타당하고 쫓겨나고 말았다. 이 사건의 충격으로 억압받고 경멸당하는 식민지 백성이라는 자신의 신분을 깨닫게 된 간디는 마침내 인도의 독립을 위해 비폭력 투쟁을 이끄는 지도자가 되었다. 앞서, 잊혀진 자들 가운데 계시는 그리스도를 만나 사명감을 받은, 절망 가운데 길가에 버려져 죽어 가는 자들을 통해 정체감을 확인한 테레사 수녀에 대해서도 이야기했다.

　이러한 구체적인 억압, 고난, 또는 재난과 같은 상황 속에서 사람들은 삶을 파괴하는 힘을 보게 된다. 직접 자신의 모습을 부정하게 되는 경험을 하거나 다른 사람들의 비전으로 인해 자신의 모습을 부정하고 자신의 모습을 깨닫게 되는 가운데 삶이 어떤 의미를 지니고 있어야 하는지를 생각하기 시작한다. 이때 타고난 권리나 자신이 속한 집단이 보여주는 성공에 대한 희망적인 약속은 이를 부정하는 사람들이나 조건들과 고통스럽게 맞부딪히게 된다. 전 인류적 신앙을 형성하는 비전들은 이러한 상황 속에서 떠오르며 이러한 상황을 향해 나아간다.

제6단계와 하나님의 나라에 대한 유대-기독교적 이미지

　신앙 발달 이론에 관한 연구를 조직적으로 시작한 이후로 나는 내가 이야기하는 6단계의 이미지가 리차드 니버(H. Richard Niebuhr)의 진보적인 일신교적 신앙에 대한 주장(1960)의 영향을 강하게 받은 것이 분명하다는 생각이 들게 되었다. 이 책의 1장에서 '진보적 일신교'를 이야기할 때 보았듯이, 니버가 이야기하는 범주는 인류학과 비교 종교학으로부터 나온 것이다. 원래 이는 유일신과 하나님의 주권을 강조하는 서양의 종교-

유대교, 기독교, 이슬람교-의 특성을 이야기하려던 것이었다. 니버는 그 용어를 사용함으로 결코 하나님의 주권이나 유일하심에 대한 믿음을 손상시키려는 것이 아니다. 그러나 그는 전통적으로 일신교적인 종교 집단을 지칭하기 위한 총칭적인 범주로서 사용되는 그 용어를 구분짓고 싶어하지 않았다. 니버에게 있어서 진보적 일신교란 존재의 원리를 전적으로 신뢰하고 충성하는 특성을 가진 믿음의 관계를 의미한다. 니버가 사용하는 진보적 일신교란 용어는 우리가 이해할 수 없는 초월적인 하나님의 실체가 우리의 일상생활과 신앙의 구조에서 오는 긴장을 변형시키고 회복시키심에 대한 신앙을 설명하는 것이다. 진보적 유일신 신앙에서 사람들이 영위하는 종교적 윤리적인 생활 형태는 하나님의 지배, 또는 하나님의 왕국에 대한 부분적인 이해와 응답으로 본다. 진보적 유일신 신앙에서 우리의 모든 믿음, 인습, 신인(神人) 관계의 이미지는 그들이 이해하고자 하는 진실에 대해 상대적인 것으로 본다. 그렇다고 모든 종교는 그 종교를 형성한 공동체의 환경, 경험, 관심, 그리고 개개인에 따라 상대적이라고 주장하는 상대주의에 빠진 것은 아니다. 다만 우리가 알거나 인식하고 있든 못하든, 신앙 생활이란 우리 인간이 삶 속에서 구현해야 할 주권적 실체인 능력과 가치의 중심에 대한 응답 형태 또는 상대적인 표현들이라고 보는 신앙에 대한 상대성 이론을 주장하는 것이다.[7]

　진보적 유일신 신앙은 강한 윤리적 상관성을 지니고 있다. 유대 전통에 깊이 뿌리 박고 있지만 구속(拘束)하지 않는 동양 사상을 다소 반영하고 있는 진보적 일신교는 자아 또는 집단 자아의 이성을 통해 중요하게 받아들여질지도 모르는 가치와 능력의 중심에 대한 모든 집착을 끊는다. 진보적 일신교 신앙의 주권자이신 하나님은 모든 우상들의 적이다. 국가, 자아, 종족, 가문, 제도, 성공, 돈, 성 등 이런 모든 것이 우상에 속한다. 이러한 불완전한 신들은 전능하신 하나님의 심판 안에서 '부인' 되는 것이 아니라 주변적인 신들의 지위로 상대화되는 것이다. 그들에 대한 또는 그들에 의한 절대성에 대한 요구는 철회되어야 한다. 진보적 일신교 신앙에서 창조자이시며 지배자이고 구속자이신 하나님의 통치 안에서 통합되어진 인류는 하나다. 이는 인간이 스스로를 다른 사람들-그리고 창조 질서 속에서 다른 종과- 구분짓는 원칙들은 결국 그들의 상대적인 가치를 결정하는 구분이 되지 못한다는 것이다. 진보적 유일신 신앙의 주권자 하나님은 창조를 완성하고 인류의 통일을 이루시려 한다. 이는 차이점과 각 특성들을 이질적인 요소가 없는 하나로 만들어 나가는 동질적인 통일을 말하는 것이 아니다. 오히려 진보적 유일신 신앙에서 기대하는 하나님 나라에 대한 비전 속에서 이루어지는 통일은 매우 다양한, 창조의 다양성과 복잡성을 찬양하는 것이다. 하나님 나라의 징표는 존재와 존재가 바른 관계를 맺는 데서 이루어지는 정의, 각자 또는 각 존재가 다른 모든 사람들의 미래의 희망을 실현해 줌으로써 증대되는 정의이다.

진보적 유일신 신앙의 개념을 주장하면서 니버는 성경적 신앙의 커다란 맥락에 대해서도 자신의 견해를 언급하고 있다. 그는 해방된 이스라엘과 출애굽의 하나님 사이의 언약의 관계를 그 중심 요소로 이해하고 있다. 그는 정의로운 공동체, 다른 열방들에 대해 제사장 역할을 할 수 있는 공동체를 형성하기 위해 토라를 주셨다고 이해했다. 예수는 하나님과의 언약의 관계에 대한 유대인의 비전과 하나님과 인간, 사람과 사람, 사람과 자연이 올바른 관계를 맺은 왕국에서 하나님의 창조를 완성하고 구속하고 회복하실 하나님의 통치가 도래하리라는 유대인의 희망에 심취했던 인물이며, 진보적 유일신 신앙을 개척하고 구현한, 소위 말하는 신앙의 '선구자며 완성자'라고 보았다.

나는 여러분 중 많은 사람들이 지금까지 내가 이야기한 것에 반대하는 의문을 품고 있을지도 모른다고 생각한다. 당신은, "포괄적이고 논리 정연해야 할 신앙 발달 이론의 기준이 될 마지막 정점을 설명하는데 하나님 나라에 대한 유대-기독교적 이미지를 사용하여 일반화시킬 수 있다는 건가?"라고 의아해 할지도 모른다. 어떤 사람-유대인이나 그리스도인이나-은 여기서 내가 "진보적 유일신 사상"을 "유대-기독교적"이라고 이야기하는 데 대해 분명 반발할 것이다. '도대체 지금 무슨 종교적 문화적 제국주의를 우리에게 받아들이라고 하는 것인가?' 라고 묻고 있을지도 모른다.

이러한 반발은 정당한 것이다. 우리가 부딪혀 해결해야 할 중요한 문제들을 지적하고 있는 것이다. 이미 출판된 신앙 발달 이론에 관한 예전의 책들에서 나는 이 문제들을 회피해 왔다. 하지만 이 책이 이 연구를 통해 거둔 지식들을 완전히 드러내는 책이 되기를 바라면서 쓰고 있는 지금, 특수성에서 보편성으로 옮겨 가려는 순간에 발생한 문제들을 피할 수도 없고 피하고 싶지도 않다.

내가 설명하고자 하는 것은 이것이다. 신앙 발달 이론의 기준이 되는 최종점을 전달해 주는 가장 발달된 신앙의 이미지가 '성경적' 신앙의 중심을 꿰뚫는 신학적 도식으로부터 왔다는 사실이 보다 일반적인 또는 보편적인 타당성을 띠고 있다고 해서 부적절하다고 볼 필요가 없다는 것이다. 다시 말해서, 6단계에 대한 설명이 형식적이고 포괄적인 방법으로 진보적인 유일신 신앙의 모습을 표현하려 한다는 사실이 그 보편적인 진리와 실효성의 가능성을 부정하지 않는다는 것이다.

이 주장이 내 신앙의 유아론(唯我論)적 고백이나 성경 변증가의 오만한 주장이 되는 것을 막기 위해, 매우 중요한 세 가지 주장을 해보려 한다. 첫 째, 영원하고 위대한 '모든' 신앙 전통의 중심을 꿰뚫는 맥락에 잠재적으로 일치하는 면에서, 나는 우리가 '특수성의 절대성'이라는 것을 다시 심각하게 받아들일 줄 알아야 한다고 생각한다. 둘 째, 하나님 나라에 대한 유대교와 기독교의 이해와 관련하여, 나는 하나님의 나라가 '종말론적 실체'-미래로부터 우리에게 다가오고 있으며 미래의 통합된 힘으로서 우리에게 다가오는 실체(펜넨버그, 1969)-라는 주장의 의미를 밝혀 보고 싶다. 셋 째, '계시', 우리의 종교적 전통에서 주장하는 진리와 연관되어 있는 계시, 그리고 다른 종교 전통의 진리에서 이야기하는 계시를 이해하기 위해 얼마나 깊이 있게 준비했는지를 검증해 보고 싶다.

특수성의 절대성

우리는 모두 '특수성'이 무엇인지를 익히 알고 있다. 특수성은 시간이 흘러도 계속되며, 구체적이며, 국부적인 것이다. 특수성이란 '이렇게' 상대적으로 구별되지 않는 집단, 다른 것으로 대신 할 수 없는 것이다. 특수성은 흠집도 있고 먼지도 많다. 그 악평 속에는 악취가 나는 함정도 있다. 매우 한정적이고, 구별되지 않으며, 국부적이고, 특수한 사람들 사이에서 그들에 대한 설명으로 마지막 단계를 밝혀 보려 한다는 데서 특수성에 대한 악평이 발생한다. 많은 신비스런 문구나 물음이 우리가 느끼는 특수성에 대한 악평을 보여주고 있다. "하나님은 어떻게 유대인을 택하실 수 있으셨을까? 나사렛에서 어떻게 선한 것이 나오겠는가?" 또는 좀더 직설적으로, "왜 아브라함, 왜 모세, 왜 마리아, 왜 예수인가? 왜 석가모니이며, 왜 공자, 왜 무하마드인가?"라고 묻는다. 이러한 특수성은 무언가 초월적인 전 인류적인 단계에 관해 그들 사이에서 그들을 통해서만 설명할 수 있기 때문에 악평을 낳는 것이다.

특수성에 관한 관심은 신앙 공동체간의 충돌, 직접적이든 간접적이든 자신들의 신앙이 가지고 있는 보편적인 진리와 유효성의 충돌에서 발생한다. 보편적인 진리에 대한 이러한 암묵적인 또는 노골적인 주장과 더불어 그들이 주장하는 보편적인 진리는 그 진리를 중심으로 형성된 공동체가 독점하고 있다는 것도 분명한 사실이다. 종교 전쟁, 종교재판, 이단 처형, 박해, 학살, 편견과 의혹의 역사들이 그 결과이다. 이러한 갈등의 소용돌이 속에서 종교 철학자들은 각각의 그리고 모든 진리에 대한 주장들을 검증, 평가, 일반화할 수 있는, 그 어떤 전통에도 의존하지 않는 기준을 만들어 보려는 노력을 해 왔다. 다른 많은 사람들은 신앙에 대해 다양한 정도로 무관심하고, 냉소, 묵인해온 세속주의자들의 상대주의가 만들어낸 형태-때로는 상당한 환멸 속에서-를 받아들이는 편이다. 이 후자의 관점에서 볼 때 신앙의 진리는 실용주의적 기준-이러한 기준이 정말 있을지 의심스럽지만-에서 평가되어진다. 이러한 각도에서 볼 때, 어떤 신앙의 진리나 특수한 개인이나 집단을 위한 실질적인 실용성의 문제로 볼 수 있다.

얼마전 오버스 출판사에서는 도널드 더위(Donald G. Dawe)와 존 칼맨(John B. Carman)이 여러 논문들을 모아 편집한, 「다원화된 종교 세계에 사는 그리스도인들의 신앙(Christian Faith in a Religiously Plural World, 1978)」이라는 훌륭한 책이 나왔다. 제목이 시사하는 대로 기독교, 불교, 힌두교, 유대교, 이슬람교도들이 한 이야기들은 한결같이, 아이러니하게도 신앙의 진리의 충돌에 대한 세속주의자들의 해결 방안들은 매우 파괴적인 것으로, 드러난 인류의 분열을 극복할 수도 없고, 이 시대에 두루 퍼져 있는 진리에 대한 갈망을 채워 주지도 못한다고 한다. 더위의 이야기를 직접 살펴보자.

현대의 세속주의는 종교의 다원화를 해결하는 데 또 다른 방법을 제시해 왔다. 종교 전통들이 자기 이해와 공동체의 정체감을 형성하는 데 있어서의 중요한 역할을 상실하면서 그들의 차이점과 상호 배타성도 매우 희미해졌다. 다른 특정한 종교의 신앙과의 이질성은, 인생이 비종교적 가치와 제도에 의해 결정되면서, 종교적 특수성의 문제를 무관심의 영역으로 옮겨 가는 경향을 낳았다. 그러나 세속화는 종교적인 비전이 그래왔던 것보다 그리 성공적이지 못하다. 민족주의, 경제적 제국주의, 이상적 승리주의(역자주: 특정한 교리가 다른 종교의 교리보다 우수하다는 주장)의 경쟁적인 주장들은 인류에 새로운 보편성을 형성할 수 없는 특수성의 악마적인 형태일 수도 있다…따라서 종교적인 의문점들은 종교적인 관점에서 해결되어야 한다는 사실이 여전히 남아 있다. 다원화된 종교 세계에 사는 그리스도인들의 문제는 각 전통들을 심각하게 받아들이지 않는, 반유대교도, 반불교도, 반이슬람교도, 또는 다른 종교의 신자였던 사람들과 어울려 지내는 반기독교인들에 의해 해결될 수는 없다(1978).

신앙에 전념하는 사람들에게 있어서 신앙으로 인한 종교적 진리에 대한 의문을 풀기 위해 함께 일하는 것은 '특수성의 절대성'을 진보적으로 진지하게 받아들인다는 것을 의미한다. 이제 이 자극적인 용어를 의도적으로 사용하면서 이야기하려고 하는 것이 무엇인지를 말해 보겠다. 절대성이란 '결정적인 특성을 지니고 있다'라는 뜻이다. 신앙 전통이 지니고 있는 절대성은 실존의 궁극적 조건의 구조와 특성이 드러나는 이러한 신앙 단계들 속에서 형성된다. 신앙 전통의 절대성은 그 전통을 부여한 거룩한 존재와 신성한 의미를 밝히려고 그 전통이 인간의 삶에 부여하는 신앙의 외형이 가지고 있는 하나의 기능이다. 절대성은 무조건성이 신앙 안에서 표출되어지는 신앙 단계들을 통해 주어진 신앙 전통의 특성이다.[8]

이제 몇 가지 중요한 점을 명백히 해 보자. 신앙 전통의 어느 단계에서 표출되는 절대성은 그 전통의 신봉자들이 따르는 맹목성과 동일한 것으로 볼 수 없다. 달리 말해, 절대성은 계시를 통해 표출되어지는, 그러나 꼭 상징이나 신화, 가정 또는 그 절대성을 전달하기 위해 형성된 교리로 표출되어지는 것은 아닌 초월적인 특성이다. 더 나아가, (이점이 가장 중요하다) 표출되어질 초월적인 것으로서, 절대성은 '배타적'이지 않다.[9] 이 모든 것-만일 옳은 이야기라면-은 신앙들간의 만남 속에서 서로에게 제공해야 할 가장 고귀한 것은 우리가 헌신하며 살아가고 있는, 특정한 신앙 전통이 가지고 있는 절대성의 단계라고 받아들이는 것을 정직하고, 과장되지 않게, 독점하지 않고 함께 나누어야 한다는 의미이다.

그러한 검증과 정제를 위해 6단계 전 인류적 신앙을 설명하고 있는 것이다. 나는 유대교와 기독교가, 전 인류를 섭리하시는 그 어떤 하나님의 현재의 통치와 도래하는 미래의 통치에 신실하고 성실하게 응답하는 진보적인 유일신적 신앙에 대한 정형적이고 일반화된 표현을 통해 이를 설명하고 있다. 나는 이 설명이 특수성이 지니고 있는 절대성을 분별하고 이에 응답하기 위해, 우리 모두가 신실하게 노력하는 데 값진 도움이 되리라고 본다.

하나님 나라의 종말론적 특성

진보적 유일신 신앙은 도래하는 하나님 나라를 향한 신앙이다. 기독교와 유대교가

'하나님나라' 라는 정치적인 은유로 언급하고 있는 실체가 절대성을 지니고 있는 이유 중 한가지는 하나님 나라가 '종말론적' 실체와 관련이 있기 때문이다. 종말론을 진지하게 받아들이는 것은 과거와 현재가 미래로부터 우리에게 다가온 것임을 이해하는 것이다. 하나님의 자유로부터 창조와 가능성이 나왔다. 우리의 현재에 대한 자유와 책임은 우리를 위한 그리고 모든 존재를 위한 하나님의 미래의 자유로부터 우리에게 온 것이다. 하나님의 미래로부터 현재를 받은 우리는 과거로부터 자유로워졌다. 미래의 능력으로서, 하나님은 모든 존재를 위한 통합되어진 그리고 통합되어지고 있는 미래의 약속이다(판넨베르그, 1969). 다가오는 나라에 대한 유대교와 기독교의 이미지의 한정성을 확실히 초월하는 면에서, 하나님은 모든 존재를 구속하시고, 회복하시고 완성하시기 위한 거룩한 뜻을 밝히 보여주셨다.

　이러한 비전의 관점에서 볼 때 인간의 소명은 다가오는 하나님의 통치를 간절히 기다리며 사는 것이다. 그리고 이 소명은 전 인류의 소명으로 이해되어야 한다. 인간의 소명은 우리들을 위한 그리고 모든 존재를 위한 하나님의 약속된 미래로 들어가는 것이다. 이는 하나님의 나라가 이루어지고 있는 곳 어디에서나 계속되는 화해, 구속, 회복의 사역이며, 하나님 안에 있는 인간과 모든 존재의 미래를 부정하고 방해하는 삶의 구조들에 맞서기 위한 하나님의 고통의 법이다. 다가오는 하나님 나라에 응답하는 인간의 소명은 신실하시고 전능하신 하나님의 약속 위에 서 있는 미래-다른 사람이나 자기 자신의-를 영광스럽게 하기 위해 사는 것이다.

　다가오는 하나님 나라라고 부르는 실채의 특별한 비전과 인간의 소명에 대한 이해의 관점에서 볼 때 기독교와 유대교는 증거할 것이 있다. 첫째로, 우리는 다가오는 하나님 나라의 개척자로서 살아가며, 그 나라를 미리 예비하는 정의(正義)에 육신과 공동체적 형태를 부여하기 위한 부름을 받았다. 두번째로, 다른 사람들이 그리스도인이나 유대인이 되기를 기대하거나 요구하지 않으면서, 하나님의 미래와 전 인류적이며 모든 존재가 함께 공유할 미래로서의 다가오는 나라를 증거해야 한다는 부름을 받았다. 이 증거의 본질은 다가오는 하나님의 통치의 실체와 특성이 하나님 나라에 대한 우리의 이미지나, 상징, 믿음을 능가하며 무너뜨린다는 데 대한 확신이다. 그러나 이 증거가 가지고 있는 또 다른 본질은 우리가 하나님의 약속된 힘찬 미래의 비밀을 이해하기 위한 상징이나, 은유, 믿음을 통해 궁극적인 진리의 무게를 견디는 하나님과 인간과의 협동에 대한 소명을 표현한다는 확신이다. 세번째로, 우리는 다가오는 나라에 응답하려는 우리의 노력과 그 나라에 대한 이해를 왜곡시키는 인간의 능력의 깊이를 검증해야 할 '특별한' 책임을 가지고 있다. 개인적인, 공동체적인, 그리고 우주적인 '죄'의 실체는 우리의 계시의 역사 속에서 밝혀지는 순간 자명해졌다. 서로를 대하는 데 있어서 우리 자신과 우리 이웃이 자제하지 못하고 독선과 파괴적인 미움을 갖는 태도를 생각해 볼 때 죄의 실체는 분명해진다.

유대교이든 기독교이든, 아니면 다른 신앙 전통 안에 있든간에 6단계 신앙을 지니고 있는 사람은 진보적인 방법으로 모든 존재를 위한 하나님의 미래에 대한 신앙을 구현한다. 나는 신앙의 단계에 대해 이야기하고 각 단계의 구조적 특징과 양식을 설명하려고 할 때마다 사람들이 가장 관심을 갖는 부분이 6단계라는 사실을 알게 되었다. 청중들이 '세속' 적일수록 관심이 더 많았다. 나는 "6단계 사람들에 관한 이야기에서 현재와 과거에 대한 집착으로부터 우리를 이끌어 내고 관심을 고조시키는 것은 무엇인가? 세속에 대한 우리의 집착을 비난하고 인간의 미래의 가능성에 대한 의식을 일깨워 주는 것은 무엇인가?"라는 의문점을 갖게 되었다. 그들은 우리의 상상력을 자극시킨다. 그들이 너그러움과 권위, 그들의 희생적인 사랑과 자유를 통해, 우리가 함께 공유할 미래의 가능성을 구현하기 때문이다. 그들은 우리가 인류의 미래를 제한하려고 만들어 놓은 감옥을 흔들어 놓기 위해 충격파를 보내고 자유 지대를 만들어 가면서, 미래의 밝은 가능성을 실현한다. 그 미래가 지니고 있는 능력과 인류의 미래에 대한 자기 초월적 사랑에 대한 그들의 믿음이 있으므로, 그들은 기꺼이 하나님의 나라를 실현해 나가기 위해 모든 것을 희생하는 것이다.

1. 신앙 발달 단계의 구조는 회중을 상대하는 기독교 교육가들에게 어떤 도움을 줄 수 있는가?

2. 각 단계에서 다음 단계로 전이하도록 자극하고 도와주기 위해 어떤 일을 할 수 있는가?

3. 예를 들어 기독교인과 이슬람교도와 같이, 다른 신앙을 가지고 있는 두 사람이 동일한 신앙 단계에 있을 수 있는가? 설명해 보라.

4. 당신은 어떤 단계로 성장하고 싶은가? 왜 그런가?

Berryman, J. 1979. Being in parables with children. Religious Education 74, 3(May-June): 271-85.

Bettelheim, B. 1977. The uses of enchantment: The meaning and importance of fairy tales. New York: Random House.

Cone, J. M. 1975. The God of the oppressed. New York: Seabury.

Crossan, J. D. 1973. In parables: The challenge of the historical Jesus. New York: Harper and Row.

Dawe, D. G., and J. B. Carman, eds. 1978. Christian faith in a religiously plural world. Maryknoll, N. Y.: Orbis.

Erikson, E. H. 1963. Childhood and society. New York: Norton.

Erikson, E. H. 1969. Gandhi's truth. New York: Norton.

Fowler, J. 1979. Perspectives on the family from the standpoint of faith development theorym J., and S. Keen. 1978. Life-maps: Conversations on the journey of faith. Waco:Word.

Helfaer, P. M. 1972. The psychology of religious doubt. Boston: Beacon.

Lowe, W. J. 1980. Evil and the unconscious. Soundings 63, 1(Spring).

Lynch, W. F. 1973. Images of faith. Notre Dame, Ind.: Univ. of Notre Dame Press.

Merton, T. 1948. The seven storey mountain. New York: Harcourt, Brace.

Muggeridge, M. 1971. Something beautiful for God. New York: Ballantine.

Niebuhr, H. R. 1960. Radical monotheism and Western culture. New York: Harper and Row.

Pannenberg, W. 1969. Theology and the kingdom of God. Philadelphia: Westminster.

Parks, S. 1980. Faith development and imagination in the contxt of higher education. Th. D. diss, harvard Divinity School.

Polanyi, M. 1966. The tacit dimension. Garden City, N.Y.:Doubleday.

Ricoeur, P. 1967. The symbolism of evil. Trans. E. Buchanan. Boston: Beacon.

_____. 1978. The hermeneutics of symbols and philosophical reflection. In The philosophy of Paul Ricoeur, ed. C. E. Reagan and D. Stewart. Boston: Beacon.

Rizzuto, A. M. 1979. The birth of the living God. Chicago: Univ. of Chicago Press.

Sullivan, E. V. 1980. The scandalized child: Children, media, and community culture. In Toward moral and religious maturity. Morristown, N.J.: Silver Burdett.

Tillich, P. 1957. The dynamics of faith. New York: Harper and Row.

Vygotsky, L. S. 1962. Thought and language. Ed. and trans. E. Haufmann and G. Vahar. Cambridge, Mass.: M.I.T. Press.

1. 에릭슨의 Toys and Reasons에 나오는 글을 간단하게 수정한 것이다.

2. 셀마 프라이버그의 「모든 아이들의 태어날 권리: 모성애에 대한 의존」이라는 책에서 이 문제를 자세하게 다루고 있다.

3. 괄호 안의 말은 내가 쓴 글이다.

4. 과거에 나는 이 글이 조지 허버트 미드의 주장이라고 잘못 밝힌 적이 있다. Mind, self and society(Chicago: University of Chicago Press, 1934)를 보라. 그가 한 말은 '일반화된 타자', 즉 인간 관계 경험으로 인한 자아에 대한 인식, 기대, 평가 등을 합쳐서 대표하는 것이다. 나는 '의미있는 타자'라는 말이 마틴 부버가 이야기하는 나-너의 관계와 분명히 비슷하지만 그 확실한 기원을 찾을 수가 없었다.

5. 리차드 슐릭 박사가 인터뷰한 것으로 그가 요약해 놓은 것을 소개한다. 이 내용은 로렌스 콜버그의 Collected Works 제2권에서 콜버그와 슐릭의 '철학자로서의 노인: 성인의 도덕적 성장'이란 글로 소개되어 있다. 이야기를 좀더 일관되게 표현하기 위해 슐릭 박사의 문제를 다소 바꾸었다. 물론 Mr. J. D.의 글을 그대로 두었다.

6. 그녀와 나눈 대화를 다시 살펴볼 때 그녀는 다음 이야기를 삽입해 줄 것을 요청했다. "이 대화를 나눈 지 1년이 지났고 그녀는 지금 자신의 아파트에서 살고 있다(대화를 나눌 당시에는 딸과 함께 살고 있었다). 그리고 자신의 인생에 대해 훨씬 좋아진 느낌을 가지고 있다. 지금도 많은 것을 후회하지만 이로 인해 적극적으로 살아가고 있으며 기회가 주어질 때마다 다른 사람들을 돕는다. 교회활동도 활동적으로 하고 있으며 자신의 인생을 함께 즐길 많은 그리스도인인 친구들을 가지고 있다.

7. 이와 비슷한 신앙의 상대성 이론을 이해하기 위해서는 윌프레드 캔트웰 스미스의 「신앙과 믿음」을 보라.

8. 이는 폴 틸리히의 말을 빌린 것이다. 제임스 루터 아담스가 번역한 「개신교 시대(The Protestant Era)」, 2nd ed., chicago: University of Chicago Press, 1957)를 보라.

9. 이 중요한 사항에 있어서 내 입장은 「기독교의 절대성과 종교의 역사」(데이빗 라이드 역)를 쓴 어네스트 트로엘취와는 뚜렷하게 다르다. 리치몬드: 존 녹스, 1971. 특히 4장, "기독교: 모든 종교

발달의 초점이자 정점"을 보라. 이 글은 제목(트로엘취가 부제를 단)에서 볼 수 있는 바를 주장하고 있는데, 나는 원칙적으로 이렇게 주장하고 싶지 않다. 아마, 거룩한 존재의 절대성은 궁극성을 완전하게 지니고 있는 각 단계와 더불어, 다른 형태 다른 상황 속에서 표출되어질 수도 있을 것이다.

24

상상력: 성인 신앙의 능력
(1986)

샤론 파크스

(Sharon Parks)

파울러와 마찬가지로 파크스도 윌프레드 캔트웰 스미스(Wilfred Cantwell Smith)의 연구에서 구별한 것과 같은 방법으로 '신앙'과 '신념'이라는 용어를 사용하고 있다. '신앙'이란 명사이며, '믿음'은 동사의 형태에서 온 것이다. 스미스는 오늘날 이 단어들이 라틴어의 원래 뜻에서 많이 벗어난 의미로 사용되고 있다고 이야기한다. 오늘날 신념이란 명제에 대해 지적으로 동의한다는 의미다. 신앙이라는 단어는 상상할 수 있는 인간 정신에 대한 이론들과 접촉함으로써 인생의 의미를 만들어가는 활동에서 원래의 의미를 찾을 수 있다. 파크스는 바로 이러한 활동이 청년들이 해야 할 중요한 과제 가운데 하나라고 이야기한다.

샤론 파크스(Sharon Parks)의 글은 성장 심리학, 교육학, 종교학, 기독교 교육학의 이론들이 서로 접목되어 있는 실례를 보여준다. 그녀가 쓴 「위기의 시기(The Critical Years)」라는 책에는 "청년들의 생활 속의 신앙 추구"라는 부제가 붙어 있다. 이 글은 신앙 발달에 관한 가장 인기 있는 접근 방식이 되었다. 앞에서 살펴본 제임스 파울러(James Fowler)의 글은 신앙의 일반적인 흐름을 체계적으로 보여주고 있다. 기술적인 면의 흐름을 구조적으로 보여준다. 파크스의 글도 이에 견줄 만하다. 도날드 조이(Donald Joy)는 농사를 짓는 등 사람이 노동을 하게 된 것을 하나님의 뜻이나 타락의 결과라고 보지만, 파크스는 고등 교육을 받고 있는 청년들(성인 초기)에게 적용할 수 있도록 깊이 있는 개념으로 이 목적을 제시하고 있다. 파크스는 자신의 목회와 교육 활동에서 얻은 폭넓은 경험을 바탕으로 이 책을 쓰고 있다. 그는 윗워스 대학에서 8년 간 교수로 재직하는 동안 기숙사 사감과 학생 활동 지도 교수, 교목 등 많은 활동을 벌였다. 그 후 하버드 대학에서 박사 과정을 밟는 동안 다시 학생 신분으로 되돌아가 대학이라는 환경에서 겪는 일들을 새로운 시각으로 바라보게 되었다. 「위기의 시기」라는 글을 쓸 당시 파크스는 하버드 대학 신학 대학에서 성장 심리학과 종교 교육학 조교수로, 메사추세츠에 있는 임상 성장 협회 회원으로 있었다.

파울러와 마찬가지로 파크스도 윌프레드 캔트웰 스미스(Wilfred Cantwell Smith)의 연구에서 구별한 것과 같은 방법으로 '신앙'과 '신념'이라는 용어를 사용하고 있다. '신앙'이란 명사이며, '믿음'은 동사의 형태에서 온 것이다. 스미스는 오늘날 이 단어들이 라틴어의 원래 뜻에서 많이 벗어난 의미로 사용되고 있다고 이야기한다. 오늘날 신념이란 명제에 대해 지적으로 동의한다는 의미다. 신앙이라는 단어는 상상할 수 있는 인간 정신에 대한 이론들과 접촉함으로써 인생의 의미를 만들어가는 활동에서 원래의 의미를 찾을 수 있다. 파크스는 바로 이러한 활동이 청년들이 해야 할 중요한 과제 가운데 하나라고 이야기한다.

신앙을 이러한 관점에서 이해하는 것은 실존의 의미를 찾기 위해 의존하는 것은 무엇이든 바로 우리의 '하나님'과 다름 없다는 것을 뜻한다. 분명히 여기에는 다양한 표현으로 알려져 있는 기독교의 하나님도 포함되어 있다. 파크스는 스미스가 내린 신앙에 관한 정의와 파울러의 신앙의 구조적 발전적 개념과 신앙에 대한 이미지, 상징, 개념, 이야기 등의 내용을 접목시켰다. 이 책의 후반부에서 파크스는 기독교 교육을 적용시키는 그룸(Groome)의 방법을 기본적으로 '가야할 길'이라고 보고 있다. 파크스가 그룸의 방법에 동의하고 공동체의 역할을 높이 평가하는 것은 신앙 성장에 대해 보수적인 교회나 신학교의 연구 내용에 대해 개방적인 태도를 지니고 있음을 보여준다.

From The Critical Years: The Young Adult Search for a Faith to Live By (San Francisco: Harper and Row, 1986), 107-32.

몇년 전부터 여러 사람들의 글을 읽으면서 인간만이 지니고 있는 특성을 감히 어떻게 정의 내리고 있는지 적어 두기 시작했다. 그 가운데 몇 가지를 간추려 보았다.[1]

무엇보다도 인간은 약속을 할 줄 알고, 약속을 지킬 줄 알고, 약속을 깨뜨리는 피조물이다.

- 마틴 부버(Martin Buber) -

다른 동물들은 가지고 있지 않은 인간만의 기본적인 욕구가 있다…이 근본적인 욕구는 '상징화' 시키려는 욕구이다.

- 수잔 랑거(Suzanne Langer) -

고릴라나 침팬지, 오랑우탄 같은 동물들은 시체를 버리지 않는 이상한 인습을 가지고 있는 인간을 연약한 동물이라고 여길 것이다.

- 미구엘 드 우나무노(Miguel de Unamuno) -

인간의 본능이 가진 가장 두드러진 특성은 운을 좇아 살아가려는 것이다.

- 윌리엄 제임스(William James) -

언뜻 보면 이 격언들은 서로 다른 이야기처럼 보인다. 하지만 자세히 읽어보면 그렇지 않다. 모두 필립 필라이트(Philip Wheelwright)가 이야기한 "한계 실존"의 경험을 보여주는 것이다. 인간은 "늘 가장자리에서 살고 있다. 저 너머에 그 이상의 무엇이 있을 것 같은 경계선에서 살아간다." 인간은 현세를 넘어선 것에 대한 의식을 지니고 있다. 인간의 삶은 "한 발이 깊은 구렁으로 미끄러지고 있는 순간 다른 한 발은 천국 문 앞에 다 다른" 삶, 시간과 공간과 보이지 않는 세계의 문턱에서 살아가는 삶인 것이다(필라이트, 1954). 분명하게 현세에 살며 추한 것들을 체험하고 있음에도 불구하고, 인간들은 자신이 '그 이상의 무엇'을 위해 만들어졌다는 확신을 버리지 못하고 있다. 고상한 무언가를 약속받았으며, 살아나가야 할 그 이상의 무엇, 받아들이고 받아들여줄 그 이상의 무엇이 있다고 믿는 것이다. 폭넓게 관계를 형성하고 정의의 이치를 좀더 심오하게 이해하며, 다양한 형태 속에서 더욱 풍성하게 삶을 사랑하는 것과 같은, 여태까지 깨달은 것보다 더 넓고 깊은 그 무엇 속에 참여하며 살아야 한다는 생각을 가지고 있다. 인간은 전체의 통일성을 직감적으로 이해한다. 시간, 있는 그대로의 세계, 공간과 감각의 세계, 이 모든 것이 우리가 살아가고 넘어서야 할 것인지도 모른다. 인간은 "거룩함으로 가득 찬 저 세상"(랑거, 1942)에 대한 확고한 신념을 지니고 있다. 전체를 직관하는 능력과 더불어 무엇인가를 믿는 능력을 가지고 있는 것이다.

앞에서 살펴본 것처럼, 청년기는 한계 실존에 대한 자각과 '이상'에 대한 열정을 형성하는 중대한 시기다. 그러나 청년기에 미래에 대한 꿈과 신념을 형성해 가는 힘은 다음 두 가지 요소에 좌우된다. 하나는 비판적인 사고의 성장과 아울러 이를 뒷받침해 주는 구조가 충분히 무르익는 것이며, 두번째 요소는 이상과 가치와 선을 충분히 인식하고 이야기할 수 있는 능력이다.

삶의 보이지 않는 잠재력을 이해하는 중요한 이 두번째 요소는 은유를 통해 생긴다. 보이지 않는 세계를 이야기하고 궁극적인 실체의 특성을 직관적으로 이해하는 것은 간접적으로 이루어지는 것일 뿐이다. 그저, "그것은 …와 같을 것이다"라고 이야기하는 것이다. 보이는 세계는 보이지 않는 세계를 이해할 수 있는 도구를 제공해 준다.

이것은 경험 세계를 통해서도 알 수 있다. 예를 들어 눈에서 흘러나오는 체액에 이름을 붙이고 싶다면 눈물을 가리키면서 모두가 동의하는 눈물을 나타내는 말을 정해 두면 된다. 그러나 슬픔이 무엇인지 표현하려면 "슬픔은 눈물과 같은 것이다"라고 이야기하면서 눈물을 가르키거나 "마음이 무거운 것"이라고 이야기해야 할 것이다. 이처럼 보이지 않는 세계의 진리에 대해 알고 있는 것은 모두 보이는 세계의 물체와 행위인 상징을 통해 궁극적인 실체의 특성에 대한 직관을 형성하여 알게 된 것이다. 그래서 궁극적인 실체를 무출구, 아버지, 어머니, 무(無), 도(道), 또는 거룩하신 분, 이런 식으로 이야기한다.

그러므로 사용하고 있는 상징이 적당한 것인지, 그 상징들을 어떻게 사용하고 있는지에 신앙의 질이 전적으로 달려 있다는 사실을 이해하게 되면 본질적으로 신앙이 어느 정도 구조적 발달에 의해 이루어진 상상력의 작용이라는 것을 알 수 있게 된다.

청년들은 모두 신앙의 상징들을 찾아내 그 의미를 파악하는 데 있어 모두 비슷한 특정한 구조를 가지고 있지만 이 구조는 다양한 내용을 가지고 있을 수 있다. 청년이 되면 신앙에 있어 비판적으로 사고하고, 열심히 이상을 추구하며, 자신이 선택한 자아 외부의 권위에 적당히 의존하고, 서로 상반되는 가치를 확실하게 구분하려 들고, 변해 가는 자아의 장래성과 자신이 지니고 있는 세계와 궁극적인 실체에 대한 비전을 인정해 주는 공동체에 충성을 맹세하는 등 여러 가지 능력을 갖춘 구조를 이루게 된다. 그러나 이 구조는 지구를 지켜야 한다는 책임감에 따라 인생을 사는 평화주의자, 국가에 대한 충성심을 따라 사는 군인, 결혼과 가정의 가치를 따라 살아가는 신부, 치유해 주어야 한다는 열망과 의학 시설이 무엇보다도 중요하다는 생각을 가지고 살아가는 의과 대학생, 경제적인 생존의 이유로 마약 밀매를 하는 사람, 물질적인 성공을 위해 살아가는 광고 회사의 신입 사원, 수많은 사람들 속에서 빨리 승진하려는 욕구와 사업 수완을 발휘하고 지적인 즐거움을 느끼며 살아가는 컴퓨터 전문가 등 다양한 사람들의 신념을 뒷받침해 준다. 이 사람들은 똑같은 의미 구조를 가지고 있을지 모른다. 하지만 그 의미 구조가 지니고 있는 내용은 다 다르다. 따라서 그들의 신앙의 모습도 어떤 면에서는 비슷하지만 분명히 다르다.

구조 발달학 이론은 구조와 내용의 문제를 구분하여 구조의 발달에만 초점을 맞추려는 경향을 가지고 있다. 그러나 내용의 문제를 다루지 않는다면 청년들이 가지고 있는 신앙의 역동성을 충분히 이해할 수도 없고 다양한 신앙의 형태가 지니고 있는 상대적인 가치를 파악할 수도 없다. 구조의 기능이 의미 있는 형태의 삶을 살아가는 데 바탕을 마련해 주는 것이며, 이 장에서 확실하게 밝히려고 하듯이, 삶의 형태는 앞서 이야기한 구조뿐 아니라 그 구조가 지니고 있는 상징들에 의해 이루어진다는 것을 이해해야 한다.

구조의 특성과 구조가 지니고 있는 내용의 성질은 의미를 만들어 나가는 데 있어 서로 영향을 준다. 피아제(Piaget)는 구조와 내용의 역동적인 상호 의존성을 동화와 조정의 과정으로 표현했다. 내용, 즉, 이미지, 상징, 개념, 이야기 등은 인생 직관에 형태를 만들어준다. 그러나 내용이 지니고 있는 힘은 내용을 뒷받침해주는 구조가 가지고 있는 능력에 힘입어 갖추어진다(컴퓨터 프로그램이 문자나 숫자의 상징이 할 수 있고 할 수 없는 것에 따라 만들어지는 것과 같은 식이다). 이미지(내용)는, 반대로, 구조를 변경해 주는 능력을 가지고 있다. 피아제가 말했듯이 현재 이루어진 구조 속으로 동화되어질 수 없는 상징과 부딪히게 되었을 때에 구조가 이미지나 그 형태에 좀더 적절하게 동화될 수 있도록 변형되어야 하기 때문이다. 그러므로 우리가 가지고 있는 신앙의 특성과 성질은 구조와 내용 모두에 달려 있다.

구조와 내용간의 상호 의존적인 관계를 인식하면 의미 형성의 형식적 구조라는 사실을 넘어서 의미 형성 과정을 깊이 이해하게 되고 이 과정이 진리를 어떻게 받아들이게 되는지 그 대응 관계를 이해할 수 있게 된다. 그러면 인식론적인 질문 두 가지를 던지지 않을 수 없다. 어떻게 아는가? 그리고 무엇을 알 수 있는가?

그러므로 일단 중요한 모든 것이 필연적으로 신앙의 의미를 이해하는 활동을 통해 형성되고 결정될 수밖에 없다는 사실을 인식하면, 모든 지식의 유한한 본질을 깨닫고 궁극적인 실체에 대해 알고 싶어하는 욕구로 가득차게 된다. 다시 말해, 행동하기 위해 의미를 찾아야 한다. 즉, 행동은 어떤 중심, 힘과 신념, 충성, 애정의 중심들, 가치 체계 구조를 둘러싸고 이루어져야 한다. 어떤 '하나님'을 합성해내야 한다. 그러나 동시에 신앙을 통해 가장 의미있게 조합해 놓았다 해도, 비유라는 것이 실제적인 것의 제한적인 단면만을 보여줄 수밖에 없는 하나의 수단인 이상 얼마나 깊이 있게 비유를 사용하고 있는가를 결정하는 구조도 또한 실체의 난이함을 그대로 보여줄 수 없으므로, 그 합성해 놓은 하나님은 부분적이며 부적당한 하나의 우상이 되어버리고 만다는 사실을 알아야 한다.

따라서 우리는 인간이 의미를 부여하는 행위의 한계와 그 힘을 현실적으로 파악해야 한다. 다시 말해 상상력이 지니고 있는 힘을 이해하고 실험해 보아야 한다.

피아제와 상상력에 대한 경시

피아제는 원래 인식의 형식적인 특성에 관심을 기울였다. 그러나 구조뿐 아니라 신앙과 이미지에 관심이 있다면 피아제가 주장하는 극히 구조적인 접근 방법이 옳지 않다는 것을 알 수 있다. 신앙의 발달에 관심이 있다면 피아제 학파 학자들이 미처 기억하지 못했고, 심리학자들이나 교육자들, 신학자들 그 밖의 다른 사람들이 적절하게 생각해 낸 피아제 이론이 지니고 있는 특성에 주의를 기울여 보아야 한다.

이미 제3장에서도 우리는 피아제의 패러다임이 애정, 존재, 연속성, 과정, 경험의 사회적 차원같은 몇 가지 것들을 간과하고 있는 것을 보았다. 케이건(kagan)은 인식에 대한 피아제의 이론이 의미 파악 행위와 같은 광범위한 개념을 지니고 있으며 이 좀더 넓은 의미의 행위는 피아제가 간과하는 점들을 모두 포용하고 있다고 주장하고 있다. 그러나 케이건이 미처 설명하고 있지 못한 또다른 점들이 있다. 피아제 학파나 다른 성장학자들은 내용을 무시하고 구조에 관심을 기울이고 있다.

피아제 학파는 구조를 발달시키는 힘, 또는 정신의 '조작(opecation)'이 피아제가 개념 작용이라고 이름 붙인 이미지를 다루는 좀더 발달된 능력이라는 사실을 깨닫지 못하고 있다.[2] 이 상징하는 능력은 바로 상상력이다. 피아제 학파는 내용과 구조(또는 방법)를 구분하고 알려져 있는 대상과 이를 인식하는 주체를 분리하는 계몽주의 시대의 신화를 만들어 왔다. 결과적으로 성장학 이론들은 상상력과 성장을 분리시켜 놓았고 상상력이 지니고 있는 힘을 미처 이해하지 못했던 것이다. 오직 진리를 구하는 조건이나 방법을 이해하는 데 초점을 맞추었다. 따라서 그들은 '진리' 그 자체의 타당함에 주의를 충분히 기울이지 못했던 것이다. 과정과 방법이 지니고 있는 힘은 내용과 이름이 지니고 있는 힘과 구분되어 왔다. 그러나 피아제 자신은 새로운 각 발달 단계의 의미가 개념 작용들을 다루는 좀더 커다란 능력을 지니고 있다는 사실을 알고 있었다. 따라서 우리는 신앙의 구조와 내용 사이의 연관성을 파악하기 위해 이 패러다임을 이용하면서 또 다시 피아제의 천재성을 따르게 되는 것이다. 그러나 피아제의 사고는 근본적으로 계몽주의 사상에 그 기초를 두고 있으며, 앞서 이야기한 대로, 계몽주의 전통의 장점과 한계를 모두 지니고 있다. 따라서 신앙을 구성하는 구조와 내용의 관계에 대한 우리의 이해를 새로이 하기 위해 상상력에 대한 초기의 이해를 연구하는 것이 유용하다.

칸트, 코울리지와 상상력

앞서 말했듯이, 적어도 칸트 이후부터 모든 인식 행위가 구성하는 행위로 이해되어

왔다. 인간의 정신은 세상의 모습을 저절로 받아들이지 않는다. 세상을 구성하기 위해 세상에 반응해본다(더 나아가 서로 구성하기 위해 상호 작용한다). 계몽주의 시대(1675-1830)에는 마치 서양 철학적 신학의 사고가, 앞서 설명한 청년 단계의 출현과 마찬가지로, 인식론적 순례 속에서 모두 같은 지점에 이른 것 같다. 철학적인 반성은 철학 자체의 인식 한계와 능력을 새로 인식하자는 주장을 불러일으켰다. 철학자들은 인식할 수 있는 정신의 능력과 과정에 대한 이해를 비판하고 정화하고 회복하기 시작했다.

독일에서 임마누엘 칸트(Immanuel Kant, 1724-1804)는 인간이 인식할 수 있는 것을 아는 것과 인간의 지각력을 뛰어 넘는 초월적인 것을 아는 것을 별개로 보고 이론 즉, 순수 이성과 실천 이성을 구분했다.[3] 인간은 직접적인 인식을 통해 이해할 수 있는 것만을 '알' 수 있었다. 도덕과 종교의 목적을 이해하는 것은 '안다'고 할 수 없다. 하지만 인간은 실생활이나 도덕적인 생활에 필요한 종교적인 것들을 가정함으로 인식할 수 있다고 받아들였다. 철학적이고 신학적인 사고는 행동을 구성하는 것, 특히 초월적이거나 정신적인 영역에서의 행동을 인식하고 그에 대한 책임을 졌다.

여기서 우리가 가장 관심을 기울이고 있는 정신력을 다루고 있는 이론 가운데서 칸트는 상상력에 대해 능동적이고 독창적이며 창조적인 힘을 가지고 있는 인식 능력이라고 보았다. 다시 말해서 상상력을 지각을 조작하는 방식으로 감각에 작용하고 해석의 범주나 '이해'를 통합시키고 창조하는 힘으로 인식했다. 이것은 동시에 '이해'의 규칙에 얽매이지 않는 것으로 보았다. 따라서 칸트에게 있어서 상상력은 가정할 줄 아는 정신 능력과 모든 지각 기능을 필수로 하는 정신의 자유로운 구성 행위인 것이다.[4] 하지만 칸트는 상상력이 감각적인 세상을 인지하는 데 그토록 중요한 역할을 한다는 것은 인정하지만 도덕적인 선택과 행동을 하는 데 필요한 초감각적인 세계를 추론할 수 있는 실천 이성에 있어서는 상상력이 중요한 역할을 한다고 보지 않았다.

계몽 사상과 특별히 칸트의 영향을 받은 영국의 사무엘 테일러 코울리지(Samuel Taylor Coleridge, 1772-1834)도 상상력이란 인간의 정신 가운데서 창조의 활동을 하는 것이라고 보았다. 코울리지가 말하는 상상력(imagination)은 칸트가 말하는, 표현력을 뜻하는 'Kraft', 형태를 뜻하는 'Bildung', 하나라는 의미의 'ein'이 합쳐진 'Einbildungskraft'와 뜻이 통한다. 즉 상상력이란 하나로 만들어 내는 능력을 뜻한다.[5] 그러나 코울리지는 단순히 그 의미만을 언급하는 것이 아니라 칸트 이상으로 중요한 의미를 부여하고 있다. 그렇게 함으로서 상상력과 신앙을 모두 인간으로서 존재하고 '영원한 진리'(또는 앞에서 언급한 궁극적인 진리)의 본질을 분별하는 데 없어서는 안 될 통합하고 구현하는 활동으로 이해하면서, 그 상상력과 신앙 사이의 불가분의 관계를 볼 수 있게 했다.[6] 따라서 상상력과 신앙의 관계를 이해하기 위해서는 먼저 코울리지의 사상을 살펴보아야 한다(윌리엄 린치가 상상에 관한 자신의 글에서 이야기하고 있듯이, "새로운 이론을 주장하는 학자들은 코울리지나 워즈워드 같은 시인들이 그들을 훨씬 앞지르고 있다는 사실을 인정하기 때문에 겸손하다", 1973).

이야기를 계속하기에 앞서 상상력을 공상이나 환상, 몽상과 구별할 필요가 있다. 몽상이란 사실이 아니라는 의미가 포함되어 있다. 그리고 코울리지는 공상이란 사실을 구성해 내는 것과는 아주 다른 기능이라고 보았다. 즉 코울리지의 생각에 의하면 공상은 단순히 이미 기억 속에 자리잡고 있는 이미지들을 모아 서로 결합시키는 것이다.[7] 예를 들어 공상은 쥐와 말하는 능력을 결합시켜 공상의 나라를 활개치고 다니는 미키마우스를 만들어낼 수 있는 것이다. 그렇다고 공상이 늘 별볼일 없는 것이라는 이야기는 아니다. 자유로운 결합을 통한 공상은 정신 분석학적 방법에서 볼 수 있는 것과 같이, 좀더 합당한 진실을 구성하는 데 도움을 줄 수 있다. 그러나 공상만으로는 진실을 조성할 수 없다. 반대로 상상력은, 특히 신앙적인 상상력은 사실적인 것을 구성하는 역할을 한다(린치, 1973).

코울리지는 상상력을 정신의 모든 능력을 지니고 있는, 가장 고귀한 이성의 힘이라고 이야기하고 있다. 코울리지가 이야기하는 이성의 개념은 이성이 초월적인, 도덕적 진리를 이해할 수 있다는 점에서 칸트의 '실천 이성'과 같다. 그러나 칸트와 달리 코울리지는 이성이 영원한 진리를 '인지'하며, 그것은 바로 상상력을 통해 이루어진다고 주장한다. "이성은 우리가 원칙(영원한 진리)과 사고(확실히 이미지가 아닌), 도덕에서 말하는 정의, 거룩함, 자유 의지와 같은 부류의 사고를 소유할 수 있도록 하는 힘이다"(코울리지, 1969).

이성은 모든 것을 하나로 통합해 보려는 법칙들에 대한 지식이다. 따라서 이러한 이성은 오직 시간과 공간 내에 있는 특정한 것들의 관련성, 양, 질에 대한 오성(悟性)과는 구별되는 것이다…이성은…단일성과 전체성을 두 가지 기본 요소로 생각하는 일반 개념에 대한 과학이다(코울리지, 1972).

    무엇보다도 코울리지에 의하면, 이성은 거듭난 사람이라면 절대 필요한 '영'으로서, 실제로 구현되고 생기를 지니고 있으며, "오직 하나이나 다양하며 모든 것을 내려다보고 모든 오성을 들여다 보는, 하나님의 권능의 숨결이다."[8] 오성의 모순을 뛰어넘고 이성의 단일성이 이루어진 이성 내부의 능력은 상상력, 즉 '완성시키는 능력'이다.

    따라서 코울리지에게 있어서 "그 안에 거하는 한 우리 안에 거하며" 인간과 신과의 관계를 맺어주는 이성은 인간의 정신이 지니고 있는 가장 고귀하고 가장 완벽한 능력, 즉 정신의 '생명력 있는 본질'이다. 그리고 완성시키고, 통합시키며, 초월하는 이성의 활동은 상상력으로 이루어지는 것이다. 이성은 무한하며 보이지 않는 이상을 이해하는데, 바로 상상력의 힘으로 이해하는 것이다. 이성이 인간이 지니고 있는 거듭난 영이기 때문에 상상력도 영의 활동, '하나님의 능력의 숨결'이다. 코울리지에게 있어서 상상력-통합하는 능력-은 신앙을 형성하는 능력이다.

    계몽 사상의 핵심적인 주장은 인간이 인간다워지기 위해 자각해야 한다면, 자신들의 인간적인 속성을 깨닫고 이에 대한 책임을 져야 하며 상상력의 능력을 깨닫고 이에 대해 책임을 져야 한다는 것이다. 성숙한 신앙은 상상력의 본질, 능력, 한계를 깨달아 이를 의지하는 것이라고 보았다. 그러므로 상상력의 능력을 완전하게 발휘할 때, 즉 성령이 임재하시며 (그리고 왜곡하는) 개인과 자아와 세계를 구성하는 공동체의 능력을 분명하게 지각할 때 인간은 자신의 본성에 가장 충실한 것이다.[9]

    이제 우리는 상상의 과정과 상상이 인간 성장과 어떤 관계가 있는지 살펴볼 때가 되었다. 이러한 역동성을 살펴본 후에는 상상이 진리를 확정하는 데 적합한지를 생각해볼 것이다. 마지막으로 청년들이 상상력을 통해 진리를 구성하는 데 있어서 인간 공동체, 특별히 학교 기관의 역할을 살펴볼 것이다. 이러한 역동적인 점들을 살펴보는 것은 인간의 성장이 '어떻게' 이루어지며 성인의 신앙을 형성하는 데 기저를 이루고 있는 법칙은 어떠한지를 좀더 깊이 살펴보려는 것이다.

상상력: 필수적인 생명력

코울리지는 그의 저서 「Biographia Literaria」에서 상상력에 대해 가장 분명하고 간단하게 정의 내리고 있다.

나는 상상력을 일차적인 것과 부수적인 것으로 본다. 일차적인 상상력은 인간의 모든 지각활동의 생명력 있는 힘이자 최고의 동인(動因)으로, 무한한 내 존재 안에서 영원한 창조 행위를 하는 유한한 정신에서 일어나는 재현 때문에 그렇다. 이차적인 상상력은 의식적인 의지와 공존하는, 일차적인 상상력의 반항인데 그 기능은 일차적인 상상력과 같지만 그 정도와 조작 형태에 차이가 있다. 상상력은 재창조하기 위해 분해되고, 분산되고, 해제된다. 또는 이 과정이 불가능하게 된 곳에서, 어떤 경우에나 이상화시키고 통일시키려고 애쓴다. 모든 대상이 본질적으로 고정되어 있고 생명력이 없다고 해도 상상력은 본질적으로 생명력이 있다(코울리지 1907).

우리는 이 정의를 통해 중요한 다섯 가지 개념을 찾아낼 수 있다. 첫째, 상상력은 '생명력있는 힘이자 최고의 동인으로서' 모든 인간 지각 활동에 개입한다. 다시 말해 모든 사람들이 그들의 세계를 상상을 통해 존재하게 만든다는 것이다. 그러나 세계가 정말로 존재하는 것이 아닌 상상력이 세계를 만들어 낸다는 뜻은 아니다. 다만 우리가 찾는 것을 조성해 낸다는 것이다.[10] 상상력은 단 한 가지를 통해 수많은 다른 것들에 관해 자세하게 지각한다. 그리고 나서 상상력은 이질적인 요소들로부터 일정한 형태를 만들면서, 자세하게 지각하도록 정보를 준다. 다시 말해, 먼저 여과기와 같은 역할을 하고 그 다음에는 렌즈와 같은 역할을 한다는 것이다. 결론적으로 정신은 결코 단순한 방관자가 아니라 정신 세계를 조성한다는 것이다. 우리가 느끼고 지각하는 모든 것은 상상의 힘으로 '창조' 되어지는 것이다. "안다는 것은 그 본질적인 의미에서 능동태 동사이다"(위니코트, 1965). 둘째, 어떤 상상력의 활동은 의식적인 것이다(이 차원에 대해 좀더 이야기하게 될 것이다). 셋째, 상상력은 '재창조하기 위해 분해되고…통일시키려고 애쓰는' 능력이다. 넷째, 본질적으로 활발하다. 상상력은 익히 알고 있듯이 생명 그 자체, 생명을 불어넣어주는 존재가 조작하는 것이다. 따라서 다섯째, 코울리지가 주장하는 것처럼, 상상력은 '창조의 영원한 행위'에 개입한다(상상력은 성경의 창조 이야기에서 '수면에 운행하시'는 영과 함께 한다. 즉 상상력은 영이 활동하는 것이다).

코울리지의 사고력은 뛰어나지만 조직적이지는 못하다. 상상력에 관한 자신의 사고를 이해하기 쉽게 언급하고 있지 못하다. 싯구절을 장식하거나 그 밖의 다른 형태로 반짝이는 생각들을 여기저기 기록해두고 있다. 따라서 상상력에 관한 코울리지의 사고를 정리하고 있는 다른 사람들의 도움을 받아야 할 것 같다.

특별히 교육가이자 임상 심리학자, 신학자인 제임스 로더(James Loder)의 글이 커다란 도움이 된다. 로더는 상상력이 발휘될 수 있도록 하는 중요한 요소들이 인간 성장에 영향을 준다고 보는 창의력의 패러다임이나 변화의 규칙을 설명해 주고 있다. 그는 다음과 같이 상상력의 활동에서의 다섯 시기를 설명하고 있다. 1. 의식적 갈등, 2. 휴지(休止-훑어보기 위한 중간 휴식), 3. 이미지(또는 통찰력), 4. 형태와 에너지 분출, 5. 해석 (로더, 1981).

1. 의식적 갈등: 변화와 성장의 이론을 지지하든 안 하든, 경험을 통해 새로운 삶, 통찰력, 변화가 다소 불안정한 상황에서도 일어난다는 것을 알고 있다. '의식적 갈등'의 시기는 '무언가 적합하지 않다'는 것을 깨달을 때 생긴다. 무의식 또는 전의식(前意識)적으로 갈등할 수도 있지만, 갈등을 의식하는 단계에 이르러야 비로소 신앙의 변화나 의미의 재구성이 이루어질 수 있다. 이는 증가되는 호기심이나 가정(假定)들의 무참한 파괴, 애매 모호한 초조감, 어떤 것의 있는 그대로의 모습에 대한 깊은 고민, 깨진 기대감, 상호간의 갈등, 또는 지적인 부조화의 발견 같은 모습으로 나타날 수 있다. 이 시기에는 균형이 깨져버린다. 개인(또는 전체 공동체는)은 때때로 이러한 불안정을 어느 정도 경험한다. 이 불안정한 시기에는 세 개의 과제가 놓여 있다. 갈등을 느끼고 인정하고 의식해야 하고, 그 갈등을 분명히 파악해야 하며, 해결할 수 있으리라는 기대감으로 고통을 이겨 나가야 하는 것이다.

갈등은 먼저 '조화될 수 없는 요인들과의 절망적인 싸움'처럼 느껴진다(로더, 1981). 그 요인이 무엇이든 일반적으로 정신과 마음에 깊이 뿌리 박혀 있는 기존의 의미와 이 기존의 의미를 강력히 부정하는 새로운 경험과의 긴장으로 나타난다. 이 긴장 상태에서 보존과 변화, 지속과 새로운 삶, 조화와 구별 두 가지를 동시에 갈망하는 이미 새겨진 열망하는 것들에 대한 반향이 그려진다. 즉, "다만 구속성을 유지하거나 재구성하기 위해서, 개별화시키면서 동시에 연결시키고 분리하려는 경향"이다(바필드, 1971). (따라서 이 시기는 전형적으로 '무엇이 잘못되었는가'를 알아내고 분류하려는 시기이며 동시에 '파악' 하고 싶지 않은 저항감을 느끼는 시기이다.)

코울리지는 이러한 저항의 시기가 분리하기 위한 것이 아니라 구별하기 위한 것이어야 한다고 굳게 믿는다(코울리지, 1969). 구별한다는 것은 분명하게 밝힌다는 것이며, 분리한다는 것은 궁극적인 통일성을 파괴한다는 것인데 이는 영이 생기를 불어넣을 때 이루어지는 상상의 활동인 전체를 재구성하는 활동을 방해하는 것이다. 따라서 코울리지에 의하면 사고는 구별되지만 본질적으로 연관성을 지니고 있다.

필립 필라이트는 '대면적 상상력(Confrontive imagination)'을 주장하며 이 시기를 좀더 깊이 있게 설명해 주고 있다(필라이트, 1954). 대면적 상상력은 특수화, 즉 사물을 특정한 것으로 만든다. 단지 막연한 일반 원칙들에 대한 부정이 생긴 것이라면 갈등 시기는 그 잠재력을 발휘하지 않는다. 제어할 수 없는 사고와 감정을 드러내면서, 그 당혹스러운 문제의 특이성을 이해하며 다루어야 한다. 그렇게 하면 확대되어 가는 복잡함과 때로는 깊어지는 두려움을 직면하게 되는데 이 때 엄격한 사고의 규제뿐 아니라 어느 정도의 용기도 필요하다.

다시 말해서 신앙의 활동에 있어서, 실존이 지니고 있는 서로 다른 특성을 경험하는 데서 오는 '힘의 충격' 으로, 절망적인 오점으로 인한 동요가 생명의 힘의 영역에 있는 각 요소들의 특정한 본성에 대한 지각으로 바뀌어야 한다는 것이다. 진리를 추구하는 데 필수적인 이러한 특수화 기능은, 부분적으로, 상상력에 생기를 불어 넣고 또 그 강도를 높이는 본질, 즉 의식적 갈등의 시기에 '모든 것은 모순이 축적되면 생동한다' 는 것을 설명해 준다(바쉴라르, 1969).[11]

이러한 특수화 작용은 '양식(樣式)적인 상상력(Stylistic imagination)'의 가공적인 간격을 또한 필요로 한다. 필라이트는 상상으로 '적당한 간격'을 두는 것을 나타내기 위해 이 개념을 사용하고 있다. 적당한 간격이란 '단지 공간과 시간의 거리뿐 아니라, 우리의 실제적인 자아가 원활하지 못해 나타나는 현상이 설정하는 간격' 인데 그로 인해 자아를 참신한 시선으로 바라보게 된다. 이 간격은 '인생과 예술 모두가 가지고 있는 양식의 기본 요소' 이다(필라이트, 1954).

이 의식적 갈등 시기는 두 가지 위험을 안고 있다. 과도한 간격을 두는 것과 과도한 근심이다. 과도한 간격, 또는 구체화된 객관화 작업은 자신의 감수성의 영역, 정서적인 바탕, 영과의 관계를 깨뜨린다. 과도한 간격은 결국 영이 파괴되고 생동적인 모든 것들이 공허해지는 위험을 감수하면서 갈등하는 자아와 나머지 자아를 분리하여 의식적 갈등에서 오는 긴장을 깨뜨린다. 학생들을 학문으로부터 소외시키면서, 중요한 문제에 대한 지적인 충돌이 단순히 학구적인 격렬한 논쟁에 지나지 않게 될 때 과도한 간격이 생긴다. 과도한 간격은 자체 내의 갈등이 폭력으로 변환될 때 드러나는데, 정치적 열정이 단순한 힘의 행사로 폭발될 때도 이와 같은 작용이 이루어지는 것이다.

의미를 재구성하고 인생의 밝은 미래를 성취하는 데 기여한다는 의미에서 볼 때 의식적 갈등 시기는 파괴의 시기가 아니라, 새로운 가능성을 제시하면서 생명력을 불어넣으려는 노력(또는 고통)을 고취시키는 특성을 지닌 시기이다. 당혹스럽고 초조하며 고통스럽고 두렵지만 말이다. 의식적 갈등 시기는 신앙의 고통스러운 차원에서 대부분 일어나며, 이 시기를 피해 보려는 유혹도 이해할 만한 일이다.

갈등 내에서 일어나는 과도한 간격이나 갈등을 회피해 보려는 것을 모두 방지하려면 긴장이 유지됨으로 인해 과도한 근심이 발생하지 않도록, 갈등이 친밀한 상황(로더, 1981) 내에서 지속되어야 한다. 신앙 자체가 다시 정리되고 절대적인 차원의 의미가 혼란에 빠져 재검토되어야 할 때, 친밀한 관계 공동체가 특별히 중요하다는 것을 분명하게 인지하고 있어야 한다. 이 개념은 위니코트가 이야기하는 '보유 환경'의 개념과 비슷하다.[12] 만일 불안정한 상태를 견뎌내야 한다면 '보유 환경'이 유지되어야 한다. 더 나아가, 일단 갈등을 의식하게 되면 해결하려고 하는 내면의 힘이 있기 때문에 이를 극복하길 기다리면서 시간을 끌어야 한다. 이러한 힘을 무시하고 방해하고 가라앉히려 하면 숨겨진 자아가 노출되고 축소되며 인간 공동체가 어쩔 수 없이 무기력해지는 커다란 대가를 치르게 될 뿐이다. 여기서 우리는 다시 한번 공동체 자체의 힘, 특히 이 경우에는, 의식적 갈등을 견디고 심지어 양성하기까지 하는 공동체의 능력에 의해 전환할 수 있다는 것을 알 수 있다.

2. 휴지: 일단 갈등의 본질이 명확하게 밝혀지면, 계속 그것에만 강한 초점을 맞추고 있는 것은 유익하지 않다. 이제 두번째 시기, 휴지기 또는 잠복기, '파악하기 위한 휴식'의 시기가 되었다. 의식 속에서 갈등을 끄집어내기는 했지만 정신 속에서 끄집어낸 것은

아니다. 이 시기는 갈등에서 벗어나는 시기가 아니라 편안하게 집중하는 시기다. 휴지기에 의식은 수동적이거나 '허용적'이라고 보는 것이 좋다. 정신은 잠자고 있지만 "영은 침착하고 능동적으로 아무런 긴장감 없이 계속 깨어 있다"(바쉴라르, 1969).[13] 표면 아래서 이루어지고 있는 활동은 통합적인 양식을 '파악하기 위한 휴식'(로더, 1981)[14]으로, 그 양식의 일부는 이미 내재하고 있고 일부는 경험을 통해 드러나야만 한다. 코울리지는 의식을 '표면 아래서 본류에 접속되어 있는 것'으로서 표현하고 있다(1907). 휴지기에도 본류는 쉬지 않는다.

인류는 영의 깊은 본류에 빠져드는 방식들을 형식화해 왔으며, 모든 전통적인 명상 방법들에는 휴지의 근본적이고 강한 본질을 깊이 인식하고 있다는 것이 나타나 있다. 오늘날의 초월 명상법뿐 아니라 퀘이커 교도의 침묵이나 요가의 명상 방법에서 이를 알 수 있다. 그러나 '휴지'는 좀더 일상적인 형태로도 일어난다. 예를 들자면, 목욕물을 받는 동안에도 정말 무슨 일인가가 일어날 수 있다는 것이다. 다음과 같은 문구에 이런 직관적인 감각이 잘 드러나 있다. "한잠 자고 나면 생각나겠지", "천천히 생각해 보도록 하지."

버지니아 울프(Virginia Woolf)가 여성과 픽션에 대해 이야기해 달라는 부탁을 받았을 때 왜 '자신의 방'에 관한 이야기를 하게 되었는지를 설명하는 글에 '휴지'에 대한 실례를 찾아볼 수 있다:

그때 여기서 나는…1, 2주 전 어느 화창한 10월의 가을날 강둑에 앉아…온갖 편견과 열성을 불러일으키는 이야기에 관한 결론을 내려보려고 여성과 픽션에 대한 생각에 빠져있었다…강은 하늘이든 다리든 붉게 물든 나무든 그 무엇이나 그대로 반사하고 있었고 그 학생은 반사된 그림자 속으로 노를 저어 지나갔다. 그리곤 곧 그가 언제 지나갔냐는 듯 물결이 고요해졌다. 누군가 생각에 빠져 시간 가는 줄도 모르고 있을지 모른다. 생각-이보다 더 고귀한 이름으로 부를 만한 가치가 있는-은 마냥 흘러간다. 매순간 물결이 넘실대는 대로 그림자와 수초들 사이로 이리저리 흘러가다 그 끝에서 갑자기 한 생각이 구상화된 것-작은 나무 토막 같은-에 부딪힌다. 그리고는 그것을 조심스럽게 끌어당겨 밖으로 드러내놓는다. 세상에, 풀밭에 놓아두고 보니, 나의 생각이 얼마나 작고 보잘것없게 보이는지. 마치 낚시꾼이 잡아먹을 수 있을 때까지 더 키우려고 물 속에 다시 집어

넣는 물고기 같은 꼴이다. 이러한 생각이라는 것으로 당신을 귀찮게 하려는 것은 아니다. 하지만 주의깊게 보면 내가 하는 이야기 속에서 당신도 스스로 그 생각을 알 수 있게 될지도 모른다.

그렇지만 아무리 사소한 생각이라 해도, 그 생각은 나름대로의 신비한 특성을 지닌 채-정신 속으로 들어가, 매우 중요하면서도 흥미로워진다. 그리고 날아가다 가라앉고 이리 저리 번뜩이면서 생각의 소용돌이를 만들어 도저히 가만히 앉아있을 수 없다(울프, 1929).

갈등 뒤에 인식하게 되는 이러한 '휴지'는 단 몇 초 동안, 아니면 몇 년 동안 이루어질 수도 있다. 휴지는 이미지나 직관을 통합시키는 능력이 있는데, 앞서 일어난 갈등이 얼마나 심한 것이었든 언제나 '불시에 깨닫는' 능력이다(로더, 1981).

3. 이미지(또는 통찰): 휴지기는 조화시킬 수 없을 만큼 이질적이고 복잡해 보이던 모든 것을 단순화시키고 일치시킬 수 있는 이미지나 직관이 생길 때 그 역할을 다 한 것이다. 이미지는 갈등을 하나의 일치된 덩어리로 통합시키고 그렇게 함으로 갈등을 재구성한다. 이때가 바로 직관력이 발휘되는 순간, '아하!' 하는 소리가 절로 나는 순간이다. 여태까지 연결되지 못했던 관계 구조들이 전체적으로 새로운 모습을 만들어내기 위해 모인다.

독창적인 활동을 하는 이미지는 갈등의 무질서를 단순화시키고 통합시켜, '하나로 만들어 낸다.' 이미지는 본래 감각적인 세계의 물체나 행위에 지나지 않는다. 그러나 "내면의 감각을 밖으로 표출하는 형태가 된다"(부시넬, 1976). 감지할 수 없기 때문에 나타낼 수 없는 생각이나, 감정, 직감을 표현하려면 감각적인 세계의 물체나 행위를 매개체로 사용해야 한다. 뜻하는 바를 나타내기 위해서는 일대일로 대응시킨 것이 아니라 은유적으로 감각적인 세계의 물체나 행위를 보여주어야 한다. 그러면 이미지는 소위, '총체적인 물질적 특성'을 잃고 내면적인 생명력이나 정신을 전달하기 위한 수단으로 그 형태만을 빌리는 것이다. 예를 들어, 진실(sincerity)이라는 단어는 '…이 없는'이라는 의미의 'sine'과 '밀랍'을 나타내는 'cera'로 이루어져 있다. 로마 시대의 도공들은 흠이 있는 옹기를 내다 팔 때 이를 감추기 위해 밀랍을 문질러 발랐다고 한다(밀랍이 묻지 않은 옹기가 좋은 옹기이고 커다란 흠이 없는 것이다). 다른 예를 들어보면, 정신(spirit)이라는 단어는 원래 보이지 않게 움직이는 힘이라는 뜻으로 '숨', '움직이는 공기'를 뜻했다(부시넬, 1976).[15]

따라서 부시넬(Bushnell)이 이야기하고 있는 것처럼, "자신을 나타내려고 애쓰는 영혼은 눈에 보이는 세계에서 찾을 수 있는 그 어떤 상징이나 도구를 향해 날아가 그것들이 해석자로서 작용할 수 있도록 끌어들여 이름을 붙이고, 눈에 보이지 않을 때에는 소리로 해석자의 역할을 할 수 있도록 한다"(부시넬, 1976).[16] 감각적인 세계의 물체나 행위들은 생각에 형태를 갖추어준다. "생각하는 것은… 생각들을 그 형태를 가지고 다루는 것이다"(부시넬, 1976).[17]

이미지가 은유적으로 사용되어진다는 이러한 인식은 내면적인 생명력을 품는 기능을 하는 모든 이미지가 '진실'이면서 동시에 '거짓'되다는 생각이 들게 한다. 그러나 이미지는 자신이 전달해 주려고 하는 진리에 '형태'를 부여하는 것뿐이기 때문에 진실만을 나타낼 수 있다. 진실을 완전히 재구성하거나 구체화시킬 수는 없다. 결론적으로 이미지는 자신이 매개하는 직관이나 감정과 같으면서도 동시에 다르다. 이미지가 형태가 없는 것에 형태를 부여하는 한 당연히 그럴 수밖에 없다. 따라서 모든 이미지는 불가피하게 다소 왜곡될 수 있으며 그로 인해 모든 진실에 대한 이해도 왜곡될 수 있다. 모든 이미지는 이미지로부터 비롯된 낱말이나 개념, 양식과 마찬가지로 실재를 다루기 위해 사용하는 형태에 불과하다. 진실의 본질적인 면을 지니고 있는 한 이미지는 그 진실에 충실한 것이다. 이미지가 지니고 있는 허구, 거짓은 진실을 담고 있는 옹기를 보고 옹기가 마치 진실 자체인 것처럼 보려는 경향과 같은 것이다. 흙으로 만든 옹기가 진리 그 자체로 간주된다면 우리는 조금씩 우상화 속으로 빠져들고 있는 것이다.

어떤 이미지든 보이지 않는 실재를 파악하고 이를 명명하고 형태를 부여하려고 할 때 언제나 그 이미지를 선택한 개인이나 그룹에 특정한 것이 된다는 사실은 이러한 우상화 현상을 더욱 가중시킬 수 있다. 이미지는 사회적, 정치적, 심리적인, 특정한 연관성을 지닌다. 따라서 같은 이미지가 다른 사람이나 다른 그룹에는 완전히 다른 의미를 주거나 또는 아무런 의미도 주지 못할 수도 있다.

이미지가 가지고 있는 이러한 힘과 한계, 이미지에서 비롯된 단어들에 대한 이러한 인식으로 인해 부시넬은 교의(教義)를 만든 사람의 입장으로 돌아가 '가장 내밀하고 진정한 의미'로 그것을 받아들인다면 인정하지 못할 교의는 없다고 주장한다. 거꾸로, 부시넬은 언어의 변천과 계속되는 이미지에 대한 언어의 '특별한' 사용에 대해 이야기하면서 다음과 같은 점을 언급하고 있다. 시간이 흘러도 "똑같은 형태를 지니고 있는 똑같은 진실은 찾아볼 수 없다. 우리가 같은 진실을 보유하기 위해서는 형태를 바꿀 필요도 있을 것이다"(부시넬, 1976).

인간은 형이상학자로서, 아니면 물리학자나, 사회학자, 철학자, 신학자, 역사학자로서 이미지를 가지고 전달하려는 의미에 형태를 부여한다. 이미지가 전체적인 관계를 형성하는 중요한 역할을 하기에 너무 복잡해지면 이미지는 하나의 상징이 된다. 서로 연결된 형태가 의미를 구성하고 그 의미는 상징을 통해 통합되고 표출되어진다. 신앙의 과제는 생명의 힘의 전 영역을 하나로 구성하려는 것이기 때문에, 이미지가 신앙의 차원에서 의미에 형태를 부여하는 기능을 할 경우에는 상징으로 인해 다소 복잡할 수밖에 없다. 그 형태는 개념(예를 들어, 하나님), 사건(유월절), 인물(마호멧), 사물(떡과 포도주)로 나타나며 실재에 맞는 신념을 하나로 형성하고 이해하는 기능을 한다.[18]

앞서 살펴보았듯이, 랑거는 인간의 특이한 행위는 이러한 상징화하는 행위라고 주장한다:

인간은 다른 피조물들이 가지고 있지 않은 기본적인 욕구를 가지고 있으며…분명히 비동물학적 목적…환상적인 꿈…가치관…전혀 비실용적인 열정…거룩함으로 가득찬 '초월성'에 대한 인식… 모두가 두드러진다…누구나 분명히 가지고 있는 이러한 기본적인 욕구는 '상징화' 시키려는 욕구이다(1942).[19]

예를 들어 인류의 모든 비실용적인 행위-의식, 예술, 웃음, 흐느낌, 사랑, 대화, 미신, 꿈 그리고 과학적인 천부적 재능뿐 아니라 의사 소통의 필요와는 거리가 먼 어린아이들의 '수다스러운' 언어 유희를 포함하는-는 체험적인 정보들이 상징적인 형태로 변형되는 것이다. 이러한 상징의 변형은 초월하고, 투과하고, 존재 전체가 통합되는 "의미"에 대한 인간의 요구와는 별개의 문제로 합리적인 세계에는 아무런 목적도 가지고 있지 않다(랑거, 1942).

따라서 이제 종교는 실존의 혼란을 하나로 통합할 만큼 강한-궁극적 실체에 대한 공동체의 확신을 명명할 정도로 강한-이미지(상징)의 정수이다. "종교는… 믿음에 관한 형이상학적 시이다."[20] 세계의 위대한 종교들은 수많은 사람들이 '그래, 인생이란 그런 것이야'라고 확신할 수 있을 때에 비로소 사라지지 않고 존재하게 된다.

상상의 과정에서 이미지/직관의 순간은, 종교적 체험 속에서, 계시의 순간이다. 계시는 "나머지를 조명하는", 사람들의 내면적인 경험의 일부이다(니버, 1952, 93). 계시는 의미의 통합된 이미지를 제공하는 사건이다. 리처드 니버는 다음과 같이 이야기하고 있다:

역사 속에서 일어난 계시란…개인적이거나 일상적인 삶에서 일어난 모든 사건들을 이해할 수 있도록 하는 수단으로서 이미지를 제공하는 특정한 사건을 의미한다. 여기서 중요한 것은 계시의 순간이 스스로 비춰지며 저절로 이해될 수 있는 것이라는 사실이 아니라 그 순간이 다른 사건들을 조명하며 그 사건들을 이해할 수 있도록 한다는 것이다. 그 밖의 어떤 의미를 가지고 있든, 계시는 개인적 실존의 혼란스러운 기쁨과 슬픔을 통합적으로 이해할 수 있도록 하며 공동체적 역사의 법칙 속에서 질서를 분별할 수 있도록 해 주는 역사 속에서 일어난 사건을 뜻하는 것이다.

니버는 그러한 계시의 이미지를 '앞으로나 뒤로 모두 넘길 수 있어 전체를 이해할 수 있도록 해 주는' 어려운 책에 적힌 명료한 문장에 비유하고 있다. 이는 새로운 이미지나 직관이 예전에 우리가 알지 못했었지만 이제는 삶 전체를 이해하며 살아갈 수 있도록 하는 것임을 이야기한다. 그러한 계시적 직관의 사건들은 모든 진정한 인문 교육을 시행하는 목적이며, 교육의 목적과 신앙의 여정이 가장 밀접하게 연결되어 있는 부분이다. 니버가 이야기하고 있는 것처럼, "계시에 대해 이야기할 때 우리는 새로운 신앙이 주어진 그 순간에 대해 이야기하고 있는 것이다". 이는 화이트헤드(Whitehead)가 교육의 궁극적인 본질을 종교적인 것이라고 이해한 것이다(화이트헤드, 1929).[21]

이제 인간이 완전한 진리에 새로운 방식으로 관심을 기울일 수 있다는 것은 상상력의 다음 단계, 에너지의 재형성과 분출이 새로운 이미지로 가능해지는 단계로 넘어가게 한다.

4. 재형성과 에너지의 분출: 나는 '재형성'이란 용어를 로더가 에너지의 분출 또는 긴장의 완화, 그리고 현상의 재구성이라고 이야기한 순간을 일컬어 사용하고 있다. "이는 인격이나 자기가 얻은 직관과 관련 있는 '세계'를 재조직하기 위한 새로운 에너지를 만드는 갈등이다. 새로운 에너지는 정신이 갈등의 모든 양상을 응집시키는 좀더 쉬운 방법을 발견했기 때문에 유용하다"(로더, 1981). 신앙의 차원에서 전체를 재구성하는 이 단계는 교육적 맥락에서 전이하기 위한 가르침이라고 이야기할 수 있어야 한다. 다시 말해, 새로운 직관적 이해의 관점에서, 자신의 존재와 지식 전체가 새로운 질서를 갖게 된다. 사물들간의 연관 관계를 재조명하게 되는 것이다. 즉, 직관을 통해 새로운 양식, 완전한 전체에 대한 새로운 이해를 정리하기 위해 '이리 저리' 이동하게 된다. 변형이 극적이든 미묘하든 간에 특수한 것들을 재정비하는 것은, 현실적으로 완전한 전체를 재형성하는 것이다.

이러한 재형성은 일상적인 경험 속에서 인지될 수 있다. 예를 들어 어떤 삶의 영역 속에서 자신이 오랫동안 알고 지내왔던 것이 자신의 세계를 새로운 관점으로 볼 수 있게 한다는 것을 알게 되었을 때 일어난다. 이는 지속적으로 관계를 맺고, 관계를 인지하고 심화시키는 것이다. 긴장과 에너지의 분출로 인한 결과 가운데 하나는 자아와 세계에 대한 새로운 개방성과 확장성을 느끼게 되는 것이다. 갈등의 긴장으로부터 해방시키고, 또한 참신한 의식과 연대성으로 우리를 자유롭게 한다. "우리 결심에 의해 의식이 확장되어진다고 이야기할 수 있을 것이다"(로더, 1981, 33). 치유의 역할을 하는 직관의 가장 분명한 징후는 이러한 긴장의 완화와 새로운 개방성이다. 재형성은 '창조의 첫날 아침 새로운 눈으로 바라보게 된' '감각의 신선함'을 느낄 수 있게 한다.[22]

따라서 분명히 이 단계는 상상력을 활발하게 발휘될 수 있도록 한다. 새로운 비전은 새로운 에너지와 결합되어 함께 자신감, 확신, 새로운 힘을 효과적으로 뒷받침하기 위해 영혼을 구성하고 고양시킨다. 그리고 좀더 실체에 올바로 근접한 느낌을 갖게 된다. 따라서 상상력은 실체화시키는 능력이다. 즉, 상상하는 것이 실체로 실현하는 것이다. 그리고 상상력은 신앙의 행위이므로 신앙의 과제는 실체를 상상하는 것이다(린치, 1973, 63; 우나무노, 1921/1954, 192-93). 사실 신앙은 단순히 별 의미 없는 교리를 인정하거나 희망적인 사고를 하는 것 이상의 그 무엇이다. 그렇지만 만일 신앙에 형태를 부여하는 이미지가 진리에 대해 그 역할을 다한다면 그 이미지는, 얼마나 강력한 모습을 지니고 있든지, 상상력의 작용이 완성되기 전에 검증되어야 한다. 이러한 새로운 실체와 그 실체의 에너지의 능력을 검증하는 것이 다음 단계, 즉 상상력의 행위의 완성이다.

5. **해석**: 지식과 믿음의 변환은 공식적인 형태를 발견하기 전까지 완성되지 않는다. 이 단계는 정당성을 공식적으로 검증하는 데 '통찰'을 필요로 한다(로더, 1981).[23] 계시적 직관을 관심 있는 대중에게 해석하려는 시도는 두 가지 방법으로 이루어진다. 첫번째로, 사람들은 다른 사람들이 인정할 때까지 그 새로운 직관적 이해를 완전히 이해하지도 못하며, 이를 편하게 받아들이지도 못한다. 다시 말해, 사람들은 우리의 지식을 완성시키고 인정하는 데 공동체적인 확인에 의존한다는 것이다. 원래의 갈등, 새로운 이미지, 그리고 관심있는 대중들 사이의 관련성, 대응성을 확인할 필요를 느끼기 때문에 그렇다. 따라서 지식을 다른 사람들의 지식과 비교하여 검증하고 이러한 검증은 두번째 방법에서도 중요하다.

지식과 믿음을 형식화하는 과정으로서 상상력의 과정을 살펴보면 한 과정이 얼마나 강력한 것이며 동시에 얼마나 불안정한 것으로 보이는지를 일정할 수밖에 없다. 잠시 적합한 올바른 이미지를 구하려 애쓰고 이미지들이 상황에 따라 영향을 받는다는 것을 살펴보아야 할 것이다. 노드롭 프라이는 은유를 사용하는 것에 대해 다음과 같이 이야기했다. "깊은 골짜기를 외줄을 타고 건너는 것과 마찬가지다: 그 외줄을 타고 건널 수 있다고 전적으로 믿을지도 모른다. 하지만 건널 필요가 없다고 생각할 순간이 올 것이다"(프라이).

대부분 진정한 신앙에 대한 왜곡된 주관성으로부터 어떻게 벗어날 수 있는가 하는 의문에 사로잡히게 되면 그럴 필요가 없었으면 하고 바란다. 때로 가장 강력한 이미지들도 진리로부터 벗어나게 하는 심히 왜곡된 부적합한 이미지일 수 있다. 이미지는 깊이 있는 감정과 더불어 유지되지만 '깊이'는 전혀 진리를 보증하지 못한다.[24] 만일 상상력의 힘을 통해 지식을 얻게 된다면, 리처드 니버가 말하는 '마음의 잘못된 상상력'(니버, 1952)으로부터 어떻게 벗어날 수 있으며 이를 어떻게 설명할 수 있는가? 상상력을 이성-인간 안에 있는 신적인 것-의 행위로 보는 코울리지의 개념을 따른다고 해도, 상상력을 '실재의 내면적인 의미를 깊이 이해하는 힘이면서 또한 실재를 대체할 수 있는 것을 만들어내는 힘임을 나타내는 유동적인 용어'(스팍스, 1976)로 사용해도 괜찮은가?

사실, 코울리지도 잘못된 상상력의 가능성을 인정했다. 그는 잘못된 상상력에 대해 "유일한 생명"의 통일성으로부터 분리되고 고립된 것이라 이해하고 그 상상력의 원천(바필드, 1971)으로부터 분리시켜버렸다.[25] 이는 한 개인이나 공동체, 또는 국가의 상상력이 고립될 때, 그것이 오만과 억압의 결과이든 아니든, 그러한 고립된 상상력은 자신이 은유하는 것의 특징을 왜곡시키는 나약한 것이 되버린다.

모든 이미지는 '반복적으로, 비판적으로 그리고 공통적인 경험'의 검증을 받아야 한다(니버, 1952). 해석의 단계는 내면적인 과정의 완성으로서뿐 아니라, 실체를 이해하기 위해 이미지가 갖고 있는 가능성을 인정하거나 또는 반박할 수 있는 공통된 경험의 토론의 장에 참여하는 과정으로서 필수적이다. 왜냐하면 어떤 "신들(규정하고 통일시키는 능력의 이미지들)이 믿을 만하고, 일상생활 속에서 믿을 수 있으며 어떤 신들이 우상-잘못된 상상력의 산물-인지는…역사의 경험이 없이는 알 수 없다"(니버, 1952). 다시 말해서, 인간 공동체는 확인을 위한 공동체로서 뿐 아니라 반박을 위한 공동체로서의 역할도 해야 한다는 것이다. '편협한 신앙'과 왜곡된 주관성으로부터의 해방은 자아와 공동체를 분리시키고 축소시키는 잘못된 이미지와 생명력 있고 믿을 수 있는 이미지를 구별하는 공동체에서 일어난다.

그러나 진리를 추구하는 데 있어서 제한적인 공동체의 능력을 지나치게 쉽게 신뢰해서는 안 된다. 신앙 공동체의 역사에 대한 아주 기초적인 지식을 가지고 있더라도 '정신'과 '이미지'를 구별하는 가정을 남용하는 예가 많다는 것을 인정할 것이다. 진정한 예언자는 거의 인정받지 못하는데, 부적절한 이미지가 환대 받은 경우는 많이 있었다. 그러므로 결국 확인을 위한 공동체는 전 인류 공동체의 역사적인 경험(과거와 미래)을 통해 정해져야 한다.

모든 이미지가 제한적이며 상상력의 과정 자체가 부서지고 왜곡되기 쉽다는 것을 인정하면서, 그렇게 구성되어진 진리나 신앙이나 의미를 완전히 신뢰할 수 있을까 하는 의문이 생길지도 모른다. 상상력의 과정을 이해하게 되면 철저한 상대주의의 막다른 골목에 다다를 수 있다. 그러나 니버는 다음과 같이 분명하게 이야기하고 있다. "마음도 추론할 수 있어야 한다. 그리고 참여하는 자아는 자신의 삶과 관계 안에서 형태와 의미를 추구하는 필요성을 외면할 수 없다. 이성과 상상력 사이에서는 선택할 수 없으며 단지 적절한 이미지에 기초한 추론과 잘못된 상상력의 영향을 받은 사고 사이에서 선택할 수 있다." 따라서 "도덕적이며 종교적인 생활의 불합리성을 긍정하는 사람은 누구나 이 생활을 훈련하기 위한 다시 말해 자아와 자신의 슬픔과 기쁨을 이해하기 위해 이 방법으로 찾는, 시도를 하지 않는다는 것이다"(니버, 1952).[26]

종교학을 공부한 메리 모쉘라(Mary Moschella)는 학위 취득 연설에서 유일한 존재를 구성하는 능력, 성인 신앙의 능력으로서의 상상력의 역동성을 다음과 같이 이야기하고 있다:

우리 중 많은 사람들은…모든 것을 명백하게 이해하는 법을 배우려는 겸손한 소망으로 이곳에 모였다는 것을 인정할 것입니다. 주제넘은 이야기처럼 들리겠지만, 2년 또는 그 이상을 이곳에서 성경을 파헤치고, 세계의 종교들을 비교하고, 하나님의 개념을 정립하고 또 분해하면서 보낸 우리들은 아무런 야망도 없는 척 할 수 없습니다. 우리는 그럴듯한 학문적 호기심을 채우기 위해 여기 오지 않았습니다. 모든 것 - 전체적인 인생의 모습 - 을 분명하게 이해하는 법을 배우기 위해 왔습니다. 바로 하나님의 신비를 탐구하고, 세계에 대한 시각을 넓히고, 우주가 요구하는 것이 무엇인지를 이해해 보려고 왔습니다.

몇 년이 지난 지금, 신앙적으로 이해하는 법을 배우는 과정이 어렵다는 것을 깨닫게 되었습니다. 전력을 다하지 않는다면 말입니다. 궁극적 의미를 추구하는 데 몰두했던 우리의 비전이 얼마나 오점투성이이며, …이해한 것이 얼마나 부분적이며 모호한 것인지를 알게 되었습니다. 이를 통해, 기적적으로 눈을 뜨게 되었지만 천천히 조금씩 보는 법을 배워야 했던 벳새다의 소경과 같습니다…

학업과 평범한 삶은 우리가 아는 것보다 더…우리를 공격하고 있습니다. 학업이…자신의 신앙과 가치관을 반성하게 했기 때문입니다. 소중히 여겨야 할 것이 무엇인지…인간 존재에 없어서는 안 될 것이 무엇인지 선택하도록 했기 때문입니다.

이제 우리는 신들에 이름을 붙이는 과정 속에 있습니다. 이 과정은 개인적인 신앙과 믿음의 문제를 명확히 할 뿐 아니라 전세계적인 인류의 갈등의 문제를 새로 바라볼 것을 요구하고 있습니다. 이는 최근 세계적으로 기아 문제가 대두된 것처럼 두려운 것이 아닙니다. 그러나 어쨌든 미처 보기도 전에 고통의 힘이 그 능력을 발휘했고, 고통받고 있는 현재와 같은 윤리적인 문제들이 우리를 위협하고 있습니다.

그래서 신들의 이름을 붙이는 과정에서 악마들의 이름도 붙이고 있습니다. 이 세상에 있는 군국주의, 인종 차별주의, 성 차별이라는 무서운 악마의 이름을 붙였습니다. 이러한 것들은 두 눈을 꼭 감고 예전의 어둠의 편안함으로 돌아가도록 하려는 두려운 그림자, 어둠의 무서운 조각들처럼 보입니다…

지난 여름 저는 이스라엘에서 고고학 발굴에 참여했습니다. 고대 도시 돌(Dor)의 유적지에서 오래된 흙을 막대기로 휘저을 때마다 이러한 문제들이 저의 내부를 깎아내고 있었습니다. 저는 세상에 있는 인간의 고통을 저주하고 회복에 대한 희망을 상상하려고 애썼습니다.

철기 시대 부분까지 발굴하는 것은 지루하기까지 했습니다. 소중한 유물은 작은 것도 거의 찾아보기 힘들었습니다. 하루종일 흙더미와 깨진 도자기 조각만 바라보느라 시간을 보냈습니다. 내 구역에서는 내내 온전한 그릇이 단 하나도 나오지 않았습니다. 고대 문명의 부서진 파편들만 잔뜩 보였습니다. 모든 깨어진 파편들이 나에게는 세계를 이해하기 위한 정확한 비유처럼 보였습니다. 깨어지고 부서진 세상의 조각, 거대한 인류의 고통으로 뿐 아니라 작은 개인적인 고통으로 깨어진 세상. 하지만 여름이 지나가도록 계속 도자기를 바라보면서 저는 깨어진 것 이상의 무엇인가를 깨닫기 시작했습니다. 어떤 진흙 조각들은, 깨어졌지만 정말 아름다웠습니다.

여름이 다 지날 무렵 저는 도자기 수선업에 대해 알게 되었습니다. 이 지루한 일은 호텔에서 멀지 않은 곳에 있는 성당처럼 생긴 건물에서 일년 내내 이루어지고 있었습니다. 여기서 고대의 도자기들은 천천히 조심스럽게 다시 만들어지고 있었습니다. 저는 다시 만들어진 거대한 항아리들을 처음 보았을 때 얼마나 놀랐었는지 잊을 수가 없습니다. 형체를 알아 볼 수도 없는 아주 많은 작은 진흙 파편들을 모아 어떻게 그렇게 만들 수 있을까요?

다시 만들어진 도자기를 보고 나서 저는 적어도 어떤 세상의 파편들은 회복되리라고 믿게 되었습니다. 저는 제 자신의 소명이 수선하는 소명, 세상의 깨어진 어떤 파편들을 다시 붙여 놓는 소명이라고 생각하게 되었습니다.

세상을 고치는 일, 다가올 미래에는 깨어지지 않도록 사회의 변화에 대한 철저한 비전을 외치는 것, 저는 세상이 제게 요구하는 과제가 바로 이것이라고 생각합니다 (1983).

로버트 리프튼(Robert Lifton)은 "인간 실존은 생명력있는 이미지를 추구하는 존재로서 이해할 수 있다"고 했다(1979, 39). 젊은이들은 종교학뿐 아니라 모든 학문 분야와 학과를 통해, 자아, 세계, 그리고 '하나님'을 규명하기 위한 생명력 있고 적합한 '올바른 이미지'를 찾고 있다. 젊은이들은 세계를 치유하고 변형시키기 위한 그들 세대의 열정에 불을 붙이고 비전을 형성할 수 있는 이미지를 수용할 그들만의 능력을 가지고 있다. 젊은이들의 상상력—성숙한 신앙의 능력—을 형성하고 키우는 것이 고등 교육의 사명이다.

1. 상상력은 어떻게 실질적인 면에서 '진리'에 이를 수 있는가?

2. '개종'과 '성경'은 파크스의 개념에서 어디에 적합하다고 보는가?

3. 고등 교육은 청년들이 영적으로 성장할 수 있는 유일한 방법이라고 생각하는가? 그렇지 않다면 어떤 것이 있는가?

4. 파크스가 말하는 절대적인 상대주의를 피하는 예를 들어보라.

Bachelard, G. 1969. The poetics of space. Trans. M. Jolas. Boston: Beacon.

Barfield, O. 1971. What Coleridge thought. Middleton, Conn.: Wesleyan Univ. Press.

Bushnell, H. 1976. "Dissertation on language." In God in Christ. Hartford, Conn.: Brown and Parsons.

Chadwick, O. 1975. The secularization of the European mind in the nineteenth century. New York: Cambridge Univ. Press.

Coleridge, S. T. 1907. Biographia Literaria. Ed. J. Shawcross. Oxford: Oxford Univ. Press.

_____. 1969. The friend. Ed. B. Rooke. 2 vols. Princeton, N.J.: Princeton Univ. Press.

_____. 1972. "The stateman's manual." In Lay Sermons, ed. R. White, vol. 6 of The collected works. Ed. K. Coburn. Princeton, N.J.: Princeton Univ. Press.

Cox, H. 1984. Religion in the secular city: Toward a postmodern theology. New York: Simon and Schuster.

Dykstra, C. 1971. Vision and character: A Christian educator's alternative to Kohlberg. New York: Paulist.

Frye, N. 1947. Fearful Symmetry: A study of William Blake. Princeton, N.J.: Princeton Univ. Press.

_____. "The expanding world of metaphor." Journal of the American Academy of Religion 53, 4.

Hart, R. L. 1968. Unfinished man and the imagination: Toward an ontology of rules and rhetoric. New York: Herder and Herder.

James, W. 1958. The varieties of religious experience: A study in human nature. New York: New American Library, Mentor.

Kant, I. 1788/1956. Critique of practical reason. Trans. L. Beck. Indianapolis: Bobbs-Merrill.

Kaufman, G. 1981. The theological imagination: Constructing the concept of God. Philadelphia: Westminster.

Kegan, R. 1982. The evolving self: Problem and process in human development. Cambridge: Harvard Univ. Press.

Langer, S. K. 1942. Philosophy in a new key: A study in the symbolism of reason, rite, and art. Cambridge: Harvard Univ. Press.

Lifton, R. J. 1979. The broken connection: On death and the continuity of life. New

York: Simon and Schuster.

Lindsay, A. D. 1934. Kant. London: Ernest Benn.

Loder, J. E. 1981. The transforming moment: Understanding convictional experiences. San Francisco: Harper and Row.

Lynch, W. F. 1973. Images of faith: An exploration of the ironic imagination. Notre Dame, Ind.: Univ. of Notre Dame Press.

McFague, S. 1982. Metaphorical theology: Models of God in religious language. Philadelphia: Fortress.

Moschella, M. 1983. Baccalaureate address. Howard Divinity School. June 8.

Niebuhr, H. R. 1943. Radical monotheism and western culture. London: Faber and Faber.

_____. 1952. The meaning of revelation. New York: Macmillan.

Niebuhr, R. R. 1972. Experiential religion. New York: Harper and Row.

Piaget, J. 1968. Six psychological studies. Ed. D. Elkind. New York: Vintage.

Rizzuto, A-M. 1979. The birth of the living God: A psychoanalytic study. Chicago: Univ. of Chicago Press.

Rugg, H. 1963. Imagination. New York: Harper and Row.

Sparks, P. M. 1976. The female imagination. New York: Avon.

Unamuno, M. de. 1921/1954. Tragic sense of life. Trans. J.E. Crawford Flitch. New York: Dover.

Wheelwright, P. 1954. The burning fountain. Bloomington. Ind.: Indiana Univ. Press.

Whitehead, A. N. 1929. The aims of education and other essays. New York: Free Press.

Winnecott, D. W. 1965. The maturational processes and the facilitating environment. New York: Internation Univ. Press.

Woolf, V. 1929. A room of one's own. New York: Harcourt Brace.

1. 이 글들은 니버(H. R. Niebuhr, 1943, 41), 랑거(Langer, 1942, 40-41), 우나모노(Unamuno, 1921/1954, 20), 제임스(James, 958, 397)의 글에 나오는 것이다.

2. 로우더(Loder)는 피아제의 '변형 논리'를 단계 전이 과정을 조절하는 구조로 보았지만 단계 사이의 활동이나 '일생 그 자체의 변화'로까지 연장하여 이해하지는 않았다.

3. 이론적이면서 사색적인 순수 이성으로는 '영원한 진리'의 문제, 하나님이나 불멸과 같은 것을 알 수 없다. 실천적인 면에서 사용되어지는 실천 이성은 자유나 불멸, 자아, 세계, 하나님에 관해 안다기보다는 가정할 뿐이지만, 행위가 어떤 결과를 가져오는 현상학적인 세계 속에서 인간은 자신의 행위에 합법성을 부여해야 하기 때문에 그런 것들을 안다고 해야 한다.

4. 린제이(Lindsay, 1934, 95, 275). 칸트는 상상력이 명상은 할 수 있으나 숭고한 것을 인지하지는 못한다고 생각했다. 하지만 상상력은 숭고한 것을 인지하려고 필사적인 힘을 기울이는 데 있어서 그 무엇에도 구속받지 않는 무한한 힘을 발휘할 수 있다. 그렇게 되면 상상력은 실천 이성을 자극하여 숭고한 것의 본질을 추론하게 된다(274-51). 린제이는 칸트가 자유와 필연이 결코 이성 자체 내에서 어떻게든 서로 조화될 수 있어야 한다고 생각지 않았기 때문에 상상력의 역할을 넓히지 않았다고 본다(288).

5. 코울리지는 「Hart」 서론에서 다음과 같이 이야기하고 있다: "독일어로 Einbildungskraft는 고상한 최상의 능력, 즉 많은 것을 하나로 밀착시키는 능력을 매우 훌륭하게 표현해 주는 단어이다"(1968, 388).

6. 코울리지의 사상에 대한 이러한 이해는 Linda L. Barnes에 의한 것이다.

7. "반대로 공상은 고정적인 것과 한정적인 것 외에는 공상의 자료가 없다. 결국 공상은 시간과 공간의 질서에서 이탈된 기억의 형태에 지나지 않는 것인데, 그 기억은 우리가 '선택'이라고 표현하는, 의지의 경험적인 현상과 혼합되고 수정된 것이다. 하지만 평범한 기억과 똑같이 공상은 결합하는 규칙을 따라 이미 만들어진 내용들을 모두 수용해야 한다"(코울리지, 1907, 1:202).

8. 코울리지는 계속해서 다음과 같이 이야기하고 있다: "그리고 다른 모든 능력들을 저절로 거듭나게 하는, 전능하신 분의 영광에서 오는 순수한 감화력이며, 어느 시대에나 성인들을 하나님의 친구와 선지자가 되게 한다"(지혜서, 7장). 코울리지는 '감각'이라는 단어로 자발적이면서 동시에 자동적인, 모방하는 능력의 의미를 표현하고 있다. 코울리지(1907, 1:193). 감각은 "무엇이든 우리의 존재 속에 수동적으로 받아들이는 것이며…인간과 동물의 공통적인 점으로…공간과 시간의 틀 속

에서 지각하고 상상할 수 있는 모든 것의 본질에서 오는…기분, 인상…영혼의 감수성이다"(저자는 '…'를 사용하여 언어를 한정했다. 독자들은 코울리지가 당시에 유행하던 문체를 따르고 있으며, 현재의 인쇄 인쇄 인습에 맞는 한도 내에서 그대로 따랐다는 것을 알 수 있을 것이다. (코울리지, 1969, 1:177). 코울리지는 '오성'을 (칸트와 더불어) '규정적인, 실재로 구현하고 사실화시키는 능력'이라고 생각했다(1907, 1:193). 오성은 "진정한 본질을 구성하면서 자체 내에 존재하고 있는 규칙에 따라 감각이 인지하는 판단력과 사고력이다"(코울리지, 1969, 1:177).

9. 노드롭 프라이(Northrop Frye, 1947, 389-90)는 상상력이 성숙해지는 것을 다음과 같이 이야기하고 있다. "눈으로 볼 수 없는 것에 대한 상상의 비전을 그리는 사람들에게 뿔라(Beulah, 역자 주: 밝은 미래를 상징하는 이스라엘의 땅. 사 62:4)의 한계는 정통적인 비전의 한계이며, 어느 교파든 상관 없이 교회인 이상 그런 사람들을 받아들일 것이다. 그런 비전은 자연을 축복받은 것으로, 하나님은 아버지로, 인간은 피조물로, 정신의 본질은 이성이 신비에 종속되어 있는 상태로 본다. 이는 순수한 상상력으로 이루어진 상태일 수 있지만, 여전히 본성과 이성, 아버지 하나님, 어머니인 교회와 관련되어 있으므로 상상의 유아기적인 상태, 즉 어린아이가 보는 세계이다. 눈으로 볼 수 없는 것을 상상하는 많은 사람들은 막연히 이 상태에 머물러 있지만 상상이 무르익은 단계에 도달한 사람은 그 상상의 힘 건너편에 무엇이 있는지를 깨닫게 되며 그 사이에서 선택의 필요를 느끼게 된다. 그 앞에는 영원으로 통하는 좁은 간격이 있으며, 12세의 예수처럼, 그 길에 들어서기 위해서는 부모의 보호로부터 떠나고 스스로 성숙한 창조자가 되어야 한다. 본능적으로 신적인 것을 인정하는 사고방식, 신성에 대한 궁극적인 신비나 인간 피조물과 거룩한 창조주 사이의 궁극적인 구분에 관한 생각, 기초나 상상의 생명력이 아니라, 틀을 만들면서 일정하게 되풀이되는 상상의 습관을 떨쳐 버려야 한다…인간의 삶 속에서 상상력이 꽃피는 시기는 정해져 있지 않으며, 결코 찾아오지 않을 수도 있다(포괄적인 뜻이 되도록 표현을 고침).

10. 위니코트(Winnicott, 1965, 181)는 어린아이들은 자신들이 찾는 것을 만들어 낸다는 것을 관찰하고서 이러한 역설적인 주장을 했다.

11. 니버를 참조하라(1972, xi-xiv).

12. 위니코트(1965, 43-46)는 어머니와 유아에 관한 글에서 '보유 환경'이란 용어를 사용했다. 케이건(1982, 115-16)은 모든 성장 단계에서 인간의 성장에 영향을 주는 관계들, 필수적인 조건들을 설명하는 데 이 개념을 사용했다.

13. 코울리지(1907, 1:85-86)는 정신의 이 시기를 벌레와 뱀의 이미지, 휴지를 전위의 요소로 보는 이미지를 사용하여 표현하고 있다.

14. 여기서 로더는 헤럴드 러그의 이론을 끌어와 이 시기를 설명하고 있다. 이 시기에도 "정신은 일하고 있다. 창의력 있는 상상력은 의식이 있고 없는 상태를 분리하는 경계선에 놓여 있는 것이 사

실이다. 지난 50년 동안 듀이가 주장해 온, 의식이 깨어있어 자각할 수 있는 상태와 프로이드가 연구에 몰두했던, 깊은 무의식 사이에 있는 단계이다. 제임스(James)도 이를 '주변'(周邊), '깨어있는 혼수상태' 라 부르며 연구했으며, 다른 학자들도 오래 전부터 관심을 가졌다. 골튼은 '대기실', 바렌동크(Varendonck)는 '선의식'(先意識), 쉴링은 '전(前)의식', 프로이드는 '잠재 의식' 이라 했으며 최근에 와서 큐비(Kubie)도 '전의식', 타우버(Tauber)와 그린(Green)은 '전(前) 논리'라고 하고 있다. 이는 또 도교에서 말하는 무사(無思), 무위(無爲), 환상이나 공상이 떠오르는 곳, 화이트헤드의 터득과 와일드의 직관이 최초로 자각으로서 작용하는 곳, 우리가 알고 있다는 것을 알기 전에 아는 곳...진정한 창의력의 본산...이다.

"나는 그 유기적인 조직은 흐트러지지 않고 깨어 있으며, 또한 통제되고 있으므로 무의식이라고 하기보다는 '탈의식'이라고 하고 싶다"(러그, 1963).

15. 부시넬은 접속사까지도 이렇게 설명하고 있다. "if라는 접속사는 고대 영어에서 gif라고 쓰던 give라는 동사의 명령형에서 온 것으로 that과 함께 쓰였다. 'I will do this gif that(if) you will do the other'"(P. 27).

16. "예를 들어 gressus라는 라틴어는 원래 광대나 노상 강도의 걸음걸이와 구별되는 위엄 있는 걸음걸이를 나타냈다. 그래서 congress는 몇 천 년의 거리가 있어도 무법자들이나 졸개들과 같은 천한 사람들의 모임을 나타내는 데는 절대로 사용되지 않았다. 의원들이나, 대사들, 군주들과 같은 중요하고 높은 인사들의 모임을 지칭하는 데에만 사용할 수 있다"(P. 51).

17. '친밀해지다' 또는 '함께 묶다' 라는 뜻을 가지고 있는 "개념"(conception, con-capio)이라는 단어는 '형태만' 으로 된 생각일 수도 있다는 데 주의하라. 개념은 이미지가 가지고 있는 '총체적인 물질적' 특성에서 추출하여 정제한 사고의 '정형적인' 양식이다.

18. Kaufman(1981), 특히 1, 10장, 그리고 Mc Fague(1982)를 보라.

19. 랑거는 지각과 이해의 차원에서, 모든 상상력의 활동을 함축하는 의미로 '상징화' 라는 단어를 사용하고 있다. "상징화는 전-이성적(Pre-rationative)이지만 전-합리적(pre-rational)이지는 않다. 상징화는 인간의 지각에 있어서 모든 지적인 활동의 시작점이며 사고나 상상 또는 행동을 취하는 것보다 더욱 일반적인 것이다. 두뇌가 단순히 놀라운 전도체, 수퍼 배전판이 아니기 때문이다. 오히려 두뇌는 놀라운 변형기기와 같다. 두뇌를 지나는 경험의 흐름은 지각하는 감각의 매개를 통해서가 아니라 즉시 두뇌가 만들어 내는 기본적인 활용에 의해 특성의 변화를 가져온다: 이는 인간의 정신을 구성하는 상징의 흐름 안으로 흡수된다"(42). 복잡한 양상을 이해하기 위해 상징을 도입한 사람은 코울리지이다. 그는 상상력이 "감각의 이미지 안에서 이성을 통합하고 이성의 자기 순환 에너지와 영원성에 의해 감각의 흐름을 조직하는, 조정하고 중개하는 능력이 상징의 체계를 낳는 것"이라고 했다(코울리지, 1972, 26). 랑거가 상징을 관계성과 관련있는 것으로 본 것

도 이런 의미에서이다. "의미는 어떤 용어의 특성이 아니라 '기능'을 이야기하는 것이다. 기능은 한 용어가 핵심적으로 가리키는 그 특정한 용어에 관한 검증되어진 '모형'이다; 이 모형은 주어진 용어를 '그 용어에 관한 다른 용어들과의 전적인 관련 속에서' 바라볼 때 형성된다. 전적이라는 것은 완벽하다는 것이다"(55).

20. Chadwick(1975, 209)에 인용 됨. Cox(1984), 17장도 보라.

21. 계속해서 다음과 같이 이야기하고 있다. "종교 교육은 의무와 존경을 깨우치도록 가르치는 교육이다."

22. 이는 니버가 강연할 때 쓴 글귀로 다음의 코울리지의 글과 상응하는 구절이라고 생각한다: "첫번째 창조의 명령으로 생겨난 것처럼 신선한 느낌으로"(1970, 1:59).

23. 여기서 제시되는 일련의 단계들은 그 과정이 늘 의식적인 갈등을 통해 시작된다고 가정하지 않는 것을 주의하라. 예를 들어, '이미지'나 '해석'으로 시작될 수도 있는데, 일단 과정에 들어서게 되면 완성 단계까지 가게 된다.

24. 로더는 '유혹의 깊이'에 대해, 주의를 갖게 한다. "사람들이 틀에 박힌 행동을 하며 깊이의 문제를 다루지 못하는 것과 마찬가지로, '깊이'는 오류, 왜곡, 유혹, 와전될 수 있다. 창조적인 과정은 분명히 깊이는 있지만 그로 인해 타당성을 얻을 수는 없다"(출판되지 않은 원고 중에서).

25. 바필드는 이 분리가 자의식 속에서 일어날 때, "배교" 또는 "원죄"의 본질이라고 주장한다. 다음 글에서 코울리지도 마찬가지로 설명하고 있다: "그러므로 모든 진정한 철학의 기초적인 작업은 이성의 사고, 즉 우리가 우리 자신을, 본질적인 지식인 완전한 존재와 함께하는 하나의 존재로서 이해할 때 생기는 사물에 대한 직관적 이해와, 실재를 실재의 부정으로, 통일된 삶을 매우 다양한 체제로 변환하면서 우리가 우리 자신을 분리된 존재로 생각하고 객관과 주관, 사물과 사고, 죽음과 삶과 같이 정신에 대한 반정립(反定立)에 본질을 부여할 때 스스로 드러나는 것 사이의 차이를 완전히 이해하는 것이다"(코울리지, 1969, 1:520).

26. 계시의 역동성과 도덕적 생활 추구에 대한 보다 깊은 설명은 딕스트라(Dykstra, 1981, 3장)를 보라.

한 권으로 읽는 교육학 명저 24선
—
1쇄 발행 | 1999년 3월 30일
2쇄 발행 | 2005년 1월 10일

지 은 이 | 유진 S. 깁스
옮 긴 이 | 김 희 자
발 행 인 | 양 승 현

발행처 도서출판 디모데/파이디온 선교회 출판 사역 기관
등   록 | 1998년 1월 22일 제17-164호
주   소 | 서울 동작구 사당동 1045-10
          전화 586-0872~4 팩스 522-0875
홈페이지 | www.timothybook.com

Copyright ⓒ 도서출판 디모데 1994 〈Printed in Korea〉
—
값 20,000원

함께 일하고 있습니다

파이디온 선교회와 **디모데 성경연구원**은 주님의 나라를 위해 함께 동역하고 있는 자매 단체입니다.
파이디온 선교회는 다음 세대를 이어갈 어린이와 청소년을 섬기는 사역으로,
디모데 성경연구원은 다음 세대를 키워가는 지도자와 부모를 섬기는 사역으로
다음 세대에는 하나님의 나라가 더욱 더 든든히 서가는 꿈을 안고 동역하고 있습니다.

도서출판 디모데는 파이디온 선교회의 산하 출판 사역 기관으로서
파이디온 선교회와 디모데 성경연구원의 사역을 돕고 있습니다.
도서출판 디모데는 다음 세대를 키워가는 지도자와 부모를 위한
경건생활, 리더십, 교회와 목회, 성경연구, 가르침에 관한 도서를,
그리고 다음 세대의 어린이와 청소년을 위한
제자훈련, 설교, 동화, 찬양, 선교, 교육에 관한 도서를 엄선하여 발간하고 있습니다.

파이디온선교회는

'어린 아이들의 내게 오는 것을 용납하고 금하지 말라'(막 10:14)고 하신 주님의 명령을 좇아 온 세상의 다음 세대를 그리스도의 제자로 만들고, 또 이들을 제자를 만드는 제자로 육성함으로써 그리스도의 지상 명령을 성취하여 하나님의 영광이 온 땅에 충만케 되는 것을 근본 목표로 하고 있습니다. 파이디온 선교회가 주님의 교회와 다음 세대를 섬기기 원하여
① 다음 세대 전도
② 다음 세대를 위한 선교사 양성 및 파송
③ 다음 세대를 위한 사역자(교사) 훈련
④ 다음 세대를 위한 기독교 교육 자료 출판
⑤ 다음 세대를 위한 문화 창달
등 다섯 가지의 주요 사역을 펴고 있습니다.

전화 522-0872~4 팩스 522-0875

디모데성경연구원은

디모데후서 3장 16-17절 말씀에 기초해서 하나님의 감동으로 쓰여진 오류가 없는 하나님의 말씀을 하나님의 백성들에게 효과적으로 가르쳐 하나님을 아는 지식에서 자라나게 하고, 그분께 조건없이 순종하며, 모든 선한 일을 행하기에 온전케 되도록 도움을 줌으로 하나님의 사람들의 삶을 변화시켜 하나님께 영광 돌리는 것을 목적으로 하고 있습니다. 디모데 성경연구원에서는
① 매일 성경을 읽고 말씀에 순종하게 하는 사역
② 성경적 가정을 세우는 사역
③ 지도자를 세우고 돕는 사역
④ 가르치는 이들을 훈련하고 돕는 사역
⑤ 자료를 개발, 출판, 공급하는 사역
등 다섯 가지의 세미나와 훈련과 출판을 통하여 하나님과 그의 백성을 섬깁니다.

전화 525-0915 팩스 525-0916

세미나 안내

구약·신약의 파노라마

■ 내용

구약·신약의 파노라마 세미나는 1976년 Bruce Wilkinson이 개발하여 960명(1995년 12월 현재)의 훈련된 강사진들에 의해 북미와 5개 대륙 40여개 나라에서 1,000회 이상 개최되어 100만명 이상이 참여한 세미나입니다.

구약 39권·신약 27권의 내용을 요약 정리하여 전체적인 이해를 돕고, 구약·신약의 말씀의 풍성한 진리를 한눈에 볼 수 있도록 구성되어 있습니다. 듣고 보고 해보는 생동감있는 교육방법으로 진행되는 세미나이기 때문에 남녀노소 모든 성도들이 쉽고 흥미있게 참여할 수 있습니다.

■ 교회를 위한 프로그램

이 세미나는 교회의 말씀 사경회나 단기 성경공부, 구역장 훈련, 중고등부 수련회 등을 위한 프로그램으로 적절합니다. 구약·신약 각 세미나의 시간은 2시간 30분씩 3일간입니다.

■ 현재 구약·신약의 파노라마 세미나를 실시한 교회

남서울교회(이 철 목사) 온누리교회(하용조 목사) 사랑의 교회(옥한흠 목사) 제자교회(정삼지 목사) 안산동산교회(김인중 목사) 잠실중앙교회(정주채 목사) 영동교회(박은조 목사) 수원중앙침례교회(김장환 목사) 순복음인천교회(최성규 목사) 부산새중앙교회(최홍준 목사) 부산영락교회(윤성진 목사) 창원남산교회(이성범 목사) 대구동흥교회(김형식 목사) 등

■ 이 세미나를 주관하려면

본 연구원과 협의하여 일정을 정하고 국제 WALK THRU THE BIBLE본부가 인정하는 W.T.B. 강사를 파송합니다. 기타 포스터, 광고지, 교재 등을 본회에서 제공합니다. 자세한 문의는 저희 연구원으로 하시기 바랍니다.

【 미국담당: TEL. 714-522-5097 】
【 한국담당: TEL. (02)525-0915 】

■ 미국본부:7342 ORANGETHORPE AVE., #A-205, BUENA PARK. CA 90621 T:714-522-5097, F:714-522-5098
■ 한국본부:서울시 동작구 사당동 1018-36, 156-090 T:(02) 525-0915, F:(02)525-0916

추천의 글

성경을 가르치는 사람으로서 성경개관을 어떻게 그리고 무엇을 가르쳐야 하는지는 늘 문제였습니다. 왜냐하면 성경개관은 본문을 가르치기 전에 반드시 가르쳐야 될 항목이지만 요즈음의 개관 노트들은 너무 방대해서 오랜 시간을 들여야 하기 때문입니다. 이 성경 파노라마는 짧은 시간에 성경 전체를 강한 인상으로 마음 속에 심어 놓는 참으로 유익한 프로그램이라고 생각됩니다.

홍정길 목사(남서울은혜교회)

그리스도인에게 있어서 성경은 생명이요 빛이요 능력이다. 그럼에도 불구하고 성경 전체의 맥을 알고 말씀을 대하는 성도는 얼마나 될까? 이 세미나는 성경 자신의 선언처럼 말씀이 꿀보다, 송이꿀보다 더 달다는 것을 실감시켜 줄 것이고, 말씀에 대한 왕성한 식욕을 돋구어 줄 것이다. 이 세미나를 참석하기 전에 성경을 마스터할 의욕을 버리지 말라고 부탁하고 싶다.

이동원 목사(지구촌 교회)